사회복지 질적 연구방법론

Deborah K. Padgett 저

유태균 · 이선혜 공역

SOCIAL WELFARE RESEARCH METHODS III

QUALITATIVE METHODS IN SOCIAL WORK RESEARCH

학지사

역자 서문

아마 크리스마스를 며칠 앞둔 12월의 어느 날 밤이었던 것 같다. 이 책의 1판 번역을 마치면서 그날 느꼈던 뿌듯함을 22년이 지난 오늘 이 글을 쓰면서 다시 느끼고 있다. 이번에 번역한 3판은 1판에 비해 양도 많아지고 깊이도 깊어졌기에 번역 과정이 1판을 번역할 때처럼 늘 즐겁지만은 않았다. 혼자 번역을 했더라면 더욱 그러했을 것이기에 이 글을 쓰면서 공역자인 이선혜 교수에게 감사의 마음을 다시 한번 더 전한다.

'미시실천을 하는 연구자들이 왜 항상 척도를 가지고 뭔가를 측정하려고 하고 일반화하려고 할까?' 이 책을 번역해야겠다고 처음 생각했을 때 가졌던 생각인데, 지금도 같은 질문을 이따금씩 나 자신에게 던진다. 나름의 답이라 생각되는 것이 있기는 하지만 이야기하기에 더 적절한 때를 기다리고 있다. 그 '때'를 만드는 역할을 조금씩 하면서, 그러한 역할을 잊지 않고 있음을 우리 두 역자는 이 책으로 보여 주고 있다.

그간 질적 연구방법론(또는 이와 유사한) 과목을 강의하는 사회복지학 연구자가 상당히 많아졌다. 특화된 학회도 만들어졌다. 그러나 아쉽게도 아직은 사회복지조사론 같은 과목에서 2~3주 정도의 시간을 질적 연구방법을 소개하는 데 할애하는 것이 사회복지학계가 할 수 있는 전부인 것 같다. 물론 그것만 해도 상당한 발전이기에 아쉬움보다는 뿌듯함을 느껴야 마땅할 것이다.

이 책을 번역하면서 지식을 얻는 다양한 방법에 대해, 특히 질적인 방법들에 대해 다시 한번 생각하고 고민하고 질문하고, 답하고 깨닫고, 깨달았다고 착각하고, 그래서 허탈해하고 웃을 수 있어서 참 좋았다. 비록 그것이 의식이라고 하는 자신만의 가상 현실 속에서 벌어진 경험이라는 착각일지라도 동료 연구자와 학생들과 함께할 수 있었기 때문에 더더욱 그렇다.

많은 학생이 역자들에게 20대의 관점을 아낌없이 드러내 보여 주었다. 그들이 원고를 읽고 제시해 준 기발한 아이디어와 참신한 의견은 가치를 따질 수 없을 만큼 귀중한 자극이 되었다. 이 글을 쓰는 동안 번역에 도움을 준 학생들 한 사람 한 사람의 얼굴이 머릿속에 떠오른다. 그들 모두에게 진심으로 감사하며, 특별히 남예정 학생에게 고마움을 전한다.

하루 빨리 앎에 관한 철학인 과학철학과 인식론 교육이 사회복지학 교육의 중심에 뿌리내리는 날이 왔으면 좋겠다. 연구방법론을 누가, 언제, 어떻게 그리고 얼마나 교육할지는, 양적이든 질적이든 그다음 문제다. 이 책이 그날을 하루만이라도, 아니 반나절만이라도 앞당기는 데 도움이 되기를 바란다.

2024년 2월

Linkin Park의 〈Numb〉을 들으면서
내 안에 갇힌 내가 세상을 마주한 나에게 하는 말 같다는 생각이
아주 조금 덜 들기 시작한 어느 날 밤에

역자 대표 유태균

3판의 저자 서문

　매번 이 책의 개정판을 준비할 때마다 드는 생각은 해야 할 일이 너무도 많았으나 책을 준비하면서 보냈던 매 순간(매 시간)은 더없이 귀중하고 가치 있는 시간이었다는 것이다. 오늘날 질적 연구방법은 그 정교함과 다양함이 전례를 찾아볼 수 없을 정도로 높아졌으며, 그로 인해 연구자들에게 받는 관심의 양 또한 빠르게 증가하고 있다. 그러나 질적 탐구는 개념 정의, 용어, 절차 등에 대한 연구자들 간의 합의 부족과 패러다임의 차이로 인해 여전히 내부적으로 적지 않은 혼란을 경험하고 있다. 이 책의 1판은 일반적인 접근 방법을 소개하는 데 주안점을 두었고, 2판은 질적 연구방법의 다양성을 보다 넓고 섬세한 시각에서 조망하는 데 초점을 맞췄다. 이제 다음에서 논의하겠지만 이번 3판에서는 이전 판들에서 다루었던 내용을 한층 더 발전시키고 업데이트하기 위해 노력하였다.

3판에서 새롭게 다루는 내용

- 패러다임 논쟁에 관한 새로운 논의
- 여섯 가지 질적 접근 방법(문화기술학, 근거이론, 사례 연구 분석, 내러티브 접근 방법, 현상학 접근 방법 그리고 행동지향 연구) 각각에 대한 고찰
- 윤리적 이슈 소개 및 엄격성 제고 전략(각각의 내용을 별도의 장에서 다룸)

- 지역사회 참여, 참여적 행동 및 지역사회 기반 참여 연구에 관한 보다 많은 정보
- 데이터 수집 방법에 관한 논의를 위한 별도의 장(제5장)
- 코딩 사례와 코딩 및 주제 개발에 관한 추가적 논의
- 혼합 접근 방법(질적 접근 방법과 양적 접근 방법)에 관한 별도의 장과 하나의 연구에서 여러 질적 접근 방법을 병용하는 것에 관한 논의
- 질적 데이터 분석 소프트웨어에 관한 추가적 논의(ATLAS.ti 화면 캡처 포함)
- 다문화 및 다국가 연구에 있어서의 윤리적 쟁점에 관한 추가적 논의
- 질적 연구에서의 영어 외 언어(non english language)의 역할에 관한 추가적 논의
- 질적 연구 결과 발표(질적 연구계획서 준비를 위한 글쓰기 외의)를 위한 지침
- 메타종합과 실행 과학 소개 및 질적 연구 관련 함의에 관한 논의
- 질적 데이터 해석에 관한 별도의 장(제7장)
- 질적 연구의 질을 판단하기 위한 기준 및 체크리스트와 관련된 최근의 논쟁
- 저자가 했던 뉴욕 연구 사례

이전에 다루었던 내용 중 3판에서도 다루고 있는 내용

- 여섯 가지 질적 접근 방법에 관한 논의(문화기술학, 근거이론, 사례 연구 분석, 내러티브 접근 방법, 현상학 접근 방법 그리고 행동지향 연구)
- 질적 연구 관련 문헌에 소개된 연구와 저자의 연구로부터 발췌한 사례 제시
- 사회복지에서 시작되어 여러 다른 전문직으로 확대된 다학제적이고 폭넓은 관점
- 연구 문제 및 방법의 광범위성에 대한 인정
- 질적 연구계획서 작성을 위한 구체적인 지침
- 질적 연구를 위한 엄격성 제고 전략의 중요성에 관한 논의

3판을 준비하게 된 배경

　저자에게 있어서 지난 20년의 세월은 저자가 질적 연구자로서 성장할 수 있었던 고마움의 시간이었다. 문화인류학 박사학위를 받은 후 저자는 보건대학원에서 박사 후 연구과정을 거치고 연방정부에서 연구비 지원을 받아 유방암과 유방암 검진에 관한 연구를 수행하는 기회를 가질 수 있었는데, 바로 그 경험이 이 책을 처음 쓰게 된 계기가 되었다. 이 책의 2판은 저자가 수행한 또 하나의 연구의 산물이었다. 2014년 저자는 National Institute of Mental Health(NIMH)로부터 "New York Service Study(NYSS)"라는 4년간의 질적 연구를 하는 데 필요한 연구비를 지원받게 되었는데, 저자에게 이 연구는 이 책의 2판을 쓰는 데 필요한 많은 사례를 캐낼 수 있는 금광과도 같은 연구였다. 2010년 저자는 또 한 번의 행운이 따라 줘서 NIMH로부터 이전의 연구들보다 좀 더 야심 찬 연구방법론을 사용하는 질적 연구를 하는 데 필요한 연구비 지원을 받을 수 있었다. "New York Recovery Study"라는 제목의 이 연구는 과거 노숙인이었던 중증정신질환자들이 한 지원주택 프로그램에 들어와 정신건강을 회복하고 역경을 헤쳐 나가는 과정에 관한 연구였다. 이 연구에서는 NYSS 연구에서 사용했던 연구 계획 가운데 일부를 그대로 사용함과 동시에 '그림자 인터뷰'(shadowing, 연구 대상자를 그림자처럼 따라다니면서 하는 인터뷰) 기법, 문화기술학적 현장 방문, 사진 제시하기 등과 같은 다양한 새로운 기법을 시도해 보았는데, 이러한 기법들은 저자에게 공간적으로, 그리고 시작적으로 새로운 사고를 할 수 있는 새로운 길을 열어 주었다. 이번에 소개하는 3판은 이러한 기법들과 관련된 연구진의 경험과 이러한 기법들이 가져다준 혜택을 독자들과 공유할 수 있는 기회를 제공할 것이다.

　'질적 혁명'의 범위는 넓고 포괄적이다. 질적 연구방법은 교육, 간호, 사회복지, 보건, 직업 재활 등을 포함한 여러 전문 분야의 학술 논문과 학회 프로그램에 점점 더 자주 등장하고 있다. 또한 질적 연구방법은 이론 정립뿐만 아니라 참여에도 관심이 있고, 광범위한 연구보다는 깊이 있는 연구에 관심이 있으며, 사회적 가치가 반영된 연구에 관심이 있는 연구자들을 위한 다학제 모임의 구심점이 되어 가고 있다. 방법론적 특성상 테크놀로지와의 관련성이 낮았던 질적 연구방법도 다양한 분석 소프트웨어의 개발, 디지털 오디오와 디지털 영상 기술의 발전, 데이터 분석에 도움이 되는 인터넷의 창의적 활용 등에 의해서 테크놀로지 변화의 물결에 편승하게 되었다. 질적 연구자들의 창의성과 헌신성에 힘입어 질적 연구방법은 테크놀로지의 변화 속도에 발맞추어 변할 수 있었다. 그러나 동시에 아직도 녹음기 하나와 통찰에 대한 열정만 있으면 연구를 할 수 있는 지속성 또한 분명히 건재하다.

세상에서 벌어지고 있는 많은 일이 사람들로 하여금 반응적이고 활력 있는 연구방법이 필요하다는 사실을 다시금 깨닫게 해 주고 있다. 뿌리 깊은 구조적 불평등에서부터 시작하여 전 세계 차원의 위기에 이르기까지 수많은 문제가 국지적 조건에 대한 민감성과 유동성을 갖춘 연구자들에 의해 실용적으로 연구되기를 기다리고 있다. 이뿐만이 아니라 '난해하기 짝이 없는 문제들'이 가지고 있는 다차원적인 특성 때문에 방법론적 정교함과 방법론적 다원성이 그 어느 때보다 절실히 요구되고 있다(Mertens, 2015). 이러한 문제들을 해결하는 데 있어서 보편적이고 거시적인 데이터와 양적 분석이 필요하다는 것은 분명하지만, 이러한 문제들에 의해서 영향을 받으며 살아가고 있는 사람들의 풀뿌리 관점(그리고 그들의 참여) 또한 문제해결을 위한 노력에서 빼놓을 수 없는 중요한 요소다. 질적 연구방법은 바로 그러한 노력이 필요로 하는 필수적인 기술이다.

이 책의 범위와 구성

3판 역시 질적 연구의 '어떻게(how-to)' 측면을 중요하게 다루고 있다. 이 책 제1장을 (그리고 이후의 모든 장을) 읽으면 알게 되겠지만, 이 책에서 **질적 연구방법과 질적 탐구**라는 용어는 다양한 접근 방법과 철학적 입장을 아우르는 용어로 사용된다. 이 책의 순서는 질적 연구를 실제로 할 때 따르게 되는 연구 단계의 순서와 일치한다. 물론 질적 연구는 정해진 순서에 따라 한 방향으로만 진행되는 연구가 결코 아니다. 질적 연구자는 연구를 통해 얻은 지식이나 정보가 연구 대상 현상에 잘 '들어맞는' 어떤 것으로 종합되어 나타날 때까지 때로는 왔던 길을 되돌아가기도 하고, 때로는 데이터와 분석 사이를 왔다 갔다 하기도 하며, 때로는 분석과 글쓰기 사이를 반복적으로 오고 가야 할 수도 있다.

제1장에서는 질적 연구의 이론적·학문적 형성과 발전 과정을 역사적으로 고찰하면서 질적 연구와 관련된 용어와 표현을 소개함과 동시에 이후에 소개될 '어떻게(how-to)'에 관한 장(chapter)들을 위한 약간의 준비 작업이 이루어진다. 제2장에서는 가장 일반적으로 사용되는 여섯 가지 질적 접근 방법(문화기술학, 사례 연구, 근거이론, 내러티브, 현상학 그리고 행동지향 연구)에 대해 살펴봄으로써 독자들에게 선택할 수 있는 접근 방법이 어떤 것들인지 소개할 것이다. 제3장부터 제7장까지는 질적 연구의 여러 단계에 대한 설명이 주된 내용을 이룬다. 제3장에서는 표본과 연구설계에 관한 내용을 살펴볼 것이며, 제4장에서는 질적 연구와 관련된 윤리적 쟁점을 다룰 것이다. 그런 다음 제5장에서는 데이터 수집, 제6장에서는 데이터 분석, 제7장에서는 해석에 대해서 살펴볼 것이다. 제8장에서는 질적 연구의 엄격성에 관한 논의를 위해 할애할 것인데, 질적 연구의 질을 평가하는 기준과 그러한 기준이 가질 수밖에 없는 논쟁이 될 만한 특성을 중심으로 논의가 이루어질 것이다. 제9장에서는 연구 결과를 글로 표현하고 이야기로 만들어 내는 데 도움이 될 만한 지침을 제시할 것이다. 제10장

에서는 최근 들어 가장 빠르게 발전하고 있는 연구방법 가운데 하나인 혼합 연구방법을 설명할 것이다. 마지막으로, 부록에서는 저자를 비롯한 여러 연구자의 경험을 바탕으로 질적 연구계획서 작성을 위한 기본적인 지침을 제시할 것이다.

글 쓰는 스타일과 용어에 관한 몇 가지 사항

아마도 여기쯤에서 저자의 글쓰기 스타일과 용어 사용 스타일에 관한 이야기를 하는 것이 좋을 것 같다. 첫째, 이 책에서 나는 젠더, 문화 그리고 그 밖의 개인 정체성에 관한 이슈들에 대해서 민감해야 한다는 입장을 이 책의 전체 내용에 반영하기 위해 노력하였다. 둘째, 성차별적이지 않은 용어를 사용하는 데서 오는 어색함을 없애고자 가급적 여성 대명사와 남성 대명사를 번갈아 사용했으며, 이따금씩 그/그녀라는 표현을 사용했고, 경우에 따라서는 복수형 대명사를 사용하였다. 마지막으로, 나는 **연구 참여자**(study participant)라는 용어를 선호하며, 이따금씩 문맥을 고려하여 이 용어를 **연구 대상(자), 인터뷰 응답자, 정보제공자**라는 용어로 대체하여 사용하였다. 그런데 연구자도 연구 참여자이기 때문에 이 용어가 사용하는 것이 적절하지 않을 때가 있다. 그럼에도 불구하고 나는 이 용어는 질적 연구가 가진 상호적 특성에 가장 잘 어울리는 용어라고 생각한다. 이와 유사한 용어로서 **주요 정보제공자**(key informant)가 있는데, 이 용어는 문화인류학에서 오래전부터 사용해 왔으며 다소 듣기 거슬리는 면이 있기는 하지만 지금도 많이 쓰이고 있다.

이 책은 이전 판들에 비해 내용이 많고, 범위도 넓고, (바라건대) 내용 면에서 좀 더 정교하기는 하지만, 일반적인 개론 수준의 교과서이며 질적 연구방법에 관한 보다 전문적인 내용을 다루는 책들을 보조하는 정도의 책으로 보는 것이 적절하고, 경험 측면을 강조하는 교재로 사용할 만한 책이다. 다양한 접근 방법과 기법에 관한 자세한 정보를 원하는 독자들을 위해 나는 이 책에 많은 사례를 비롯하여 독자들이 참고할 수 있을 만한 다양한 문헌에 관한 정보를 포함시켰다.

이번 판에서도 나는 방법론적 엄격성과 투명성을 높이는 데 주안점을 두었다. 질적 연구를 하는 과정에서 일어나는 모든 일에 주의를 기울이고 기록해 두는 것은 다른 사람들로 하여금 연구 결과가 어떻게 만들어지게 되었는지를 이해할 수 있게 해 주는 가장 좋은 방법이다. 모든 질적 탐구에는 "저를 믿으세요."라고 하는 요소가 존재하는데(이는 양적 탐구의 "방법론을 믿으세요."에 해당한다.), 이는 질적 연구가 연구 도구인 연구자에 의존적인 연구이기 때문에 나타나는 요소다. 어떤 질적 연구자도 자신이 사용하는 연구방법에서 신비로운 요소를 완벽하게 제거해 버리지는 못한다. 왜냐하면 그렇게 할 때 질적 연구자는 큰 불편을 느끼게 되기 때문이다. 그러나 이 책은 우리를 그 불편한 방향으로 나아가게 만들 것이다. 문제는 그렇다고 할지라도 질적 연구방법을 교과서나 강의를 통해서 익힐 수는 없다는 것이다. 교과서나 강의는 필요조건일 뿐 결코 충분조건일 수 없기 때문이다. 질적 연구방법을 익히기 위해서는 실제 경험이 반드시 필요하다. 이러한 사실을 염두에 두고 이제 나는 여러분을 항상 참여하고 항상 듣게 만들어 줄 미지의 세계로의 탐험 여행으로 초대하고자 한다.

3판의 독자

이 책은 최근 들어 빠르게 늘고 있는 질적 연구방법에 대한 관심의 첫 출발점이 되어 쓰게 된 책이다. 이 책이 사회복지 연구의 전통에 그 뿌리를 두고 있기는 하지만, 이 책은 사회복지뿐만 아니라 다른 많은 응용 분야의 실천가와 연구자들에게도 도움이 될 수 있는 책이다. 실제로 저자는 이 책을 쓸 때 그 점을 염두에 두어 이 책을 보편적인 관점에서 쓰고자 노력하였다. 이 책은 엄격성과 타당성을 갖춘 질적 연구를 해 보고자 하는 대학원 과정의 학생들과 교수들, 그리고 그 밖의 전문 분야에서 활동하는 연구자들에게 유용한 지침을 제공해 줄 수 있을 것이다.

차례

제1장　맥락 안에서의 질적 연구방법 • 21

제4장 질적 연구에서의 윤리적 및 정서적 문제 • 129

제5장 자료 수집 관찰, 인터뷰 및 활용 • 157

제6장 자료 분석 • 213

제7장 해석: 현저성 인식하기 • 267

제10장 혼합 방법 · 361

1

맥락 안에서의
질적 연구방법

질적 연구방법은 20세기 후반 사람들의 이목을 집중시키는 하나의 커다란 변화로 자리 잡게 되었다. 이러한 변화는 질적 연구방법이 사회복지, 간호, 교육 등을 포함한 여러 전문 영역에서 인기를 얻게 되면서 가속되었으며, 질적 연구방법이 다양한 전문 영역에서 더욱 폭넓게 활용되는 결과로 이어졌다. 이러한 변화가 나타나게 된 원인으로는 여러 가지를 꼽을 수 있으나 "수치화할 수 있는 모든 것을 고려해야만 하는 것도 아니고, 고려해야 할 모든 것을 수치화할 수 있는 것도 아니다."(Cameron, 1963, p. 13)와 같은 격언이 그러한 다양한 원인을 한마디로 표현해 줄 수 있다. 질적 연구방법은 오랫동안 기다려져 왔던, 수량화와 측정에 대한 대안일 뿐만 아니라 자신만의 독특성을 가진 매력적인 연구방법이다. 질적 연구방법은 맥락과 사실적 구체성을 중요시하며, 통계적 감각이나 연구 결과에 대한 해독(decoding)을 필요로 하지 않는다. 종종 우리는 질적 연구의 최종 결과물이 가진 현실 관여적 특성에 너무 주목한 나머지 그 결과물을 만들어 내기 위해 선행되어야 하는 강도 높은 참여적·지적 활동의 중요성을 간과하곤 한다. 이 책의 주된 관심사는 바로 그 '선행되어야 하는 것들'이며 지금부터 그것들에 대해서 논의해 보고자 한다.

양적 연구방법과의 차이점과 유사점

질적 연구방법과 양적 연구방법은 모두 관찰을 통해 수집한 자료에 근거하여 결과와 결론을 도출한다는 유사점을 가진 연구 접근 방법이다. 또한 이 두 접근 방법은, 물론 질적 연구방법이 양적 연구방법의 통계적 분석과 전혀 다른 가정과 절차를 따르기는 하지만, 체계적인 연구방법이라는 유사점도 가지고 있다. 지나친 단순화일 수는 있으나, 질적 연구방법과 양적 연구방법에 대한 '넓지만 얕은 연구방법'과 '깊지만 좁은 연구방법' 같은 이분법적 대비는 두 접근 방법 간의 핵심적 차이가 무엇인지를 잘 이해할 수 있게 해 준다. 이와 더불어 두 접근 방법 간에는 다음과 같은 차이점들도 존재한다.

- 외부자 관점보다는 내부자 관점
- 변수 중심보다는 사람 중심
- 개별적보다는 전체적
- 탈맥락적보다는 맥락적
- 넓이(breadth)보다는 깊이(depth)
- 연역적보다는 귀납적(적어도 연구 초기 단계에서는)

질적 연구방법은 연구 대상에 대한 사실적(naturalistic) 관찰과 면담 위주의 접근 방식을 선호한다. 그렇기에 질적 연구방법에서는 상당한 수준의 친밀성(closeness)과 통제의 부재(the absence of control)가 중요시되는데, 이는 거리감(distance)과 통제를 중요시하는 전통적인 과학 연구의 특성과 뚜렷한 대비를 이룬다. Manicas와 Secord(1982)에 따르면, 질적 연구방법은 관찰적 맥락(그리고 관찰자) 그 자체가 연구의 일부인 '개방체계(an open systems)' 가정에 입각한 연구방법이다. 이와 대조적으로, 양적 연구방법은 연구자가 관찰적 맥락(관찰자를 포함한)의 영향을 배제하는, 거의 모든 노력을 집중하는 '폐쇄체계(a closed system)' 접근 방식을 중요시한다.

질적 연구방법의 주된 관심사는 특정 범주나 변수보다는 심층적 서술을 통해서 연구 대상의 복잡한 세계를 전체적 관점(holistic perspective)에서 보여 주는 것이다. 질적 연구방법은 주관적인 의미를 강조하고, 객관적인 실제(objective reality)의 존재를 의문시한다. 질적 연구방법은 또한 역동성(dynamism), 즉 심층적 관여를 통해서만이 파악될 수 있는 유동성(a state of flux)을 기본 가정으로 삼는다. 양적 연구 결과의 핵심이 통계분석 결과라고 한다면, 질적 연구의 결과는 브리콜라주(bricolage), 파편 맞추기 또는 부분들의 단순 합 그 이상인, 촘촘히 짜인 전체라고 하겠다.

질적 연구를 하는 연구자는 스스로가 자료 수집의 도구가 되어 강도 높게 연구에 몰입해야 한다. 그렇기에 질적 연구자는 자신을 민감한 관찰도구로 활용할 수 있어야 하고, 매 순간 적절한 결정을 내릴 수 있는 능력과 유연성 또한 갖추고 있어야 한다. 유연성(flexibility)과 우연성(serendipity)이라는 한 극단과 엄격성(rigor)이라는 또 다른 극단 간의 역동적 긴장감은 질적 연구를 흥미롭고 도전적인 탐구활동으로 만드는, 질적 연구만의 매력적인 특성이다. 대부분의 질적 연구자는 자신들이 하는 연구를 과학, 적어도 20세기 중반에 내려진 과학의 정의에 해당하는 '과학'으로 불러야 할 필요성을 전혀 느끼지 않았다. 이는 매우 예외적인 경우가 아닐 수 없는데, 왜냐하면 우리가 알고 있는 오늘날의 과학은 거의 모두가 수학, 천문학 및 생물학 영역에서 수 세기에 걸쳐 이루어진 사실주의적 관찰을 기반으로 탄생한 것이기 때문이다.

질적 연구가 가진 부분적 특수성에 대한 강조(local emphasis)와 역동적인 변화(dynamic change)를 중요시하는 일부 질적 연구자들은, 연구방법은 배우거나 실험해 볼 수 있는 것이 아니라는 주장을 하기도 한다(Hammersley, 2004). 그들이 가장 선호하는 학습 방법은 도제식 학습 방법(apprenticeship), 즉 멘토의 지도하에서 멘티가 시행-오류를 경험하는 과정을 통해서 그리고 멘토와 멘티 모두의 공유적 관심에 의해 연구의 고유성이 드러나는 학습 방법이다. 이러한 학습 방법은 문화인류학자들이 오랫동안 사용해 온 학습 방법(그리고 지금도 많이 사용하고 있는)이다. 그러나 이러한 도제식 학습 방법은 긴밀하고 심도 깊은 지도 감독하에서 학위 논문을 준비하는 상황이라면 모를까, 그 밖의 상황에서는 사용하기가 거의 불가능하다. 분명한 것은, 질적 연구방법 관련 교재와 교과목이 양적으로 빠르게 늘고 있다는 것이며, 이는 질적 연구에 관한 이론적 교육 수요가 점점 더 증가하고 있다는 사실을 단적으로 말해 주는 것이다. 그러한 이론적 교육은, 질적 연구방법을 궁극적으로 익힐 수 있는지의 여부는 실제로 (가능하면 더 많이) 해 보는 것(practice)에 의해 좌우된다는 사실에 대한 이해가 바탕이 된 교육이어야 한다.

질적 연구방법의 발달 과정

형성기

질적 연구방법의 길고도 복잡한 발달사를 심층적으로 고찰하는 것은 이 책의 범위를 넘어서는 일이다. 그럼에도 불구하고 문화인류학, 사회학, 철학, 언어학 등과 같은, 이른바 질적 연구방법을 '기증 학문(donor disciplnes)'에 대한 개괄적 이해(McCracken, 1988)와 기증 학문의 다음 세대 학문으로서 질적 연구방법을 적극적으로 받아들여 오늘날 '질적' 방법이라 불리는 연구방법으로 발전시켜 온 교육학, 심리학, 사회복지학 등의 '수용 학문(recipients disciplines)'에 대한 개괄적 이해는, 질적 연구를 이해하는 데 있어서 매우 중요하다.

질적 탐구는 문화인류학에서 유래했는데, 문화인류학 가운데서도 특히 비서양문화와 비서양에 관한 연구를 목적으로 19세기 말 등장한 문화기술학(ethnography)을 그 시초로 볼 수 있다. 문화기술학의 역사 중에서 초기부터 제2차 세계대전까지의 기간을 "고독한 문화기술자 시대(the era of Lone Ethnographer)"(Rosaldo, 1989)라고 하는데, 오늘날 우리가 알고 있는 질적 연구방법의 특성 대부분이 바로 이 시기에 소개되었다. 한 가지 흥미로운 점은 이 시기를 대표하는 Boas, Kluckoln, Malinowski, Lowie, Benedict, Mead 같은 문화인류학자들이 문화인류학의 현장 연구방법론에 대해서 그다지 많은 것을 제시해 주지 않았다는 사실이다. 그들이 중요시한 것은 '체험을 통한 학습(learning-by-doing)'이었으며, 이러한 전통은 오늘날까지도 문화인류학 내에서 그대로 이어져 내려오고 있다. 대부분의 문화인류학 대학원 교과과정에는 이론 중심의 연구방법론 과목이 없다는 사실이 이러한 전통을 보여 주는 단적인 예라고 하겠다.

제2차 세계대전이 끝날 무렵, 시카고 사회학파를 중심으로 다른 문화권이 아니라 자신의 문화권 내의 대상에 대한 심층적 관찰에 기반한 다양하고 풍부한 질적 연구들이 이루어지기 시작하였다. 이러한 연구들 가운데는 의과대학생을 대상으로 한 연구(Becker, Geer, Hughes, & Strauss, 1961), 도시와 지역사회 전체를 대상으로 한 연구(Lynd & Lynd, 1937, 1956) 등이 포함되어 있었다. 이 시기에는 University of Chicago 사회학과를 중심으로 하나의 독특한 연구 접근 방법을 개척해 나아가는 노력이 시작되었는데, Robert Park, Ernest Burgess 그리고 W. I. Thomas 같은 학자들의 초기 노력을 토대로 Barney Glaser와 Anselm Strauss(1967)가 『The Discovery of Grounded Theory』을 저술해 냄으로써 하나의 체계를 갖춘 독특한 연구방법을 소개하였다. Glaser와 Strauss가 가지고 있었던, 귀납적으로 도출된 중범위 이론에 대한 비전은 20세기 미국 사회과학계를 지배하고 있었던 두 가지 학문적 전통 모두에 대한 저항이었다. 하나는 보편적 이론(예: Sigmund Freud, Karl Marx 또는 B. F. Skinner 같은 학자들이 말하는 거시이론)을 중시하는 전통이었고, 다른 하나는 문화인류학의 전통을 따르는, 국지적(localized) 또는 사례적(idiographic) 서술 중심의 전통이었다. 이 두 학문적 전통 간의 변증 관계는 초창기부터 줄곧 질적 탐구의 주된 주제가 되어 왔다.

문화인류학의 황금기였던 이 시기에 여러 사회학자들과 문화인류학자들에 의해 미국인의 삶(American life)에 관한 훌륭한 질적 연구가 많이 이루어졌다. 대표적인 연구로는 Whyte의 『Street Corner Society』(1955), Goffman의 『Asylums』(1961), Powdermaker의 『Stranger and Friend』(1966), Liebow의 『Tally's Corner』(1967) 그리고 Stack의 『All Our Kin』(1974) 등을 꼽을 수 있는데, 이 연구들은 'verstehen', 즉 참여자 관찰을 통해 인간의 상호작용과 사회 구조를 심층적으로 이해하는 대표적인 연구라고 할 수 있다. 심리학 분야의 대표적인 초기 질적 연구로는 Festinger, Reicken과 Schacter(1956)의 종말론적 종교 집단 연구가 있다.

1980년대에 들어서자 연구방법을 명문화하고 코드화하기 위한 전례 없는 노력이 시작되었다. 이러한 움직임이 나타나게 된 데는 Glaser와 Strauss의 근거이론 접근 방법(Glasser & Strauss, 1967; Strauss & Corbin, 1994)이 가장 큰 영향을 미쳤지만 이들 못지않게 George와 Louise Spindler, Jules Henry 그리고 Harry Wolcott와 같은 문화인류학을 학문적 배경으로 하면서 교육평가 분야에서 활동하던 학자들 또한 적지 않은 영향을 미쳤다. 간호학은 질적 연구방법의 탐구 방법을 발전시키는 데 선구적인 역할을 담당한 또 하나의 대표적인 학문 분야다(Morse, 1985; Sandelowski, 1993).

사회복지학은 다른 학문 분야에 비해 질적 연구를 늦게 받아들였지만(Fraser, 1995; Gilgun, 1994; Padgett, 1998; Riessman, 2008), 사회복지학 내에서 질적 연구방법은 매우 빠르게 발전하였다([글상자 1-1] 참조). 미국심리학회의 경우, 최근에 양적 및 질적 연구방법과 학술지 『Qualitative Psychology』를 담당하는 부서를 신설하는 등의 노력을 통해 이러한 변화 추세에 발맞추고 있다(Gergen, Josselson, & Freeman, 2015).

[글상자 1-1] 사회복지 조사연구와 질적 연구방법

1995년 버지니아주 알링턴에서 개최된 창립 총회를 통해 사회복지연구학회(Society for Social Work and Research: SSWR)가 출범하면서부터 미국 사회복지학 연구에 변화가 일기 시작하였다. 양적 연구가 지배적이었던 SSWR 연례 학회 프로그램에 질적 연구가 강한 존재감을 드러내기 시작한 것이다(예: Catherine Riessman이 주도했던 내러티브 분석 워크숍이 창립 학회 프로그램에 포함된 것이 대표적이다). SSWR 학회원 가운데 질적 연구자들이 차지하는 비중은 크지 않았지만 질적 연구자들이 그들의 영향력을 점차 확장해 나아갔으며, 다양한 형태의 질적 연구들이 학회를 통해 점점 더 많이 발표되기 시작하였다. 유럽의 SSWR이라고 할 수 있는 유럽사회복지연구학회(ESWRA)가 2011년 만들어지면서 SSWR은 유럽에 학문적 파트너를 갖게 되었다. ESWRA의 회원 자격과 학회 프로그램 내용 등으로 미루어 볼 때, 질적 연구방법은 서유럽에서 폭넓게 수용되고 있다고 볼 수 있다. 이러한 변화는 또한 학술지 『Qualitative Social Work』가 국제적인 성공을 거둔 사실을 통해서도 다시 한번 확인할 수 있다. 2005년에는 Norman Denzin이 주도한 국제질적 연구학회에서 포스트모더니즘 질적 연구자들과 성과-영감(performance-inspired) 질적 연구자들이 (Jane Gilgun에 의해 결성된 사회복지 이익집단을 포함하여) 한자리에 모여 연례 모임을 갖기도 하였다(http://www.icqi.org).

한편, "사회복지의 과학화"(Brekke, 2012)에 대한 열망이 사회복지 전문직 내부와 외부 모두에 연구의 중요성에 대한 논의의 불씨를 다시금 불러일으켰다. Brekke는 사회복지 전문 지식이 체계적으로 정리되고 활용되지 못하는 현실을 안타까워했으며, 사회복지 연구를 과학으로 발전시키기 위해 그가 제안한 해결책은 관심과 비판을 동시에 받아 왔다(Longhofer & Floersch, 2012). Brekke(2012)는 다른 사람을 돕고자 하는 사회복지 전문가들의 헌신적 성향이 사회복지 전문직으로 하여금 연구에 대해 모호한 입장을 갖게 만들었으며, 무엇이 최선의 사회복지 실천인지를 분별하는 데 필요한 학술 연구는 사실상 다른 전문직들에게 맡겨 버리고 있다고 비판하였다. 이후, SSWR와 연구자들의 모임에서 이 사안에 관한 논의가 후속적으로 이루어지면서 '사회복지의 과학화'라는 의제가 형성되었다.

과학에 근거한 연구만이 사회적 인정이나 존중을 받을 수 있다면, 질적 연구가 설 자리는 과연 어디인가? 이 질문은 분명 사회복지 분야에만 해당되는 것이 아니다. 그러나 질적 연구방법이 실천기반 전문가(practice-based profession)의 욕구를 충족시키는 데 가장 적합한 연구방법이라는 주장은 사회복지 전문직에 특히 해당되는 주장인 것 같다. 저자는 질적 연구방법과 사회복지 실천 간의 관계가 겉보기와 달리 그다지 조화로운 관계가 아니라고 생각한다(Gilgun, 1994). 오히려 질적 연구방법과 사회복지 실천이 잘 맞는다는 생각은 자칫 양자 간에 존재하는 중요한 방법론적 차이와 윤리적 차이를 간과하게 만들 수 있다고 본다(Padgett, 1998). 이에 관해서는 사람마다 생각이 다를 수 있으나, 현 시점에서 우리는 적어도 다음과 같은 몇 가지에 대해서만큼은 합의할 수 있다고 생각한다. 첫째, 사회복지에서 양적 연구방법은 여전히 상당한 영향력을 가지고 있다. 둘째, 그러나 사회복지에서 질적 연구방법은 점점 성장해 나가고 있으며, 셋째, 사회복지 연구자들은 사회복지 전문 지식이 인정받기 원하며 사회복지 전문 지식이 사회복지 영역 내에서만이 아니라 다른 전문 영역에 대해서도 영향력을 갖는 지식이 되기를 원한다는 것이다.

계량주의와 조작주의의 등장

1930년대 시작되어 1960년대에 급성장한 통계학과 조사연구는 질적 연구방법의 발달 과정에 엄청난 영향을 미쳤다. 양적 연구방법이 지배적인 자리를 점하게 된 데에는 두 가지 배경적 원인이 작용하였는데, 하나는 화학비료와 작물 수확량에 관한 농업연구를 돕기 위하여 몇몇 수학자들(Fisher와 Pearson 그리고 동료 연구자들)이 계량화(quantification)할 수 있는 현상 간의 상관관계를 분석하는 공식을 도출해 내기 시작한 것이다. 다른 하나는 영업과 마케팅에 관한 관심이 사회학 내에 뿌리내리기 시작한 것이다. 사회학 내의 이러한 변화는 이민자와 지역사회에 집중되어 있던 시카고 학파의 관심이 다른 대상에게로 옮겨 가게 되는 결과로 이어졌다. Columbia University 사회학부 교수였던 Paul Lazarsfeld와 동료 연구자들은 조사연구, 설문조사, 수학적 표본 추출방법 등과 같은 새로운 변화를 선도하는 역할을 담당하였다.

제2차 세계대전 이후 세계 경제는 호황 국면으로 접어들었으며 냉전으로 인해 군비경쟁이 시작되었다. 대규모 자료를 처리하고 다변량분석을 가능하게 하는 컴퓨터 시스템과 통계기법이 발달하는 와중에 우주를 향한 미국과 옛 소련 간 경쟁은 과학 연구에 전례가 없는 관심을 집중시켰다. **현실주의**(realism)와 **조작주의**(operationalism)가 등장하였으며 그들이 가진 영향력이 사회행동과학(social and behavior science)에 큰 영향을 미친 반면(혹은 그 여파로), 문화기술학과 사례 연구에 대한 관심은 줄어들기 시작하였다. 오늘날 심리검사가 하나의 관행이 되어 버린 심리학에서 이러한 현상이 특히 두드러지게 나타났다. 교육과 기업 그리고 군대 내에서도 심리검사는 가장 신뢰할 수 있는 수단, 즉 '부적응자'를 색출하는 동시에 가장 '유능한 인재'를 선별해 내는 도구가 되었다.

사회과학 영역에서 사회학, 경제학, 정치학이 1970년대까지 다소 지나치다고 할 정도의 정량화를 추진하였다. 이러한 변화는 한 가지 부작용(의도된 것이든 아니든)을 낳게 되었는데, 이들 중 몇몇 학문들이 생물의학이나 공학과 같은 '정통 자연과학'을 좇아가기 시작한 것이다. 역사학과 인류학에서도 이러한 수량화 유행이 나타났지만, 이 학문들은 질적 연구방법에 대한 관심을 꾸준히 유지해 나갔다.

질적 연구자들 간의 인식론적 차이

20세기 후반 실증주의적 사고방식과 수량화는 많은 학자로부터 비판을 받았다. 그리고 그 결과, 우리가 흔히 아는 '패러다임 전쟁'이 발발하였다(Gage, 1989). 사회학자이자 사회구성주의를 주제로 획기적인 논문을 쓴 Berger와 Luckmann(1967)도 이러한 초기 비판가들 중 하나였다. 인식론에 대한 논쟁, 즉 우리가 어떻게 알고 또 무엇을 아는지에 대한 철학적인 논의는 다양한 학문(academy)에서 다루는 주된 주제이기도 하다. 반실증주의적 인식론(antipositivist epistemology)을 설립하는 과정에서 포스트모더니즘 비평가들은 Jacques Derrida나 Michel Foucault와 같은 프랑스 학자들과 협력하기 시작하였다. 이러한 새로운 움직임에 많은 철학자와 사회과학자가 동참하였다(Harding, 1987; Rabinow & Sullivan, 1979). 인류학 내에서 Geertz(1973, 1988), Clifford와 Marcus(1986)는 소박실재론(naive realism)에 입각해 민족지학에 대한 깊은 고찰을 제공하였다.

Foucault(1980)의 글에 따르면, 비평가들은 과학적 조사방법이 기술관료주의와 조합주의 엘리트를 대변하면서 권력의 격차를 옹호하는 수단이 되었다고 비난하였다. '자연과학'과 '비(非)자연과학'으로 나누는 이분법적인 전통적 사고관은 과학적 연구가 어떠한 방식으로 현실주의에 입각하고 있는지를 보여 주는 하나의 사례다. 객관성을 유지하는 것은 매우 어려운 일이라서, 비평가들은 실험자와 피실험자의 거리가 임의적이며 자기중심적(self-serving premise)이라고 말한다.

1980년대 후반부터 질적 연구자들이 철학, 문학, 예술 등의 인문학 영역으로 관심을 돌리기 시작하면서 학문 간 경계가 모호해지기 시작하였다. Lincoln과 Guba(1985)의 『Naturalistic Inquiry』와 Denzin과 Lincoln(1994)이 편저한 『Handbook of Qualitative Methods』가 발간되면서 질적 연구방법은 두 가지 주된 전환점을 맞이하게 되었다. 『Handbook of Qualitative Methods』는 구성주의와 비판이론이 새로운 시대를 열 것으로 예측했는데, 이 책의 목적은 그 모습이 점점 드러나기 시작한 '질적 연구방법'이라는 현상에 방향성을 제시하는 데 있었다. 이 책의 서문 부분에 언급되었듯이, "객관적인 관찰이란 존재하지 않는다. 관찰은 단지 관찰자와 피관찰자로 구성된 세상에만 존재한다."(Denzin & Lincoln, 1994, p. 12) 이후 이 책의 개정에서 Denzin과 Lincoln은 "핍진성(verisimilitude)과 정서감, 돌봄 윤리(ethic of caring), 정치적 관행, 다양한 메시지 해석(muti-voiced texts)"(2011. p. 9) 방법을 옹호하면서 양적 연구방법이 중요시하는 기준들을 철저히 배격하였다.

흥미롭게도, 패러다임 전쟁이 한창이었던 바로 그 시기에 간호학과 사회복지학에서 질적 연구가 주목을 받기 시작하였다. 이러한 학문을 전공하는 학생들에게 있어서 질적 연구방법을 배운다는 것은 이제 그들이 어느 한 인식론적 입장 편에 설 것인지를 분명히 하지 않을 수 없는 입장에 처하게 되었다는 것을 의미하였다(Staller, 2012). 어느 한 인식론의 편에 서지 않고 '인식론적 무의식'이라는 대안을 선택하는 것은 그것만으로도 실증주의를 옹호하는 입장에 서는 것으로 여겨졌다(Steinmetz, 2005, p. 12). 시간이 지나면서 실증주의에 대항하는 인식론적 입장이 포스트모더니즘, 반정초주의(antifoundational), 후기구성주의, 구성주의, 해석주의 등으로 다양해지기 시작했으며, 각각이 가진 인식론적 입장 또한 다양해지기 시작하였다.

구성주의(constructionism)[인간의 삶을 객관적으로 '실제하는 것(real)'이 아니라 사회적으로 구성되는 것으로 봐야 한다는 견해]는 많은 연구자에 의해 자신을 자유롭게 만들어 줄 수 있는 힘으로 여겨졌다(Denzin & Lincoln, 2011; Holstein & Gubrium, 2007). 또한 구성주의는 '인종' '성별' 그리고 '정신 질환' 등 사회의 '실제적인' 모습을 다시 성찰하도록 이끌었다. 이처럼 추상적인 개념이 형성되고 구체화되는 과정을 연구하면서 많은 연구자는 양적 연구자가 지향하는 불변하는 실재와 가치중립적인 연구에 의문을 제기하기 시작하였다. 구성주의가 비판이론을 포함하여 페미니즘과 마르크시즘 그리고 인종과 퀴어이론(queer theories)에 영향을 미치기 시작하였다(Harding, 1987; Hesse-Biber, 2006; Ladson-Billings, 2000; Madison, 2005; Olesen, 2000). 서양 과학에 의해 만들어진 지식 중 그 이면에 담긴 의미를 탐구하고자 다양한 이론이 연합하기 시작하였다.

이러한 입장과 관련성이 높은 용어 가운데 하나인 **인지구성주의**(constructivism)는 주관성과 성찰성(reflexivity)의 중요성을 강조하기 위해 만들어진 용어다. Charmaz(2014)는 근거이론이 말하는 '구성주의자의 등장(constructivist turn)'의 의미를 설명하면서 사회구성(social construction)에 있어서 연구자의 역할이 그 중요성에 걸맞는 인정을 받지 못하기 때문에 **구성주의 연구**가 갖는 장점을 충분히 살리지 못하고 있다고 주장하였다. Charmaz의 연구는 그녀 자신을 포함한 여러 연구자가 '근거이론이 가진 객관주의적 뿌리'라고 불렀던 것으로부터 한 걸음 더 멀어져야 할 필요성을 제시해 주었다. 최근 들어서는 사회구성주의(social-constructionism)와 사회인지구성주의(social-constructivism)의 의미가 점점 더 유사해져서 별도의 설명 없이 혼용되고 있다.

포스트모더니즘에 기반한 비판이론과 인식론적인 자기성찰은 다양한 학문 분야에 영향을 미쳤다. 그러나 학술지에 소개되는 대부분의 질적 연구에 여전히 불가지론적인 입장이 나타나 있음을 볼 때 질적 연구의 영향력이 큰 변화를 가져왔다고 말하기에는 아직 한계가 있는 것 같다(Alvesson & Karreman, 2011). 일부 질적 연구자들은 포스트모더니즘의 주장과 해석을 비난하면서 포스트모더니즘으로의 도입을 비판해 왔다(Flaherty, 2002, p. 509). 구성주의와 포스모더니즘적 비판이론은 학문 영역 밖의 (혹은 종신 영역 외의 영역에서 활용하는) 연구자들에게 지적 보상뿐만 아니라 분명한 위험 또한 가져다줄 수 있다.

실용주의적 중간 지대

비판적인 사고방식을 갖고 방법론에 대해 실용적인 입장을 취하는 태도는 실용주의가 질적 연구에서 갖는 핵심적인 가치다. John Dewey를 비롯하여 Charles Peirce, 그리고 Jane Addams가 독창적으로 발전시킨 미국의 실용주의 철학은 진리의 본질과 실재를 다루는 형이상학적인 담론에서 출발하였다(Cherryholmes, 1992; Menand,

2001; Rorty, 1998). 실용주의자들은 관념론이나 철학보다는 실용성에 더 높은 가치를 부여했기에, 실용주의자들은 철학적인 질문을 던지기보다는 지식의 오류성을 수용하는 것에 초점을 맞췄다. 따라서 지식의 무오류성을 부정했기에 실용주의적 가치관은 매우 유용하였다. 현실에 대해 우리가 당연하게 여겼던 사고방식이 무너졌을 때(인종에 대한 개념), 현실주의자들이 비판을 가했을 때(독일 나치의 학살), 혹은 다양한 주관적인 의미가 우리의 지식을 확장시킬 때(만성 질환의 개념), 실용주의자들은 이러한 질문에 대해 매우 유연하게 대처할 수 있었다. 달리 표현하자면, 모든 개념은 우리 인간이 만든 것이며, 그중 몇 개의 개념은 사회적으로 구성되었거나 다른 개념에서 파생된 것들이다.

시카고학파의 상징적 상호작용론과 실용주의 철학은 매우 밀접하게 관련되어 있다(왜냐하면 John Dewey와 George Herbert Mead는 서로 친구였으며, 그 둘은 University of Chicago 철학과 소속이었기 때문이다). 즉, 행동이나 신념체계를 포함하여 인간의 경험은 사회적인 맥락 속에서 형성되는 것이기에 이와 관련된 연구는 다양한 해석을 내포할 수밖에 없다. 상당한 수의 질적 연구자들이 실용주의를 옹호하는 견해를 밝혔다(Becker, 1996; Creswell, 2013; Morgan, 2014; Patton, 2002). 실용주의를 선호하는 이유가 단순히 비판을 덜 받을 수 있기 때문인 것만은 아니다. 전통적으로, Dewey의 실용주의 철학은 현상의 본질에 대해 서로 다른 사고관을 갖는 포스트모더니즘과 구성주의 중 오직 하나만을 택해야 하는 이분법적인 사고를 배격한다.

구성주의자들의 주장, 즉 그들의 연구가 사회정의와 밀접한 관련을 맺고 있다는 말을 고려한다면, 이 논쟁의 취지는 보다 명확해진다(구체적인 내용은 Denzin과 Lincoln의 『Handbooks』에 나와 있다). Dewey와 그의 동료인 Jane Addams는 사회적인 약자를 대표했으며, 이들을 옹호하는 사회적인 활동을 꺼리지 않았다. 실질적인 행동을 취함으로써, 이들은 자신이 가진 신념을 실제 행동으로 옮겨야 한다는, 실용주의의 가치관을 지켰다(Morgan, 2014). 실용주의를 페미니즘과 기타 비판이론에 접목하려는 근래의 움직임은 "성찰적 실용주의"(Gergen, Josselson & Freeman, 2015, p. 2)라는 새로운 형태의 실용주의를 낳았는데, 연구윤리를 준수하는 태도와 함께 사회적인 가치가 연구 내에 포함되어 있었다. 실용주의는 통합연구방법(mixed methods)에 관한 관심이 늘어나기 시작하면서 더 많은 인기를 얻게 되었다(Morgan, 2014; Tashakkori

& Teddlie, 2010). 사실 통합연구방법에 대한 관심은 구성주의가 가진 호환불가주의 (incompatibility thesis)에 대한 반발로부터 출발한 것이다(이에 관한 자세한 논의는 이 책의 제10장에서 하겠다). 한마디로 말하자면, 실용주의는 더 적은 선택지가 아니라 더 많은 선택지에 관한 것이다.

증거기반 실천과 실행 과학

증거기반 실천(Evidence-Based Practice: EBP)은 보건 분야와 사회복지 분야에서 매우 큰 영향력을 행사하고 있다(Gibbs & Gambrill, 2002; Morse, 2006). 생물학에 기반을 둔 증거기반 실천은 현장직 전문가들에게 새로운 과제를 부여하였다. 현장직 전문가들은 비효율적이거나 위험성이 따르는 기법을 버리고 실증적인 증거에 근거해 개입할 것을 요청받았다. 효과성에 대한 측정은 순수실험설계(randomized experiments), 준실험설계(quasi-experiment) 그리고 유사실험설계(nonexperimental studies) 순으로 구성된 증거의 위계 순위(hierarchy of evidence)에 바탕을 두고 있다.

증거기반 실천의 발전에 발맞춰, Cochrane과 Campbell(전자는 보건 관련 연구에, 후자는 사회복지, 교육 및 사법제도 관련 연구에 기여함)은 메타분석(meta-analysis)과 메타종합(meta-synthesis) 연구방법을 사용하여 사회복지 프로그램에서부터 항정신병 치료법에 이르기까지 다양한 영역에서 개입의 효과성(혹은 개입의 비효율성)을 측정하는 연구를 진행하였다(이들의 연구에 관한 자세한 내용은 www.cochrane.org와 www.campbellcollaboration.org를 참조하기 바람). 이들 중 Cochrane은 시간이 갈수록 더욱 활발한 연구를 할 수 있었던 것과 달리 Campbell은 초기 연구에 있어서 적지 않은 어려움을 겪어야 했는데, 그 이유는 사회복지학 분야에서 연구를 하는 것이 매우 복잡하고 어려웠을 뿐만 아니라 사회복지학 분야에서는 실험연구가 극히 제한적으로밖에 이루어지지 않았기 때문이다. 즉, 메타분석 방법을 사용할 수는 있지만 사회복지, 대인서비스, 교육, 범죄 등의 분야에서 벌어지는 상황들이 매우 가변적·유동적이었기 때문에 연구를 위해 수집된 자료들에 적지 않은 문제가 있었다는 것이다.

좁은 의미로서의 증거와 엄격한 의미로서의 증거기반 실천은 일반적으로 개입의 동기와 수단을 설명하는 이론들을 배제하는(선택의 문제가 아니다) 경향이 있다.

Cochrane은 체계적인 검토를 통해 질적인 연구성과를 얻고자 노력했지만(Noyes, Popay, Pearson, Hannes, & Booth, 2008), 표준화된 기준의 부재로 연구 진척에 난항을 겪었다.

증거기반 실천의 기본전제를 부정하기는 어렵지만, 증거기반 실천은 명확한 한계점을 갖는다. 어느 누가 최신 연구 결과를 무시하는 외과 의사를 원하겠는가? 마찬가지로, 증거기반 실천이 가져다주는 결과물을 수용하는 태도가 반드시 다른 학문을 깎아내리는 결말로 이어지진 않는다. 지역사회 기반 개입에서 질적 연구를 '현실의 시금석'으로 비유하는 몇몇 뛰어난 양적 연구자들에 의해, 우리는 올바른 방향으로 한 걸음 진보하고 있다(Hohmann & Shear, 2002, p. 205).

최근 들어, 증거기반 실천의 성과로서 **실행 과학**(implementation science) 분야가 조명받고 있다(Proctor et al., 2007). 미국 보건복지부를 포함하여 세계은행이나 글로벌펀드, WHO와 같은 조직들도 응용과학을 수용하고 있는 추세다. 보다 현실적인 상황을 조명하고자 응용과학이 만들어졌는데, 응용과학은 증거기반 실천이 널리 전파되는 과정에서 문제가 되었던 요소들을 다뤘다. 그 이유는 명확했다. 복잡하기만 할 뿐, 잘못된 무작위 실험(randomized trials)으로 인해 매년 수백만 달러가 낭비되고 있었고, 이러한 실험이 실제로 성공을 거둬야 하는 현실에서도 효과가 없었기 때문이다. 실험실과 같이 통제된 상황을 벗어난 상황에서, 아주 철저한 개입도 현실에 맞게 전환되지 않는 한 우리의 연구 성과는 무의미해질 것이다.

실행 과학은 이러한 전환의 과정(process of translation)을 용이하게 해 주는 체계적인 개념틀(conceptual frame)을 우리에게 제공해 준다(Damschroder et al., 2009). 그리고 그렇게 하는 과정에서 실행 과학은 다양한 방법이 줄 수 있는 혜택들이 필연적으로 실현되게 한다(Palinkas et al., 2011). 특히 질적 연구는 우리에게 사건의 '전말(backstage)'을 면밀히 조사하게끔 하며, 예상치 못한 일들이 종종 발생하는 치료 프로그램이나 활동들을 다시 돌아보게 한다. 치료 프로그램이나 활동을 통해 바람직한 변화(innovation)가 일어날 수도 있고 일어나지 않을 수 있는데, 학술지 『Implementation Science』에 게재된 논문들을 통해 알 수 있듯이, 이러한 바람직한 변화는 가정폭력을 발견하는 일에서부터 당뇨병 환자의 자기관리에 이르기까지 매우 다양한 영역에 걸쳐 발생한다.

그러나 실행 과학은 방법론의 큰 변화을 암시하는 징조는 아니다. 왜냐하면 실행 과학은 여전히 무작위 실험(randomized experiment)을 가장 높게 평가하는 증거의 위계 순위를 따르고 있기 때문이다. 실행 과학은 거시적이거나 구조적인 문제들을 거의 다루지 않는데, 왜냐하면 그것들은 구체적이고 측정 가능한 요소와 반대되기 때문이다. 그럼에도 불구하고 실행 과학에서 질적 연구와 혼합 연구론의 중요성을 인정하는 것은 올바른 방향으로 나아가기 위한 첫 걸음이다(Palinkas et al., 2011).

질적 연구방법의 이론적·학문적 기원

어떤 이론들은 다른 이론들보다 더 잘 맞는다

질적 연구와 이론 간의 관계에 대해서는 연구자들 사이에 매우 다양한 의견이 존재한다(Alvesson & Karreman, 2011; Anfara & Mertz, 2006). 어떤 연구자들은 질적 연구가 특정 이론에 근거하게 되면 질적 연구의 장점이 사라진다고 본다(근거이론이 가진 가장 큰 장점은 이론을 만들어 내는 것이다). 그런가 하면 어떤 연구자들은 비이론적인 질적 연구(예: 사전 개념화 과정이 전혀 없는)가 적절하거나 좋은 연구가 되기 어렵다고 본다. 오늘날과 같이 인식론에 있어서나 패러다임의 영향력에 있어서의 다양성이 인정되는 학문적 풍토 속에서 각각의 연구방법들은 저마다의 학문적 영향력과 개념틀을 반영한다(이에 관한 보다 자세한 논의는 제2장에서 하겠다).

사회과학과 행동과학에서 '이론'은 그 의미가 학문 분야별로 다르게 정의되기 때문에 이론의 의미가 어떻게 다른지 살펴볼 필요가 있다. 이론의 의미에 대한 학문 분야 간 견해 차이는 현상과 사물의 원리 설명을 중요시하는 정도, 개념의 추상성 정도, 다중 해석에 대한 개방성 정도 등에 있어서 학문 간에 차이가 존재하기 때문이다. 이론의 의미에 대한 해석은 다음과 같은 여섯 가지 버전이 있다. (1) 가장 광범위하고 추상적인 거대이론(예: Freud 이론이나 Marx 이론), (2) 범위와 추상성 정도가 다소 낮은 심리학 및 사회학 이론[이들 중 어떤 이론(예: Bandura의 자기효능이론)은 다른 이론에(예: Bowlby의 애착이론) 비해 조작화하고 검증하기가 용이하다], (3) 사회불평등

에 관한 비판적 이론(페미니스트, 인종, 퀴어 등에 관한), (4) '개방 체제(open system)'로
서 작동하면서 증명보다는 조명(illuminate)을 목적으로 하는 이론(예: Mead와 Blumer
의 상징적 상호작용이론, Bronfenbrenner의 사회생태이론), (5) 다양한 원칙과 연상 개
념(evocative concepts)을 조직화하여 연구 개념틀을 제시하는 이론(예: 건강신념모델,
Anderson과 Newman의 행동모델 등), (6) 근거이론 연구방법의 기초가 되는, 귀납적으
로 도출된 중범위 이론이다.

　이러한 여섯 가지 버전의 이론 가운데 버전 1 이론과 버전 2 이론이 질적 연구에 대
한 적합도가 가장 낮은 이론이라고 할 수 있는데, 그 이유는 이 이론들이 목적과 활용
이 지향적이기보다 결정적이기 때문이다. 심리학 이론과 생의학 이론 역시 질적 연
구에 그리 적합하지 않다고 할 수 있는데, 이들 분야의 이론들은 물리적 또는 심리내
적 본질에 관한 문제를 규명하고 해결하는 데 초점을 맞추고 있으며, 비병리적 해석
에 대해 개방적이지 않은 기본 전제를 깔고 있는 이론들이다. 비판적 이론(버전 3)은
질적 연구자들이 선호하는 이론이기는 하지만 방법론이라기보다는 이데올로기 또는
옹호에 가깝다. 버전 4 이론과 버전 5 이론은 귀납적 추론에 대해 개방적이라는 점에
서 다른 버전의 이론들에 비해 질적 연구에 더 적합한 이론이다. 버전 6 이론은 질적
연구에만 적용할 수 있는 이론이다.

분석적 귀납법과 귀추법: 비연역적 사고

　귀납적 추론은 반드시 특정 이론을 검증하기 위한 목적에서 자료를 수집하지 않아
도 되며 질적 연구방법에 있어서 **필요불가결한 요소다.** 연구자가 데이터에 근거하여
이론을 만드는 귀납적 이론(물론 이것이 모든 질적 연구의 목적은 아님)에 초점을 맞추
는 경우, '분석적 **귀납법**(analytic induction)'은 연구자에게 반복적 방법, 즉 한 개 사례
를 선택하여 그 사례를 설명하기에 적합한 이론을 세운 다음, 또 다른 사례를 선택하
여 그 이론적 인과관계의 타당성을 확인하는 과정을 반복하는 방법을 제안해 준다.
만일 이론에 맞지 않는 '부정적 사례(negative case)'가 나오면 연구자는 반복적 방법
을 계속할지, 아니면 이론을 수정할지 여부를 결정해야 한다. 이는 검은 백조가 나타
나기 전까지는 모든 백조가 하얗다고 추측할 수 있다는 Karl Popper의 논리와 같은

것이다. 주로 Znaniecki(1934)의 연구에 위해 발전한 분석적 귀납법은 통계학 그리고 조작화를 통해 연역을 가능하게 만든 통계적 역량의 발전에 대한 반동으로 나타났다 (Bernard & Ryan, 2010). 귀납적 추론의 또 다른 산물인 근거이론과 마찬가지로(Glaser & Strauss, 1967), 분석적 귀납법은 통계적 검증에 대해서뿐만 아니라 '거대이론(grand theories)'에 대해서도 강력한 반론을 제기하였다. 분석적 귀납법은 Boolean 대수 또는 Boolean 논리의 근거가 되는 대안적 이론 명제들에 대한 검증을 그 내용으로 하는 '**질적 비교분석**(Qualitative Comparative Analysis: QCA)'이 Charles Ragin(1987)에 의해 소개되면서 양적 연구방법에서 파생된 하나의 변형적 연구방법이 되었다.

분석적 귀납법이 사용된 대표적인 연구로는 Cressey(1953)에 의해 이루어진 수감된 횡령범들에 관한 연구를 꼽을 수 있다. Cressey는 횡령범들과의 첫 번째 및 후속 인터뷰를 통해서 그들이 공금을 횡령한 이유에 관한 이론을 만들고 타당성을 검증하였다. 그의 초기 이론은 부정적 사례에 의해 반박되었는데, "그들은 횡령을 불법이라고 생각하지 않았다(불법인 줄 알고 있었다)."였던 처음의 가설은 "그들은 빚 때문에 돈이 필요했다(몇몇은 돈이 필요하지 않았음에도 횡령했다)."로 바뀌었다. 그러다가 최종적으로는 인터뷰한 133명의 횡령범 모두의 상황에 맞게 가설이 다시 바뀌었는데, 그들이 꼭 돈이 필요했던 것은 아니었지만 그들 모두가 어떤 개인적인 위기를 경험했고, 그들이 횡령한 돈이 그들에게 어떻게든 도움을 줄 것이라 믿었던 것이다. 횡령범들은 자신들이 돈을 가지고 도망간 것이 아니라 자신의 발전을 위해 사용했다는 것을 이유로 들어 자신들의 결백을 주장하였다(Cressey, 1953).

어떤 연구자들은 비록 분석적 귀납법을 지지하는 연구자들만큼 잘 알려지지는 않았지만 그들 못지않은 열의를 가지고 **귀추법**(abduction)을 지지하기도 한다. 귀추법을 선호하는 연구자들은 근거이론의 모태가 되는 귀납적 접근 방법에 대해서 비판적인 입장을 취한다. 실용주의 철학자 Charles Peirce(1934)가 그 시초라고 할 수 있는 귀추법(라틴어로 '이끌어 데려가다'라는 뜻)은 가설이 반직관적 증거(conterintuitive evidence)나 Agar(2006)가 말하는 '풍요점(rich points)'에 맞닥뜨릴 때 가장 잘 만들어질 수 있다는 기본 전제를 출발점으로 삼는다. Timmermans와 Tavory(2012)는 '풍요점', 즉 수많은 근거이론 연구가 이루어지고 있음에도 불구하고 정작 실행 가능한 이론은 놀랍게도 부재하다고 주장하면서 귀추법의 중요성을 강조하였다. 이러한 주장이 논란의 여지를 가지고 있음에도 불구하고 귀추법은 **사례확장법**(Burawoy, 1998), **분석적 문화기술법**(Snow, Morrill, & Anderson, 2003), **상황 분석**(Clarke, 2005) 등을 포함한 다양한 대안적 형태로 발전해 나아갔다.

Timmermans와 Tavory(2012)는 귀추법이 비이론적(귀납법의 특성)이지도 않고, 연역적이거나 이론 중심적이지도 않다고 주장한다. 귀추법은 복잡한 문제에 대한 관찰에서 출발하여 기존의 이론이나 설명들을 참고하여 상황에 맞는 새로운 가설을 만든 다음, 이미 우리가 알고 있는 어떤 사실들을 통해서 그 가설의 설명적 가치를 검증하는 방법이다. 분석적 귀납법과 대조적으로 귀추적 사고는 모호함을 불편해하지 않고 미지의 것에 대한 탐색을 좋아하는, 끈기 있고 풍부한 지식을 갖춘 연구자에게 가장 잘 맞는 방법이다. 귀추법은 개별 사례들을 하나씩 검증해 나아가는 접근 방법과는 분명히 거리가 멀다.

귀추법은 주로 모호함이나 예상치 못한 상황이 용납되지 않는 사업 또는 기술 분야에서 그 가치를 인정받아 왔다(Agar, 2006). 귀추적 문제해결의 가장 대표적인 예로는 미국 우주왕복선 Challenger호의 참사가 어떤 일련의 잘못된 결정들로 인해 발생했는지를 통찰력 있게 분석한 Vaughan(1996)의 연구를 꼽을 수 있다. 그 연구보다 좀 더 단순한 예로는 Agar(2006)가 텍사스주의 어느 라틴계 지역사회 인근에 새로 지어진, 그러나 지역주민들이 이용하지 않는 한 진료소에 관한 사례 연구가 있다. 이 연구에서 연구자는 지역주민들이 새 진료소를 이용하지 않는 이유를 알아보기 위해 지역주민들을 만나 이야기를 나누었는데, 그 과정에서 유일한 대중교통 수단인 버스가 옛 진료소로는 바로 가지만 새 진료소 근처로는 운행하지 않는다는 사실을 알게 되었다.

개념의 중요성

질적 연구자들은 적절한 개념[근거이론의 '감응적 개념(sensitizing concept)' 같은]을 찾기 위해서 다양한 이론과 개념 체계를 참고하는데 어떤 이론들은 다른 이론보다 더 적합할 수 있다. 예를 들어, 심리학에서 가져다 쓰고 있는 개념인 '대처(coping)'와 '자존감(self-esteem)'은 가설−귀납 이론들과 깊은 관련이 있는 개념이기 때문에 이러한 개념을 주관적인 경험에 적용할 경우 혼란이 야기되는 상황이 벌어질 수 있다. 임상적 판단이나 무의식적 과정을 암시하는 용어들의 경우는 특히 더 그럴 수 있는데, 정신역동이론에서 말하는 '**부정**(denial)'이나 '**전이**(transference)' 같은 용어들이 좋은 예다. 앞서 언급하였듯이, 상징적 상호작용 이론이나 사회생태 이론 같은 개방체계 이론들은 질적 연구에 사용하기 적합하다.

특정 이론틀이나 전문 분야와 너무 깊게 관련되어 있지 않은 개념들이 더 유용할 수 있다. 낙인, 자기결정권, 사회적 지지 같은 개념들이 좋은 예다. Barney Glaser(2002)가 적절히 지적하였듯이, 개념은 지속력이 있으며 문자적 기술(description)을 넘어서는 발상력과 표현력도 가지고 있다. 이론을 빛을 분해하는 렌즈, 즉 데이터에서 의미를 분해해 내는 방법에 대한 대안이라고 본다면, 이론이라는 렌즈는 구성주의적 사고와 맥을 같이하는 다양한 선택지를 만들어 낸다. 이제 관건은 '맞는 것'을 찾는 것이며, 그것도 정확한 방법을 통해서가 아니라 다양한 이해 방법을 통해서 찾는 것이다. 이론이나 개념이 연구에 기여한 점은 올바르게 인정되어야 (보장할 수 있는 것은 아니지만) 하지만, 데이터 분석 이전에 또는 데이터 분석 과정 중에 적절한 개념틀이 부재하다면 이론이나 개념의 기여도가 심각하게 저하될 수밖에 없다.

질적 연구에 있어서의 이론의 위치와 시기

질적 연구를 위해 기존 이론과 개념을 가져다 쓸 경우 우리는 다음과 같은 것들에 대해서 생각해 볼 필요가 있다.

- 어떤 이론적 아이디어와 개념을 사용할 것인가?
- 이론은 언제 그리고 어떻게 연구에 영향을 미치는가?
- 이론은 어떻게 연구에 활용되는가?

이 질문들에 대한 답은 연구의 기초가 되는 인식론적 입장뿐만 아니라 연구 접근 방식과 연구방법에 따라서도 달라진다. 인식론을 연구의 상부 구조, 방법론을 하부 구조라고 하면, 이론틀과 개념틀은 이 두 가지 사이에서 작동한다. [그림 1-1]은 추상에서 구체로의 변화 흐름과 각 단계에 해당하는 예들을 보여 준다. 상단의 두 개 상자

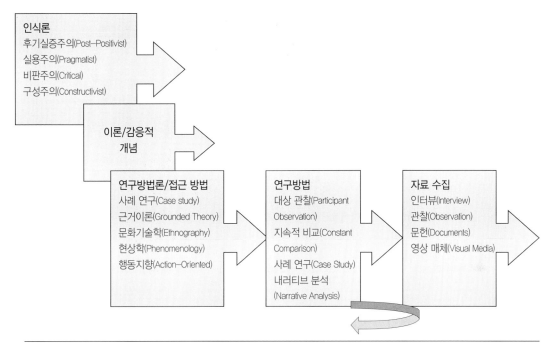

[그림 1-1] 질적 연구의 기초 및 과정

각각에 있는, 오른쪽을 향하고 있는 화살표는 인식론과 이론 또는 개념이 이러한 변화 흐름에 지속적으로 영향을 미친다는 것을 의미한다. 하단에 있는 피드백 고리 모양의 화살표는 연구방법과 자료 수집이 순환적으로 연결된다는 것을 나타낸다.

앞에서 소개한 첫 번째 질문, 즉 '무엇'에 대한 질문은 질적 연구자들이 다양한 이론 틀과 개념을 마치 연구 데이터와 아이디어들을 굴절시켜 그 안에 내재하고 있는 의미들을 여과할 수 있는 렌즈처럼 사용할 수 있다는 것을 말해 준다(Marshall & Rossman, 2010). 질적 연구에서 다학제적 관점을 갖는 것이 중요한 이유는 바로 여기에 있는데, 많은 자료 출처로부터 얻을 수 있는 다양한 아이디어에 대해서 개방적인 입장을 취하는 것이 질적 연구에 신선함과 창의성을 더해 주기 때문이다.

다학제적 접근은 어떻게 하는 것인가? 예를 들어, 어떤 연구자가 조현병 환자를 돌보는 가족 돌봄자에 관한 연구를 한다고 가정해 보자. 연구자는 사회적 교환이론으로부터 호혜성(reciprocity) 개념을, 여러 학술 문헌으로부터 부담(burden), 낙인(stigma) 같은 개념을, 그리고 연구자가 가진 실천 지향성으로부터 회복 탄력성(resilience)이나 회복(recovery) 같은 개념들을 가져다 사용할 수 있을 것이다. 물론 이러한 개념들은 단지 시작일 뿐 끝이 아니며 이들 가운데 어떤 개념들이 마지막까지 남게 될지는 각각의 개념들이 연구 결과와 어느 정도의 관련성을 갖는가에 달려 있을 것이다(Charmaz, 2006).

이론에 관한 '언제'의 질문은 시기, 즉 이론이 처음부터 연구에 영향을 미치는지, 아니면 자료를 분석하고 해석하는 단계에서부터 영향을 미치는지에 관한 것이다. 후자에 해당하는 접근 방법은 몰입이나 새로운 통찰력을 중요시하는 현상학 연구에서 종종 사용된다. 포스트모던 접근 방법을 선호하는 질적 연구자들은 당사자 견해나 내부자 관점의 중요성이 무시될 수 있다는 이유에서 기존의 해석 틀을 거부하는 경향이 있으며, 종종 비판적 사고의 이데올로기적 틀을 대체하기도 한다. 대부분의 질적 접근 방법에서는 문헌 고찰을 통해 얻은 이론적 아이디어와 개념이 연구에 영향을 미치는데, 이러한 아이디어와 개념은 자료 분석 단계에까지 계속해서 영향을 미치기도 하고, 연구 중간에 새로운 아이디어나 개념이 연구에 영향을 미치기도 한다.

'어떻게'의 질문은 가장 답하기 어려운 질문이면서 그렇기 때문에 자주 논의되지 않는 질문이다. 이론은 종종 개념의 형태로 자료 수집 단계의 연구자를 예민하게 만들고 연구자로 하여금 어떤 지향성을 갖게 만드는 식으로 연구에 영향을 미친다. 그러나 어떤 이론들은, 예컨대 상징적 상호작용 이론 같은, 이보다 더 미묘한 방식으로 연구에 영향을 주기도 하는데 그 이유는 그런 이론들이 매우 복잡한 아이디어 체계와 구조틀로 이루어져 있기 때문이다. 심지어 전형적인 귀납적 접근 방법을 따르는 연구에서조차도 자료 분석 단계에서는 어떤 형태로든 이론화가 이루어진다. 그렇기 때문에 바로 이 시점에서 '해석'이 등장하여 연구가 단순한 자료 설명 및 분석을 넘어서는 어떤 것이 될 수 있게 만들어 줘야 하는 것이다.

질적 연구를 하는 이유

질적 연구방법이 주제인 이 책에서 질적 연구를 하는 이유를 설명하는 것은 다소 필요한 논의가 될 수도 있을 것이다. 그러나 질적 연구를 하는 이유들 가운데는 물론 이거니와 질적 연구를 하지 않는 이유들 가운데에서도 어떤 것은 매우 중요한 것들이기 때문에 일부러라도 소개할 필요가 있다. 다음과 같은 경우들은 질적 연구를 꼭 해야 하는 대표적인 경우다.

1. 잘 알려지지 않은 주제를 탐색적으로 연구하는 경우

이 경우가 바로 질적 연구방법을 선택해야 하는 전형적인 경우다. 예를 들면, 자신이 이성애자라고 말하는 남성 동성애자들 간의 위험하기 짝이 없는 성관계에 관한 연구, 강간 임신임에도 불구하고 아이를 낳기로 마음먹은 여성들을 대상으로 하는 연구, 중증장애아동을 입양한 부모에 관한 연구, 가족의 자살을 도와준 가족에 관한 연구와 같은 흥미로운 연구들이 이 경우에 해당하는 연구가 될 수 있다. 중요한 것은 이제까지 이들 대상에 대해서 알려진 것이 너무도 없다는 것이며, 그렇기에 이들에 대한 심층적인 이해가 필요하다는 것이다.

2. 민감하고 정서적으로 깊이 있는 주제를 연구하는 경우

사회복지사를 포함한 많은 대인 서비스 전문가는 위기 상황이나 딜레마 같은, 이해와 공감이 필요한 상황을 항상 접하게 된다. 이러한 상황들은 수없이 많은 연구 주제를 제공하는 원천이 된다. 사회적으로 금기시하는 어떤 행위에 관한 연구를 하고자 한다면 아마도 질적 연구만이 가능한 유일한 방법이 될 것이다. 마약 매매상, 범죄조직 구성원, 성매자 등과 같은 사람들은 일반적인 조사연구방법을 사용해서는 좀처럼 연구하기 힘든 대상들이며, 이들 개개인의 삶을 묘사하는 질적 연구가 이루어져야 할 것이다. 한 가지 짚고 넘어가야 할 것은 민감한 주제에 대한 연구라고 해서 반드시 사회의 주변부에 속하는 사람들만을 연구의 대상으로 둘 필요가 없다는 점이다(예: 자연재해 이후 지역사회 지도자, 도박중독에 걸린 기업 임원, 처방약을 남용하는 의사). 물론 엘리트 집단은 권력을 이용해서 연구자의 접근을 막을 수 있기 때문에, 연구하기 가장 어려운 대상이 되기도 한다(Hertz & Imber, 1995).

3. 어떤 삶을 실제로 살고 있는 사람들의 시각으로부터 '살아 있는 경험'에 관한 이해를 얻음과 동시에 그들의 삶으로부터 어떤 의미를 도출하고자 하는 경우

연구자가 연구를 통해 얻고자 하는 바가 verstehen, 즉 이해라면 의심의 여지없이 질적 연구를 해야 한다. 이해를 목적으로 하는 연구는 emic, 즉 **내부자** 관점에 주목하는 연구이며, 이는 etic, 즉 **외부자** 관점에서 객체적인 대상을 설명하는 연구와 다르다. 예를 들면, 신체장애를 가진 사람들에 관한 연구, 부모로부터 폭력 학대를 경험한 사람들에 관한 연구, 재해 구호 요청에 제일 먼저 응한 사람들에 관한 연구 등이 이 경우에 해당한다.

4. 실천, 프로그램 그리고 개입이라는 블랙박스의 내면을 이해하고자 하는 경우

사회서비스의 책임성에 대한 관심이 증가하면서 프로그램 평가의 초점이 점점 더 양적 결과에 맞춰지고 있는 것은 이제 그리 놀랄 만한 일이 아니게 되었다. 그럼에도 불구하고 질적 연구방법은 평가 연구와 실천적 과학에서 여전히 중요한 위치를 차지하고 있다. 질적 연구방법은 특히 형성 평가에 적합한 연구방법이라고 할 수 있는데, 왜냐하면 질적 연구방법이 새로운 프로그램의 실행을 어렵게 만드는, 예측하지 못했던 프로그램의 효과를 찾아내는 데 매우 효과적인 연구방법이기 때문이다. 또한 질적 연구방법은 프로그램이 어떻게 성공 혹은 실패하는지를 (성공할 것인지 실패할 것인지가 아니라) 이해하기 위한 과정 평가에도 적합한 연구방법이다. 대부분의 실천 현장은 표준화된 측정과는 거리가 먼데, 종잡기 힘들고 무질서한 방식으로 돌아간다. 질적 연구는 소위 '탄탄한' 연구 결과를 만들어 내지는 못한다. 그러나 질적 연구가 가진 자연주의적 특성 활력은 연구자로 하여금 실제 세상을 여과 없이 서술할 수 있게 해 준다.

5. 양적 연구자가 무언가를 설명하거나 이해하는 데 있어서 난관에 부딪힌 경우

양적 연구 가운데 상당수의 연구들이 질적 연구방법의 도움 없이는 답하기 힘든 난감한 문제에 직면하곤 한다. 저자도 인종 간 정신건강 서비스 이용에 있어서의 차이에 관한 양적 연구를 진행하던 중 '문화 차이'를 가지고 설명할 수밖에 없는 상황에 자주 처한 적이 있었으며, 그때마다 여러 인종 집단별로 정신질환과 정신건강 서비스 전달체계를 어떻게 인식하고 있는지를 알아보려면 보다 심층적인 연구가 필요하다는 결론을 내렸던 경험이 있다(Padgett, Patrick, Burns, & Schlesinger, 1994). 그러한 목적에 비추어 봤을 때, 저자가 연구에서 사용했던 보험 청구 데이터베이스는 연구에 전혀 도움이 되지 않은 데이터였다.

6. 연구와 적극적 행동을 하나로 묶고자 하는 경우

적극적인 행동을 취하는 것, 참여하는 것 그리고 연구를 하는 것 모두는 억압과 사회적 부정의의 악영향을 줄이기 위한 것이다(Fals-Borda & Rahman, 1991; Freire, 1973; Reason & Bradbury, 2008). 1960년대와 1970년대의 지역사회 운동가, 페미니스트, 그리고 제3세계 해방운동에서 그 기원을 찾을 수 있는 행동지향 연구(action research)는 지식 생산과 권익 옹호를 하나로 융합하는 방법을 모색하고 있다. 물론 행동지향 연구에서 질적 연구방법과 양적 연구방법을 혼용할 수도 있다. 그러나 행동지향 연구의 기초가 되는 주된 전제들은 주로 질적 연구에서 공통적으로 볼 수 있는 여러 관계와 맥을 같이한다.

7. 복잡한 사회 과정에 관한 연구하고자 하는 경우

이 마지막 이유는 저자의 동료인 Julianne Oktay(2012)가 추가한 이유인데, 최근 몇 년간 이 이유에 해당하는 경우가 급격히 증가하고 있다. 21세기에 들어와 기존의 연구방법이 가진 한계를 극명하게 보여 주는 '골치 아픈 문제'에 대한 인식이 크게 확산하였다(Mertens, 2015). 기후 변화, 전쟁의 원인, 새로운 전염병 등에 관한 연구는 통계적 측정이나 계산 같은 환원주의(reductionism)에 순응하지 않는 생태체계적 관점에 대한 관심을 새롭게 하였다(Diez-Roux, 1998). 이와 유사한 맥락에서, 개인은 끊임없이 변화하는 복잡한 사회체계 안에서 살아가는 존재이며 개인의 삶은 숫자로 환원될 수 없는 방식으로 전개된다(Singer, Ryff, Carr, & Magee, 1988). "개인의 삶에 관한 서술을 표준화되고 일반화된 변수로 환원할 때 우리는 자칫 뉘앙스, 복잡성, 상호 연결성을 놓치는 우를 범하게 된다."(Singer et al., 1998, p. 6) 질적 연구방법은 그렇기 때문에 사용해야 한다.

요약하자면, 질적 연구를 해야 하는 이유는 여러 가지다. 앞서 소개한 일곱 가지 경우 모두 또는 그들 가운데 어떤 것들은 특정 연구로 구체화될 수 있다. 질적 연구를 하지 않아야 하는 이유 또한 여러 가지가 있다. 이 가운데 가장 중요한 이유는 연구 주제 자체가 실험설계나 설문조사와 같은 양적 연구방법을 사용하여 연구하기에 더 적합한 경우다. 두 번째 이유는 질적 연구가 '쉬운 길'이라 생각해서 질적 연구를 하려는 연구자들이 반드시 알아야 하는 이유다. 질적 연구를 하려면 고강도의 노력과 몰입이 필요하다는 사실 그 자체가 바로 질적 연구를 하지 않는 또 다른 이유다.

질적 연구를 위한 도구로서 연구자가 갖춰야 할 자질과 기술

질적 연구의 성공 여부는 상당 부분 연구자의 지적 역량과 개인적 자질에 의해 결정된다. 구조화된 틀이나 지침이 양적 연구에 비해 상대적으로 부재하기 때문에 질적 연구자에게 허락되는 재량의 폭은 양적 연구에 비해 넓다. 연구자는 창의적일 수 있지만 동시에 지적 마비나 개인적 편견을 경험할 수도 있다. 질적 연구를 성공적으로 해내는 데 도움이 되는 몇 가지 개인적 자질이 있는데, 예컨대 유연성(flexibility), 자기성찰성 또는 성찰성(reflexivity), 여러 가지 일을 반복적이고 비선형적인 방식으로 동시에 처리해 내는 능력이 있다.

유연성(flexibility)은 예측하기 어렵고 끊임없이 변하는 질적 연구의 특성에 잘 부합하는 마음가짐과 행동 방식이다. 유연성은 여러 경우에서 필요하다. 연구 대상자가 갑자기 협조를 거부한다거나 면접을 자꾸 미룬다거나 혹은 아예 나타나지 않는 경우가 종종 있을 수 있다. 때로는 아주 충격적인 사실을 말할 수도 있고, 성적인 접근을 할 수도 있으며, 갑자기 질문을 돌려 연구자를 난처하게 만들 수도 있다. 데이터 분석 결과는 연구자를 전혀 다른 방향으로 이끌거나 새로운 연구 대상자를 찾지 않을 수 없게 만들 수도 있다. 연구자가 원했던 방안이나 이론들이 나오지 않을 수 있고, 그렇기 때문에 과감히 버려야 할 때도 있다. 질적 연구의 장점과 성공 여부는 연구에 대한 통제력보다는 연구자가 질적 연구가 가진 돌발적인 속성이나 흐름에 맞춰 나아갈 수 있는 능력에 달려 있다.

성찰성(reflexivity), 즉 자기 자신을 고찰할 수 있는 능력은 질적 연구를 하는 데 있어서 다른 어떤 것보다 중요한 자질이다. Michael Agar(1980)에 따르면, "문제가 되는 것은 질적 연구자가 편견을 가지고 있는지 여부가 아니라 어떤 편견을 가지고 있는지, 그리고 그러한 편견이 미치는 영향을 어떻게 보여 줄 수 있는지"이다. 자신의 편견에 대한 고찰은 연구의 전 과정에 걸쳐 지속적으로 이루어져야 한다.

　마지막으로, 질적 연구는 연구 초기 단계에서부터 방대한 양의 원자료를 쏟아내는데 연구자는 그 엄청난 양의 자료를 관리하고 분석해야 한다. 연구 도구로서의 연구자는 여러 가지 일을 동시에 여러 차원에서 수행해 낼 수 있는 능력(즉, 자료를 수집하고 분석하는 동시에 기록을 통해 어떤 일이 일어나는지 추적하고 끊임없이 새로운 통찰력을 갖고 더 큰 그림을 보는 등)을 발휘하고 또 키워야 한다.

　개인적 자질과 더불어, 어떤 기술들은 질적 연구를 하는 데 있어서 반드시 필요한 요건으로 여겨진다. 그러한 기술들 가운데 대표적인 것으로 관찰기술과 대인 간의 의사소통기술을 꼽을 수 있다. 저자는 사회복지학 학생들에게 질적 연구방법을 가르칠 때, 참여관찰을 실제로 체험해 보게 한다. 학생들은 각자 자신이 원하는 공공장소(공원, 지하철, 노점, 놀이터 등)에 가서 그곳에서 일어나는 일들을 약 1시간 정도 관찰하면서 현장 기록을 작성한다. 질적 연구를 배우는 첫 단계로서 이러한 체험은 더없이 좋은 경험이라고 생각한다. 이러한 체험을 통해서 학생들은 이제까지 항상 문제해결에 초점을 맞추고 적극적으로 클라이언트와 상호작용을 하도록 훈련받아 왔던 것과는 달리 소극적 관찰자로서의 역할을 경험해 볼 수 있게 된다. 질적 관찰의 개방적인 속성이, 항상 임상이론이나 개인에게 초점을 맞춘 이론과 같은 일종의 '여과 장치'에 익숙해 있던 학생들에게는 좀 어색하고 경우에 따라서는 고통스럽기까지 할 수 있다. 질적 연구에서는 임상 실천에서 많이 사용되는 대인관계기술인 공감(empathy)과 민감성(senstivity)을 임상 실천에서와는 조금 다른 목적을 위해 사용한다. 질적 연구에서 이 두 가지 기술은 치료를 위한 클라이언트 관여를 위해서가 아니라 듣기(listening)를 지식과 이해를 추구하기 위한 과정의 일부로 만들기 위해 사용된다. 이 두 가지 기술은 겸손함과 자신을 낮추는 자세를 필요로 하는 기술이므로 연구자는 그러한 자세에 익숙해지기 위해 노력해야 한다.

　질적 연구를 성공적으로 하기 위해서는 두 가지 기술이 더 필요한데, 그 가운데 하나는 개념적으로 사고하는 기술이고 다른 하나는 글을 잘 쓰는 기술이다. 이 두 가지 기술은 사실 불가분의 관계에 있는 기술이다. 추상적으로 사고하고 새로운 개념틀을 만들어 낼 수 있는 능력이 있을 때 연구자는 데이터에 해석적 의미를 부여할 수 있다. 왜냐하면, 아무 것도 없는 공백 상태에서 해석적 의미를 부여하는 것이 불가능하기 때문이다. 연구자의 '해석적 레퍼토리(interpretive repertoire)'는 연구자가 가진 패러다임적 지식, 방법론적 지식, 그리고 이론적 지식에 의해 만들어지는데, 이러한 지식들은 연구에 방향성을 제시하기도 하고 연구를 제약하기도 한다(Alvesson & Karreman, 2011). 게다가 아이디어를 만들어 내고 개념과 이론을 개발하는 능력은 글쓰기 능력과 관련이 있다. 글쓰기는 깊이 있게 사고하고 문제를 구체화하기 위한 수단이다.

재치 있는 유머감각 또한 질적 연구에 있어서 적지 않은 도움이 되는 자질이라고 할 수 있는데, 특히 자신에 대해서 웃을 수 있는 능력은 상당한 도움이 되는 능력이다. 현장 연구를 하는 과정에서 연구자는 경험 부족과 그 밖의 여러 가지 부족한 점으로 인해 거의 예외 없이 어처구니없는 실수를 저지르는 경험을 하게 되는데, 어떤 것들은 사람들 보기에 정말 우습기 짝이 없는 실수가 아닐 수 없다(거의 모든 문화인류학자들은 비참할 정도의 창피를 당하거나 농담거리가 되었던 경험에 관한 이야기를 한두 개씩은 가지고 있다).

마지막으로, 중요한 자질은 협업 능력이다. 물론 다른 사람의 도움을 거의 받지 않고도 질적 연구를 수행할 수는 있다. 그러나 연구의 깊이와 정교함을 더하기 위해서는 팀워크와 협업 능력이 반드시 필요하다. 특히 질적 연구에는 다학제적 참여가 중요한데, 다양한 학문 분야의 연구자들이 제공하는 다양한 관점이 연구의 통찰력을 증진시키는 결과를 가져오기 때문이다.

친숙한 주제 vs. 친숙하지 않은 주제에 관한 연구

사회복지 연구자가 선택할 수 있는 질적 연구의 주체는 실로 무한하며, 연구를 할 수 있는 현장 또한 가깝게는 자신의 주변으로부터 시작해서 멀게는 지구 반대편에 있는 다른 나라까지 포함할 만큼 그 범위가 넓다. 연구자가 선택할 수 있는 연구 주제는 개인적 혹은 직업적 관심사를 비롯한 여러 가지에서 찾을 수 있다. 예를 들면, 어떤 연구자는 이제까지 알려진 바가 없는, 인간 삶의 어떤 한 측면에 대한 지적 호기심에서 연구를 시작할 수도 있다. 친숙한 주제를 연구하는 것과 친숙하지 않은 주제를 연구하는 것 간에는 상당한 양의 함의를 머금고 있는 차이가 존재한다(Ely, Anzul,

Friedman, Garner, & Steinmetz, 1991).

연구자는 자신에게 친숙한 것을 연구하고자 하는 강한 충동을 느낄 수 있다. 실제로 여러 훌륭한 연구가 연구자 자신의 삶을 연구의 출발로 하고 있다. 저자가 아는 박사과정 학생들 가운데에도 개인적 관심 때문에 알츠하이머 환자, 다인종 부부(interracial couple), 가출 청소년에 관한 연구를 한 학생들이 있다. 직업적 관심과 접근 가능성은 종종 하나로 수렴한다. 따라서 교사들은 학교에서, 간호사들은 병원에서 연구를 하기도 하고, 대학에서 근무하는 심리학자들은 대학생들을 연구 대상자로 삼을 수도 있다. 사회복지사에게 친숙한 것은 주로 사회복지기관과 그들이 대하는 클라이언트다. 실천 현장이 친숙한 연구 주제를 연구자들에게 제공해 주는 이러한 경우는 지식을 추구하는 노력과 더 나은 실천을 추구하는 노력이 맞물려 함께 이루어지는 다른 전문 분야에서도 쉽게 찾아볼 수 있다.

친숙한 주제를 연구하는 데는 다음과 같은 장점이 있다.

1. 신뢰 관계 형성이 상대적으로 쉽다. 친숙한 주제를 연구하는 경우, 연구자가 협조를 구하고 받아들여지는 과정이 수월해지고 높은 수준의 편안함을 느낄 수 있다. 질적 연구를 하기 위해 연구 현장이나 연구 대상자에 접근할 수 있게 되기까지 엄청난 노력이 필요하다는 점을 고려해 볼 때, 이러한 장점은 결코 사소한 것이 아니다.
2. 연구 주제에 대해서 어느 정도의 사전지식을 가질 수 있다. 친숙한 주제를 연구하는 경우 연구자는 개인적 혹은 직업적인 경험을 통해서 이미 연구 주제에 관한 어느 정도의 지식을 가지고 연구를 시작할 수 있다.

그런가 하면 단점도 분명히 있다. 그 가운데 가장 두드러진 단점은 너무 가까워지는 것이다. 예를 들어서, 어떤 기관의 관리자가 자신의 기관이 운영하는 프로그램을 연구하고자 한다고 생각해 보자. 이때, 만일 직원들이 관리자를 그가 맡은 새로운 (그리고 상당히 겸손한) 역할인 질적 연구자로 대하지 않는다면 어떻게 해야 할까? 어쩌면 그들은 상사로부터 꾸짖음을 당할 것을 염려한 나머지 미리 준비해 둔 대답을 제시할 수도 있다. 이 문제를 해결하는 방법은 간단하다. 그러나 결코 쉽지는 않다. '낯설게 하기(defamiliarizing)', 즉 연구 현장을 자신이 알고 있는 방식과 다른 방식으로 바라볼 때 연구자는 그동안 가져왔던 개념에 맞설 수 있는 능력을 갖게 된다 (Alvesson & Karreman, 2011).

친숙하지 않은 것이 주는 매력은 질적 연구(특히 문화기술학)를 위한 더없이 좋은 자극제가 된다. 친숙하지 않은 주제를 연구하는 것에도 여러 가지 장점이 있다. 우선 연구자가 외부자이기 때문에 암묵적인 규칙이나 규범을 발견해 내는 데 필요한 거리감을 자연스럽게 확보할 수 있다. 이 경우, 연구자는 연구자로서의 정체성을 가지고 현장에 뛰어들기 때문에 역할 혼란을 경험할 가능성이 매우 낮다. 물론 친숙하지 않은 주제를 연구할 경우, 여러 가지 위험이 있을 수 있다. 친숙한 주제를 연구할 때 연구자가 연구 주제에 대해서 너무 많이 아는 것이 문제가 되는 것과 마찬가지로, 친숙하지 않은 주제를 선택하는 경우 연구 주제에 대해 너무 모르는 것은 '고정 관념 (stereotyping)'이나 섣부른 '빈칸 채우기(filling in the blanks)'로 이어질 수 있다. 접근성과 수용성은 낯선 영역으로 들어갈 때 확보하기가 어려워진다. 신뢰와 협력을 얻기 위해서 연구자는 개인 응답자뿐만 아니라 접근 통제자(gatekeeper)와도 반드시 타협해야 한다. 그리고 친숙하지 않은 것을 친숙한 것으로 만들기 위해서는 인내심과 부단한 노력이 필요하다(Ely at al., 1991).

질적 연구의 가치와 사회적 책임성

질적 연구방법은 관계 중심적이라는 점에서 그리고 가치중립적 탐구를 전제로 하지 않는다는 점에서 실천적 연구자들(practitioner-researchers)로부터 많은 인기를 얻는 연구방법이다. 또한 질적 연구방법은 정치적인 측면뿐만 아니라 개인적인 가치와 양립 가능하다는 점에서 질적 연구방법을 선택하는 사회복지 연구자의 수가 늘어나는 것은 결코 우연이 아니라고 할 수 있다(Padgett, 2009). 어떤 연구에서는 연구 참여자 중 다수가 심층면담의 유사치료 효과(quasi-therapeutic effect)와 공감적 대화를 통해 자신들의 말에 누군가가 귀를 기울여 줬다는 것에 대해 고마워하였다.

질적 연구는 이러한 효과 외에 사회 정의 및 해방적 가치와도 (물론 질적 연구에 이러한 가치가 내재하는 것은 아니지만) 양립할 수 있다. 이 두 가지 가치를 표현할 수 있는 좋은 방법 가운데 하나는 인간의 주체적 역량(human agency)과 강점 관점(strengths perspective)을 강조함으로써 의학을 비롯한 여러 임상이론의 저변에 깔려 있는 병리학적 접근 방법에 대한 적절한 대안을 제시하는 것이다(Saleebey, 2005). 질적 연구에서는 인간의 행동을 관찰하고 해석하는 방식, 우리가 던지는 질문 그리고 연구 결과를 정리하고 제시하는 방식을 통해서 인간의 주체적 역량에 관한 관심과 존중감을 표현할 수 있다. 물론 그렇다고 해서 존재하지 않는 강점을 일부러 만들어서는 안 된다. 동시에 연구자는 연구 참여자의 어려움에만 관심을 둔 나머지 그들을 희생자로만 묘사하려는 유혹에 빠져서도 안 된다.

이러한 균형을 유지하기 위해서 사회적 의식이 있는 연구자는 어떻게 해야 하는가? 한 가지 방법은 개인 차원의 강점, 그리고 그보다 거시적인 구조적 힘(structural forces)을 구분하는 것이다. 예를 들어 보자. 정부로부터의 급여가 삭감될 위기에 처한 정신장애인에 관한 연구를 한다고 가정해 보자. 연구자는 (데이터가 있다는 가정하에) 연구를 기획할 때 정신장애인의 회복 탄력성(resilience)에(즉, 급여 삭감으로 인한 막대한 재정적 스트레스를 받는 상황 속에서 그들이 어떠한 방식으로 가족과 친구에게 도움을 구하는지) 주목한다. 이 연구를 통해 연구자는 정신장애인들이 힘든 상황을 정말로 어렵게 버텨 내고 있다는 것을 세상에 알리고자 한다. 연구자는 퇴거(eviction)에 대한 두려움 속에서 살아가는 정신장애인들의 개인사나, 그들의 정신 상태가 악화되는 과정, 비공식 자원의 고갈과 관련된 사례 기록 등을 통해서 이러한 사실을 보여 줄 수 있다. 이러한 방법을 통해서 연구자는 질적 연구방법이 우리에게 줄 수 있는 상세한 맥락과 뉘앙스를 잃지 않으면서도 질적 연구를 권익옹호(public advocacy)의 일부로 활용할 수 있다.

그런데 만일 연구를 통해 알게 된 사실이 사회적 옹호(social advocacy)가 목적하는 것과 대립되는 내용이라면 어떻게 되는가? 단 한 편의 연구가 인간 삶의 불행(misfortune)에 직접적인 원인이 되거나 사람들의 불행을 악화시킬 가능성은 거의 없다. 그럼에도 불구하고 연구자는 연구 결과를 왜곡하거나 오도하고 싶은 유혹을 (아무리 훌륭한 목적을 위해서라 할지라도) 떨쳐 버릴 수 있어야만 한다.

New York Services Study(NYSS) 및 New York Recovery Study(NYRS)

저자는 2004년과 2010년에 운 좋게도 미국 국립 정신건강연구소(National Institute of Mental Health: NIMH)로부터 질적 연구를 위한 연구비 지원을 받아, 두 가지 주거 지원 프로그램(supportive housing program)에 참여 중인 성인 남녀 노숙인들의 삶에 관한 종단 연구를 실시하는 기회를 얻을 수 있었다. 중증정신질환과 약물 남용 이력이 있는 남녀 노숙 경험자였던 연구의 참여자들은 우리에게 그들의 경험을 흔쾌히 공유해 주었다. 우리는 또한 (그들의 동의하에) 이들을 관리하는 프로그램의 사례관리자(case managers)를 인터뷰하기도 하였다. 우리의 첫 번째 연구(the NYSS)는 개별심층 인터뷰(in-depth interviews)와 서비스 참여에 초점을 맞췄다. 한편, 두 번째 연구(the NYRS)의 경우, 18개월 동안 참여자(및 프로그램 사례관리자)를 추적하는 연구를 진행하였다. NYRS는 개별심층 인터뷰 외에도 민족기술학 현지 방문조사연구(ethnographic site visits) '따라 다니기(shadowing)' 인터뷰 및 사진 유도 인터뷰(photo-elicitation interviews)를 포함한 확장된 질적 연구방법을 활용하였다(사진 유도 인터뷰의 경우, 연구 참가자에게 카메라를 줌으로써 그들의 삶을 시각적으로 또한 언어적으로 촬영하도록 하였다). 저자는 이 책에서 질적 연구의 다양한 측면을 설명하기 위해 NYSS 및 NYRS를 구체적인 예로 자주 사용할 것이다.

이 장의 내용을 주의 깊게 읽어 보면, NYRS가 사회구성주의 관점에 입각한 해석의 가능성을 배제하지 않되, 경험주의의 다면적 자료 수집을 수용한 실용주의적 인식론에 뿌리를 두고 있음을 알 수 있을 것이다. NYRS는 Bronfenbrenner의 생태학적 관점(1979), 임파워먼트(empowerment)에 관한 Freire의 저작(1973), 그리고 Amartya Sen(1999)과 Martha Nussbaum(2000)의 잠재 가능성 접근과 같은 이론적 틀의 영향을 받았다.

NYRS에서 이론의 위치와 시기는 '초기부터'였고 '자주'였다. 연구 초기부터 이론은 연구에서 매우 중요한 위치를 차지했는데, 왜냐하면 미국국립보건원(National Institutes of Health)은 자신들이 연구비를 지원하는 연구가 기존의 개념틀과 이론(명시적으로 이론을 검증을 하지 않더라도)에 근거하기를 원했고, 그렇기에 이론은 보조금 지원을 따내기 위한 필수적인 요소였기 때문이다. 둘째, 이 이론들이 우리가 과거에 노숙인이던 사람들이 삶과 그들이 지원주택 프로그램에 적응하는 과정을 어떻게 바라볼 것인지를 정했는데, 그것은 그들의 삶을 가족, 친구, 프로그램 관리자, 이웃, 도시 등과 같은 환경체계(environmental system) 내의 삶으로 바라봐야 한다는 것을 의미하였다. 마지막으로, 이 이론들은 데이터 분석 과정에 데이터와 관련 지을 수도 있고 그렇지 않을 수도 있는 잠정적인 스키마(schemas)로 적용되었다. 새로운 이론과 개념이 분석단계에 도입될 수 있었고, 실제로 도입되었다. 이와 동시에 연구 초기부터 적용되었던 이론과 아이디어 중에서도 어떤 것들은 제외되었는데, 자료에 근거해야 한다는 책임감 때문에 그렇게 하는 것이 가능하였다.

NYRS는 이 장의 전반부에서 소개했던 '질적 연구를 하는 이유' 모두에 해당하는 연구였다. 따라서 우리는 지원주택 프로그램의 클라이언트와 직원의 내부자적 관점(insider perspectives)을 포착하기 위해 노력하였고, 우리가 트라우마, 중독, 정신질환 같은 민감하고 감정이 실린 무거운 주제를 다루게 된다는 것을 알고 있었으며, 그들의 생생한 경험(정신질환을 극복하기 위해 고군분투하는 과정)을 이해하고 그대로 보여 주기 위해 노력하였다. 우리는 또한 지원주택 프로그램 수행이라는 블랙박스(black box)에 대해서도 관심을 가졌는데, 물론 그것이 프로그램을 평가하는 목적은 아니었다. NYRS의 **궁극적인 목적**은 선행 연구들이 측정하지 못했거나 측정할 수 없었던 클라이언트들의 삶의 측면들을 조명하는 것이었다.

마지막 이유인 옹호(advocacy)는 연구에서 특별히 중요시하지 않았다(이는 연구비 지원 주체가 설정한 우선순위를 고려한 전략적 결정이었다). 그렇지만 우리는 임파워먼트에 관한 용어를 변명의 여지없이 사용하였다(Padgett & Henwood, 2009). 우리가 연구했던 지원주택 프로그램 중 한 프로그램에서는 '하우징 퍼스트(housing first)' 접근 방식을 사용했는데, 이 접근 방식은 처방약 복용 및 약물 사용 규정 준수에 관한 소비자 선택권과 주거권에 기반한 접근 방식이었다(Tsemberis, Gulcur, & Nakae, 2004). 이 프로그램과의 비교를 위해 선택된 프로그램에서는 전통적 접근 방식이 사용되었는데, 클라이언트에게 약물 관련 규정을 포함한 여러 가지 규정에 순응할 것을 요구하였고, 음주를 금지하였으며, 클라이언트가 그들의 거주하는 아파트를 소유하지 못하게 하였다. NYRS 연구가 '과학'의 자격을 갖춘 연구가 되게 하기 위한 노력의 일환으로서 우리는 앞서 소개한 'Housing First' 프로그램의 참가자들이 회복 과정에 있어서 비교 프로그램 참가자들보다 더 나은 성과를 보일 것이라는, 필연에 가까운 결론을 부정한 상태에서 연구를 진행하였다. 프로그램 평가를 담당한 팀(이 책의 저자를 포함한)은 물론 그러한 결과가 나타나기를 기대했지만(그리고 그런 가정을 뒷받침해 줄 수 있는 확실한 연구 증거가 실제로 존재하였다.), 우리는 예상 밖의 결과가 나타날 수 있다는 가능성을 배제하지 않았다.

NYRS 연구팀의 구성은 질적 연구자가 갖춰야 할 바람직한 자질을 재차 고려한 상태에서 연구 프로토콜에 대한 세부적인 이해뿐만 아니라 개방성(openness), 공감(empathy), 유연성(flexibility), 끈기(tenacity), 유머 감각(humor)을 최대화하는 데 중점을 두고 신중하게 이루어졌다. 우리 팀은 우리 모두가 불완전한 존재라는 사실을 항상 염두에 두고 매주 모여 그때까지 수행한 임무에 대해 보고하고 집단적 성찰을 하는 시간을 가졌다. 이러한 과정을 통해서 우리는 선입견, 왜곡 및 간과하는 등의 피할 수 없는 경향들을 가능한 한 많이 확인하도록 하였고, 균형을 유지하기 위해 노력하였다. 팀 구성은 의도적으로 이루어졌으며, 주로 친숙한 대상을 연구한 경험이 있는 인류학자, 사회복지 교수, 노숙인 및 심각한 정신질환이 있는 사람들과 함께 일한 경험이 있는 사회복지 또는 공중보건을 전공하는 대학원생으로 구성되었다. 친숙한 것(familiar)을 낯선 것으로 만드는 것은 쉬운 일이 아니었으나, 다양한 경험과 관점을 가질 수 있었던 것은 사고를 새롭게 하는 데 도움이 되었으며, 집단사고(groupthink)를 하려는 성향을 줄일 수 있게 해 주었다. 팀 구성원들이 가진 사회정의에 대한 헌신은 팀을 결속하는 데 도움이 되었다. 그러나 사회정의를 연구와 연구 결과에 어떻게 녹여 낼 것인가에 대해서는 팀원들 간에 의견을 모으기가 쉽지 않았다.

요약 및 결론

질적 연구자들은 열성적이지만 때때로 다루기 쉽지 않은 집단이다. 질적 연구방법은 문화기술학이라고 하는 오랜 역사적 배경에서 (그리고 나중에는 근거이론에서) 출발하여 1970년대를 지나면서는 양적 연구에 대한 강력한 대안으로서 입지를 굳히게 되었다. 질적 연구방법은 또한 다양화되고 다학문적이 되어 갔다. 현상학(phenomenology)에서 포스트모던 비평(postmodern criticism)에 이르는 근대 영향력은 인식론과 연구방법을 더욱 다양하게 만들었다. 1990년대에 이르러서는 '질적 연구방법'이라고 불리는 다양한 연구방법들이 절정기를 맞게 되었는데, 현상학적 접근 방법과 내러티브 접근 방법이 기존의 문화기술학, 근거이론, 사례 연구에 이어 새로운 질적 연구방법으로 등장하였다. 질적 연구방법이라고 분명하게 말하기는 어려우나 행동지향적 접근 방법 또한 많은 질적 연구자로부터 각광을 받게 되었다.

질적 연구방법의 발전과 확산은 서양 과학에서 양적 연구가 여전히 지배적인 연구방법이었음에도 불구하고 (한편으로는 그렇기 때문에) 지속적으로 이루어졌다. 통계 분석 기법의 발전과 제2차 세계대전 이후 냉전 기간 동안의 무기 경쟁 및 우주 경쟁에 힘입어 가능했던 양적 연구방법의 지배는 최근 들어 조작주의(operationalism)의 한계(중요한 모든 것을 수량화할 수 있는 것은 아니다.)가 점점 더 분명해지면서 약화되기 시작하였다. 증거기반 실천(EBP)의 등장은 한편으로는 집합적 증거에 대한 새로운 관심을 불러일으켰고, 다른 한편으로는 증거의 본질과 증거의 존재 여부를 확인하기 위해 사용하는 방법들에 대해서 더 많은 의문을 제기하게 만들었다.

이 장에서는 여러 질적 탐구방법들과 공통적으로 관련이 있는, 이론과 개념의 역할, 질적 연구방법을 사용해야 하는 이유, 친숙한 주제를 연구할 때와 낯선 주제를 연구할 때 각각의 장점과 단점, 연구에 있어서의 사회적 책임성과 같은 핵심 주제들에 대해서 살펴보았다. 이제 이 책의 나머지 장들에서 이 주제들을 하나씩 살펴보기로 할 텐데, 그렇게 함으로써 우리는 질적 연구방법이 가진 복잡하고도 다양한 여러 측면을 이해할 수 있게 될 것이다.

연습해 보기

1. 제1장에서 설명한 다양한 인식론적 입장에 관해 토의해 보고, 이러한 패러다임(후기 실증주의적, 구성주의적, 비판주의적)의 관점에서 본인의 연구 주제가 어떻게 구성될 수 있을지 생각해 보자.

2. 연구수행에 있어 질적 연구가 갖는 이점이 무엇인지 서술해 보자.

3. (1) (연구) 주체가 팀 구성원(한 명 이상)에게 친숙한가?

   −연구를 수행할 때, 이러한 친숙함이 갖는 이점과 단점에 대해 논의해 보자.

   (2) '익숙한 것을 익숙하지 않은 것'으로 만드는 방법에 무엇이 있을지 이야기해 보자.

4. (선정한) 연구 주제에 영향을 주는 이론적 틀(들)이나 개념(들)이 있는지 토의해 보자.

5. (선정한) 연구 주제에 '사회적 책임성'이 어떠한 방식으로 반영되는지 생각해 보자.

추천도서

Berg, B. L., & Lune, H. (2011). *Qualitative research methods for the social sciences* (8th ed.). Westwood, NJ: Pearson.

Bodgan, R., & Biklen, S. J. (2006). *Qualitative research for education* (5th ed.). Westwood, NJ: Pearson.

Bourgeault, I., Dingwall, R., & DeVries, R. (Eds.). (2013). *The Sage handbook of qualitative methods in health research*. Thousand Oaks, CA: Sage.

Carey, M. (2012). *Qualitative research skills for social work*. London, UK: Ashgate.

Crabtree, B. F., & Miller, W. L. (1999). *Doing qualitative research* (2nd ed.). Thousand Oaks, CA: Sage.

Creswell, J. W. (2012). *Qualitative inquiry and research design* (3rd ed.). Thousand Oaks, CA: Sage.

Denzin, N. L., & Lincoln, Y. S. (Eds.). (2005). *Handbook of qualitative research*. Thousand Oaks, CA: Sage.

Flick, U. (Ed.). (2013). *The Sage handbook of qualitative data analysis*. London, UK: Sage.

Flick, U. (2014). *An introduction to qualitative research* (5th ed.). London, UK: Sage.

Floersch, J., & Longhofer, J. (2012). *Qualitative methods for practice research*. New York, NY: Oxford.

Hesse-Biber, S., & Leavy, P. (2010). *The practice of qualitative research*. Thousand Oaks,

CA: Sage.

Marshall, C., & Rossman, G. B. (2015). *Designing qualitative research* (6th ed.). Thousand Oaks, CA: Sage.

Merriam, S. (2002). *Qualitative research in practice: Examples for discussion and analysis*. New York, NY: J.Wiley & Sons.

Miles, M. B., & Huberman, A. M. (1994). *Qualitative data analysis* (2nd ed.). Thousand Oaks, CA: Sage.

Miles, M. B., Huberman, A. M., & Saldana, J. (2013). *Qualitative data analysis: A methods sourcebook*. Thousand Oaks, CA: Sage.

Morse, J. M. (2012). *Qualitative health research: Creating a new discipline*. San Francisco, CA: Left CoastPress.

Oktay, J. (2012). *Grounded theory*. New York, NY: Oxford.

Padgett, D. K. (Ed.). (2004a). *The qualitative research experience*. Belmont, CA: Thomson.

Patton, M. Q. (2002). *Qualitative research and evaluation methods* (3rd ed.). Thousand Oaks, CA: Sage.

Rossman, G. B., & Rallis, S. F. (2011). *Learning in the field* (3rd ed.). Thousand Oaks, CA: Sage.

Savin-Baden, M., & Howell-Major, C. (2013). *Qualitative research: The essential guide to theory and practice*. New York, NY: Routledge.

Silverman, D. (2010). *Doing qualitative research: A practical handbook* (4th ed.). London, UK: Sage.

Tolman, D. L., & Brydon-Miller, M. (Eds.). (2001). *From subjects to subjectivities: A handbook of interpretiveand participatory methods*. New York: New York University Press.

질적 연구 및 질적 연구방법 관련 학술지

American Anthropologist

Culture, Medicine & Psychiatry

Discourse Studies

Families & Society

Field Methods

Forum: Qualitative Social Research (FQSR)

Human Organization

International Journal of Qualitative Methods

International Journal of Social Research Methodology

Journal of Contemporary Ethnography

Journal of Mixed Methods Research

Journal of Phenomenological Psychology

Journal of the Society for Social Work and Research (JSSWR)

Medical Anthropology Quarterly

Narrative Inquiry

Narrative Works

Qualitative Health Research

Qualitative Inquiry

Qualitative Psychology

Qualitative Research

Qualitative Social Work

Qualitative Sociology

Social Science & Medicine

The Qualitative Report

질적 연구방법 관련 웹사이트

http://www.nsf.gov/pubs/2004/nsf04219/start.htm (excellent proceedings from workshop on qualitative methods at the National Science Foundation)

http://www.uofaweb.ualberta.ca/iiqm/Conferences.cfm (comprehensive site from the University of Alberta in Canada, who sponsors the leading international conference annually)

http://www.nova.edu/ssss/QR (online journal "The Qualitative Report")

http://www.quarc.de (German-English online resource)

http://qualitative-research.net (German-English-Spanish site with online journal)

http://ejournals.library.ualberta.ca/index.php/IJQM/index (International Journal of Qualitative Methods)

http://www.researchtalk.com (training/workshop company)

http://www.methodspace.com (forum for researchers)

대표적인 질적 연구논문

초기 고전 연구논문

Becker, H., Geer, B., Hughes, E., & Strauss, A. (1961). *Boys in white: Student culture in medical school.* Chicago, IL: University of Chicago Press.

Bosk, C. L. (1979). *Forgive and remember: Managing medical failure.* Chicago, IL: University of Chicago Press.

Estroff, S. (1981). *Making it crazy.* Berkeley: University of California Press.

Gans, H. (1962). *The urban villagers: Group and class in the life of Italian-Americans.* New York, NY: Free Press.

Goffman, E. (1961). *Asylums: Essays on the social situation of mental patients and other inmates.* Garden City, NY: Basic Books.

Hochschild, A. (with Machung, A.). (1989). *The second shift: Inside the two job marriage.* New York, NY: Avon.

Liebow, E. (1967). *Talley's corner: A study of Negro street corner men.* Boston, MA: Little, Brown.

Lynd, R. S., & Lynd, H. M. (1956). *Middletown: A study in modern American culture.* New York, NY: Harcourt Brace.

Myerhoff, B. (1978). *Number our days: A triumph of continuity and culture among Jewish old people in an urban ghetto.* New York, NY: Simon & Schuster.

Painter, N. I. (1979). *The narrative of Hosea Hudson: His life as a Negro communist in the south.* Cambridge, MA: Harvard University Press.

Powdermaker, H. (1966). *Stranger and friend: The way of an anthropologist.* New York, NY: Norton.

Scheper-Hughes, N. (1981). *Saints, scholars and schizophrenics: Mental illness in rural Ireland.* Berkeley: University of California Press.

Stack, C. (1974). *All our kin. Strategies for survival in a black community.* New York, NY: Harper Colophon.

Whyte, W. F. (1955). *Street corner society* (2nd ed.). Chicago, IL: University of Chicago Press.

최근 연구논문

Abrams, L., & Anderson-Nathe, B. (2012). *Compassionate confinement: A year in the life of Unit C.* New Brunswick, NJ: Rutgers University Press.

Anderson, E. (1999). *Code of the street: Decency, violence, and the moral life of the inner city.* New York, NY: W.W. Norton and Company.

Biehl, J. (2013). *Vita: Life in a zone of social abandonment.* Berkeley: University of California Press.

Bourgois, P. (2009). *Righteous dope fiend.* Berkeley: University of California Press.

Duneier, M. (1999). *Sidewalk.* New York, NY: Farrar, Straus & Giroux.

Floersch, J. (2002). *Meds, money and manners.* New York, NY: Columbia University Press.

Goffman, A. (2014). *On the run: Fugitive life in an American City.* New York, NY: Picador.

Holmes, S. (2013). *Fresh fruit, broken bodies: Migrant farmworkers in the United States.* Berkeley: University of California Press.

Iversen, R., & Armstrong, A.L. (2006). *Jobs aren't enough: Toward a new economic mobility for low-income families.* Philadelphia, PA: Temple University Press.

Karp, D. A. (1996). *Speaking of sadness: Depression, disconnection and the meaning of illness.* New York, NY: Oxford University Press.

Klinenberg, E. (2002). *Heat wave: A social autopsy of disaster in Chicago.* Chicago, IL: University of Chicago Press.

Liebow, E. (1993). *Tell them who I am: The lives of homeless women.* New York, NY: Penguin.

Martin, E. (2007). *Bipolar expeditions: Mania and depression in America.* Princeton, NJ: Princeton University Press.

Moller, W. D. (2004). *Dancing with broken bones: Portraits of death and dying among inner-city poor.* New York, NY: Oxford University Press.

Newman, K., Fox, C., Roth, W., & Mehta, J. (2005). *Rampage: The social roots of school shootings.* New York, NY: Basic Books.

Oktay, J. (2005). *Breast cancer: Daughters tell their stories.* Binghamton, NY: Haworth Press.

Rhodes, L. (2004). *Total confinement: Madness and reason in the maximum security prison.* Berkeley: University of California Press.

Young, A. A. (2004). *The minds of marginalized black men.* Princeton, NJ: Princeton University Press.

2

적합한 질적 접근 방법
선택하기

질적 연구가 무엇을 의미하는지는 사람마다 다를 수 있다. 제2장에서는 질적 연구에서 가장 많이 사용되는 여섯 가지 접근 방법인 문화기술학(ethnography), 근거이론(grounded theory), 사례 연구(case studies), 내러티브 연구(narrative study), 현상학 연구(phenomenology), 행동지향 연구(action-oriented research)에 대해서 살펴보기로 하겠다. 이 접근 방법들이 어떤 것이며 어떻게 사용해야 하는지는 이미 많은 문헌에서 잘 설명해 놓았기 때문에, 이 책에서는 연구자가 자신의 연구를 위해서 이들 여섯 가지 접근 방법 가운데, 어느 접근 방법을 선택할지를 결정하는 데 도움이 될 만한 내용 소개에 주안점을 두었다. 일단 접근 방법을 정하고 나면 이 책에 이어서 더 많은 문헌을 읽어 볼 것을 권한다(이 장의 맨 끝부분에 추가로 참고할 만한 문헌 목록을 제시해 두었다). 이 여섯 가지 접근 방법 가운데 어느 하나를 선택하여 그 접근 방법에 대해서만 심층적으로 논의하는 것은, 하나의 연구에서도 여러 가지 접근 방법을 혼용할 수 있다는 사실을 고려해 볼 때 그다지 바람직한 방법이 아니라고 하겠다(이에 관해서는 이 장의 뒷부분에서 논의할 것이다).

질적 연구를 위한 여섯 가지 접근 방법

문화기술학

　문화기술학(ethnography) 연구는 '원로(elders)' 질적 연구방법 가운데서도 가장 긴 역사를 가진 연구방법이면서 동시에 이론적 지향으로 그리고 철학적 패러다임으로 여겨져 왔다(Tedlock, 2000). 문화기술학에 대한 인기가 시간이 지나면서 전에 비해 줄어든 것은 사실이지만, 문화기술학은 여전히 질적 연구를 위한 전형적인 연구방법으로서의 위치를 유지하고 있다. 문화기술학은 연구자들이 이제까지 거의 무의식적으로 선호해 왔던 **외부자**(etic) 관점 대신에 직접적인 관찰과 **내부자**(emic) 관점을 중요시해야 한다는 주장을 강하게 펼쳐 왔다(Goetz & LeCompte, 1984).

　문화기술학은 또한 연구자가 연구 대상자와 라포(rapport)를 형성하고 연구 대상자를 장기간에 걸쳐 심층적으로 관찰하는 데 필요한 기술을 갖추고 있어야 한다는 주장과 함께, 연구자가 가져야 할 어떤 분명한 입장 또는 태도가 있다는 것을 암묵적으로 강조해 왔다. 문화기술학에서 말하는 그 입장은 다름 아닌 **전체적 관점**(holistic perspective), 즉 연구의 대상이 되는 어떤 현상이 가지고 있는 모든 측면을, 상호 연관된 전체의 일부로 보는 관점이다. 문화기술학은 또한 **문화 상대주의**(cultural relativism)를 적극적으로 수용하는데, 각각의 문화는 그 문화의 용어로 이해되어야 하고, 다른 (더 강한) 문화의 신념과 가치라는 잣대에 의해서 평가되지 않아야 한다고 주장한다. 물론 그렇다고 해서 극단으로 치닫는 문화 상대주의(예: 르완다에서 벌어진 인종학살 사태를 하나의 부족 간 적대감 표출 현상으로 여기면서 외부인의 관점에서 그 사태를 판단하지 않는 것)를 용인해서는 안 되지만, 그런 극단적인 경우가 아니라면, 문화 상대주의는 **민족 중심주의**(ethnocentrism), 즉 자신의 문화와 다르다는 이유에서 다른 문화를 배타시하고 무시하는 사고방식에 대한 저항으로서 분명한 가치를 갖는다. 문화인류학의 대표적인 연구방법이 참여관찰(participant observation)이기는 하지만 오래전부터 결코 적지 않은 수의 문화인류학자(anthropologists)들이 측정과 통계분석을 연구 도구로써 활용해 왔다(예: 칼로리 섭취량 변화 연구, 소셜 네트워크 그룹 간 차이에 관한 연구 등).

문화기술학 연구를 한다는 것은 어떤 독특한 문화체계에 관심을 기울이는 것을 의미한다(Lofland & Snow, 2005). 그러한 문화체계는, 예를 들면 병원이라고 하는 공간을 규정하는 벽 같은 물리적인 경계로 이루어진 것일 수도 있고, 공유된 정체성(예: 조직폭력단, 프로축구팀, 가출 청소년)에 의해서 정의되는 것일 수도 있다. 문화기술학적인 탐구를 한다는 것은 수많은 행동과 상호작용으로부터 특정 문화 또는 하위문화에 내재하는 암묵적 규범을 찾아내기 위해서 다차원적이고 동시다발적인 탐구를 진행하는 것을 말한다. 문화기술학적 데이터의 핵심 출처는 관찰하는 (또는 관찰한) 모든 것을 꼼꼼하게 기록해 둔 '현장 기록(field note)'이다. 현장 기록은, 비록 그 내용이 흥미진진한 읽을거리로 채워져 있지는 않지만, 연구를 위해서는 없어서는 안 될 자료다. 현장 기록은 가능한 한 관찰과 동시에 하는 것이 바람직한데, 인간의 기억이라는 것이 정말 순식간에 사라지는 것이기 때문이다. 문화기술학 접근 방법에 관한 더 자세한 내용은 이 책의 제5장과 다음에 제시된 [글상자 2-1]의 예시를 참고하기 바란다.

연구방법론으로서의 문화기술학은 그것이 가진 탈규범적 특성 때문에 활용 범위가 매우 넓다. 그러나 그러한 장점에 상응하는 단점 또한 존재한다. 문화기술학 연구방법은 올바르게 사용할 수 있게 되기까지 상당한 시간과 노력을 들여야 하는 연구방법이다(그리고 '옳은' 것이 무엇인지가 늘 분명하거나 사람들 사이에 합의가 가능한 것도 사실이 아니다). 그럼에도 불구하고 문화기술학 연구방법에 대한 질적 연구자들의 관심은 꾸준히 높아져 왔는데, 특히 문화기술학 연구방법은 이제까지 '이해'에 기여해 온 바에 편승하고자 하는 연구자들로부터 많은 인기를 얻고 있다.

[글상자 2-1] Compassionate Confinement: 소년원에서의 문화기술학 연구

Laura Abrams와 그의 동료인 Ben Anderson-Nathe는 '청소년 교정'에 대한 공통된 관심을 바탕으로 Wildwood House(가명)라는 청소년 교정 시설에서 문화기술학 연구를 진행하였다. 교정 시설로부터 출입허가를 받기가 순조롭지 않다는 것은 당연한 사실이겠지만, 그 가운데서도 청소년 형사범 수감시설로부터 출입허가를 받은 것은 특히 어려운 것으로 알려져 있다. 이러한 이유에서 Abrams와 Anderson-Nathe의 연구는 연구를 지원해 줄 수 있는 시설 책임자를 아는 것이 연구를 수행하는 데 얼마나 도움이 되는 요소인지를 극명하게 보여 주는 좋은 예라고 하겠다.

Abrams와 Anderson-Nathe는 그들의 저서 『Compassionate Confinement』(2013)에서 자신들

이 어떤 연구를 했는지, 그리고 연구 과정에서 그들이 어떤 우여곡절을 경험했는지를 자세히 설명하고 있다. 연구 대상에 접근할 수 있게 되었다는 것이 곧 그들이 시설을 방문하여 찾게 된 청소년 수감자들이나 그들의 부모 또는 보호자들로부터 연구 참여 동의를 받을 수 있다는 것을 의미하는 것은 결코 아니었다. 연구 참여에 대해서 금전적 보상을 제공하는 것이 금지되어 있었기 때문에 Abrams와 Anderson-Nathe는 오랜 기간에 걸친 관계 형성과 신뢰 구축에 절대적으로 의존해서 수감자들이 그들에게 사적인 이야기를 자연스럽게 할 수 있게 만들어야만 했다(시설이 연구를 위해 일대일 면담이 가능한 공간을 제공함). 그들은 16개월 동안의 현장 관찰(field observation)을 통해 엄청난 양의 현장 기록을 얻을 수 있었다. 현장 기록의 내용은 2열 쓰기 방식에 따라 기록되었는데, 왼쪽 열에는 관찰한 내용을 자세하게 기록하였고 오른쪽 열에는 생각, 메모, 일지, 반응 등을 기록하였다.

참여는 끊임없는 협상의 과정이다. '즉흥적으로 시작된 농구 경기에 (연구자들이) 참여할 것인가 말 것인가?' '수감자들과 함께 식사할 것인가 말 것인가?' '시설 직원들과는?' '치료집단 세션에 참여할 것인가 말 것인가?' 연구자들은 책임을 공유하는 일종의 협력자로서 시설 관계자들과의 상호작용 및 그들과 일정 수준의 관계 질을 유지하는 것을 자료 수집보다 우선시하였다. 예상치 못한 것들과 실망스러운 것들에 대해서 항상 수용적인 입장을 견지하기 위해서, 그리고 수많은 회의와 면담을 통해 가능한 한 많은 정보를 수집하기 위해서 연구자들이 했던 모든 노력은 결국 순조로운 연구의 시작과 성공적인 연구의 완수라는 결실로 이어졌다(Abrams & Anderson-Nathe, 2013).

근거이론

근거이론(Grounded Theory: GT)은 1960년대 후반에 처음 소개된 후 지금까지 질적 연구 분야에서 가장 널리 사용되는 연구 접근 방법으로 발전을 거듭해 왔다(Glaser & Strauss, 1967). University of Chicago 사회학과에 의해 처음 세상에 소개된 후 GT는 1970년대부터 높아지기 시작한 심층 인터뷰에 대한 인기에 힘입어 여러 분야의 연구자들로부터 폭넓은 관심을 받기 시작하였다. GT 절차를 설명하는 많은 지침서적인 문헌 덕분에 질적 연구방법에 대한 이해가 쉬워지면서 사회복지를 포함한 다양한 학문의 연구자들이 보다 쉽게 질적 연구방법을 사용할 수 있게 되었다(Longhofer, Floersch, & Hoy, 2013; Oktay, 2012). GT가 가진 다른 연구 접근 방법들과의 차별성은, GT가 거대이론을 멀리하는 대신 덜 야심 찬 이론일지는 모르겠지만, 엄격성 또는 탄탄한 근거를 가진 '작은 이론'들을 가까이했다는 것에 있다. 이러한 GT의 선택은 그 당시로서는 가히 혁명적인 선택이 아닐 수 없었는데, 왜냐하면 20세기는 Freud, Marx, Sartre, Foucault 등에 의해 소개된 야심 찬 거대이론들의(비록 이러한 이론들이 측정이나 가설검증에 적합한 이론은 아니었지만) 시대였기 때문이다.

　GT는 Glaser와 Strauss 간의 (나중에는 Juliet Corbin이 Strauss에 합세하였다.) 수년간에 걸친 불협화음을 극복하면서 발전해 왔다. 두 사람 간의 불화로 인해 두 사람은 일찌감치 다른 길을 가게 되었는데, Strauss는 University of California, San Francisco로 자신의 길을 택했고 Glaser는 Grounded Theory Institute(GTI)를 설립하였다. 두 연구자 간의 차이는 Strauss의 이후 저작을 통해서 엿볼 수 있는데, Strauss와 Corbin(2007)이 근거이론의 구조화, 즉 근거이론을 위한 심층적인 방법론을 개발해야 한다고 주장한 반면, Glaser(2002)는 구조화보다는 이론적 개념화에 치중해야 한다고 주장하였다. 이러한 불화에도 불구하고, GT에 대한 연구자들의 관심은 점점 더 높아졌으며, GT가 가진 접근 용이성으로 인해 GT는 오늘날 질적 연구자들 사이에서 가장 널리 사용되는 연구방법 가운데 하나로 자리 잡게 되었다.

　GT 연구의 핵심은 인간의 행동(action)과 행동이 행해지는 과정(process)을 설명하는 것이다. 그렇기 때문에 GT 연구에서는 현상학 연구나 전통적인 문화기술학 연구에서 일반적으로 사용하는 'freeze-frame' 기법을 사용하지 않는다. GT의 주된 연구 대상자는 삶의 전환기(life-transition)에 놓여 있는 사람들이다. 이러한 연구의 대표적인 예로는 Glaser와 Strauss(1965)가 1960년대에 호스피스 환자들 대상으로 실시했던 연구를 꼽을 수 있는데, 이 연구는 근거이론 연구 방법의 초석을 다지는 중요한 연구라고 할 수 있다. GT 연구의 역동성은 인생에 있어서 큰 변화 또는 전환기를 경험하고 있다[경험한 사람들에 대한 인터뷰를 통해서 드러나게 된다. 사람들이 경험하는 인생의 변화나 전환점은 매우 일상적인 것(예: 대학 진학)일 수도 있고, 매우 이례적인 것(예: 복권 당첨 같은)일 수도 있다]. GT 연구를 위한 표본의 크기는 대략 20~30명 정도가 적당하다고 알려져 있으나 연구의 목적과 내용에 따라서 표본의 크기는 그보다 작을 수도 있고 클 수도 있다.

　GT의 데이터 분석은 제6장에서 자세하게 논의할 것이므로 이 장에서는 아주 간략하게만 살펴보고 넘어가기로 하겠다. GT에서의 데이터 분석은 다음과 같은 특성을 갖는다. 먼저, 인터뷰를 통해 수집한 자료를 귀납적으로 코딩하고, 데이터 분석 과정에서 연구자가 내리는 결정들을 메모로 작성하며, 이론적 아이디어나 개념을 엮어 내되, 그것들이 전체 연구의 결과를 특정 방향으로 몰고 가거나 제한하지 않는 한도 내에서 분석한다. 근거이론은 양적 연구에서 일반적으로 사용하는 연역적 추론에 대한 대안으로서, 질적 연구가 궁극적으로 추구해야 할 중요한 그리고 더 나아가서는 바람직하기까지 한 연구 성과가 다름 아닌 중범위 이론 생성이라는 것을 분명하게 인식시켜 준 접근 방법이다.

근거이론 접근 방법에서는 데이터를 수집하고 분석하는 과정을 반복하면서 인터뷰 녹취록에 대한 '개방 코딩(open coding)'을 시작한다. 코딩 과정에서 연구자는 문헌이나 기존 이론이나 선행 연구 등의 다양한 자료로부터 얻은 '감응적 개념(sensitizing concepts)'을 사용한다. 그러나 그렇더라도 코딩의 궁극적인 목표는 '귀납'이다. 코딩은 3단계에 걸쳐 점진적으로 이루어지는데, 맨 먼저 축 코딩 단계를 거치고, 이어서 선택 코딩 단계를 거친 다음, 맨 마지막으로는 '범주'라고 하는 엄밀성을 갖춘 깔끔한 개념틀을 만드는 단계를 거친다. 이 모든 단계에서 연구자는 지속적 비교분석법(constant comparative analysis methods), 즉 연구 대상자와 상황과 세팅 간에 벌어지는 상호작용을 계속해서 비교하는 접근 방법을 사용한다. '포화(saturation)' 개념은 데이터를 수집하고 분석하는 작업이 마무리될 때쯤 등장하는 개념이다. 포화란 추가로 새 연구 참여자(또는 코드, 범주)를 관찰하더라도 이미 얻은 정보와 다른, 새로운 정보를 더 이상 얻을 수 없는 상황에 다다랐다는 것을 의미한다.

근거이론 연구의 특성 가운데 어떤 것들은 근거이론 연구를 하기 쉽지 않은 연구로 만들기도 한다. 예를 들면, 포화가 언제 이루어졌는지를 알아차리는지, 언제 이론적 표본 추출을 해야 하는지를 파악할 수 있는지 등이 그런 것들이다. 그런가 하면 근거이론의 특성 가운데 근거이론을 매력적인 연구방법으로 만들어 주는 특성들이 연구자의 창의성을 제한하기도 한다. 그런데 질적 연구자들이 정말로 우려하는 것은 근거이론 방법 그 자체에 관한 것이 아니라, 근거이론을 적용하는 방법에 관한 것이다. 최근 여러 종류의 '유사 GT(GT Lite)'들이 문헌을 통해 소개되고 있는데, 이 유사 버전 GT는 범주를 만들고 범주의 속성을 구체화하여 근거이론을 완성하는 단계까지 연구를 진행하지 않고, 코드와 주제를 만드는 단계까지만 연구를 진행한다.

이러한 연구는 범주와 속성 개발은 물론, 근거이론에 대한 충분한 설명도 이행할 수 없다. [글상자 2-2]에는 전형적인 근거이론 연구의 예가 될 만한 한 편의 연구가 제시되어 있다.

[글상자 2-2] 아동기 성적 학대 피해자에 관한 연구: 근거이론 연구의 예

유년기 성적 학대를 경험한 11명의 여성을 대상으로 한 근거이론 연구를 통해서 Susan Morrow와 Mary Lee Smith(1995)는 '작은 표본'을 대상으로 한 질적 연구가 엄격하고 가치 있는 지식을 생산할 수 없다는 주장이 잘못된 것임을 증명해서 보여 주었다. 연구 참여자 집단은 매우 다양한 여성으로 구성되어 있었는데, 개별 인터뷰를 통해 그들 가운데 7명이 10주에 걸쳐 진행될 연구의 포커스 그룹(focus group)으로 뽑혔다. Morrow와 Smith는 그들이 강조했던 "증거적 적절성(evidentiary adequacy)"(Erickson, 1986)을 갖추기 위해서 "165시간 이상의 인터뷰, 24시간에 달하는 집단 세션 그리고 16주 동안 지속된 후속 인터뷰 내용을 녹화한 25시간 분량의 비디오와 녹취록"(1955, p. 25)을 증거 자료로 보고하였다. 이에 더하여 현장 기록과 연구자 의견이 녹음된 16시간 분량의 녹음 테이프까지 추가할 경우, 그들이 보고한 증거 자료의 양은 무려 2,000페이지에 달하였다.

Morrow와 Smith가 근거이론 연구에서 따라야 할 모든 절차를 철저히 지켜가면서 연구를 진행한 결과, 성적 학대를 경험한 여성들이 극복 과정에서 160가지 이상의 서로 다른 대처전략을 사용했다는 사실을 확인하였다. 그들은 또한 추가적인 분석과 해석을 통해 그러한 대처전략과 극복이 어떻게 나타났고, 여러 현상들에 어떻게 개입하였으며, 대처전략을 사용했을 때 어떤 결과가 나타났는지를 설명하는, 높은 상호 연관성을 가진 '범주'들을 만들어 내고 연구 참여자들의 말을 인용하여 각 범주의 내용을 설명해 보여 주었다.

그들은 또한 성적 학대에 대한 연구 참여자들의 인지적·심리적 반응을 서술하는 것에 그치지 않고, 희생자가 아니라 학대 경험을 극복해 낸 사람으로서의 여성들이 가지고 있는 회복력과 인내력을 보여 주고자 노력하였다.

사례 연구 분석

모든 사례 연구가 질적 연구인 것은 아니지만, 질적 연구로서의 사례 연구는 길고도 자랑스러운 역사를 가진 연구 접근 방법이다(Feagin, Orum, & Sjoberg, 1991). '사례 연구'라는 용어가 혼란을 불러일으키는 이유는 어떤 연구의 연구 접근 방법이 사례 연구 접근 방법이어도 우리는 그 연구를 '사례 연구'라고 부르고, 어떤 연구의 연구 결과가 사례 연구의 결과여도 그 연구를 '사례 연구'라고 부르기 때문이다. 사례 연구는 인간의 행위를 그 내용으로 하는 한정된 체계(bounded systems)를 주된 연구 대상으로 하는 연구이며(Snow & Anderson, 1991, p. 152), 그러다 보니 주로 질적 연구자들에게서 많이 볼 수 있는 능력인 '맥락으로부터 깊이와 의미를 도출해 내는 능력'이 사례 연구자들에게도 요구되는 경우가 많다. 사례 연구에서 말하는 '사례'는, 예를 들면 소아병동이나 이민자 밀집 거주지역이나 요양원 등과 같은 물리적인 장소일 수도 있고, 대법원 판결이나 군부대 폐쇄 결정 같은 어떤 중요한 사건일 수도 있다. 사례 연구는 또한 프로그램 평가를 위한 접근 방법으로 사용되기도 한다(Greene, 2000). 예를 들면, 모범적인 호스피스 프로그램을 대상으로 사례 연구를 실시하여 '양질의 서비스'라고 하는 것이 어떤 것인지에 대한 통찰을 얻기도 한다.

어떤 사건들은 우리에게 역사적, 사회적 변화 과정을 탐구해 볼 수 있는 기회를 제공해 준다. 예를 들면, Eric Klinenberg는 1994년 시카고에 불어닥친 기록적인 폭염에 주목하여 그 사건이 노인 빈곤층에 어떤 영향을 미쳤는지를 언론 보도, 문헌 자료, 인터뷰 등을 통해 이해하는 '사회 해부적 사례 연구(social autopsy case study)'인 『Heat Wave』(2002) 연구를 실시하였다. 이처럼 사례 연구는 어떤 주제에 관한 연구이건 상관없이 다양한 관점과 데이터 출처(data sources)로부터 풍부하면서도 의미 있는 해석을 도출해 내는 데 연구의 주안점을 둔다. 바로 이 특성이 질적 연구로서의 사례 연구를 임상 실천이나 전문직 교육과 구분 지어 주는 특성이라고 할 수 있다. 정신의학, 심리학, 간호학, 사회복지학 같은 전문직 교육에서 임상 사례는 주로 학생을 훈련·교육하기 위한 도구, 즉 임상 이론들이 실제 상황에 어떻게 적용되는지를 보여 주는 예로 사용되는데, 경영 대학원에서도 기업(가)의 성공과 실패에 관한 사례를 교육을 위한 도구로 사용한다. 이와 달리, 질적 연구로서의 사례 연구는 교육을 위한 도구가 아니라 지식을 만들어 내고 발전시키기 위해 사용하는, 체계적인 데이터 수집 및 분석 방법에 기반한 탐구 방법을 의미한다(Donmoyer, 1990).

질적 연구를 하려면 어떻게 해야 하는가? 이 질문에 대한 답은 이미 많은 연구자에 의해서 제시되어 있다(Gerring, 2007; Hancock & Algozzine, 2006; Merriam, 1998; Mills, Derepos & Wiebe, 2010; Stake, 2005; Yin, 2013). 그중에서도 가장 자주 언급되는 연구자를 꼽는다면 Robert Yin과 Robert Stake를 꼽을 수 있다. Yin과 Stake는 각기 다른

접근 방법을 사용하였는데, Yin은 실증주의 인식론을 선호하고 Stake는 구성주의적 해석을 고수하는 경향이 있다. 이러한 차이점에도 불구하고 연구방법론 교육에 있어서 이 두 연구자 간에는 상당한 공통점이 (물론 사용하는 용어는 다르지만) 존재한다.

Stake(1995)는 사례 연구를 **내재적**(intrinsic) 사례 연구, **도구적**(instrumental) 사례 연구, **집합적**(collective) 사례 연구의 세 가지 유형으로 구분한다. 내재적(또는 이해적) 사례 연구는 탐색을 목적으로 하는 연구 또는 흔치 않은 주제에 대한 서술 또는 분석을 목적으로 하는 연구에 적합한 사례 연구다. 도구적 사례 연구는 내재적 사례 연구보다 다소 무거운 연구 목적, 예를 들면 무언가를 설명하거나 예증하거나 이론을 개발, 평가 또는 비판하기 위한 연구에 적합한 사례 연구다. 즉, 도구적 사례 연구에서 '사례'는 그 자체적 가치를 갖기보다 목적을 위한 수단으로서의 (부수적인) 가치를 갖는다는 것이다. 마지막으로, 집합적 사례 연구는 여러 사례를 분석하는 다중 사례 연구(multiple case analyses)에 적합한 접근 방법이다. 집합적 사례 연구에서는 내재적 사례 연구의 사례보다는 도구적 사례 연구의 사례들을 종합하여 연구 사례로 활용한다(Stake, 2005).

사례 연구에서 연구자가 맨 먼저 해야 할 것은 사례의 시간적 경계와 공간적 경계를 분명히 하는 것이다. 다시 말하면, 사례를 시간적 및 공간적으로 정의하는(define) 것이다. 연구하고자 하는 사례가 분절된 낱낱의 사건이라면 각각의 사례를 다른 사례와 쉽게 구분 지을 수 있다. 이와 달리 사례 간의 경계가 명확하지 않다면, 예를 들어서 급격한 정책의 변화에 적응해 가는 사회복지기관들을 연구한다고 할 때 연구자는 어느 기관(들)을 연구할 것인지, 왜 연구할 것인지 등을 밝힘으로써 연구하고자 하는 사례의 경계를 명확히 해야 한다. 여기서 다시 Stake의 유형 분류체계로 돌아가 보자. Stake에 따르면, 다른 사례와 뚜렷이 구분되면서 흔치 않은 사례는 내재적인 사례일 가능성이 큰 반면, 다른 사례와 뚜렷이 구분되지 않고 일반적인 사례일수록 도구적 사례에 해당할 가능성이 크다. 그런데 이러한 구분이야 어떻든 단일 사례 연구에서 가장 중요한 것은 연구자가 하려는 연구가, 그것이 내재적 연구이든 도구적이든 간에 정말 연구해 볼 만한 가치가 있는 사례인지의 여부다.

연구 대상으로서의 사례를 정의하고 나면 연구자는 자료 수집 단계로 옮겨 간다. 사례 연구뿐만 아니라 모든 질적 연구에서도 그렇지만, 다양한 출처로부터 자료를 얻는 것(예: 인터뷰, 관찰, 영구보존 문서 등)은 사례 연구에 있어서 특히 중요하다. 다양한 자료를 활용할 수 있을 때 연구자는 사례, 사례의 기원, 발달 과정, 시간에 따른 변화에 대한 정보를 수집할 수 있고 그러한 정보를 바탕으로 사례에 관한 기술을 풍부하게 할 수 있다. 연구하고자 하는 사례가 여러 부분으로 이루어져 있다면 연구자는 각각의 부분에 대해서 설명할 수 있어야 할 뿐만 아니라 부분들 간의 관계에 대해서도 설명할 수 있어야 한다. 아울러 연구 사례에 영향을 미칠 수 있는 거시적인 맥락들, 예를 들면 사회적·문화적·정치적·경제적 조건들에 대한 설명 또한 빼놓아서는 안 될지도 모른다.

만일 사례가 두 개 이상이라면 연구자는 모든 사례에 적용되는 공통된 주제나 패턴을 찾는 단계를 추가로 거쳐야 한다. 이때 중요한 것은 각각의 사례가 가진 고유한 특성을 훼손하지 않으면서 사례들을 종합해 내는 것이다(Cambell & Arens, 1998; Ragin, 1987; Stake, 2005; Yin, 2013). 이 과정은 매우 복잡할 수 있으며, 아마도 반복적인 과정일 가능성이 크다. 다시 말하면, 연구자는 새로운 통찰과 아이디어를 도출하기 위해서 현장 기록과 인터뷰 내용을 끝없이 반복해서 읽어야 한다는 것이다. 각각의 사례가 가진 고유한 특성을 그대로 유지한다는 것은, 예를 들면 사례들을 상호 배타적인 것과 동시에 포괄적인 몇 개의 범주로 구분해 내는 것을 의미한다. 인터뷰로부터 코드를 생성해 내는 것과는 달리, 범주 개발은 이러한 방식으로 이루어져 왔다. 그렇기에 사례 연구 분석에서는 적절한 사례(또는 사례들)를 선택할 수 있는지, 충분한 자료를 수집할 수 있는지, 각각의 사례가 가진 전체적인 특성을 잃지 않으면서 다수의 사례를 분석할 수 있는지 등이 관건이 된다.

사례 연구는 전체성(holism)을 강조하고 다양한 자료를 활용한다는 점에서는 문화기술학과 유사하지만([글상자 2-3]에는 사례 연구와 문화기술학이 한 연구에 함께 사용된 예가 제시되어 있다.), 사례 연구와 문화기술학 간에는 연구 목적에 있어서 분명한 차이가 있다. 문화기술학은 문화 분석을 위한 접근 방법으로서 인간의 행동과 신념에 대한 심층적인 서술을 목적으로 하는 접근 방법이다. 예를 들면, 특정 종교에서 갈라져 나온 어떤 분파 종교에 대한 연구를 한다고 할 때, 문화기술학 연구자는 참여자관찰, 인터뷰, 문헌자료(편지, 종교 책자 등) 등을 연구 자료로 활용하여 그 분파 종교가 구성원의 행동에 지배적인 영향을 미치는 독특한 규범 또는 신념 체계를 가진 하나의 하위문화라는 사실을 알게 될 수 있다. 그런가 하면 이 동일한 연구 대상에 대해서 전혀 다른 사례 연구를 할 수도 있다. 예를 들면, 이 분파 내부에서 어떤 일들이 일어나고 있는지를 대중에게 알리는 것이 목적이라면 본질적 사례 연구를 생각해 볼 수 있을 것이고, 이 분파 종교가 사람들의 심리를 어떻게 통제하는지에 관심이 있다거나 이 분파 종교를 비주류적인 종교적 신념을 지향하는 하나의 커다란 사회적 변화의 일부로 이해하고자 한다면 도구적 사례 연구를 하는 것이 적절할 것이다. 중요한 것은 탐구 대상을 전체론적인 관점에서 살펴보는 것이 탐구 대상을 세분화하는 것보다 더 중요시되는 경우라면 연구자가 선택할 수 있는 최선의 접근 방법은 다름 아닌 사례 연구 분석일 것이다.

[글상자 2-3] 호의적이지 않은 세팅에 증거기반 프로그램 도입하기: 문화기술학 접근 방법을 사용한 사례 연구

Felton(2003)은 혁신적인 증거기반 실천의 일환으로서 뉴욕 카운티 외곽에서 시도되었던 Housing First(HF) 프로그램의 떠들썩한 도입 과정에 대해 문화기술학 접근 방법에 입각한 사례 연구를 진행하였다. 지역 활동가들의 관점을 보여 주기 위해 그녀는 구성주의적 접근 방법을 선택하였으며 갑작스러운 정책변화로 인해 영향을 받게 된 다양한 이해관계자(예: 사회서비스 접근 통제자인 지역 공무원, 정신건강 서비스 제공자, 노숙인 보호시설 운영자, HF 직원 등)를 대상으로 인터뷰를 진행하였다.

HF에 대한 반대는 생각보다 거셌는데, 이는 새로운 시도인 HF가 중증정신질환을 가진 노숙인들에게 아무런 주거 준비 과정(housing readiness) 없이 주거를 제공하는, 매우 위험하고 무책임한 시도라는 우려감에서 비롯된 것이었다. HF 도입에 반대하는 사람들은 이런 시도로 인해 부정적인 결과를 경험한 적이 한 번도 없음에도 불구하고 신문사에 편지를 보내는 것을 시작으로 하여 군 공무원(county officials)과 HF 시설 대표자가 부적절한 계약 협상을 했고, 지역사회의 규범을 노골적으로 무시했다는 점 등을 이유로 들어 그들을 고발하기 위한 조직적인 회의를 소집하기까지 하였다.

Felton은 인터뷰와 여러 자료(뉴스거리, 신문사 편집장에게 보내는 편지, 서비스 계약, 군 예산 보고서, 지역 주거 현황 보고서 등)를 연구 자료로 활용하여 해당 사례에 깊이 파고들었고, 그러한 자료들로부터 마침내 반감 가득한 상황 속에서 어떻게 혁신이 시도되었으며 그것이 하나의 '뉴노멀(new-normal)'로 자리 잡게 되었는지에 관한 설명을 이끌어 낼 수 있었다. 반대 운동은 풀뿌리 공동체 운동도 아니었고, 많은 사람이 예상했던 것과 달리 지역 상권에 의해 조직된 움직임도 아니었다. 반대 목소리를 낸 사람들은 단지 새로운 모델(HF)에 의해 밀려날지 모른다는 생각에 두려움을 느끼고 있었던 쉼터 서비스 제공자들이었다. 시간이 지나면서 HF 프로그램이 안정적으로 운영되게 되었고 노숙인들을 효과적으로 수용할 수 있다는 것이 사실로 입증되었다. 그럼에도 불구하고 쉼터는 없어지지 않았다. 돌이켜 보면 Felton의 사례 연구는 본질적 사례 연구와 도구적 사례 연구의 성격을 모두 가진 사례 연구였다고 볼 수 있는데, 그녀의 연구는 이해관계자들과의 수많은 인터뷰를 통해 깊이와 질 두 가지 모두를 얻을 수 있었던 연구라는 점에서 본질적 사례 연구의 특성을 가진 연구였고, 동시에 '대인 서비스 분야의 혁신'이라고 하는, 보다 거시적인 이슈에 관한 통시적이고 공시적인 통찰을 제공했다는 점에서 도구적 사례 연구의 특성을 가진 연구였다고 하겠다.

내러티브 접근 방법

내러티브 접근 방법(Narrative Approach: NA)은 말이 가진 힘(the power of the spoken word)을 기반으로 하는 연구 접근 방법이며, 그러다 보니 연구자들이 다른 접근 방법들에 대해서 보다 편안함으로 느끼고 쉽게 다가가고자 하는 마음을 먹게 만드는 경향이 있다(Andrews, 2014; Czarniawska, 2004; Mattingly, 1998; Mishler, 1986; Polkinghorne, 1988; Riessman, 2008; Wells, 2011). NA가 가진 이러한 매력 때문에 NA는 치료 세팅이나 자조(self-help) 세팅처럼 클라이언트가 자신의 삶을 '이야기로 재구성'하는 것을 중요하게 여기는 실천 현장에서 폭넓게 활용되고 있다(White & Epston, 1990). NA를 한 유형의 연구 접근 방법으로 바라볼 때 우리가 주목해 볼 필요가 있는 것은 NA가 중요시하는 '무엇이 이야기되는가'와 '어떻게 이야기되는가'이다.

문학과 역사학 그리고 언어사회학에 그 뿌리를 두고 있는 NA는 '말하기와 글쓰기는 의미를 만들어 내는 것'이라는 전제에서 출발한다(Frank, 2010). 이러한 특성 때문에 NA는 한 명 또는 소수의 개인을 대상으로 하면서 연구 주제가 '서사화(narrativizing)'할 만한 주제인 연구에서 사용하기에 가장 적합한 접근 방법이다(Clandinin & Connelly, 2004). 이러한 맥락에서 볼 때 개인의 생애사, 자서전, 구전되어 내려오는 전설, 심리치료 세션 등은 '내러티브적 이해' 연구를 하기에 더없이 좋은 환경이 아닐 수 없다(Polkinghorne, 1988).

내러티브에 대한 관심이 점점 증가하면서 연구자들은 개인의 정체성과 자아 형성에 있어서 NA가 어떤 역할하는지에 대해서도 깊은 관심을 보이게 되었다(Snow &

Anderson, 1987). NA 연구자는 개인의 내러티브가 그 개인(내러티브 주인공)의 삶의 의미와 정신건강을 다양한 방식으로 풍부하게 만들어 주고 증진시키는 것을 관찰함으로써 자아와 내러티브 간에 존재하는 상호 연관성을 드러내 보여 줄 수 있다. 일례로, 트라우마를 겪고 있는 사람들에게서 우리는 종종 그들이 오랜 기간에 걸쳐 자신들의 내러티브를 고쳐 가면서 안정감을 되찾고 삶의 의미를 증진시켜 가는 모습을 볼 수 있다(예: '일이 그렇게 된 데는 분명히 그럴 만한 이유가 있다.'라는 생각을 하게 된다). 어떤 연구자들은 자신의 내러티브와 자아를 동일시하는 것이 바람직하지 않다고 주장하기도 하는데, 그들은 이러한 동일시가 내면의 대화(inner conversations)와 인식(cognitions) 같은, 결코 그 내용이 단순하지 않은 것들을 언어적으로 단순화시켜 버리는 언어적 환원주의 오류로 이어질 수 있다고 생각하기 때문이다(Smith & Sparkes, 2006). 자칫 텍스트에 너무 많은 중요성을 부여하다 보면 연구자는 더 큰 맥락을 놓치거나 말로 이야기되지 않은 자아를 무시해 버리는 오류를 범할 수 있다. 예를 들면, 어떤 연구자가 남아프리카 노인들을 대상으로 연구를 하면서 남아프리카 인종차별의 역사적 맥락에 관심을 기울이지 않는다면, 그 연구는 더없이 좋은 기회를 살리지 못한 연구가 될 것이 너무도 뻔하다.

맥락의 중요성을 이해할 때 우리는 텍스트를 미시적으로 고찰하는 것 그 자체를 중요시하는 관점에서 벗어나서 내러티브를 만들어 내는 대화적 상호작용으로, 그리고 거기서 한 걸음 더 나아가 더 넓은 환경적 영향력으로까지 우리의 시야를 넓힐 수 있게 된다(Frank, 2012; Riessman, 2008). 대개의 경우, 관심을 기울일 만한 대화는 연구자와 연구 참여자 사이에서 주로 이루어지지만 때로는 연구 참여자들 사이에서 이루어지기도 하고, 그것을 연구자가 기록하고 목격하기도 한다. 그래서 우리는 종종 사회복지사와 클라이언트 또는 부모와 자녀 간의 상호작용과 같은 상호작용 속에서도 중요한 내러티브나 대화 내용이 담겨 있는 것을 볼 수 있다.

NA의 초점이 서사화가 아니라 대화에 맞춰지면 NA는 **대화분석**(Conversation Analysis: CA) 또는 **담화분석**(Discourse Analysis: DA)이 된다. 문화기술학과 사회학에 그 뿌리를 두고 있는 CA는(Gubrium & Holstein, 2000; Sacks & Garfinkle, 1970) 배열하기(sequencing), 교대하기(turn taking), 주도권 갖기(holding the floor), 끼어들기(interruption) 등과 같은 대화의 여러 측면을 고찰함으로써 대화 속에 사회적 역할이

나 정체성이 어떤 식으로, 어떻게 나타나는지를 이해하는 데 주안점을 둔다(Farnell & Graham, 2000). 대화분석(CA)에서는 녹음된 대화 내용을 분석함으로써 개인 간의 의사소통이 어떻게 사회적 상호작용을 만들어 내고, 또 그것으로부터 영향을 받는 지를 이해하는 데 필요한 단서를 찾는다(Sidnell & Stivers, 2013). 예를 들면, Angell과 Bolden(2015)은 중증정신질환자들과 정신과 의사들 간에 오고 간 36회의 대화를 녹취한 녹취록을 CA 분석하여 약물 처방이 어떻게 이루어지고 또 합리화되는지를 이해하고자 시도하였다.

담화분석(DA)은 대화나 텍스트에 투영된 사회적 의미를 분석하는 연구 기법이다(Fairclough, 2003; Gee, 2005). 의미가 대화나 텍스트 안에 나타나는 형식은 화자가 사용하는 어휘에서 시작하여, 말투, 말의 속도, 억양, 음조 그리고 비언어적인 표현(신음, 한숨, 웃음 등)에 이르기까지 매우 다양하다. 패권, 즉 헤게모니적 권력에 대한 Foucault의 비판적 관점에 바탕을 둔 Foucault주의인 DA는 질적 연구자들의 일반적인 관심사인 '일상적인 대화'보다 더 추상적인 차원의 것에 초점을 맞춘다. 이와 정반대되는 대표적인 접근 방법을 꼽는다면, 사회언어학자인 Deborah Tannen(1990, 2006)이 그녀의 베스트셀러 책에서 보여 준 접근 방법을 꼽을 수 있다. 그녀는 자신의 책에서 남성과 여성이 서로에 대해서 '얼마나 모르는지'를 보여 줌과 동시에, 모녀들 간에 오고 가는 생생한 대화를 분석하였다. CA와 DA가 모두 녹취록에 의존한 연구 접근 방법이기는 하지만 이 두 접근 방법의 분석 능력은 인간의 행동과 같은 비언어적인 표현에 대한 기록에 의존하여 길러진다.

모든 유형의 NA에 있어서 해석이 중요하다는 것은 두말할 나위 없는 사실이며, 해석이 연구자에 의해서만 이루어졌는지 아니면 연구자와 연구 참여자 모두에 의해서 이루어졌는지는 중요하지 않다. 내러티브의 본질은 과거에 있었던 일들을 회고적으로 설명하는 것이지 사실 그 자체를 확인하는 것이 아니다. 이러한 특성 때문에 NA 연구자는 '무엇'과 '어떻게'라는 질문에 대한 답을 찾아야만 하는 상황에 직면하게 된다. 텍스트 해석의 중요성을 강조하는 포스트모더니즘적 사고(thinking)와 NA가 잘 맞는 이유는 바로 이 때문이다.

NA에서는 어떤 데이터 분석 기법을 사용하는가? Labov의 미시구조적 분류 기법은 하나의 독자적인 기법으로서 그리고 하나의 출발점으로 연구자들로부터 많은 관심을 받아오고 있다. Riessman(2008)은 내러티브의 전체성과 구성요소가 데이터 분석의 필요조건이기는 하지만 충분조건이 될 수는 없다고 주장하였다. 내러티브는 항상 시간이나 장소나 청중 같은 더 큰 맥락 안에 존재한다는 것을 이해할 때 연구자는 보다 거시적인 분석 목표를 가질 수 있게 된다. 내러티브의 줄거리를 있는 그대로 유지한 상태에서 연구자는 사례 연구 분석에서와 마찬가지로 "다수의 사례가 공유하고 있는 어떤 주제로부터가 아니라 사례로부터 이론을 도출할 수 있다."(Riessman, 2008, p. 53) Pederson(2013)은 실직 경험(job loss)에 관한 NA 연구에서 주제 분석을 통해 사람들이 실직에 대처하는 방식을 분류하고 범주화하였다.

내러티브 연구와 음성 연구(speech studies)는 언어가 가진 중요성을 개인 차원의 대화에서뿐만 아니라 사회적 · 정치적 맥락 차원에서까지 보여 줄 수 있는 유용한 질적 연구방법 가운데 하나로 자리매김하고 있다. 이러한 접근 방법들은 언어가 실재(reality)를 어떻게 규정하는지를 (단순히 있는 그대로 묘사하는 것이 아니라) 보여 준다는 점에서 구성주의적 해석과 맥을 같이하는 접근 방법이 아닐 수 없다. 젠더와 인종 같은 사회 여러 영역에 존재하는 불평등은 우리가 의사소통하는 방식 속에 그리고 우리가 우리 삶의 경험을 서사화하는 방식 속에 깊숙이 녹아들어 있다.

현상학적 분석

현상학적 분석(Phenomenological Analysis: PA)은 Edmund Husserl과 Martin Heidegger가 20세기 초반에 발표한 많은 철학적 연구 결과를 기반으로 하여 발달하다가, 나중에는 심리학, 교육학, 간호학 등의 분야에서 활발하게 연구되었다(Lopez & Willis, 2004). 이러한 이유에서 PA를 이해하는 데는 철학으로서의 현상학에 대한 이해가 필수적이다. 현상학에서는 실재(reality)를 개인 의식의 산물로 본다. 그리고 인식의 주체와 객체 간의 경계 역시 20세기에 들어와 철학과 과학이 '실증주의'로 선회하기 시작하면서 등장한 인위적 구분에 불과하다고 본다.

현상학적 연구의 첫 시작은 '어떤 현상에 관심을 가질 것인가?'라는 질문에 대한 답을 찾는 것이다. 이 질문을 결코 가벼운 질문으로 여겨서는 안 되는데, 왜냐하면 어떤 현상은 다른 현상에 비해 더 큰 연구 대상으로서의 가치를 가지고 있기 때문이다.

PA에서는 인생을 살아가다가 우리에게 처하게 되는 여러 상황 가운데서도, 특히 우리 삶의 깊숙한 곳까지 영향을 미치는 상황들을 연구 주제로 다룬다. 예를 들면, 항암 치료, 입양, 배우자를 잃은 슬픔 같은 상황들이 있다. PA는 우리가 이러한 상황에 오랜 기간 몰입할 때, 다시 말해서 실제 삶의 경험을 통해서만 이해할 수 있는 어떤 심층적인 의미를 파악하는 데 초점을 맞춘다. 현상학적 인터뷰 자료를 분석하는 이유는 바로 이러한 경험들의 '본질(essence)' 또는 이러한 경험들이 가지고 있는 공통적인 주제를 이해하기 위해서다. 그렇기에 현상학 연구에서는 연구 참여자의 경험에 대한 탐색적 이해 못지않게 연구 참여자의 경험을 둘러싼 상황과 조건에 대한 탐색적 이해를 중요시한다.

이와 같은 논의를 통해 우리는 연구 접근 방법으로서의 PA가 다른 질적 연구방법들과 어떤 면에서는 다르고 어떤 면에서는 유사한지를 어느 정도 이해할 수 있다. 교육학 분야의 대표적인 현상학자인 van Manen(2002)에 따르면, **해석학적 현상학** (hermeneutic phenomenology)은 어떤 현상이나 경험을 서술하고 있는 텍스트(예: 책, 인터뷰 녹취록)를 분석하는 탐구 접근 방법이고, 해석학적 현상학 연구자가 해야 하는 역할은 그러한 텍스트가 만들어 내는 다양한 의미를 해석하는 해석가 또는 매개자의 역할이다. 현상학은 이처럼 인간의 인식과 깊은 관련성을 가지고 있으며, 그렇기 때문에 Moustakas(1994), Giorgi(1985), Smith(1996) 등과 같은 심리학자들로부터 많은 지지를 받을 수 있었다.

Moustakas은 **초월적 현상학**(transcendental phenomenology) 접근 방법을 따르는 대표적인 연구자로서 실재에 대한 연구자의 선입견 배제, 즉 '괄호치기(bracketing)' (Husserl은 이를 epoche라는 용어로 표현하였다.)의 중요성을 강조하였다. 초월적 현상학에 입각한 연구자는 자신을 연구로부터 전적으로 분리하기보다는 연구 참여자가 하는 설명의 본질적인 측면에 자신이 영향을 미치지 말아야 한다는 사실을 자각하기 위해 노력해야 한다. Husserl의 철학은 Moustakas의 연구뿐만 아니라 Giorgi(1985, 2009)가 **기술적 현상학**(descriptive phenomenology)을 발전시키고 Duguesne University에서 동료들과 함께 많은 연구를 통해 현상학을 발전시키는 데에도 큰 영향을 미쳤다.

심리학 또한 **해석학적 현상학 분석**(Interpretive Phenomenological Analysis: IPA)의 발전에 크게 기여하였다. Smith(1996)의 주장에 따르면, IPA는 건강 심리학과 깊은 관련성을 가지고 있을 뿐만 아니라 개개인이 생성해 내는 의미의 중요성을 강조하는 상징적 상호작용 이론들로부터도 큰 영향을 받았다(Blumer, 1969). 그는 또한 연구자가 해야 할 것은 자신을 연구와 분리시키는 '괄호치기'가 아니라 연구에 참여하는 것이라는 van Manen(1990)의 주장에 동의하면서 '이중 해석'이라는 개념을 소개하였는데, 이중 해석이란 연구 참여자는 자신이 한 경험의 의미를 이해하고, 연구자는 연구 참여자가 그러한 이해를 해 나가는 것에 대해 이해하는 것을 말한다(Smith & Osborn, 2009, p. 53). IPA는 활용 가능성이 매우 큰 접근 방법이며 우리 주변에서 쉽게 찾아볼 수 있는 '여성은 폐경이라고 하는 커다란 인생의 전환기를 어떻게 겪어 가는가?' '아스퍼거 증후군이 있는 사람들의 삶은 어떤 것인가?' '형을 마치고 출소한 성폭력 가해자들은 출소 후의 삶을 어떻게 적응해 가는가?'와 같은 다양한 주제의 연구에서 사용하기에 적합하다.

간호학도 해석학적 현상학 분석의 발전에 기여하였는데, 특히 Munhall(2012)은 여러 편의 연구와 해석학적 현상 분석 입문서(Cohen, Kahn, & Steeves, 2000) 저술을 통해 PA의 발전에 크게 이바지하였다. 사회복지 분야는 다른 학문 분야에 비해 PA가 아직은 생소한 편이지만 최근 들어 PA 접근 방법을 활용한 연구가 양적으로 점점 증가하고 있다. 예를 들면, Armour와 그의 동료들은 해석학적 PA 접근 방법을 사용하여 살인 사건으로 인해 사랑하는 사람을 잃은 사람들에 관한 질적 연구를 진행하였다(Armour, Rivaux, & Bell, 2009). 요즘은 PA뿐만 아니라 IPA 접근 방법도 위탁 돌봄 같은, 전통적인 사회복지 주제를 다루는 연구에서 종종 활용되고 있다(Houston & Mullan-Jensen, 2011).

지금까지 살펴본 바와 같이, PA 접근 방법은 그 종류가 다양하지만 이들이 사용하는 데이터를 수집하고 분석하기 위해 사용하는 방법에는 큰 차이가 없다. 대개 6~10명 정도의 (물론 더 많거나 더 적을 수도 있다.) 연구 참여자를 연구 대상으로 하여 개방적이면서 광범위한 질문 위주의 인터뷰를 진행한다. 연구자는 연구 참여자의 경험적 삶을 들여다볼 수 있게 되고자, 연구 대상자와 라포를 형성하고 그들에게 진솔한 모습을 보여 주려고 노력한다. 또한 심층적인 이해를 얻기 위해서 연구 참여자 한 사람 한 사람에 대해서 여러 차례 인터뷰를 진행하기도 한다. 연구자는 인터뷰 녹취록과 다른 데이터들을 읽고 또 읽으면서 연구 대상자들이 한 이야기를 관통하는 핵심 문장, 인용구, 맥락 등을 찾기 위해 노력하는데, 연구 참여자의 이야기로부터 뽑아낸 핵심 주제들은 연구의 뼈대를 이루게 된다. Moustakas(1994)는 연구자들에게 자신들이 연구를 수행하면서 가졌던 관점이나 느낀 점 등을 정리해서 연구 보고서의 일부로 제시할 것을 독려한다.

PA가 가진, 다른 질적 접근 방법에서는 찾아볼 수 없는 특성은 PA가 독자들로 하여금 마치 자신이 연구 참여자가 되어 그들의 입장에서 세상을 바라보는 것 같은 느낌을 느낄 수 있게 해 주는 것이다. 바로 이러한 특성으로 인해 PA는 여러 질적 접근 방법 가운데서 차별화된 자신만의 위치를 인정받고 있다. 그런가 하면 PA는 연구 수행 방법이나 연구 성과의 성공 여부를 평가하는 기준에 있어서는 다른 질적 접근 방법들과 크게 다르지 않다. PA와 PA로부터 파생된 접근 방법들 간에 존재하는 차이는 그것의 상당 부분이 방법론적 차이가 아니라 철학적 입장에 있어서의 차이이다. 즉, PA 접근 방법을 PA 접근 방법으로 만드는 것은 PA가 가진 철학적 기반이라는 것이다. 그렇기 때문에 PA 접근 방법을 사용하기에 앞서 연구자는 PA의 철학적 기반을 이해하는 과정을 먼저 거쳐야 한다. 그러한 과정을 거치지 않고 연구를 하는 것은 결국 PA 접근 방법을 사용한 연구를 하면서도 정작 PA 접근 방법이 가진 가장 큰 장점을 전혀 살리지 못하는 연구를 하는 것과 다를 바가 없기 때문이다.

행동지향 연구와 지역사회 관여 연구

Kurt Lewin(1946)의 연구를 시초로 볼 수 있는 **행동지향 연구**(Action Research: AR)는 실용주의(Tandon, 1996)와 1960년대의 인권운동에 그 뿌리를 두고 있는 질적 접근 방법이다. AR은 **참여적 행동 연구**(Participatory Action Research: PAR) 그리고 **지역사회 기반 참여 연구**(Community-Based Participatory Research: CBPR)와 밀접하게 연관되어 있는데, 이 세 가지 접근 방법은 모두 지역사회 임파워먼트와 수평적 협력관계를 매우 중요시하는 공통점을 가지고 있다(Reason & Bradbury-Huang, 2013; Stringer, 2013).

큰 틀에서 보면 이들 모두는 **지역사회 관여 연구**(Community Engaged Research: CER) 범주에 속하는 접근 방법이다. CER은 지역사회 참여를 어느 정도 필요로 하는 연구이지만, 이때 말하는 지역사회 참여가 반드시 어떤 구체적인 행동이나 참여로 연결되는 지역사회 참여를 말하는 것은 아니다. 그렇게 보면 지역사회에서(어떻게 정의되는 지역사회든 간에) 행해지는 연구 가운데 CER 연구가 아닌 것은 없다고도 말할 수 있겠지만, 여기서 강조하고자 하는 것은 '지역사회에 대한 관여가 있어야 한다.'라는 것이다. 그리고 그러한 관여는 해당 지역사회의 규범에 부합해야 할 뿐만 아니라 연구가 해당 지역사회에 미칠 수 있는 영향에 대해서도 민감할 수 있는 관여여야 한다.

모든 CBPR과 PAR은 CER이지만 모든 CER이 어떤 행동 또는 참여적 요소를 가지고 있는 것은 아니다. CER이지만 CBRP도 PAR도 아닌 다음과 같은 가상적인 예를 생각해 볼 수 있다. 갱 문제 때문에 골머리를 앓고 있는 어떤 지역에서 가구 조사를 통해서 문화기술학 연구를 한다고 가정해 보자. 이 경우, 지역주민들과 어떤 공동의 행동을 취하는 것은 위험한 선택이 될 수 있는데, 그런 행동이 오히려 지역사회를 사분오열하는 결과를 가져올지도 모른다. 따라서 그렇게 하기보다는 낮은 강도의, 덜 개입적이면서 우호적인 방법으로 지역사회에 관여하는 것이 바람직하다. 예를 들면, 지역주민들이 그들의 가족을 갱들로부터 보호하고자 어떤 전략을 사용하는지 알아보기 위해서, 연구자는 갱들이 사용하는 표식이나 갱들이 빌딩 벽에 한 낙서, 젊은이들이 모이는 장소, 어린이들이나 노인들의 존재(안전함을 나타내는 지표) 등에 대한 관찰을 가구 조사와 병행해 볼 수 있다. 이 예의 경우, 어느 정도 시간이 흐른 후에 어떤 행동을 위해 주민을 조직화해 볼 수는 있겠지만 안전을 고려해 볼 때, 그리고 갱들에 대한 이해가 부족한 상태에서 그런 시도를 하는 것은 적절하지 않다고 하겠다.

CBRP에 대한 관심은 1960년대 이후 지역사회 임파워먼트(Fals-Borda, 1998; Freire, 1973)에 대한 일반 대중의 관심과 권한 공유(power sharing)에 대한 학계의 관심(Foster-Fishman, Berkowitz, Lounsbury, Jacobson, & Allen, 2001; Nelson, Ochocka, Griffin, & Lord, 1998)과 더불어 시작되었다. 또한 이론 기반의 통제된 실험에서 '실제 세상'에 대한 개입으로 옮아가야 한다는, 필요하지만 힘든 변화에 대한 실용주의적 주장 역시 CBRP에 대한 관심을 불러일으키는 계기가 되었다(Hohman & Shear, 2002). 문제는 이러한 변화(양적 연구자들은 이를 '잡음' 정도로 여기고 무시해 버렸다.)를 따르는 연구들이 높은 중도 탈락률과 낮은 연구 참여율이라는 골치 아픈 문제를 내포하고 있다는 것이다. 지역사회의 협조와 호응이 없는 한, 지역사회 관여 연구는 가능하지도 않고, 가능하더라도 임상적·문화적 또는 사회적 관련성이 결여된 연구가 되기 쉽다.

보건의료를 비롯한 다양한 분야에서 활용되고 있는 CBPR은 사회복지를 포함한 전문 실천 분야의 질적 연구자들에게 특히 잘 맞는 연구 접근 방법이다(Danso, 2015; Jones & Wells, 2007). 우리는 이러한 CBPR의 특성을 '3P'로 표현할 수 있다. 첫째, CBPR은 연구의 전 과정에 영향을 미치는 **관점**(perspective)이다. 둘째, CBPR은 연구자와 지역사회 참여자 간의 수평적 **협력관계**(partnership)다. 마지막으로, CBPR은 모든 관련 주체의 적극적 **참여**(participation)를 필요로 한다. CBPR의 수평적 협력관계는 연구와 관련된 모든 주체가 각자의 시간과 자원을 연구를 위해 자발적으로 쏟을 때 가장 잘 작동한다. CBPR 연구의 결과로서 지역사회의 건강 또는 복지가 증진될 수 있다는 가능성을 고려한다면 CBPR 접근 방법을 어느 정도 절충하거나 상쇄하는 것도 필요할 수 있다(Cornwall & Jewkes, 1995; Israel, Eng, Schulz, & Parker, 2005). PAR과 CBPR이 질적 연구와 양적 연구 가운데 어느 쪽에 더 가까운 접근 방법인지는 분명하지 않다. 그러나 이 두 접근 방법이 질적 연구방법 없이 혼자 쓰이는 경우나 혼합 접근 방법을 사용하는 연구에서 질적 연구방법이 아닌 연구방법과 함께 쓰이는 경우는 매우 드물다. 모든 지역사회 기반 연구는 일정 수준의 참여와 관여를 필요로 하는데, 이러한 특성은 엄격성을 너무 강조하지 않는 질적 연구와 잘 맞는 특성이면서 동시에 "당사자주의(nothing about us, without us)"(Nelson et al., 1998)와도 잘 맞는 특성이다.

연구자는 항상 협력관계를 구축하고 발전시켜야 할 필요성, 공동의 목표를 도출하고 달성하기 위한 절충의 필요성, 그리고 이해관계자들 간에 존재하는 상충적 우선순위 조정 등과 쉽지 않은 문제에 직면한다. 시간과 자원의 제약하에서 연구자는 단기간 안에 많은 성과와 큰 영향력을 가져다줄 수 있는 압축적이고 집중적인 접근 방법을 선호하게 된다. 한 가지 분명한 것은 CER, PAR 또는 CBPR이 모든 연구 주제에 적합한 접근 방법도 아니고 사용하기 쉬운 접근 방법도 아니라는 점이다. 그러나 동시에 이러한 접근 방법들이 실천 지향적 연구의 발전에 상당히 기여해 왔다는 것 또한 분명한 사실이다. 그리고 그러한 과정 가운데 싹튼 상호 존중 의식은 연구자와 연구 참여자 간의 관계에 있어서 항상 일방적이었던 연구자 중심의 권력관계를 바꿀 수 있는 긍정적인 변화의 시발점이 되었다.

CBPR이 인기를 얻으면서 CBPR과 관련된 다양한 온라인 자료가 생겨나기 시작하였다(이 장의 맨 뒷부분에 관련 온라인 사이트들이 제시되어 있다). 아울러 **공동체**(community)의 의미도 지리적 경계라고 하는 단순한 의미에서 정체성, 직장, 공동의 목표를 지향하는 집단 등으로까지 그 범위가 확장되었다. 예를 들면, Rogerio Pinto는 그의 연구에서 뉴욕시에 소재한 다양한 종류의 HIV 환자 지원 단체들을 공동체로 정의하였는데, 이 공동체는 HIV 환자를 위한 의료적 치료를 제공하는 단체에서부터 정신장애인을 위한 주거 지원을 제공하는 단체에 이르기까지 매우 다양한 종류의 비영리단체들로 구성된 공동체였다. 연구 과정 중에 이들 간 협력의 중요성이 강조되자 지역사회 협력위원회(community collaborative board)가 연구를 감독하고 모든 연구 단계에서의 의사결정에 참여하게 되었다(Pinto, Spector, & Valera, 2011). [글상자 2-4]는 연구자가 자신이 돕고자 하는 '공동체'를 충분히 이해하지 못할 때 어떤 바람직하지 않은 결과를 초래하는지를 잘 보여 주는 실제 사례다.

[글상자 2-4] 지역사회에 대한 이해 부족의 결과: HIV 예방 용품 도입 실패 사례

다음의 예는 연구 대상 지역사회를 아는 것이 연구에 있어서 얼마나 중요한지(그리고 그렇지 못할 때 얼마나 비싼 대가를 치러야 하는지)를 보여 주는 예다. HIV 예방을 위해 질에 투입하는 젤 형태와 알약 형태의 두 가지 예방제 도입을 위해 9천 4백만 달러 규모의 실험(Marrozzo et al., 2015)이 실시되었고, 그 결과가 『New England Journal of Medicine』을 통해 소개되었다. 이 실험은 우간다, 짐바브웨 그리고 남아프리카 공화국 여성 5,209명을 대상으로 실시되었으며, 실험 결과는 다음과 같았다. "치료의도분석(intention-to-treat) 결과에 따르면, 우리가 평가한 약물 요법 가운데 어느 것도 HIV의 감염률을 낮추지 못한 것으로 나타났다. 약물을 꾸준히 사용한 여성의 비율이 낮았다."(Marrozzo et al., 2015, p. 509)

도대체 무슨 일이 벌어졌던 것일까? 저자들은 약물을 꾸준히 사용했다고 보고한 여성의 비율은 높았지만 실제로 약물 사용 지시를 따른 여성이 많지 않았다는 점, 즉 여성들이 거짓 보고를 한 것을 원인으로 지적하였다. 이를 근거로 저자들은 후속 연구에서는 다음과 같이 할 것을 제언하였다. "약물 사용 여부를 연구 참여자의 자기 보고에만 의존하여 판단하지 말고 실시간 생물학적 모니터링 등과 같은, 연구 참여자에 의한 조작이 불가능한 방법을 통해 평가할 것을 권고한다."(Marrozzo et al., 2015, p. 516) 그런데 이 실험에 참여한 102명의 남아프리카 공화국 여성 참여자들과의 질적 인터뷰를 통해서 약물을 꾸준히 사용한다는 것이 전혀 쉽지 않은 일이라는 것을 알게 되었다(van der Straten et al., 2014). 이 실험이 실패한 진짜 이유는 저자들이 생각했던 이유와 달리 약물을 매일 사용해야 한다는 요구 조건 때문이었다. 생계를 위해 이주 노동자 남성과 성관계를 갖는 여성들에게 약물을 일상적으로 사용하라는 조건은 큰 부담이 아닐 수 없었으며, 더 나아가서 그들이 처한 상황과는 너무도 동떨어진 요구 조건이었던 것이다(Susser, 2015). 이러한 사실은, 여성 참여자들에게 성관계 전후에 젤을 사용하게 했던 다른 연구들에서 보고된 약물 사용 순응도가 이 연구에서 보고된 약물 사용 순응도보다 실제로 높았다는 사실을 통해서 뒷받침된다. 시간이 들더라도 연구 대상 여성들의 삶을 이해하는 노력이 선행되었더라면, 비용도 많이 절약할 수 있었을 것이고 근거 없이 누군가를 탓하는 일도 없었을 것이다.

Susser(2015)는 이 연구의 실패 경험과, 같은 해 말 아프리카에서 발생한 에볼라 위기를 함께 언급하면서, "상향식 연구 설계(bottom-up research design)가 좋은 성과를 낼 수 있을지는 모르나 시간과 비용이 많이 들 뿐만 아니라 지역사회가 가진 전통적 질서를 붕괴시킬 수 있는 위험을 내포하고 있다. 연구비 지원 주체나 후원자들은 왜 비용을 써 가면서까지 지역주민의 참여를 이끌어 내야 하는지를 이해하지 못한다. 그렇기 때문에 많은 연구가 주민 참여를 위해 비용을 투자하기보다는 약물적 방법에만 초점을 맞추게 된다."라는 것을 지적하였다.

여섯 가지 접근 방법 재고찰: 최근의 변화 동향

이제까지 살펴본 여섯 가지 접근 방법 각각은 저마다의 방법론적 계보, 학문적 뿌리, 적용 방법 및 실천 관련 한계점을 가지고 있다. 이 여섯 가지 접근 방법 모두는 시대적 변화와 연구 관심사의 변화에 발맞춰 발전해 왔다. 이 장의 첫 부분에서 언급했듯이, Glaser와 Strauss는 근거이론에 대한 각자의 해석에 따라 서로 다른 길을 가기 시작하였으며, 현상학적 분석 역시 여러 분야에서 각 분야의 대표적인 연구자가 누구인가에 따라 각기 다른 접근 방법으로 분화하고 발전하였다. 그럼 다음으로 21세기 질적 연구방법론에 큰 영향을 미친 세 가지 커다란 변화 흐름에 대해서 살펴보기로 하자.

첫 번째로 주목해 볼 (그리고 아마도 가장 중요한) 변화 흐름은 구성주의의 등장과 1980년대 이후 오늘날까지 지속되고 있는 포스트모더니즘 논쟁들이 여러 질적 접근 방법에 상당한 영향을 미친 것이다. 이러한 영향은 Norman Denzin과 Yvonna Lincoln 같은 저명한 질적 연구자들로부터 지지를 받았는데, 주로 성찰성과 구성주의 그리고 포스트모더니즘적 비판 등에서 그 모습을 드러냈다. 전자, 즉 성찰성과 구성주의의 경우, 내러티브 접근 방법과 현상학 접근 방법은 언어에 의해서 또는 개인적 경험에 대한 자기성찰적 재구성을 통해 형성되는 사회구성주의(social constructions)와 거의 다르지 않은 입장을 가지고 있다.

문화기술학은 원주민들로부터의 비판, 전통사회의 소멸, 포스트모더니즘 연구자들의 자기 회의(self-doubt) 등에 의해서 상당한 변화를 경험하게 되었다. 그 결과, 문화기술학은 저 멀리 어떤 곳에 존재한다고 여겨지는 어떤 문화의 실제(reality)를 그 모습 그대로 서술하는 것(연구자는 서술 내용에 전혀 등장하지 않으면서)에서부터 자신이 속한 문화 안에 존재하는 다양한 실제를 심층적으로 이해하고 해석하는 것으로 그 연구의 목적과 내용이 바뀌게 되었다. 그러면서 문화기술학은 다양하게 변모해 나가기 시작하였는데, 한편으로 자신의 문화에 더 집중하고 다른 한편으로는 새로운 방식의 서술과 비판을 실험적으로 탐구하는 데 주목하게 되었다(Tedlock, 2000, p. 465).

그 결과, 문화기술학 내에 다양한 장르의 문화기술학, 예를 들면 **비판적 문화기술학**(critical ethnography; Kinocheloe & McLaren, 2000)과 **자문화기술학**(auto-enthnography; Ellis & Bochner, 2000; Jones, Adams, & Ellis, 2013), **행위 문화기술학**(performance ethnography; Denzin, 2003; McCall, 2000), **페미니즘 문화기술학**(feminist ethnography; Tedlock, 2000), **제도적 문화기술학**(institutional ethnography; Smith, 2005) 등이 꽃피게 되었다. 자문화기술학은 1인칭 설명의 방향을 연구자 자신의 경험으로도 돌려야 한다고 주장하는데, 그렇게 함으로써 연구자는 연구 과정에서 자신이 얻은 풍부한 경험을, 그리고 자신의 감정과 (연구자로서의) 지위 간의 상호작용을 더 잘 이해할 수 있다는 것을 강조한다. 그렇기 때문에 자문화기술학과 행위 문화기술학에서는 서술문뿐만 아니라 시(poetry), 회상(memoirs) 등도 연구 자료로 활용하기 시작하였다(Clough, 1998; Denzin, 2003). 질적 연구 분야의 대표적인 학술지 가운데 하나인 『Qualitative Inquiry』는 바로 이러한 연구들을 주로 소개하는 학술지다. **제도적 문화기술학**(Campbell, 2004; Smith, 2005)은 연구 참여자들이 경험하는 조직과 절차, 과정, 논의 등에 주안점을 두는 접근 방법이다. 페미니스트 사회학자인 Dorothy Smith에 의해서 대표되는 이 접근 방법은 권력관계와 불평등에 관한 Foucault주의적 관점을 비판적인 입장에서 수용하고 발전시켰다.

Annells(1996) 및 Mills, Bonner와 Francis(2006)는 모든 근거이론(질적 연구방법 가

운데 가장 실증주의에 가까운 접근 방법으로 여겨지는) 접근 방법이 공유하고 있는 구성
주의적 요소를 제시하였다. Carbin과 Strauss(2007)가 인식론적으로 중립적인 입장을
취할 것을 강조한 데 비해, Charmaz(2006)는 구성주의적 근거이론(GT)을 만드는 데
집중하였고, Clarke(2005)는 상황분석(situational analysis)을 활용하여 포스트모더니
즘적 사고를 근거이론에 접목하기 위해 노력하였다. Charmaz는 구성주의적 근거이
론과 객관적 근거이론을 구분하였는데, 전자를 해석틀(interpretive frame)을 활용하는
접근 방법으로, 후자를 설명과 예측을 강조하는 접근 방법으로 구분하였다. **객관주
의 문화기술학에서는 자료에 맥락이나 연구자의 역할과는 무관한 어떤 의미가 내재
해 있다고 본다.** 이 전제는 Strauss와 Glaser에 의해서 받아들여진 전제이며 '실존'하
는 어떤 것의 성격을 가진 이론 또는 새로운 개념을 '발견'하는 데 관심 있는 많은 근
거이론 연구자들 사이에서도 폭넓게 받아들여지는 전제다(Charmaz, 2014). 구성주의
적 GT는 이론을 만들고 해석하는 데 연구자가 깊이 관여해야 한다고 주장한다. 연구
참여자는 누구나 저마다의 해석을 내릴 수 있지만 모든 해석은 보다 큰 맥락, 즉 연구
의 결과로서 얻게 될 지식이 '상황적(situatedness)' 지식이 되게 하기 위해서 연구자가
끊임없이 성찰을 행해야 하는 그 맥락의 일부여야 한다.

　행동 연구와 참여 연구는 현실 문제를 해결함에 있어서 실용주의를 확고한 기반으
로 삼는다(Levin & Greenwood, 2001). 그러나 구성주의적 CBPR를 지향하는 현상이
반복적으로 나타나기도 한다. 예를 들면, Eng과 동료들은 그들이 아프리카계 미국인
들이 주로 거주하는 노스 캐롤라이나주의 시골 지역들에 관한 연구를 하면서 구성주
의를 연구 패러다임으로 삼았다고 밝힌 바 있다(Eng et al., 2005). 결론적으로 말하면
구성주의는 많은 질적 연구자들과 질적 접근 방법들로부터 큰 호응과 영향력을 얻고
있다고 볼 수 있다.

　그럼에도 불구하고 아직은 구성주의나 구성주의로 전환을 질적 연구방법 분야의
대세로 보기는 어렵다. 제1장에서 언급한 바와 같이, 포스트모더니즘적 사고를 가진
일부 질적 연구자들은 구성주의를 여전히 달갑게 여기지 않는다(Atkinson, 2005). 자
서전적 문화기술학과 행위 문화기술학이 개인적 회고와 시적 성찰에 많은 관심을 보
임에 따라 많은 질적 연구자들이 그들의 연구 초점을 인간 내면으로 점점 더 좁혀 가
고 있다. 정치, 경제, 사회 같은 보다 큰 문제에 관심을 갖고 개인의 경험들이 만나는

경계선에서부터 연구를 시작하는(그리고 종종 그 경계선에서 연구를 끝내는) 연구자들은 '관여'라고 하는 귀중한 경험을 해 볼 수 있는 기회를 잃게 된다.

두 번째 주된 추세는 여섯 가지 질적 접근 방법들 간의 경계가 모호해지고 의도적 표본 추출이나 주제 분석 등의 영역에서 이들 접근 방법들을 수렴하는 경향을 꼽을 수 있다. 그런데 사실 이러한 현상을 새로운 현상으로 보기는 어려운데, 왜냐하면 질적 탐구에서 연구 접근 방법들 간의 경계 유지하거나 명확하게 하는 것은 전혀 주된 관심사가 아니었기 때문이다. 그러나 최근 들어 연구방법을 혼합하고 혼용해야 할 실용적 필요성과 그렇게 하고자 하는 의지가 연구자들 사이에서 점점 확대되고 있다(이에 관한 자세한 논의는 다음 절에서 하기로 하겠다).

내러티브 연구와 다른 질적 연구방법을 혼합하는 데 있어서 선도적인 역할을 해 온 Cheryl Mattingly(1998)는 병원의 작업치료사들과 환자들 간의 상호작용에 관한 연구를 통해서 질병의 문화적 구조 안에서 내러티브가 어떤 위력을 발휘할 수 있는지를 잘 보여 주었다. 그러한 '치료적 내러티브(therapeutic narratives)'는 환자들의 관점과 치료사들과의 대화적 상호작용에 근거하여 환자들의 장애 경험을 재구성하는 데 도움이 되었다. Mattingly는 그녀의 최근 저서 『Paradox of Hope: Journeys Through a Clinical Borderland』(2010)에서 인종과 문화와 생명의학이 갈등적으로 공존하는 '경계 구역(border zones)'인 도시 지역 병원들에서 저소득 아프리카계 미국인 가구들이 겪는 경험에 근거한 '실천의 내러티브 현상학(narrative phenomenology of practice)'을 제안하였다. 분석 단계에서는 GT에서 일반적으로 사용되는 코드와 범주뿐만 아니라 내러티브, 사례연구, 문화기술학 데이터 및 현상학 연구 인터뷰에서 사용되는 코드와 범주들 모두가 주제 분석(thematic analysis)을 지향하면서 수렴하는 경향이 나타나고 있다(이에 관해서는 제6장에서 더 자세하게 논의하고 있다).

세 번째 추세는 보다 근본적인 차원에서의 변화라고 할 수 있는데, 일부 접근 방법들이 제한된 시간 내에 연구를 해야 하는 상황에 적응하기 위해 연구방법을 수정하는 등의 변화가 나타나고 있다. 늘 자원 제약하에서 연구를 해야 하는 질적 연구자들에게는 연구의 엄격성을 저해하지 않는 범위 내에서 연구방법을 간소화하는 것이 매우 중요한 관심사가 아닐 수 없다. 안타깝게도 많은 질적 연구자가 개별 인터뷰를 통해 얻을 수 있는 정보의 종류와 양을 집단 인터뷰를 통해서도 효율적으로 얻을 수 있다는 믿음하에 포커스 그룹을 대안으로 선택하고 있다. 포커스 그룹이 매우 유용한 연구기법임은 분명하지만 그런 용도로 사용할 수 있는 연구기법은 절대 아니다.

문화기술학에서는 문화기술적 접근 방법 고유의 장점을 유지하기 위한 노력에 의해 **신속한 문화기술적 사정**(Rapid Enthnographic Assessment: REA)이라고 하는 연구방법이 만들어졌다. 어찌 보면 당연하다고 할 수 있겠지만 REA을 개발하는 데 가장 크게 기여한 주체는 World Health Organization과 그들과 오랫동안 함께 일해 온 문화인류학자들이다. 문화인류학자들은 영양, 위생, 인구계획, HIV/AIDS 등에 관한 연구를 하기 위해 필요한 많은 연구방법들을 개발하는 데 주도적인 역할을 해 왔다(Beebe, 2002; Manderson & Aaby, 1992; Scrimshaw, Carballo, Ramos, & Blair, 1991). REA는 모학문인 문화인류학과 마찬가지로 구체적인 문화적 상황에서 사용되는 연구방법이지만 반드시 질적 접근을 해야 하는 연구방법은 아니다. 예를 들면, 영양학적 정보 수집을 위한 초기 설문조사에서 주요 정보제공자 인터뷰 형식으로 진행하는 것도 가능하다.

REA의 성공 가능성은 연구자가 연구 대상 지역의 문화를 잘 알고 있는지, 필수적인 연구방법론적 기술을 갖추고 있는지 등에 따라 달라진다. 예를 들면, 케냐 동부 지역(또는 로스앤젤레스 동부 지역)에서 해당 지역의 정부, 보건담당 공무원, 주된 종교, 결혼 관습, 여성의 역할 및 권리 등에 관한 충분한 지식 없이 가족계획 프로그램을 시작한다는 것은 생각조차 하기 어렵다.

문화기술학 접근 방법에 비해 다른 질적 접근 방법들은 시간 제약 상황에 적응하기 위한 노력을 많이 해 오지 않았다. 연구 기간을 예측하기가 어렵고 연구 기간이 계획보다 늘어나는 경우가 다반사라는 질적 탐구의 특성은 아마 앞으로도 크게 바뀌지 않을 것이다. REA처럼 시간 제약에 민감한 연구기법들이 보건 분야의 연구나 프로그램 평가를 목적으로 하는 연구에서 필요하다는 것은 분명하다. 그러나 그러한 기법들의 필요성은 시간 제약에서 비롯된 것이 아니라 질적 연구방법을 개발하고 사용하는 확고하고도 분명한 목적인 의미 탐구에서 비롯된 것이어야 한다.

질적 접근 방법 혼합 및 혼용: 득과 실

앞서 언급하였듯이, 요즘은 여러 가지 질적 접근 방법을 필요에 맞게 혼합 또는 혼용하는 질적 연구가 많아졌다. 그런데 문제는 접근 방법을 잘못 혼합하는 경우가 적지 않다는 것인데, 이는 주로 연구자가 자신이 사용하는 접근 방법을 충분히 이해하고 있지 못하거나, 자신이 사용하는 접근 방법이 어떤 접근 방법인지를 올바르게 제시하지 못하는 데서 비롯된다. 예를 들면, 현상학 연구라고 소개된 연구에서 실제로 사용된 기법은 근거이론 코딩 기법인 경우를 심심치 않게 볼 수 있다(Sandelowski & Barroso, 2003). 그런가 하면 접근 방법 간에 존재하는 용어 혼란이 원인이 되기도 하고, 또 어떤 경우에는 각각의 접근 방법들에 대한 연구자들 간의 합의 부재가 혼란의 원인이 되기도 한다. 예를 들면, 어떤 사례 연구들은 심층적이고 전체론적 관점을 중요시한다는 점에서 문화기술학 연구와 무엇이 어떻게 다른지를 구분하기 어려울 때도 있고, 근거이론 연구와 현상학 연구 모두 주제 찾기에 주안점을 둔다는 점에서 보면 두 접근 방법 간에는 차이점보다 공통점이 많아 보이기도 한다. 어떤 내러티브 연구자들은 주제 분석을 하거나 사례 연구 분석에서처럼 범주를 만들어 내기도 한다. 그렇기에 질적 연구방법들 간의 실질적 차이는 연구 결론에 있어서의 차이가 아니라 각각의 접근 방법이 그 결론에 도달하기 위해 선택한 경로에 있어서의 차이라고 할 수 있다.

어떤 접근 방법이 가지고 있는 고유한 특성을 유지한다는 것이 그 접근 방법을 다른 접근 방법과 혼용할 수 없음을 의미하는 것은 아니다. Annells(2006)는 이를 방법론적 다각화(triangulation) 또는 다각적 확증을 통한 "프리즘 회전(turning the prism)"(p. 59)이라고 부른다. 접근 방법의 혼합 또는 혼용은 다음의 두 가지 요소를 고려할 때 복잡해진다. 첫째, 서로 다른 접근 방법을 혼합하는 시점이 언제인가 하는 것이다. 그 시점은 접근 방법 전반에 관한 해석적 패러다임에서부터 특정 분석 방법에 이르기까지 매우 다양할 수 있다. 둘째, 패러다임과 접근 방법 간 조화의 수준을 어느 정도까지로 생각하는가 하는 것이다. 이와 관련해서는 Newman, Fox, Roth와 Mehta(2004)의 연구를 좋은 예로 꼽을 수 있다. Newman과 동료들은 패러다임 병용 접근 방법을 통해 켄터키주와 아칸소주에서 발생한 학교 총격 사건(컬럼바인 고등학교와 버지니아 공대, 샌디 혹 초등학교 총기 난사 사건 이전에 발생한)을 연구하였다. 이들은 실증주의적이면서 동시에 해석주의적인 관점에서 법의학적 분석과 재판 기록, 그리고 학생, 교직원, 희생자 부모들 및 총기 난사범의 부모들의 상충적인 진술이 담겨 있는 인터뷰 녹취록 분석을 통해 '사실적(facutal)' 데이터를 도출해 내었다.

접근 방법이나 기법의 혼용은 새로운 시너지 효과를 가져다줄 수 있다. 간호학 연구에서 흔히 있는 경우는 아니지만(있어도 접근 방법 혼용은 주로 분석 단계에서 이루어진다.), Fereday와 Muir-Cochrane(2006)은 간호사의 업무 능력을 연구하기 위해 Boyatzis(1998)의 귀납 과정과 Crabtree와 Miller(1999)의 '정형적(template style)' 코딩을 혼합한 하이브리드 접근 방법을 사용하였다. 그런가 하면 Wilson과 Hutchison(1991) 및 Beck(1993)은 현상학과 근거이론을 혼용함으로써 각각의 접근 방법이 가진 약점을 보완하고, 보다 풍부한 관점을 얻고자 시도하였다.

Mancini(2005)는 서로 다른 접근 방법을 순차적으로 혼합했는데, 먼저 근거이론 접근 방법을 통해 정신질환자들을 연구한 다음, 그들 가운데 두 사람을 선정하여 담화분석을 실시하였다. 접근 방법을 순차적으로 혼용한 또 다른 예로는 Teram, Schachter와 stalker(2005)의 연구가 있다. 이들은 아동기에 성적 학대를 경험했고 현재 물리치료를 받고 있는 여성들과 그들에게 물리치료 서비스를 제공하고 있는 물리치료사를 대상으로 연구를 진행하였는데, 여성들 대상으로는 '근거이론' 인터뷰를 진행하였고, 그들 가운데 뽑힌 일부 여성들과 물리치료사들 대상으로 연구할 때는 '실용적 행동지향 연구'로 접근 방법을 바꾸었다. 이들은 연구의 참여자들과 함께 연구 결과를 토대로 학대 피해자들과 같이 일하는 전문가들을 위한 세심한 내용이 담긴 핸드북 형태의 유용한 지침서를 개발하였다.

서로 다른 질적 접근 방법을 혼용할 때 다음과 같은 몇 가지 사항에 대해서 주의를 기울일 필요가 있다. 첫째, 접근 방법 간 부조화로 인해 서로 다른 접근 방법을 혼용하기가 어려울 수 있다. 예를 들면, 근거이론 인터뷰 내용을 현상학적으로 분석하고자 할 때 연구자는 의미와 체험에 대한 깊이 있는 조율(attunement)을 할 수 없기 때문에 어려움을 겪게 될지도 모른다(Wimpenny & Gass, 2000). 둘째, 여러 가지 접근 방법을 혼합 또는 혼용하다 보면 자칫 어느 한 접근 방법의 장점이나 고유한 특성도 제대로 살리지 못하는 "방법론적 모호함(method slurring)"(Baker, Wuest, & Stern, 1992) 같은 위험에 처할 수도 있다. 이 문제는 여러 접근 방법을 병용하는 경우보다 여러 접근 방법을 혼합하여 변형된 접근 방법을 만들어 사용하는 경우 당연히 더 문제가 된다. 마지막으로, 모든 접근 방법 혼합이 반드시 방법론적 다각화(triangulation)라는 (즉, 대조 및/또는 확증) 결과를 가져다주지 않을 수도 있다는 것을 염두에 두어야 한다. 제8장에서 자세히 논의하겠지만 다각화는 생각만큼 간단하지 않다.

연구의 엄격성과 믿음감을 높이기 위한 전략들

질적 연구자들이 해결해야 할 가장 골치 아픈 문제 중 하나는 "훌륭하고, 타당하고, 믿을 만한 질적 연구"(Sandelowski & Barroso, 2002, p. 2)가 어떤 것인지를 정의하는 것이다. Glaser와 Strauss(1967)는 그들이 쓴 책에서 이 문제를 '근거이론의 신빙성'이라는 하나의 장(chapter)을 할애하면서까지 다룬 적이 있고, Lincoln과 Guba(1985)는 질적 연구의 질(quality)에 대한 그들 나름의 생각을 제시하여 여러 연구자들로부터 호응을 얻었다(Cohen & Crabtree, 2008; Inui & Frankel, 1991; Morrow, 2005; Seale, 2002). 질적 연구자들 역시 양적 연구자들과 마찬가지로 존경과 정당성을 중요시하고, 자신들의 연구가 많은 연구자로부터 인정받고 널리 활용되기를 바란다. 그런데 그 방법, 즉 그렇게 되려면 어떻게 해야 하는가에 대해서는 질적 연구자들 사이에서 아직 이렇다 할 만한 합의가 이루어지지 않고 있다. 이러한 교착 상태는 질적 연구방법에 대해서 비판적 시각을 가진 사람들을 대담하게 만들었는데, 질적 연구에 대한 그들 비판의 핵심은 '기준이 바뀔 수 있고 해석도 다양할 수 있는 연구의 결과를 과연 어떻게 신뢰할 수 있는가?'이다.

다양한 질적 접근 방법이 존재한다는 사실 그 자체만으로도 우리는 질적 연구의 엄격성에 관한 의견 역시 연구자들 사이에서 매우 다를 수밖에 없다는 것을 짐작해 볼 수 있다[어떤 질적 연구자들은 엄격성이라는 용어 대신 '**진위 여부**(verisimilitude)'라는 용어를 써야 한다고 주장한다]. 연구의 질에 관한 논의에서 항상 등장하는 핵심 주제는 주관성의 역할, 연구자의 관점, 좋은 질적 연구와 나쁜 질적 연구를 판단할 수 있는 권한과 정당성을 누가 가지고 있는가 등과 같은 주제다. 거리두기(distance)나 객관성(objectivity)을 더 이상 연구 원칙으로 지키지 않아도 되면, 연구자는 주관성을 인정하고 더 나아가서 성찰성이나 체계적 자아 인식을 통해서, 물론 정도의 차이는 있겠지만, 주관성을 관리할 수 있게 된다. Lincoln과 Guba(1985)가 말하는 **믿음감**(trustworthiness) 개념이 질적 연구의 질과 책임성에 관한, 바로 이와 같은 현상에 가장 가까운 개념이다. 믿을 만한 연구는 공정하게 그리고 윤리적으로 진행된 연구이고, 동시에 연구 참여자의 경험을 가능한 한 있는 그대로 보여 주는 연구 결과를 얻을 수 있는 연구다.

이 책의 제8장에서 보다 자세하게 논의할 것임에도 불구하고, 이번 장에서 연구의 엄격성에 대해서 따로 언급하는 이유는 두 가지다. 첫째, 질적 연구자들이 정량적 기준을 따르지 않기 때문이다. 신뢰성과 타당성에 대한 불필요한 집착은 연구자로 하여금 신뢰성이나 타당성보다 더 깊이 있게 관련된 기준들을 생각해 볼 수 있는 기회를 잃게 만든다. 둘째, 질적 연구를 설계할 때 연구 초기 단계에서부터 엄격성에 각별한 주의를 기울이도록 연구를 설계하는 것이 필요하기 때문이다. 연구의 엄격성을 높이기 위한 전략에는 여러 가지가 있다. 장기간에 걸친 관계 형성, 다각화, 동료 집단 사후 논의 및 지지, 연구 대상을 통한 재확인, 부정적 사례 분석 및 감사 추적 자료 남기기 등이 그러한 전략이다. 어떤 전략이 가장 효과적인지는 연구에 따라 다를 수 있기 때문에 연구를 설계하는 단계에서부터 각각의 전략이 가진 장점과 단점을 면밀히 고려할 수 있어야 한다. 이 여섯 가지 전략에 대해서 당장 더 많은 내용을 알고 싶다면 지금 바로 이 책의 제8장을 읽어 보기 바란다.

프로그램 평가 및 실행 연구에서의 질적 연구방법

프로그램에 대한 질적 평가는 교육 분야의 경우 이미 오래전부터 이루어져 왔는데(Cook & Reichart, 1979; Guba & Lincoln, 1981, 1989; Patton, 2002; Scriven, 1967), 최근에는 비즈니스, 공중 보건, 행정, 사회복지 등의 분야에서도 질적 접근 방법을 활용한 프로그램 평가가 많이 이루어지고 있다. 프로그램 평가의 종류는 사용된 평가 방법에 따라서뿐만 아니라 평가 목적에 따라서도 구분된다. 무작위 실험설계 방법이 지금도 가장 일반적인 평가 방법으로 사용되고 있기는 하다. 그렇지만 거의 모든 프로그램이 사실상 통제가 불가능한, 복잡하기 짝이 없는 상황 속에서 운영되고 있기 때문에, 이러한 현실을 고려하여 프로그램을 평가하는 방법에 있어서도 타협이 필요하다는 주장이 점점 더 설득력을 얻고 있다.

프로그램을 양적 방법에만 의존하여 평가할 경우, 프로그램의 이면에서 어떤 일들이 벌어지고 있는지를 이해하지 못할 위험성이 크다(많은 경우, 프로그램은 연구자가 모르는 이유로 인해 성공하거나 실패한다; Padgett, 2015). 드러나지 않은 효과는 얼마든지 있을 수 있다. 프로그램이 성공할 수 있었던 이유를 아는 경우도 많지만 성공하게 된 이유를 알지 못하는 경우도 많다. 특정 결과 지표를 근거로 평가하면 실패로 평가되는 프로그램도 접근 방법을 달리하여 평가하면 실패하지 않은 것으로 평가될 수 있다. 성공(예: 어떤 증상의 감소)의 범위를 얼마나 좁게 혹은 넓게 개념화하는지에 따라 연구자는 클라이언트들이 더 중요하게 생각하는 것(예: 사회적 지지)들을 볼 수도 있고 보지 못할 수도 있으며, 긍정적이라 평가된 결과가 사실은 표본 편향이나 측정 오류에서 비롯된 것일 수도 있다.

과정 평가와 결과 평가 중 질적 접근 방법은 일반적으로 전자, 즉 프로그램의 '어떻게' 측면과 '왜' 측면, 그리고 프로그램의 내적 작동 원리와 더 관련이 있다. 질적 접근 방법은 또한 본격적인 실행에 앞서 프로그램을 개선하는 것을 목적으로 하는 **형성** 평가(formative evaluation)에 적합한 연구방법이다. 프로그램의 여러 측면들 가운데 어떤 것들은 쉽게 들여다볼 수 없거나 수치로 나타내기가 어렵다. 예를 들면, 직원의 사기(morale), 경영진의 의사결정, 문화 오해, 클라이언트 인식 등이 그런 것들이다. 이런 측면들을 연구해야 할 때, 연구자는 심층 인터뷰와 현장 관찰을 통해 실시간으로 끊임없이 변화하는 역동적인 상황 속에서 프로그램이 어떻게 작동하는지에 대한 통찰을 얻을 수 있다.

평가의 특성상 연구자는 불가피하게 프로그램 실시 기관에 발을 들여놓게 되는데, 기관 직원들과 클라이언트들은 이를 자신들의 고유 영역에 대한 침범으로 간주하고 불편함을 느끼게 된다. 이러한 상황에서 질적 연구가 중요시하는 대인관계, 라포, 신뢰 같은 특성은 기관 직원들과 클라이언트들의 걱정을 덜어 주는 데 도움이 되고, 결과적으로는 프로그램 평가에 도움이 된다. 공감적 태도로 경청하고 시간을 들여가면서 프로그램에 적응하기 위해 노력할 때 연구자는 기관 직원들과 클라이언트들로부터 더 많은 협력과 수용적 자세를 이끌어 낼 수 있다. 정책가나 행정가가 통계라는 복잡한 덤불 속에서 쉽게 길을 잃거나 흥미를 잃는 것과 달리, 인용문이나 사례 분석의 예는 전달하고자 하는 내용을 알아보기 쉽게 그리고 이해하기 쉽게 전달하게 해 준다. 그런가 하면 개인의 성공 사례나 실패로부터 얻게 된 교훈은 효과적으로 메시지를 전달할 수 있는 또 하나의 좋은 방법이 될 수 있다.

이 책의 제1장에서 언급하였듯이, **실행 과학**(implementation science)은 프로그램이나 개입에 대한 평가가 통제된 조건하의 검증에서 다양한 실제 현장 상황하의 검증으로 옮겨 가는 과정에서 발생하는 여러 가지 문제에 대처하기 위해 등장하였다(Damschroder et al., 2009; Palinkas et al., 2011). 상당수의 증거기반 실천(evidence-based practices)과 프로그램이 실행 과정에서 여러 가지 알려지거나 알려지지 않은 원인으로 인해 실패를 경험하게 된다. 현재 정신건강, 교육, 청소년 교정, 아동 복지 등을 포함한 공적 사회서비스 시스템의 약 90%가 증거기반 실천을 하지 않는 것으로 알려져 있다(Hoagwood & Olin, 2002). 이 가운데 과연 몇 퍼센트가 증거 제시(evidence-demonstrating) 단계에서 그들이 하고 있는 증거기반 실천을 잘못 번역한 데서 비롯된 결과일까?

이러한 우려감은 우리로 하여금 보이는 곳에서 벌어지는 일들뿐만 아니라 보이지 않는 곳에서 벌어지는 일들까지 포착해 낼 수 있을 만큼 충분히 민감한 맥락적 접근 방법이 왜 필요한지를 이해할 수 있게 해 준다. 질적 연구방법은 실행 연구에 있어서, 물론 단일 접근 방법을 사용하는 실행 연구보다는 혼합 접근 방법을 사용하는 경우에 더 자주 사용되지만, 그 중요성이 매우 높은 탐구 방법이다(Palinkas et al., 2011). 질적인 관점을 갖는 것이 어떤 실행 연구나 프로그램 평가 연구에든 도움이 되면 되었지 해가 될 리는 없다.

요약 및 결론

이 장에서는 질적 연구를 위한 여섯 가지 주된 접근 방법인 문화기술학, 근거이론, 사례 연구, 내러티브 접근법, 현상학 분석 및 행동 (참여) 지향적 연구에 대해서 살펴 보았다. 이 여섯 가지 접근 방법은 비정형적이고, 반복 순환적이며, 데이터와 연구 참 여자 모두에 심층 몰입하고, 내부자 관점적이며, 분석 및 이론 개발을 위한 수단으로 서의 패턴 인식을 중요시한다는 공통점을 가지고 있다. 그런가 하면 이 여섯 가지 접 근 방법 간에는 인식론적 견해 차이와 함께 학문적 영향에서 비롯된 차이도 적지 않 게 존재한다. 질적 연구를 할 때 연구자는 어느 한 가지 접근 방법만을 고집하기보다 연구 목적에 맞게 다양한 접근 방법을 혼용하거나 혼합하여 사용한다. 경험이 많지 않은 연구자들은 지금까지 소개한 접근 방법들을 전문적으로 다루는 학술 논문이나 책을 통해서 다른 연구자들이 여러 가지 접근 방법을 어떻게 혼용 또는 혼합하는지 배워 둘 필요가 있다. 질적 연구는 항상 선택과 결정으로 가득 차 있다. 질적 연구는 결국 매번 누구도 가 보지 않은 여러 갈래의 길 앞에 설 때마다 신중한 결정을 내려야 하는, 일련의 결정 과정인 셈이다.

연습해 보기

1. Google 학술검색이나 대학에서 발간하는 학술지 사이트에 접속해서 이 장에서 소개한 여섯 가지 질적 접근 방법이 사용된 예를 찾아보고, 어떤 종류의 연구에서 어떤 접근 방법을 사용하고 있는지 살펴본다.

2. 이 장에서 살펴본 여섯 가지 접근 방법 각각의 장점과 단점은 무엇인가?

3. 여섯 가지 질적 접근 방법을 혼합하는 경우를 생각해 보고 어떤 혼합이 가장 적합한지 또는 가장 적합하지 않은지에 대해서 토의해 본다.

추천도서

문화기술학

Agar, M. H. (1980). *The professional stranger: An informal introduction to ethnography*. New York, NY:Academic Press.

DeWalt, K. M., & DeWalt, B. R. (2001). *Participant observation: A guide for fieldworkers*. Walnut Creek, CA:AltaMira Press.

Emerson, R. M., & Fretz, R. I. (2011). *Writing ethnographic field notes* (2nd ed.). Chicago, IL: University of Chicago Press.

Fetterman, D. M. (2010). *Ethnography: Step by step* (3rd ed.). Thousand Oaks, CA: Sage.

Hammersley, M., & Atkinson, P. (1995). *Ethnography: Principles in practice* (2nd ed.). New York, NY:Routledge.

LeCompte, M. D., & Schensul, J. J. (1999). *Designing and conducting ethnographic research* (Ethnographer'stoolkit, Vol. 1). Walnut Creek, CA: AltaMira Press.

Lee, R. M. (2000). *Unobtrusive measures in social research*. Philadelphia, PA: Open University Press.

Lofland, J., & Snow, D. A. (2005). *Analyzing social settings: A guide to qualitative observation and analysis*. Belmont, CA: Wadsworth.

Madison, D. S. (2005). *Critical ethnography: Method, ethics and performance*. Thousand Oaks, CA: Sage.

Smith, C. D., & Kornblum, W. (Eds.). (1996). *In the field: Readings on the field research experience.* Westport, CT: Praeger.

Spradley, J. (1979). *The ethnographic interview.* New York, NY: Holt, Rinehart, & Winston.

근거이론

Charmaz, C. (2014). *Constructing grounded theory: A practical guide through qualitative analysis* (2nd ed.). Thousand Oaks, CA: Sage.

Clarke, A. E., & Friese, C. (2015). *Situational analysis in practice: Mapping research with grounded theory.* Thousand Oaks, CA: Sage.

Corbin, J., & Strauss, A. L. (2007). *Basics of qualitative research: Techniques and procedures for developing grounded theory.* Thousand Oaks, CA: Sage.

Dey, I. (1999). *Grounding grounded theory.* San Diego, CA: Academic Press.

Glaser, B. G. (1992). *Basics of grounded theory.* Mill Valley, CA: Sociology Press.

Glaser, B. G., & Strauss, A. L. (1967). *The discovery of grounded theory.* Chicago, IL: Aldine.

Oktay, J. S. (2012). *Grounded theory.* New York, NY: Oxford University Press.

사례 연구 분석

Gerring, J. (2007). *Case study research: Principles and practices.* London, UK: Cambridge University Press.

Hancock, D. R., & Algozzine, B. (2006). *Doing case study research: A practical guide for beginning researchers.* New York, NY: Teachers College Press.

Mills, A. J., Derepos, G., & Wiebe, E. (2010). *Encyclopedia of case study research.* Thousand Oaks, CA: Sage.

Stake, R. E. (1995). *The art of case study research.* Thousand Oaks, CA: Sage.

Stake, R. E. (2005). *Multiple case study analysis.* Thousand Oaks, CA: Sage.

Yin, R. K. (2013). *Case study research: Design and methods* (5th ed.). Thousand Oaks, CA: Sage.

Yin, R. K. (Ed.). (2004). *The case study anthology.* Thousand Oaks, CA: Sage.

현상학

Colaizzi, P. F. (1978). Psychological research as the phenomenologist views it. In R. Valle & M. King (Eds.), *Existential-phenomenological alternatives for psychology* (pp. 48-71). New York, NY: Oxford University Press.

Giorgi, A. (1985). *Phenomenology and psychological research.* Pittsburgh, PA: Duquesne University Press.

Groenewald, T. (2004). A phenomenological research design illustrated. *International Journal of Qualitative Methods, 3*(1), Article 4.

Moustakas, C. (1994). *Phenomenological research methods.* Thousand Oaks, CA: Sage.

Polkinghorne, D. E. (1989). Phenomenological research methods. In R. S. Valle & S. Halling (Eds.), *Existential-phenomenological alternatives for psychology* (pp. 41-60). New York, NY: Plenum.

Vagle, M. D. (2014). *Crafting phenomenological research.* Walnut Creek, CA: Left Coast Press.

van Manen, M. (2014). *Phenomenology of practice.* Walnut Creek, CA: Left Coast Press.

내러티브 접근법

Andrews, M. (2014). *Narrative imagination and everyday life.* Oxford, UK: Oxford University Press.

Clandinin, D. J. (Ed.). (2006). *Handbook of narrative inquiry: Mapping a methodology.* Thousand Oaks, CA: Sage.

Clandinin, D. J., & Connelly, F. M. (2004). *Narrative inquiry: Experience and story in qualitative research.* San Francisco, CA: Jossey Bass.

Cortazzi, M. (1993). *Narrative analysis.* London, UK: Falmer Press.

Czarniawska, B. (2004). *Narratives in social science research.* London, UK: Sage.

Elliott, J. (2005). *Using narrative in social research.* Thousand Oaks, CA: Sage.

Frank, A. W. (2010). *Letting stories breathe.* Chicago, IL: University of Chicago Press.

Gee, J. P. (2005). *An introduction to discourse analysis: Theory and method.* London, UK: Routledge.

Josselson, R., & Lieblich, A. (Eds.). (1995). *Interpreting experience: The narrative study of lives* (Vol. 3). Thousand Oaks, CA: Sage.

Mattingly, C. (1998). *Healing dramas and clinical plots: The narrative structure of experience.* Cambridge, UK: Cambridge University Press.

Riessman, C. K. (2008). *Narrative methods for the human sciences*. Thousand Oaks, CA: Sage.

ten Have, P. (2007). *Doing conversation analysis* (2nd ed.). London, UK: Sage.

행동지향 연구와 지역사회 기반 관여 연구

Cornwall, A., & Jewkes, R. (1995). What is participatory research? *Social Science & Medicine, 41*(12), 1667-1676.

Israel, B. A., Eng, E., Schulz, A. J., & Parker. E. A. (Eds.). (2012). *Methods in community-based participatory research for health* (2nd ed.). San Francisco, CA: Jossey-Bass.

Jones, L., & Wells, K. (2007). Strategies for academic and clinician engagement in community-based partnered research. *Journal of the American Medical Association, 297*(4), 407-410.

Minkler, M., & Wallerstein, N. (2008). *Community-based participatory research for health* (2nd ed.). San Francisco, CA: Jossey-Bass.

Reason, P., & Bradbury-Huang, H. (2013). *Handbook of action research: Participative inquiry and practice*. Thousand Oaks, CA: Sage.

Stringer, E. T. (2013). *Action research: A handbook for practitioners* (4rd ed.). Thousand Oaks, CA: Sage

CBPR 관련 웹사이트

https://mailman.u.washington.edu/mailman/listinfo/cbpr (news and updates on funding for CPBR)

https://ccph.memberclicks.net/participatory-research (resources for CBPR)

http://depts.washington.edu/ccph/commbas.html (all-purpose resource site for CBPR)

https://mailman13.u.washington.edu/mailman/listinfo/cbpr (listserv for those interested in CBPR)

http://www.cbprcurriculum.info (information on CBPR curricula)

https://mailman13.u.washington.edu/mailman/listinfo/ccph-ethics (CBPR ethics discussion group)

https://mailman1.u.washington.edu/mailman/listinfo/communitypartnerlistserv (community partnerdiscussion group)

3

연구 설계하기 및
연구 시작하기

들어가면서: 연구 초기에 고려해야 할 윤리적 문제

제4장에서 연구 윤리와 연구 참여자 보호에 관하여 본격적으로 논의하기에 앞서 제3장에서는 연구 시작 단계에서 중요하게 다뤄져야 할 윤리적 고려사항 몇 가지를 소개하기로 하겠다. 질적 연구에서 연구 참여자에게 심각한 위험을 안겨 줄 정도의 윤리적 문제가 발생하는 경우는 거의 없지만, 질적 연구에서 민감한 주제가 다루어질 수도 있고, 연구자와 연구 참여자 간에 친밀한 관계가 형성되기도 하다 보니 결코 가볍게 여길 수 없는 문제가 발생하기도 한다.

윤리적 문제는 연구 기간 동안 언제든지 발생할 수 있지만 어떤 윤리적 문제는 그것이 언제 발생할지를 어느 정도 예상할 수 있기에 미리 대처하는 것이 가능하다. 이렇게 하는 것이 가능한 이유는 질적 연구가 가진 유연성 때문이라 할 수 있는데, 유연성이란, 예를 들면 질적 연구가 가진 비강제적인 특성, 비밀 유지, 민감하고 감정적인 문제를 다루는 특성 등을 말한다. 연구 참여자 모집이나 데이터 수집이 상당히 영향력 있는 접근 통제자(gatekeeper)에 지나치게 의존적인 방식으로 이루어지거나, 당연히 존중되어야 할 연구 참여자의 거부권에 대한 배려가 부족한 상태에서 이루어질 때 그러한 과정이 자칫 강압적으로 이루어질 수 있다. 또한 연구 참여 동의를 받더라도 비밀 유지 약속을 의도치 않게 지키지 못하는 상황이 발생할 가능성을 완전히 배제하지는 못한다. 질적 연구에 참여하는 연구 참여자는 질적 연구 특성상 자신에 관한 많은 정보를 연구자에게 제공하게 된다. 그렇기에 연구자는 연구 참여자에 관한 정보가 데이터 수집부터 결과 보고에 이르는 전체 연구 기간 내내 비밀로 유지되도록 세심하게 주의를 기울여야 한다. 이와 관련해서 연구자는 질적 연구에서 연구자와 연구 참여 간의 형성되는 친밀한 관계로 인해 자칫 연구 참여자가 정서적으로 취약한 위치에 놓일 수 있다는 점에 주의할 필요가 있다. 이러한 가능성을 고려하여 연구를 설계할 때 혹시라도 연구자와 연구 참여자 간의 감정이 주체하기 힘들 정도로 격해지는, 예기치 못한 상황이 발생할 때를 대비하여 연구 참여자를 위한 심리상담 의뢰 장치를 마련해 두는 것이 바람직하다고 하겠다.

유연성 있고 반복 순환적인 연구 설계

질적 연구에서 연구 설계가 필요하다는 생각을 하게 된 것은 비교적 최근의 일이다(창의성을 저해한다는 이유에서 연구 절차 지침을 기피하는 연구자들은 당연히 이러한 생각에 대해서 질색한다). 전통적인 문화기술학 연구자와 근거이론 연구자들은 이제까지 자신들이 연구하고 싶은 주제를 연구하면서 오랜 기간에 걸쳐 자신들만의 연구 체계를 만들어 왔다. 그런데 요즘은 이러한 연구 방식이 다음과 같은 세 가지 이유로 인해 보편적인 방식으로 자리 잡기 어려워졌다. 첫째, 방법론적 근거가 전혀 없는, 완전히 개방적인 연구는 시간 및 자료 부족으로 인해 현실적으로 하기가 어려워졌다. 초기 인류학 연구자 가운데 일부 연구자들은 식민 정부로부터 연구 자금을 후원받거나 정부에 속한 학자들이었고, 그 외의 연구자들도 대부분이 충분한 개인 재산을 가진 연구자였기 때문에 수년간에 걸쳐 현장 연구를 진행할 수 있었다. 그런가 하면 연구 참여자 보호와 연구 관리 감독과 관련해서 학위 논문이나 연구를 후원하는 주체들이 연구의 투명성과 기술 내용에 관한 기준을 지속적으로 높여 왔다. 그렇기 때문에 오늘날 연구자의 전문가로서의 경력은 사전에 입증되거나 연구자가 자신의 힘으로 획득해야 하는 믿음감(trustworthiness)이라는 기반 위에서 만들어진다.

양적 연구에서 연구 설계는 건축학이나 공학에서 말하는 설계와 유사한 개념으로서 연구에 앞서 모든 세세한 부분에 대한 청사진을 미리 그린 다음 그 계획에 맞춰 연구를 진행한다. 이에 비해 질적 연구 설계는 체계적이어야 하고, 투명해야 하며, 유연성과 반복 순환적 성격을 가짐과 동시에 가능한 한 최고 수준의 엄격성을 갖추고 있어야 한다. Miles와 Huberman(1994)은 질적 연구방법의 특성 가운데 유연성과 근거 기반성(groundedness)을 가리켜 "두 번째 기회(second chance)"(p. 38)라고 표현하였다. 투명성이란 연구자가 모든 연구 과정을 꼼꼼히 기록해야 하고 그렇기 때문에 자신이 내린 결정에 대해서 책임을 져야 한다는 것을 말한다.

어떤 연구자들은 지적 호기심, 기존 이론틀, 개인적 경험 또는 사회변화에 대한 관심 등으로부터 얻게 된 다소 광범위한 연구 질문을 가지고 연구를 시작한다. **연구 질문**(study question)은 연구를 통해 답하고자 하는 질문인 **조사연구 질문**(research question)에 비해 광범위하게 개념화되는 경향이 있으며, 진술된 내용 그 자체를 연구할 수는 없다는 차이가 있다. 예를 들면, "전쟁 후 난민 가족들이 겪는 재정착 과정은 어떤 것인가?"가 전자, 즉 연구 질문이라면, 후자, 즉 조사연구 질문의 예로는 "그러한 재정착 이동이 난민의 가족관계에 어떤 영향을 미치는가?" "임시 정착지에 남을 것인가 아니면 고향으로 돌아갈 것인가와 같은 결정은 어떻게 내려지는가?" "난민 가족들 간에 존재하는, 회복력과 장점에 있어서의 차이를 보려면 무엇을 봐야 하는가?" 등을 예로 생각해 볼 수 있다.

연구 주제 선정 및 주장 제기

학술적 연구는 어떠한 구체적인 주장을 제기하고, 수사적 도구와 가능한 증거를 활용하여 제기한 주장을 뒷받침하는 과정을 거치면서 이루어진다. 연구자는 항상 "그게 뭐 어쨌다는 거야?"라는 질문을 받게 되는 상황이 벌어질 수 있다는 예상을 하고 있어야 하는데, 왜냐하면 자신에게는 흥미로운 주제가 자신과 정말로 가까운 친구나 가족 외의 다른 사람들에게도 흥미로운 주제라는 보장이 없기 때문이다. 연구 주제가 개인적인 관심사에 가까운 것일수록 그 연구 주제는 연구자만 몰두하는 주제이거나, 다른 사람들은 별로 관심이 없는 주제일 가능성이 크다. 이와 정반대로, 이미 많은 다른 연구자에 의해서 연구된 어떤 주제를 연구자만 새로운 주제라고 생각하는 경

우도 있을 수 있다. 이 경우나 전자의 경우나 자신이 하려는 연구가 왜 필요한 연구인
지를 설명할 수 있으려면 연주자는 "그게 뭐 어쨌다는 거야?"라는 질문에 답할 수 있
어야 한다.

전혀 알려지지 않은(또는 상대적으로 덜 알려진) 주제에 관한 연구에는 주제 그 자체
가 주는 이점이 있다(이것이 바로 인류학이 명성을 쌓을 수 있었던 이유다). 그러나 연구
주제가 너무 난해하거나 소수 사람만이 이해할 수 있는 주제라면 이 이점은 쉽게 퇴
색된다. 사실 대부분의 연구 주제는 이미 다른 연구자들에 의해서 연구된 주제이기
때문에, 해당 주제를 연구하려는 연구자는 기존의 지식으로는 채워지지 않는 지식 공
백을 메꾸는 데 필요한 새로운 연구 질문을 제기해야만 한다. 특히 외부로부터 연구
비 지원을 받고자 하는 연구자에게는 그렇게 하는 것이 무척 중요하다. 왜냐하면 연
구비를 지원받으려면 자신의 연구가 새롭고 중요한 연구라는 것을 설득해야 하고, 수
사학적으로 입증해 보여야 하기 때문이다.

문헌고찰

사실이라고 하기보다는 추측이라고 하는 것이 더 적절한 표현이겠지만, 지식을 얻
기 위해 문헌을 고찰하는 것은 연구자가 하려는 연구가 창의적인 연구가 될지 아니
면 지루하기 짝이 없고 의미 없는 연구가 될지를 판가름할 만큼 연구에 있어서 중요
한 요소가 아닐 수 없다. 선행 연구에 대한 고찰을 통해 연구자는 심도 있는 설명, 개
념적 발전 및 아이디어 명료화를 위한 장(stage)을 마련할 수 있다. 문헌고찰은 기술
적이면서 동시에 평가적이다. 글 쓰는 사람은 중요한 논쟁과 토론을 회피하지 말아
야 하며, 강한 편견을 배제해서도 안 된다. 궁극적으로 중요한 것은 주장의 무게감
과 주장을 뒷받침하는 실증적 근거다. 일반적으로 연구자들은 깔때기 접근(funnel
approach) 방법을 시작점으로 삼는다. 즉, 데이터베이스와 키워드 조사를 통해 일단
문헌의 범위를 크게 설정해 놓고, (연구 주제와) 관련이 있거나 관리 가능한 수준으로
문헌의 범위를 단계적으로 좁혀 나간다.

경험이 많지 않은 연구자들(때로는 경험 많은 연구자들 가운데 일부)은 문헌고찰이

연구에 있어서 가장 힘든 부분 가운데 하나라고 생각한다. 고찰할 문헌의 범위를 어느 정도로 설정해야 하는가? 인터넷으로 문헌을 고찰할 경우, 연구자는 공식적으로 발표되지 않은 '믿어도 되는지 알 수 없는 문헌'은 차치하고서도 수천 편에 달하는 학술논문, 책, 초록 같은 공식 자료를 찾게 된다. 그럼 이제 이렇게 방대한 자료 가운데 어떤 것이 연구와 관련이 있는 문헌이고 어떤 것이 그렇지 않은 문헌인지를 과연 어떻게 판단할 것인가? 그리고 이러한 자료들을 활용해서 어떻게 자신이 주장하고자 하는 바를 이야기로 엮어 내고, 더 나아가서는 그 이야기로부터 연구 질문을 도출해 낼(또는 독자들을 연구 질문으로 이끌어 갈) 수 있는가?

　문헌고찰을 위해서 여러 개의 부분별 제목을 가진 틀을 만드는 것이 도움이 된다. 연구의 첫 단계에서는 일반적으로 연구하고자 하는 문제의 성격과 범위를 기술한다. 영향력이 크거나 심각한 주제 또는 문제가 일상적인 주제나 특이한 주제보다 당연히 합리화하기가 상대적으로 쉽다. 문헌고찰의 그 다음 부분에서는 관련 이론과 이론틀을 비판적으로 평가·고찰하고, 그로부터 연구 주제를 정하는 데 도움이 될 만한 개념과 스키마(schemas)를 발굴하는 작업을 진행한다. 질적 연구에서는 이론(들)이 매우 조심스럽게 사용되는 경향이 있지만, 그렇다고 해서 이론의 중요성이 무시되어서는 안 된다. 문헌고찰의 다음 단계는 문헌고찰의 핵심에 해당하는 단계인데, 여기서 연구자는 지식 공백을 보여 줄 수 있는 실증 자료 고찰 결과를 제시하면서 자신이 제안하는 연구가 왜 필요한 연구인지를 구체적으로 서술한다. 어떤 연구에서는 문헌고찰 부분에서 양적 연구를 고찰한 결과와 질적 연구를 고찰한 결과를 나누어서 제시하기도 한다. 물론 반드시 그렇게 해야 하는 것은 아니다.

　문헌고찰의 분량과 구성은 연구 목적이 무엇인가에 따라 달라질 수 있다. 학위 논문의 경우, 분량 제한은 거의 없다고 할 수 있으며, 포괄성 높은 문헌고찰과 이론에 대한 논의가 일반적으로 기대된다. 이와 대조적으로, 평가보고서에서는 배경 정보를 요약하여 제시할 것이 요구된다. 질적 연구를 위한 문헌고찰과 양적 연구를 위한 문헌고찰 간의 핵심적인 차이는 질적 연구를 위한 문헌고찰에는 개념적 폐쇄성이 존재하지 않는다는 것이다. 질적 연구는 항상 개념과 이론의 문을 활짝 열어 놓고 새로운 아이디어와 우연한 발견을 맞이할 준비가 되어 있다.

개념틀 개발

문헌고찰에는 연구와 연구 질문의 기준이 되는 핵심 개념들이 포함된다(또는 핵심 개념을 중심으로 문헌고찰이 이루어진다). 질적 연구에 반드시 개념틀이 있어야 하는 것은 아니지만, 개념틀은 질적 연구를 단순히 어떤 내용을 기술한 것 (그것이 아무리 풍부하고 타당하더라도) 이상의 것이 되도록 영향력을 발휘할 수 있다. 제1장에서 논의하였듯이, 질적 연구에서 이론과 개념은 핵심적인 그러나 예측할 수 없는 역할을 한다. 선험적 개념을 어떻게 이해하는지는 질적 접근 방법에 따라 다를 수 있지만, 모든 질적 접근 방법은 특정 주제를 둘러싼 다양한 관념, 즉 이론을 참조한다는 공통점을 가지고 있다. 개념틀은 문헌고찰 단계에서 주로 사용되다가 데이터를 분석하는 단계에서 다시 잠깐 사용된 다음, 연구 결과를 해석하는 단계에서 또다시 등장한다.

연구 질문 형성

질적인 연구 질문은 질적 연구에 있어서 안내자 역할을 한다. 다소 진부하게 들릴 수 있으나, 이 문장에는 '연구'와 '질적'이라는 두 개의 단어가 포함되어 있다. 이 가운데 '연구'라는 말은 연구 질문이 모호하고 추상적인 어떤 것이 아니라 연구 가능한 것이어야 한다는 것을 뜻하며, '질적'이라는 말은 연구가 탐구적이고 개방적이어야 한다는 것을 뜻한다. 인간은 비선형적이고 복잡한 방식으로 사고하기 때문에 아무리 흥미로운 생각이라고 하더라도 개념화, 말 만들기, 실현 가능성 조율 등의 과정을 거치지 않고서는 그 생각을 연구 질문으로 탈바꿈시킬 수 없다. 이 과정은 대개 지적 호기심(때로는 개인적인 경험)에서 출발하여 점차 확대되다가 문헌고찰 단계를 거치면서 정교해지고 축소된 다음, 질적 연구방법을 통해서만 답할 수 있는 연구 질문으로 다듬어지면서 마무리된다.

물론 표현이나 의도는 연구를 위해 어떤 접근 방법을 사용하는지에 따라 달라질 수 있다. 예를 들면, HIV 양성판정자이면서 성매매를 하는 젊은 여성들을 대상으로 질적 연구를 한다고 가정해 보자. 이 연구를 해야 하는 이유는 (사회복지나 보건 분야의 연구자가 이 연구를 한다고 할 때) 명확하다. 분명하지 않은 것은 이 연구를 어떻게 할 것인가, 즉 연구 방법이다. 다음에 제시된 내용은 이 연구를 하는 연구자가 생각할 수 여러 가지 연구 질문을 여섯 가지 질적 접근 방법별로 묶어 정리한 것이다.

- **문화기술학**: 성매매 여성들의 '문화'를 특정 짓는 암묵적 가치, 신념 또는 관행이 존재하는가? 만약 존재한다면 그것들이 성매매 여성들의 건강과 HIV 예방에 어떤 영향을 미치는가? 이 여성들은 동료 성매매 여성들과의 관계나 고객들과의 관계를 어떻게 조율하는가? 이들의 일상적인 삶은 어떤 것인가?
- **근거이론**: HIV 감염자이면서 성매매를 하는 여성들은 어떻게 성매매와 그들 삶의 다른 영역 간의 균형을 유지하는가? 성매매 여성들 사이에 성 노동자이면서 HIV 감염자라는 사실에 관한 근거이론 내용의 일부로 확인될 수 있는 어떤 공통적인 요소가 존재하는가?
- **사례 연구**: 이들이 경험한 삶의 사건들 가운데 어떤 사건(유년기 또는 최근에 있었던)이 이들을 성매매로 그리고 HIV 감염으로 이끌게 되었는가? 이들의 삶의 이야기는 비슷한 또래의 다른 여성들의 삶의 이야기와 어떤 점이 다르고, 어떤 점이 유사한가?
- **현상학 연구**: HIV 감염자의 삶이란 어떤 것인가? 이들이 체험하는 성 노동은 어떤 것인가? 이들 삶의 본질적 요소는 무엇인가?
- **내러티브 분석**: 그들의 내러티브에는 어떤 이야기들이 담겨 있는가? 이 여성들은 그들의 관계망 속에서 자신과 다른 사람들을 어떻게 드러내고 있는가? 이들의 내러티브에는 성 노동과 HIV 및 AIDS 예방에 관한 내용이 어떻게 드러나 있는가?
- **행동(또는 참여) 지향적 연구**: 이 여성들이 가지고 있는 욕구는 어떤 것들인가? 연구자는 이들과 어떻게 협력관계를 맺으면서 이들의 욕구를 해결하는 데 필요한 연구를 진행할 수 있는가?

연구자는 이러한 연구 질문들을 이론적 또는 개념적 관점에 반영할 수 있다. 예를 들면, 페미니스트 연구자라면 성 노동에서의 성 역할 제약이나 AIDS 치료 및 예방에서의 성차별주의(sexism)에 초점을 맞춘 연구를 진행할 수도 있을 것이다. 또 사례 연구에서는 이 여성들 개개인을 생애사적 관점에서 접근하여 그들이 유년기에 겪은 어려움, 또는 새로운 항레트로바이러스 치료제의 등장 같은 역사적인 사건이 이들의 삶에 미친 영향 등을 연구해 볼 수 있을 것이다.

질적 연구 질문을 만드는 과정에서 연구자는 질적 연구 질문을 양적인 사고를 통해 만들고자 하는, 어처구니없는 실수를 종종 범한다. 이런 실수를 하지 않으려면 "과연 이 연구 질문에 답하는 것이 내부자적 관점과 풍부한 정보로 이어질 것인가?"와 같은 질문을 스스로에게 던지면서 자신이 하려는 연구가 앞으로 어떤 연구가 될지에 대해서 생각해 보는 것이 도움이 된다. 예를 들면, 인과관계 또는 상관관계를 그 내용으로 하는 다음과 같은 질문은 질적 연구 질문으로 적합하지 않다. "파트너 폭력과 알코올 남용 간에는 어떤 관계가 있는가?" "법원의 약물 검사 명령은 상습적 폭력에 어떤 영향을 미치는가?" 물론 질적 연구를 통해 얻은 지식과 정보가 '어떻게'나 '왜'를 이해하는 데 도움이 될 수는 있지만, 그렇다고 하더라도 질적 연구는 인과 질문에 대한 답을 구하기 위한 연구가 아니다.

통찰력 있는 독자는 이 책뿐만 아니라 다른 많은 문헌이나 자료로부터 질적 연구자가 가설을 멀리해야 한다는 것을 알아차렸을 것이다. 질적 연구방법론자 중 어떤 사람들(Miles & Huberman, 1994; Tashakkori & Teddlie, 2010)은 질적 연구에서도 가설 검증이 가능하고 질적 자료를 통해 확증 또는 설명적인 분석을 할 수 있다고 주장한다. 그런가 하면, 어떤 질적 연구자들은 근거이론을 개념적 모델 개발을 위해서 가설 또는 연구자의 직감을 (물론 연구의 출발점은 가설이 아니라 질문이지만) 검증하는 귀납-연역 피드백 순환고리(feedback loop)로 이해하기도 한다. 물론 질적 자료를 분석할 때 절대로 가설을 설정하거나 검증하지 말아야 하는 것은 아니다. 그러나 그런 쪽에 너무 많은 관심을 가질 경우, 질적 연구를 함으로써 얻을 수 있는 이점을 잃게 되는 상황이 벌어질 수 있다.

연구 설계하기

설계(design)라는 용어는 거의 모든 질적 연구에서 하다시피 하는 반복 순환 과정이 마치 반드시 따라야만 하는 어떤 절차인 것 같은 느낌을 갖게 만든다. 양적 연구자들이 연구 설계에 관한 공통된 이론체계(실험, 준실험, 시계열 등)를 공유하는 것과 달리, 질적 연구에는 그런 일률적인 이론체계가 존재하지 않는다(Maxwell, 2012). 대부분의 질적 연구자는 자신이 무엇을 계획하고 어떻게 계획을 실현할지를 직설적으로 서술하는 것을 선호하며, 그렇게 하기 위해서 적용 가능한 모든 서술도구를(사례 연구, 문화기술학, 현상학 등) 사용한다.

질적 연구 설계는 반복성(recursiveness)과 유연성(flexibility)을 특징으로 한다. 즉, 연구 과정에서 필요하다면 얼마든지 연구 질문, 데이터 수집, 데이터 분석 단계를 반복적으로 오고 갈 수 있다. 이런 식으로 연구자는 얼마든지 새로 발견한 내용을 토대로 연구 질문을 재구성할 수 있고, 새로운 연구 대상을 찾고자 시도할 수 있으며, 새로운 연구 질문을 만들 수 있다. 심지어는 자료를 분석하다가도 추가 자료가 필요하다고 판단되면 자료 수집을 위해 다시 연구 현장으로 돌아갈 수도 있다.

양적 연구 설계에서는 정형화된 접근 방법을 따름으로써 연구의 타당성('보이는 그대로')을 저해하는 요인과 외적 '간섭'을 최소화하는 것을 중요시한다. 이와 달리, 질적 연구에서는 그러한 간섭을 불가피한 것으로 보고 심지어는 자연주의 연구의 일부로서 환영하기까지 하는데, 질적 연구자들은 이러한 관점에 대해서 자부심을 느낀다. 그러나 질적 연구자들은 자신의 연구가 신빙성 있고 믿을 만한 결과를 가져다줄 수 있다는 것(그리고 실제로 그렇게 할 것이라는)을 사람들에게 설득해야 한다. 이 말은 결국 "내/우리의 계획은 이것이다."라는 확신적인 메시지를 "이 계획은 바뀔 수 있지만 그렇다고 하더라도 분석과 관련된 모든 결정은 정당화될 것이고, 투명하게 이루어질 것이다."라는 조건적인 메시지로 조정해야 한다는 것을 의미한다. 물론 힘들고 복잡한 모든 것이 그렇듯이, 악마는 항상 구체적인 내용 속에 숨어 있다가 우리를 괴롭히곤 한다.

질적 연구를 설계할 때 하게 되는 질문들

[글상자 3-1]에는 질적 연구 설계에서 전형적으로 제기되곤 하는 일련의 질문들이 제시되어 있다. 답하기가 상대적으로 쉬운 질문들은 괄호 안에 그 답을 제시해 두었고, 답하기가 쉽지 않은 질문들은 '경우에 따라 답이 달라질 수 있다'는 뜻에서 '*' 표시를 해 두었다. 당연히 이 질문들에 대한 답은 연구 방법이나 연구 범위에 따라 달라진다. 예를 들면, 표본 추출, 데이터 수집, 데이터 분석 등에 관한 결정은 어떤 연구방법을 사용하는가에 따라 달라질 수밖에 없다. 그러나 이 모든 것을 떠나서 질적 연구 계획서는 가능한 한 구체적이어야 한다. 물론 구체성을 지나치게 강조하다 보면 질적 연구의 장점임과 동시에 질적 발견점(findings)의 생명이라고 할 수 있는 창의성을 잃게 될 수도 있다. 그러나 그렇다고 해서 창의성을 잃지 않기 위해 연구를 시작하기 전에 계획을 세우지 않을 수는 없다.

[글상자 3-1] 질적 연구를 설계할 때 하게 되는 질문들

'얼마나?' 질문

- 얼마나 많은 연구 참여자가 필요한가?*
- 연구 참여자 1인당 얼마나 인터뷰를 해야 하는가?(가능하다면 최소 2회 해야 함)
- 연구 현장이 얼마나 필요한가?*
- 연구를 완료하는 데 얼마나 많은 시간(몇 주, 몇 달, 몇 년)이 필요한가?*

* 경우에 따라 다름

'해야 하는가?' 질문

- 인터뷰 지침에 대한 사전 검증을 해야 하는가? (해야 함!)
- 연구 참여자에게 사례금을 제공해야 하는가? (해야 함, 재정적으로 가능하다면)
- 비교 집단이 있어야 하는가? (있어야 함, 연구 주제의 성격상 필요한 경우에만)
- 인터뷰 연구라면, 관찰 데이터를 수집해야 하는가? (해야 함, 할 수 있으면)
- 엄격성 확인을 위한 전략을 명시해야 하는가? (해야 함, 그러나 모든 전략을 명시할 필요까지는 없을 수도 있고, 때로는 적절하지 않을 수도 있음)

'언제?' 질문

- 데이터 분석은 언제 시작해야 하는가? (가능한 한 빨리)

- 데이터 수집을 멈춰도 되는 시점은 언제인가? (대개 '포화'라고 판단되는 시점)
- 멘토링과 슈퍼비전이 필요한 시기는 언제인가? (일찍 그리고 자주)

'어떻게?' 질문
- 윤리적 문제에 어떻게 대처해야 하는가? (자세한 내용은 제4장에서 논의함)
- 연구 참여자를 어떻게 뽑을 것인가? (이 장의 후반부에서 논의함)
- 현장 데이터 수집을 종료하려면 어떻게 해야 하는가? (제6장 참조)
- 데이터 해석과 분석은 어떻게 하는가? (제6장과 제7장 참조)
- 연구 결과를 어떻게 보고서로 정리하고 발표하는가? (제9장 참조)

Baker와 Edwards(2012)는 그들의 연구에서 연구 경험이 많은 14명의 질적 연구자와 연구 경험이 많지 않은 5명의 신진 연구자를 대상으로 "연구 참여자 1인당 몇 회의 인터뷰를 하는가?"라는 질문을 넌지고 그들의 답을 정리하여 발표하였는데, "포화 상태에 이를 때까지."와 "경우에 따라 다르다."라는 두 가지 답이 주를 이루었다. 아울러 응답자 가운데 대부분은 포화 상태가 가장 이상적이기는 하지만 논문 지도교수나 연구 후원자에게는 현실성이 낮은 답이라고 인식하고 있는 것으로 나타났다. "경우에 따라 다르다."라는 말은 시간과 자원에 관한 것으로서 시간이나 자원이 부족하면 인터뷰 횟수가 줄어든다는 것을 의미하였다.

Baker와 Edwards는 그들의 연구에서 연구 참여자 1인당 인터뷰 횟수보다 표본의 크기를 더 중요하게 생각하였는데, 연구 참여자 가운데 대부분의 경험 많은 연구자는 적당한 표본 크기를 이야기한다는 것 자체가 적절하지 않다는 반응을 보였다(그들 가운데 한 연구자는 석사 논문을 위해서는 20명, 박사 논문을 위해서는 50명 정도가 적당하다는 농담을 하기도 했다). 어떤 연구 참여자들은 연구자가 어떤 인식론적 입장을 가지고 있고, 누가 주된 독자층(연구자 또는 일반인)이며, 누가 연구를 심사할 것인지(연구비 지원 주체, 논문 지도교수, 동료 연구자; Baker & Edwards, 2012) 등을 고려하여 결정하는 것이 바람직하다는 의견을 제시하였다.

시간 요소

연구 설계와 관련하여 Flick(2004)은 '시간'의 중요성을 강조하였다. 만일 시간에 따른 변화가 연구의 관심사라면 연구는 **회고적 연구**(예: 생애사 연구)나 **전향적 연구** 같은 종단 연구로 설계될 것이고, 연구의 초점이 변화에 맞춰져 있지 않다면 연구는 "스냅숏"(Flick, 2004, p. 148) 또는 횡단 연구로 설계될 것이다. 예를 들면, 문화인류학자들은 '문화기술학적 현재'라는 말을 자주 하는데, 이 말은 그들이 연구를 위해 현장에서 보낸 긴 시간(보통 1년 또는 그 이상)을 함축적으로 표현하는 말이다.

횡단 연구가 데이터 수집을 위해 수개월(또는 수년)을 들이는 연구라면 종단 연구는 변화의 과정에 초점을 맞추는 연구다(Saldana, 2003). 종단 연구는 일반적으로 ① 일정한 시간 간격을 두고 2회 이상의 각기 인터뷰를 반복적으로 실시하는 연구, ② 연구의 주된 목적이 시간에 따른 변화를 이해하는 것인 연구다. 예를 들면, Iversen과 Armstrong(2006)이 경제 상황의 악화가 저소득 가구들의 삶에 어떤 영향을 미치는지를 이해하기 위해서 5년에 걸쳐 저소득 가구들을 대상으로 문화기술학적 인터뷰를 진행한 연구를 종단 연구의 대표적인 예로 꼽을 수 있다.

질적 연구 설계의 여러 측면

필요에 따라 얼마든지 연구의 단계를 오가면서 연구를 할 수 있다는 것이 질적 연구 설계가 가진 전형적인 특성이기는 하지만, 질적 연구 설계에 대한 서술 그 자체는 매우 선형적으로 이루어진다. 다음은 [글상자 3-1]에 제시된 내용을 토대로 생각해 본, 질적 연구 설계 시 답해 봐야 할 질문들이다.

1. 어떤 질적 연구방법(들)을 사용할 것인가? 그 방법을 선택한 근거는 무엇인가?
2. 종단 연구를 할 경우, 다음의 질문들에 답해 본다. 또한 연구 참여자 유지 방법도 함께 서술해 본다.
3. 몇 명 정도의 연구 참여자가 필요한가? 어떻게 모집할 것인가?
4. 연구 참여자가 될 수 있는(없는) 조건을 명시해 본다.

5. 어떻게, 어디서 그리고 누구를 통해서 연구 참여자를 모집할 것인가?

6. 연구 참여 동의는 어떻게 얻을 것이며, 연구 전(全) 기간에 걸쳐 연구 대상 보호
   는 어떻게 이루어질 것인가?

7. 어떤 유형의 데이터 수집이 이루어질 것인가?

8. 각각의 연구 참여자에 대해서 몇 번의 인터뷰를 진행할 것인가?

9. 인터뷰는 얼마나 길게 할 것이며, 어디서 할 것인가?

10. 동기 부여를 위한 보상(만일 한다면)은 어떠한 방식으로 할 것이며, 어느 정도
    로 할 것인가?

11. (수집된) 데이터를 어떻게 관리하고 전환할(녹취록 포함) 것인가?

12. 데이터를 어떻게 분석할(분석을 위해 사용할 소프트웨어 프로그램 포함) 것인가?

13. 연구의 엄격성 확보를 위해 어떤 전략을 사용할 것인가?

14. 연구 결과를 어떤 방식으로 제시하고 발표할 것인가?

15. 구체적인 연구 일정을 제시해 본다.

연구 일정을 수립하는 것은 어떤 일들을 언제까지 해야 하는지를 한눈에 알아볼 수 있게 해 주는 가장 좋은 방법이다. 물론 연구 일정이 정해지면 표본을 뽑거나 데이터를 수집하는 단계에서 시간적 유연성을 갖기가 어려워질 수 있지만, 그렇다고 하더라도 연구 일정은 반드시 짜 두어야 한다. 연구 설계를 기술할 때는 문헌에 제시된 전문가들의 의견에 근거해야 하며, 가능한 한 구체적으로 기술하는 것이 바람직하다.

질적 연구의 질을 높일 수 있는 가장 일반적이면서도 효과적인 방법은 사전 연구(pilot study)를 해 보는 것이다. 사전 연구는 본 연구를 순조롭게 진행할 수 있게 해 줄 뿐만 아니라 어떤 준비가 필요한지를 알 수 있게 해 준다. 그런데 이러한 장점에도 불구하고 사전 연구에 관한 논의는 질적 연구 관련 문헌에서 거의 찾아볼 수 없다. 이는 아마도 질적 연구가 예측하기 어려운 연구이고 정형화된 프로토콜이 없는 연구이기 때문인 것 같다. 사전 연구를 한다고 해서 앞으로 벌어질 모든 복잡한 상황을 예견할 수 있게 되는 것은 아니지만, 인터뷰 질문의 수준을 높이고 데이터 수집 과정을 개선하는 데는 분명한 도움이 된다.

[글상자 3-2] 번역 도중에 길을 잃어버리다?:
영어 외 언어를 사용하는 연구를 설계할 때 고려해야 할 사항

초기 문화기술학 연구에서는 현장 연구를 하려면 연구자가 현지 언어에 능통하거나 통역에 의존해야 했다. 1980년대로 접어들면서 질적 연구는 전성기를 맞이하게 되었는데 (많은) 전문직(교육, 간호, 사회복지) 분야에서 질적 연구방법을 사용하기 시작하였다. 대부분의 연구가 타 문화권이 아니라 자문화권에 초점을 맞추기 시작하면서 언어가 더는 문제가 되지 않았다. 즉, 연구자와 연구 참여자 모두 영어를 사용하게 된 것이다. 최근 들어, 다양한 지역과 민족에 관심을 가진 연구자가 많아지면서 다중 언어 연구가 다시 등장하기 시작하였다. 언어 차이를 일찌감치 직감한 연구자들 사이에서는 통역·번역의 정확성과 충실성을 극대화할 수 있는 연구 메커니즘을 구축해야 할 필요성에 대한 인식이 높아졌다. 현재 이와 관련된 지침도 꽤 마련되어 있는데, 그럼에도 불구하고 아직은 상식 수준의 노력, 예를 들면 최소한의 연구에 필요한 연구 참여 동의서, 연구 참여자 모집용 홍보물, 인터뷰 지침 같은 자료들을 모두 번역(역번역)하여 정확성과 일관성을 담보하고자 하는 수준 외의 다른 노력을 찾아보기 힘든 것이 현실이다.

연구 참여자의 모국어가 영어가 아닐 때 문제는 주로 데이터를 수집하고 분석하는 과정에서 발생하거나 영어 외의 언어 특성이 녹아 있는 맥락에서 발생한다. 어떤 연구자들은 연구 참여자의 모국어로 인터뷰가 가능한 사람을 모집해서 연구 목적에 맞게 훈련하는 방법을 사용하는데, 이 방법이 통역을 하느라 인터뷰를 하다가 멈췄다가를 반복하는 것보다 훨씬 나은 방법이라고 볼 수 있다. 언어적 역량과 문화적 역량을 모두 갖춘 연구자는 데이터 분석 단계까지 연구 참여자의 언어를 사용하다가 맨 마지막에 연구 결과를 글로 정리하고 발표할 때만 영어를 사용한다.

대개의 경우, 질적 연구자들은 두 언어를 유창하게 구사할 수 있는 사람을 고용하여 그 사람을 통해서 녹음된 인터뷰 내용을 이해하고, 이후 분석을 위해 인터뷰 내용을 영어로 번역하는 방법을 사용한다. 영어로 번역하기 어려운 단어나 관용구를 포함하고 있는 문장은 원문을 그대로 표기하거나(주로 기울임체로 표기) 괄호나 각주를 사용하여 그 의미를 영어로 설명한다. 물론 이러한 방법은 어떤 관점에서 보더라도 타협적인 방법임이 분명하다. 어떤 연구자들은 통역·번역에 의존하는 이러한 연구방법을 사용하여 내러티브 분석이나 현상학 분석 같은 심층적 이해를 기반으로 하는 질적 연구를 하는 것은 적절하지 않다고 보기도 한다.

다양한 수준에서 여러 질적 연구방법 사용하기

제2장에서 논의하였듯이, 연구하고자 하는 주제나 연구 범위에 따라 한 가지 이상의 질적 연구방법 또는 접근 방법을 사용할 수 있다. 그럴 경우, 혼용·혼합하는 것이

접근 방법(근거이론, 문화기술학 등)인지, 데이터 수집방법(포커스 그룹, 심층 인터뷰, 관찰 등)인지 아니면 분석방법(코딩, 사례 연구 분석, 내러티브 분석 등)인지를 밝힐 필요가 있다. 어떤 연구가 방법론적 차원에서 여러 가지 방법을 혼용·혼합한다는 것은 그 연구가 여러 가지 과업을 관리하고 수행할 수 있는 충분한 전문성을 가진 연구라는 것을 의미한다.

질적 연구에서 연구방법은 한 가지만 사용하지만, 데이터는 여러 가지 방법을 통해 수집하는 경우가 흔히 있다. 예를 들면, 문화기술학에서는 문화기술학의 대표적 데이터 수집 방법인 참여자 관찰 방법을 보완하기 위해서 정보제공자 인터뷰 방법을 사용하곤 한다. 근거이론 연구에서는 개별 인터뷰와 포커스 그룹 인터뷰를 혼용하는 경우를 자주 볼 수 있다. 생애사 연구에서는 1인칭 서술뿐만 아니라 일기, 사진, 신문기사 스크랩 등과 같은 연구 참여자에 관한 기록을 활용하기도 한다. 그런가 하면 인터뷰와 연구 참여자의 이야기(narrative)에 선적으로 의존하다시피 하는 내러티브 연구와 현상학 연구에서는 한 가지 이상의 접근 방법을 혼용·혼합하는 경우를 거의 찾아볼 수 없다. 연구방법의 혼용·혼합은 순차적으로 할 수도 있고 동시에 할 수도 있는데, 어떤 경우든 그러한 사실이 연구를 설계하거나 기술하는 데 반드시 반영되게 하는 것이 중요하다.

표본 추출 전략

질적 연구에서는 사람뿐만 아니라 장소나 사건도 표본으로 뽑을 수 있다. 표본 추출은 다차원적으로 이루어질 수 있는데, 학교나 기관과 같은 큰 단위에서 먼저 표본을 뽑은 다음 각 단위 내에서 개인(예: 학교 교사나 기관 직원)을 표본으로 뽑을 수 있다. 질적 연구는 자기 성찰적이고 자기 표현이 능해서 자신의 경험을 풍부하게 기술할 수 있는 연구 참여자에게 상당히 의존하는 특성이 있다. 연구에 관심 없는 인터뷰 응답자로부터 얻어진, 깊이 없는 인터뷰 결과는 연구 자료로 사용하기에 적합하지 않기 때문에 폐기해 버릴 수밖에 없는 경우도 종종 있다. 그럼에도 불구하고 아동이나 중증정신질환자 같은 경우가 아니라면 연구 참여자를 인터뷰 응답자에서 제외시키는 경우는 흔치 않다. 따라서 중증정신질환자들은 질적 연구 인터뷰에 참여하는 데 어려움이 있다는 생각이 아무런 근거 없는 고정관념에 불과하다고밖에 볼 수 없다.

물론 표본 추출과 관련된 모든 결정은 연구 질문과 연구 목적을 고려하여 내려져야 한다. 질적 연구자들은 주로 그들이 필요로 하는 정보를 제공해 줄 능력이 있는 연구 참여자를 선택하는 **의도적 표본 추출방법**을 사용한다. Miles와 Huberman(1994)은 질적 연구에 있어서 표본은 개념적 또는 이론적 목적 때문에 필요한 것이지, 모집단을 대표하기 위해서 필요한 것이 아니라는 점을 강조하였다.

의도적 표본 추출방법이란, 예를 들어 암 환자가 어떻게 고통에 대처하는지를 알아보는 연구를 한다고 할 때, 암 환자 명단에서 무작위로 표본을 뽑는 것이 아니라 실제로 고통을 경험하고 있는 응답자를 표본으로 뽑는 방법이다. 이 방법을 편의 표본 추출방법이나 이용 가능 표본 추출방법, 즉 이용 가능한 응답자를 표본으로 뽑는 방법과 혼동하지 말아야 한다. 임상 연구에서 일반적으로 사용되는 **편의 표본 추출방법**(특정 유형의 환자에 대한 접근성 보장이 표본의 대표성보다 중요시되는)은 질적 연구방법의 목적과는 상반되는 표본 추출방법이다. 편의상 연구자가 특정 장소(예: 연구 참여자가 과거에 자원봉사를 한 적이 있는 가정 폭력 보호소)를 표본으로 선택할 수는 있으나, 그러한 선택은 해당 장소가 가장 적합한 표본일 때에만 타당성이 인정된다. 연구에 적합한 장소를 찾았다 하더라도 어떤 방법을 통해 연구 참여자를 모집하고 뽑을지는 연구자의 편의가 아니라 연구 목적에 따라 결정되어야 한다.

Patton(2002)은 그의 책에서 의도적 표본 추출의 여러 가지 유형을 소개한 바 있다. 그 가운데 일부는 연구 초반에 사용하는 것이 적절하며, 나머지는 연구 후반에 사용하는 것이 바람직하다. 다음에 제시된 표본 추출방법들은 연구 초기에 사용하기 적합한 방법들이다.

- **극단적 또는 일탈적 사례 표본 추출방법**(extreme or deviant case sampling): 예를 들면, 중증 우울증(major depression)이 있으면서 여러 차례 자살을 시도한 경험이 있는 사람 같은, 어떤 현상의 '가장 바깥쪽 경계'에 해당하는 사례를 찾는 것이다.
- **강도 표본 추출방법**(intensity sampling): 앞의 표본 추출방법과 유사하지만 덜 극

단적인 사례, 예를 들면 단순 중증 우울증 환자를 표본으로 뽑는 방법이다.

- **최대 변량 표본 추출방법**(maximum variation sampling): 표본 모집단의 이질성을 포착해 내는 방법이다. 예를 들면, 보조 요법(adjuvant therapy; 화학요법, 방사선 등)을 받은 암 생존자뿐만 아니라 보조 요법을 거부하는 대신 대체 요법 치료를 받은 생존자 또한 표본에 포함시킨다.

- **동질적 표본 추출방법**(homogeneous sampling): 최대 변량 표본 추출방법과 정반대 방법으로서 보조 요법을 거부한 암 생존자만을 표본으로 뽑는 방법이다.

- **전형적 사례 표본 추출방법**(typical case sampling): 모집단의 평균적 구성원(예: 자폐아동 부모 모집단의 특성을 대표하는 자폐아동 부모)을 표본으로 뽑는 방법이다.

- **결정적 사례 표본 추출방법**(critical case sampling): 어떤 현상의 극단성(extremeness)을 조명하기 위한 표본을 뽑는 것을 말하는데, 예를 들면 아동을 학대하여 사망에 이르게 한 부모들을 표본으로 뽑는 경우다.

- **기준 표본 추출방법**(criterion sampling): 일정 기준을 넘어서는 사례(예: 산후 우울증 척도에서 임상적 유의 수준 이상의 점수를 받은 산모)를 표본으로 뽑는 방법이다. 이 방법을 변형한 지명 표본 추출방법(nominations sampling)은 전문가들에게 연구 기준에 부합하는 사람들을 지명하게 하는 방법이다.

- **눈덩이 표본 추출방법**(snowball sampling): 연구자의 힘만으로는 찾기 어렵고 협조를 얻어 낼 가능성이 낮은, 잘 알려지지 않은 모집단을 연구할 때 사용하는 방법이다. 갱 조직원, 혈관 투입 마약 중독자, 특정 종교를 믿는 사람들 등을 예로 꼽을 수 있다. 눈덩이 표본 추출방법의 양적 연구 버전인 '응답자 유도 표본 추출방법(Respondent-Driven Sampling: RDS)'은 에이즈 전염이나 마약 주사 사용 같은 드러나지 않은 행동을 하는, 접근하기 어려운 모집단을 연구하기 위해 개발된 방법이다(Heckathorn, 1997). 응답자 유도 표본 추출방법은 눈덩이 표본 추출방법과 편의 표본 추출방법을 근간으로 하고 있기는 하지만, 표본을 모집하기 위해 연쇄 의뢰(chain-referrals)와 '동기 관리(steering incentives)' 방법을 사용하여 좀 더 포괄적이고 대표성 높은 표본을 뽑을 수 있는 것으로 알려져 있다(Salganik & Heckathorn, 2004).

분석 기반 표본 추출방법은 주로 연구 후반부에서 사용되는 표본 추출방법인데, 이 제까지 소개한, 연구 초기에 사용하는 표본 추출방법들과 다음에 소개된 방법들 모두 를 분석 기반 표본 추출방법으로 사용할 수 있다.

- 이론적 표본 추출방법(theoretical sampling): 연구 참여자를 추가로 뽑을 때 귀납적 으로 도출된 분석적 개념을 사용하여 표본을 선택하는 기법이다. 예를 들어, 대 리 양육 가정을 떠나는 아동들에 관한 근거이론 연구에서 자신의 친가족과 연락 이 닿은 아동들이 자신의 미래를 더 긍정적으로 바라보는 경향이 있다는 것을 알 게 되었다고 가정해 보자. 이런 경향이 왜 나타나는지를 이해하고자 한다면 향후 연구에서는 당연히 이런 경향을 보이는 아동들을 표본으로 뽑아 연구하는 것이 바람직할 것이다.

- 확증적 또는 비확증적 표본 추출방법(confirming or disconfirming sampling): 이론 의 타당성을 검증하기 위해서 이론적 표본 추출방법을 한 단계 더 발전시킨 표 본 추출방법이다. 앞선 예에서, 친가족과 연락이 닿지 않는 아동들을 추가 표본 으로 뽑아 연구함으로써 그런 경향이 실제로 나타나는지 또는 연구할 만한 가치가 있는지 등을 확증해 볼 수 있다. 이 표본 추출방법은 부정적 사례 분석(negative case analysis)의 변형이라고 할 수 있는데, 이 표본 추출방법을 사용하여 연구자 는 이론적 표본 추출을 사용하여 얻은 초기 연구 결과를 확증 또는 비확증해 볼 수 있다.

앞에서 소개한 표본 추출방법 범주들은 연구자들로 하여금 표본 추출방법에 관한 구체적인 그리고 유용한 용어들을 이해할 수 있게 해 준다. 당연한 말이지만, 질적 연 구에서는 무작위 표본 추출방법이 사용되는 경우가 극히 드물다. 연구 모집단으로부 터 연구 참여자를 무작위 표본 추출을 하는 데 필요한 표본틀이 부재한 것도 주된 이 유이지만, 질적 연구에서는 크기가 작더라도 의미 있는 표본을 확보하는 것이 중요하 기 때문에 무작위로 표본을 뽑는 것이 적절하지 않다.

모든 표본 추출 전략은 할 수만 있다면 누구를 표본으로 뽑고 누구를 제외할지를 결정하는 명확한 기준을 갖추고 있어야 한다. 18세 미만의 아동이나 취약집단(임산부, 중증정신장애인, 수감자 등)을 인터뷰하고자 하는 연구자는 특히 적절한 기준을 미리 정해야 한다. 연구 참여자를 모집할 때 연구자가 연구자 외의 주체로부터 도움을 받을 경우(예: 기관 또는 치료소 직원들로부터 전단지 배포 또는 기타 방식의 도움을 받는다면) 그들과 표본 적합 여부를 판단하는 기준을 반드시 공유해야 한다.

연구 표본을 추출하는 과정은 재치와 끈기 그리고 예지력이 필요한 과정이다. 이와 관련해서 두 가지 사항을 기억해 둘 필요가 있다. 첫째, 표본 추출 전략은 연구의 필요에 따라 바뀔 수 있다. 예를 들면, 연구 초기에는 최대 변량 표본 추출방법으로 시작했어도 필요에 따라서 좀 더 표적화된 표본 추출방법인 일탈적 사례 표본 추출방법으로 바꿀 수 있다. 둘째, 연구자는 유연성을 유지하고 표본 목표를 달성하는 데 필요한 조치를 가능한 한 일찍부터 취해야 한다. 특정 유형의 클라이언트나 환자를 표본으로 모집하는 경우, 해당 프로그램의 접근 통제자로부터 충분한 확약(그리고 그러한 사실을 보여 주는 증거)을 미리 받아 둠으로써 나중에 표본을 모집하기 위해 여기저기를 돌아다녀야 하는 상황이 발생하지 않게 하는 것이 바람직하다. 경험 많은 연구자라면, 누구나 처음에는 마치 연구 참여자를 많이 찾아 줄 것처럼 굳게 약속했던 기관의 초기면접 담당자들이(intake coordinators), 정작 연구가 시작되면 마음을 바꿔 버리는 참담한 경험을 한두 번쯤 한 적이 있을 것이다.

표본 크기

표본 크기를 결정할 때 고려할 사항은 어떤 질적 접근 방법을 사용하는가에 따라 달라진다. 사례 연구 분석은 작은 크기의 표본을 사용하는 경향이 있는데 어떤 경우에는 단 한 개 사례만으로도 충분할 수 있다. 그런가 하면 연구의 깊이를 중요시하는 현상학적 연구에서는 일반적으로 6~10명 크기의 표본을 사용한다. 그러나 재정 여건이 허락한다면 표본 크기는 더 커질 수 있다. 근거이론 연구는 크기가 비교적 큰(물론 양적 연구의 표본에 비하면 작지만) 표본을 주로 사용한다.

표본 크기에 관해서는 다음의 사항들을 기억해 둘 필요가 있다. (1) 표본 크기가 작을수록 더 심층적이고 강도 높은 데이터 수집이 가능해진다. (2) 이질성을 높이려면 표본 크기를 크게 해야 하고, 동질성을 높이려면 표본 크기를 작게 해야 한다. (3) 연구의 폭(연구 참여자의 수)을 위해 연구의 깊이(인터뷰 횟수 또는 인터뷰 길이)를 희생하지 않도록 해야 한다. 어떤 이유에서든 각각의 연구 참여자에 대해 2회 이상의 인터뷰를 하는 것이 불가능하다면 표본 크기는 크게 하는 것이 바람직하다. (4) 자원이 충분하고 바로 앞에서 설명한 세 번째 사항을 늘 염두에 둔다면 표본의 크기에 너무 연연해할 필요는 없다.

표본 크기를 포화(saturation)만을 기준으로 삼아 결정하면 된다는 주장은 타당한 주장이라고 볼 수 없다. 연구를 들여다보는 모든 주체(예: 논문 지도교수, 연구윤리심의 위원회, 연구비 제공 주체 등)는 구체적인 것을 선호한다. 따라서 표본 크기는, 설령 나중에 크기가 늘거나 줄어들더라도, 일단 구체적인 수치로 밝히는 것이 중요하다. 포화상태에 다다른 이후에도 데이터는 계속해서 수집할 수 있다. 오히려 그렇게 해서 가능한 한 많은 데이터 수집하는 것이 데이터 부족이라는 위험에 처하는 것보다 훨씬 낫다. 연구자가 제안한 표본 크기 자체가 연구 목표에 부합하기만 한다면 작든 크든 문제가 되지 않는다. 표본 크기가 작다는 것은, 그로 인해서 데이터를 수집하는 것이 어려워지지만 않는다면, 연구의 한계가 되지 않는다.

연구 참여자 모집 및 유지

연구 참여자는 당연히 질적 연구자가 찾아 나서야 한다. 연구 참여자가 스스로 질적 연구자를 찾아올 리는 없기 때문이다. 병원, 미용실, 주간보호시설, 노숙인 캠프 등 연구 참여자를 찾을 수 있을 것 같은 곳은 어디든 가 봐야 한다. 연구자와 연구 참여자를 연결해 줄 수 있는 접근 통제자(gatekeeper)의 협조를 얻는 것이 매우 중요하다.

대인 서비스 전문직에 종사하는 연구자들은 자연스럽게 그들이 도움을 주는 대상의 문제를 연구할 가능성이 크다. 이 경우, 자신들의 서비스 현장을 연구 참여자를 모집하는 유일한 창구로 사용할 수 있는데 이는 매우 위험한 결과를 초래할 수 있다. 왜냐하면 서비스 현장에 전적으로 의존하여 연구 참여자를 모집할 경우, 서비스를 이용하지 않는 사람들이 표본에서 배제되고, 중증 또는 만성적인 특성을 가진 사람들만이 표본에 포함되어 표본이 왜곡될 수 있기 때문이다. 물론, 서비스 현장이 연구 모집단에 접근할 수 있는 유일한 방법일 수도 있다(또는 연구 목표에 비춰 볼 때 서비스 현장이 가장 적절한 장소일 수도 있다). 그렇다고 할지라도 좀 더 대담하게 광고나 눈덩이 표본 추출 같은 다른 경로들을 통해서 연구 참여자를 모집하고자 시도하는 것이 바람직하다. 외상 후 스트레스 장애(PTSD)를 겪고 있는 참전 군인들을 대상으로 질적 연구를 한다고 가정해 보자. 연구자가 사회복지사라면 연구자는 참전 군인들을 위한 치료 프로그램에 참여함으로써 자신이 연구하고자 하는 대상에 접근할 수 있을 것이다. 어쩌면 그렇게 하는 것이 유일한 접근 방법일 수도 있지만 PTSD로 인해 고통받고 있는 참전 군인은 연구 대상자일 뿐만 아니라 실천 대상이기도 하기 때문에 그러한 방법을 통해 연구 참여자에게 접근하는 것이 어떤 대가를 치르게 될지는 아무도 알 수 없다.

연구 참여자를 모집하기 위해 사용할 수 있는 방법은 여러 가지가 있으나 연구윤리 심의위원회(human subjects committees)가 가장 선호하는 방법은 연구 참여자 모집 광고를 내서 지원자가 연구자를 직접 찾아오게 하는 방법이다. 이 방법이 선호되는 이유는 이 방법이 개인의 의지와 선택에 기반하여 연구 참여자를 모집하는 가장 확실한 방법이기 때문이다. 연구를 도와주는 기관이나 접근 통제자를 통해서 연구를 소개하는 홍보물을 배포하거나, 연구에 참여할 만한 사람들에게 안내 메일을 발송해 달라고 부탁할 수도 있고, 정기모임에 초대해 달라고 하여 모임 참석자들에게 자신이 하고자 하는 연구를 소개하고 참여를 요청해 볼 수도 있다. 그런 경우를 대비하여 연구자는 자신의 연구가 무엇에 관한 연구이고 연구에 참여한다는 것이 무엇을 의미하는지를 간략하게 소개하는 글이나 대본을 미리 준비해 둘 필요가 있다. 이러한 내용이 포함된, 사람들의 관심을 끌 수 있을 만한 홍보물이 메시지를 전달할 수 있는 가장 좋은 효율적인 방법이다.

연구 참여자를 뽑기 위해서 연구자는 미리 정해진 기준에 따라 모든 후보자를 선별하는 과정을 거쳐야만 한다. 그렇기에 연구 참여자 자격 범위를 너무 넓게 설정하면 많은 후보자를 선별하는 데 너무 많은 시간과 자원을 써야 하는 일이 벌어질 수 있다. 동시에 후보자 가운데 너무 많은 사람을 탈락시키는 것은 실망감과 부정적인 감정을 유발하는 결과를 초래할 수도 있다. 연구자 주변에서 적정 규모의 표본을 모집하여 연구를 시작하다가 필요하다고 판단될 때 표본 추출 전략을 바꿔 나가는 것이 더 성공적인 표본 모집 방법이라고 하겠다.

연구 종료 시점까지 연구 참여자를 연구에 참여하게 만드는 것이야말로 연구의 성패를 좌우하는 핵심 요소 가운데 하나가 아닐 수 없다. 연구 참여 유지는 종단 연구뿐만 아니라 모든 질적 연구에 있어서 매우 중요한데, 그 이유는 질적 연구에서 동일 연구 참여자에 대한 인터뷰를 여러 차례 진행하기 때문에 연구 기간이 몇 주 또는 몇 달까지 연장될 수 있어서다. 질적 연구가 가진 (소규모 표본과의) 관계적 측면이 이런 상황에서 장점으로 작용하는 것은 분명하지만 연구 참여 유지를 위해 사용할 수 있는 방법은 그 밖에도 여러 가지가 있다. 예를 들면, 연구 참여자의 연락처를 물어 두거나, 답례 금품 제공하거나, 연구 참여자가 궁금한 것이 생길 때를 대비하여 언제든 연락할 수 있는 전화번호나 이메일 주소를 제공하는 등의 방법이 연구 참여 유지에 도움이 된다.

인터뷰의 양과 질에 대한 문제

어떤 질적 연구에서는 연구 참여자를 인터뷰할 기회가 단 한 번밖에 없을 수도 있고, 또 다른 질적 연구에서는 인터뷰를 단 한 번만 하는 것이 더 낫다고 판단되기도 한다. 그렇지만 일반적으로는 연구 참여자 한 사람당 최소 2회의 인터뷰는 진행할 수 있어야 하고, 가능하다면 그보다 많이 하는 것이 바람직하다(Seidman, 2006). 모든 인터뷰는 연구 참여자와 연구자 간에 라포를 형성하고 발전시키는 데 도움을 주고 후속 인터뷰(들)를 수월하게 만드는 효과가 있다. 그렇기에 여러 번의 인터뷰를 진행하는 것은 '증거 적절성(evidentiary adequacy)'을 높이는 데 도움이 된다(Erickson, 1986; Morrow & Smith, 1995).

질적 연구를 하면서 단 한 번 밖에 인터뷰를 할 수 없다면 그렇게 할 수밖에 없는 이유가 당연히 연구자 편의 때문이 아니라 윤리적인 이유 때문이어야 한다. 호스피스 환자 같은 취약집단 연구 참여자들은 인터뷰를 여러 차례 하는 것을 부담스러워하거나 불편하게 느낄 수 있다(물론 그렇게 단정하는 것은 바람직하지 않다). 후속 인터뷰는 이전 인터뷰에서 놓쳤던 정보를 채워 넣는 기회를 제공해 준다는 점에서 중요할 뿐만 아니라, 이전 인터뷰들로부터 찾은 어떤 실마리를 심층적으로 확인할 수 있게 해 준다는 점에서 매우 중요하다. 후속 인터뷰의 이러한 장점은 근거이론 연구에서 이론 개발을 목적으로 새로운 연구 참여자를 인터뷰하거나 모집하는 이론적 표본 추출방법을 사용할 때 진가를 발휘한다. 다중 인터뷰, 즉 여러 번의 인터뷰는 연구 참여자로부터 질적 연구의 필수 요소라고 할 수 있는 관여(engagement)를 이끌어 내는 데 도움이 된다. 한편, 단일 인터뷰가 불가피한 상황이라면 연구자는 그 단 한 번의 만남으로부터 최대한의 정보를 얻기 위해 노력할 수밖에 없는데, 이는 온전히 연구자의 능력에 달린 문제다.

허가 얻기와 라포 형성하기

많은 시간을 들여 질적 연구를 구상하고 설계하고 나면 연구는 사회적 단계로 접어든다. 이제 연구자는 그간 계획했던 연구를 드디어 실행하게 되는데, 연구자라면 누구나 이 단계에서 힘과 열정을 느끼게 된다. 어떤 질적 연구는 연구 현장이 한 곳일 수도 있고, 어떤 연구는 여러 연구 현장에서 진행될 수도 있다. 그런가 하면 어떤 연구는 장소가 아닌 사람을 중심으로 진행될 수도 있고, 어떤 연구는 이 모든 경우에 다 해당되는 연구일 수도 있다. 대개의 경우, 연구자는 연구를 시작하기 위해 그리고 연구 참여자를 모집하기 위해 여러 접근 통제자로부터 허락을 얻어야 한다. 우리가 진행했던 NYSS 연구와 NYRS 연구를 예로 들면, 우리는 노숙인 서비스 프로그램으로부터 연구 참여자를 모집하였고 해당 프로그램의 책임자로부터 연구를 시작해도 좋다는 허락을 얻어야 했다. 우리 연구에서 우리가 연구 참여자로 모집한 클라이언트들은 연구 참여자이면서 동시에 접근 통제자였다. 따라서 우리는 해당 기관의 사례관리자들을 인터뷰하기에 앞서 연구 참여자들로부터 동의를 얻어야 했으며, 그들이 부가적 인터뷰 응답자로 지목해 준 사람들과 인터뷰를 하기 위해서도 그들의 동의를 얻어야 했다.

광고나 인터넷을 통해서 연구 참여자를 모집하는 경우, 보통은 연구 현장에 대한 접근성을 확보하는 것이 그다지 큰 문제가 되지 않는다. 그러나 연구 현장이 여러 곳이거나 연구와 관련된 책임 주체가 다수인 (인간대상연구심의위원회를 포함하여) 경우는 연구 현장에 대한 접근성을 얻기가 생각보다 어려워질 수 있다. 여러 가지 우려되는 부분을 충분히 논의하기 위해서 연구자와 연구 현장 관계자 간의 협상이 생각보다 길어질 수 있는데, 협상의 성공 여부는 연구자가 연구를 위해서 연구 현장 이곳저곳을 캐고 돌아다니는 것을 연구 현장 관계자들이 얼마나 수용적인 입장에서 바라보는기에 의해 주로 결정된다. 관료들 가운데는 모든 것을 의심하는 사람도 있고(특히 부정적인 언론 보도가 있는 경우), 걱정을 많이 하기는 하지만 함께 일할 만한 사람들도 있고, 호의를 가지고 연구를 환영하는 사람들도 있다.

질적 연구를 하는 연구자는 어떤 것도 당연하게 여기지 않는 자세를 갖는 것이 필요하다. 연구의 대상이 되는 연구 참여자와 지역사회는 자신들이 악용되거나 부정적으로 묘사될 수 있는 위험에 대해서 당연히 걱정하지 않을 수 없으며 그러한 우려감으로 인해 "당사자주의(nothing about us, without us)"(Malone, Yerger, McGruder, & Froelicher, 2006)를 표방하게 된다. 질적 연구자는 '연구'라는 단어가 사람들로 하여금 인간 실험 또는 인간 착취라는 이미지를 떠올리게 만든다는 사실을 인정해야 한다. 이러한 맥락에서 볼 때, **연구 대상**(subject)이라는 용어 대신 **연구 프로젝트**나 **연구 참여자** 같은 용어를 사용하는 것이 거부감을 줄이는 데에도 더 효과적이고 질적 연구의 실제와도 더 잘 어울린다고 하겠다.

연구자가 만나게 될 접근 통제자는 기관의 행정 책임자에서부터 교도관, 학교장에 이르기까지 매우 다양하다. 접근 통제자는 한마디로 말해서 연구자가 연구 현장에 접근할 수 있는지를 결정할 수 있는 권한을 가진 주체다. 연구자는 이들에게 연구 목적과 피실험자 보호 방안을 솔직하고 분명하게 밝혀야 한다. 연구의 이점을 과장하지 않는 것도 중요하며, 접근 통제자와 그 밖의 사람들에게 질적 연구를 하는 데 많은 시간과 노력이 필요하다는 사실을 알리는 것 또한 매우 중요하다. 연구 참여자에게 사례비나 기타 형태의 보상을 제공할 경우, 보상은 반드시 보상 그 자체로서의 의미를 가질 뿐 그것이 연구 참여를 강요하거나 연구의 용이성을 높이기 위한 수단으로 사용되어서는 안 된다. 질적 연구가 가진 장점 가운데 이러한 상황에서 특히 두드러지는 장점은 질적 연구가 이용자 친화적이면서 높은 기술 수준을 요구하지 않는 접근 방법이라는 점이다. 연구자는 할 수만 있다면 연구 환경과 접근 통제자에 대해서 미리 알아 둘 수 있어야 하는데, 설령 접근 통제자가 줄 수 있는 도움이 그저 게시판에 연구 참여자 모집 광고를 붙여 주는 것 정도일지라도 그렇게 해 둘 필요가 분명히 있다.

연구를 소개하는 것은 특정 연구 현장에서 하게 될 인터뷰와 관찰을 위한 기반을 마련하는 작업이다. 연구를 소개할 때 연구자는 연구 참여자들에게서 사전동의(이에 관한 자세한 논의는 제4장에서 하기로 한다.)를 받을 때와 마찬가지로 연구자의 신분과 소속, 연구 목적(들), 자발적 연구 참여 원칙, 비밀보장 원칙 등에 관한 충분한 정보를 제공해야 한다. 현장 연구를 하면서 현장 기록을 할 경우, 연구 참여자들에게 그러한 사실을 사전에 알려 자신이 관찰된다는 사실을 알게 해야 한다. 또한 연구 참여자를 모집할 때나 포커스 그룹 인터뷰를 진행할 때 연구자가 기관 직원들에게 참여나 협조를 요청하는 경우가 있을 수 있다는 등의 내용도 사전에 분명하게 명시해 둘 필요가 있다. 연구 현장이 진료소나 기관인 경우라면 보통은 연구자가 직원 회의에 참석하여 이러한 내용을 설명하고 질문에 답하는 기회를 통해 연구를 소개한다. 연구 현장이, 예를 들면 여러 학교 또는 여러 기관에서 동시다발적으로 진행되는 프로그램처럼 여러 지역에 흩어져 있는 경우는 접근관리자가 연구를 허락한다는 내용의 편지나 공문을 해당 주체들에게 보내서 연구 현장에 대한 접근권을 확보해 주기도 한다. 연구 대상이 지역사회인 경우, 지역사회 지도자나 지역위원회나 지역 관료들과 어떤 관계를 쌓는지가 연구의 성패를 가름하기도 한다.

하고자 하는 연구가 관찰적·질적 연구라면 몇 가지 사항을 특별히 더 고려해야 한다. 우선 연구자는 복잡하고 개방된 공공장소만 아니라면 연구에 관한 정보를 가능한 한 많은 사람에게 알릴 필요가 있다. 연구자가 강도 높은 관찰을 하면서 연구 참여자와 긴 시간을 함께한다면 연구 참여자는 그런 시간 속에서 자아 정체감(self-identification)을 느껴 보는 기회를 가질 수 있다. 이와 달리, 연구자와 연구 참여자 간의 관여가 산발적으로만 이루어지거나 두 주체 간의 관계 강도가 그다지 높지 않은 경우라면, 누군가가 연구에 관한 정보를 요구하거나 연구에 대해 의문을 제기할 때를 대비해서 연구 소개 홍보물과 접근관리자가 연구를 허락한다는 내용이 명시되어 있는 문건을 항상 준비해 두는 것이 필요하다. 아울러 누구를 만나든 그러한 만남이 공식적인 인터뷰로 이어질 수 있다는 가능성을 염두에 두고, 연구 참여 동의서를 항상 준비해 두는 것도 매우 중요하다.

연구 현장으로부터 여러 가지 지원과 협조를 받아야 할 것이 예상된다면 처음부터 연구 현장과 연구자 간에 양해각서(MOU)를 작성하여 각 주체의 책임 사항을 명확히 해 둘 필요가 있다. 임상실험연구의 경우 무작위화, 대기자 명단 통제, 충실도 측정 등을 실시하는 과정에서 연구로 인해 프로그램 진행에 차질이 빚어지는 경우가 종종 발생하기 때문에, 양해각서를 꼭 작성해야 하지만 질적 연구에서는 양해각서가 그 정도로 필수적이지는 않다. 그러나 연구에 앞서 각 주체의 역할을 명확히 해 둠으로써 혹시라도 나중에 오해가 발생할 수 있는 여지를 최소화하는 것은 매우 중요하다. 예를 들면, 연구 현장과 연구자의 책임 사항을 간단하게 한 페이지 정도의 목록으로 정리해 두는 것도 좋은 생각이다. 물론 양해각서의 내용은 너무 엄격하게 작성하는 것보다는 유연성 있게 작성하는 것이 바람직하다.

연구를 하는 데 필요한 모든 공식적인 허가를 받는 과정을 마치고 나면 이제 James Spradley(1979)가 말하는 "라포 형성(rapport process)"(p. 78)이 연구의 중심에 등장한다. 연구의 복잡성과 길이에 따라 라포 형성은 연구의 여러 단계에서 이루어질 수 있다. 라포는 연구자와 연구 참여자가 서로에게 마음을 열고 솔직해질 수 있게 해 주는, 두 주체 간의 존중, 신뢰, 긍정적인 관심을 의미한다. Spradley는 연구 참여 경험에서 오는 전형적인 상호 만족감을 느끼기 위해서 반드시 우정이나 애정이 필요한 것은 아니라는 점을 강조하였다. 이 말을 달리 표현하면, 연구자와 연구 참여자 간의 라포는 두 주체가 서로를 좋아할 때만 형성되는 것이 아니라는 말이다.

자기소개

질적 연구자들 사이에는 자신의 선호에 관한 정보나 자신이 연구를 위해 뛰어드는 현장에 관한 정보를 제시하는 방식에 있어서 적지 않은 차이가 존재한다. Erving Goffman(1961)은 정신병원을 비롯한 여러 시설들을 관찰하는 연구들에서 자신을 관찰 대상과 분리하는 주변자적 입장을 취하였다. 이와 정반대로, 페미니스트 연구자들은 연구자와 연구 참여자 간의 파트너십을 강조하면서 연구자와 연구 참여자 간의 역할 구분은 모호한 것이며, 연구자가 연구 참여자와 함께 연구 결과를 만들어 가는

데 적극적으로 참여해야 한다고 주장한다(Hesse-Biber, 2006). 대부분의 질적 연구자는 이 두 가지 입장 사이의 어디쯤에서 '자기'를 드러낸다. NYSS와 NYRS 연구팀의 핵심 구성원이었던 Ben Henwood는 (졸업 전부터 조교수 시절까지) 젊은 백인 남성이면서 단정한 이미지를 가졌던 탓에 남성 연구 참가자들로부터 종종 경찰 같아 보인다는 놀림을 받곤 하였다. 그러나 일단 대화를 시작하면 그는 남성이든 여성이든 상관없이 모든 연구 참여자와 똑같은 라포를 형성했으며, 그의 외모로 인해 연구 참여자들이 갖게 되는 느낌은 전혀 문제가 되지 않았다.

연구자가 연구 현장에 뛰어들 때 반드시 가져가야 할 것은 "텅 빈 머리가 아니라 열린 마음"(Fetterman, 1989, p. 11)이다. 다시 말하면, 이 말은 연구자가 연구 주제에 관한 충분한 지식을 가지고 있어야 한다는 것을 의미하는데, 그래야만 연구자는 인터뷰의 맥을 끊어 버리는 불필요한 끊김이나 방해가 발생하지 않게 할 수 있기 때문이다. 심지어 NYRS 연구자들은 인터뷰를 위해서 마약 은어를 익히기까지 하였다(예: 크랙 코카인은 'rock', 합성 마리화나는 'K2' 또는 'spice'라고 불렸고, 'benzos'는 사람들에 의해서 남용되는 불안증 치료제를 가리켰다). 이와 유사하게 'SSI'와 'rep payee'라는 용어도 인터뷰에서 자주 사용되었다. 연구 참여자들은 연방정부가 제공하는 장애 수당의 줄임말인 이 용어를 연구자들과의 대화에서 아무런 의미 설명 없이 사용하였다. 이로 인해서 연구자들은, 예를 들면 SSI를 안정적인 수입원으로 삼는다는 것이 무엇을 의미하는지, 자신의 경제 상황이 다른 사람의 통제하에 있다는 것이 무엇을 의미하는지 등과 같은 질문에 대해서 심층적으로 그리고 미묘한 것까지 이해해 보는 시간을 갖지 않을 수 없었다.

질적 연구자가 어떤 자세를 갖는 것이 이상적인지는 각자가 가진 다른 사람들과의 대화 방식이나 관계 방식에 따라 다를 수 있다. 따라서 연구자의 창의성이나 지적 호기심이 무시되어서는 안 된다. 그러나 반대로 연구자의 과도한 개성이나 즉흥적인 태도로 인해 진정한 전문가(즉, 연구 참여자)의 가치를 떨어지게 해서도 안 된다. 따라서 연구자가 가져야 하는 성공적인 자세는 유머 감각, 틀리는 것을 개의치 않는 마음가짐과, 그리고 배우고자 하는 의욕을 시종일관 잃지 않는 자세가 아닌가 생각한다.

연구자의 자기 드러내기: 어느 정도가 적당한가, 지나친가

질적 인터뷰 과정에서 연구자가 자신을 연구 참여자에게 절대 드러내 보이지 말아야 하는 것은 아니다. 사실 어느 정도 그렇게 하는 것이 연구자와 연구 참여자 간의 신뢰 관계와 라포를 돈독하게 만들기 때문에 필요하다. 중요한 것은 다음과 같은 질문이다. 연구자가 어떤 '자신'을 드러내 보여야 하는가? 그렇게 하는 것이 적절한 시기는 언제인가? 부적절한 시기는? 일반적으로 질적 연구자들은 "진실되게 그러나 모호하게"(Taylor & Bogdan, 1984)라는 원칙을 따르는 것 같다. 물론 누가 뭔가를 물어볼 때 거짓말을 해서는 안 된다. 그러나 그렇다고 하더라도 어느 정도까지 자신을 드러낼 것인지는 분별력을 가지고 판단해야 한다. Weiss(1994)는 명함에 제시된 정도의 기본적인 정보를 제공하는 것만으로 충분하다고 생각하는 반면, 어떤 연구자들은 연구자가 아주 사적인 정보까지 공개할 때 연구 참여자 역시 자신에 관한 모든 것을 숨김없이 드러내 보여 주게 되고 연구자와 연구 참여자 간에 이타적인 관계가 형성된다고 주장한다(Gair, 2002).

인터뷰 도중에 연구 참여자는 뜬금없는 질문을 하기도 하는데, 그럴 때 연구자는 그런 질문에 답할지의 여부, 그리고 답한다면 어떻게 답할지를 그 자리에서 결정해야 한다. 예를 들어, 면허 사회복지사이면서 부모이고 참전 군인이면서 Bluegrass 음악의 열성 팬인 어떤 박사과정 학생이 있다고 가정해 보자. 박사과정 학생이라는 신분은 연구를 진행하는 데 꼭 필요한 '자신의 모습'이기 때문에 연구자는 그러한 사실을 즉시 밝혀야 한다. 만일 하고자 하는 연구에 연구 참여자에게 잠재적으로 해가 될 수 있는 주제가 포함되어 있다면, 이 연구자는 반드시 연구 참여 동의서에 자신이 아동 학대 및 노인 학대 신고 의무자라는 사실을 밝히는 경고문을 넣어야 한다. 자신의 음악적 취향이나 자신이 참전 군인이고 부모라는 사실을 드러낼 기회가 있을지 없을지는 인터뷰 맥락에 따라 달라질 것이다.

연구자가 본인의 다양한 신분과 삶의 경험을 드러내 보일 때 따라야 하는 어떤 정해진 규칙은 없다. 그러나 일반적으로는 매 인터뷰 전 또는 후에 연구자와 연구 참여자 간에 잠깐 대화를 주고받을 때 하는 것이 적절한 시기라고 할 수 있다. 인터뷰나 관찰 도중에 연구 참여자에게 자신에 관한 어떤 내용을 드러낼 것인지 여부를 결정해야 한다면 연구자는 그렇게 하는 것이 과연 라포 형성에 도움이 될지, 아니면 지나친 개입이나 편견을 초래할지를 반드시 고려해 봐야 한다. 연구자가 자신이 참전 군인이라는 사실이나 중독을 극복하기 위해 노력 중이라는 사실을 드러내는 것 그 자체는 문제가 되지 않는다. 다만 그렇게 하는 이유가 고마움을 표시하기 위해서거나 관심을 끌기 위해서는 안 된다.

정체성 문제: 젠더, 인종 및 사회적 계층

연구자와 연구 대상 간의 역동적 상호작용(예상치 못한 방식으로 서로에게 영향을 주고받는 것)은 질적 연구가 가진 본질적 특성 가운데 하나다. 페미니스트 연구자들은 이러한 특성을 방법론적이고 도덕적인 문제로 봐 왔는데(Fonow & Cook, 1991; Reinharz, 1992), 이러한 상호작용의 존재를 비난하기보다는 받아들이고 상호주관성(intersubjectivity)이 연구 결과를 어떻게 형성하고 발전시키는지를 연구하였다.

연구자의 복장이나 태도 등과 같은 변화 가능한 특성은 필요에 따라서 바꾸거나 조절하는 것이 가능하지만, 성별, 인종, 사회계층 등과 같은 비교적 변화가 어려운 특성들도 고려하지 않을 수 없다. 질적 연구 관계에서는 이러한 각각의 정체성에 부여된, 사회적으로 구성된 의미들(달리 표현하면 다양한 정체성이 만나는 부분)이 첨예한 초점이 맞춰지곤 한다. 그러한 정체성 차이는 그것을 어떻게 다루는지에 따라서 참담한 결과로 이어질 수도 있고 무시해 버릴 수도 있다.

연구 현장에 뛰어들 때 연구자가 가지고 가는 자신의 정체성은 인구학적 특성 외에도 여러 가지 것에 의해서 규정된다. 예를 들면, 정체성은 전문성과 관련된 것(학생, 교수, 전문직 종사자), 개인사에 관한 것(애인, 부모, 형제), 정치적인 것(페미니스트, 환경운동가, 성소수자 인권 운동가), 취미와 관련된 것(축구 팬, 피아니스트, 마라톤 선수)에 의해 규정될 수 있다. 이처럼 다양한 정체성이 연구에 어떤 영향을 미칠지는 주로 맥락과 적절성에 따라 달라진다.

연구자와 연구 대상 간에 공통점이 거의 없는 경우도 많다. 실제로 성공적 관계 중 대부분은 공통점에 기초한 관계가 아니다(Manderson, Bennett, & Andajani-Sutjaho, 2006). Elliot Liebow(1993)는 워싱턴 D.C의 아프리카계 여성 노숙인을 대상으로 그들이 실시한 질적 연구에서 연구 참여자들 사이에 성별, 나이, 인종, 종교, 사회계층에 있어서 상당한 차이가 존재한다는 것을 발견하였다. 그럼에도 불구하고 그들은 여성 노숙인들과 지속적인 관계를 유지하면서 연구를 통해 그들의 삶을 잘 보여 줄 수 있었다. 이와 유사한 맥락에서, 페미니스트 연구자들은 단순히 성별이 같다는 사실만으로는 연구자와 연구 참여자 간에 신뢰와 라포를 형성하기가 쉽지 않다는 점을 지적하곤 한다. 연구자와 연구 참여자 간에 존재하는 차이는, 비록 그러한 차이가 면접을 진행할 사람을 훈련하고 감독할 때 고려해야 할 사항인지, 윤리적 쟁점에 관한 것인지, 편견을 예방하는 데 필요한 사항인지는 알 수 없지만, 질적 연구를 설계하는 과정에서부터 관심을 기울여야 할 충분한 가치가 있는 사항임이 분명하다.

요약 및 결론

질적 연구를 위해 연구를 설계할 때는 여러 가지 것을 신중하게 고려해야 한다. 먼저, 최적의 연구 설계를 위해서는 이론적인 부분과 실증적인 부분 모두에 관한 철저한 문헌고찰이 있어야 한다. 문헌고찰을 통해서 연구자는 광범위한 연구 질문뿐만 아니라 연구하고자 하는 핵심 개념이 포함된 구체적인 연구 질문을 도출해 낸다. 어떤 질적 접근 방법은 사용할지를 정하고 나면 연구 설계는 방향성을 갖게 되고, 더 나아가 데이터를 수집하고 분석하는 과정을 반복적으로 오가는 데 필요한 일종의 리듬을 갖게 된다. 이 장에서는 연구 계획 단계에서 반드시 고려해야 할 여러 가지 핵심 사항들에 대해서 살펴보았다. 각각의 질적 접근 방법은 저마다의 독특한 절차를 가지고 있기는 하지만 모든 질적 접근 방법은 앞으로 벌어질 일들을 투명하게 서술할 수 있어야 한다. 연구를 설계하기 위해 결정해야 할 여러 가지 사항 가운데서도 어떤 표본 추출 전략을 사용할 것인지, 그리고 어떤 방법으로 연구 참여자를 모집할 것인지에 관한 결정은 특히 중요하다.

질적 연구의 시작은 신중한 계획을 필요로 한다. 그렇다고 하더라도 연구가 계획대로 진행될 가능성은 매우 낮으며, 연구자는 이를 기정사실로 받아들여야 한다. 연구 참여자들로부터 신뢰를 얻고 라포를 형성하는 것이 연구의 불확실성을 낮추기 위한 필수 요건임은 분명하지만, 연구 설계의 유연성도 그에 못지않게 중요하다는 사실을 기억해 둘 필요가 있다. 질적 연구는 그 특성상 거리 두기나 중립성을 담보해 줄 수 있는, 보호 장치가 없는 상황에서 하게 되는 연구이기 때문에 연구 도구로서의 질적 연구자는 자기 자신에 대해서, 그리고 다른 사람들에 대해서 항상 경계하는 자세를 유지해야 한다. 연구를 위해 현장에 뛰어들 때 연구자는 물리적 존재로서의 자신뿐만 아니라 다양한 정체성으로서의 자신을 연구 참여자들에게 드러내 보여 주게 된다. 연구자가 자신을 드러내는 것은 인터뷰 전후에 연구 참여자와 이런저런 대화를 주고받는 과정에서 나타나게 되는 자연스러운 결과다.

연습해 보기

1. 관심 있는 주제를 선택하여 질적 연구방법(문화기술학, 근거이론 연구, 사례 연구 등) 각각에 맞는 연구 질문을 하나씩 만들어 본다.

2. 1번에서 선택한 주제 또는 새로운 주제를 사용하여 어느 한 가지 접근 방법에 적합한 연구 설계를 기획하고 글로 표현해 본다. 몇 개의 질문에 답할지, 어떤 표본 추출 전략을 사용할지에 대한 답도 제시해 본다.

3. '접근하기 어려운' 모집단을 생각한 다음 어떤 표본 추출방법과 모집 방법이 가장 효과적일지 생각해 본다. 사람들의 관심을 끌 만한 연구 참여자 모집 홍보물을 설계해 본다.

4. 각자 자신이 선호하는 학술지에서 흥미롭다고 생각되는 논문 몇 개를 골라 본다. 각 논문의 문헌고찰 부분을 읽은 다음 연구자가 어떤 주장을 하고 있는지 확인해 본다.

추천도서

Crabtree, B. F., & Miller, W. L. (1999). *Doing qualitative research* (2nd ed.). Thousand Oaks, CA: Sage.

Creswell, J. W. (2007). *Qualitative inquiry and research design* (2nd ed.). Thousand Oaks, CA: Sage.

Gilbert, K. R. (Ed.). (2001). *The emotional nature of qualitative research*. Boca Raton, FL: CRC Press.

LeCompte, M. D., & Schensul, J. J. (1999). *Designing and conducting ethnographic research* (Ethnographer's toolkit, Vol. 1). Walnut Creek, CA: AltaMira Press.

Marshall, C., & Rossman, G. B. (2010). *Designing qualitative research* (5th ed.). Thousand Oaks, CA: Sage.

Maxwell, J. A. (2012). *Qualitative research design: An interactive approach* (3rd ed.). Thousand Oaks, CA: Sage.

Patton, M. Q. (2002). *Qualitative research and evaluation methods* (3rd ed.). Thousand Oaks, CA: Sage.

4

질적 연구에서의 윤리적 및 정서적 문제

앞 장의 도입부에서 언급한 바와 같이, 질적 연구자는 질적 연구의 윤리적 문제에 대해서 항상 관심을 기울여야 한다. 질적 연구가 가진 친밀한 연구 관계로 인해 질적 연구자는 자신도 모르게 넘지 말아야 할 경계를 넘을 수도 있고, 감정이 상할 수도 있으며, 의도치 않게 타인의 사생활을 침해할 수도 있다. 그런가 하면 질적 연구가 가진, 이러한 친밀한 특성과 관계에 대한 관심이 연구자를 안심할 수 있게 만들기도 한다. 중요한 것은 질적 연구가 가진 이러한 장점과 단점을 이해하고 단점의 함정에 빠지지 않는 것이다. 이번 장에서는 먼저 질적 연구에서 주로 어떤 '윤리적 문제'들이 일반적으로 발생하는지 고찰하고, 다음으로 질적 연구에 그런 문제들을 어떻게 다루는지 살펴보기로 하겠다.

속이기와 밝히기

어떤 연구에서든 연구자는 자신이 하려는 연구가 어떤 연구이고 연구자가 어떤 역할을 하는지를 연구 참여자에게 밝혀야 한다. 나치의 홀로코스트 의학 실험에서부터 시작해서 악명 높은 Tuskegee 연구 그리고 Stanley Milgram의 전기 충격 연구에 이르는 은폐의 역사는 어떤 명분으로도 결코 용납될 수 없는 비윤리적 연구 행위다. 일반적으로 사람들은 고위험 의학 실험이 사람들로 북적이는 장소에서 이루어지는 행동관찰 연구보다 훨씬 더 위험한 연구라고 생각한다. 그러나 사실을 은폐하는 것이 얼마나 심각한 문제인지를 고려해 보면 후자 연구가 당연히 덜 위험한 연구라는 생각이 과연 옳은지에 대해서 다시 생각해 볼 필요가 있다.

연구 참여자에게 연구 관련 사실을 은폐하는 것이 허용될 수 있는지를 판단하는 것과 관련해서 우리는 밀접한 상호 관련성을 가진 다음의 세 가지 기준에 대해 생각해 봐야 한다. (1) 하려는 연구가 꼭 필요한 연구인가? (2) 어떤 위험성을 내포하는 연구인가? (3) 연구의 목적은 무엇인가? 이 중 첫 번째 기준의 경우, 인간연구윤리위원회(human subjects committees)는 연구 참여자에게 사실을 은폐하는 것이 허용되려면 연구를 통해 얻게 될 이익이 연구가 초래할 위험보다 더 커야 하며, 다른 방법으로는 연구를 할 수 없어야 한다는 분명한 지침을 제시한다. 이런 경우에 해당하는 연구일지라도(대개는 학생들을 대상으로 실시하는 심리학 실험) 연구자는, 예를 들면 연구를 마친 다음 피실험자들에게 연구에 관해 설명하는 등의 여러 가지 안전장치를 마련해야 하며 연구 참여자에게 해가 될 가능성을 최소화해야 한다.

사회과학 분야에서 이루어진 여러 훌륭한 연구 중에 만일 연구 대상에게 사실을 감추지 않았다면 연구를 하는 것이 불가능했을 연구가 많이 있다. LaPiere(1934)가 했던 1930년대의 인종 및 민족 차별에 대한 연구는 연구자 자신이 한 중국인 부부와 함께 미국 전역을 여행하면서 다양한 호텔과 식당 등에서 실제로 자신들이 경험한 것에 근거한 연구였다. 자신들이 관찰대상이라는 것을 모르는 상태에서 호텔과 식당을 운영하는 사람들이 보여 준 차별적인 행동은 연구에 앞서 실시한 설문조사에서 '전혀 차별하지 않는다.'라는 그들의 응답 내용과 너무도 달랐다. 만일 이 연구에서 LaPiere와 중국인 부부가 자신이 연구자라는 사실을 사람들에게 밝혔다면 아마도 연구 결과는 달라졌을 것이다.

LaPiere의 사실 은폐는 어느 정도 위험을 감수할 만한 행위였다고 판단되는데, 특히 피실험자들의 신원이 밝혀지지 않는 상황이었고, 피실험자들의 평상시 행동을 관찰한 것이었음을 감안해 보면 그렇게 판단할 수 있다. 이와 유사하게, 사람들이 많이 오가는 거리에서 노숙인이나 행인을 비관여적으로 관찰하는 연구는 위해성이 거의 없는 연구이기 때문에 연구 사실을 감춘 상태에서 연구를 진행하는 것이 문제가 되지 않는다는 주장도 합리성을 인정할 수 있는 주장이라고 하겠다. 연구 참여자들에게 충분한 정보에 입각한 연구 참여 동의를 얻는 것은 분명 연구의 자연스러움을 잃게 만들 수 있다. 그러나 비록 공공장소 또는 준공공장소에서 이루어지는 연구일지라도 그 연구가 민감한 행동 또는 낙인적 행동에 관한 연구라면 문제가 될 수 있다. Laud Humphries(1970)의 대표적인 연구인 공중화장실에서의 남성 동성애자들의 행동을 관찰한 연구의 경우, 연구자가 연구 대상자들에게 연구 사실을 감추기 위해 어떤 방법을 사용했는지가 나중에 알려짐에 따라 사람들로부터 엄청난 분노를 사게 되었다. 물론 Humphries는 연구를 통해 얻을 수 있었던 귀중한 지식에 비추어 볼 때 그의 속임수는 얼마든지 정당화될 수 있다고 반박하였다. 그러나 오늘날 이러한 주장에 동의하는 사람은 아마도 거의 없을 것이라 생각된다.

의도적으로 연구 대상자에게 사실을 감추는 경우가 매우 드물다고 하더라도, 반드시 신중한 정당화 과정을 거쳐야 하지만 의도치 않게 연구 사실을 감추게 되는 경우는 어떠한가? 연구윤리심의위원회는 이 경우 역시 표면적으로는 인정하지 않을 것이다. 그러나 어떤 질적 연구(예: 문화기술학 연구)에서는 연구 참여자가 될 수 있는 모든 사람에게 연구 사실을 알리는 것이 현실적으로 불가능하다. 사실 그런 경우에는 과연 연구 대상자를 기만하는 행위 자체가 발생한 것인지에 대해서 의문을 제시해 볼 수 있다.

병원 응급실에서의 직원과 환자 간 상호작용에 관한 연구를 한다고 가정해 보자. 신의의 원칙을 따르는 연구자라면 당연히 사전에 접근 통제자(병원장, 병원 관리자, 당직 의사)에게 자신의 연구에 대해서 알려야 하며, 자료 수집을 위한 공식적인 인터뷰는 연구 참여자들이 연구에 관한 충분한 정보를 제공받고 동의한 후에 실시해야 한다. 그러나 연구자가 모든 관계자(예: 구급차 운전사, 환자의 가족, 경비원 등)에게 연구에 관한 정보를 사전에 제공할 수는 없는 노릇이며, 즉흥적인 질문을 받을 때마다 매번 공식적인 동의를 얻을 수도 없다. 개방성과 투명성을 높인다는 것이 연구 참여자들에게 연구에 관한 모든 세부 사항을 알려 줘야 한다는 것을 의미하지는 않으며, 연구자가 마주하게 되는 모든 사람이 연구에 관한 자세한 정보를 요구하는 것도 아니다. 그렇기 때문에 아무리 엄격한 윤리지침도 연구자에게 그런 것까지 요구하지는 않는다.

충분한 정보에 근거한 동의

대부분의 질적 연구에서는 매우 적극적인 면대면 관계가 이루어지기 때문에 자세하고 충분한 정보에 근거한 동의는 "지속적으로 이루어져야 할 협상의 과정"(Waldrop, 2004, p. 238)으로 봐야 한다. 충분한 정보에 근거한 동의를 얻기 위해서는 연구 참여자들에게 다음과 같은 정보가 제공되어야 한다.

- 연구 및 연구 절차에 대한 간략한 소개 (대략적인 면접 횟수, 연구 기간 등)
- 연구자와 연구후원기관(만일 있다면)의 신분을 알려 줄 수 있는 정보 및 추후 연락을 위한 주소 또는 전화번호
- 연구 참여의 자발성 및 언제든지 아무런 제재나 서비스 수급에 있어 불이익을 받지 않고도 연구 참여를 중단할 수 있는 권리에 대한 보장
- 비밀보장[이와 관련해서는 두 가지 문제가 있을 수 있는데, 한 가지는 주법(state law)에 따라 면허를 가진 전문가는 보고 의무가 있다는 사실이고, 다른 한 가지는 표적 집단 내의 다른 연구 참여자에 의해 비밀 누설 위험이 있다는 것이다.]
- 연구 참여에 따르는 위험 또는 혜택에 대한 설명(동기유발을 위해 제공하는 금전은 혜택이 아니라 보상으로 간주한다.)

인터뷰를 녹음하는 것에 대해서도 반드시 동의를 얻어야 하며, 녹음 내용의 일부나 전체를 연구에서 삭제할 것을 연구 참여자가 요구할 수 있다는 것도 분명하게 알려야 한다. 대개의 경우, 연구자들은 두 장의 연구 참여 동의서를 작성하여 하나는 연구자가, 그리고 다른 하나는 응답자가 보관한다.

취약집단(예: 임산부, 재소자, 입소시설의 정신질환자, 아동 등)을 대상으로 하는 연구를 하는 경우, 특별한 주의를 기울여야 할 필요가 있다. 18세 미만의 아동·청소년의 경우 당사자의 동의와 함께(12세 미만 아동의 경우 구두로 동의를 받을 수 있다.) 부모의 동의도 반드시 얻어야 한다. 노약자 등의 취약집단을 연구하는 경우, 연구 대상자뿐만 아니라 그들의 보호자에게서도 동의를 받을 필요가 있다.

취약한 연구 참여자의 신분 노출을 방지하기 위해 동의서에 서명을 생략할 수도 있다. 지역사회센터를 이용하는 동성애 청소년에 관한 연구를 할 때, 이들이 지역사회센터에서만큼은 적어도 해방감을 느끼고 있다는 사실을 감안한다면, 구태여 청소년들에게 동의서 작성을 요구하지 않는 것도 방법이고, 어쩌면 그들도 동의서 작성을 원하지 않을 수도 있다. 불법 이민자에 대한 연구도 마찬가지 경우라고 볼 수 있는데, 불법 이민자들은 신분이 노출되는 경우 자신의 처지가 위험하게 될지도 모른다는 두려움을 가지고 있다.

연구자는 또한 '**접근 통제자**'의 협조 동의를 가능하다면 서명된 문건 형태로 받아 두어야 한다. 이들의 허락 없이는 연구를 실시하는 것이 사실상 불가능한데, 특히 그들의 협조 동의가 연구 참여자 모집에 결정적인 역할을 하는 경우라면 더더욱 그러하다. 접근 통제자는, 예를 들면 기관의 장, 실천현장의 슈퍼바이저, 병원 관리자, 학교장, 보건복지부 장관 등이 될 수 있다. 이들로부터 협조 동의를 얻는 과정을 거치지 않을 경우, 연구가 지연되거나 연구가 제대로 이루어지지 못하는 결과가 나타날 가능성이 높다. 앞서 논의하였듯이, 현장 관찰 중에 즉흥적으로 진행되는 인터뷰에 대해 사전 동의를 얻는 것은 현실적으로 불가능하다. 그렇기 때문에 잠재적 연구 대상이 연구에서 이탈함으로써 협조를 거부할 수 있는 한 일반적으로는 공식적 동의가 아닌 암묵적 동의도 적절하다고 간주한다.

공식적인 동의를 얻는 것은 쉬운 일이 아니다. 동의서의 내용이 쉽게 이해할 수 있게 쓰여야 함에도 불구하고 많은 동의서가 공식적이고 어려운 문구로 가득 차 있으면서 분량까지 많아서, 그 내용을 이해하고 서명할 것을 요구받는 연구 참여자들로부터 거부감을 자아내는 경우를 많은 연구자가 목격하곤 한다. 자유로운 의견 표현의 장을 마련하기 위해서라도 이러한 거리감과 격식은 반드시 극복되어야 할 것이다.

강압과 '억지' 동의

모든 연구에서 강압에 대해서는 (그것이 확실한 것이든 미묘한 것이든 상관없이) 특별한 주의를 기울일 필요가 있는데, 취약집단을 대상으로 하는 연구에서는 특히 그러하다. 연구 참여자에 비해 상대적으로 높은 사회적 위치를 가진 연구자는 연구 참여자와의 관계에서 자칫 강압적 자세를 취할 성향(실제로 그런 자세를 갖는 경우는 말할 것도 없거니와)을 보이기 쉽다. 그런 일이 벌어질 경우, 신중을 기했음에도 불구하고 연구 참여자가 한 동의는 자발적인 동의가 아니라 강압에 의한 동의가 되어 버릴 수 있다. 연구윤리심의위원회는 강압 방지를 위해서 연구 대상이 연구 참여를 거부할 수 있고, 서비스 수급과 관련된 아무런 불이익 없이 원하면 언제든지 연구에서 탈퇴할 수 있다는 내용의 광범위한 지침을 동의서 양식에 포함하게 하는 등의 조치를 취하고 있다.

실천 연구자(practitioner researcher)의 경우는 특히 자신의 클라이언트나 학생 또는 직장 동료가 연구 대상이 될 수 있기 때문에 강압 가능성이 심각한 문제가 될 소지가 있다. 예를 들면, 기관장이 자신의 기관을 연구 대상으로 삼거나 교사가 학생들에게 자신의 연구에 참여할 것을 요구하는 경우가 그런 경우다. 연구자가 자신의 클라이언트나 학생 또는 직장 동료에게 연구에 참여해 줄 것을 부탁하기 위해서 전문성에 기반해야 하는 그들과의 관계를 깨뜨리는 것은 연구자가 아무리 사려 깊게 행동한다고 하더라도 강압으로 받아들여지지 않을 수 없다. 이러한 상황은 연구 참여자가 될지도 모르는 대상들에게는 분명히 큰 부담이며(그런 사람들일수록 연구자의 기분을 상하게 하지 않으려고 애를 쓰게 마련이고 혹시라도 나중에 있을지 모르는 후환을 걱정하지 않을 수 없기 때문이다.), 연구자도 그런 상황에 대해서 적지 않은 부담을 (연구자로서의 역할과 전문가로서의 역할을 바꿔 가면서 수행해야 하기 때문에) 느끼게 된다. 질적 연구자가 실천가인 경우, 질적 연구자의 역할과 실천가에게 요구되는 역할은 양립하기 어렵다(Padgett, 1998). 실천가에게 요구되는 역할은 질적 연구자에게 요구되는 역할과 정반대로 정보의 자유로운 흐름이나 탐구에 필요한 개방성을 제한하는 결과를 가져오기 때문에 이 두 가지 역할을 동시에 수행할 수 있는 방법은 찾아보기 힘들다. 자신의 학생에 대한 연구를 하고자 하는 교수, 또는 부하 직원에 대한 연구를 생각하고 있는 슈퍼바이저가 있다면, 아마도 이들은 매우 유사한 곤란을 겪게 될 것이라 짐작해 볼 수 있다.

마지막으로, 연구 참여에 대한 금전적 보상은 예산이 이를 허락하는 한 지급하는 것이 일반적이고 바람직하다(이에 관한 논의는 이 장의 뒷부분에서 더 자세하게 하기로 하겠다). 다만 보상 액수가 마치 연구 참여자에게 협조를 구입하기 위해 지급하는 것처럼 느껴질 정도로 크다면 연구 참여자들은 그러한 보상을 강압으로 느낄 수 있다.

비밀보장과 사생활

양적 연구자들은 숫자를 사용하는 데 있어서 익명성과 안전감을 보장할 수 있지만 질적 연구자들은 그렇게 할 수 없다. 그렇기 때문에 질적 연구자들은 비밀보장을 위해 철저한 준비를 해야 한다. 이는 연구 참여자의 신분이 노출되거나 새어 나가는 것을 막기 위해 할 수 있는 모든 노력을 강구해야 한다는 것을 의미한다. 비밀보장 원칙을 어기는 것은(이는 신뢰에 대한 가장 심각한 훼손이다.) 본인 또는 타인, 특히 아동에게 큰 피해가 예상되는 심각한 상황에서만 허용된다. 임상실천 면허를 가진 연구자의 경우 의심 사례를 보고해야 할 법적 의무가 있으므로 그러한 의무 규정을 연구 참여 동의서에 명시해야 한다.

이러한 예방적 조치들은 매우 드물기는 하지만 질적 연구에서 발생할 수 있는 최악의 상황을 나타내는 조치들이다. 질적 연구자들이 개방성과 솔직함을 권장하기는 하지만, 그렇다고 해서 질적 연구가 타인에게 해를 끼치고자 하는 연구 참여자의 생각을(설령 그런 생각이 실제로 존재하더라도) 사람들에게 알리는 매체가 돼서는 안 된다. 물론 연구 참여자가 자살 충동을 느끼고 있는 것을 알게 되는 경우는 다른 이야기다. 저자가 NYRS 연구를 할 때 몇몇 인터뷰 응답자들이 자살 충동에 관한 이야기를 한 적이 있었는데, 그들이 했던 이야기는 대부분 과거에 있었던 일이거나 그들이 이미 하고 있었던 도움 찾기 맥락에 관한 이야기였다. 만일 인터뷰 응답자가 자살을 시도할 가능성이 높거나 자살 시도가 임박했다는 느낌을 받게 되면 인터뷰 진행자들은 녹화를 중단한 후에 해당 주제로 되돌아가서 연구 참여자에게 도움이 필요한지 여부를 묻고, 긴급 전화상담이나 그 밖의 다른 자원을 소개해 줘야 하는데, 이러한 지침이 인터뷰 진행자 교육 내용에 반드시 포함되어 있어야 한다.

양적 연구와 달리 질적 연구에서는 연구 결과를 보고하는 과정에서 비밀보장 원칙이 위반될 가능성이 상당히 높다. 이러한 위험이 현실화되지 않게 하기 위해서 가명을 사용하고 중요한 사실을 제외한 사실들은 있는 그대로 보고하지 않고 변조하여 보고하는 것이 일반적이다([글상자 4-1]은 매우 드물지만 이런 위험이 현실화될 때 어떤 결과를 가져오는지 보여 준다). 연구 보고서에 짧은 인용문이나 발췌문만 제시하는 경우는 비밀보장 원칙을 위반할 가능성이 줄어든다. 비밀보장 원칙을 깨뜨릴 가능성이 가장 큰 질적 연구는 특정 인물이나 사건을 서술하는 비네트(vignette) 연구이거나 사례 연구인데, 개인의 삶의 경험을 고스란히 드러내 보이기 때문에 연구 참여자를 아는 사람들이라면 연구 보고서에 제시된 정보를 이용하여 그들의 신원을 추적해서 알아내는 것이 가능할 수 있기 때문이다. 연구 보고서에 담긴 내용이 많을수록 그리고 자세한 정보가 많을수록 위험의 수위도 높아진다. 그리고 시각적 이미지(사진이나 비디오)를 수집하고 저장하면 개인의 신분이 노출될 위험성 또한 커진다. 이미지는 녹음보다 연구 참여자의 신분을 알아내기가 더 쉽다. 「개인정보보호법」과 연구 참여자 보호 모두에 의해 연구자는 사진이나 영상을 촬영하기에 앞서 반드시 연구 참여자로부터 충분한 정보에 근거한 동의를 얻어야 한다. 매우 드물게 고려되는 경우이기는 하지만, 연구 참여자 가운데 어떤 사람들은 자신의 신분이 드러나기를 원하기도 하고 연구 결과물에 언급된 사람이 자신임을 밝혀 줄 것을 요구하기도 하는데, 이런 요구가 예상될 경우 관련 내용을 연구 참여자가 선택할 수 있도록 제시할 필요가 있다. 예를 들어, 구술사(oral history) 연구에서 연구 참여자들은 본인의 이름과 얼굴이 역사 기록의 중요한 한 부분으로서 밝혀지기를 원할 수도 있다.

질적 연구에서 비밀보장의 원칙을 지키지 못하는 (물론 가능성은 매우 낮지만) 또 한 가지 경우가 있다. 변호사나 의사와 달리 연구자는 연구 참여자가 저지른 불법 행위를 알게 될 경우 이를 보고하지 않으면 안 된다. 예를 들면, 필요하다고 판단할 경우 검찰은 연구자에게 마약 거래자를 대상으로 한 문화기술학 연구의 현장 기록과 녹취록 공개를 요구할 수 있다. 검찰의 요구대로 정보를 공개하면 연구 참여자가 위험에 처할 수 있다고 판단될 경우, 연구자는 국립보건원(National Institutes of Health)에 연방비밀보장인증(서)(Federal Certificate of Confidentiality: CoC)을 신청하는 방안을 생각해 볼 수 있다(연구비 지원 주체가 누구인지에 상관없이 모든 연구자가 이 제도를 이용할 수 있다). 연방비밀보장인증(서)은 일정 기간 동안 연구 참여자의 신분을 비공개할 수 있는 법적 보호를 제공해 준다. 다행히도, 이런 최악의 사태가 실제로 발생한 경우는 극히 드물다. 검찰은 불법행위를 추적할 수 있는 더 나은 여러 가지 수단(예: 대가를 바라고 정보를 제공하는 정보제공자)을 활용하며 지역사회의 대학이나 연구기관들로부터 반감을 살 만한 일은 꺼리는 경향이 있다. 그렇기 때문에 비밀보장 원칙이 위배되는 여러 경우 가운데 이 경우가 발생 가능성이 가장 낮은 것이라고 할 수 있다.

스트레스와 정서적 피해

많은 경우 질적 연구는 질적 인터뷰를 통해 이혼, 가족의 죽음, 가정폭력 등과 같은 고통스러운 생애 사건들에 관한 진지하고도 열정적인 대화를 이끌어 낸다. 당연히 이런 주제들에 관한 대화는 불필요하게 꺼내서는 안 되며, 연구 참여자가 먼저 자발적으로 이야기를 꺼낸 상황이거나 꼭 필요한 상황에서만 조심스럽게 공감하는 태도로 꺼내야 한다. 극도로 민감한 주제(예: 근친상간, 아동학대, 자살 충동 같은)는 최대한 주의를 기울이면서 다루어야 한다. 자칫 감정적일 수 있는 주제들에 관한 논의는 그것이 연구를 위해 꼭 필요하다고 판단될 경우, 두 번째 인터뷰를 위해 남겨 두는 것이 바람직하다.

연구윤리심의위원회는 예민한 주제에 관하여 이야기하는 것이 연구 참여자들에게 정신적 피해를 주는 확실한 방법 가운데 하나로 보고 있지만, 연구 참여자들이 자신들의 감정을 있는 그대로 표현하는 일은 여간해서는 보기 힘든 일이기 때문에 특별한 주의를 요하는 상황이 실제로 발생하는 일은 거의 없다고 한다. NYRS 연구에서 연구자들은 이런 일들이 발생할 수 있다는 교육을 받았으며 격렬한 분노감에서부터 가벼운 흐느낌에 이르는 다양한 감정 표출을 목격할 수 있었다. 대개의 경우 그런 감정 표출은 일시적이고 드문 현상이었다. 연구 참여자들은 그러한 감정을 불러일으킨 연구자에게 화를 내기는커녕 오히려 인터뷰가 자신들에게는 감정을 표출할 수 있는 일종의 카타르시스였고, 자신들을 비판적으로 바라보지 않고 자신들의 말에 귀를 기울여 주는 사람에게 자기 감정을 속 시원하게 털어 놓을 수 있는 기회였다고 말했다.

연구자는 연구 참여자가 감정적으로 반응할 가능성을 고려하여 전문 상담 자원에 의뢰할 수 있는 준비를 사전에 해 두어야 한다. 연구자가 전문 임상가일지라도 연구자가 직접 상담을 제공하는 것은 (연구 참여자가 먼저 요청하더라도) 지양해야 하며, 요청이 있을 경우 인터뷰가 다 끝난 후 다른 상담 전문가에게 의뢰해야 한다. 이러한 역할 구분은 연구를 하는 데 도움이 되므로 데이터 수집을 위해 인터뷰를 하는 것과 녹음이 끝난 후 비공식적 대화를 나누거나 인터뷰 경험을 공유하는 것 사이에서도 이러한 구분이 그대로 유지되게 하는 것이 중요하다.

인센티브, 대가성 보상 및 호의 유지

연구 참여자의 참여 의욕을 높이기 위해서 또는 연구 참여자가 쓴 시간에 대한 보상으로서 연구자는 약간의 금전이나 그 밖의 형태의 인센티브를 연구 참여자에게 제공한다. 앞서 언급했듯이, 연구비 지원을 받아 진행하는 연구는 일반적으로 이러한 목적의 경비가 예산에 포함되어 있다. 보상의 수준은 인터뷰 응답자가 인터뷰를 위해 얼마나 많은 시간을 쓰는지, 어느 정도의 수고를 해야 하는지 등에 따라 달라진다.

연구 참여자에게 지급할 금품의 수준을 결정하는 것은 윤리적인 문제임과 동시에 재정적인 문제다. 만일 금액이 너무 적으면 참여 의욕을 고취시키는 효과를 거두기 어려울 수 있다. 반대로 금액이 너무 크면(특히 잠재적 인터뷰 응답자가 빈곤 상태에 있다면) 그들이 처한 경제적 어려움을 이용하여 돈으로 연구 참여를 강제하는 모양새가 되어 버릴 수 있다. 경험이 많지 않은 연구자들은 경험이 상대적으로 많은 연구자에게 대략 어느 정도의 보상을 하는 것이 적절한지 물어보는 것도 좋은 방법일 수 있다. 지원받은 연구비가 충분하지 않은 연구이거나 학생 연구자처럼 연구자 스스로가 경제적으로 넉넉지 않은 상황에 처해 있다면 연구 참여자에게 인센티브를 제공하는 것이 현실적으로 어려울 수 있다. 저자가 개인적으로 잘 아는 박사과정 학생들은 카페 쿠폰이나 식료품 쿠폰을 연구 대상에게 주거나 지역사회의 상인들을 설득해서 소소한 물품(예: 에코 백, 잡화, 선물용 비누 등)을 후원받아 연구 참여자에게 주기도 한다.

때로는 연구가 진행되는 과정 속에서 자연스럽게 보상이 제공되기도 한다. 예를 들면, 노인복지관 직원들을 대상으로 연구를 하던 연구자가 복지관 직원들을 위해 그들의 행정 업무에 도움이 되는, 어떤 컴퓨터 소프트웨어 사용법을 설명해 주는 경우를 생각해 볼 수 있다. 저자가 연구자로 참여했던 NYRS 연구의 연구 참여자 중 무릎이 불편한 한 여성 참여자가 있었는데, 그녀가 인터뷰 진행자에게 자신이 상당히 오랜 시간 지하철과 버스를 갈아타고 어떤 치료소에 가야 하는데 자신과 함께 가 줄 수 있느냐고 물어보았다. 그 인터뷰 진행자가 그녀의 요청을 받아들여 치료소까지 동행하게 되었는데, 그들이 여정 중에 나누었던 대화가 매우 귀중한 인터뷰 자료가 되었다.

마지막으로, 연구자들이 종종 간과하는, 연구가 다 끝난 뒤에 제공되는 보상이 있다. 그 보상은 다름이 아니라 연구 결과를 연구 참여자들과 공유하는 것이다. 연구자는 연구 참여자들이 자신이 중요한 역할을 한 연구의 결과를 (요약문 부분에 제시된 짧막한 형태의 글이라도) 보고 싶어 하고 또 그럴 자격이 있다는 것을 알아 둘 필요가 있다(이 주제에 대해서는 제9장에서 다룬다).

기관연구윤리위원회와 질적 연구

윤리적 연구 행위 기준 준수 여부를 감독하는 미국 연방 규정 시스템에 관한 논의는 연구윤리에 관한 논의에서 빼놓을 수 없는 중요한 주제다. 이 공식 지침은 생체의학실험에서 발생할 수 있는 심각한 인권유린을 방지하려는 의도에서 미국 연방 규정 45 CFR 46(the Common Rule)에 의해 만들어진 지침인데, 질적 연구자들에게는 몇 가지 골칫거리를 안겨 준 지침이다. 예를 들면, 기관연구윤리위원회(Institutional Review Boards: IRB)에 광범위한 재량권을 부여한 점, 연구에 대한 재정의와 그로 인해 모든 연구가 IRB의 규제를 받게 된 점, IRB의 지침이 비생명의학 연구나 비계량적 연구에 적용 가능한 적절한 지침인지에 관한 논란 등을 꼽을 수 있다. 미국 연방정부 기관인 인간연구대상보호국(the federal Office for Human Research Protections: OHRP; http://www.hhs.gov/ohrp)의 공식 규정과 지역에서 실제로 적용되는 규정 간에 괴리가 존재하는 사실만 보더라도 IRB에 상당한 수준의 해석 권한이 주어져 있음을 알 수 있다.

사회과학 연구자들은 1978년 IRB가 설립된 이후 줄곧 IRB에 대해 우려감을 표명해 왔는데, 예를 들면 IRB가 절차상의 문제들에 지나치게 집중하고, 연구를 의심하는 경향(무죄추정이 아닌 '유죄추정'적 입장)을 보이는 것은 걱정하지 않을 수 없는 현상이라고 하겠다. 이러한 변화는 IRB의 관할 범위가 지속적으로 확대되고 실증 연구가 급속하게 성장함에 따라 나타난 불가피한 대응이기는 하다. 그럼에도 불구하고 IRB는 시간이 지날수록 점점 더 행정 직원들에게 의존하여 그 기능을 수행하는 기구가 되어 가고 있는데, 행정 직원들이 담당해야 할 업무는 신청서를 관리하고, 연방 지침을 해석하고, 연구자와 지원자의 질문에 대한 답을 제공하고, 연구자들이 연구윤리 관련 규정을 준수하고 있는지 여부를 감독하는 업무여야 한다(Fost & Levine, 2007). 지역 단위의 IRB는 위험 회피 성향이 강하기 때문에 조금이라도 의심스러운 부분이 있는 연구에 대해 승인을 미루거나 보류하려는 경향이 있다. 이러한 경향은 표면적으로 보기에는 바람직한 경향이지만, '위험'과 '의심'을 어떻게 정의하는가에 따라 위험성이 거의 없는 연구들이 위험성이 높은 연구들과 동일시되는 결과를 낳기도 한다. 저자의 경험에 따르면, 연구자가 IRB에 대해서 자신의 주장을 적극적으로 표명하는 것이 나중에 실제로 어떤 해결해야 할 문제거리가 발생했을 때 도움이 될 뿐만 아니라 더 적극적이고 유연성 있는 반응을 얻을 수 있는 좋은 방법이라고 생각한다.

　무엇을 연구로 볼 것인지를 판단할 때 연방정부는 연구의 동기나 의도(즉, 연구 결과를 발표하거나 유포하고자 하는지 여부)를 판단 기준으로 삼기 때문에 인간을 대상으로 하는 모든 연구는 사실상 IRB의 관리감독의 대상이라고 봐야 한다. 이러한 연방정부의 입장은 사회서비스와 보건의료서비스에 상당한 영향을 미치게 되는데, 왜냐하면 이 두 분야에 해당되는 기관들이 일반적으로 가지고 있는 관리정보 시스템과 정기적으로 하고 있는 내부 프로그램 평가 모두가 연구로 분류될 수 있기(그리고 분류되기) 때문이다. 이 경우, 관건은 프로그램 평가자가 프로그램 평가를 통해 얻은 결과를 토대로 어떤 범위의 결론을 내리고자 하는지, 내린다면 언제 내리는지가 될 것이다. 예를 들면, 어떤 프로그램 평가자가 처음에는 호기심 해소 정도의 의도(연구 의도가 아닌)를 가지고 분석을 시작했지만, 1차 분석 결과를 보고 나서 좀 더 광범위하게 적용 가능한 지식을 창출할 수 있는 분석이 필요하다는 생각을 하게 된다면 어떻게 되는가? 이 경우, 연구자는 1차 분석과 2차 분석을 구분하는 기준이 모호해지는 상황에 직면하게 된다. 사전에 충분한 정보를 제공하고 동의를 받지 않은 상태에서 수집한 데이터의 경우, 개인을 식별할 수 있는 정보가 포함되어 있지 않다면 사용 승인이 면제된 2차 분석으로 볼 수 있다.

어떤 연구가 IRB 관리·감독 대상 연구인지 여부는 어떤 연구방법론을 사용했는지와는 무관하며, 해당 연구를 어떻게 해석하는지에 따라 달라진다. 예를 들면, 학생이 진행한 연구 프로젝트는 연방정부의 지침에서 말하는 면제 대상인 '일반적 교육 행위'에 해당하는가? 언론 기사는 언론인이 작성한 경우에만 IRB 심사에서 면제되는가? 어떤 연구가 심각한 오류가 있는 연구방법을 사용한 것을 알게 되면 IRB는 해당 연구를 과학적 가치가 부재함이 명백한 연구로 판단하고 승인을 보류해야 하는가? IRB 규정을 준수하지 않는 주체에게 어떻게 규정 준수를 공평하게 강제할 수 있는가? IRB의 권한이 과도하다고 판단될 경우 연구자들이 IRB의 결정에 불복할 수 있는 공식적인 방법이 있는가? 이러한 질문들에 대한 답은 대개 경우 연구자가 속해 있는 IRB의 재량적 판단에 달려 있다.

물론 긍정적인 면을 보면, 대부분의 IRB 직원들은 연구자가 연구 승인을 받는 데 필요한 기준을 충족할 수 있도록 도울 준비가 되어 있고, 실제로 많은 도움을 제공하고 있다. 그렇기 때문에 IRB 직원들에게 질적 연구방법이 '무위험'이라고 할 수는 없지만 '저위험'이라는 사실을 미리 설명하는 것이 도움이 된다. 질적 연구가 IRB의 기준인, '일상생활 속에서 마주하게 되는 정도의 위험' 기준을 넘어서는 위험성을 내포하는 경우는 매우 드물다. 그렇기는 하지만 연구자는 오해와 지연을 막기 위해 필요한 모든 조치를 해 두어야 한다.

도덕적 모호성과 위험에 대처하기

자연주의적 탐구(naturalistic inquiry)에서 종종 맞닥뜨리게 되는 도덕적 모호함은 연구자들에게 윤리적 딜레마에 언제든지 처할 수 있다는 사실을 분명하게 말해 준다. 심층 인터뷰를 하다 보면 끔찍한 행위들에 대해서 알게 될 때가 있다. 연구 참여자들이 드러내 보여 주는 그들의 어떤 모습에 대해서 충격, 분노, 적개감 등을 느끼게 되기도 한다. NYRS에 참여했던 연구 참여자 중 한 사람은 마약 살 돈을 마련하기 위해서 신용협동조합에 들어가 강도짓을 한 적이 있었다. 또 다른 연구 참여자는 마약 조직에서 살인청부업자로 일한 적이 있었고 사람을 죽이는 것이 그다지 어려운 일이 아니라는 것을 알게 되었다고 말했다. Jane Gilgun(1995)은 근친 성 학대 가해자들을 대상으로 연구를 진행하며 그들이 저지른 혐오스러운 행동들을 보고한 바 있다.

질적 연구 특유의 강도 높은 관계성과 신뢰감은 연구 참여자들로 하여금 그들이 가진 비난의 대상이 될 만한 모든 의견도, 있는 그대로 말할 수 있게 하거나 자신이 저지른 불법적이고 부도덕한 행위를 자백하게 만들기도 한다. 그런 상황이 벌어질 때 연구자가 개입을 할 것인지 하지 않을 것인지를 결정하는 것은 결코 쉬운 일이 아니며, 때로는 예상하지 못한 결과를 초래하기도 한다. Steven J. Talyor(1987)는 그가 거주시설 정신질환자들을 대상으로 연구를 진행하다가 매우 힘든 상황을 겪었다는 사실을 기록하였는데, 그는 시설 직원들이 거주자를 신체적·언어적으로 학대하는 것을 목격하였다. 그는 그러한 상황이 매우 언짢은 상황이었으며, 자신이 어떻게 대처해야 할지를 고민하면서 도덕적 갈등을 느꼈다고 말하였다.

만일 그가 직원들의 행동에 개입했더라면 시설거주자들에 대한 학대가 어쩌면 더 이상 일어나지 않았을 수도 있겠지만(적어도 그가 있는 자리에서만큼은), 그렇게 했다면 그는 비밀보장 원칙을 지키지 못했을 것이고 연구 참여자들과 신뢰관계를 유지할 수 없었을 것이다(물론 그는 더 이상 시설에 머물면서 연구를 진행할 수 없었을 것이고, 따라서 그의 연구로 인해 학대가 방지될 수 있는 가능성도 사라졌을 것이다). 관련 당국이나 기관에 학대 사실을 쉽사리 알릴 수 없었던 이유들 중 하나는 시설장이 학대 사실을 이미 알고 있었으나 이를 묵인했고, 시설거주자의 가족들로부터 항의가 있었을 때 학대 사실을 은폐하기까지 했었다는 사실을 연구자가 알고 있었기 때문이다. Talyor에 따르면, 시설거주자들에 대한 학대가 너무도 일반화되어 있었고 묵인되고 있었기 때문에 몇몇 직원의 행동을 질책하는 것은 학대를 방지하는 데 전혀 도움이 되지 않았다는 것을 지적하였다. 또한 그렇게 하려면 값비싼 대가(즉, 비밀보장의 원칙을 지킬 수 없고 따라서 연구를 효과적으로 끝마칠 수 없게 되는)를 치러야만 했다.

경우에 따라서는 개입이 꼭 필요할 수도 있으나, Taylor의 경우는 특정 대상에게 즉각적인 어떤 행동을 취하지 아니하고 (그렇게 했기 때문에 비밀보장 원칙을 지킬 수 있었다.) 자신이 목격한 사실들을 상세한 기록으로 남겼다. 연구가 끝난 뒤, 연구 결과를 통해 거주시설 내에서 정신장애인들에 대한 학대가 얼마나 빈번히 일어나고 있는지를 보여 줌으로써 대중매체를 통해 학대 사실을 세상에 알리고 법적 권익옹호단체들과 함께 사회적 관심을 이끌어 낼 수 있었다. 처음에는 도덕적으로 받아들이기 힘들었을 선택(즉, 연구를 계속 진행하는 것)이 그로 하여금 사후적 활동을 벌이는 데 필요한 열의와 지식을 제공해 주는 결과를 가져왔다(Taylor, 1987).

양심적인 질적 연구자가 이러한 상황에 처하게 되면 그들이 고민하게 될 것은 뭔가를 할 것인가 말 것인가가 아니라 무엇을 어떻게 그리고 언제 하느냐일 것이다. Taylor의 경험으로부터 우리는 어떤 행동을 취하려는 초기 충동과 예측 가능한 결과를 신중하게 비교해 봐야 한다는 교훈을 얻을 수 있다. 다시 말하면, 행동을 취하는 시기는 위협이 얼마나 직접적인지 그리고 취하게 될 행동이 원하는 결과를 가져올 것인지를 판단하여 조정할 필요가 있다는 것이다.

도덕적 모호함은 어느 연구에서든 나타날 수 있다. 몇 가지 예를 들어 보면, 난소암 진단을 받은 젊은 이성이 불임이 될 수 있다는 두려움으로 인해 더 이상의 치료를 거부하는 경우, 남성 대학생 모임(fraternity)의 일원이 성폭력 미수 사건이 발생한 신입회원 신고식에 대해서 설명하는 경우, 미국으로 이민 온 여성이 자신의 어린 딸에게 여성 할례를 해 줄 의사를 찾겠다고 고집하는 경우 등을 꼽을 수 있다. 질적 연구 중에서도 가장 통제하기 어려운 연구는 자연적 행동 관찰연구(naturalistic go-with-the-flow observations of behavior)다. NYRS 연구에서 Ben Henwood는 할렘의 한 연구 참여자와 동행 인터뷰(go-along interview)를 진행했는데, 어느 TV 뉴스 제작팀이 그들에게 다가와서 뉴욕시가 설치한 새로운 교통 표지판에 대한 의견을 물었다. Ben은 제작진의 인터뷰 요청을 거절해야 했을까? 아니면 연구 참여자와 함께 인터뷰에 응해야 (물론 그와 연구 참여자의 얼굴이 저녁 뉴스에 등장하게 될 것을 각오하고) 했을까? 당시엔 연구 참여자가 잠시 자리를 피해 Ben이 뉴스 제작진들에게서 정중하게 빠져나올 수 있도록 기다려 주었다(그리고 Ben은 저녁 뉴스에 나오지 않았다).

그림자 인터뷰 연구(shadowing interview) 같은 문화기술학 연구에서는 예상치 못한 일이 특히 일어나기가 쉽다. 예를 들면, 어떤 여성 연구 참여자를 그림자 인터뷰하고 있는 도중에 연구 참여자가 연구자에게 자신이 동네 약국에서 어떻게 물건을 훔치는지 보여 준다면? 또 어떤 여성 연구 참여자가 자신이 평일 밤에 DJ로 일하는 술집으로 당신을 초대한다면? (NYRS 연구에서 실제로 후자 경우가 발생했는데, 연구 참여자의 초대에 남성 연구자가 선뜻 응했다. 그리고 그 자리를 통해서 연구자는 연구 참여자가 자신의 직업에 대해 강한 열정을 가지고 있다는 것을 알게 되었다.)

[글상자 4-1] 문화기술학 연구에서 발생한 도덕적 문제

2014년 사회학자 Alice Goffman(Erving Goffman의 딸)에 의해 발표된 한 편의 문화기술학 연구 결과에 거센 여론의 비난이 쏟아졌다. 문제가 된 연구 결과는 필라델피아 빈곤 지역에서 실시된 약 7년간에 걸친 현장 연구를 기반으로 저술된 『On the Run: Fugitive Life in an American City』(2014)라는 책이었다. 이 책은 경찰이 자신들의 지역사회에 거의 상주하다시피 하면서 지속적으로 행패를 부리는 환경 속에서 아프리카계 남성 미국인들과 그들의 가족들이 살아가는 모습을 적나라하게 그리고 심층적으로 보여 주었다. 그 지역의 주민들은 경찰의 행패뿐만 아니라 마약과 관련된 폭력의 한복판에서 가난에 젖어 살아가고 있었다. Goffman은 이러한 현실의 책임이 그 지역에 살고 있는 청년들에게 있다는 사실을 아무런 주저 없이 지적하였다. 그녀는 자신의 연구를 위해 직접 그 지역에서 두 명의 청년과 룸메이트를 하면서 살았는데, 그들 중 한 명(그의 이름은 Chuck이었다.)은 연구 기간 중에 경쟁 관계에 있는 갱의 조직원에 의해 살해되었다.

Goffman의 책은 많은 아프리카계 미국인 남성이 경찰에 의해 살해되고 수감되는 일련의 사건들로 인해 인종차별 문제에 대중의 관심이 집중되던 시점에 발간되어 매우 시의적절한 연구로 평가되었다(Alexander, 2010). Goffman의 공감 능력, 호소력 그리고 '6번가' 주민들의 고통스러운 삶에 대한 상세한 묘사력으로 인해 그녀의 책은 진정성과 엄격성을 인정받았으며 대중매체들로부터 폭넓은 찬사를 받았다. 그런데 얼마 지나지 않아 비판이 시작되었다.

일부 좌파 비평가들은 Goffman이 아프리카계 미국인들의 폭력을 지나치게 과장하였다고 비난하였다. 그런가 하면 우파 비평가들은 왜 그녀가 가해자들을 충분히 비난하지 않았는지에 대해서 의문을 제기하였다. 그녀의 남자 룸메이트들과의 동거는 다소 이례적이었는데, 그녀는 자신의 동거가 경찰이 자신에 대해서 부정적인 관심을 보인 주된 원인 가운데 하나였다고 주장하였다(Lubet, 2015). 더 큰 문제가 된 것은 그녀가 자신이 위험하고 위법 가능성까지 있는 어떤 일에 가담했다는 것을 솔직하게 인정한 것이었다. Goffman은 Chuck이 살해당한 것에 분노하여 무장한 남자 룸메이트가 Chuck의 살해자를 쫓는 동안 차를 운전하기로 동의했다는 사실을 말하였다. 그날 밤 그들은 살해자를 찾지 못했으나 그들이 살해자를 찾기 위해 실제로 노력한 것은 분명한 사실이었다.

부정확한 사실을 보고하고 범죄를 공모했다는 비난에 직면한 Goffman은 자신이 실제로 보고 듣고 행한 것만을 보고하였고, 자신의 솔직함은 현대 문화기술학이 중요시하는 성찰성(reflexivity)을 위해 필수적인 부분이었으며, 사실을 고의로 수정한 것은 자신을 위해 일한 정보제공자의 '익명성'을 보장하기 위해서라고 항변하였다(Neyfakh, 2015). Goffman을 옹호하는 연구자들(그녀가 속한 Princeton University의 교수들과 University of Wisconsin 동료들)은 Goffman이 자신의 이득이 아니라 학술적 목적에서 행한 위법 행위에 대한 비난은 정당하지 않다고 주장하였으나, 그러한 주장도 비난을 잠재우기에는 역부족이었다. 결국, 연구윤리와 그녀가 사용한 문화기술학 연구 방법은 여론의 법정에서 재판을 받는 처지에 이르게 되었다. 자신의 주장을 입증하는 데 필요한 현장 기록과 연구 자료를 제출하라는 요구에 대해서 Goffman은 연구 참여자 보호를 위해서 현장 기록과 연구 자료를 폐기하였다고 답하였다. 이러한 조치는 연구 참여자의 익명성 보장과 함께 문화기술학 연구의 표준적 관행이라고 주장되었다.

일부 언론인들과 학술적 비평가들은 사실 확인이 불가하다는 것과 연구 결과를 입증하지 못하는 것은 변명의 여지가 있을 수 없는 무능력함이라고 주장하면서, 그녀의 연구를 기회로 삼아 문화기술학자들의 비밀 조장 및 책임성 결핍을 꼬집어 비난하였다(Neyfakh, 2015). 익명성은 과연 어떤 단계에서 사실을 허구로, 실증적 발견점을 기억으로 만드는가? 해당 지역을 잘 아는 주민들은 (그들 중에는 언론이 신분을 추적해서 인터뷰한 사람들도 포함되어 있었다. 결국 Goffman이 우려했던 연구 참여자 사생활 침해는 현실이 되었다.) Goffman이 자신들의 삶을 정확하고 올바르게 묘사했다고 주장하였다. 연구 내용 가운데 몇 가지 사소하고 부정확한 부분이 있었지만, 그러한 것들이 Goffman의 연구가 보여 주는 더 큰 진실의 중요성을 훼손할 만한 것은 결코 아니었다. 그러나 방법론적 불투명성에 관한 우려감과 연구자가 지켜야 할 경계에 관한 윤리적 우려감은 해소되지 않고 여전히 남아 있었다.

지역사회 관여 연구에서의 윤리적 문제

이 책 제2장에서 소개했던 지역사회 관여 연구(Community-Engaged Research: CER)는 연구 대상 지역을 존중하고 배려하는 연구를 강조한다. 지역 주민의 삶과 환경에 대한 CER의 이러한 공언에도 불구하고 종종 CER 연구자들은 윤리적으로 잘못된 길을 가기도 한다. 예를 들면, 어떤 연구자가 지역 주민들을 공동 연구자로 고용하여 훈련하는 과정에서 편파적이라는 비난을 받게 된다면? 또는 지역사회 구성원들이 사생활이나 비밀 유출을 우려하여 인터뷰를 거부한다면? 지역주민들을 관찰할 때 연구자는 어떻게 해야 연구를 위해 필요한 '자연스러움'을 희생하지 않으면서 주민들에게 그들이 관찰된다는 사실을 알림으로써 연구 윤리에 충실할 수 있을까? CER 연구자는 자칫 연구 대상과 연구자 간에 유지되어야 할 거리감을 잃는 위험을 감수하는 한이 있더라도 연구의 대의적 목적에 충실해야 할까? 연구자와 지역사회 구성원들 간에 만일이 아니라 실제로 연구에 관한 어떤 의견 차이가 발생한다면 어떻게 해야 할까? 연구자는 자신이 결코 무시할 수 없는 힘을 가진 어떤 기관을 대표하는 사람으로서의 자신의 지위를 어떻게 극복할 수 있을까?

이러한 질문들은 CER 연구자가 되고자 하는 사람들을 겁먹게 만들고 자신의 생각이 과연 좋은 생각인지 다시 한번 생각해 보게 만드는 질문일 수는 있으나, 이러한 질문들에 대해서 생각해 봄으로써 앞에서 제시한 예와 같은 일들이 실제로 발생하기 전에 대비해 두는 것이 더 바람직하다. 이러한 맥락에서 볼 때, Connolly(2008)가 그룹 홈 거주 여성들을 대상으로 하여 실시한 지역사회 관여 연구는 연구자들에게 좋은 충고가 될 만한 연구라고 할 수 있다. Connolly는 자신의 연구에서 젊은 여성들 가운데 일부를 공동 연구자로 모집한 것이 비밀유지 원칙을 위반한 것일 뿐 아니라 공동 연구자 여성들과 다른 거주 여성들 간에 폭력에 가까운 충돌이 발생하는 원인이 되었다는 것을 언급하였다(Connolly, 2008). 다른 많은 질적 연구와 마찬가지로 이 연구에서도 이 문제를 해결하는 데 가장 큰 역할을 한 것은 다름이 아니라 연구자와 지역사회 파트너 간의 라포와 신뢰감이었다.

연구 대상 지역이 전통적인 문화적 유대에 기반한 공동체인 경우, 연구자들은 그 지역사회가 역사적으로 경험한 외세 침입뿐만 아니라 현 상황에도 주의를 기울여야 한다. 많은 토착 사회는 자신들의 주권을 지키기 위해서 그들의 지역사회 내에서 연구가 진행되는 것을 막기 위해 노력해 왔다. 미국과 캐나다의 원주민 부족 정부는 연구 윤리가 반드시 준수될 수 있도록 엄격한 관련 지침을 성문화하였다. 그 지침에는 집단적 동의와 개별적 동의, 고유 지식의 도입, 문화 지식의 보호, 데이터 수집, 분석 및 해석에 대한 통제권 공유 등이 포함되어 있다(Shore, Wong, Seifer, Grignon, & Gamble, 2008).

인간연구윤리위원회(human subject committee)에게 CER의 원칙(그중에서도 특히 집단적 동의와 통제권 공유 원칙)은 다소 생소한 원칙일 수 있다. CER 원칙 가운데 기관연구윤리위원회(IRB)가 가장 우려하는 원칙은 자료 공유와 비밀보장 위반 가능성이다. 이러한 문제들에 대한 예방 조치로서 많은 IRB가 지역사회 파트너들에게 그들이 연구 참여자 보호에 관한 교육·훈련을 받았다는 사실을 입증하는 증명서를 제출할 것을 요구하고 있다. 그러나 CER 수행 과정 중 발생할 수 있는, 더 크고 복잡한 여러 가지 문제를 고려해 볼 때 이러한 조치는 최소한 예방적 노력에 불과할 뿐이다. 이러한 문제들은 주로 전통적이지 않은 연구 방법을 사용하는 연구에서 자주 발생하는 만큼, 연구자는 이러한 문제들이 발생할 가능성을 고려하여 기존의 보유 자원을 활용하여 지역사회 파트너를 대상으로 반드시 IRB 교육을 실시해야 한다.

요즘은 IRB 교육에 활용할 수 있는 자원이 그 어느 때 보다 풍부한 편이다. University of Washington의 CCPH(Community Campus Partnerships for Health)는 지역사회 기반 참여 연구(CBPR) 진흥을 위한 1,800개 이상의 지역 조직이 전국에 결성되는 데 기여하였다(Shore et al., 2008). 이 책 제2장에 제시된 자원 목록을 보면 CBPR의 거의 모든 측면이 다뤄지고 있다는 것을 알 수 있다. 연구윤리 및 CBPR에 특화된 또 다른 자원들은 다음의 리스트서브에서도 찾을 수 있다. https://mailman13.u.washington.edu/mailman/listinfo/ccph-ethics가 있다. 이 온라인 커뮤니티를 방문해 보면 CER이 중요시하는 가치에 부합하는 관대함과 공유 정신이 녹아들어 있음을 느낄 수 있을 것이다.

국가 비교 연구에서의 윤리적 문제

국외에서 이루어지는 질적 연구의 수가 증가함에 따라 국외 연구 현장이 IRB 적용 범위에 포함되는지에 대해 의문이 제기되고 있다. 일반적으로 서구 연구자들은 교육 기관이나 기타 연구기관에 소속되어 있으므로 자신이 속한 기관에서 IRB 승인을 얻는다. 딜레마는 국외 연구를 할 때 연구 심의를 담당하는 기관이 어떤 기관인지 찾아 연구 승인을 받고자 할 때 발생한다. 대부분의 저소득 또는 중소득 국가(LMIC)에는 IRB가 존재하지 않을 수 있고, 있다고 해도 연구 현장에서 멀리 떨어진 도시 지역에 위치할 가능성이 크다. 따라서 그런 국가에서는 연구자가 연구와 관련된 모든 이해 관계자를 일일이 찾아다니면서 그들의 승인을 받는 것이 가장 먼저 처리해야 할 급선무가 된다. 미국 인간연구대상보호국(Office for Human Research Protections: OHRP)은 인간을 대상으로 한 연구에 적용되는 1,000개 이상의 법률, 규정, 지침 등을 전 세계 113개국으로부터 수집하여 국제 연구윤리 기준(International Compilation of Human Research Standards: ICHRS)을 개발하였다. 이 기준은 연구자, IRB/연구윤리위원회,

연구비 후원 기관을 비롯한 모든 인간 대상 연구 관련 주체들을 위해 개발된 기준이
므로 누구든지 http://www.hhs.gov/ohrp/international/index.html을 통해서 쉽게
접할 수 있다.

　전 세계 어디서나 약물 검사나 임상실험 같은 건강 관련 연구들이 보편적으로 이루
어지다 보니, 건강 관련 연구의 경우 연구 대상의 권리와 요구에 일찍부터 관심이 기
울여졌으며 그렇게 하는 것이 마땅했다. 일부 개발도상국의 경우, 여러 실험 과정에
서 연구 대상에 대한 비윤리적인 처치가 행해진 사실이 밝혀지면서 제약회사들의 불
충분한 보호 조치를 비난하는 국제 사회의 여론이 일게 되었다(Petryna, 2009). 그런
가 하면, 어떤 국가에서는 법과 규정은 존재하지만 그러한 법과 규정이 제대로 지켜
지지 않기도 한다.

　저자가 인도 델리에서 했던 연구에서 (현장 연구 조교였던 인도계 미국인 Prachi
Priyam의 도움에 힘입어) 저자는 문화기술학 연구에 전혀 맞지 않는 생체의학적 요구
사항을 충족하기 위해 고군분투했던 경험(연구 승인을 받기까지 무려 1년 이상의 시간
이 걸린 것은 말할 것도 없다.)이 있다. 저자는 해당 지역 연구심의기관의 (관할권은 없
었으나 연구에 대한 신뢰감을 높여 줄 수 있었던) 요구사항을 충족하기 위해 무진 애를
썼으나 끝내 포기할 수밖에 없었다. 속담 속에 등장하는, 낙타의 등을 부러뜨린 지푸
라기가 연구자에게는 노숙인(포장도로변에 사는 사람)들로부터 연구 참여 동의를 구
두로만 받지 말고 비디오로 녹화해서 가져오라는 요구의 모습으로 다가왔다. 그 규
정은 1년 전에 있었던 한 연구에서 연구자가 연구 대상을 속이고 사망에 이르게 하
는 사건이 발생하자 인도 정부가 대응책으로 내놓은 것이었다. 해당 정책은 그것이
가진 좋은 취지에도 불구하고 우리의 연구에 적용할 수 없는 정책임이 분명했다. 델
리의 모든 남녀 노숙인은 범법자로 간주되었기 때문에 (구걸 행위는 불법이었으며, 모
든 노숙인은 생존을 위해 지하경제에서 일해야 했다.) 노숙인들은 경찰의 괴롭힘을 피해
그리고 체포당하지 않기 위해 항상 이리저리 옮겨 다녀야만 했다. 그런 삶 속에서 노
숙인들은 자연스럽게 타인의 동기를 필요 이상으로 의심하는 경향을 보이게 되었다.
그런 노숙인들로부터 신뢰를 얻는 것은 무척 어려운 일이었으며, 비디오 녹화를 하는
것은 그들에게 직접적인 위협이 아닐 수 없었다. 이러한 이유로 인해 우리는 결국 국
내 기관으로부터 받은 연구 승인에 의존하기로 하고, 델리시의 한 비영리 단체와 연

구를 위한 파트너 관계를 맺고 정기적인 협의를 해 나가기로 하였다.

개인적으로 받아들이기: 개인 감정과 질적 연구

질적 탐구에서의 개인 감정에 관한 관심은 질적 연구자들에게 자기 연구에 대한 더 많은 자각(self-aware)이 필요하다는 지적이 많아지면서 함께 높아졌다(Blix & Wettergren, 2014; Dickson-Swift, James, Kippen, & Liamputtong, 2009; Johnson & Clarke, 2003). 비행기 승무원들의 감정 관리를 연구 주제로 다룬, 지금은 질적 연구 분야에서 고전으로 여겨지는 연구(Hochschild, 1983)로부터 영향을 받아 오늘날의 감정 관여 연구는 그 범위가 단순히 사적인 정보를 공유하게 된 사람들이 보이는 자연스러운 반응을 연구하는 수준에서 머물지 않고 더 광범위한 주제로까지 확대되고 있다. Blix와 Wettergren(2014)이 지적하였듯이, 라포를 형성하고 접근 통제자를 만족시키는 것뿐만 아니라 유대 관계를 유지하고 지속해 나가는 것도 감정 관여에 포함된다. 연구자가 감정을 추스르지 못해 연구 참여자에게 통제권이 넘어가게 되면 연구자는 종종 혼란에 빠지거나 발생할 문제를 예견하지 못하게 될 수 있다. 연구에서 차지하는 역할의 중요성이 상대적으로 낮기는 하지만 녹취록 작성자나 데이터 분석가 또한 영향을 받는다(Etherington, 2007). 연구 참여자들이 겪은 고통스러운 삶의 이야기를 듣게 된 녹취록 작성자들이 연구 참여자들의 안부를 묻고 그들에 대해서 걱정하게 되는 것은 흔히 있는 일이다.

전문직에 대한 기대에 의문을 제기하는 연구자들은 연구 참여자가 있는 곳이면 어디든 찾아가고 그들과 가능한 한 오랫동안 감정을 함께 공유하는 수고를 피하려고 한다. Dickson-Swift와 동료들은 근거이론 인터뷰 방법을 사용하여 질적 연구자들이 자신들의 감정을 어떻게 다루는지를 다차원적으로 탐구하였다. 어떤 질적 연구자들은 인터뷰 응답자와 함께 울었다고 답하였고, 어떤 질적 연구자들은 인터뷰가 끝날 때까지 참는다고 답하였으며, 감정적인 반응이 전혀 없었다고 답한 연구자들도 있었다. 그런가 하면 연구자의 젠더에 따라 감정을 다스리는 방식이 다르다는 연구 결과도 존재하는데, 여성 연구자들은 자신의 감정을 인정하고 자신의 감정을 적극적으로 표현하는 데 비해 남성 연구자들은 감정을 억제하는 경향이 높았다(Dickson-Swift et.al, 2009). Gair(2002)는 입양모를 연구 대상으로 한 그녀의 학위 논문 연구에서 매우 인상적인 발견점을 제시하였는데, 그녀는 자신의 연구에서 자신이 사용한 페미니스트 접근법과 경험 공유하기가 자신으로 하여금 지속적인 모니터링을 요구하는 일정 수준의 친밀감과 자기 노출을 할 수 있게 해 주었다고 밝혔다. 한편으로는 자신의 감정을 다스리고 다른 한편으로는 연구 참여자로부터 복잡하고 다양한 정보를 얻어 내는 일이 결코 가볍게 여길 일이 아님에도 불구하고, 안타깝게도 우리는 이따금 연구자의 품위가 그것보다 더 중요하다고 생각하곤 한다.

개인적인 경험에 가까운 주제를 연구하는 연구자는 연구가 진행됨에 따라 연구에 감정적으로 얽히게 될 가능성이 커진다. 또한 연구자가 자신에게 익숙한 것을 연구 주제 또는 연구 현장으로 선택할 경우, 윤리적인 문제가 발생할 가능성이 커질 수 있다. Humphrey(2012)는 자신이 몸담았던 사회복지학 대학원에서 4년에 걸친 사례 연구를 진행하여 사회복지사로서의 자신과 연구자로서의 자신 그리고 전직 교수로서의 자신이 내부자로서 경험했던 여러 가지 윤리적 딜레마를 소개하였다. 자신을 겸손한 학습자로 인식하는 질적 연구자는 거의 모든 연구에 존재하는 권력 갈등과 불화를 경험하게 된다. 감정을 드러내는 것은 혼란을 가중하며, 자신의 연구를 '과학'으로부터 더욱 멀어지게 하는 결과를 초래할 수 있다. 그러다 보면 어쩔 수 없이 질적 연구가 심리치료와 유사해지기도 한다. Ullman(2014)은 성폭력 피해자를 위해 일하는 치료자들을 대상으로 했던 그녀의 연구에서 이러한 가능성들을 염두에 두고 연구 주제에 관한 자신의 감정 반응뿐만 아니라 임상가들에 대한 자신의 감정 반응까지도 '메타'일지에 기록해 두었다.

동료 연구자들과 사후적으로 연구 과정에 대해서 논의하는 것(debriefing), 특히 정기적으로 그런 기회를 갖는 것이 큰 도움이 된다. NYRS에서 연구진은 우리가 실시한 인터뷰, 관찰 그리고 그것들의 영향에 대해 사후적으로 논의하는 시간을 매주 가졌다. 아울러 우리는 몇 주마다 한 번씩 함께 술집으로 몰려가 연구를 잠시 잊어버리고 삶의 다른 주제들을 이야기하는 시간도 가졌다. 그럼에도 불구하고 인터뷰를 담당했던 연구자들은 상실, 폭력, 성적 학대, 중독 등을 도대체 어떻게 설명할 수 있을지에 관한 끝이 없어 보이는 고민을 해야만 했다. 또는 하지 않을 수 없었다. 친부에 의해 수차례에 걸쳐 성폭행을 당해 임신을 하게 된 한 여성의 이야기를 듣고 나서 과연 누가 마치 아무 일 없었다는 듯이 그 자리에서 걸어 나올 수 있을까? 끔찍한 교통사고로 인해 동생의 머리가 잘려 나가는 장면을 목격한 사람은 또 어떤가?

단독으로 연구하는 질적 연구자는 데이터 비밀 유지에 문제가 없는 한 다른 연구자들을 찾아 연구에 대해서 의논할 수 있다(동료 연구자들과 연구에 대해 의논하기는 제8장에서 보다 자세하게 다루고 있다). 종종 연구자는 논문 지도교수나 연구 멘토로부터 감정적 안정을 유지하는 데 도움이 될 만한 조언을 얻곤 한다. 개인 일지 또는 일기를 적는 것은 '자유로운 감정 표현'을 가능하게 해 줄 뿐만 아니라 연구에 관한 자기 생각을 정리하는 데 도움이 되기 때문에 많은 질적 연구자가 선호하는 방법 가운데 하나다.

질적 연구자가 처할 수 있는 위험은 정신적 스트레스 말고도 여러 가지가 있다. 매우 드문 경우이기는 하지만, 연구 참여자, 특히 폭력 관련 경험이 있는 연구 참여자는 연구자에게 신체적 위협을 가하는 일이 발생할 수 있다. 연구자에 대한 성적 유혹 또는 성희롱도 적지 않게 발생하는 위험 가운데 하나다. Riessman(1990)은 이혼 부부를 대상으로 한 연구를 하는 과정에서 자신과의 관계를 남녀관계로 진전시키고자 하는 남성 연구 참여자들의 생각을 바로잡기 위해서 엄청난 애를 써야 했음을 밝혔다. 그런 상황은 연구자로 하여금 매우 큰 불편함을 느끼게 만드는데, 특히 인터뷰가 연구 참여자의 집이나 연구자가 위험에 노출되기 쉬운 그 밖의 장소에서 이루어질 때 더욱 그러하다. NYRS 연구에서 우리는 사전 협약서를 통해 인터뷰는 가능한 한 기관 내에서 하는 것을 원칙으로 정하였으며, 연구 초기에는 여성 연구자가 남성 연구 참여자의 아파트에 가는 것을 금지하였다. 그러나 시간이 지나면서 연구자들이 안전을 확신함에 따라 이 원칙은 폐지되었다(결과적으로는 아무런 문제가 발생하지 않았다). 그럼에도 불구하고 이런 문제에 대한 가장 바람직한 대비책은 할 수만 있다면 미리 계획을 세워 두는 것, 주변 환경을 항상 예의주시하는 것 그리고 불편함을 견딜 수 없는 수준에 처하게 되면 전문가적 평정심을 유지하면서 그 자리에서 벗어나는 것임을 기억해 둘 필요가 있다.

윤리적 연구로서의 사회적 책임성을 가진 연구

윤리적 입장으로서의 사회적 책임성이란 다양성(젠더, 사회 계층, 나이, 인종, 성적 지향성에 관한)에 민감해지는 것뿐만 아니라 그 이상의 것을 의미한다. 미국사회복지사협회(NASW)는 모든 회원 기관에 대해서 윤리강령(http://www.naswdc.org/pubs/code)을 통해서 연구를 할 때는 연구가 연구 참여자에게 해를 끼칠 가능성을 반드시 염두에 둘 것을 강력하게 권고하고 있다. NASW 윤리강령은 또한 연구는 물론이거니와 미시·거시 실천 모두에 있어서 사회정의가 기본이 되어야 한다는 점을 분명하게 강조하고 있다.

연구 참여자에 대한 사회적 책임성에 관한 하나의 질적 연구는 다른 연구와 달리 이미 한 가지 큰 장점을 가지고 있는데, 이는 다름이 아니라 질적 연구자들이 '연구 참여자가 있는 곳이면 어디든지 간다.'라는 원칙을 가지고 있다는 사실이다(행동지향 연구자는 사회정의를 최우선시하기 때문에 이보다 한 걸음 더 나아간다). 사회적 책임성을 갖춘 연구는 개인에 관한 관심을 넘어서서 데이터를 이해하고 해석하는 데 있어서 더 큰 구조적인 맥락을 암묵적으로 고려하는 연구다. 예를 들면, 조현병 환자들에 관한 어떤 연구를 한다고 할 때 만일 연구자가 조현병 환자들이 하는 말 그 자체에만 초점을 맞춘다면 아마도 조현병 환자들은 고립을 선호한다는 결론을 내릴 수도 있을 것이다. 그러나 그들이 경험하게 될 낙인과 사회적 배제까지도 고려해 볼 수 있다면 연구자는 조현병 환자들의 사회적 고립에 대한 보다 현실적이고 폭넓은 시각을 갖게 될 수 있을 것이다.

사회경제적 관점이나 문화적 관점 같은 보다 넓은 관점을 수용할 때 연구자는 인간 삶의 복잡하고 미묘한 구조에 초점을 맞춘 관점과 상충되는, **외부자** 관점(etic perspective)이 아닌 **내부자** 관점(emic perspective)에서 바라본 어떤 관점을 갖게 되는 느낌을 받을 수 있다. 실제로 질적 접근 방법 가운데 어떤 것들은 구조적인 문제를 다루는 것에 대해 개방적이지 않은 (내러티브 분석과 현상학적 분석을 예로 떠올려 볼 수 있다.) 반면, 어떤 접근 방법들(예: 비판이론이나 페미니즘)은 불평등과 불평등의 결과를 연구하기에 적합하다. 그러나 대부분의 질적 연구는 이 두 극단의 중간쯤에 해당하기 때문에 연구자가 원한다면 연구의 어떤 단계(또는 모든 단계)에서든 구조적인 측면을 연구에 반영할 수 있다.

사회적 책임성을 갖춘 연구란 연구 참여자의 삶 가운데 특별한 어떤 부분만을 부각하고 나머지 특별하지 않다고 생각되는 부분들은 단순히 무시해 버리는 그런 연구가 아니다. 질적 연구자는 뭔가를 캐기 위한 조사를 하고 다니는 기자가 아니며, 그렇다고 진위를 가리지 않고 사람들이 놀랄 만한 어떤 것을 만들어 내야만 하는 의무가 있는 것도 아니다. 정확성과 연구 참여자의 욕구에 대한 민감성 간의 바로 이렇게 미묘한 균형이 못난 사람들, 영웅적인 사람들, 그리고 그 중간에 있는 대다수 보통 사람들에 관한 연구에 영향을 미친다.

요약 및 결론

질적 연구에 있어서 윤리적 문제는 어디서든 발생할 수 있다. 미국에서 이루어지는 모든 연구와 마찬가지로, 질적 연구를 실시할 때 연구자는 연구 참여자의 자발적 동의를 보장해야 하고, 기만, 강압, 정서적 피해로부터 연구 참여자가 자유로울 수 있게 해야 하며, 비밀유지와 사생활 보호에 관한 연방 정부 지침을 준수해야 한다. 그러나 이러한 지침을 해석하는 데 있어서, 그리고 IRB 관할 범위 내에 있지 않은 윤리적 문제에 대처하는 데 있어서 아직도 모호한 부분이 상당히 존재한다.

질적 연구에서는 강도 높은 관계가 장기간에 걸쳐 지속될 뿐만 아니라 엄격한 중립성을 유지하기가 쉽지 않기 때문에 연구자와 연구 참여자 간의 경계가 적절한 수준으로 유지되고 있는지 여부에 대한 지속적인 확인이 필요하다. 도덕적으로 모호한 상황에 직면하게 될 때 연구자는, 좋은 의도임에도 불구하고 자칫 과도한 관여, 반감 표현, 열정을 넘어선 강압 등의 부적절한 반응을 보이게 될 위험이 있다. 대부분의 질적 연구에서는 우리가 일상생활에서 겪을 수 있는 윤리적 문제 이상의 어떤 윤리적 문제는 발생하지 않는다. 윤리 지침을 잘 따르기만 한다면 연구자는 자신이 하고자 하는 연구가 연구 참여자들에게 만족스럽고 기억에 남을 만한 경험이 될 것이라는 확신을 가지고 편안한 마음으로 연구를 해도 무방하다.

연습해 보기

1. 대학 연구윤리심의위원회 사이트를 방문하여 연구 참여자 보호 관련 교육을 받아 본다. 윤리적 연구수행을 위한 기본 요소에는 어떤 것들이 포함되어 있는가?

2. 다음의 연구 대상 집단 각각에 대해서 연구 참여자 보호에 관한 내용이 포함된 연구 참여동의서 초안을 작성해 본다. (1) 말기 암 호스피스 환자, (2) 자폐 아동의 부모, (3) 12~16세 청소년 흡연자

3. 빈곤 지역의 주민들이 주로 이용하는 어떤 소아 천식 병원에서 문화기술학 연구를 한다고 가정해 본다. 연구자는 장기간에 걸쳐 이 병원을 방문할 계획이지만 항상 정해진 시간에 방문하기는 어렵기 때문에 병원을 찾는 모든 이용자에게 연구 참여 동의를 부탁할 수 없다. 이러한 상황이라면 연구 참여 동의를 얻기 위해 어떻게 접근해야하는가?

4. NIH 홈페이지(http://grants.nih.gov/grants/policy/coc)를 방문하여 연방비밀보장인증(서)(CoC)에 관한 설명을 읽어 본다. 그런 다음 어떤 연구 모집단을 위해 이러한 추가적인 보호가 필요할지 논의해 본다.

추천도서

Christians, C. G. (2003). Ethics and politics in qualitative research. In N. K. Denzin & Y. S. Lincoln (Eds.), *The landscape of qualitative research*: Theories and issues (2nd ed., pp. 208-244). Thousand Oaks, CA: Sage.

Dickson-Swift, V., James, E. L., & Liamputong, P. (2008). *Undertaking sensitive research in the health and social sciences: Managing boundaries, emotions and risks*. Cambridge, MA: Cambridge University Press.

Gilbert, K. R. (Ed.). (2001). *The emotional nature of qualitative research*. Boca Raton, FL: CRC Press.

Guillemin, M., & Gillam, L. (2004). Ethics, reflexivity, and "ethically important moments" in research. *Qualitative Inquiry, 10*, 261-280.

Hammersley, M., & Traianou, A. (2012). *Ethics in qualitative research: Controversies and contexts*. London, UK: Sage.

Kilty, J., Felices-Luna, M., & Fabian, S. (2015). *Demarginalizing voices: Commitment, emotion, and action in qualitative research*. Vancouver, BC: UBC Press.

Malone, R. E., Yerger, V. E., McGruder, C., & Froelicher, E. (2006). "It's like Tuskegee in reverse": A case study of ethical tensions in institutional review board review of community-based participatory research. *American Journal of Public Health*, *96*, 1914-1919.

Miller, T., Birch, M., Mauthner, M., & Jessop J (Eds.). (2012). *Ethics in qualitative research* (2nd ed.). London, UK: Sage.

Morse, J. M. (2007). Ethics in action: Ethical principles for doing qualitative research. *Qualitative Health Research*, *17*(8), 1003-1005.

Thorne, S. (1998). Ethical and representational issues in qualitative secondary analysis. *Qualitative Health Research*, *8*(4), 547-555.

5

자료 수집 관찰,
인터뷰 및 문헌 활용

　　질적 자료의 대표적인 세 가지 기본 유형(인터뷰, 관찰, 기록물) 중 인터뷰는 나머지 두 질적 자료 유형의 중요성을 2위, 3위로 밀어내기에 충분할 만큼 높은 중요성을 갖는다. 인터뷰가 이처럼 높은 중요성을 갖게 된 데에는 교육, 간호, 사회복지 등과 같이 대화를 기반으로 하는 전문 분야에서 질적 연구방법론을 적극적으로 활용한 것이 크게 기여하였기 때문이다. 말하기와 대화하기는 일상생활에서 늘 하는 것이고 그렇기 때문에 친숙함이라는 본질적인 매력을 갖는데(Atkinson & Silverman, 1997), 이는 참여관찰(participant observation)이나 문헌 자료 분석에서는 찾아볼 수 없는 매력이다. 그럼에도 불구하고, 세 가지 질적 자료 유형 모두는 각각 저마다의 고유성을 가지며 상호 보완적인 역할을 수행한다. 물론 이 세 가지 자료 유형 모두가 모든 연구에 적합한 것은 아니지만, 연구자는 각각의 자료 유형에 대해서 잘 알고 있어야 하며 진지한 관심을 기울여야 한다.

질적 연구에서의 관찰

　　언어적 서술 방법만을 사용하여 지역사회 정원(community garden) 프로젝트, 메타돈 클리닉 또는 노인 센터에 관한 연구를 한다고 한번 상상해 보자. 행위자(actors)의 자연스러운 행위는 물론이거니와, 이러한 세팅에 대한 시각적인 측면 또한 연구자의 흥미를 불러일으키지 않을 수 없을 것이다. 대부분의 행위자는 자신이 하는 행위를 인지하지 못하거나 자신들이 한 행위를 기껏해야 부분적으로밖에 기억하지 못한다 (그리고 숨겨야 할 것이 많은 행위자일수록 더 많은 것을 숨기고자 한다). 따라서 직접 현장에 나가 있는 것보다 더 좋은 방법은 없다.

저자와 함께 연구를 진행했던 박사과정 학생 Justine McGovern은 알츠하이머 환자들을 대상으로 한 실천 과정에서 배우자가 알츠하이머 진단을 받은 후 부부들이 힘든 초기 단계를 어떻게 헤쳐 나가는지에 깊은 관심을 갖게 되어 연구를 진행하게 되었다. 연구 초기에 Justine은 각각의 부부들을 대상으로 개별 인터뷰만 진행할 계획이었지만 부부 사이의 관계적 역동성과 부부가 의사소통하는 방식을 더 잘 이해하기 위해 참여관찰을 추가하기로 계획을 변경하였다. 따라서 Justine은 연구 대상의 집, 지역 레스토랑, 교회 예배, 심지어 볼링장까지 연구 대상들을 따라 여러 곳을 돌아다녀야 했다. 뿐만 아니라 남편과 아내가 공유한 가족 사진, 예술작품, 시, 일기장, 편지 등과 같은 다양한 문서 자료를 연구 자료에 추가하였다. Justine은 또한 개별 인터뷰를 통해 알츠하이머 초기 단계 배우자가 있는 부부들이 질병에 적응하는 과정에서 경험하는 어려움을 드러내게끔 하였다. 이처럼 남편과 아내를 함께(또는 연결지어) 인터뷰함으로써 Justine은 부부들이 함께했던 삶에 대한 추억을 이끌어 낼 수 있었는데, 이러한 목적을 위해서는 담론 또는 내러티브 분석을 대안적 연구방법으로 사용할 수도 있었을 것이다.

일반적인 질적 자료 수집 방법으로서의 관찰과 문화기술학 현장 연구의 중심 요소로서의 **참여관찰**(participant observation)을 비교해 보는 것은 질적 연구를 하는 데 매우 도움이 된다. 후자가 특정 환경에의 몰입과 상호작용의 중요성을 강조하는 데 비해 전자는 특별히 장소를 중요하게 여기지 않으면서 관찰과 인터뷰를 함께 활용하는 것을 중요시한다(그렇기 때문에 전자 방법은 강도가 높지 않고 시간 소모가 적다). 참여관찰은 아무리 연구자가 참여를 최소화할지라도 연구 대상의 **반응성**(연구자의 존재로 인해 발생하는 변화)에 대한 세심한 주의가 요구된다. 완전 참여(장기간에 걸쳐 연구 대상들과 함께 생활하고, 그들과 동일한 일상 활동을 수행하면서 하는 관찰)를 한 극단으로 하고, 비관여적 관찰(unobtrusive observation: 상호작용을 전혀 또는 거의 하지 않는 관찰)을 다른 한 극단으로 하는 일련의 방법론적 연속선이 있다고 가정해 보자. 완전 참여의 경우, 연구자는 고강도 참여로 인해 피로감을 느끼게 되고 자칫 연구자의 역할을 망각할 수 있다는 위험이 있다. 그런가 하면 비관여적 관찰을 위해 상호작용을 피하는 것은 관찰 대상으로부터 뭔가를 배울 수 있는 귀중한 연구 도구를 연구자가 스스로 포기해 버리는 것을 의미한다.

가장 일반적인 방법은 선택적이고 맥락적인 중간 수준의 참여를 하는 것이다. 하고자 하는 연구가 현장 중심적인 연구라면 적절한 표본 사건(예: 직원 회의, 거리 축제, 정치적 시위 등과 같은)을 선택하여 직접 참여하는 것이 다양한 활동을 관찰하고 기록하는 데 도움이 된다. 한편, 사람 중심적인 연구를 하고자 하는 경우라면 연구 대상의 동의하에 연구 대상을 그림자처럼 따라 다니며(shadowing) 연구 대상의 일상 또는 특정 활동을 관찰함으로써 전적으로 연구 대상의 말에 의존할 때보다 더 많은 자료를 얻을 수 있다. "동행 인터뷰(go-along interview)"(Kusenbach, 2003)라고도 알려진 이 방법은 관찰과 인터뷰를 동시에 진행함으로써 더 많은 배움의 기회를 제공한다. 표본 사건을 정할 때는 대표성(예: 하루 중 언제를 택할 것인지, 연구 참여자가 어떤 유형인지 등에 따라 달라질 수 있는)에 초점을 둘 수도 있고, 의도적으로(예: 가장 문제시되는 클라이언트를 위해 마련한 사례회의에 참석하거나 장애진단을 받은 달의 첫 주에 연구 참여자를 따라다니는 등) 표본을 선정할 수 있다.

다음에 제시된 내용은 저자가 참여했던 New York Recovery Study(NYRS) 연구에서 연구 참여자들(SPs)을 따라다니면서 그들의 일상생활을 관찰하여 연구자가 추가로 얻을 수 있었던 정보의 예다.

- SP는 자신이 사는 동네의 식품잡화점 한 곳을 가리켰다. 그 가게는 그가 외상으로 식료품을 포함한 여러 가지 것을 살 수 있도록 해 준 친절한 주인이 운영하는 가게였다.
- SP는 메타돈 프로그램에 참여하기 위해서 두 번의 버스와 지하철을 갈아타야 한다(편도 1시간 이상 소요).
- SP는 한 지역 약국의 약사와 친한 관계를 맺고 있고 그로 인해 그는 약을 쉽게 얻을 수 있다.
- SP는 매일 도시 공원(이 공원은 대마초 판매상의 소굴로 잘 알려진 곳이다.)을 방문

하여 일기도 쓰고 휴식을 취한다.

이와 같이 연구 대상과 함께 다니려면 많은 사전 준비가 필요하다. 만나기 적합한 날을 미리 정해야 하고, 날씨가 좋지 않은 날은 피해야 하고, 일상성(typicality)을 담보하기 위해 노력해야 한다(예: NYRS 연구에서 연구자는 연구 참여자와 함께 오후 내내 TV 게임쇼를 보기도 했다).

물론 그림자 인터뷰(shadowing interview) 또는 동행 인터뷰를 하는 데는 그 나름의 어려움이 따른다. 가장 큰 어려움은 사생활 침해다. 그렇기 때문에 이러한 관찰은 공공장소에서 하는 것이 바람직하며, 사생활 보호를 위해 누가 보더라도 민감한 주제나 행동은 피해야 한다. 연구 참여자를 따라다니는 동안 연구자가 연구 참여자의 행동에 대해 그 자리에서 어떤 평을 하는 것은 연구 참여자가 그것을 강요로 느낄 경우 큰 부담으로 작용할 수 있으며, 원치 않는 주변의 관심(또는 곤란한 대화)을 끌게 될 수도 있다. Gill과 그의 동료들은 식사 시간과 화장실을 다녀오는 시간도 미리 계획하고, 항상 스프링 제본된 공책(접이식)을 가지고 다니고, 필요할 때 즉시 녹음을 할 수 있게 휴대폰을 함께 지참할 것을 제안하였다(Gill, Barbour, & Dean, 2014). 모든 관찰에서 그러하듯이, 가장 좋은 관찰 방법은 흥미로운 정보를 강박적으로 기억하기 위해 노력하는 것이다. 동행 인터뷰가 지속적인 깨달음의 과정이 되게 만들기 위해서 연구자는 항상 무엇을 어떻게 녹음할 것인지 결정하고, 연구 참여자가 하는 말과 행동에 주의를 기울이고, 예상할 수 없는 것들조차 예상하고자 노력해야 한다.

'실제로 해 보는' 관찰: 최선의(그리고 진정한 의미에서 유일한) 학습 방법

어떤 의미에서 보면 낯선 환경에 처한 사람은 누구나 참여관찰자라고 할 수 있다. 다만 질적 연구자들은 각자의 관심에 따라 일상 속에서 선택적 관찰을 하는데, 일반인에 비해 좀 더 체계적이고, 엄격한 그리고 비심판적인 관찰을 해야 한다. 그런 관찰을 하기에 가장 좋은 접근 방법은 일단 큰 폭의 그물을 던진 다음, 자료를 바탕으로 연구에서 사용할 분석적 주제가 점차 명확해질수록 관찰의 초점을 조금씩 좁혀 나가는 것이다. 이 과정에서 연구자는 모든 감각을 활용해야 하는데, 예를 들면 소리와 냄새는 중요한 의미와 환경적 단서를 전달할 수 있다. 문화기술학자들은 일반적으로 다수의 **주요 정보제공자**(key informants), 즉 귀중한 정보를 제공할 수 있는 많은 지식을 가진 개인(들)을 찾고자 노력한다. **정보제공자**라는 용어가 오래전부터 사람들 사이에서 좋지 않은 뉘앙스를 가진 용어로 여겨지기는 했지만, 정보제공자라는 말에는 '찾아 나서야 하는 것'이라는 의미가 함축되어 있다. 왜냐하면 어느 누구도 사람들에게 자신의 개인적인 경험을 이야기하라고 요구할 수는 없기 때문이다.

모든 감각을 동원한 관찰이 어떤 강점을 가지고 있는지를 설명하기 위해서 전형적인 노숙인 쉼터를 예로 들어보기로 하자. 노숙인 쉼터를 찍은 사진을 보면 길게 놓여 있는 여러 줄의 침대에 노숙인들이 앉아 있거나 누워 있는 모습이 나와 있고 겉보기에는 어떤 문제도 없어 보인다. 그러나 현장을 몇 차례만 가 보면 노숙인 쉼터에서의 삶이 어떤 것인지를 감각적으로 경험할 수 있게 된다. 절도와 마약 복용과 물리적 위협이 만연한 삶이 공공 노숙인 쉼터 거주자들이 매일매일 반복적으로 직면해야 하는 일반적인 삶이며, 방문객은 전혀 그러한 사실을 알 수 없다. 감각 자극은 연구자로 하여금 자신의 연구에 하나 또는 그 이상의 차원을 추가할 수 있게 해 준다. 예를 들면, 체취(작동하는 샤워 시설이 얼마 되지 않기 때문에), 불결함(제대로 작동하는 변기 역시 몇 개 되지 않기 때문에), 기름기 많은 음식, 독한 화학 소독제 냄새 등은 강렬한 경험이 아닐 수 없다. 그런가 하면 소음과 사생활 침해는 쉼터에서의 생활에서 가장 불안감을 주는 측면으로 꼽힌다. 수십 또는 수백 명의 남성들이 밀집된 공간에서 욕설을 퍼붓거나 고함을 지르고 (경비요원과 직원까지 가세하여) 일부는 마약이나 정신착란으로 인해 고통받고 있는 것이 일반적인 모습이다. 노숙인들은 낮에는 쉼터를 떠나야 하며 밤이 되어야 돌아올 수 있는데, 지친 몸을 끌고 쉼터로 돌아오지만 충분한 휴식을 취하기는 어렵다. 시립 노숙인 쉼터에서의 삶에 관한 거주자들의 증언은 종종 과장된 말로 여겨지거나 거리에서의 자유로운 삶을 포기 하지 않으려고 해대는 변명이라는 이유로 묵살되곤 한다. 그러나 현장을 실제로 관찰한 연구자들의 이야기는 노숙인 쉼터가 거주자의 건강과 복지를 위협하는 요소들로 가득 차 있다는 쉼터 거주자들의 이야기가 사실이라는 것을 확인시켜 주는 경우가 훨씬 많다.

관찰 자료 기록하기

> 관찰을 위한 규칙 …… 경험한 것에 대해 충실한 복제(본) 또는 문제없는 요약으로 취급할 것이 아닌 오히려 있는 그대로 보아야 한다. (특정한) 사건 이후 그들의 관찰과 기억에 대한 의미 있는 요약을 제공하고자 연구자가 이용할 수 있는 언어적 지원을 활용하여 쓴 텍스트다(Luders, 2004, p. 228).

현장 기록(field notes)은 관찰 과정에서 경험한 것을 정확하게 묘사하기 어려울 때 특히 필요하다(Emerson, Fretz, & Shaw, 2011). 현장 기록의 질을 담보하기 위해서는 두 가지 지침을 기억해야 한다. 첫째, 인간의 기억력은 첫 24시간이 지나면 급격히 감소하므로 현장 기록은 관찰과 동시에 하거나 관찰 직후에 가능한 한 빨리 해야 한다. 둘째, 개인적 선호나 그 밖의 어떤 편향됨으로 인해 사실을 왜곡하거나 흐려 버리는 '필터' 효과가 나타나지 않게 해야 한다. 예를 들면, 한 쌍의 남녀가 공원에서 언쟁을 벌이고 있는 것을 보고 두 사람이 실제로 어떤 관계인지 모르면서도 그 두 사람을 '부부'라고 단정 짓는 경우다. 또한 어떤 민감한 사안에 대해 언급하는 것을 꺼리는 것을 막연히 **부정**(denial)이라는 심리학 용어를 사용하여 해석하는 경우도 그런 경우에 해당한다. 어떤 관찰자도 편견이 없을 수는 없다. 그러므로 그러한 사실에 각별히 주의를 기울이는 것이 중요한 첫 걸음이다.

현장 기록과 관련된 '왜, 무엇을 그리고 어떻게'라는 질문에 대해서는 이제까지 많은 연구자에 의해 많은 글이 쓰였다. '왜'라는 질문에 대한 답은 쉽게 찾을 수 있다. 연구자가 관찰한 것을 기록할 때 분석에 매우 유용한 기록과 원자료가 생산되기 때문이다. 또한 인터뷰나 추가관찰을 통해 보다 구체적인 후속 조치를 이끌어 낼 수도 있다. '무엇을 기록할 것인가?'라는 질문에 대한 답은 연구가 가진 관심에 따라 달라지게 되는데, 왜냐하면 어떤 연구자도 자신이 관찰한 모든 것을 기록할 수는 없기 때문이다. 현장관찰의 초기 단계에서 기록해야 할 것들로는 물리적 공간, 행위자, 행위, 상호작용, 관계 그리고 느낌이나 감정 표현(Lofland & Snow, 2005)을 일반적으로 꼽을 수 있다. 만일 연구자가 어떤 제한된 물리적 공간 안에서 관찰을 하는 경우라면 해당 공간의 지도나 배치도를 그려서 벌어지고 있는 상황에 공간이라고 하는 또 하나의 차원을 추가하는 것이 도움이 될 수 있다. 예를 들면, 비좁은 칸막이를 공유하면서 근무해야 하는 어떤 기관의 직원들은 각자 개인적 작업 공간이 마련되어 있는 기관에서 근무하는 직원들과는 매우 다른 느낌을 받을 것임이 분명하다.

현장 기록에 있어서 '어떻게'라는 질문에 답하기 위해서는 상당한 유연성과 민감성이 필요하다. 사람들의 눈에 잘 띄지 않는 번잡한 공공장소에서 메모를 작성(또는 녹음기나 휴대폰에 대고 말하기)하는 것이 상대적으로 더 용이하다. 그러나 어떤 경우에는 연구자가 노트에 무엇인가를 기록하는 행위가 자연스러운 분위기를 깨뜨리거나 더 나아가서 사람들의 기분을 상하게 만들 수도 있다. 이 경우, 우선은 기억력에 의존해서 가능한 한 머릿속에 기록하는 것이 가장 좋고, 그 다음으로는 짧게 메모를 하는 것이 바람직하다(그러한 목적에서 이따금씩 화장실을 이용하는 것도 좋은 방법 중 하나다). 관찰을 다 마치고 나면 그날 관찰한 내용을 자세하게 기록해 둔다. [글상자 5-1]에는 NYRS 연구에서 했던 현장 기록이 예로 제시되어 있다.

[글상자 5-1] NYRS 임시 주거 프로그램 참여자 클라이언트 방문 현장 기록

다음 내용은 비밀보장을 위해 현장 기록의 내용 중 일부를 발췌 및 수정한 것이다.

프로그램 슈퍼바이저 중 한 명인 J(아프리카계 여성 미국인)는 프로그램 기관 입구에 설치된 보안 카메라를 통해 한 클라이언트가 담배를 피우고 있는 모습이 보이자 걱정거리를 이야기하기 시작하였다. J는 프로그램 기관이나 클라이언트 주거 공간 앞에서 사람들이 서성이거나 구걸하지 않게 해야 한다고 말하였다. 그녀는 에어컨 소음 때문에 그리고 마이크가 없었기 때문에 거의 소리치다시피 말해야 했다. 그녀는 클라이언트에게 기관을 위한 좋은 모범이 되는 것이 중요하다는 것을 여러 차례 강조하였다. "당신은 이웃들에게 긍정적인 메시지를 전달하는 것이 매우 중요합니다. 매번 당신이 아파트 밖으로 나설 때마다 당신은 기관을 대표하게 되는 것이지요." 그녀는 계속해서 클라이언트에게 많은 기관이 문 앞에 '서성이지 말 것'이라는 표지판을 붙여 놓고 있다는 것을 강조하면서 "당신이 거기 서 있는 것이 바로 서성이는 것입니다."라고 덧붙여 말하였다. 그녀는 클라이언트에게 다음과 같이 물었다. "당신의 그런 모습이 당신의 이웃들의 눈에는 어떻게 보일까요? 이웃들은 당신과 기관에 대해서 좋은 인상을 갖지 않을 것입니다."

그러자 한 클라이언트가 손을 들어 "우리가 프로그램 참여자라는 것을 사람들이 어떻게 압니까?"라고 질문하였다. J는 잠시 머뭇거리다가 "당신이 말해 주지 않는 이상 이웃들은 모를 것입니다."라고 말하였다. 그러고 나서 그녀는 질문을 하려고 손을 든 또 다른 클라이언트 쪽으로 재

> 빨리 돌아섰다. 그 클라이언트(우연히 우리 연구에 참여했던)는 매우 상기된 상태에서 말하기를, 이웃들이 우리가 프로그램 참여자라는 것을 알게 된 이유는 카운슬러들이 우리가 사는 아파트에 가정 방문 왔을 때 문 앞에서 "카운슬러입니다! 카운슬러입니다!"라고 외쳤기 때문이라고 주장하였다. J는 클라이언트에게 그에 관한 논의는 사례관리팀에서 해야 한다고 말해 버리고는 그 다음 논의 주제로 넘어갔다.

Lofland와 Lofland(1995, pp. 89-90)는 현장 기록에 관한 매우 유용한 정보를 제공해 준다.

1. 관찰한 행위나 사건에 대한 서술은 명확하고 구체적이어야 한다. 시작 단계에서는 가급적 어떤 식으로든 방해받지(연구자 스스로에 의해서든 관찰 대상에 의해서든) 않는 것이 필요하다.

2. 관찰한 실제 사건과 비교해 볼 때 어느 정도의 정확성을 유지할 수 있는지를 기준으로 관찰자료의 수준 또는 종류를 구분해 볼 필요가 있다. 1차 자료(first-order)란 관찰대상이 직접 말로 한 설명(verbatim accounts)과 같은 수준의 자료를 말하는 것으로, 이는 관찰이 이루어지는 동안이나 혹은 관찰이 이루어진 직후에 곧바로 기록하는 것이 바람직하다. 2차 자료(second-order)란 대화 내용을 알기 쉽게 말을 바꿔 표현하는 수준 정도로 수정한 자료를 말하는 것으로서 실제 대화가 있고 난 후에는 기억력에 의존해서 대화 내용을 서술해야 하기 때문에 정확도가 떨어진다. 새로운 방향에 대한 생각이나 추론 등은 정확도가 더 떨어지는 자료라고 할 수 있으며, 일정 기간마다 한 번씩 분석적 메모의 형태로 기록된다.

3. 연구자 자신을 관찰한 내용 또한 기록해야 한다. 예를 들어, 연구자의 느낌, 감정, 걱정, 관심 등을 말한다. 이러한 연구자 자신에 관한 내용은 괄호를 사용해서 현장 기록 내의 다른 내용들과 구분하거나 혹은 현장 기록과 완전히 분리시켜서 일기장에 기록하기도 한다. 연구자가 자신의 반응이나 느낌을 기록하는 것은 다음과 같은 두 가지 목적에서 필요하다. 첫째, 그렇게 함으로써 연구자는 자신의 감정을 발산할 수 있는 통로를 갖게 된다. 둘째, 자신에 관한 내용을 기

록함으로써 연구자는 자신이 어떤 편견을 가지고 있는지의 여부를 확인할 수 있으며 자신의 편견을 통제할 수 있는 방안을 모색할 수 있다.

4. 균형을 유지하고자 노력해야 한다. 너무 세세한 것에 얽매이는 것은 피해야 하지만 그렇다고 해서 훌륭한 현장관찰자가 되기 위해서 필요한 강박적인 성향을 완전히 잃어버려서도 안 된다. 경우에 따라 현장에서 보낸 시간은 그리 많지 않으나 엄청난 분량의 현장 기록을 얻게 되기도 한다. 비율은 약 1 대 6 정도, 즉 1시간 정도의 관찰당 약 6시간 분량에 해당하는 기록을 의미한다.

일반적인 현장 기록은 흥미를 느끼면서 읽을 만한 글이 아니며, 일반인의 눈에는 지나치게 길고 지루한 글로 보일 것이다. 때로는 가능한 한 많은 것을 기록해야 한다는 부담이 귀찮게 느껴지기도 한다. 대부분의 문화기술학 연구자는 연구 참여자를 피해서 겨우 숨었다고 생각하는 순간 또 다른 대상과 마주치게 되었던 경험을 적어도 한 번쯤은 해 보았을 것이다. 고작 15분 정도의 대화가 연구자에게는 한 시간 혹은 그 이상의 기록 작업을 해야 한다는 부담으로 다가온다.

비디오와 사진의 활용

비디오와 사진은 관찰을 위한 보조 수단이면서 동시에 독자적인 자료 수집 방법 중 하나다. 영화와 비디오는 1930년대 뉴기니(New Guinea)에서 Margaret Mead와 Gregory Bateson이 현장연구를 하면서 개척한 문화기술학 분야에서 오랫동안 사용되어 왔다. 1920년대 고전으로 꼽히는 〈Nanook of the North〉와 1967년 소개된 Frederick Wiseman의 〈Titicut Follies〉 같은 문화기술 영화는 한편으로는 이누이트(Inuit) 족의 전통 문화가 쇠퇴하는 모습을 연대기적으로 기록하고, 다른 한편으로는 정신병원의 끔찍한 실상을 보여 주었다. **영상 문화인류학**(visual anthropology)과 **영상 사회학**(visual sociology)은 각각의 학문 분야에서 빠르게 성장하는 하위 분야로 발돋움했으며, 2015년에는 『Journal of Video Ethnography』가 발간되게 되었다. 스마트폰이 널리 보급되면서 비디오 녹화가 현장 기록과 함께 널리 활용되기 시작하였다. 사진의 경우, **사진-음성**(Photo-Voice: PV) 프로젝트와 **사진 유도 인터뷰**(Photo Elicitation Interviews: PEI)가 매우 유망한 활용 기법으로 꼽히고 있다.

사진-음성(PV) 기법은 공중보건 분야에서 시작된 기술로서 연구 참여자가 스스로 카메라를 조작하고 이야기를 할 수 있게 해 주는 매력적인 기법이다(Wang & Burris, 1997). Paolo Freire의 해방적 저술과 페미니스트 이론의 영향을 받은 PV는 지역사회 기반 참여 연구(CBPR)와 마찬가지로 연구와 지역사회 임파워먼트를 하나로 연결할 수 있게 해 준다. 연구자와 지역사회 대표자들 간 협력을 필요로 하는 지역 기반 참여 연구는 개인과 지역사회의 강점을 기록하는 수단일 뿐만 아니라, 지역사회에 긍정적인 변화를 가져오고자 하는 그들의 관심을 기록하는 수단으로 기능할 수도 있다(Wang, Morrel-Samuels, Hutchinson, Bell, & Pestronk, 2004). 예를 들면, 건강을 위협하는 지역 오염의 원인, 지역사회 내의 폭력, 녹지 공간의 부족 등과 같은 것들이 시각적 묘사의 대상이 될 수 있을 것이다.

인터넷을 통한 사진 공유로 인해 PV가 대면 접촉 없이도 가능해졌다(Yi-Frazier et al., 2015). 사진 공유 휴대폰 애플리케이션인 인스타그램은 매월 약 3억 명에 달하는 사람들이 이용하고 있으며, 그들 중 70%는 미국 외 지역에 거주하고 있다(Instagram. com/press). 청소년이나 거동이 불편한 사람을 대상으로 한 연구나 다국적 연구를 진행할 수 있는 가능성이 높아지고 다양해졌다. Yi-Frazier와 그 동료들(2015)은 인스타그램 매개 PV를 활용하여 당뇨병 I 유형 진단을 받은 청소년들을 대상으로 하는 연구를 진행하였는데, 그들이 공유한 사진 중에는 만화, 농담, 자가관리 요령 등도 포함되어 있었다.

지역사회 임파워먼트와 공중보건 프로젝트에서의 PV 활용은 연구 관행을 민주화하고 집단적 행동을 가능하게 하는 귀중한 기회를 제공하였으며(Cabassa et al., 2013), 지역사회의 목소리를 대변하는 사진과 인터뷰 같은 자료를 수집할 수 있었고, 전통적인 연구 결과뿐만 아니라 지역사회 포럼과 옹호 같은 연구 결과물을 얻을 수 있었다. CBPR과 마찬가지로, PV를 하기 위해서는 연구에 오랜 시간과 자원을 투입해야 하고 지역사회 구성원들이 설정한 목표를 연구자의 연구 목표보다 우선시해야 한다.

사진 유도 인터뷰(PEI)는 일반적으로 지역사회를 기반으로 하는 PV와 다르게 일대일 방식으로 진행된다. 그러나 두 기법 모두 시각적 이미지를 중심점으로 한다는 면에서는 공통점을 가진 기법이라고 할 수 있다. 문화인류학에서 시작된 PEI는 구두로만 인터뷰를 할 때 과거 기억이나 생각을 자주 간과한다는 단점을 보완할 수 있는 매우 유용한 수단이다(Collier & Collier, 1986; Harper, 2012; Pink, 2012; Rose, 2007). 사진은 구두 인터뷰과 마찬가지로 풍부한 정보를 제공할 뿐만 아니라 색상, 구성, 창의성 등과 같은 새로운 차원을 제시해 준다. 인터뷰를 (연구자가 아니라) 응답자가 주도하는 경우, 사진은 사람이나 장소나 사물에 대한 기록일 뿐만 아니라 다양한 감정을 불러일으키는 도구가 되기도 한다.

[글상자 5-2] NYRS에서 했던 사진 유도 인터뷰(PEI)

NYRS에서 연구진은 연구 참여자 스스로가 자신에 관한 시각적 데이터를 만들어 내게 하기 위한 수단으로 PEI를 사용하였다. PEI 기법을 사용하는 것과 관련해서 많은 사람이 연구 참여자들에게 카메라를 빌려주면 카메라가 분실되거나 고장나거나, 사용 허가서를 제대로 작성하지 않고 빌려 가거나, 문제 소지가 있는 장소에서 사진을 찍음으로써 누군가를 곤경에 처하게 만드는 일이 발생할 수 있다는 등의 걱정과 경고를 하였다. 그러나 카메라 한 대가 없어진 것을 제외하고는 그런 일들은 일어나지 않았다.

모든 연구 참여자에게 PEI를 하기에는 시간과 자원이 부족하였기 때문에 연구 참여자 중 PEI에 관심이 있고, 참여 능력이 있다고 판단되는 18명을 의도적으로 선별하였다. 우리의 관심사가 연구 참여자들이 정신질환, 노숙, 약물 남용 등으로부터 회복하는 삶에 대해서 알고자 하는 것이었기에, 연구 참여자들에게는 디지털카메라 사용법 및 사진 사용 동의에 관한 최소한의 안내만 제공하였다. PEI 참여자들에게 그들의 삶을 묘사하는, 긍정적인 부분과 부정적인 부분 모두를 포함한 18장 정도의 사진을 찍어서 2주 후에 PEI를 위해 모여 줄 것을 부탁하였다. 연구 참여자들이 모였을 때 연구자는 가까운 현상소에 가서 사진 파일을 인쇄하여 정리하고 가져와서 각각의 사진이 자신에게 의미하는 바가 무엇인지 설명하게 하였다(PEI 과정을 모두 녹음하여 사진이 포함된 녹취록을 만들었다). 연구 참여자들에게 인쇄된 사진을 가질 수 있게 허락해 주었으며, 12개월 후에 PEI를 다시 한번 수행하고 나서는 자신이 사용한 카메라를 가질 수 있게 해 주었다.

PEI는 우리가 상상했던 것 이상으로 연구 참여자들의 삶을 잘 드러내 보여 주었다. 우리는 연구 참여자들이 사진이라는 시각적 자료를 통해서 그들의 트라우마(PEI 전에 했던 인터뷰에서는 언급하지 않았던)를 드러내 보여 주고, 금주하는 자신을 대견하게 여기고, 도시라고 하는 공간과 그 안에서의 삶에 대해 성찰해 보고자 하는 의지를 가지고 있다는 사실에 대해서 놀라지 않을 수 없었다. PEI는 분명히 다차원적인 경험이었다. 첫째, 우리는 PEI를 통해서 연구자와 연구 참여자는 함께 책상에 앉아 사진을 세심하게 배열하고 전시해 보는 경험을 하였다. 둘째, 사진의 내용을 범주화하였다[우리는 '기록(documenting)' '표현(representing)' '상기(evoking)'라는 세 가지 범주로 사진을 구분하였다]. 셋째, 우리는 연구 참여자들이 기본적으로 두 가지 방식으로 PEI를 했다는 사실을 발견하였다(우리는 각각을 '인생의 단면' '그때와 지금'이라고 명명하였다; Padgett, Smith, Derejko, Henwood, & Tiderington, 2013). 이후에 이루어진 추가 분석을 통해 우리는 사진과 그에 따르는 내러티브가 '정체성 형성'이라는 것을 발견할 수 있었는데, 연구 참여자들이 긍정적인 정체성은 강화하고 부정적인 정체성은 더 이상 생각하지 않으려 한다는 것, 그리고 그들이 공원이나 지역사회 벽화나 공공 미술관 등의 문화·편의시설을 이용할 수 있다는 것에 대해서 감사한다는 사실을 알게 되었다(Tran Smith, Padgett, Choy Brown, & Henwood, 2015).

[글상자 5-2]에 제시된 PEI 활용 사례는 질적 연구에서 시각적 데이터가 어떤 역할을 할 수 있는지에 관한 폭넓은, 그리고 활발한 논의를 가능하게 해 준다. PEI는 연구 참여자에게 연구자와 생각과 경험을 공유할 수 있는 기회를 제공하며 내러티브화를 통한 의미 형성을 가능하게 해 준다(Holstein & Gubrium, 1995). 어떤 사진은 단순히 서술적인 것(예: 참여자가 가고 싶은 공원)이지만 어떤 사진은 구성주의적인 것이기도 하다. 예를 들어서, 어떤 연구 참여자는 평범하고 일상적인 어떤 것에서 의미를 찾을 수도 있다[새 운동화 한 켤레의 사진은 더 나은 이동성(mobility)을 의미할 수도 있고 온라인으로 물건을 주문할 수 있는 고정적인 주소가 있음을 의미할 수도 있다]. 일부 연구 참여자들은 의미를 형성하면서 은유법을 사용하기도 했는데, 예를 들면 더 긍정적인 미래를 나타내기 위해 푸른 하늘 아래 탁 트인 도로를 사진으로 찍어 보여 주었다.

매핑(mapping) 또한 PEI와 마찬가지로 시각적 데이터를 만들어 낼 수 있는 유용한 수단 중 하나다. 매핑은 오래전부터 양적 연구자들에 의해 많이 사용되어 왔는데 양적 연구자들은 지리정보시스템(GIS)과 사회적 지표 데이터를 이용하여 전염병 전파율에서부터 범죄율에 이르까지 모든 것을 추적하고자 시도해 왔다. 매핑은 시공간으로부터 중요한 정보를 찾아 특정 현상이 얼마나 집중되어 있는지(자살군집 같은)뿐만 아니라 얼마나 부재한지(예: 식료품에 대한 접근성)도 식별 가능하게 해 준다. 주관성과 이용자 관점을 어느 정도로 중요하게 생각하는지에 따라 다를 수 있으나 질적 연구자들은 **참여 매핑**(participatory mapping) 기법을 사용하여 "활동 공간(activity spaces)" (Vallée, Cadot, Roustit, Parizot, & Chauvin, 2011)을 식별하거나 참여자의 내적·외적 사회적 네트워크를 나타내는 동심원을 그려 볼 수 있다. NYRS에서 우리는 지도(Google의 도움으로)에서 PEI 사진의 위치를 지오 코딩(geo-coded)하여 연구 참여자가 여가나 서비스 이용을 목적으로 방문했던 장소들을 확인하고 식별하였다.

물론 지오 코딩과 매핑은 연구 참여자로 하여금 감시받고 있다는, 근거 있는 두려움을 느끼게 만들 수 있다. 연구 참여자의 개인 정보는 당연히 보호되어야 한다. 연구 윤리보호를 위한 적절한 조치(신분 관련 정보를 삭제하고, 위치 관련 정보를 안전장치가 갖춰진 별도의 저장소에 보관하는 등)를 취한다면 매핑이나 다이어그램이나 공간배치도는 공간과 장소가 중요한 의미를 갖는 연구에서 매우 유용한 도구로 사용될 수 있을 것이다.

심층 인터뷰

양질의 인터뷰는 성공적인 질적 연구의 핵심 요소다. 그러나 최근 들어 성찰성과 인식론의 중요성에 대한 인식의 수준이 점점 높아지는 추세 속에서 심층 인터뷰를 둘러싼 여러 가지 논쟁이 일고 있다(Atkinson & Silverman, 1997; Holstein & Gubrium, 1995). 논쟁의 주제는 거시적인 것(오늘날 우리가 '인터뷰 사회'에서의 살아가게 된 결과)부터 미시적인 것(대화 행위 자체)까지 매우 다양하다. Atkinson과 Silverman(1997)은 인터뷰를 마치 유명 토크쇼(예: 〈Oprah Winfrey 토크쇼〉) 같은 일종의 개인적 구원 차원의 것으로 끌어올리는 데 앞장서 왔다. 인터뷰의 '진실성'에 대한 회의적 시각은 존재하기 마련인데, 왜냐하면 인터뷰는 특정 경우를 위해 만들어진 간접적인 설명이기 때문이다(Alvesson, 2011).

질적 인터뷰 연구자들로 하여금 만들어진 이야기(crafted stories)의 이면에 있는 것들을 볼 수 있는 능력을 기르기 위한 많은 훈련의 노력이 이루어지고 있다. 이런 훈련은, 예를 들면 인터뷰 응답자와 호흡을 같이 하되 편향적이지 않게 하고, 공감적이어야 하지만 그렇다고 지나치게 열정적이어서는 안 되며, 신중하면서도 심층 탐구를 위한 질문을 할 줄 알려면 어떻게 해야 하는지 등에 초점을 맞춘 훈련이다(심층 탐구를 위한 질문에 대해서는 이 장의 후반에서 더 자세하게 논의하겠다). 이 책을 비롯한 많은 질적 인터뷰 교재의 초점은 바로 이러한 내용에 맞춰져 있으며, 당연히 그래야 한다. 그러나 질적 인터뷰라고 하는 춤사위(dance)를 면밀히 들여다보면 우리가 인터뷰 응답자들로부터 듣게 되는 것에 대해서 좀 생각해 봐야 할 것들이 있다는 사실을 알게 된다. 저자의 경험에 따르면, 인터뷰 응답자가 대놓고 거짓말을 하는 경우는 매우 드문데, 인터뷰 응답자들은 이야기를 날조하기보다는 생략하는 경향이 강하다. 인터뷰가 질적 연구에서 얼마나 일반적으로 사용되고 있는지를 고려해 볼 때 이 문제에 대해서는 앞으로 많은 논의가 이루어져야 할 것이다.

인터뷰 관련 비판: 현실성과 진정성

지난 수십년간 인터뷰 데이터에 대한 의존성이 과도할 정도로 높아지면 진실성(응답자의 거짓말), 불완전성(응답자의 이야기 생략) 그리고 말과 행동 간의 차이 등에 관한 논쟁의 수위 또한 높아져 왔다(Hammersley & Gomm, 2008). Bourdieu(1999)가 쓴 '공모된 허구적 객관화'라는 글에 고무되어 Yanos와 Hopper(2008)는 인터뷰 응답자가 주는 '준비된 설명'이라는 가식에 연구자들이 너무 쉽게 빠져들 뿐 아니라 더 나아가서 기꺼이 그렇게 되려는 경향이 있음을 신랄하게 비판하였다. 연구자와 인터뷰 응답자의 이러한 공모는 연구자가 자신에게 친숙하고 듣고 싶은 이야기(예: 인터뷰 응답자가 '자조'라는 용어를 사용하는 것)를 들을 때 만족감을 느끼는 데서 비롯될 수도 있고, 추구해야 할 진정한 것이란 없다고 보는 포스트모던적 신념에서 비롯된 것일 수 있다.

예를 들면, 서비스 제공자나 그 밖의 힘 있는 사람들을 기분 좋게 만드는 데 익숙한 인터뷰 응답자들은 종종 자신의 삶을 되찾았다는 이야기를 하곤 한다. 누구든 미화하거나 모호하게 하거나, 연구자를 기분 좋게 만드는 방식으로 말을 하는 사람은 대부분 사람에 의해서 잘 받아들여지는 경향이 있다. NYSS에서 우리는 약물 재활 치료에서 "나는 아팠고, 더 이상 아프고 싶지 않았고, 피곤했다."라는 슬로건을 들었는데, 이는 중독 회복의 껄끄러운 실제와는 상당히 거리감이 있는 슬로건이었다. 우리는 한 참여자가 '진실'이 꼭 필요한 것이 아님을 알기에 더 이상 마리화나(냄새로 미루어 보건대)를 피우지 않는다는 말을 냉정하면서도 회의적으로 받아들였다.

문제는 연구자가 이야기의 이면을 보지 못함(또는 보려 하지 않음)에서 비롯되며, 문제에는 항상 인터뷰 응답자가 연루되어 있다. 인터뷰에만 의존하는 연구들은 인터뷰 응답자의 주관적 설명을 '개인적 진실'로 평가하고 받아들인다는 비판을 받아 왔다. 또한 인터뷰를 인간의 경험을 들여다보는 행위가 아니라 대화 행위로 봐야 한다는, 포스트모더니즘의 영향을 받은 관점의 변화는 응답자가 거짓말을 하는지, 애매한 대답을 하는지 또는 스스로 모순되는지에 대해 의문을 갖는 것 자체를 무의미한 것으로 만들어 버렸다(Atkinson & Coffey, 2002; Hammersley, 2008). Yanos와 Hopper(2008)가 말하였듯이, "인터뷰를 정체성 형성의 수단으로 이해하고 온전히 인터뷰에 집중한다면 진정성 부족은 더 이상 문제가 되지 않는다."(p. 233) 이러한 맥락에서 보면 '좋은' 연구자가 되는 것에 크게 신경 쓸 필요가 없는데, 왜냐하면 중요한 것은 인터뷰 응답자가 방해받지 않고 이야기를 해 나갈 수 있게 격려하는 것이기 때문이다. 실제로 어떤 대화분석에서는 자연스러운 대화가 이루어지게 하기 위해서 인터뷰를 아예 하지 않기도 한다(Speer, 2002).

Hammersley(2008)에 따르면, 질적 인터뷰는 한편으로는 서로 관련되어 있으면서도 다른 한편으로는 뚜렷이 구분되면서 네 가지 방식으로 활용되어 왔다. 즉, (1) 사건과 경험에 관한 목격자적 설명, (2) 인터뷰 응답자의 자기성찰, (3) 인터뷰 응답자에 관한 추론을 위한 간접적 정보 출처, (4) 단순 대화적 또는 담론적 사건이다. Hammersley는 이 가운데 앞의 세 가지를 무가치하다고 보는 비판에 대해 우려감을 표명했는데, 그러한 비판은 한편으로는 주관성을 존중하지만 다른 한편으로는 진정성을 추구해야 한다는 현실주의적 관점에서 비롯된 비판이다.

사회복지학이나 간호학이나 공공보건학 분야의 연구자들은 인터뷰를 단지 인터뷰실이나 학술대회장에서뿐만이 아니라 실천의 장에서 활용할 수 있는 일종의 기득권을 가지고 있다. 진실을 알고자 하는 것과 더 나은 실천 방법을 찾는 것 모두가 목적이었던 NYSS에서 인터뷰가 어떻게 활용되었는지를 예로 들어 보자. 연구 참여자들의 개인사를 이해하기 위해 진행한 인터뷰에서 연구 참여자들은 우리에게 그들이 약물을 처음 접한 시점은 첫 번째 정신과 입원 이전이었고 대체로 그들이 10대 초반이었을 때라고 이야기하였다. 그들 대부분은 가족이 아니더라도 이웃 중에서 약물과 알코올 남용 문제를 가진 사람들을 쉽게 볼 수 있는 환경에서 성장하였다. 이중진단자(약물과 알코올)에 관한 연구 논문들을 보면, 연구자들은 주로 현재 상황에 초점을 맞추는 경향이 있으며 약물과 알코올 남용을 정신질환에 대한 일종의 '자기 약물치료적' 대응으로 보는 경향이 있었다(Khantzian, 1985). 우리 연구자들에게 연구 참여자들의 진술이 사실인지 여부는 매우 중요했는데, 왜냐하면 그들은 정신의학적 문제 발생 이전부터 물질 남용 문제를 가지고 있었기에 그들이 진술한 내용이 연구 논문들에서 말하는 내용과 달랐기 때문이다. 이중진단자를 치료하는 사람들은 정신의학적 약물은 연구 참여자들이 남용하는 '약물'을 대신할 수 있는 것이 아니라는 사실을 아는 것이 중요한데, 후자 약물의 남용은 정신의학적 원인이 아니라 환경적 요인에 의한 것이었다(Henwood & Padgett, 2007).

무엇이 사실인지(또는 적어도 사실이라고 이해되는 것)를 아는 것은 어떤 경우에는 매우 중요하지만 어떤 경우에는 그다지 중요하지 않을 수 있다. 예를 들면, 내러티브 접근 방법은 이야기의 내용보다 이야기하는 방식을 더 중요시한다(그렇다고 해서 내용을 분석에서 배제하는 것은 결코 아니다). 현상학적 연구에서는 실제 경험(the lived experience)을 심문하듯이 밝혀내는 것이 아니라 찾아내고 평가한다. 인터뷰는 또한 사례 연구, 근거이론(GT), 문화기술학 및 행동지향적 접근 등에서도 데이터를 얻기 위한 주된 수단으로 활용된다.

정당한 이유 없이 연구 참여자의 주관에 간섭하는 것은 지양해야 한다. 왜냐하면 때로는 주관성이 가장 중요한 것일 수 있기 때문인데, 예를 들면 연구 참여자가 자신이 처한 현실을 성폭행이라는 트라우마와 연관 짓는 경우다. 그런가 하면 인터뷰 참여자가 한 말의 의미를 명확하게 하기 위해서 혹은 주장의 정확성을 확인하기 위해서 후속 질문을 할지 여부를 결정해야 할 수도 있다. 물론 관찰이나 추가 인터뷰 또는 문건을 데이터 출처로 활용하여 부족한 부분을 메울 수 있다면 후속 질문을 할지 여부를 고민할 필요가 없을 것이다. 그러나 그런 정보가 부재하다면 (또는 일치하지 않는 부분이 있다면) 의심스럽다는 생각으로 인해 질문을 하기기 어려워지고 어렵게 쌓은 신뢰를 유지할 수 없게 될 수도 있다. 만일 연구 참여자의 설명이 오해의 소지를 내포하고 있거나 조작되었다고 판단되면 연구에서 인터뷰를 전적으로 배제하는 조치를 취해야 할 수도 있다.

질적 인터뷰에 있어서 사실을 말하고 있는지의 문제는 결코 경시해서는 안 되는 문제인데, 왜냐하면 연구자와 연구 참여자가 서로를 존중하면서 하는 인터뷰는 항상 진실성을 담보할 수 있는 결과를 낳기 때문이다. 이제 이러한 사실을 염두에 둔 상태에서 이 장의 뒷부분에서는 어떻게 하면 질적 인터뷰의 깊이와 풍부함을 극대화할 것인지에 관한 논의에 초점을 맞추기로 하겠다. 질적 인터뷰는 방법론(예: 문화기술학 인터뷰는 현상학적 인터뷰와 다르다.), 형식(개별 대 집단), 매체[대면 대 전자(electronic) 매체], 구조화 정도 등의 여러 차원에서 차이가 있다. 그럼 먼저 비공식적 현장 인터뷰에 대해서 살펴본 다음, 이어서 다양한 종류의 공식적 심층 인터뷰들에 대해서도 살펴보기로 하자.

비공식적 현장 인터뷰

연구자와 연구 참여자 간에 비공식으로 주고받는 대화는 연구 관찰에 있어서 매우 중요한 요소이며 상황에 맞게 즉석에서 이루어지는 인터뷰의 한 형태다. 현장연구를 할 때는 물론 관찰자가 연구의 목적을 염두에 두고 질문을 하기는 하지만, 현장 인터뷰는 사전에 준비한 대로 이루어지기보다는 맥락과 상황에 따라 진행되는 것이 일반적이다. 비공식적 현장 인터뷰는 잡담이나 가벼운 대화가 아니며, 필요한 정보를 얻기 위한 노력이다. 비공식적 현장 인터뷰는 대개의 경우 간단한 대화 주고받기를 수반한다(예: "이 학교에서 성교육이 어떻게 이루어지는지 말해 주실 수 있을까요?"). 그런 즉흥적인 질문들은 보다 공식적 심층 인터뷰를 통해 오랜 시간에 걸쳐 진행되는 관찰들을 연결하는 연결 고리 같은 역할을 한다. 이러한 연결 고리가 없으면 심층 인터뷰는 정보 격차로 인해 더 길어지고 지루해질 수 있다. 비공식적 현장 인터뷰를 녹음하기도 하지만 (참여자 동의하에) 대개의 경우는 현장 기록에서 그친다. 이때 공식적인 동의가 필요한 것은 아니지만 사람과 상황에 대한 민감성을 유지하기 위한 조치는 반드시 이루어져야 한다.

NYRS에서 연구자는 사례관리자 회의와 클라이언트의 '수당받는 날'(클라이언트가 자신의 장애수당에서 공제된 주간수당을 받기 위해 프로그램 사무실에 방문하는 날)을 선택하여 문화기술학 현장 방문을 실시하였다. 비공식적 인터뷰는 이런 상황에서 관찰자가 직원이나 클라이언트에게 즉석에서 떠오르는 질문을 하는 식으로 흔히 이루어진다. 그러나 그런 식으로 질문을 해서 당면 업무를 방해하거나 주의를 흐트러뜨리지 않기 위해 연구자는 적절한 시점이 될 때까지 질문을 자제하고 기다렸다. 연구진은 종종 임상 슈퍼바이저의 사무실에서 돌아가는 상황을 보고받고 관련하여 질문하는 시간을 가졌다.

포커스 그룹 인터뷰

포커스 그룹이라는 용어는 본래 사회학에서 유래했으나(Merton, Fiske, & Kendall, 1956), 마케팅이나 선거 여론조사 등의 영역에서 많이 쓰이고 있다. 포커스 그룹이란 직접적으로 관련이 없는 소규모 인원으로 집단을 만들어서 그들로 하여금 어떤 새로운 제품이나 정치 후보에 대해 토의하게 하는 방식으로 발전되어 왔다(Krueger, 1994). 포커스 그룹의 크기는 다양한 의견을 얻기에 충분할 만큼 커야 함과 동시에 모든 사람이 토론에 참여할 수 있을 만큼 충분히 작아야 하는데, 7~10명이 가장 이상적이지만 경우에 따라서는 3명으로도 진행할 수 있다(Morgan, 1997).

포커스 그룹을 처음 고안할 때 의도한 대로 유사한 배경을 가진, 그러나 개인적으로는 서로 잘 모르는 사람들로 구성하는 것이 바람직한데, 집단 구성원들이 서로를 잘 아는 경우 자칫 습관적인 상호작용이 나타나기 쉬우며 그렇기 때문에 참신하고 새로운 의견을 얻기 어려울 수 있다. 각기 다른 지위에 있는 사람들로 포커스 그룹을 구성하는 것은 문제가 될 수 있는데, 낮은 지위에 있는 사람들은 자신이 솔직한 의견을 제시할 때 어떤 결과가 발생할지에 대해서 당연히 걱정하지 않을 수 없기 때문이다. 실제 연구에서는 이 두 가지 원칙 모두가 잘 지켜지지 않는다. 예를 들어, 전형적인 사회서비스 제공 기관에서 포커스 그룹을 서로 잘 모르는 직원들로만 구성한다는 것은 사실상 불가능에 가깝다. 일반적이지는 않지만 그나마 가능한 경우는 일부 슈퍼바이저를 포함하여 포커스 그룹을 구성하는 경우이며, 논의 주제 또한 부하 직원들이 위협감을 느끼지 않고 모임에 참여할 수 있을 만큼 가벼운 것이어야 한다.

포커스 그룹 인터뷰에서는 일반적으로 개방적인 질문을 던지는 역할을 하는 조정자가 필요하다. 그러나 토론의 방향이나 구조는 논의하게 될 주제의 범위가 얼마나 넓은지 또는 좁은지에 따라서 달라진다. 조정자는 민감하고 유연성 있고 공감할 수 있어야 함과 동시에 집단 활동에서 흔히 나타날 수 있는 문제가 발생하지 않게 노력해야 한다(Fontana & Frey, 1994). 예를 들면, 어떤 한 구성원 또는 일부 구성원들이 토의를 독점하거나 구성원들 중 일부가 토의에 참여하지 않는 경우가 발생할 수 있다. 조정자가 토의를 지나치게 독점하는 것도 문제이지만 그와 정반대로 너무 소극적인 입장을 취하는 것 역시 포커스 그룹을 실패하게 만든다. 그러나 아무리 훌륭한 조정자라 할지라도 집단 구성원들 간에 내적 갈등이나 알력이 발생하지 않게 하고 그런 불화를 초래하는 행동을 하지 않게 구성원들을 이끄는 것은 결코 쉬운 일이 아니다.

포커스 그룹 인터뷰를 실행하기 위해 계획을 세울 때는 방법론적 측면과 윤리적 측면을 특별히 고려하여 계획을 세워야 한다(이와 관련된 예가 [글상자 5-3]에 제시되어 있다). 요즘은 인터뷰 시간과 장소를 정하는 것이 여간해서는 쉽지 않은 일이 되어 버렸는데, 보통 이른 저녁 시간이 그나마 좋은 시간이기는 하지만 항상 그런 것은 아니다. 두말할 나위 없이 다과와 참여 보상 같은 유인책은 참여 수준과 편안함의 수준을 높이는 데 항상 도움이 된다.

포커스 그룹 형식의 인터뷰가 잘되게 하기 위해서는 구성원 모두에게 말할 수 있는 기회가 자주 돌아가게 하는 것, 그리고 순조롭고 유익한 토의가 되게 하기 위해서만 조정자가 통제력을 행사하는 것이 중요하다. 조정자는 가능한 한 집단 구성원과 그들이 하는 말에 집중해야 하며, 그렇기에 때문에 메모는 하지 않는 것이 바람직하다. MacGregor, Rodger, Cummings 및 Leschied(2006)는 학부모와 대학 교수가 함께 조정자가 되어 양부모 대상 포커스 그룹 인터뷰를 진행하면서 녹음과 메모 작성만을 담당하는 별도의 대학원 연구 조교를 두고 인터뷰를 진행하였다.

데이터 수집을 위해 녹음을 하는 연구자들이 점점 더 많아지는 추세이기는 하지만 일부 연구자들 또는 일부 포커스 그룹 참여자들은 메모 작성만을 선호하기도 한다. 어느 방법을 사용하든 신분까지는 드러내지 않지만 말하는 사람이 누구인지를 구분하고자 하는 것은 문제가 된다. 일부 조정자들은 토의를 시작하기에 앞서 인터뷰 참여자들에게 가명 또는 ID 번호를 고르게 한 다음 토의를 할 때 이를 사용해 줄 것을 요청하기도 한다.

다른 모든 자료 수집 방법과 마찬가지로, 포커스 그룹 인터뷰 또한 한계를 가지고 있다. 집단 구성원 중 누구라도 비밀보장 원칙을 위반할 경우 윤리적인 문제가 발생할 수 있다. 그런 문제가 실제로 발생하는 경우가 매우 드물기는 하지만 연구자가 그런 문제가 전혀 발생하지 않게 할 수 있는 방법은 없는데, 사전 동의를 받을 때 예비 집단 구성원들에게 이런 문제와 관련해서 주의를 주거나 경고하는 것 말고는 달리 방법이 없다. 혹시라도 집단 구성원 중 연구 참여 결정을 철회하는 사람이 생기면 연구자는 어쩌면 해당 참여자의 진술을 녹취록에서 모두 삭제해야 할 수도 있다.

[글상자 5-3] 포커스 그룹 인터뷰(FGI)를 위한 준비: 멀티태스킹의 필요성

NYRS의 마지막 단계에서 우리는 워싱턴 DC, 필라델피아, 버몬트주 벌링턴, 뉴욕 시티 각각에서 실시된 노숙인 주거지원 프로그램에서 포커스 그룹 인터뷰(FGI)를 실시하였다. 일대일 인터뷰에 비해 FGI는 기획하고 준비하기가 훨씬 어렵다. 우리의 연구설계에 따라 우리는 세 종류의 이해당사자 집단인 이용자(클라이언트), 기관 직원, 관리자 모두를 인터뷰하였다. 우리는 각 프로그램에 세 집단 모두의 일정과 인터뷰 참여자를 모집해 줄 것을 요청하면서 각 프로그램의 담당자에게 집단 구성원이 될 클라이언트 '선별하기(cherry picking)'를 하지 말아 줄 것을 당부하였으나(프로그램 규모가 FGI를 진행하기에는 너무 작았기 때문에). 프로그램 운영을 방해하지 않고서는 요청대로 구성원을 모집하기가 어려웠다. 각 프로그램에서는 모든 이해당사자 집단에 대한 FGI가 같은 날 진행되기 원했고, 그렇게 하려면 예정일 전에 충분한 휴식을 취하고 모든 준비를 마쳐야만 했다. 각각의 FGI에는 두 팀으로 구성된 NYRS 연구진이 참여하였는데, 한 팀은 진행을 담당하고 다른 한 팀은 기록을 담당하였다. NYRS 프로젝트 슈퍼바이저인 Bikki Tran Smith가(두 명의 유능한 조교 Emmy Tiderington과 Mimi Choy-Brown과 함께) 이끄는 팀은 음료와 간식, 동의서와 인터뷰 지침서 사본 제작, 보상(20달러)을 넣은 봉투와 영수증 등 여러 가지를 준비하였다. 각각의 프로그램이 가진 FGI 참여자 모집 능력과 인터뷰를 위해 우리가 기관을 방문하는 데 필요한 조치를 취하는 능력이 어느 정도인지에 따라 우리는 사전에 각각의 프로그램과 무수히 많은 이메일과 전화를 주고받아야 했다.

포커스 그룹의 발전은 질적 방법론의 발달 과정과 무관하게 이루어졌는데, 포커스 그룹이 가진 경제성과 편의성으로 인해 포커스 그룹은 방법론적 엄격성에 그다지 많은 관심을 기울이지 못한 면도 없지 않다. Agar와 McDonald(1995)는 "몇 명 정도의 사람들로 구성된 그룹과 그저 몇 시간 정도를 함께 보내는 것이 담보할 수 있는 것은 질적 연구의 '질'이 패스트푸드 수준이 된다는 것뿐이다."(p. 78)라는 말과 함께 깊은 우려감을 표명하였다. 포커스 그룹 인터뷰는 연구자가 더 깊고 더 민감한 영역으로까지 들어가지 않게 만드는 경향이 있다(Morgan, 1997). 모든 것이 바빠지면서 모든 참여자에게 맞는 시간을 찾는 것이 점점 더 어려워지는 것도 문제이지만, 지각, 조기 퇴근, 약속 시간에 나타나지 않는 참여자 등도 문제가 아닐 수 없다. 포커스 그룹(FG)의 환경도 큰 차이를 만들어 낸다. 예를 들면, 여유로운 분위기의 사무실 공간은 참여자의 라포 형성에 분명히 도움이 되지만 FG를 조직적으로 지원하는 데는 적합하지 않을 수 있다. 유사한 맥락으로, 매끄럽게 그러나 엄격한 통제하에서 진행되는 인터뷰 환경은 기관의 욕구에 충실한 FG를 진행하는 데는 도움이 될지 모르나, 참여자들이 편하게 말할 수 있는 FG를 진행하기에는 적합하지 않을 것이다.

이러한 잠재적인 한계에도 불구하고 포커스 그룹 인터뷰(FGI)는 시간과 자원을 절약할 수 있고 집단 역동성을 이용하여 통찰력을 끌어낼 수 있다는 분명한 장점을 가지고 있다. 특히 FGI는 이미 사회적 네트워크가 구축되어 있는 지역사회나 기관에 관한 연구를 하는 데 적합하다. 또한 집단 인터뷰는 욕구사정 연구, 조직변화 연구, 지역사회 기반 연구 등에서 유용한 기법이다.

개별 인터뷰

가장 이상적인 것은 심층 인터뷰 일정을 사전에 정하고 신뢰감과 진솔함을 느낄 수 있는 사적 공간에서 준비한 대로 진행하는 것이다. 물론, 인터뷰가 실제로 어떻게 진행되는지는 인터뷰 계획과 많이 다를 수 있다. 인터뷰는 아무리 잘해도 일방적 대화가 될 가능성이 높다. [글상자 5-4]에는 질적 연구 인터뷰를 할 때 도움이 될 만한 몇 가지 사항이 제시되어 있다.

[글상자 5-4] 질적 인터뷰 지침

1. 인터뷰에 앞서 질문할 내용을 가능한 한 숙지하기
2. 들은 내용을 바탕으로 후속 질문하기(가능한 한 참여자가 사용한 용어를 사용하기)

3. 유도 질문을 하지 않기

4. 탐색하되 심문하지 않기

5. 이해 못하는 것에 구애받지 않기(단, 이해하지 못하는 것을 자랑으로 여기지 말기)

6. 감정에 관한 질문에 의존하지 않기; 감정이 자연스럽게 일어나면 그에 대해 질문하기

7. 참여자가 일화나 구체적인 경험을 공유하도록 격려하기(일반적인 것은 피하기)

8. 연구자 자신을 드러내는 것에 주의하기(관심 끌기보다 라포 형성을 우선시하기)

9. 상호 교환을 통제하려 하거나 방해하지 않기

10. 말이 멈춰 버린 상황을 자연스럽게 여기기(침묵 깨기는 참여자가 막혀 버린 경우에만)

11. 웃고 유머 즐기는 것을 편하게 여기기

12. 후속 인터뷰를 할 때 '이미 아는 사이'로 여기면서 관계를 비공식화하지 않기

13. 후속 질문을 할 경우를 위해 기록하되 방해되지 않게 하기

14. 누구나 '인터뷰하기 좋지 않은 날'이 있을 수 있다는 사실을 기억하기

심층 인터뷰는 연구자가 선택한 인터뷰 방법이 가진 지향성 리듬에 맞춰 진행된다. 예를 들어, 인터뷰 응답자가 이야기하는 방식을 이야기 내용 못지않게 중요시하는 연구들은 인터뷰 응답자가 들려 주는 끊임없는 이야기로부터 해석력을 이끌어 낸다. Morse(2015)는 이러한 인터뷰를 가리켜 비구조적 인터뷰라고 부른다. 대표적인 예로는 현상학적 인터뷰, 생애사 인터뷰 그리고 내러티브 인터뷰를 꼽을 수 있는데 이러한 인터뷰에서는 인터뷰가 방해받지 않게 하기 위해서 심층 질문이나 후속 질문을 최소화한다.

어떤 인터뷰 방법들(예: 근거이론)은 좀 더 대화적이고 비구조적이다. '최소 수준으로 구조화된' 인터뷰의 경우, 인터뷰에 사용할 질문은 미리 준비하지만 준비한 질문을 사용할지, 어떤 순서로 사용할지 등은 상황에 따라 유연하게 결정한다. 그런가 하면, 구조화 정도의 연속선상에서 정반대 극단 쪽에 위치한 인터뷰들은 (물론 그렇더라도 양적 조사에 비하면 구조화 정도가 훨씬 낮은) 모든 인터뷰 응답자에게 같은 순서로 동일한 일련의 개방형 질문을 한다.

NYRS에서는 인터뷰를 두 가지 단계로 나누어 진행하였다. 첫 번째 단계는 자연스럽게 생애사를 이끌어 냈고, 두 번째 단계에서는 참여자의 약물 및 알코올 관련 경험, 그들의 사회적 네트워크, 그들의 정신건강 및 그 밖의 서비스 이용 등에 관한 반구조

화된 질문이 이어졌다. 두 단계 모두에서 개방형 질문을 중요시했으나, 후자 단계에
는 모든 응답자에게 특정 영역에 관한 질문을 동일하게 하기 위해서 '필수 질문'이 많
이 포함되었다.

대부분의 심층 질적 인터뷰는 최소한으로 구조화된 인터뷰다. 물론 그렇다고 해
서 즉흥 인터뷰를 하는 것은 아니다. 인터뷰 지침에 인터뷰해야 할 핵심 영역, 즉 정
보의 범주를 제시하는데, 어떤 범주는 미리 준비할 수도 있고 어떤 범주는 더 많은 정
보를 얻기 위해 심층 질문을 하는 과정에서 만들어질 수도 있다. 반드시 얻어야 할 필
수 정보(must-have information)에 어떤 정보를 포함시킬지를 결정하는 것은 매우 중
요한데, 왜냐하면 일상적으로 얻기 힘든 정보는 모두 응답자가 자발적으로 제공하거
나 필요할 때마다 심층 질문을 던져야만 얻을 수 있기 때문이다. NYRS에서 우리는
참여자의 사생활과 감정을 존중하기 위해서 참여자에게 트라우마를 상기시키는 경
험에 관해서는 직접적인 질문을 하지 않았다. 그럼에도 불구하고 인터뷰를 통해서
그런 정보가, 그것도 놀랄 만큼 구체적인 내용으로 모습을 드러냈다(Padgett, Smith,
Henwood, & Tiderington, 2012). 이러한 우리의 경험은 질적 탐구에서 직접적인 개입
을 하지 않더라도 민감성과 라포가 귀중한 정보를 얻는 데 어떻게 도움을 줄 수 있는
지를 보여 주는 좋은 예라고 하겠다.

가장 선호되는 인터뷰 형식은 1 대 1 인터뷰이지만 어떤 질적 연구자들은 두 명의
연구자가 인터뷰를 진행하는 것이 매우 유용하다고 한다. 두 명 중 한 명은 질문을 하
고 다른 한 명은 관찰하고 기록하고, 필요하다면 심층 질문을 하는 식으로 인터뷰를
진행할 수 있다는 것이다(Alvesson, 2011). 이런 형식의 인터뷰는 응답자가 2 대 1 인
터뷰를 편하게 여기는 경우에는 가능하지만, 이렇게 인터뷰를 진행해야 할 필요성에
대해서 사전에 분명한 논의가 있어야 한다. 왜냐하면 세 사람이 인터뷰를 하면 두 사
람이 인터뷰를 할 때보다 라포 형성이 복잡해지기 때문이다.

연계 인터뷰

관심의 초점이 어떤 식으로든 연결된 복수의 사람, 예를 들면 부부, 멘토-멘티 관

계, 부모와 자녀 등에게 맞춰질 때는 개인 인터뷰가 아닌 다른 인터뷰 형식에 관심을 갖게 된다. 연계 인터뷰(linked interview)는 포커스 그룹 인터뷰와 달리 개인의 경험을 개인 단위에서 그리고 다른 사람의 경험과 연결 지어 탐구하는 인터뷰 방법으로서 사람들 간의 관계나 관련성이 연구의 초점이 되는 연구에서 주로 사용된다. 연계 인터뷰의 인터뷰 응답자는 두 명인 경우가 가장 흔하지만, 3~4명 정도의 가족 또는 어떤 식으로 관련이 있는 집단을 대상으로 진행할 수도 있다. 물론 두 명 이상을 대상으로 연계 인터뷰를 하는 경우, 인터뷰 응답자들 간의 연결성 및 그들 관계의 여러 측면들 간의 균형에 대해 써야 하는 신경의 양 또한 증가한다. 그러다가 어느 수준에 이르게 되면 인터뷰 응답자의 규모와 그들이 가진 관점의 수가 연계 인터뷰를 함으로써 얻을 수 있는 이점을 희석시켜 버릴 수도 있다.

인터뷰 순서를 어떻게 할 것인지는 초기에 결정해야 한다. 개별 인터뷰를 공동 인터뷰보다 먼저 할 것인가, 아니면 나중에 할 것인가? 성인과 청소년 간 멘토링 관계에 관한 질적 연구에서 Renee Spencer(2006)는 연계 인터뷰에 인종/민족 차이와 사회계층 차이가 얼마나 복잡할 수 있는지를 잘 보여 주었다. 그녀는 먼저 멘토-멘티를 한 쌍으로 만나서 연구에 대해 설명하고 참여 동의를 얻은 다음, 멘토와 멘티 각자에 대해 개별 인터뷰 진행하고, 마지막으로 멘토와 멘티를 함께 만나서 공동 인터뷰를 하는 방식으로 인터뷰를 (전부 다해서 1시간 30분에서 2시간 소요) 진행하였다. 이러한 접근 방식을 통해 연구자는 두 명의 참여자 모두와 친해질 뿐만 아니라 개별적으로도 친밀한 관계를 맺을 수 있었다.

아동을 비롯한 취약계층 대상 인터뷰

이 책 제4장에서 언급하였듯이, 인간연구윤리위원회(human subjects committees)는 연방 법률에 따라 연구를 할 때 취약계층을 보호할 것을 요구한다. 수감자와 임신 여성에 대한 질적 인터뷰는 전문 인터뷰 기법 사용에 관한 문제가 아니라, 강제 예방 및 방지에 관한 문제이므로 이 장에서는 미성년자와 정신장애인에 대해서 초점을 맞추고 논의할 것이다.

미성년자를 단독으로 또는 부모와 함께 인터뷰할 때는 그들의 취약성(부모의 권위와 연구자의 참여에 대한)과 관련된 어려움이 있을 수 있다. 아동은 성인 연구자와 인터뷰를 하기에 언어 구사 능력, 생애 경험, 통찰력 등이 부족하다. 아동과 청소년은 나이가 많을수록 언어 능력은 높지만 비협조적일 수 있고 집중하는 시간이 짧을 수 있는데, 이들 간에는 발달단계와 성숙도에 따라 큰 차이가 있을 수 있다.

윤리적 또는 절차적 어려움이 있을 수는 있지만 아동을 대상으로 한 질적 인터뷰는 가능하며(Alderson & Morrow, 2004), 인터뷰 기법으로는 특히 비디오, 사진, 관찰 등이 사용된다(Barker & Weller, 2003). Berguno와 그의 동료들(2004)은 학교에서 따돌림을 당하거나 외로움을 경험한 8~13세의 아동 42명을 대상으로 회당 평균 20분 정도 소요되는 인터뷰를 진행하였다. 나이가 어린 아동일수록 역할극이나 게임을 활용해 인터뷰를 진행하는 것이 적절하다(Mufti, Towell, & Cartright, 2015). 또한 일기, 그림, 에세이, 사진 같은 문서도 짧은 인터뷰를 보완하는 유용한 자료 원천이 될 수 있다.

정신장애가 있는 인터뷰 응답자는 뇌 손상으로 인한 기질적 장애를 가지고 있을 수도 있고 조현병과 같은 심각한 정신질환을 가지고 있을 수도 있다. 장애 정도를 하나의 연속선으로 볼 때 극단 쪽에 해당하는 사람들과는 질적 인터뷰가 불가능할 수 있다. 그러나 정신장애인 참여자를 인터뷰에서 배제할 것인지에 관한 결정은 신중을 기해야 하는데, 자칫 우리의 고정관념으로 인해 그들의 말할 권리(연구자들이 그들로부터 배울 필요는 말할 것도 없음)가 침해될 수 있기 때문이다. 몇 년 전의 나는 정신질환을 앓고 있는 여성 노숙인들에 관심을 가지고 있었던 한 박사과정 학생을 만난 적이 있는데, 그 당시에 그 학생은 여성 노숙인들의 사례관리자를 인터뷰할 계획을 가지고 있었다. 왜 여성 노숙인 당사자들과 직접 이야기하지 않느냐는 질문에 대해서 그 학생은 그들이(여성 노숙인) 인터뷰에 참여할 수 있을 만한 언어적 · 인지적 능력이 없기 때문이라고 답하였다. 안타깝게도 그러한 결정으로 인해 그 학생은 진짜 전문가를 만날 수 있는 기회를 잃어버리게 되었다.

문제의 핵심은 결국 아동과 정신장애인의 능력을 (그들이 연구 참여자가 될 수 있는 권리까지 포함하여) 인정하는 것과, 그들을 연구할 때 발생할 수 있는 권력남용으로부터 보호하는 것 사이에 있다. 개인의 취약성에 대해 민감할 수 있을 때 연구자는 배제로부터 더 멀어질 수 있다.

주요 정보제공자, 엘리트 및 전문가 대상 인터뷰

중요한 누구 또는 무엇에 대해 알고 있는 주요 정보제공자는 연구자를 더 많은 지식과 정보를 얻을 수 있는 관찰과 인터뷰로 인도해 줄 수 있다. 정보제공자는 해당 지역사회의 사회 지도층 인사 중에서 나올 수 있지만 보통은 지역사회 전반에 관한 내부 지식을 가진 사람, 예를 들면 은퇴한 교사 같은 사람들이 된다. 해당 지역의 언어를 구사하지 못했고 통역자가 없으면 의사소통이 어려웠던 전통적인 문화기술학자들은 정보제공자의 통역가로서의 역할에 크게 의존할 수밖에 없었다. 주요 정보제공자를 활용하면 여러 가지 귀중한 정보를 얻을 수 있는 것은 사실이지만, 그렇다고 해서 주요 정보제공자가 여러 사람과의 인터뷰를 통해서 그들이 가진 다양한 삶과 경험에 관한 지식과 정보를 얻은 것을 대신할 수는 없다.

엘리트나 전문가를 대상으로 한 인터뷰에서 인터뷰 응답자는 여러 사람으로부터 존경을 받고 있는 전문가(예: 유명한 심장외과의사)일 수도 있고, 정책입안자(예: 교도소 예산을 담당하는 주의회 의원)일 수도 있으며 그 밖의 공인(예: 아동권리 옹호 활동가)일 수도 있다. 이런 사람들은 연구자로 하여금 그들이 아니면 볼 수 없는 하향식(top-down) 관점을 볼 수 있게 해 준다. 저자가 참여했던 아동위탁양육기관 관련 질적 연구의 경우, 아동은 물론이거니와 가정법원 판사와 아동권리 옹호 활동가도 주요 이해관계자 집단에 포함되었다(Freundlich, Avery, & Padgett, 2007). 그런 대상들과 인터뷰를 하려면 특별한 계획과 통찰이 필요하다. 그들은 항상 바쁘기 때문에 시간을 맞추기가 매우 어렵다. 그들에게 연구 인터뷰란 얻을 것은 아무것도 없으면서 연구자와 대화를 하다가 자칫 잘못하면 뭔가를 잃게 될지 모른다는 걱정이 앞서는 어떤 것으로 여겨진다. 그렇기 때문에 주어진 시간을 최대한 활용하고 인터뷰 응답자가 가진 독특한 관점과 시각을 이끌어 내기 위해서 각각의 대상에 맞는 최적의 맞춤형 질문을 준비하는 것이 바람직하다.

인터뷰 지침 만들기

인터뷰 지침은 맨 첫 페이지 상단에 인터뷰 날짜, 시간, 인터뷰 진행 장소, 연구자의 성명 또는 이니셜 같은 기본적인 사항을 기재하는 것으로부터 시작한다. 인구학적 특성 정보(나이, 성별, 인종, 교육 등)는 보통 인터뷰가 종결될 즈음에 물어보는데 눈치 빠른 연구자라면 아마도 인터뷰를 진행하면서 얻을 수 있는 정보를 모두 얻고 그래도 모르는 사항에 있을 때만 질문을 할 것이다.

질적 인터뷰 지침은 개방형 질문 위주로 작성하며, 질문의 수는 적을수록 좋다. 질적 인터뷰의 성공에 관건이라고 할 수 있는 즉흥성과 유연성은 **심층 질문**을 할 때 주로 필요한데, 어떤 심층 질문은 예상 가능한 반면에 어떤 심층 질문은 말 그대로 즉흥적일 수밖에 없다. 만일 연구의 범위가 넓다면, 인터뷰 지침을 핵심 영역(domain) 또는 주제 영역별로 구성하는 것도 바람직하다. 다음 [글상자 5-5]에는 NYRS의 두 개 영역과 각 영역별 질문의 예 그리고 영역별 심층 질문이 제시되어 있다. 인터뷰 지침을 만들 때 우리는 심층 질문 부분을 굵은 글씨로 표기하였는데, 이는 인터뷰 응답자가 자발적으로 정보를 주지 않는 경우에 한하여 연구자가 질문을 해야 한다는 사실을 상기하기 위해서였다. 글상자 내용 중 'SP'는 '연구 참여자(Study Participant)'를 의미하는 약자이며, 두 개의 핵심 영역 중 하나에는 심층 탐구가 필요한 사항에 물어봐야 할 사항(prompt)이 있다.

[글상자 5-5] NYRS 인터뷰 지침에 제시된 핵심 영역 예시

- 핵심 영역: 프로그램 참여하기

  질문 예 #1: 이 프로그램에 어떻게 참여하게 되었나요?

  심층 탐구 사항:

  - **누가 또는 어느 기관이 이 프로그램으로 의뢰해 주었는가?**
  - **프로그램에 참여할 때 선택의 폭이 얼마나 있었는가?**
  - **프로그램에 들어오기 전에 SP가 노숙인이었나?**

- 핵심 영역: 사회적 네트워크

  질문 예 #1: 도움이 필요할 때 가장 의지할 수 있는 사람은 (있다면) 누구인가요?

  심층 탐구 사항:

  - **인터뷰 참여자와의 관계**
  - **얻을 수 있는 도움 유형. 물어봐야 할 사항: 경제적 도움, 육아, 음식, 현금, 기타**

  질문 예 #2: 도움이 필요할 때 당신에게 의지하는 사람이 있나요?

  심층 탐구 사항:

  - **인터뷰 참여자와의 관계**
  - **줄 수 있는 도움 유형. 물어봐야 할 사항: 경제적 도움, 육아, 음식, 현금, 기타**

사회적 네트워크 핵심 영역의 질문 예 #2("도움이 필요할 때 당신에게 의지하는 사람이 있나요?")는 처음에는 심층 탐구를 위한 질문이었다가 나중에 기본 질문이 된 질문이다. 어떤 질문이 심층 탐구 질문에서 기본 질문으로 승격되는 경우는, 해당 질문이 '필수 정보'를 얻기 위한 질문이어서 해당 질문을 할지 말지를 전적으로 연구자의 판단에만 맡기는 것이 적절하지 않다고 판단되는 경우다. 어떤 질문이 기본 질문이 되면 참여자의 삶 중에서 이제까지 잘 알려지지 않았던 측면을 추가로 알게 될 뿐만 아니라, 연구자가 참여자가 가진 문제나 고민거리에만 일방적으로 집중하고 있는 것이 아님을 보여 줌으로써 연구자와 참여자 간의 라포를 강화하는 데 도움이 된다.

인터뷰 지침을 만들 때는 유도 질문과 혼란을 야기하지 않기 위해서 단어 선택에 세심한 주의를 기울여야 한다. 예를 들어, 연구 참여자가 자신의 미래에 대해 어떤 계획을 가지고 있는지, 있다면 어떻게 계획을 세웠는지를 알아보고자 한다고 가정해 보자. 다른 모든 영역에서와 마찬가지로, 이 영역에 관한 정보 역시 무수히 많은 방법을 통해 얻을 수 있다. 질적 접근 관점에서 볼 때 아마도 최악의 방법은 "당신이 가지고 있는 향후 5년간의 목표가 무엇입니까?"라는 질문을 던지는 것일 것이다. 그 질문보다는 차라리 "미래에 대한 당신의 목표는 무엇입니까?"라고 묻는 것이 훨씬 나을 것이다. 이 예가 우리에게 주는 메시지는 대부분의 사람이, 특히 그들이 개인적인 문제를 가지고 있거나 목표 설정에 관한 용어들이 매우 비판적이고 귀에 거슬린다고 생각하는 경우, 그런 질문에 답할 수 없다는 것이다. NYRS에서 우리는 "당신의 그 다음 단계는 무엇일까요?"라는 질문으로 주제를 완화시켰다. 나중에 알려진 바에 따르면, 우리가 '다음 단계'라는 용어를 사용한 것이 정말 좋은 선택이었는데 다음 단계라는 말을 듣고 참여자들은 가까운 미래와 먼 미래를 각자의 생각대로 정의하고 그들이 가진 바람과 구체적인 계획을 이야기할 수 있었다. 마지막 NYRS 인터뷰에서 우리는 '다음 단계' 질문에 이어서 "그러면 먼 미래에는 어떨까요? 먼 미래에 당신은 어떤 상황에 있게 될까요?"라는 심층 탐구 질문을 던졌다.

Charmaz(2014)는 근거이론(GT) 연구자는 질문 과정에 주목해야 한다고 주장한다. 예를 들면, GT 인터뷰에서는 "무엇 때문에 ∼에 이르게 되었나요?" "그다음에는 어떻게 되었나요?" "그 당시 당신의 삶에 무슨 일이 있었나요?" 또는 "현재 상황을 그 당시와 비교하면 어떤가요?"라는 질문을 던짐으로써 핵심 사건과 관련된 행동들을 포착해 낸다. 그러다가 인터뷰가 후반으로 갈수록 연구자의 초점은 인터뷰 초반에 파악된 이론적인 관심사로 점차 옮겨 간다. 예를 들어, 약물 중독 회복에 관한 어떤 연구에서 연구 참여자의 설명 중에 '자연적 회복'이라는 표현이 자주 나타난다고 가정해 보자. 의학적 치료의 도움 없이 점진적으로 자연 회복하기 위해 용기와 힘을 내보겠다는 참여자의 생각은 연구자로 하여금 많은 질문을 갖게 만들고, 자연 회복이 어떻게 진행되는지를 심층 탐구하게 만들 것이다.

인터뷰 지침은 모든 참여자에게 적용 가능한 표준 버전을 만들거나, 개인 맞춤형으로 만들거나, 두 가지를 합한 혼합 버전으로도 만들 수 있다. 질문을 만들 때는 이미 논의했거나 관련성이 없는 질문(예: 참여자가 약물이나 알코올을 남용한 적이 없다고 말하면 약물 남용에 관한 다른 질문들은 관련 없는 질문이 되는 식)이 나와서 건너뛰어야 하는 상황이 발생할 수 있다는 것을 염두에 두어야 한다. 질문의 순서는 매우 중요한데, 참여자에게 좋지 않은 인상을 심어 줄 수 있는 인구학적 질문이나 그 밖의 민감한 사실에 관한 질문으로 인터뷰를 시작하지 않도록 주의해야 한다. 또한 민감한 질문은 참여자와 라포가 형성된 후에 물을 수 있게 질문의 순서를 정하는 것도 중요하다.

인터뷰를 시작하기에 가장 좋은 질문은 연구 참여자를 곤혹스럽게 만들지 않는, 개방적이지만 위협적이지 않은 질문이다. 인터뷰를 마무리하는 가장 좋은 방법은 연구 참여자에게 인터뷰에 추가할 내용이 있는지, 인터뷰에 관한 의견이 있는지 등을 묻는 것이다. 이러한 마무리 브리핑은 연구자가 참여자에 대해 관심을 가지고 있고 참여자를 존중하고 있음을 느낄 수 있게 해 준다. 인터뷰 도중에 감정이 고조되는 상황이 발생할 수 있는데, 그런 감정은 인터뷰를 마치기 전까지 해소해야 하며 필요하다면 마무리 브리핑을 더 할 수도 있다. 인터뷰를 위한 대화에서 녹음기를 끄고 편안한 대화로 전환하는 것이 기분 좋은 마무리에 도움이 될 수 있다. 드문 경우이기는 하지만 참여자가 어떤 이유에서든 아직 화가 나 있거나 상황이 더 악화될 것 같다고 판단되는 경우, 연구자는 사전에 마련된 연구 절차에 따라 참여자에게 상담을 받을 수 있게 의뢰해 줄 수 있다는 '제안'을 해야 한다.

질적 인터뷰를 위한 유도 기법

질적 인터뷰를 할 때 연구자는 연구 참여자로 하여금 답을 열거하게 하거나 사진 또는 용어 목록 같은 자극에 반응하여 질문에 답하게 하는 유도 기법(elicitation techniques)을 사용할 수 있다. 유도 기법은 연구 참여자로 하여금 미리 형식을 정해놓은 답들 중에서 자신의 답을 선택하게 하는 것이다. 유도 기법은 문화적 신념과 관행에 대한 이해를 주된 목적으로 하는 문화인류학에서 처음 쓰기 시작한 기법으로서 사진 유도 인터뷰(이 장의 앞부분에서 설명한), **자유 열거**(free-listing) **기법**, **파일 분류**(pile-sorting) **기법** 등이 이에 해당한다(Weller & Romney, 1988).

자유 열거 기법은 연구 참여자로 하여금 특정 영역에 해당한다고 생각하는 것들을 열거하게 하는 것이다. 예를 들면, 연구 참여자에게 사람들이 불법 약물을 부를 때 사용하는 이름이나, 배심원 의무를 회피하기 위해 주로 늘어놓는 변명거리나, 저지방 간식거리의 이름 등을 열거하게 하는 것이다. 연구자는 연구 참여자가 자유 열거를 할 때 심층 탐구를 위한 질문을 할 수는 있지만 무엇을 열거 목록에 넣고 무엇을 뺄지는 전적으로 연구 참여자가 결정하게 해야 한다. **파일 분류 기법**은 보통 자유 열거의 결과로서 어느 정도 목록이 만들어진 다음에 사용하는데, 이는 연구 참여자로 하여금 자신이 열거한 것들을 어떤 기준을 가지고 분류하게 하는 것이다(Bernard & Gravlee, 2014).

어쩌면 당연한 것일 수 있는데, 이런 기법들을 사용하여 준표준화(quasi-standardized)

가 가능한 응답들을 얻게 되면 이런 기법들은 수량화(quantification)의 기초가 될 수 있다(Borgatti, 1994). 자유 열거의 결과는 빈도를 계산하기에 앞서 분류하고 범주화하는 과정을 거쳐야 한다. 파일 분류 기법은 연구자로 하여금 무엇이 해당 영역에 포함되고 무엇이 빠지는지, 그리고 열거된 것들 간의 순위나 순서가 어떻게 정해지는지 등을 알 수 있게 해 준다. 파일 분류 기법을 사용할 때는 표나 교차표를 만드는 것이 편리한데, 빈도가 가장 높은 것 또는 순위가 가장 높은 것이 어떤 것인지 살펴봄으로써 무엇이 중요한 것인지를 확인해 볼 수 있다(Rugg & McGeorge, 2005).

NYRS에서 연구진은 최종 인터뷰를 하면서 연구 참여자들의 삶의 우선순위가 어떠한지를 이해해 보고자 하였다. 우리는 먼저 자유 열거 기법을 사용하였으나 실패하였고(연구 참여자들이 어깨를 으쓱하면서 모르겠다고 하거나 모호한 대답을 해 왔다.) 이어서 **카드 분류**(card sorting) **기법**을 가지고 다시 도전해 보았다. 카드 분류 기법은 연구 참여자로 하여금 "당신의 삶에서 중요한 것이 무엇인가요?"라는 질문에 대한 답이 될 수 있는 내용이 적힌 여러 장의 카드들 중에서 원하는 카드들을 고르게 하는 기법이다. 정신건강 회복에 관한 문헌들에서 찾은 12개의 답 각각을 가로 3센티미터 세로 5센티미터짜리 카드에 하나씩 붙인 다음, 연구 참여자에게 원하는 것을 고르게 하였다. 그런 다음 그들에게 선택한 답들의 순위를 중요도를 기준으로 매기게 하였다(Choy-Brown, Padgett, Tran Smith, & Tiderington, 2015). 연구 참여자들은 신체건강, 정신건강, 연인, 직업, 주거 등이 적힌 카드들을 골랐다. 우리는 연구 참여자들이 이 활동을 얼마나 재미있어 하는지, 그리고 그들이 카드를 그들 마음대로 고를 수 있다는 것을 얼마나 좋아하는지 보면서 기분 좋은 놀라움을 경험하였다. 우리는 심층 탐구를 위해서 연구 참여자들에게, 예를 들면 "X를 뺀 이유는 무엇인가요?" "X가 최우선 순위인 이유는 무엇인가요?"와 같은 질문을 던지기도 했지만, 어쨌든 카드 분류 기법이 매우 성공적인 기법임을 확인할 수 있었다(Choy-Brown et al., 2015).

2차(및 3차) 인터뷰를 위한 지침

연구 참여자와 인터뷰를 여러 차례 할수록 깊이 있는 정보를 얻을 수 있을 뿐만 아니라 정보의 명확성과 확장성을 높일 수 있는 기회를 얻게 된다. 그렇기 때문에 우리는 후속 인터뷰와 관련해서 다음과 같은 질문을 해 보게 된다. 즉, 후속 인터뷰 지침에 어떤 내용이 포함되어야 하는가? 바로 여기서 질적 연구의 유연성과 순환적 특성 (iterative nature)에 대해서 생각해 보게 되는데, 특히 현상학적 연구와 GT 연구에 있어서 그러하다. 현상학적 연구에서 인터뷰를 여러 차례 하는 이유는 연구 참여자의 생애 경험에 좀 더 깊이 들어가기 위해서다. GT 연구에서는 주로 연구자의 첫 예감 (첫 번째 인터뷰에서 얻거나 다른 연구 참여자와의 인터뷰로부터 얻은)을 검증 및 확장하기 위해서 후속 인터뷰를 진행한다. GT 연구에서는 추가 인터뷰 응답자를 뽑기 위해서 이론적 **표본 추출방법**을(theoretical sampling) 사용하는데, 이 방법은 고전적인 GT 연구 방법 중 하나다.

실제로 2차 인터뷰는 시간이 부족해서 제대로 끝마치지 못한 첫 번째 인터뷰(이런 경우가 종종 있다.)를 마무리 짓기 위한 목적에서 종종 진행한다. 물론 2차 인터뷰에는 첫 번째 인터뷰에서 하지 않았던 질문을 추가할 수 있고 사실 추가해야 한다. 많은 연구자에게 있어서 2차 인터뷰는 중요한 점들을 명확히 할 수 있는 기회이면서 연구 참여자의 경계심이 사라지기 때문에 새로운 모험을 시작할 수 있는 기회로서 환영받는다. 당연한 일이지만 2차 인터뷰의 내용을 사전에 구체화하는 것은 쉽지 않은 일이며 사실 그렇게 하는 것이 늘 바람직한 것만도 아니다. 만일 지도교수나 연구윤리위원회나 그 밖의 권위를 가진 어떤 주체가 2차 인터뷰 지침의 사본을 제출할 것을 요청한다면, 연구자는 지침을 제출하면서 아마도 자신이 추가 질문에 답해야 하는 상황이 벌어질 수 있다는 것을 미리 예상해 둘 필요가 있다. 그리고 왜 당초 계획보다 많은 인터뷰 응답자가 필요한지를 설명해야 하는 경우가 발생한다면 할 수 있을 때마다 포화 개념을 사용하면서 설명하는 것이 좋다.

시작 단계를 위한 몇 가지 지침

질적 인터뷰를 다른 말로 표현하면 대화하고 있다는 느낌을 받지 않으면서 하는 대화라고 할 수 있다. 이 두 가지 간의 차이를 이해하는 것은 쉬운 일이 아니며, 그렇기 때문에 실제 연구에서 실천하기도 쉽지 않다. [글상자 5-4]에 제시되어 있는 조언에 몇 가지 도움이 될 만한 조언을 덧붙이자면 다음과 같다. 첫째, 연구자는 가능한 한 자신의 입장을 명확히 해야 한다. 다시 말하면, 연구자는 지향성(directedness)과 구조 (structure)를 양극단으로 하는 일련의 연속선상에서 자신이 어디에 위치하는지를 분명히 알아야 한다는 것이다. 연구자가 연구 참여자에 대해 뭔가 알고 싶다는 호기심으로 가득 찬 사람인 것은 당연하고 바람직하지만, 동시에 연구자는 인터뷰의 방향을 제시하고 흐름을 조절하는 역할을 하는 사람이어야 한다. 물론 인터뷰자와 연구 참여자가 동반자적 관계에 있을 수는 있다. 그러나 각자의 역할은 분명히 달라야 하며 상호보완적이어야 한다.

둘째, 사전연구를 통해서 일부 사람들에게 (연구 대상 모집단에서 뽑는 것이 바람직한) 인터뷰 지침을 적용해 본다. 이러한 시범 운영을 해 보면 거의 예외 없이 질문 문항 수를 줄이거나 문구를 수정하는 등의 필요성을 확인하게 된다. 셋째, 만일 연구를 팀으로 진행한다면 인터뷰자 훈련을 위해 충분한 시간을 투자하고 교육적 훈련뿐만 아니라 인터뷰자-면접 역할 훈련도 반드시 실시한다. 그리고 시간이 충분하다면 훈련 목적에서 실시한 인터뷰의 녹취록으로 만들어서 면접 기법의 장단점을 분석하는 교육 도구로 활용한다. 만일 시간이 충분하지 않다면 초기 인터뷰의 녹취록을 만들어 동일 목적으로 활용할 수도 있다. 넷째, 인터뷰 장소를 미리 계획하고 정한다. 이때 이 부분은 가능한 한 연구 참여자가 결정할 수 있게 하는 것이 좋은데, 연구 참여자가 느끼는 편안함과 안전감, 그리고 사생활 보호가 무엇보다 중요한 요소이기 때문이다.

마지막으로, 녹음을 하지 않는 상태에서 항상 일상적인 이야기를 하면서 인터뷰를 시작하고 마무리하는 것이 좋다. 그렇게 하는 것이 인터뷰를 순조롭게 시작하는 데 도움이 되는데, 특히 아주 구체적이고 세세한 내용까지 일일이 설명하고 연구 참여자로부터 연구 참여 동의를 받은 뒤라면 더더욱 그렇다. 인터뷰를 끝내기에 앞서 몇 가지 가벼운 이야기를 주고받는 것은 연구 참여자로 하여금 자신이 존중받고 있다는 느낌을 갖게 만들고, 질문이나 의견을 제시할 수 있는 기회를 제공할 뿐만 아니라 추후에도 연락 관계를 유지하고 후속 인터뷰를 할 수 있는 기반을 제공해 준다.

인터뷰하기: 심층 탐구 질문의 중요성

이상적인 인터뷰는 연구 참여자가 이야기할 수 있고 인터뷰자는 즉흥성을 발휘할 수 있는 공간과 편안함이 있는 인터뷰다. 질적 인터뷰에서는 때로는 계획된 것일 수도 있지만 대부분은 즉흥적인 심층 탐구 질문(probes)을 통해서 더없이 귀중한 정보를 얻는 경우가 종종 있다. 이러한 경우에 대비하여 인터뷰자는 항상 미묘한 단서들에 주의를 기울여야 한다. 심층 탐구 질문은 연구자로 하여금 준비된 설명이나 연출 이상의 것을 얻을 수 있게 해 준다는 점에서 매우 중요하다. [글상자 5-6]에는 저자가 참여했던 한 선행 연구를 심층 탐구 질문의 중요성을 엿볼 수 있게 해 주는 예로 제시해 놓았다.

[글상자 5-6] 계획되거나 즉흥적인 심층 탐구 질문의 중요성: '공기 이론'과 유방암

저자가 참여했던 한 연구(할렘 지역 여성을 대상으로 한 유방암 엑스레이 검사 연구)에서 우리는 유방암 엑스레이 검사 결과 이상이 있음을 통보받은 아프리카계 여성들 중에 왜 어떤 사람들은 후속 정기 검사를 게을리하는지에 관심을 갖게 되었다. 우리는 연구 참여자들을 인터뷰하면서 왜 유방암이 몸의 다른 부분으로 전이된다고 생각하는지 물었다. 응답자들 중 일부는 '공기'가 부분적 또는 전적인 원인이라는 확신에 찬 답을 흘려 버리듯이 말해 주었다. 이러한 답을 들은 한 연구자가 심층 탐구 질문을 던졌다. 연구 참여자들은 수술하는 동안 신체의 일부가 절개되어 공기에 노출되었을 때 '비활성화' 상태의 암세포들이 공기 중으로 나와서 활성화된 다음, 신체의 다른 부위로 퍼진다고 설명하였다. 정례 연구 회의 때 우리는 전혀 예측하지 못한 이러한 정보가 왜 여성들이 생체검사를 위한 수술이나 그 밖의 검사 서비스에 관한 의사의 견해를 따르지 않는지를 이해하는 데 매우 중요하므로 조심스럽게 심층 탐구해 볼 필요가 있다는 데 의견을 모았다. 우리는 직접 질문보다 맥락에 맞게 심층 탐구하는 것을 선호하였는데, 그렇게 하는 것이 덜 유도적이고 덜 추정적이라 판단하였기 때문이다.

후속 인터뷰와 심층 탐구를 진행한 결과, 여성들 사이에 여러 버전의 '공기 이론'이 원인으로 이야기되고 있으며, 모든 연구 참여자가 수술 과정에서의 공기 노출에 대해 우려하고 있다는 사실을 알게 되었다. 몇 년이 지난 후에 우리는, 놀랍기 그지없는 운명의 장난이라고 해야 할지 모르겠지만, 그 당시에 우리가 위험한 '민간 신앙'이라고 여겼던 연구 참여자들의 생각이 의외로 신빙성이 있는 주장이었다는 것을 알게 되었는데 Columbia University의 외과 전문의 연구자들이 발표한, 폐쇄 절개(복강경) 수술에 비해 개방 절개 수술을 할 경우 병원균의 공기 전염이 더 높아 암 재발 가능성이 높아진다는 연구 결과가 생물의학적 승인을 받게 된 것이다!

질문을 단 한 개만 해도 많은 정보를 제공해 주는 연구 참여자들도 있기는 하지만 대부분의 질적 연구에서는 원하는 수준의 깊이와 풍부함을 가진 정보를 얻기 위해 심층 탐구 질문에 의존해야 한다. 즉흥적 심층탐구 질문은 다음과 같은 목적을 위해 사용할 수 있다.

- 깊이 들어가 보기("~에 대해 좀 더 이야기해 주시겠습니까?")
- 되돌아가기("앞서 ~에 대해 이야기하셨는데 그것에 대해 이야기해 주시겠습니까?")
- 확인하기("그렇다면, 당신이 체포되었을 때 당신은 노숙인이셨습니까?")
- 이끌어 가기("매우 흥미로운 이야기입니다만 다시 ~로 돌아갈까요?")
- 비교하기("위탁 가정에서의 경험과 입양 가정에서의 생활을 비교하면 어떤가요?")

이들 각각의 목적은 말하고자 하는 바와 알고자 하는 바가 무엇인지에 따라 그 역할이 다르다. '깊이 들어가 보기' 질문은 다른 질문보다 훨씬 더 열려 있는 질문이다. 연구자는 연구 목적과 무관하거나 인터뷰 진행을 위해 필요한 질문이 아니라면 자칫 관음증적 질문으로 오해받을 수 있는 불필요한 질문을 삼가야 한다. 예를 들면, 성 기능에 관한 심층 탐구 질문을 하는 것은 항정신성 약물의 부작용에 관한 이야기를 하는 도중이라면 적합할 수 있으나, 젊은 연령대의 연구 참여자들이 자신들의 데이트 경험에 관한 이야기를 하는 도중에 하는 것은 적절하지 않다.

'이끌어 가기' 질문을 할 때는 인터뷰 흐름을 방해하지 않도록 신중해야 한다. 응답자들은 이야기 도중에 갑작스럽게 주제를 전환하기도 하는데, 그렇게 하는 것이 뒤에 가서 통찰력 있는 생각들을 만들어 내는 경우가 있는가 하면 하품 나올 정도로 이야기가 지루해지는 결과로 이어지기도 한다. 질적 연구자들에게는 고마움을 모르는 아동, 자신의 성 경험, 마약 합법화 주장 등과 같은 장황하기 짝이 없는 이야기들을 끝까지 경청해야 하는 경우가 종종 있다. 이끌어 가기 질문은 인터뷰 시간이 짧고 내용이 빈약할 때 진가를 발휘한다. 심층 탐구 질문을 인터뷰 지침에 포함할 수도 있고 필요한 순간마다 할 수도 있다. 다수의 연구자가 함께 연구하는 질적 연구에서는 각각의 연구자가 자신만의 연구 흔적을 남기려는 욕심에서 심층 탐구 질문을 '단독 연구'의 수단으로 활용하는 경우가 발생하지 않게 주의해야 한다.

심층 탐구 기법 중에서 가장 덜 사용되는 기법은 **프롬프트**(prompts) 기법이다(질문이 모호할 때 인터뷰 참여자에게 예를 제시하는 기법. 단, 확인 목록을 제시하는 것은 부적절하다). 예를 들면, 인터뷰 참여자들에게 지난 6개월간 의료서비스를 이용한 적이 있는지 물으면서 '진료소 방문, 응급실 등'을 예로 언급함으로써 응답자에게 '의료서비스'가 의미하는 것이 무엇인지 이해하는 데 도움이 되는 약간의 정보를 제공할 수 있다. 프롬프트 기법을 사용할 때 세심한 주의가 필요하다는 것은 두말할 나위 없는데, 연구자들이 자신이 하고 싶은 말을 응답자로 하여금 하게 만드는 위험이 있을 수 있기 때문이다.

인터뷰 이후

인터뷰 피드백 양식(Interview Feedback Form: IFF)은 참여자에 대한 관찰(인터뷰 참여자가 '적대적이다, 흥분한 상태다, 산만하다, 즐겁기 위해 적극성을 보였다' 등과 같은)이나 인터뷰 세팅('참여자의 집이 깔끔하게 유지되고 있었다, 인터뷰를 진행하고 있는 방에 직원에 드나들었다' 등)을 기록하는 양식이다. IFF는 또한 참여자 관련 고려사항이나 인터뷰 이후에 갖게 된 생각 등을 기록할 수 있기 때문에 매우 유용하다. [글상자 5-7]에는 NYRS에서 작성했던 IFF가 예로 제시되어 있는데, 참여자의 신원 보호를 위해 일부 사실을 수정하여 제시하였다. 이 IFF는 상대적으로 짧은 편에 속하는 IFF이며, 어떤 IFF는 분량이 무려 세 장에 달하는 것도 있다.

연구자가 관찰하는 것에는 목소리(비꼬는, 슬픈, 마음이 가벼운), 말하기 관련 어려움, 표정(찡그린 표정, 윙크, 웃음), 몸짓, 주변 환경(잡음, 냄새, 그 밖의 방해 요소) 등 참여자에 의해 말로 표현되지 않은 많은 것이 있다. 이런 내용은 연구자에게 녹취록에 기록되었더라면 알 수 있었겠지만 그렇지 않기에 놓치게 되는 중요한 맥락에 대한 느낌을 제공해 줄 수 있다. 응답자가 말한 내용이 그들의 행동 또는 정황과 상충하는 경우에는 어떻게 해야 하는가? 이런 경우, 가장 바람직한 것은 불일치를 지적하려 하거나 어느 것이 '진실'인지 가리려고 하지 않는 것이다. 응답자와 장시간 함께하다 보면 무엇이 사실인지가 밝혀질 수도 있기 때문이다(만일 함께할 수 있는 기간이 짧다면 연구자가 추측해 볼 수도 있다). 어떤 경우이든 연구자는 그러한 불일치에 관한 관찰을 IFF에 기록할 수 있다.

[글상자 5-7] NYRS의 연구자 피드백 예

NYRS 인터뷰 피드백 양식

(주: 이 양식은 인터뷰 종료 직후 바로 작성하여 주간 정례 보고 회의 때 회의 자료로 제출하여야 한다. 가능하면 녹취록 인쇄본을 첨부하도록 한다.)

참여자 ID#: 21X　　**성별:** 남성　　**나이:** 36

인종/민족: 아프리카계 미국인 (카리브 지역 태생)　**인터뷰 일자:** 2012. 05. 02.

인터뷰 장소: NYSS 사무실　　**연구자:** BH

인터뷰 시작: 오전 10시 30분　　**인터뷰 종료:** 12시

1. 인터뷰 중 SP의 태도와 기분(불안, 조급함, 편안함, 분노 등)을 기록한다.

　　SP는 편안해 보였고, 친절하였으며, 대화에 대해서 개방적이었다. 내가 도착했을 때, 우리 연구의 또 다른 참여자인 그의 룸메이트가 집에 있었다. 그 룸메이트는 놀라면서 나를 맞이하였고, 새 SP가 된 자신의 룸메이트에게는 내가 '좋은 사람'이라고 말하였다. 룸메이트가 떠나자, 나는 SP와 함께 자리에 앉았고, SP는 내가 하는 모든 질문에 기꺼이 답해 주었다. 그가 하는 말을 이해하는 것이 대체로 어렵지는 않았지만 트리니다드(Trinidad) 출신인 그의 억양과 발음 때문에 어떤 문구는 이해하기가 어려웠다.

2. SP의 자세나 비언어적 행동 기록한다. (녹취록에 몸짓, 표정 그리고 웃음 또는 울음과 같은 발화 표현이 포함되어야 함을 기억하라!)

　　SP는 노트북 컴퓨터를 앞에 두고 부엌 식탁에 앉았다. 대개의 경우, 그는 의자에 바른 자세로 앉았으며 말할 때는 보통 노트북 컴퓨터 화면을 응시하였다. 그는 표현력이 뛰어나지는 않았으나 인터뷰를 진행할 때 보았던 미소(예: 아이튠즈에서 제공되는 랩 음악을 나에게 들려주었을 때 보여 줬던 미소)로 나를 반겨 주었다.

3. 인터뷰 장소가 SP의 집일 경우, 물리적 환경, 정돈 수준, 사진 등과 같은 개인 소장품을 기록한다.

　　아파트는 충분히 밝고, 따뜻하고, 깨끗해 보였다. 벽에는 지하철 노선도를 제외하고는 거의 아무것도 장식되어 있지 않았다. SP는 자신은 정기적으로 집을 청소하지만 그의 룸메이트는 청소를 제대로 하지 않는다고 말하였다.

4. SP의 마약/알코올 복용 이력과 현재 상태에 대해 간략하게 요약한다.

　　SP는 마약이나 알코올이 그가 아는 사람들에게 얼마나 큰 피해를 입혔는지 목격하였기 때문에 마약이나 알코올에 심하게 중독된 적이 절대 없다고 말하였다. 그는 가끔 마리화나를 섭취하였다고 말하였다.

5. SP로부터 수집한 정보의 질적인 부분에 관해 고려해야 할 모든 사항(금주 상태, 정신 상태, SP에 대한 본인의 반응 등 포함)을 기록한다.

　　고려해야 할 사항 없음.

연구 대상에 인터뷰자 맞추기: 나이, 젠더, 인종 및 그 밖의 특성의 영향

　　연구자와 연구 참여자 간에 친밀하고 사적인 관계가 형성되기 쉬운 질적 연구의 특성을 고려해 볼 때, 질적 인터뷰에서는 인터뷰자와 인터뷰 응답자 간의 차이점에 대해서 생각해 볼 필요가 있다(Manderson, Bennett, & Andajani-Sutjaho, 2006). 어떤 연구자들은 인터뷰자와 인터뷰 응답자의 성별, 나이, 인종 등의 특성을 맞출 것을 주장하는데, 그렇게 하면 인터뷰 응답자들이 인터뷰자를 더 수용할 수 있게 되고, 어떤 주제들은 이야기하기가 훨씬 수월해지므로 연구자가 더 많은 것을 이해할 수 있게 된다는 점을 강조한다. 저자가 공동 연구자로 참여했던 할렘 지역의 유방암 여성들에 관한 연구에서는 신체 기능, 성생활, 의료서비스에 있어서의 인종차별 등을 둘러싼 민감한 사안에 대해 토론할 때 연구 참여자가 충분히 편안함을 느낄 수 있도록 하기 위해 아프리카계 미국인 여성을 연구자로서 모집하였다.

　　인터뷰자의 특성은 분명히 인터뷰에 영향을 미친다. Miller와 Glassner(2011)는 연구자가 남성인지 여성인지에 따라 젊은 남성 연구 참여자들이 자신들의 성적 경험을 자랑스럽게 이야기할 때의 반응이 다르다는 것을 발견하였다. 예를 들면, 남성 연구자들은 한 여성과 가졌던 집단 성관계가 합의에 의한 것이었다는 아프리카계 남성 참여자들의 주장에 대해서 아무런 의문을 제기하지 않았다. 반면에 동일 대상을 젊은 아프리카계 미국인 여성 연구자가 인터뷰하였을 때 남성 참여자들은 자랑스러워하는 모습을 덜 보이면서 그들이 성관계 시 여성이 했다는 동의의 본질에 대해서 신중한 태도를 취하였다. 인터뷰자와 인터뷰 응답자 간의 이러한 차이는 인터뷰자와 인터뷰 응답자를 성적 지향성, 나이, 젠더, 사회적 계층 등으로 나누더라도 유사하게 나타날 수 있다. 예를 들어, 폐경기를 겪고 있는 여성에 관한 연구를 한다고 할 때 연구자가 이미 폐경을 경험한 바 있는 나이 많은 여성이라면, 웬만해서는 연구자와 폐경 경험에 관한 논쟁을 벌이기가 쉽지 않을 것이다. 마찬가지로 부모이면서 동성애자인 남성들에 관한 연구를 하는 연구자가 이성애자이거나 부모가 아니라면 연구가 그다지 생산적이지 않을 수도 있다.

　연구하려는 주제가 무엇인지를 보면 인터뷰자를 인터뷰 응답자에게 맞추는 것이 바람직한지 여부를 알 수 있지만 그런 판단을 항상 쉽게 내릴 수 있는 것은 아니다. 연구자와 연구 대상 간에 매칭이 필요하다고 판단되더라도 연구자가 가진 특성 중 과연 어떤 특성이 연구에 도움이 되고 어떤 특성이 지장을 초래할지를 예상한다는 것은 결코 쉬운 일이 아니다. Robert Weiss(1994)는 다음과 같이 언급하였다.

　　　　IV 마약을 주사기로 투여하는 남성 중독자를 인터뷰했을 때 나는 마약 문화에 대해서는 문외한이었지만 남성에 대해서는 잘 알고 있었다. 두 아이의 어머니이면서 보호소에 거주하던 IV 마약중독자 여성을 인터뷰했을 때, 나는 여성, 마약 문화 그리고 여성 마약중독자 보호소에 대해서는 잘 알고 있지 못했지만 부모의 걱정이 어떤 것인가에 대해서는 잘 알고 있었다(p. 137).

　연구 모집단 구성원이나 지역사회 구성원을 연구자로 활용하는 것은 권장할 만한 (그리고 참여 행동 연구에서는 반드시 그렇게 해야 한다.) 일이지만, 동시에 위험이 뒤따르는 일이기도 하다. 연구 참여자는 '자기 자신'에 대해 말함으로써 자신의 사생활이 드러나는 것을 우려할 수 있으며, 동료들과의 관계가 불편해지지 않게 하기 위해서 왜곡된 대답을 할 수도 있다. NYRS에서는 인터뷰자와 피인터뷰자의 성별을 매칭할 수 없었지만(다수의 연구 참여자가 남성이었지만 우리 연구자는 여성이었기 때문에) 그러한 사실이 연구에 필요한 협조를 구하거나 인터뷰를 성공적으로 진행하는 데는 아무런 문제가 되지 않았다. 연구 모집단에 관한 사전 교육과 경험 그리고 연구에서 하게 될 일들에 대한 존중과 상호 이해가 연구자와 연구 참여자 간의 젠더를 포함한 여러 가지 차이점들을 극복하는 데 있어서 도움이 되었다. 어떤 연구에서는 인터뷰의 효과성이 연구자와 연구 대상 간 매칭이 얼마나 잘 이루어지는지에 달려 있을 수도 있지만, 대개의 경우는 숙련된 연구자만 있으면 충분하다.

질적 인터뷰에서 자주 발생할 수 있는 문제 및 오류

이상적인 질적 연구자는 생산적인 심층 탐구 질문을 위해 필요한 폭넓은 지식과 언제 시작을 하고 언제 침묵해야 하는지를 알고 인내할 수 있는 성숙함을 겸비하고 있다. 그러나 아무리 경험이 많은 연구자라 할지라도 인터뷰가 원하는 대로 되지 않는, 마치 "철부지 강아지를 산책시키는 것"(Steinmetz, 1991, p. 64) 같은 난감한 경험을 하는 경우가 있다. 마찬가지로 제멋대로인 포커스 그룹을 통제하는 것은 마치 한 무리의 고양이들을 이끌고 가는 것만큼 힘들 수 있다. 온라인 인터뷰를 하다 보면 인터넷 연결이 끊겨서 인터뷰가 중단되기도 하고 인터뷰 응답자가 인터넷 연결을 끊어 버리는 경우가 발생할 수도 있다(무엇이 진짜 원인인지는 알 길이 없다). 온라인 화상 회의의 경우는 시간 지연, 약한 인터넷 신호, 오디오 품질 저하 등의 문제가 발생할 수 있다.

기술적 취약성이나 사람 관련 문제를 제외한다면, 질적 인터뷰에서 흔히 발생하는 문제들 중 일부는 예상 가능한 문제들이다. 예를 들면, 인터뷰자가 인터뷰를 주도하려는 마음에서 대화의 흐름을 방해하는 문제를 꼽을 수 있다. 녹취록을 읽다 보면 인터뷰자가 인터뷰를 주도하고 인터뷰 응답자의 말을 경청하지 않았다는 것을 엿볼 수 있는 경우가 종종 있는데, 연구자에게 있어서 그런 녹취록을 읽는 것보다 더 실망스러운 것은 없다.

인터뷰 응답자가 비협조적인 경우는 어떠한가? 자신과 마주하고 있는 인터뷰 응답자가 질문을 할 때마다 마지못해서 그저 한 마디 정도의 답을 하고 무표정한 얼굴로 다음 질문을 기다리면서 앉아 있는 것을 지켜볼 때 연구자는 종종 좌절감을 느끼게 된다. 인터뷰는 시작과 중단을 반복하게 되고 연구자는 점점 더 좌절감을 느끼면서 어쩔 줄 모르게 된다. 이러한 상황에서 화를 낼 수도 있지만, 가장 현명한 대처 방법은 냉정을 유지하고 타협적인 태도를 취하면서 필요하다면 인터뷰를 중단하는 것이다. 정보를 얻는 것이 아무리 중요할지라도 강압적인 태도를 취하면서까지(또는 두통을 얻어 가면서까지) 정보를 얻을 필요는 전혀 없다. 만약 인터뷰 응답자의 그런 반응이 일시적인 것이면 언제든 다른 날로 인터뷰 일정을 다시 잡을 수 있다.

마지막으로, 부적절한 훈련과 피곤함이 인터뷰를 비생산적으로 만들 수 있다는 것 또한 염두에 둘 필요가 있다. 경험이 적은 연구자들은 좋은 뜻에서 또는 별다른 생각 없이 몇 마디 말을 내뱉음으로써 이제까지 살펴본 모든 문제 상황에 놓일 수 있다. 연구자가 심층 탐구를 위한 질문에 지나치게 집착하는 경우가 있을 수도 있는데, 연구자가 연구 참여자의 주장에 대해서 회의적일 때 특히 그러하다. 인터뷰자와 인터뷰 응답자 간의 관계가 너무 스스럼없는 관계가 되면 인터뷰가 일상적인 대화가 되어 버리거나 주제에서 벗어나 버릴 수 있다. 한번은 녹취록을 읽다가 연구자가 마약 남용에 관한 질문에 "미안합니다만 다음 질문을 해야겠습니다."라고 말문을 여는 경우를 우연히 발견한 적이 있었다. 연구자가 연구와 거리를 두는 듯한 이러한 사소한 행동이 연구 참여자에게 인터뷰 질문을 진지하게 받아들이지 말라는 메시지를 전달하였고, 그로 인해 연구 참여자에게 사실상 진실을 왜곡할 수 있는 장을 제공한 것이나 다름이 없었다.

인터뷰를 성공적으로 진행하는 동안 질적 연구자는 일반적인 것과 구체적인 것 그리고 주어진 주제에 집중하는 것과 심층적으로 파고드는 것 간의 균형을 잘 유지해야 한다. 동시에 연구자는 공감하고, 경청하고, 몸짓 표현을 주시하고, 다음 질문을 예상하고, 주의를 기울일 필요가 있는 것들을(예: 불일치, 심층적인 의미를 내포한 진술 등) 정신적으로 또는 물리적으로 받아 적어 가면서 기록해야 한다. 이러한 모든 노력이 잘 맞아떨어질 때 인터뷰자와 피인터뷰자 모두는 서로에게 도움이 되는 만남을 가졌다는 느낌을 가지고 헤어질 수 있다. 전혀 만족스럽지 않게 진행된 질적 인터뷰에서 조차도 대부분의 인터뷰 응답자는 자신들이 존중받았고 자신들의 이야기를 연구자가 경청하였다는 느낌을 받으면서 만족해할 것이다. 그리고 그러한 사실이 종종 연구자로 하여금 고마움과 동시에 감정적 소진을 경험하게 만들기도 한다.

인터뷰와 관련된 감정적인 쟁점

질적 연구의 민감하면서도 탐색적인 특성으로 말미암아 질적 인터뷰에서는 거의 대부분의 경우 감정이 실린 정보를 주고받게 되기 마련이다. 인터뷰 도중에 연구 참여자는 웃을 수도 있고 흐느낄 수도 있으며 때로는 화를 낼 수도 있다. Levy와 Hollan(2000)은 경험이 많지 않은 연구자들이 자주 범하는 문제 중 하나로, 피인터뷰자의 취약성을 과장하는 경향을 지적하였다. 민감한 주제와 트라우마적 이야기는 고통스러운 감정을 불러일으킬 수 있기 때문에 연구자는 불필요한 심층 탐구 질문으로든 그 밖의 다른 방식으로든 둔감한 태도를 보이지 말아야 한다. 그러나 감정이 실려 있다는 이유만으로 이러한 정보들을 회피하는 것은 연구를 아예 포기하는 것이나 연구 참여자들이 그들의 감정을 다스릴 능력이 없다고 가정해 버리는 것과 다름이 없다. 실제로 대부분의 연구 참여자는 자신의 말에 공감하고 비심판적인 태도로 듣고자 하는 연구자에게 자신에 관한 이야기를 하는 것을 좋은 기회로 생각한다.

앞서 제4장에서 연구윤리에 관하여 논의하면서 언급하였듯이, 연구 참여자가 감정을 표현하는 경우가 있을 수 있는데 그런 감정 표현으로 인해 인터뷰가 순간적으로 잠시 중단되는 것 이상의 어떤 문제가 발생하는 경우는 매우 드물다. 연구 참여자가 격한 감정적 반응을 보이더라도 노련한 연구자는 관심을 나타내면서 연구 참여자를 진정시킬 수 있다(Weiss, 1994). 어떤 경우에도 질적 연구자는 연구 참여자가 격한 감정을 갖게 만들지 말아야 하며, 만일 연구 참여자가 그러한 감정을 갖게 되면 연구 참여자로 하여금 자신의 감정을 안정적으로 표출할 수 있는 기회와 여유를 갖게 해 주어야 한다.

또한 연구자는 지나칠 정도로 개인적이거나 고통스러운 인터뷰를 하고 나면 감정이 마치 밀물처럼 빠져 나가는 듯한 경험을 하기도 한다. 이런 경험은 연구자가 연구 참여자나 그들의 환경에 익숙하거나 연구 참여자와 어떤 경험을 공유하고 있는 경우 더 심할 수 있다. 예들 들어, 과거 자신의 할머니가 학대받는 것을 목격하고 나서 노인학대에 관심을 갖게 된 어떤 연구자가 있다면, 그 연구자는 인터뷰를 진행하는 동안에 또는 인터뷰가 종결된 후라도 과거에 느꼈던 고통을 다시 경험할 수도 있다. 실천가와 클라이언트 간의 관계와 달리 질적 연구자는 실천가와 클라이언트라고 하는 공식적인 관계에서 비롯된 임상적 거리(clinical remove)에 의해 보호를 받을 수 없다. 따라서 질적 연구자는 "감정적 중립을 유지하는 데 필요한 거리"(Weiss, 1994, p. 123)를 확보하기 위해 노력해야 한다. 이 거리를 유지하기 위한 한 가지 좋은 방법은 보고 회의(debriefing)다(이에 관한 자세한 설명은 제8장에서 하겠다). NYRS에서 연구팀은 매주 정례 보고 회의를 통해서 지난주에 진행한 모든 인터뷰를 보고하고 의견을 교환하는 기회를 가졌다. 대부분의 인터뷰는 사고 없이 진행되었지만 드물게 예외적인 경우가 발생하였는데, 그런 경우들에 대해서 심도 있게 논의하는 것은 그럴 만한 충분한 가치가 있고 도움이 되는(연구자에게든 연구 참여자에게든 상관없이) 일이었다.

영어 외의 언어로 인터뷰하기

앞서 제3장에서 논의하였듯이, 미국을 비롯한 영어권 국가에서 질적 연구방법이 폭발적으로 발전하면서 연구자들이 언어 차이라는 중요한 문제에 눈을 돌리게 되었다. 질적 분석방법이 텍스트로부터의 의미를 도출하는 기법을 중심으로 발전하면서 연구자들의 관심이 영어를 넘어서서 다른 언어로 확대되었고, 그로 인해서 질적 연구방법의 연구 설계와 표본 추출(sampling)이 점점 더 복잡해졌다(Esposito, 2001; Shibusawa & Lukens, 2004; Twinn, 1997).

어떤 질적 연구방법은 언어적 차이가 있을 때 잘 맞지 않을 수 있지만(예: 현상학적 연구), 대부분의 질적 연구방법은 중간 통역이 있다면 활용하는 데 크게 문제가 없다. 그럼에도 불구하고 오해나 오번역을 가능한 한 줄이기 위해 항상 주의를 기울여야 한다. 한 대학원생이 저자에게 자신이 인도의 어느 외딴 지역에 거주하는 여성들을 인터뷰하면서 그들만의 언어로 인터뷰를 진행했기 때문에, 여러 명의 번역가에 의한 일련의 번역 과정(영어를 힌디어로, 힌디어를 연구 대상의 언어로, 그리고 다시 반대 순서로 번역)을 거쳐야 했다는 말을 한 적이 있다. 매번 한 언어를 다른 언어로 번역할 때마다 내용이 왜곡될 위험성이 증가하였지만 적어도 단기적으로는 현실적인 대안이 존재하지 않았다. 최선의 해결책은 원어민을 모집하여 언어 기술자가 아니라 연구팀의 일원이 되어 함께 연구할 수 있도록 훈련시키는 것이었다.

영어가 질적 연구방법과 질적 연구에 지대한 영향을 미친 것은 사실이지만, 그로 인해 비영어권 연구자들이 많은 질적 연구를 해 왔으며 괄목할 만한 수준의 성공을 거두었고 그런 연구들의 숫자 또한 매년 증가하고 있다는 사실이 간과되어서는 안 된다. 『International Journal of Qualitative Methods』(http://www.ualberta.ca/~ijqm)를 보면 스페인어, 포르투갈어, 프랑스어, 러시아어, 타갈로그어로 출판된 많은 관련 연구 논문을 볼 수 있다.

다양한 디지털 방식 인터뷰

대면 인터뷰가 중요하기는 하지만 대면 만남이 현실적으로 불가능하거나 만남이 대면으로 이루어지는지 아닌지 여부가 핵심이 아닐 수도 있다. 이메일이나 그 밖의 전자 기기(예: 스마트폰이나 태블릿 컴퓨터 등)를 이용한 상호작용이 질적 연구에서 점점 더 인기를 얻고 있다(Hamilton & Bowers, 2006; Seale, Charteris-Black, McFarlane, & McPherson, 2010). 물론 이들 간에는 의사소통 방식에 있어 차이점이 존재한다. 전화나 인터넷 비디오 인터뷰는 일정 조율이 필요하다는 점에서 대면 만남과 유사하나, 오디오 녹음을 통해 음성과 억양에 대한 접근성(비디오의 경우에는 시각적인 내용에 대해서도)을 가질 수 있다는 장점이 있다. 전화와 화상 인터뷰는 특정 유형의 인터뷰, 후속 인터뷰 또는 연구 참여자가 원거리에 거주하거나 그 밖의 이유로 인해 대면 만남이 불가능할 때 사용하기 적합하다.

아직도 설문조사의 편의성을 따라올 만한 조사방법은 찾아보기 힘들지만, 최근 들어 인터넷 기반 연구 또한 질적 탐구의 주된 관심 분야로 발돋움하고 있다. 인터넷은 고립 집단이나 낙인 집단에 대한 접근은 물론이거니와 온라인을 활용할 줄 아는, 그러면서 대면보다 온라인상의 익명성을 선호하는 연구 참여자들에게 접근할 수 있는 새로운 방법들도 제시해 준다(Illingworth, 2001; Markham, 2005). 대면 인터뷰와 달리 인터넷상에서의 의사소통은 일정을 잡을 필요가 없을 뿐만 아니라(물론 이는 선택 사항이지만) 연구 참여자가 자신의 집, 사무실, 동네 카페 등 어디서나 편하게 인터뷰

할 수 있기 때문에 연구 참여자에게도 매우 편리하다(Miller & Slater, 2000). 그런가 하면 인터넷을 사용하면 시간 제약에서 벗어날 수 있기 때문에 자신이 말하고자 하는 바를 미리 구성해 보고, 재구성해 보고, 깊이 있게 생각해 볼 수 있다(Kosinki, Matz, Gosling, Popov, & Stillwell, 2015).

인터넷 포럼과 채팅방에서는 사용자들이 아주 일상적인 일에서부터 지극히 개인적인 일에 이르는 모든 것을 공유하는 자유로운 대화가 이루어진다. 이러한 공간에서 사람들이 주고받는 대화의 길이가 점점 더 짧아지고 있는데, 이는 레딧, 트위터, 페이스북, 인스타그램 그리고 그 밖의 소셜 미디어의 인기에 힘입어 음향과 영상을 위해 대화하는 공간이 점점 더 축소되는 추세가 이어지고 있기 때문이다. 이러한 변화로 인해 다음과 같은 새로운 윤리적 문제가 나타나게 되었다(Flicker, Haans, & Skinner, 2004). 즉, 이런 식의 의사소통을 사적인 의사소통이라고 할 수 있는가? 연구자가 채팅방이나 대화방에 참여하는 것이 접근성을 얻을 수 있는 유일한 방법이라면 그것은 윤리적인가? 연구자가 이미 온라인 집단의 구성원인 경우는 어떠한가? 인터넷 게시물은 공공 영역(public domain)의 것이지만 사용자가 게시물을 '자신이 원하는 사람(desired others)'과 공유하고자 할 수 있기 때문에 그런 게시물을 자료로 사용할 수 있는지에 대해서는 아직도 뚜렷한 결론을 내리기 어렵다. 인터넷 연구가 지난 10년간 빠르게 성장하면서 대부분의 인간연구윤리위원회(human subjects committees)는 개인정보 보호에 관한 우려와 익명성 추정 간의 균형을 유지하면서 앞서 제시한 질문에 대해서 이제 어느 정도의 답을 능숙하게 제시할 수 있게 되었다.

예를 들어, 남성과의 성관계를 원하는 남성들(MSM)은 성관계를 위한 온라인 연락처를 자주 활용할 뿐만 아니라 가감 없는 토론과 노출 사진 게시가 허용되고 익명성이 보장되는 채팅에 참여하고 있으며 인터넷 연구의 주된 관심 대상이다(Ayling & Mewse, 2009). 만일 연구자가 수동적이면서 비강요적 태도를 유지할 수 있다면 이런 포럼으로부터 연구자는 방대한 관찰 자료를 얻을 수 있다(연구자가 포럼에 입장하기 위해 속임수를 쓰는 것은 윤리적으로 어긋나는 행동이지만 고의성이 없는 속임수는 회색지대에 해당하는 행동이다). [글상자 5-8]에서 볼 수 있듯이, 일부 온라인 포럼은 커뮤니티 구축과 동료 지지를 장려 및 촉진하기도 한다.

한 가지 주의해야 할 것은, 상황이 하루가 다르게 변하고 있기는 하지만, 아직도 모든 사람이 인터넷과 스마트폰에 접근할 수 있는 것은 아니기 때문에 자칫 특정 저소 득층 집단이 배제될 수 있다는 사실이다. 요즘은 저소득층도 핸드폰을 일반적으로 사용하나, 인터넷과 Wi-Fi 연결은 아직도 비용이 만만치 않다. 청소년 노숙인들은 인 터넷 접속을 위해 공공 도서관의 컴퓨터를 사용하고(Rice & Karnik, 2012), 저렴한 핸 드폰을 공유하는 데 익숙하다(Rice, Lee, & Taitt, 2011). 다른 커뮤니케이션 매체들과 마찬가지로 연구자는 자신이 선택한 연구 대상과 그들에게 접근하기 위한 방식이 연 구 목적에 비춰 볼 때 적절한지를 확인해 봐야 한다.

[글상자 5-8] 초기 알츠하이머 환자에 관한 인터넷 연구

집 밖으로 나가기를 꺼리거나 장애가 있는 사람들에게 인터넷은 정보에 대한 접근과 인터 넷을 사용하는 전 세계의 사람들로부터 언제든 도움을 받을 수 있다는 혜택을 제공해 준다. Rodriquez(2013)는 65세 이하 초기 알츠하이머(EOAD) 환자들의 온라인 커뮤니티의 임파워먼트 (empowering)에 관한 연구를 진행하였다. 흥미롭게도, 그가 속한 대학의 인간연구윤리위원회에 서는 그의 연구가 '인간 대상 연구(human subject)'에 포함되지 않는다고 판단하였다. 그럼에도 불구하고 Rodriquez는 그의 연구에서 인터넷 사용자의 이름을 (자신이 직접 선택한) 가명으로 처 리하였다. 연구의 주된 목적은 EOAD 환자들이 진단 후에 어떻게 새로운 '자아'를 만들어 가는지 를 탐구하는 것이었다. 어떤 환자들은 정신 능력이 손상되기 전에 일 능력이나 운전 능력을 먼저 잃게 되는데, 연구자는 그런 사람들로부터 진단, 증상, 가족 반응, 미래에 대한 희망과 두려움 등 에 관한 그들의 생각을 들을 수 있었다. Rodriquez는 32명의 포럼 회원들이 올린 354개의 게시 물을 연구하였는데, 내용분석과 코딩을 통해 '다른 사람에게 말하기' '결정적인 순간' 같은 주제 를 도출하였다. '결정적인 순간'에 속하는 내용 중에는 운전면허 포기, 진단 결과를 동료들에게 말하기 등이 포함되어 있었다. Rodriquez의 연구는 지지적인 온라인 커뮤니티의 한복판에서 벌 어지고 있는 여러 가지 일을 잘 묘사하여 보여 준 대표적인 연구로서, 최근 들어 빠르게 성장하 고 있는 질병 관련 내러티브 연구 가운데 하나다.

녹음 및 녹화 장치 사용하기

인터뷰할 때 연구자들은 확실히 노트 기록보다 녹음을 선호한다. 물론 노트 기록 은 녹음하는 것이 불가능한 경우를 대비하여 남겨 두어야 한다. 오디오 녹음은 피인터뷰자의 말을 그대로 담아낼 수 있을 뿐 아니라 (물론 주변 잡음, 예를 들면 아이들 울음소리, 구급차 사이렌 소리, 전화벨 소리 등도 함께 녹음되기는 하지만) 억양, 웃음, 울음, 빈정거리는 어조 같은 다양한 소리 정보를 담아 내는 장점이 있다. 어떤 사람들은 사람들이 자신이 하는 말이 녹음되는 것을 원하지 않을 수 있다는 합리적인 반론을 제기하기도 하지만, 그런 경우가 매우 드물다는 것이 최근 들어 밝혀졌다.

디지털 녹음기와 스마트폰의 우수한 성능과 낮은 비용 덕분에 요즘은 웬만한 예산이면 좋은 녹음 장비를 이용할 수 있다. 요즘 녹음 장치는 대개 인터뷰 내용을 컴퓨터에 다운로드한 다음 화면상의 장치를 사용하여 (컴퓨터에 헤드폰을 꽂은 상태) 바로 녹취록을 만들 수 있는 음성 인식 소프트웨어와 함께 제공된다. 이런 소프트웨어는 늘 예산 때문에 걱정해야 했던 연구자들과 힘들게 녹취록을 만들어야 했던 사람들이 오랫동안 기다려 온 기술이지만, 아직은 노트 기록에 비해 연구 참여자가 하는 말의 뉘앙스를 충실히 살린 녹취록을 만들어 내는 데 부족한 점이 있는 것 같다.

인터뷰 내용 녹화는 사생활 및 비밀보장 침해 위험성 때문에 녹음보다 훨씬 덜 일반적이다. 그러나 연구 참여자(또는 기관윤리위원회)의 동의가 있다면 비디오 녹화가 주는 이점에 주목해 볼 필요가 분명히 있다. 좀 더 시간이 지나면 사람들이 녹음에 적응했던 것처럼 곧 비디오 녹화에도 적응하겠지만 아직은 비디오 녹화가 관찰 그 자체가 목적인 연구 정도에서 주로 사용된다. 두 가지 가상적인 연구를 예로 들어 본다면, 놀이터 괴롭힘(playground bullying)과 아동에 관한 연구와 청소년과 부모 간 의사소통 방식에 관한 담론 분석 연구를 생각해 볼 수 있다.

문헌 또는 그 밖의 기존 자료 사용하기

질적 연구자들의 최대 관심사 중 하나를 꼽는다면 문서와 자료의 다양성을 꼽을 수 있다(Bowen, 2009). 문서란 법원 기록, 사례기록, 회의록, 기관 소개서, 일기, 사진, 편지 등과 같은 인쇄물을 말한다. 기록보관소의 비디오(archived videos), 영상, 사진 또한 유용한 자원으로 활용될 수 있다. 문서를 포함한 기존 정보는 **반응성**(reactivity)이 낮다는 장점을 비롯한 여러 가지 장점을 갖고 있다. 문서는 관찰이나 인터뷰 같은 직접적인 노동에 비해 정보 수집에 드는 시간을 절약할 수 있을 뿐 아니라 정서적인 부담도 없다는 장점이 있다.

그러나 문서는 기존 자료와 달리 처음부터 연구를 목적으로 만들어진 자료가 아니라는 단점을 갖고 있다. 어떤 문서는 부정확할 수도 있고, 일관되지 않을 수도 있으며, 불완전할 수도 있다. 대부분의 문서 관련 문제들은 엉성한 기록에서 비롯된 것들이지만, 종종 의도적인 것들도 찾아볼 수 있다. 예를 들면, 기관과 관련된 어떤 사실을 감추기 위해서 회의록을 변조하는 경우, 의사가 환자의 낙인(stigma)을 막고자 의료기록에 정신질환 관련 정보를 넣지 않는 경우 등도 있을 수 있다. 한 가지 분명한 것은 정확한 문서에 의존하는 연구는 이용 가능한 문서에 어떤 것들이 있는지, 그것들의 질이 어느 수준인지에 의해 좌우된다는 것이다(Wolff, 2004). 그런가 하면, 일기, 온라인 채팅 또는 개인 제작물 등과 같이 정제되지 않은 자연스러운 문서들을 가장 가치 있는 자료로 볼 수도 있다. 구성주의나 해석주의적 접근에서는 그러한 자연스러움이 자료가 가지고 있어야 할 필수적인 특성으로 꼽힌다.

기존 문서 자료에 접근하는 방식은 매우 다양하다. 많은 사람이 개인적인 문서를 자유롭게 공유하기도 하지만 어떤 자료에는 개인정보 보호, 저작권법 및 기타 제한 사항이 적용될 수도 있다. 예를 들어, 1996년 미국「의료정보보호법(Health Insurance Portability and Accountability Act: HIPAA)」이 제정됨에 따라 의료기록 검색은 환자의 동의가 있어야만 가능해졌다. 물론 HIPAA의 제한 규정이 넘어야 할 장애물이기는 하지만 의료기록에 대한 접근을 위해 연구 참여자들의 동의를 얻으려면 그저 기존의 연구 참여 동의서에 해당 내용을 추가하기만 하면 된다.

앞서 언급하였듯이, 인터넷 커뮤니케이션은 기존 자료의 주된 출처 중 하나로서 빠르게 성장하고 있다. 블로그, 리스트서브(listserv), 채팅방 대화 등은 인쇄물 형태의 문서 자료와 마찬가지로 이용 및 분석 가능한 자료이지만, 이러한 정보는 보호하기도 어렵고 보증하기도 어렵기에 여러 가지 윤리적인 판단과 적절한 검증이 필요하다(Hessler et al., 2003). 그런가 하면 인터넷 인터뷰와 '기존 자료' 간의 경계가 모호해지고 있다는 점도 고려해 볼 필요가 있다. Hessler와 그의 동료들(2003)은 청소년들이 이메일을 통해 보낸 일기에 관한 연구를 하면서 직접적인 유도를 피하며 가능한 한 비관여적인 인터뷰를 하고자 노력하였다. 연구자들은 이메일로 주고받은 일기들을 모아 기존 자료로 간주하고 사용하였다. 문서와 기존 자료에서는 종종 깊이와 가용성이 일정하지 않은 문제가 발견되기 때문에 질적 연구에서는 문서와 기존 자료를 주자료보다는 보조 자료로 많이 사용하는 경향이 있다.

자료 수집 마치기

자료 수집을 언제 끝낼지는 방법론, 현장 상황 등 여러 가지 요인에 따라 달라진다. 방법론의 경우, 자료 수집은 **포화상태**(saturation)에 다다랐다(즉, 새로운 자료가 더 이상 나오지 않고 자료가 중복될 때)고 판단될 때 종결된다. 이는 다소 모호한 기준이기는 하지만 연구비 후원 주체가 제시한 마감 시기나 자원의 한계 같은 실질적인 기준 못지 않게 중요한 기준이다. 연구 영역이 동질적이거나 표본 추출방법이 동질적인 연구들이 연구 목적이 광범위하고 야심적인 연구들보다 포화상태에 더 빨리 도달할 가능성이 크다. 자료 수집의 궁극적인 목적은 충분한 시간을 들인 현장 연구에 의해서 그리고 하고자 하는 분석을 실제로 할 수 있을 만큼의 깊이와 다양성을 가진 자료에 의해서 뒷받침되는 **적절한 증거**를 확보하는 것이다(Erickson, 1986; Morrow & Smith, 1995).

질적 연구에는 연구 일정에 영향을 미치는 두 가지 특성이 있는데 하나는 연구 설계의 유연성이고 다른 하나는 언제든지 현장으로 돌아갈 수 있다는 가능성이다(Iversen, 2008). 질적 연구는 임의로 종결하는 것이 바람직하지 않다. 그러나 녹취록 작성이 지연되고, 참여자 파악이 어려워지고, 연구 외의 일들로 인해 연구자가 연구에 집중하지 못하는 등의 문제는 항상 발생한다. 어떤 질적 연구방법(특히 문화기술학 연구나 지역사회 기반 참여 연구)은 연구 성과를 얻게 되기까지 걸리는 시간이 다른 질적 연구방법보다 더 길 수 있다. 이러한 맥락에서 보자면, 연구자와 연구 참여자 간의 관계는 연구의 단계와 자원의 가용성에 따라 달라진다고 하겠다.

질적 연구에서는 자료 수집을 종결하는 과정에서 연구자와 연구 참여자 간의 관계 특성 때문에 감정 기복을 경험할 수도 있다. 연구 참여자는 귀중한 동료를 잃게 되는 것을 안타까워할 수도 있고, 연구자는 연구 종결로 인해 상실감을 느낄 수도 있다. 물론 그렇다고 해서 연구 참여자가 자신의 곁에 연구자가 남아 있기를 바란다거나 연구자를 필요로 할지 모른다고 생각해서는 안 된다. 자료 수집이 끝나더라도 모든 것이 끝나는 것은 아닐 수 있다. 때로는 연구 참여자가 인사차 전화를 하거나 연구가 어떻게 진행되고 있는지 물을 수도 있다. 이러한 문의는 합리적인 요구이고 존중되어야 할 요구다.

질적 접근 방법 중에서 지역사회 기반 참여 연구와 문화기술학은 몇 년에 걸쳐 장기적인 관계를 형성하기 때문에 자료 수집 종결도 점진적으로 이루어지고 때로는 늘어지기도 하지만, 자료 수집을 종결하기가 어렵기는 마찬가지다. NYSS와 NYRS에서 연구진은 양가감정을 경험하였는데, 자료 수집이 끝나면서 한편으로는 고된 자료 수집 과정이 다 끝났다는 안도감을 느꼈지만 다른 한편으로는 연구 참여자들과의 관계가 단절된다는 사실에 안타까움도 느꼈다. 대다수 연구자와 연구 참여자는 연구 종결을 기쁘게 받아들였고, 어떤 연구 참여자들은 몇 달 후에 안부를 물을 겸 자신들의 일상도 공유할 겸 연락을 취해 오기도 하였다.

요약 및 결론

이 장에서는 질적 연구를 위한 여러 가지 자료 수집 방법에 대해서 살펴보았다. 질적 탐구의 몰입과 강도로 인해 관찰은 그것만의 독특한 가치를 가진 자료 수집의 한 부분이 된다. 관찰의 중요성은 질적 연구의 초점이 특정 장소나 자연스러운 행동에 맞춰질 때 특히 높아진다(Tjora, 2006). 무엇이 관찰되는지는 무엇이 기록되는지에 영향을 미칠 수밖에 없으므로 연구자는 가능한 한 비관여적이기 위해 노력해야 하고, 동시에 장기간에 걸친 참여를 통해 반응성을 최소화하기 위해서도 노력해야 한다.

질적 인터뷰는 다양한 맥락 속에서 다양한 방식으로 이루어질 수 있으나 질적 인터뷰의 가장 두드러진 특징은 질적 인터뷰가 대면 방식으로 개인 또는 소집단을 대상으로 이루어진다는 것이다. 인터뷰를 위한 사전 준비로는 인터뷰 지침 제작 및 시범 적용, 지침 내용 숙지, 계획적·즉흥적 심층 탐구 질문 연습 등이 있다. 인터뷰를 해 보는 것은 여러 가지의 일, 예를 들면 질문하고, 관찰하고, 인터뷰에 방해가 되지 않는 선에서 후속 질문을 기록하는 등의 일을 동시다발적으로 수행하는 연습이라고 할 수 있다. 오디오 녹음은 번거로운(오류가 많은) 노트 기록의 부담을 덜 수 있게 해 준다. 가능하다면(그리고 대개는 가능하다.) 인터뷰의 깊이와 완전성을 높이기 위해서 참여자를 두 번 이상 인터뷰하기도 한다.

질적 자료의 세 번째 유형인 문서와 기타 자료들은 인간 활동의 결과로 만들어진 구체적이고 비반응적인 자료다. 문서 자료는 개인 차원이나 조직 차원에서 만들어질 수 있다. 일부 기존 자료에 대해서는 정확성과 완전성에 관한 합리적인 우려가 제기되기도 한다. 자연성과 진정성에 기반한 해석에 특히 관심 있는 연구자들에게 개인의 일기나 예술작품 같은 문서는 매우 귀중한 연구 자료다.

자료 수집 종결은 자료가 포화상태에 다다르거나 자료 중복이 발견될 때 하는 것이 이상적이지만, 연구 기한이나 예산 감소 같은 외적 요인에 의해서 자료 수집 기간이 제한될 수도 있다. 자료 수집 기간 내내 연구자는 자료 수집에 따르는 정신적 부담을 느끼다가 연구가 끝나면서 급격한 안도감을 느끼게 된다. 이러한 감정 변화의 가능성(또는 필연성)에 대해서 주의를 기울이고 적절히 대처한다면 모든 사람이 만족할 수 있는 연구 종결이 얼마든지 가능하다.

연습해 보기

관찰

1. 삶의 어느 한 시간

문화기술학 연구자가 되어 '현장'에서 한두 시간 정도를 보내 본다. 공원, 놀이터, 카페, 지하철역 또는 운동경기장 등과 같이 비관여적 관찰이 이루어질 수 있는 공공장소라면 어디든 상관없다. 관찰하면서 심층적인 현장 기록[물리적 공간, 행위자들, 행위, 표출되는 감정들 그리고 환경적 조건들(하루 중 관찰이 이루어진 시간, 일상적인 사건 등)]을 작성해 본다. 현장 기록을 마친 뒤, 이를 수업시간에 가져와 동료 수강생들과 함께 나누어 보도록 하자. 함께 작업하면서, 서술이기보다는 해석에 가깝다고 생각하는 부분에 대해서 괄호로 묶어 보도록 한다. 다시 말해서, 관찰한 것을 있는 그대로를 보고한 것과 연구자 자신의 가정이나 편견이 개입된 것을 분리시켜 본다.

2. 믿을 수 없는 기억력……현장 기록하기

강의자는 학생들에게 10~15분 분량의 영화 또는 비디오를 보여 주고 24시간이 지난 뒤에 그들이 본 것에 관해 설명하는 글을 써 보도록 해 보자. 다음 수업시간에 학생들은 소집단으로 모여 그들의 '현장 기록'을 비교해 보고, 기억의 선택성에 관하여 이야기하는 시간을 갖는다. 이후, 영화에서 발췌한 부분을 다시 한번 학생들에게 보여 준 뒤, 관찰이 끝난 직후 가능한 한 빨리 현장 기록을 작성하는 것이 중요하다는 것에 관해 토론해 보는 시간을 가져 본다.

인터뷰해 보기

이 연습은 학생들이 질적 인터뷰의 강도와 유연성을 실제로 느껴 볼 수 있는 기회를 제공한다. 이는 또한 인터뷰와 인터뷰 내용을 기록한다는 것이 얼마나 많은 시간을 필요로 하는 일인지 알 수 있게 해 준다.

1. 학생들에게 관심 있는 어떤 하나의 주제를 선택하게 한 뒤, 그러한 주제에 대해서 어느 정도의 지식이 있다고 생각되는 한 명의 피인터뷰자를 대상으로 개방형 인터뷰를 하게 한다. 이때, 4~5개의 질문으로 구성된 인터뷰 지침서를 제작하도록 한다.
2. 오디오 녹음기나 스마트폰을 활용하여 인터뷰 내용을 기록하도록 한다. 이때 인터뷰는 최소 30분 이상 지속될 수 있도록 한다.

3. 인터뷰 내용을 그대로 옮겨 적는다.

4. 녹취록을 비판적으로 살펴보고, 개선이 필요한 부분을 적어 보도록 한다. 예를 들어, 대화의 흐름을 방해하지 않았는가? 유도 질문을 하지는 않았는가? 인터뷰가 너무 일상적인 대화처럼 진행되지는 않았는가?

이용 가능한 자료 활용하기

직장 또는 다른 친숙한 작업 환경을 문화기술학적 연구의 대상으로 가정해 본다. 이때, 관찰 또는 인터뷰는 허용되지 않으며 오직 가용 가능한 문서들, 기록보관소의 자료들 등만을 활용하여 연구를 수행하라는 요청을 받았다고 생각하며 다음에 제시된 문제를 해결해 보자.

1. 활용 가능한 자료 유형 목록을 작성해 본다.

2. 앞의 자료들의 상대적인 질과 양을 어떻게 평가할 것인지 생각해 본다.

3. 앞의 자료들의 정확성과 완전성에 대해 우려되는 부분이 무엇이 있는지 생각해 본다.

추천도서

인터뷰

Atkinson, R. (1998). *The life story interview*. Thousand Oaks, CA: Sage.

Ayling, R., & Mewse, A. J. (2009). Evaluating Internet interviews with gay men. *Qualitative Health Research*, 19, 566-576.

Baker, S. E., & Edwards, R. (2012). *How many qualitative interviews is enough?* London, UK: National Centre for Research Methods. Retrieved from http://eprints.ncrm. ac.uk/2273/4/ how_many_interviews.pdf

Best, S. J., & Krueger, B. S. (2004). *Internet data collection*. Thousand Oaks, CA: Sage.

Dick, H. P. (2006). What to do with "I don't know": Elicitation in ethnographic and survey interviews. *Qualitative Sociology*, 29(1), 87-102.

Fontana, A., & Frey, J. H. (1994). Interviewing: The art of science. In N. K. Denzin & Y. S. Lincoln (Eds.), *Handbook of qualitative research* (pp. 361-376). Thousand Oaks, CA:

Sage.

Gubrium, J. F., & Holstein, J. A. (Eds.). (2002). *Handbook of interview research*. Thousand Oaks, CA: Sage.

Guest, G., Bunce, A., & Johnson, L. (2006). How many interviews are enough? An experiment with data saturation and variability. *Field Methods, 18*(1), 59-82.

Hamilton, R. J., & Bowers, B. J. (2006). Internet recruitment and e-mail interviews in qualitative studies. *Qualitative Health Research, 16*, 821-826.

Hammersley, M., & Gomm, R. (2008). Assessing the radical critique of interviews. In M. Hammersley, *Questioning qualitative inquiry* (pp. 89-100). London, UK: Sage.

Hewson, C., Yule, P., Laurent, D., & Vogel, C. (2003). *Internet research methods: A practical guide for the social and behavioral sciences*. Thousand Oaks, CA: Sage.

Holstein, J. A., & Gubrium, J. F. (1995). *The active interview*. Thousand Oaks, CA: Sage.

Irwin, L. G., & Johnson, J. (2005). Interviewing young children: Explicating our practices and dilemmas. *Qualitative Health Research, 15*(6), 821-831.

Krueger, R. A., & Casey, M. A. (2014). *Focus groups: A practical guide for applied research* (5th ed.). Thousand Oaks, CA: Sage.

Kvale, S. (1996). *InterViews: An introduction to qualitative research interviewing*. Thousand Oaks, CA: Sage.

Manderson, L., Bennett, E., & Andajani-Sutjaho, S. (2006). The social dynamics of the interview: Age, classand gender. *Qualitative Health Research, 16*(10), 1317-1334.

McCracken, G. (1988). *The long interview*. Newbury Park, CA: Sage.

Miller, J., & Glassner, B. (2011). The inside and the outside: Finding realities in interviews. In D. Silverman (Ed.), *Qualitative research: Issues of theory, method and practice* (3rd ed.), pp. 291-309. London: Sage.

Morgan, D. L. (1997). *Focus groups as qualitative research*. Thousand Oaks, CA: Sage.

Richardson, L. (2002). Poetic representation of interviews. In J. F. Gubrium & J. A. Holstein (Eds.), *Handbook of interview research: context and method* (pp. 78-89). Thousand Oaks, CA, Sage.

Rubin, H. J., & Rubin, I. S. (2011). *Qualitative interviewing: The art of hearing data* (3rd ed.). Thousand Oaks, CA: Sage.

Salmon, A. (2007). Walking the talk: How participatory interview methods can democratize research. *Qualitative Health Research, 17*(7), 982-994.

Seale, C., Charteris-Black, J., McFarlane, A., & McPherson, A. (2010). Interviews and Internet forums: A comparison of two sources of qualitative data. *Qualitative Health Research, 20*, 595-606.

Seidman, I. (2006). *Interviewing as qualitative research*. New York, NY: Teachers College

Press.

Spradley, J. P. (1979). *The ethnographic interview*. New York, NY: Holt, Rinehart & Winston.

Weiss, R. (1994). *Learning from strangers: The art and method of qualitative interview studies*. New York, NY: Free Press.

Wimpenny P., & Gass, J. (2000). Interviewing in phenomenology and grounded theory: Is there a difference? *Journal of Advanced Nursing, 31(6)*, 1485-1492.

관찰(참여자 관찰 포함)

DeWalt, K. M., & DeWalt, B. R. (2001). *Participant observation: A guide for fieldworkers*. Walnut Creek, CA: AltaMira Press.

Emerson, R. (2001). *Contemporary field research: Perspectives and formulations*. Long Grove, IL: Waveland Press.

Emerson, R. M., Fretz, R. I., & Shaw, L. L. (2011). *Writing ethnographic field notes* (2nd ed.). Chicago, IL: University of Chicago Press.

Kusenbach, M. (2003). Street phenomenology: The go-along as ethnographic research tool. *Ethnography, 4*, 455-485.

LeCompte, M. D., & Schensul, J. J. (1999). *Designing and conducting ethnographic research* (Ethnographer's toolkit, Vol. 1). Walnut Creek, CA: AltaMira Press.

Lee, R. M. (2000). *Unobtrusive measures in social research*. Philadelphia, PA: Open University Press.

Lofland, J., & Snow, D. A. (2005). *Analyzing social settings: A guide to qualitative observation and analysis*. Belmont, CA: Wadsworth.

기록물 및 기관보관소의 자료 분석

Bowen, G. A. (2009). Document analysis as a qualitative research method. *Qualitative Research Journal, 9*, 27-40.

Wolff, S. (2004). Analysis of documents and records. In U. Flick, E. von Kardoff, & I. Steinke (Eds.), *A companion to qualitative research* (pp. 284-289). London, UK: Sage.

시각 매체(사진 음성 및 사진 유도 인터뷰 포함)

Collier, J., & Collier, M. (1986). *Visual anthropology: Photography as a research method.* Albuquerque: University of New Mexico Press.

Epstein, I., Stevens, B., McKeever, P., & Baruchel, S. (2008). Photo elicitation interview (PEI): Using photos to elicit children's perspectives. *International Journal of Qualitative Methods, 5*(3), 1-11.

Han, C. S., & Oliffe, J. L. (2015). Photovoice in mental illness research: A review and recommendations. *Health,* 1-17.

Harper, D. (2002). Talking about pictures: A case for photo elicitation. *Visual Studies, 17*(1), 13-26.

Lapenta, F. (2011). Some theoretical and methodological views on photo-elicitation. In E. Margolies & L. Pauwels (Eds.), *The SAGE Handbook of Visual Research Methods, London* (pp. 201-213). Thousand Oaks, CA: SAGE.

Padgett, D. K, Smith, B. T., Derejko, K., Henwood, B. F., & Tiderington, E. (2013). A picture is worth . . .? Using individual photo-elicitation to enhance interviews with vulnerable populations. *Qualitative Health Research, 23,* 1435-1444.

Rose, G. (2007). *Visual methodologies: An introduction to the interpretation of visual materials.* London, UK: SAGE.

Wang, C., & Burris, M. A. (1997). Photovoice: Concept, methodology, and use for participatory needs assessment. *Health Education & Behavior, 24*(3), 369-387.

Wang, C. C., Yi, W. K., Tao, Z. W., & Carovano, K. (1998). Photovoice as a participatory health promotion strategy. *Health Promotion International, 13*(1), 75-86.

6

자료 분석

질적 자료 분석을 한 마디로 표현하면 선택과 결정의 과정이라고 할 수 있다. 질적 자료는 엄격한 절차에 따라 분석할 수도 있고, 예술 영역에서처럼 풍부한 상상력을 동원하여 분석할 수도 있다. 질적 연구자는 누구나 읽고 기술하고 해석하는 과정을 반복하면서 엄청난 양의 원자료를 변형하고 축소해야 하는 과제에 직면하게 된다. 이 과정에서 연구자는 기존의 이론이나 감응적 개념(sensitizing concepts) 등을 활용하기도 하지만, 그러한 이론이나 개념들이 마지막까지 유효한 이론이나 개념으로 남아 있을지 여부는 전적으로 자료에 달려 있다. 연구자는 수집한 자료에 충실해야 하면서도 추상적으로 사고할 수 있어야 하는데, 이 둘 간의 균형을 유지하는 것이 바로 질적 자료 분석의 특징 가운데 하나다.

자료 분석 초기 단계에서 연구자는 먼저 자신이 하려는 것이 무엇을 설명하는 것인지, 아니면 이론을 개발하는 것인지를 결정해야 한다. 이를 위해서 연구자는 분석적 귀납법이나 근거이론(GT) 또는, 제1장에서 언급한, 귀추적 사고(abductive thinking) 등과 같은 분석 기법을 사용할 수 있다. 이 가운데 GT에 대해서는 실제 이론을 개발하는 데 그다지 효과적이지 않다는 비판이 있는가 하면(Timmermans & Tavory, 2012), 추납법은 다른 기법에 비해 상대적으로 잘 알려지지 않은 기법이다 보니 질적 연구에서 잘 사용되지 않는 경향이 있다. 그런가 하면 어떤 연구자들은 한편으로는 뭔가를 설명하는 것을 지양하고자 하면서도, 다른 한편으로는 여전히 이론을 개발하고 싶어 하는 마음에서 여러 가지 다른 분석 기법을 사용하기도 한다.

질적 연구방법은 '예술적이고 기교적(arts and crafts)인' 접근 방법을 사용한다. 물론 그러다 보니 이러한 접근 방법이 가진 제한적 적응성(localized adaptability)으로 인해 자료 분석의 세세한 사항들이 거시적인 역사적 경향이나 추세의 그늘 속에 가려지기도 한다. 문화기술학이 이러한 질적 연구방법의 신비로운 특성을 상대적으로 많이 유지해 온 반면, 근거이론은 연구 방법, 특히 자료 분석에 있어서의 투명성을 제고해야 한다는 입장을 취해 왔다. 그럼에도 불구하고 질적 탐구를 '예술'과 '기교'로 만드는 것은 자료 분석이 아니라 창의성과 해석이라는 사실에는 여전히 변함이 없다.

자료 분석은 텍스트를 꼼꼼하게 고찰하는(내러티브와 담론 분석을 통해서) 것에서부터 다양한 데이터 출처를 전체적으로 통합하는(사례 분석과 문화기술학) 것, 그리고 그 둘 사이 어디쯤엔가 위치해 있는 인터뷰 위주의 접근(현상학적 분석과 근거이론)에 이르기까지 그 범위가 매우 넓다. 일반적으로는 인터뷰가 덜 구조화될수록 자료 분석이 비규범적일 가능성이 커진다고 볼 수 있다. 이 장에서는 우선 자료를 준비하고 관리하는 절차에 대해서 살펴본 다음, 이어서 다양한 분석 접근 방법들을 개괄적으로 살펴볼 텐데, 특히 질적 연구에서 가장 일반적으로 사용되는 분석 방법인 코딩하기와 주제 개발에 중점을 두고 살펴보기로 하겠다.

해석은 분석을 더 넓은 의미의 영역으로 발전시키는 것인데 해석에 대해서는 제7장에서 다룬다. 자료 수집과 자료 분석 간의 관계가 순환적 · 반복적 관계인 것과 마찬가지로, 자료 분석과 해석 간의 경계도 연구가 종료될 때까지 얼마든지 넘나드는 것이 가능하다. 그렇기 때문에 분석과 해석을 별개의 장으로 나누는 것이 다소 인위적인 구분이라는 생각이 들기도 하지만, 각각이 가진 중요성을 고려해 볼 때 분석과 해석을 별도의 장으로 나누어서 심도 있게 논의할 가치가 충분히 있다고 판단된다.

자료 관리: 일찌감치 시작하기

엄청난 양의 원자료를 저장하고 보관하고 필요할 때마다 가져다 쓸 것을 생각해 보면 자료 분석에 있어서 적절한 자료 관리가 얼마나 중요한 작업인지를 쉽게 이해할 수 있다. 자료 관리의 첫 시작은 녹취록, 음성 파일, 현장 기록 및 기타 문서에서 연구 참여자의 신분을 지우는(일반적으로 ID 번호를 사용하여) 작업에서부터 시작된다. 사례 연구 분석에서 ID 번호는 각각의 개별 사례에 관한 다양한 데이터 출처를 연결하는 데 도움이 된다. 경험이 많지 않은 질적 연구자들(그리고 사실 대부분의 양적 연구자들)은 수천 페이지가 아니라 고작 수백 페이지 정도의 녹취록, 현장 기록, 문서, 메모로부터 얼마나 많은 양의 원자료가 만들어질 수 있는지를 보면서 놀라움을 금치 못하곤 한다.

질적 자료 분석(QDA) 소프트웨어 사용하기

QDA 소프트웨어는 낮은 기술 의존도와 낮은 진입장벽을 그 특성으로 해 오던 질적 연구방법에 새로운 기술적 특성으로 소개되었으며, 요즘은 많은 연구자 사이에서 '필수품'으로 여겨지고 있다. 연구자가 직접 자료를 손으로 잘라 붙이던 전통적인 자료 분석 방법은 ATLAS.ti, NVivo, HyperRESEARCH 등과 같은 컴퓨터 소프트웨어로 대체되었으며, 최근에는 DeDoose, QUIRKOS, QDA Miner, QDAP 등의 소프트웨어가 추가로 소개되었다. 이러한 QDA 소프트웨어들은 구매할 수도 있고 매달 일정액을 지불하고 사용할 수 있는데, 대부분은 학생들을 위해 할인 가격의 버전과 무료 평가판 프로그램이 있다. 소프트웨어 프로그램을 구입하고자 할 때는 사용자 피드백을 참조하는 것이 바람직한데, 어떤 소프트웨어 프로그램은 의미 해석 같은 심도 있는 분석 작업보다는 내용 분석이나 단어 또는 문구 찾기 같은 단순 분석 작업에 더 적합한 프로그램일 수 있기 때문이다(보다 자세한 내용은 이 장의 맨 끝부분을 참고하기 바란다).

QDA 소프트웨어를 구입하면 이따금씩 업그레이드해 줘야 할 뿐만 아니라 익숙해지기까지 적지 않은 시간을 들어야 한다는 사실 등을 고려해 볼 때, 먼저 무료 평가판을 다운로드하여 사용해 보거나 소프트웨어 사용 후기나 이용자 평가 등과 같은 여러 가지 자료를 참조해 보는 것이 바람직하다. 이런 소프트웨어들은 사진이나 비디오뿐만 아니라 텍스트(녹취록, 현장 기록, 메모)도 입력할 수 있게 만들어져 있다. 텍스트는 반드시 Microsoft Word나 다른 어떤 특정 프로그램을 사용하지 않더라도 일반적인 텍스트 포맷으로 입력할 수 있다. 예를 들어, ATLAS.ti 프로그램에서는 녹취록 파일을 입력할 때 Word 문서에서의 라인 번호를 유지하려면 반드시 pdf 형식의 파일로 변환

해야 했다. 이런 소프트웨어 프로그램들은 또한 SPSS나 EXCEL과 호환 가능하다.

데이터를 손쉽게 저장하고 코딩하고 분석할 수 있게 해 주는 QDA의 핵심 기능에 힘입어 코드들 간의 위계와 연관성 찾고, 코드를 도표로 표현하고, 정보를 조직화된 방식으로 이끌어 내는 것이 가능하다. 또한 드롭다운 메뉴(drop-down menu)를 사용하여 코드북을 볼 수 있는 기능과 다수의 중복 코딩 항목을 처리할 수 있는 기능으로 인해 코딩을 컴퓨터 스크린상에서 바로 하는 것이 매우 용이해졌다. 그런가 하면 **자동 코딩**(코드 단어 검색)이나 텍스트 핵심어 찾기(KWIC) 같은, '찾기' 명령과 유사한 명령 기능도 사용할 수 있다. 예를 들면, New York Services Study(NYSS)에서 우리는 ATLAS.ti 프로그램을 이용하여 'help'라는 단어의 모든 버전('helped'와 'helping' 등과 같은 여러 형식의 임의 문자 기호 지명도 가능함)을 검색한 적이 있는데, 검색을 시작한 지 얼마 되지 않아서 우리는 그렇게 검색을 하면 맞는 의미의 단어뿐만 아니라 맞지 않은 의미의 단어도 검색된다는 사실을 발견하게 되었다. 그렇기 때문에 연구자가 검색 결과를 일일이 주의 깊게 살펴봐야만 했다. 예를 들면, "내 치료사는 내가 나의 두려움을 극복할 수 있게 도와주었다."라는 진술에서 도움이라는 단어는 의미 있는 단어이지만, "나는 또 다른 무료 티셔츠도 가져왔다(I helped myself to another free t-shirt)."라는 진술에서 도움이라는 단어는 전혀 그렇지 않은 단어였다. 자동 코딩과 KWIC가 귀납적 분석에 필요한 인지적 기능을 대체할 수는 없기 때문에 자동 코딩이나 KWIC는 내용 분석에 더 적합하다(물론 이 경우에도 오류 여부는 반드시 확인해야 한다). 불린 검색(Boolean search) 기능을 사용하면 'and' 'or' 'not' 단어를 이용하여 단어나 문구를 더 정확하게 검색할 수 있다.

QDA 소프트웨어를 사용할지 여부는 일반적으로 연구 프로젝트의 범위(그리고 프로젝트 예산)와 연구자의 편의성에 따라 결정된다. 소프트웨어 사용에 대해서 회의적인 연구자들도 엄청난 양의 데이터와 개념들을 동시에 효율적으로 조직하는 데 컴퓨터 소프트웨어가 유용하다는 사실에 대해서는 동의할 수 있다(Staller, 2002). 상당 양의 데이터를 다루어야 하고, 사용자가 여러 명인 연구라면 비용을 들여 소프트웨어를 구입할 만한 가치가 있을 것이고, 소프트웨어를 기술적으로 능숙하게 다룰 수 있는 사용자라면 소프트웨어가 제공하는 용이성을 당연히 선호할 것이다. 소프트웨어를 자주 사용할 계획이라면 저렴한 학생용 버전은 투자할 만한 가치가 있다. 물론 컴퓨

[그림 6-1] ATLAS.ti의 스크린샷: NYRS의 녹취록 발췌문

터 소프트웨어를 그다지 잘 다루지 못하는 사람들도 Microsoft Word 같은 컴퓨터 오 피스 프로그램을 이용하여 질적 자료를 분석할 수 있다.

　다음 [그림 6-1]은 ATLAS.ti를 사용하여 입력한 NYRS 텍스트의 일부를 보여 주 는 스크린 숏이다. 맨 오른쪽 열을 보면 기본 코드가 나와 있는 것을 볼 수 있다. 코드 명은 나중에 하게 될 더 세분화된 코딩 및 분석을 위해서 일부러 사회적 관계(social relationships), 주거(housing), 서비스(services), 약물 사용(substance use)처럼 광범위 하게 명명하였다. 그림을 통해 알 수 있듯이, ATLAS.ti 프로그램은 코드명(코드북)과 메모를 볼 수 있는 풀다운 메뉴 같은 아이콘 구동(icon-driven) 인터페이스 기능을 가 지고 있다.

연구팀, 다중 사용자 및 사이트 간 데이터베이스

　질적 연구가 많은 노력을 필요로 하는 연구라는 사실과 다학제적 접근이 여러 가 지 장점이 있다는 사실 때문에 팀 기반 질적 연구가 점점 더 활발해지고 있다(Guest &

MacQueen, 2008). 두 명 이상의 연구자들이 동일 데이터를 가지고 독립적으로 코딩을 실시하고 그 결과를 비교하는 것은 편견을 최소화할 수 있는 좋은 방법이다(공동 코딩에 관해서는 이 장의 뒷부분에서 좀 더 자세히 설명하기로 하겠다). 팀을 이뤄 질적 연구를 하는 경우, 팀원 간 역할 규정과 상호 보완 방안을 명확히 하는 것이 필요한데, 그렇다고 해서 연구자들의 부담이 사라지는 것은 아니다(단독 연구라고 하는 오랜 전통, 특히 학위논문을 위한 연구의 경우 역시 아직 사라진 것이 아니다). 원래 데이터의 양이 많은 질적 연구의 특성에 질적 연구의 범위 확장 현상까지 더해지면서 자료를 수집해야 하는 현장의 수와 자료 수집 기간이 점점 더 많아지고 길어지게 되었다.

대규모 데이터베이스와 다수의 이용자 같은 특성은 양적 연구의 오랜 특성이었으며, 양적 연구에서의 표준화는 여러 현장에서 수집된 데이터를 입력하고, 관리 및 처리하고, 파일을 병합하고, 다수의 사용자를 위해 하위 데이터 세트를 만드는 등의 작업을 말하는 것이었다. 질적 연구의 규모가 커지면(그리고 혼합 방법 연구) 그만큼 연구하기가 어려워지지만 동시에 대규모 연구가 주는 이점도 분명해진다(Manderson, Kelaher, & Woelz-Stirling, 2001).

질적 연구가 가진 현장 구체성과 설계의 유연성으로 인해 연구자 간 협력이 어려울 수도 있지만, 적절한 계획과 충분한 자원이 있다면 대규모 공동 연구도 충분히 가능하다. 예를 들면, 데이터 세트 간 통합을 가능하게 하기 위해서 적어도 연구 현장 간 조정이 필요하다는 사실을 고려할 수 있어야 한다. QDA 소프트웨어는 이러한 목적을 위해 사용할 수 있는 매우 유용한 도구다. 연구 현장 간 협업의 시기와 범위에 관한 생각은 자연스럽게 '모든 데이터를 한곳으로 모아 보관할 것인가, 아니면 각각의 연구 현장에 그대로 둘 것인가?' '전자를 택할 경우, 언제 그리고 어떤 방식으로 데이터를 보낼 것인가?' '후자를 택할 경우, 현장 간 데이터 질 관리를 어떻게 모니터링할 것인가?' '연구자 간 협력을 연구 초기 단계부터 활성화할 것인가, 아니면 자료 수집을 완료한 후에 활성화할 것인가?' '협업 팀은 어떻게 나눌 것인가?'와 같은 질문들로 이어진다. 자료 수집은 원래 현장별로 이루어질 수밖에 없지만, 자료 분석과 기록은 통합적으로 이루어지거나 한군데서 이루어질 수 있다. 그리고 마지막으로, '연구자들 간의 역할에 있어서의 차이를 어떻게 연구 보고서와 출판물의 저자 관계에 반영할 것인가?'라는 질문에 대해서도 생각해 봐야 한다. 이러한 질문들에 대해서 고민할 때 기억해 두면 좋을 것 같은 한 가지 일반적인 원칙은, 현장 중심의 해석을 중요시하면 할 수록 조정은 분권적으로 이루어져야 한다는 것이다. 만일 연구자가 현장 간 비교를 하고자(해야만) 한다면 자료 수집과 자료 분석에 있어서 어느 정도의 표준화는 불가 피할 것이다.

인터뷰 녹취록 만들기

인터뷰 녹취록을 만들기 위해서 녹음된 인터뷰 내용을 글로 옮기는 전사 (transcription) 작업은 가장 핵심적인 데이터 필터링 중 하나다(MacClean, Meyer, & Estable, 2004). 전사 작업 담당자(이하 전사자)에게는 비밀보장의 중요성을 비롯한 여러 가지 사항에 대한 교육과 관리가 반드시 이루어져야 한다. 물론 할 수만 있다 면 연구자가 직접 녹음 내용을 기록으로 옮기는 것이 가장 바람직한 녹취록 작성 방 법이다. 연구자가 직접 녹취록을 작성할 경우, (1) 명확하지 않은 부분을 채울 수 있 고, (2) 설명을 추가할 수 있을 뿐만 아니라, (3) 적절한 시기에 자신의 인터뷰 기술 (technique)에 대한 피드백을 얻을 수 있다는 장점이 있다.

인터뷰를 재현해 보는(다시 체험해 보는) 방법으로는 자신이 했던 말을 다시 들어 보는 것보다 더 좋은 방법은 없다(녹음 내용을 보완하기 위해 메모를 적어 두는 경우에 는 특히 그러하다). 예를 들어 보자. 때로는 인터뷰 응답자들이 어떤 몸짓으로 어떤 의 미를 강조하거나 어떤 단어를 대신하기도 한다("농담입니다."라는 의미의 윙크나 미소, "모르겠다."라는 말 대신 어깨를 으쓱하거나 조바심이 난다는 신호로서 눈을 굴리는 등). 그 런가 하면 어떤 연구 참여자들은 연구자를 위해서 이야기의 한 장면을 생동감 있게 연기하기도 한다. 그런데 이런 경우에 녹취록을 만드는 사람이 연구자가 아니라 '외 부인'이라면 그와 같은 내용을 이해하기 매우 어려울 것이다. 저자가 참여했던 연구 에서, 대부분의 전문 전사자는 질적 연구자가 한 인터뷰의 뉘앙스와 관심사를 잘 이 해하지 못할 뿐만 아니라 (실제로) 다수의 연구 참여자들이 발음을 분명하게 하지 않 거나 사투리를 사용하면서 말을 하였다. 알아듣기 힘든 불분명한 목소리가 익숙하지 않은 사투리나 발음과 더해지면 전사 작업의 속도는 느려졌고 여러 가지 오류가 발생하기 시작하였다. 그 결과, 어쩔 수 없이 연구자들이 직접 녹음 내용을 반복하여 들어가면서 불분명한 부분을 채워 넣고 전사자가 잘못 기록한 부분을 수정해야만 했다.

어떤 경우든 중요한 것은 녹음 내용을 기록으로 옮기는 데 있어서 기본적인 규칙을 정하고, 그러한 규칙을 지속적으로 따르는 것이다. 예를 들면, 한숨 소리나 흐느낌 소리 혹은 웃음소리 같은 소리를 어떻게 기록할 것인지를 미리 정하는 것을 말한다(이럴 때 괄호를 사용하는 것이 도움이 된다). 인터뷰 응답자가 잠시 동안 아무 말도 하지 않고 있는 것 또한 괄호나 (…) 기호를 사용하여 기록해 둘 필요가 있다. 때로는 연구자가 내용을 명확하게 하기 위해서 대괄호([ ])를 사용하여 문구를 추가함으로써 나중에 녹취록을 읽게 될 독자가 혼동하거나 오해하지 않게 하는 것도 필요하다. 저자가 참여했던 한 연구에서 연구 참여자가 'Susie'를 반복적으로 거명한 적이 있는데, 그 당시 연구자들은 Susie가 그의 여자친구라고 생각하고 있다가 녹취록을 읽어 본 다음에서야 비로소 Susie가 연구 참여자의 반려견이라는 사실을 알게 되었다. 인터뷰 응답자가 알아들을 수 없는 말을 하거나 너무 작은 목소리로 말해서 내용을 알아들을 수 없을 때도 대괄호를 사용하여 [불분명함]이라고 표시할 수 있다. 또한 외래어 단어나 숙어의 의미를 서술할 때도 괄호를 사용할 수 있다.

녹취록 작성자는 인터뷰 내용을 문법에 맞게 편집하거나 상스러운 말을 편집 또는 정리하지 말아야 한다. 왜냐하면 인터뷰 응답자는 자신이 한 말이 꾸밈이나 왜곡 없이 있는 그대로 기록될 것을 요구할 권리가 있기 때문이다. 이 문제는 신뢰에 관한 문제이며 이는 '선별적 전사(triaging transcription)', 즉 인터뷰 내용 중 관련 없는 내용을 생략하기 위해 선택적으로 전사하는 것과는 다른 문제다. 시간과 비용의 부담 때문에 간혹 연구자들이 전사자들에게 인터뷰 내용 중 잡담이나 장황한 반복을 못 본 척하고 넘어갈 것을 요구할 수도 있으나, 그러한 결정을 내릴 때는 신중을 기해야 한다.

인터뷰 응답자가 누군가의 이름이나 어떤 장소를 언급하는 경우 개인정보 보호 원칙을 위반하는 위험이 발생할 수 있다. 녹취록에는 진짜 이름이 아니라, 예를 들면 JM(연구 참여자의 사촌) 같이 성은 표기하지 않고 이름 또는 이름의 약자만 괄호 안의 설명과 함께 표기해야 한다. 반면, 주소나 장소명(예: 리버뷰 병원)은 정확하게 아는 것이 중요하므로 그대로 기록해야 한다. 물론 데이터나 연구 결과를 공개할 때는 모든 이름을 가명 처리해야 하지만, 녹취록에는 모든 자세한 정보를 있는 그대로 전부

기록해 두는 것이 바람직하다. 다음의 내용은 전사와 관련된 몇 가지 제안 사항이다.

1. 녹취록 인쇄본에 코드를 적거나 메모할 계획이면 녹취록에 충분한 여백을 남길 것

2. 처음부터 끝까지 모든 줄의 순서를 번호를 매겨 나타낼 것(일부 소프트웨어 프로그램은 이 작업이 자동으로 이루어짐)

3. 모든 페이지에 면접자 이름 약자, 인터뷰 날짜, 녹취록 작성 날짜를 내용으로 하는 머리말을 작은 글자 크기로 넣을 것

4. 면접자의 질문을 굵은 글자로 표기하여 질문의 내용과 길이를 알아보기 쉽게 할 것

5. 모든 답변을 연구 참여자 식별 번호로 시작함으로써 이야기 내용을 새 파일로 옮겨도 누가 한 이야기인지를 구분할 수 있도록 할 것

6. "어 … 어"나 "음" 같은 말은 건너뛰어도 무방함(물론 이런 표현을 중요시하는 대화분석의 경우는 예외임). 저자가 참여했던 NYSS에서 한 연구 참여자가 버릇처럼 했던 "무슨 말인지 알지요(You know what I'm sayin)?"라는 말을 전사자는 "YKWIS"로 축약하여 기록할 것

7. 모든 기록을 처음부터 그리고 자주 백업해 두고 백업 파일을 클라우드를 포함한 여러 저장소에 보관해 둘 것

녹음된 내용을 글로 옮기는 작업이 상당한 시간과 노력을 요하다 보니 많은 질적 연구자가 전사 작업을 직접하기보다 전문 전사자를 고용하여 녹취록을 만드는 것을 선호하는데, 그렇게 하면 비용은 들지만 시간을 절약할 수 있다. 보통 90분 정도의 인터뷰 내용을 전사하는 데 약 8~10시간이 소요되며 약 30장 분량의 녹취록이 만들어진다. 그런데 외부 전문가에게 전사 작업을 맡기는 경우 오류나 오해가 발생할 위험이 있다. 한 가지 절충 방안은 연구 초기 단계에서는 면접자가 직접 인터뷰 내용을 전사하고 그 내용을 외부 전사자가 검토하게 하는 것이다(녹음 내용 모두를 검토할 수 없다면 일부 내용을 무작위로 골라 검토하게 한다). 이 방법은 인터뷰자가 오디오 녹음을 들을 때 인터뷰 기억을 떠올릴 수 있기 때문에 불명확한 부분이 있어도 채워 넣을 수

있다는 이점이 있는 매우 유용한 방법이다.

녹취록을 만들다 보면 익숙하지 않은 용어를 접하게 되는 경우뿐만 아니라 이야기가 잘 들리지 않거나 주변 배경 소음 때문에 이야기 내용을 알아듣기 어려운 경우가 종종 발생하는데, 이런 경우에 전사자가 판단하여 공란을 채우기도 한다. 전사자는 또한 상스러운 언어나 '잘못된 발음'을 편집할지를 결정하기도 한다. 때로는 전사자의 판단과 인터뷰 응답자 중 어느 쪽이 옳은지를 판단하기 어려운 경우가 발생하기도 한다([글상자 6-1]에는 이러한 경우에 해당하는 예가 제시되어 있다).

[글상자 6-1] 전사 '오류'에 관한 간단한 퀴즈

인터뷰 응답자가 한 다채로운 표현을 전사자가 잘못 이해하거나 (더 나쁜 경우는) 의도적으로 내용을 바꿔 표현하기도 한다. 다음에 제시된 예들은 저자가 참여했던 연구에서 연구 참여자가 실제로 한 진술과, 그것을 전사자가 잘못 글로 옮긴 예들이다. 어떤 것이 실제 진술이고 어떤 것이 잘못 전사한 것인지 구분해 보자(끝에 답이 제시되어 있다).

1. "나는 정신분열-결함이 있다는 진단받았습니다."
2. "의사는 계속해서 '앉으세요.'라고 말했는데 나는 '앉으세요.'라는 말을 듣고 싶지 않았습니다."
3. "언젠가 플라즈마 호텔에 한번 묵고 싶었어요."
4. "나는 인기가 많습니다."
5. "나의 룸메이트와 나는 함께 양치질합니다."

정답: 1번과 3번은 참여자가 실제로 한 진술이고, 2번, 4번 그리고 5번은 전사자가 오류를 범한 것이다. 예를 들면, 2번은 "앉으세요(take a seat)."가 아니라 "Hep C(C형 간염)"이라고 읽었어야 하고, 4번은 "나는 양극성 장애(very bipolar)입니다."라고 읽었어야 하며, 5번은 "룸메이트와 나는 TV를 함께(TV together) 시청합니다."라고 읽었어야 한다.

인터뷰는 흥미롭고 유익한 경험이면서 동시에 매우 사적인 경험이다. 인터뷰 내용 중에 있는 눈물 날 법한 슬픈 이야기나 분노로 가득 찬 이야기는 그런 이야기를 글로 옮기면서 접하게 되는, 듣는 사람으로서의 전사자에게 해가 될 수도 있다. 전사 담당자들도 연구팀의 구성원과 마찬가지로 정례 회의에 참여하여 그들이 우려하는 점과 제안하고자 하는 사항을 건의하는 것이 바람직하다.

영어 외의 언어를 번역하고 녹취록으로 만들기

연구 참여자가 연구자와 다른 언어를 사용하는 경우, 전사의 정확도를 높이는 것은 더욱 어려워진다. 영어로의 번역은 (연구자가 영어를 사용하고 최종 보고서가 영어로 작성될 것이라는 가정하에) 인터뷰를 진행하는 과정에서 해도 되고, 전사를 하면서 해도 되고, 심지어는 더 나중에 인터뷰 내용을 분석하고 보고서를 작성할 때 해도 된다. 그러나 번역 시기가 언제인가에 따라서 발생할 수 있는 위험도 달라진다. 첫 번째 경우(인터뷰를 진행하면서 번역을 하는 경우)는, 번역이 인터뷰의 흐름을 방해할 위험이 있다. 이런 경우 실제로 할 수 있는 것은 거의 없지만 가장 일반적인 대처 방안은 연구 참여자가 표현하고자 하는 의미에 가능한 한 가깝게 번역하는 것이다. 만일 어떤 단어나 관용구를 번역할 수 없을 때는 해당 단어나 관용구를 그대로 표기하고(기울임체로) 괄호나 각주로 그 의미를 설명해야 한다.

번역 과정에서 오류는 방언이나 익숙하지 않은 의미 때문에 발생하기도 하지만 의도적인 편향 때문에 발생할 수도 있다. 예를 들면, 어떤 번역가는 지역사회의 평판을 보호하고자 하는 의도에서 부정적인 내용을 덜 심각한 표현을 써서 번역할 수도 있다. 의미는 문화적 관용 표현뿐만 아니라 원어민이 아니면 이해하기 힘든 단어, 운율, 굴절 등에 의해서도 만들어진다. 예를 들면, 일본어에는 병든 형제자매를 돌보는 형제들의 상호의존성과 관용을 뜻하는 'amae'라는 단어가 있는데, 영어에는 이에 해당하는 단어가 없다(Shibusawa & Lukens, 2004). 표정이나 몸짓 또는 그 밖의 여러 가지 것들을 통해 많은 비언어적인 의미가 전달된다는 사실을 고려하면 인터뷰 내용을 문자 그대로 직역하는 것은 문제가 될 수 있다. 예를 들면, 인류학자인 Clifford Geertz(1973)가 지적하였듯이, 윙크는 단순한 비자발적 경련일 수도 있지만 다양한 문화적 또는 상황적 의미를 가지고 있을 수도 있다.

가능하다면 전사자와 번역가 모두는 연구팀의 일원이 되는 것이 바람직하다. 전사자와 번역가도 질적 연구자와 마찬가지로 질적 인터뷰에서 나타나는 강렬한 인간 감정에 관여되기도 하고 정례 회의에 참여하여 도움을 받을 수 있다. 또한 전사자와 번역가가 연구 내용에 대한 심층적 이해를 공유하는 것이 오류를 줄이는 데도 도움이 되고, 자신이 연구에 실질적으로 기여하는 가치 있는 존재라는 느낌을 갖는 데도 도움이 된다.

질적 자료 분석: 의미 탐구의 시작

질적 연구자들 중 어떤 사람들은 연구 결과가 마치 기다리고 있었던 것처럼 발견된 다고 하는가 하면, 어떤 사람들은 모든 연구 결과가 사회적 구성물이라고 한다. 그런 데 이처럼 상이한 의미론적 그리고 인식론적 입장을 가진 연구자들 사이에서도 패턴 을 인식하고 주제를 개발하는 것이 질적 연구의 기본 활동이라는 것에 대해서만큼은 이견이 없는 것 같다. 이와 같은 패턴 인식 및 주제 개발 활동은 연구 관심사가 시간 경과에 따른 변화인지의 여부, 그리고 연구에서 '사례들(개인 또는 기타 분석 단위)'이 전체론적으로 다루어지는지, 아니면 사례들을 분석의 원자료가 되는 단어나 발언들 이 모여 이룬 어떤 집합체의 일부로 여기는지의 여부에 의해 영향을 받는다.

물론 모든 자료가 어떤 식으로든 가공될 수밖에 없지만 자료가 얼마나 추상적인지 와 얼마나 가공(processing)되었는지를 기준으로 질적 자료를 구분해 볼 수 있다. 녹 음 파일, 시각적 매체(참여자가 직접 찍은 사진), 기존 기록물 등은 거의 가공되지 않은 자료이고, 현장 기록이나 녹취록이나 번역본은 일부 가공된 자료에 해당한다. 많은 질적 연구가 코딩, 즉 원자료 또는 일부 가공된 자료로부터 의미 단위(meaning units) 나 개념을 도출하는 것을 자료 가공의 그 다음 단계로 보고, 주제나 범주를 개발하는 것을 그 다음 단계로 보고 있다. 분석 결정 메모를 하는 것이나 연구자의 개인적 반 응, 편견, 관심 등을 일지에 기록하는 것 같은 일상적인 작업과, 타당성 확인(auditing) 작업은 자료 분석 및 변화과 병행하여 진행된다.

자료를 분류하고 읽고, 녹취록을 반복적으로 읽고 노트하고 기록하는 작업은 어 떤 것으로도 대체할 수 없는 작업이다. 이러한 작업을 거치면서 자료 안에서 살다시 피 할 때 비로소 심층적인 이해에 기반한 분석을 할 수 있게 된다. **메모하기**(memo writing)는 여러 활동을 하나로 엮고 분석 결과로부터 결론을 도출하는 데 필요한 여 러 가지 결정을 통합하는 데 도움을 줌으로써 자료 분석을 일종의 조직 결합 작업으 로까지 발전시킬 수 있다. 메모는 생각, 반응, 연결 고리 등을 각인시키는 역할을 한 다. 메모는 또한 자료 안에서 어떤 일들이 벌어지고 있는지에 관한 연구자의 생각을 구체화하는 데 도움이 된다. 예를 들면, 메모를 잘 관리하면서 날짜와 시간 순서대로 정리해 두면 나중에 자료의 타당성을 확인하는 작업을 할 때 크게 도움이 된다(이에 관한 보다 자세한 논의는 제8장에서 하기로 하겠다).

Boyatzis(1998)는 명시적(manifest) 분석과 잠재적(latent) 분석을 구분하였는데, 전자는 표면적 서술을 말하며 후자는 기저적 또는 암묵적 의미의 해석을 말한다. 일반적으로는 명시적 분석을 통해 포괄적인 이해를 얻은 후에 잠재적 분석을 한다. 예를 들어, 문화기술학자들은 문화적 신념과 관행의 암묵적 의미를 밝힐 수 있는 '깊고' '풍부한' 해석을 하기 위해서 먼저 충분한 양의 기술(description)을 하는 데 주력한다.

그런가 하면 어떤 연구자들은 명시적인 수준을 넘어서는 모험을 하지 않는 것은 마치 해야 할 뭔가를 빠트리고 하지 않는 오류와 다를 바 없다고 본다(물론 그런 오류가 좋은 의도에서 비롯된 오류일 수 있는데 어떤 연구자들은 더 깊은 의미를 파고들어 가는 것을 연구 참여자에 대한 모욕으로 간주하기도 한다). Duneier(1999)는 그가 뉴욕 거리에서 책을 파는 노숙인들을 대상으로 했던 연구에서 다음과 같이 말하였다. "만일 내가 그들이 한 말을 액면 그대로 받아들였더라면 나는 그들의 삶과 그들이 직면한 문제 모두가 오롯이 그들의 탓이라는 결론을 내렸을 것이고, 더 거시적인 정치적 · 경제적 상황이 그들에게 미친 영향을 간과했을 것이다."(p. 343) 그렇지만 이와 정반대로, 그러나 동일 논리에 따라, 자료를 섣부르게 해석할 경우 자료로부터 출발점을 찾아내는 것이 아니라 엉뚱한 결론을 쥐어짜 내는 오류를 범하게 될 수 있다.

그렇다면 이도 저도 아닌 중간점은 없는가? 한 저명한 사회과학자의 말을 빌리면, 중용점은 "세부적인 것을 일반화할 수는 없다. 그러나 일반화는 세부적인 것 없이는 불가능하다."(Kotkin, 2002, p. B11)정도가 될 것이다. 연구자들은 질적 보고서의 독자들이 연구자들을 새로운 이해의 장으로 이끌어 줄 길잡이라는 사실을 믿어 주기 바라는데, 그러한 신뢰는 연구자들 스스로가 얻어 내야 하는 것이다. 그러한 신뢰를 얻기 위해서 연구자는 자신이 연구 배경과 자료에 대한 충분한 이해를 가지고 있다는 사실을 독자들에게 확신시키는 데 필요한 모든 세세한 사항을 공개하고 설명해야 하지만 동시에 연구자는 연구를 통해 발견한 것들을 '고도화하고 확장하여(up and out)' 기회 또는 제약이라는 더 큰 맥락과 연결시켜야 할 의무 또한 가지고 있다. 우리는 독자들에게 "신뢰를 향한 발걸음"(Duneier, 1999, p. 343)을 내딛어 줄 것을 요구하지만 그런 도약은 믿을 만한 착지점이 있을 때만 가능한 것이다(이에 관해서는 제7장에서 더 자세히 설명하기로 하겠다).

어떤 질적 접근 방법들은 자료 분석에 관한 구체적인 그러면서 동시에 유연한 지침을 제공하는가 하면, 어떤 접근 방법들은 구체적인 방법 측면(how-to aspects)이 다소 불분명하다. 그런가 하면 사례 연구와 문화기술학 같은 '메타 접근 방법'(다양한 자료 수집 및 분석 방식을 포괄할 수 있을 정도로 광범위한 접근 방법)도 여전히 존재한다. 어떤 접근 방법을 택하든 질적 분석은 결국 텍스트를 꼼꼼히 읽고, 멀티태스킹을 통해 무엇이 어떻게 이야기되고 행해지는지를 이해하고, 필터(filters)와 분석 축(analytic axes)을 사용하여 그 전개 과정을 조직화하는 것을 기본으로 한다. 질적 자료 분석이 예상대로 진행되는 경우는 거의 없다. 따라서 질적 자료를 분석할 때는 진행 과정을 지속적으로 주시하는 것이 매우 중요하다.

사례 요약

질적 연구가 적은 수의 표본에 대해 강도 높은 관여를 하는 연구이기 때문에 모든 연구 참여자 각각에 대해서 **사례 요약**(case summary)을 하는 것이 모든 종류의 질적 연구에 도움이 된다(사례 연구 분석에서는 사례 요약이 필수다). 사례를 요약한다는 것은 각 연구 참여자에 관한 사용 가능한 모든 자료를 종합적으로 요약함으로써 각각의 사례에 관한 전체적인 시각을 갖는 것이다. 연구 참여자가 자발적으로 제공한 많은 정보 중에는 중요한 정보도 있지만 그렇지 않은 정보도 있다. 사례 요약은 중요한 정보와 중요하지 않은 정보를 구분함으로써 필요할 때 중요한 정보를 쉽게 찾아볼 수 있게 해 준다. 한 예로, NYRS에서 연구진은 사례 요약을 통해서 연구 참여자의 자녀 수, 출생지, 현재 사용하는 (있는 경우) 약물 등을 쉽게 확인할 수 있었다. 인터뷰 응답자의 인구통계적 특성은 대개 인터뷰를 마칠 때쯤 파악하는데, 인터뷰 도중에 인터뷰 응답자가 사례 요약에 포함시킬 필요가 있는, 인구통계적 정보 외의 정보를 자발적으로 제공하기도 한다. 그렇기 때문에 저자는 그런 정보를 나중에 사례 요약에 포함시킬 수 있도록 첫 번째 코딩을 할 때 그러한 정보를 녹취록의 맨 왼쪽 열에 기록해 두는 것을 선호한다.

질적 자료 분석에서의 이론 및 개념

연구자가 자료를 분석하면서 자신이 개념과 해석에 어떻게 역동적으로 관여했는지를 반영할 수 있는 것은 이론을 검증하는 경우가 아니라 이론화, 즉 이론을 만들어 가는 경우다. 이론화는 개념화를 말하는 것인데, 개념화는 반드시 이론을 만들지 않고도 가능하다(사실 대부분의 질적 연구는 이에 해당한다). 이론화는 또한 연구 목적이 무엇이고 어떤 연구설계를 가지고 있으며, 어떤 분석 단계에 있는지에 따라 다르게 그리고 역동적으로 이루어지는 입력−출력 과정을 반영한다.

개념과 이론에 관한 어떤 틀을 미리 마련한 상태에서 자료를 분석하는, 프리패키지 접근(prepackaged stance) 방법은 Crabtree와 Miller(1999)가 템플릿 접근법(template approach)이라고 부르는 접근 방법과 거의 일치하는 접근 방법이다. 템플릿 접근법을 따르는 연구자는 사전에 개발된 코드북에 전적으로 또는 상당 부분 의존하여 자료를 분석한다. 이러한 접근 방법과 가장 밀접한 연관성을 가진 접근 방법은 내용 분석(content analysis)이지만 어떤 질적 연구이든 미리 어떤 개념틀을 준비해야 할 필요가 있는 연구라면 이 접근 방법을 사용할 수 있다. 이런 연구들이 한쪽 극단에 있다면 정반대 극단에는 순수한 몰입을 위해 기존 개념 사용을 거부하는 연구들이 존재한다. 예를 들면, 현상학적 접근 방법(phenomenological approach)에서는 걸러 내기(filtering)로 인해 사실성이 훼손되는 것을 막고 왜곡됨을 줄이기 위해서 '살아 있는 생생한 경험'을 **새로이**(de novo) 탐구하는 것을 최우선시한다.

근거이론(GT) 같은 질적 연구는 이 두 극단의 중간쯤에 위치하는 접근 방법이라고 할 수 있다. 근거이론 접근 방법을 따르는 연구자들은 얼마든지 기존 이론들로부터 개념을 가져다 쓸 수 있으나, 그런 개념들이 자신의 연구 결과에 적용 가능한 개념이라는 보장은 없다. 근거이론가들은 이런 식으로 질적 연구의 **필수 조건**(sine qua non)인 '놀라움과 새로운 통찰'을 유지하고자 한다. 대부분의 근거이론가들이 원하는 최종 산물은 이론 또는 모델을 개발하는 (설명력이 높은지 낮은지를 떠나서) 것이다.

다양한 질적 접근 방법에서의 자료 분석

모든 자료 분석은 결국 연구를 시작하게 된 애초의 연구 질문으로 되돌아간다. 그러나 애초의 연구 질문에 대한 답을 찾는 것은 전체 연구의 일부일 뿐이며 질적 탐구를 통해 연구자는 '더 많은 것'을 얻게 된다. 예를 들면, 새로운 정보, 신선한 관점, 전에는 보지 못했거나 이야기된 적이 없는 어떤 것 같은 것들이다. 연구자가 자신의 인식론적 입장과 구체적인 접근 방식을 성찰해 보는 것은 연구 분석의 일관성을 높이는 데 있어서 매우 중요하다.

어떤 질적 접근 방법에서든 주제 찾기는 가장 일반적인 탐구 활동 가운데 하나다. 주제 찾기를 할 때 연구자는 종종 혼란을 경험한다. 모든 질적 연구자가 주제를 찾고 싶어 하는 열의를 가지고 있다는 사실은 이해할 수 있는데, 특히 연구자가 단일 사례 분석이나 내러티브의 일부를 들여다보는 것 이상의 분석을 하게 되면 그러한 열의를 느끼게 된다. 주제 분석(thematic analysis)이 가진 매력은 주제 분석에 대한 접근이 용이하고, 주제 분석을 이론적 또는 인식론적 틀과 독립적으로 할 수 있다는 점이다(Braun & Clarke, 2006). 그렇기 때문에 주제 분석은 보다 엄격한 접근 방법에도 비교적 쉽게 채택되거나 수용될 수 있는 다목적적인 특성을 가지고 있다. 근거이론, 현상학, 사례 연구, 내러티브 분석 등에서 주제 분석은 이론을 개발하고, 생생한 경험의 본질을 확인하고, 여러 사례 또는 내러티브 간에 존재하는 공통점 등을 찾기 위해 사용된다. 다음에서는 다양한 질적 접근 방법에서 일반적으로 사용되는 자료 분석 방법들을 개괄적으로 살펴보기로 하겠다.

내용 분석

내용 분석(content analysis)은 커뮤니케이션, 저널리즘(journalism) 그리고 비즈니스 분야에서 독특한 역사를 가지고 있다(Berelson, 1952). 내용 분석은 관심 있는 사건이나 현상의 수를 파악하기 위한 방법으로 처음 개발되었다. 신문, 잡지, TV 및 인터넷 통신에 대한 내용 분석은, 예를 들면 의약품 광고 빈도, 아동 관련 폭력 사건·사고 건수, 인종 편견 만연 정도 등을 보여 주는 데 사용될 수 있다. 내용 분석이 반드시 이론적이어야 할 필요는 없지만 내용 분석의 목적은 해석보다는 문서화(documentation)에 더 가깝다.

최근 들어 내용 분석은 "분석해야 할 내용을 적은 수의 내용 관련 범주로 걸러 내기"(Elo & Kyngäs, 2008, p. 108)에 중점을 두는 하이브리드 접근 방식으로 발전하였다. 내용 분석은 양적 방법과 질적 방법의 경계에 위치하는 특성으로 인해 질적 연구자들과 양적 연구자들 모두로부터 비판을 받아 왔는데, 통계학자들은 내용 분석이 가진 분석 기술의 단순성을 비판하는 반면에 질적 연구자들은 내용 분석이 환원주의(reductionism)로 인해 많은 기회를 잃는다는 점을 지적하였다(Morgan, 1993). 이러한 절충적(eclecticism) 특성 때문에 내용 분석은 양적 자료 분석과 질적 자료 분석 모두에 적용 가능하며, 귀납적으로도 사용 가능하고 연역적으로도 사용 가능하다(Elo & Kyngäs, 2008; Hsieh & Shannon, 2005; Mayring, 2004). 내용 분석의 첫 단계를 준비 단계라고 하는데, 이 단계는 분석 단위(단어, 구 또는 문장)를 정한다. 내용 분석을 귀납적으로 하는 경우, 연구자는 코딩 및 범주화라는, 우리에게 어느 정도 친숙한 단계에 따라 내용 분석을 진행한다. 이와 달리, 내용 분석을 연역적으로 할 때는 기존의 범주들로 매트릭스표를 만들고 해당 내용을 찾아 표를 채우는 식으로 내용 분석을 해 나간다(Elo & Kyngäs, 2008). 분석 자료 중 매트릭스의 어디에도 해당하지 않는 자료가 있으면 그런 자료는 새로운 범주를 만드는 데 사용할 수 있다(이때부터 귀납 방식으로 전환된다). 내용 분석에서는 이처럼 귀납과 연역 사이를 오가는 것이 매우 일반적이다(Sandstrom, Willman, Svensson, & Borglin, 2015).

독자들 중 혹자는 '내용 분석이 다른 질적 접근 방식과 어떤 면에서 다른가?'라는 질문을 던질 수도 있을 것이다. 저자도 그 질문에 대해서는 분명한 답을 제시할 수 없다. 질적 연구방법의 세계에는 많은 접근 방법이 중첩적으로 공존하고 있으며, 각각의 접근 방법은 자신만의 특성과 차별성을 나름대로 유지하고 있다. 누군가에게는 다행일 수 있고 누군가에게는 골칫거리일 수 있겠지만, 질적 연구방법이 가진 가장 큰 장점은 다양성과 경계를 넘나들 수 있다는 것이라고 하겠다.

문화기술학과 자료 분석

문화기술학 연구를 외딴 사모아섬에서 하든 스프링필드에서 하든 상관없이, 문화기술학 방법은 엄청난 양의 자료를 만들어 낸다. 다양한 연구 활동을 최소한의 지침만 가지고 동시에 진행하는 멀티태스킹에 익숙하지 않은 연구자들은 문화기술학 연구가 만들어 내는 엄청난 양의 자료에 쉽게 압도당하곤 한다. 다음의 인용문은 문화기술학의 이러한 고된 전통을 엿볼 수 있게 해 준다.

> 이러한 자료들을 가지고 작업하는 것은 정신없고, 한숨이 저절로 나오는, 복잡하기 짝이 없는 과정이었다. 나는 내가 각각의 노트에 무엇이 들어 있고, 어디에 있는지를 이해하고 머릿속에 일종의 지도와 목차를 만들 수 있을 때까지 모든 현장 기록과 원자료들을 반복적으로 읽었다. 그런 다음, 주제를 서술하는 구조와 서술 순서를 어느 정도 명료하게 하고 나서 나는 곧바로 자료 속에 파묻히기 시작했다. 나는 현장 기록, 기사, 책, 초벌 원고의 중요한 페이지들을 가지고 여러 개의 동심원을 만들어 놓고 그 중심에 머물면서 생각하고 분류하고 결합하는 작업을 진행했다. 각각의 동심원들은 연구 보고서의 한 장(chapter)이 되었다. 물론 그렇게 되기까지는 어지럽게 쌓여 있는 자료들을 모두 읽고 분류하는 작업을 거쳐야만 했다. 자료를 뒤섞고 분류하는 작업을 되풀이하는 데 여러 날을 보냈으며, 그러다가 보고서를 전체적으로 다시 써야 할 필요성이 발견되면 모든 것을 다시 시작하기도 했고, 때로는 자신에게 관심을 가져 달라면서 진흙투성이 발로 나에게로 달려드는 내 반려견이 초래할 엄청난 재앙들로부터 모든 자료를 지켜야만 했다(Estroff, 1981, pp. 33-34).

문화기술학 연구 자료에는 현장 기록 외에도 인터뷰, 문서, 기록 등이 포함되며, 질적 측정 결과나 질적 분석 결과가 포함될 수도 있다. 일반적으로 현장 기록은 인터뷰 녹취록을 분석하는 방식과 동일한 방식으로 분석한다. 분석 메모는 어떤 종류의 데이터가 어떤 정보가 만들어지는 데 기여했는지 추적할 수 있게 해 준다. Estroff 식의 분석은 오래전부터 사용되어 온 구식의, 그리고 모든 것을 직접해 보는 분석으로서 자료를 시각적으로 보여 주고, 관찰되고 해석되는 것들에 대해 깊이 고민하는 방법이다. 물론 분석을 부엌 식탁에서 하든 컴퓨터를 이용하여 가상 공간에서 하든 원칙은 동일하다.

문화기술학 자료 분석의 첫 단계는 현장 기록 요약, 개인 생애사, 메모 등을 활용하여 자료를 선별하고 분류하는 과정을 구조화하는 것이다. 연구자는 다양한 데이터 출처를 가지고 다각화를 해 볼 수 있는데, 이는 확인을 위해서가 아니라 의미를 구축하고 확장하기 위한 목적에서의 다각화다. 다양한 데이터 출처가 어떻게 의미를 확장시키는지를 보여 주는 가상의 예를 하나 들어 보면, 많은 이라크전 참전 군인들과 그들의 가족들이 살고 있는 텍사스주의 어느 작은 마을에서 연구를 한다고 가정해 보자. 많은 사람이 참전 트라우마로 고통받고 있다고 알려져 있음에도 불구하고 이 지역의 정신건강 클리닉을 실제로 이용하는 재향군인은 거의 없다. 문헌들에 따르면, 이러한 현상이 나타나는 주된 원인은 낙인과 '미쳤다'라는 꼬리표가 붙는 것에 대한 두려움이라고 한다. 현장에서 문화기술학 연구를 진행한 결과, 병원의 열악한 물리적 환경(길고 어두운 복도, 창문 없는 사무실 등) 때문에 재향군인들이 가뜩이나 문제가 많은 시설로 알려져 있는 이 시설을 이용하고 싶어 하지 않는다는 것을 알게 되었다. 병원의 물리적 환경이 전쟁 경험으로 인한 외상 후 스트레스 때문에 마치 출구 없는 공간에 갇혀 버린 듯한 느낌으로 힘들어하는 재향군인들을 불안하게 만들었다. 마지막으로, 참전 군인들과의 비공개 심층 인터뷰을 통해서 현상에 대한 또 다른 원인이 밝혀졌다. 그것은 다름이 아니라 정신과 진단을 받음으로 인해 총기를 압수당할 수 있다는 두려움이었다. 텍사스주에는 사냥과 사격 연습을 위해 총을 소지하는 것을 중요하게 여기는 문화가 있고, 그렇기에 총을 잃는다는 것은 (그럴 가능성은 적으나) 있을 수 없는 일이었다. 이 모든 것을 고려해 보면, 다양한 출처로부터 데이터를 수집하는 것이 재향군인들의 정신건강 치료 회피 현상을 여러 가지 차원에서 이해하는 데 도움이 된다는 것을 알 수 있다.

문화기술학 자료는 일차적으로는 세세한 사항을 분석하기 위해 사용되지만, 궁극적으로는 더 큰 관심사를 해결하는 데 활용되어야 한다. 더 큰 관심사란 이론적인 것일 수도 있고, 비판적인 것일 수도 있으며, 정책과 관련된 것일 수도 있고, 그 밖의 어떤 것일 수도 있다. 아마도 어떻게 하면 자료의 '여러 가지 것에 관심을 두는지(sweep back and forth)'와 '한 가지 것에 몰입하는지(swoop in and out)'를 모두 배워야 하는 것이 문화기술학 자료 분석의 가장 어려운 과제 중 하나일 것이다. 많은 문화기술학 전문가가 후배 연구자들의 교육을 위해 수년에 걸쳐 노력한 결과(이에 관해서는 이 장의 맨 끝부분에 제시된 참고문헌을 참조하기 바란다.), 정해진 하나의 공식을 엄격하게 따르는 것이 결코 좋은 것이 아니라는 결론에 도달하게 되었다. 결국 문화기술학 자료 분석을 이해하는 가장 좋은 방법은 문헌과 직접 경험을 병행하는 것이다. 물론 이 원칙은 모든 질적 방법에 적용되는 원칙이기는 하지만, 오랜 기간에 걸쳐 익숙하지 않은 환경에서 무엇인가에 깊이 관여해야 하는 문화기술학의 특성을 고려해 볼 때 문화기술학 연구는 다른 질적 연구방법에 비해 이 원칙을 따르기가 특히 어려울 수 있다.

사례 연구 분석

문화기술학과 마찬가지로, 사례 연구 분석(case study analysis)은 다양한 형태의 자료와 분석 기법을 사용하면서 명시적인 절차를 가지고 있지 않은 메타방법(meta-method) 중 하나다. 제2장에서 언급하였듯이, Stake(1995)는 사례 연구를 **도구적**(instrumental) 사례 연구, **내재적** 또는 **본질적**(intrinsic) 사례 연구 그리고 **다중** 사례 연구(multiple case studies)로 구분한다. 도구적 사례 연구가 거시적인 문제나 관심사에 관한 논의를 부각시키기 위해 사용하는 예증적인 수단인 데 비해, 내재적 사례 연구는 심층적인 관찰의 대상으로서의 사례 그 자체를 중요시한다. 다중 사례 연구 분석은 단일 사례 연구의 원칙을 따르지만 해석과 연구 확대를 위해서 2개 이상의 사례로부터 의미를 추출한다.

사례 연구 분석이 가진 특징 중 하나는 '확대하기(거시적인 문제나 이론으로)'보다 '깊이 들어가기' 또는 일부 연구의 경우 다른 사례로 '건너가기'를 우선시한다는 것이다. 사례 내 분석을 한다는 것은 역사적 배경을 깊이 있게 다루고(다루거나) 사례가 가진 모든 복잡성을 탐구하는 것을 의미한다. 만약 사례에 관해 알려진 바가 거의 없고 사례에 관한 관심 또한 내재적이라면 분석은 해석보다 서술에 중점을 둘 수 있다.

분석 계획은 사례와 수집될 자료가 무엇인지에 따라 달라지는데, 사례는 개인일 수도 있고 단체(들)일 수도 있으며 사건일 수도 있다. 또한 연구 설계가 횡단 연구인지 시간 순서인지에 따라 취할 수 있는 접근 방법도 달라진다. Patton(2002)에 따르면, 표본 추출 과정에서 사례의 단위가 달라질 수 있다(예: 학교 전체에서 학급 표본을 뽑고, 표본 학급에서 다시 교사와 학생을 표본으로 뽑는 식으로). 사례 연구는 사례 내부에서 어떤 일들이 벌어지고 있는지를 보여 줄 수도 있고, 어떤 주장을 발전시켜 나아갈 수도 있다. 대표적인 예로는, Bradshaw(1990)가 한 군사 기지가 폐쇄되면서 그로 인해 나타날 것으로 예상했던 끔찍한 결과는 나타나지 않았다는 것을 보여 준 연구를 꼽을 수 있다. 사례 연구는 또한 어떤 정책이 변하게 된 원인과 변화의 결과를 연구할 때도 할 수 있는데, 이에 해당하는 대표적인 연구로는 1990년대에 뉴욕 경찰국이 구속 수감자들의 삶의 질과 관련해서 '깨진 유리창' 정책으로 전환하게 된 사례에 관한 연구를 꼽을 수 있다(Kelling & Coles, 1996).

저자가 참여했던 NYRS에서 우리는 18개월에 걸쳐서 연구 참여자(사례)들에 관한 자료를 수집하였는데, 각각의 사례에 대해 네 번의 인터뷰(기초선, 6개월 시점, 12개월 시점 그리고 18개월 시점)를 실시하고, 개별 사례를 요약하고, 하위 표본에 대해서는 그림자 인터뷰와 사진 활용 인터뷰를 실시하였다. 그 결과, 녹취록, 사례 요약, 사진, 현장 기록 등을 연구 자료로 수집하였으며, 각 사례를 요약하기 위해서 주목해야 할 사항들(정신건강, 가족관계, 약물 사용 등)을 축으로 한 매트릭스표를 개발하였다. 두 명의 연구원으로 구성된 연구팀(그중 한 명은 인터뷰 주 담당자)이 취합한 사례 파일 자료를 읽었으며, 전체 사례에 관한 어떤 결론을 이끌어 내기에 앞서 합의 도출을 위한 토의를 실시하여 각 사례의 궤적을 이해하는 데 집중하였다.

사례 연구가 의미하는 바에는 결과뿐만이 아니라 과정도 포함되어 있다(Patton, 2002). 사례 연구 과정의 특징 중 하나는 연구 과정 내내 사례가 가진 전체에 대한 통합성을 유지한다는 것이다. 즉, 포장을 열고 그 안에 있는 개별 내용물 하나하나를 면밀히 들여다보지만 각각의 것들을 궁극적으로는 전체로 그리고 서로 연결된 것으로 간주하는 것이다. '결과물로서의 사례 연구'는 연구자가 다양한 데이터 출처에 몰두해서 만들어 낸 포괄적인 서술의 형태를 띤다. 사례 연구가 세부적인 것에서부터 출발하는 것은 사실이지만 그렇다고 해서 사례 연구가 세부적인 것에 매몰되는 연구는 아니다. 다중 사례 분석에서도 지금까지 살펴본 방법들과 유사 또는 동일한 방법을 주제 분석과 패턴 인식을 위해 사용할 수 있는데, 일반적으로는 유사한 사례들을 분석하기가 그렇지 않은 사례들을 분석하기보다 수월하다.

사례 연구 분석의 최종 산물은 주제일 수도 있고 범주 또는 유형일 수도 있다. 예를 들어, 8개 아동복지기관을 대상으로 이 기관들의 직원들이 모든 직원에게 사회복지 전문교육을 의무화하는 새로운 규정에 대해서 어떻게 반응하는지 알아보기 위한 비교 사례 연구를 한다고 가정해 보자. 각 기관에는 저마다 독특한 전문가적 문화, 리더십 방식, 담당 업무량, 직원의 사기가 존재한다. 다양한 데이터 출처를 심층 분석한 결과, 이들 8개 기관의 반응을 '진정한 수용(강력한 리더십)' '강한 저항(강력한 리더십)' '약한 저항(약한 리더십)'의 세 가지로 범주화할 수 있다는 것을 알게 된다. 물론 이 세 가지 범주에 자료를 강제로 끼워 맞출 수는 없다. 이 세 가지 범주에 맞지 않는 자료가 존재해서 범주화의 타당성에 의문이 제기되더라도 말이다. 그럼에도 불구하고 이러한 범주화는 (적절한 것이라면) 다중 사례 연구 분석에 매우 유용하다.

내러티브 접근 방법에서의 자료 분석

질적 연구자는 내러티브와 대화의 억양, 성조, 강조점, 서정적 스토리텔링 등을 분석함으로써 많은 것을 볼 수 있다. 내러티브 접근 방법에서의 자료 분석은 주로 문학적 전통에 의존함과 동시에 사회문화적 의미에 대한 선입견을 반영한다. 내러티브 자료 분석은 크게 (1) 스토리 분석(내러티브 분석)과, (2) 대화 교환 분석(담화 또는 대화분석)의 두 가지 유형으로 나뉜다. 다양한 내러티브 접근 방법하에서 다양한 자료 분석 방법이 사용되고 있다.

Labov와 Waletzky(1967)에 따르면, 전통적인 내러티브 분석(NA)은 구조화된 내러티브의 여섯 가지 요소인 **요약**(사건에 대한 요약), **방향**(시간, 장소, 참여자, 상황), **행위**(실제로 발생한 것), **평가**(사건의 의미와 의의에 대한), **해결**(사건의 결론), **종결**(청자를 현시점으로 되돌려 놓음으로써 마무리함)을 확인하는 것이다. 전통적인 내러티브 분석을 할 때는 몇 가지 것에 주의할 필요가 있다. 첫째, 모든 내러티브가 이 여섯 가지 요소를 모두 가지고 있지 않을 수 있으며, 분석가들 사이에서 종결이나 평가를 구성하는 요소가 무엇이어야 하는지에 대해서 이견이 있을 수 있다. 둘째, 내러티브적 이야기는 긴 인터뷰의 일부일 수도 있고, 여러 차례에 걸쳐 인터뷰를 진행하는 과정에서 자연스럽게 나올 수 있다(Riessman & Quinney, 2005).

Clandinin과 Connelly(2004)는 내러티브 연구를 위한 세 가지 분석 축으로서 개인 및 사회의 상호작용, 연속성(과거, 현재 그리고 미래), 환경 또는 상황(스토리 또는 내러티브적 사건)을 제안하였다. 이 가운데 연속성은 내러티브 내의 순서와 내러티브들 간의 순서가 갖는 중요성을 말한다. 스토리는 경험으로서의 자신의 삶에 대해 이야기를 할 수 있는 자연스러운 장소다. 내러티브는 더 큰 주제 분석의 기초가 될 수도 있지만, 많은 의미를 내포하고 있는 내러티브는 그 자체로서의 중요성을 갖는다.

Riessman(2008)은 내러티브 분석을 할 때 내러티브의 내용(이야기된 것), 구조(이야기하는 방법), 대화/행동(대화 또는 내러티브 화자에 초점 맞추기), 이미지(말과 함께 사진이나 기타 시각적 매체 활용하기)를 구분해야 한다고 주장하였다. 이 범주들은 질적 연구방법의 해석적 측면을 보여 준다.

내러티브 분석은 작게는 텍스트에 대한 미시적 분석에서부터 크게는 스토리텔링 경험의 거시적 맥락에 대한 분석에 이르기까지 다양한 형태로 이루어질 수 있다(Riessman, 2008). Riessman(2008)은 또한 Labov와 Waletsky가 제시한 '여섯 가지 요소' 접근 방식에 대해 "모든 내러티브가 이 여섯 가지 요소를 모두 가지고 있는 것은 아니며, 이 요소들이 발생하는 순서 또한 다양할 수 있다."(p. 3)라는 것을 지적하였다.

변형된 형태의 내러티브 분석 중 하나는 스토리텔링 방식을 분석 대상으로 하는 분석이다(Langellier & Peterson, 2004; Riessman, 2008). Echoing Goffman(1959)는 자아 표현에 관한 그의 연구에서 내러티브를 화자와 청중이 교감하는 하나의 극적인 행위라고 표현하였다. 연구자는 연구 참여자가 자신과 타인을 어떻게 '말로 표현하여(voice)' 그들의 사회적 관계와 그러한 관계의 의미를 나타내는지를 이해해 볼 수 있다(Sands, 2004). 이야기를 말하는 행위는, 그 자체로서도 치료적 효과를 가지고 있지만, 개인의 정체성을 구성하고 재구성하는 창이다. 이야기의 **짜임**(emplotment) 또는 여러 사건들을 내러티브라는 하나의 전개 구조(arc) 안에 담아 내는 것은 하나의 구조 또는 비계(scaffolding)를 만들어 낸다. 내러티브 분석의 대표적인 예로는 질병에 관한 내러티브 연구들을 꼽을 수 있다(Charmaz, 2014; Mattingly, 1998).

자연스럽게 주고받는 말을 분석함으로써 연구자는 인간의 상호작용을 구성하는 사회와 문화의 영향을 이해할 수 있다. 대표적인 예로 **대화분석**(conversation analysis)을 꼽을 수 있는데, 대화분석은 주고받는 말뿐만 아니라 젠더, 나이, 인종 등을 엿볼 수 있는 침묵 행위나 비언어적 행위를 분석함으로써 그러한 이해를 얻는다(ten Have, 2014). [글상자 6-2]에는 대화분석에서 사용하는 표기 체계의 몇 가지 예가 제시되어 있다.

[글상자 6-2] 대화분석의 표기법: 텍스트에 대한 세부적 분석

대화분석에서 대화 내용을 글로 옮길 때 사용하는 부호들 중에는 궁금함을 나타내는 물음표(?), 완전히 멈춤을 뜻하는 마침표(.), 일시적 멈춤 또는 나열을 뜻하는 쉼표(,) 같은 일반적인 문장 부호도 포함된다. 다음은 대화분석에서 녹취록 작성할 때 자주 사용하는 부호들이다.

(.) = 잠시 멈춤

(2.3) (.6) = 2.3 또는 0.6초 멈춤(멈춤이 지속된 시간)

[ ] = 말 겹침(대괄호로 말이 겹치는 부분을 나타냄)

_____ = 강조(화자의 어조를 강조하는 밑줄)

대문자 = 크게 (화자의 목소리가 커짐을 나타냄)

↑↓ = 목소리 강도가 높아지거나 낮아지는 것을 나타냄

: = 앞 음절을 길게 끄는 것을 나타냄

° = 조용한 대화를 나타내는 정도(degree) 기호

hhh = 숨을 내쉼을 나타냄

.hhh = 숨을 들이마심을 나타냄

− = 선행 소리의 차단을 뜻하는 하이픈

〉〈 = 대화가 빨라지는 부분을 나타내는 화살표

= 문장이 이어지는 것을 나타냄(동일 화자의 말 안에서 또는 서로 다른 화자 간에)

예 1: "그날 이후 그는 나를 향해 손을 뻗은 적도 손을 댄 적도 전::혀 없었다. hhh(.)"
　　　이 문장은 화자가 '전혀'라는 단어를 길게 끌고, 말을 완전히 멈춘 다음 숨을 내쉬고 잠시 멈춘 것으로 해석된다.

예 2: "그는 때때로 겁을 주려고 합니다; 그건 아니지요(.5)"
　　　이 문장은 '아니지요'라는 말 뒤에 0.5초의 멈춤을 통해서 화자가 자신의 뜻을 강조하고 있다는 것으로 해석된다.

담화분석(discourse analysis)은 텍스트와 대화 모두를 분석 대상으로 한다. 담화분석의 주된 관심사는 거시적인 사회적 영향(특히 불평등한 권력과 지배력)이 어떻게 현대 담론을 형성하는지를 이해하는 것이다(Gee, 2005). 결론적으로 말하면, 모든 내러티브 접근 방법(들)은 대화와 언어적 상호작용의 맥락을 이해하는 것을 목표로 한다고 할 수 있다. 분석가의 관심사가 개인 내러티브의 전개 구조든 사람들 간에 주고받는 대화든 상관없이 분석가가 해야 할 일은 의미를 끄집어내는 것이다(Hyden & Overlien, 2004).

현상학적 분석

현상학적 분석(Phenomenological Analyses: PA)은 다양한 방식으로 이루어질 수 있지만 그러한 방식들은 공통적인 특성을 가지고 있다. 대표적인 특성으로는 연구 참여자의 경험을 요약하는 것, 그리고 중요한 주제를 관련 인터뷰 내용을 발췌하여 요약하는 것을 꼽을 수 있다(Giorgi, 1985; Moustakas, 1994). Moustakas는 연구자가 현상과 관련된 자신의 개인적인 경험을 기록하는 것에서부터 시작할 것을 권고하는데, 그러한 기록이 자신의 경험이 가진 영향력을 제한하는 것에 (제거가 아니라) 필요한 경계를 설정하는 데 도움이 된다고 한다. **판단 중지**(epoche) 개념은 개인적인 경험과 거리를 두는 것 또는 개인적인 경험을 괄호로 묶는 것을 설명하기 위해 사용되는 개념이다(Moustakas, 1994).

그 다음 단계는 **수평화**(horizontalization) 단계인데, 수평화는 인터뷰 내용 전체를 반복적으로 읽으면서 진술 가운데 중요하다고 생각되는 부분을 찾아 주제별(themes)로 묶는 것을 말한다. 이때, 모든 진술은 동일 가치를 가지고 있다고 본다. 각각의 주제에는 관련된 인터뷰 내용에 해당하는 텍스트 서술(Moustakas, 1994)을 붙임으로써 연구 참여자의 실제 경험을 시각적으로 보여 준다. 분석의 그 다음 단계에서는 구조적 기술(실제 경험의 맥락에 관한 보다 광범위한 고찰)을 통해서 연구자의 초점은 **무엇**(what)에서 **어떻게**(how)로 옮겨 간다. 예를 들어, 진통제에 중독된 의사들을 대상으로 현상학적 연구를 진행하여 중독이 어디서부터 어떻게 시작되었는지를 이해하고자 한다고 가정해 보자. 연구자는 '의사들이 개인적인 삶의 위기를 겪고 있었는가, 아니면 어떤 질병을 앓고 있었는가?' '다른 의사들이 그들에게 진통제를 지나치게 복용할 수 있는 기회를 제공하였는가?' '약물을 진료 시간 외 시간에 사용하였는가, 아니면 근무 시간 중에 시작하였는가?'와 같은 질문을 던질 수 있을 것이다. 현상학적 분석의 마지막 단계는 의미들로부터 **본질**(essences)을 찾아내는 것이다. 본질이란, 그것이 없으면 어떤 것이 바로 그 어떤 것이 될 수 없는 조건 또는 성질을 말한다. 본질을 찾기 위해서는 두 가지 방식의 기술 모두를 사용하여 현상을 복합적 또는 혼합적으로 묘사해 내야 한다(Moustakas, 1994).

Van Manen(1990)은 연구자가 자료를 총체적으로 볼 수 있어야 하고, 나중에 통합할 목적에서 인터뷰 내용 중 중요한 진술들을 찾아내야 한다고 주장한다. Groenewald(2004)의 남아프리카 교육 프로그램에 대한 현상학적 연구는 이러한 역할을 단계별로 어떻게 하는지 보여 주는 좋은 예다.

행동 연구 및 지역사회 기반 참여 연구

행동 연구와 지역사회 기반 참여 연구(CBPR)에서는 자료를 수집하고 분석하는 데 있어서 협업이 강조된다. 구체적인 자료 수집 및 분석 작업은 분석적인 결정을 내리는 데 핵심적인 역할을 하는 지역사회 파트너들이 선택한 접근 방식에 따라 주로 이루어진다. 만일 시간 제약이 심한 경우라면 자료 수집 및 분석을 구조화하는 데 핵심 도메인을 사용하는 좀 더 편리한 템플릿 접근 방식을 사용할 수도 있다(Crabtree & Miller, 1999). 템플릿 접근 방식을 사용하면 연구의 귀납적인 성격이 제한된다는 단점이 있지만 적어도 관련 질문에 대한 답은 효율적으로 찾을 수 있다는 장점이 있다. 어떤 지역사회 파트너들은 연구 파트너들에게 분석을 전적으로 맡기는 것을 편하게 생각하기도 한다. 그러나 그것이 연구의 각 단계에서 지역사회 파트너들의 조언과 협력이 배제되어도 된다는 것을 의미하는 것은 절대 아니다.

종단 설계에서의 분석

질적 연구를 하면서 미래를 내다보고 장기간에 걸쳐 자료를 수집하는 종단적인 질적 연구를 하는 경우는 매우 드물다(Flick, 2004). 질적 연구 방법론자들은 사실 종단적 질적 연구에 관한 지침을 제공해 주는 역할을 매우 소홀히 해 왔다(Saldana, 2003). 질적 접근 방법을 구분하는 방식이 주로 연구를 하는 데 드는 시간과 변화를 분석하기 위해 사용하는 방법 중심으로 이루어지다 보니 연구자가 어떤 자원과 어떤 의도를 가지고 있는지를 중심으로 많은 것이 결정된다. 예를 들면, 문화기술학 연구자들은 현장에서 몇 달 또는 몇 년을 지내면서도 변화보다는 어떻게 하면 두터운 기술(thick description)을 할 수 있을지에 더 많은 관심을 기울인다. 어떤 연구자는 빠르게 진행되는 일련의 사건들(예: 재난 후유증)을 연구하면서 며칠 또는 몇 주 동안의 변화에 초점을 맞추기도 한다. 그런가 하면 연구를 위해 사전에 자료 수집 주기를 설정해 놓을 수도 있고 몇 개월 또는 몇 년에 걸쳐 한자리에서 연구를 진행할 수도 있다.

종단 자료 분석에는 일반적인 질적 자료 분석 원칙이 적용된다. 즉, 가능한 한 일찍 시작하고 반복적으로 분석한다. 물론 종단 자료 분석만이 갖는 특성도 있는데, 종단 연구가 변화와 과정이 중요하다는 사실을 기본 가정으로 한다는 사실이 그것이다(그렇기 때문에 종단 연구 설계인 것이다). 이러한 특징 때문에 대개의 종단 연구는 종종 동일 또는 유사 질문을 장기간에 걸쳐 반복적으로 물음으로써 서로 다른 시간대를 비교할 수 있는 기반을 마련한다. 핵심적인 한 가지 결정 포인트는 자료를 코딩하고 집약할 것인지, 아니면 연구 사례를 있는 그대로 온전하게 유지할 것인지를 결정하는 것이다. 전자를 선택할 경우 연구자는 자료를 코드화하여 기준선을 마련한 다음 기준선 코드와 후속 연구의 결과를 분석하여 얻은 코드를 비교할 수 있다. 후자, 즉 사례 연구를 선택하면 연구자는 사례 요약과 그 밖의 사례 기반 자료를 장기간에 걸쳐 분석하여 어떤 경향이나 변화 유형을 찾아내는 다중 사례 분석을 실시할 수 있다. 주기적인 자료 수집에 신경 쓰기보다 사례에 깊이 몰입하고자 한다면 모든 연구 과정과 연구 결과를 꼼꼼하고 자세하게 기록하고, 메모하면서 변화를 예의주시하는 노력을 기울여야 한다.

생애 과정 연구(life course studies)와 **생애사**(life histories)는 주로 회고적 회상에 의존하는 (대부분이 양적 연구인 전향적 종단 설계 연구 중 일부 예외가 있기는 하지만) 연구다(Singer, Ryff, Carr, & Magee, 1998). 질적 연구는 연구 참여자가 회상한 삶의 역동적이고 상호적인 측면을 드러낸다. 그렇기 때문에 질적 연구는 한편으로는 '실마리를 그려 내는' 개인의 능력에 크게 의존하면서도, 다른 한편으로는 개개인의 삶의 궤적의 완전성을 유지하는 데 (이는 교차사례 분석과 유사하다.) 신경을 써야 한다. 이런 어려움이 있기는 하지만, 그러한 연구들은 개인의 성숙 과정에서 개인에게 영향을 미치는 많은 것에 대한 이해와 개인의 삶이 어떻게 역사적 사건 및 사회적 변화와 상호작용하는지를 이해하는 데 필수적이다(Elder, 1994).

물론 종단적(longitudinal)이라는 말이 평생을 의미하는 것은 아니다. 이 장의 전반부에서 소개했던 NYRS 연구에서 우리는 18개월 동안 네 차례의 인터뷰를 진행하면서 개인의 삶의 궤적을 정신건강, 약물 남용, 사회적 지지, 직장 또는 학교 참여, 주거 안정성, 오락/여가 활동, 신체 및 정신 건강 회복 등의 지표들에 기반하여 이해하는 다중 사례 연구 분석을 수행하였다. 두 명의 팀원이 18개월간의 연구 참여를 마친 38명의 연구 참여자 각각에 대한 인터뷰 기록과 사례 요약을 독립적으로 읽은 다음, 합의하에 회복 영역을 기반으로 한 매트릭스를 작성하였다. 그 결과로 얻게 된 엄청난 크기의 매트릭스 스프레드시트(spreadsheet)를 통해 우리는 각 개인이 어떻게 행동하고 있는지를 확인할 수 있었다. 우리는 매트릭스를 읽어 내려가면서 특정 영역(예: 약물 또는 알코올 남용) 전반에 어떤 공통점이 있는지 찾아보았다. 그다음 단계는 개인 삶의 궤적을 가로지르는 어떤 패턴이 있는지 찾는 것이었는데, 회복 지향적(또는 지양적)인 어떤 경향이 있는지, 그리고 그런 결과들에 어떤 요인들이 영향을 미치는지를 찾고자 시도하였다(Padgett, Smith, Choy-Brown, Tiderington, & Mercado, 2016).

시각 데이터 분석하기

질적 연구자들이 질적 데이터의 범위를 시각 매체로까지 확대함에 따라 질적 데이터 분석에 있어서 새로운 과제와 기회가 등장하게 되었다. 시각 데이터 분석은 예술과 사회과학을 연결하는 많은 연구의 관심 주제가 되었다(Margolis & Pauwels, 2011). "그림 언어"(Noth, 2011, p. 299)는 상징주의와 이미지의 만남을 가능하게 해 주었다. 즉, 사진에는 내용도 존재하고 (장면, 사람, 사물 등의) 개인의 취향, 문화적 기대, 사회적 기대 등에 의해 걸러진 의미도 존재한다. 사진이라는 틀 안에 배치된 객체의 위치, 이미지의 대칭성과 비대칭성, 전경과 배경 사용, 중앙 배치 혹은 주변 배치 등의 모든 것에 정보가 담겨 있다.

시각 데이터는 사람 안에 쌓여 있는 감정을 독특한 방식으로 이용한다. 인간의 두 뇌는 말이나 글보다 시각적 이미지를 더 잘 처리한다. 신경심리학자들은 인간의 뇌가 그림과 글을 각기 다른 방식으로 처리하고, 전자가 후자보다 정서에 미치는 즉각적인 영향이 더 크다는 사실을 발견하였다(Kim, Yoon, & Park, 2004). LeClerc와 Kensinger(2011)에 따르면, "사진이 정서에 더 즉각적이고 더 자연스러운 영향을 미치는 반면, 글로 인해 감정 반응이 활성화되기 위해서는 더 깊고 통제된 과정이 필요하다."(p. 520)라고 하였다.

연구자는 연구 참여자가 가진 사전적 스키마나 이야기를 토대로 하여 시각적 이미지 유형을 개발할 수 있다. NYRS에서 우리는 사진 유도 인터뷰(photo-elicitation interviews) 기법을 활용하여 연구 참여자들이 찍은 사진에 대해 보인 반응은 두 가지의 큰 범주로 분류하는 귀납적 접근을 시도하였다. 그 두 가지의 범주는 '삶의 단면'과 '그때와 지금'이었는데, 전자는 일상적인 활동을 포착하는 것이었고, 후자는

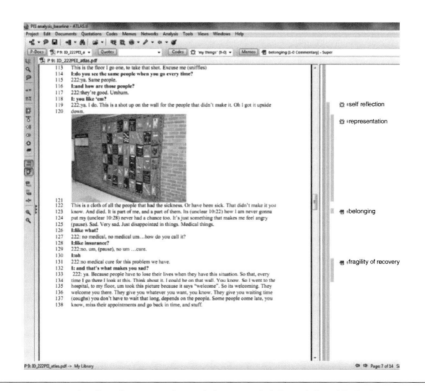

[그림 6-2] ATLAS.ti의 스크린샷: NYRS 사진 유도 인터뷰 내용의 일부

연구 참여자의 지금의 삶이 그들이 노숙인 또는 중독자였을 때의 삶과 얼마나 다른지 이야기하는 것이었다(Padgett, Tran Smith, Derejko, Henwood, & Tiderington, 2013). 연구가 어느 정도 진행되자, 우리는 '기록(documentation)'을 위한 사진과 '표현(representation) 및 환기(evocation)'를 위한 사진을 구별하는 새로운 범주 구분을 추가하였다. 지하철역 사진은 연구 참여자가 자신이 어느 지하철역 근처에 살고 있는지를 단순히 서술한 것이었을 수도 있고, 도시를 돌아다니기 또는 이동성(또는 지하철 소음, 위험, 불편함 등)에 관한 논의를 하기 위한 배경이었을 수도 있다(Tran Smith, Padgett, Choy-Brown, & Henwood, 2015). 마지막 해석 단계에서 우리는 사진을 찍고 설명하는 행위가 어떻게 '정체성 형성'의 기회가 될 수 있었는지에 주목하였다(Snow & Anderson, 1987; Tran Smith et al., 2015).

[그림 6-2]는 사진 유도 인터뷰를 하면서 작성한 녹취록의 일부다. 연구 참여자(#222)가 찍은 사진은 HIV 치료약을 받기 위해 자신이 지역 병원에 갔을 때 찍은 사진이다. 퀼트가 걸려 있는 벽(AIDS 사망자 추모 기념비)은 그로 하여금 그가 병원에서 느낀 분노, 슬픔, 그리고 병원이 자신을 환영해 준 것에 대한 고마움 등의 감정을 다시금 느낄 수 있게 해 주었다. 우리는 이 사진을 '표현 및 환기'로 분류하였는데, 그렇게 분류한 이유는 그가 이 사진을 통해 건강 관리에 관한 자신의 욕구가 충족되었다는 것을 표현하고자 했을 뿐만 아니라 이 사진을 통해서 자신이 건강보험이 없다는 사실, 많은 이의 죽음에 대한 슬픔, 살아 있을 수 있는 행운 등의 더 큰 주제에 관한 논의를 시작했기 때문이다.

시각 데이터는 창의적인 해석과 분석적 결정을 가능하게 하는, 어느 정도의 다차원성을 제공한다. 연구자가 만든 시각 데이터는 수집된 시각 데이터의 깊이를 더해 줄 수 있다. 연구 참여자가 시각 데이터를 만들고 해석하는 것은 그들에게 힘을 실어 줄 뿐만 아니라 연구자와 풍성한 대화를 나눌 수 있는 기회를 제공해 준다.

코딩하기

코딩을 사용하는 질적 연구자들 중 대부분은 이론 생성까지 가지 못하고 설명과 해석에 머무르곤 한다. Flick(2004)은 이론 개발을 요구하는 것은 대다수의 연구자, 특히 석사나 박사학위 논문 쓰는 연구자들에게 비현실적이고 과도한 부담을 주는 것이라고 주장한다. 물론 그렇다고 해서 이 말이 이론적 사고나 이론화(일찍 그리고 자주 하는 것이 좋은)를 하지 말라는 것은 아니다.

　질적 데이터의 코딩은 가장 일반적으로 사용되는 분석 절차인데, 왜냐하면 이를 통해서 연구 결과 해석의 초석 또는 비계가 만들어지기 때문이다(Morse, 2015). 코딩을 하는 방식에는 여러 가지가 있는데(Saldana, 2015), 예를 들면 근거이론 코딩과 다른 내용분석 방법도 있고 Boyatzis(1998)와 Patton(2022)이 개발한 방법도 있다. 근거이론 코딩 방법과 다른 방법들 사이의 경계가 항상 분명하지는 않지만 근거이론 코딩만이 갖는 몇 가지 특징이 있다. 첫째, 앞서 제2장에서 언급했듯이, 근거이론은 행동과 과정을 설명할 때 주로 사용되는 접근 방법이다. 둘째, 근거이론 방법에서, "궁극적의 목적은 이론 개발이며 연구자는 항상 이 사실을 염두에 두어야 한다."(Oktay, 2012, p. 53) 즉, 근거이론 연구의 최종 결과물은 주제나 범주 그 자체가 아니라 그들 간의 관계를 탐색하여 아무리 보잘 것 없는 이론일지라도 't 검증'을 할 수 있는 근거이론을 만들어 내는 것이다. 마지막으로, 자료 수집은 반복적이고 중복적으로 이루어지며 종종 이론적 표본 추출을 사용하여 새로운 자료를 수집하기도 한다.

코딩 및 공동 코딩을 위한 다양한 접근 방법

　코딩은 "데이터에 관한 더 많은 질문을 이끌어 내기 위해 데이터를 분석적 관련성을 가진 단위로 분해한다."(Coffey & Atkinson, 1996, p. 31) Tesch(1990)가 지적하였듯이, 분해된 각각의 자료 단위 또는 인용문에는 두 가지의 맥락이 존재하는데, 하나는 내러티브에서 기원을 찾을 수 있는 맥락이고, 다른 하나는 더 높은 차원의 추상성을 가진 '의미 집단'이 그 기원인 맥락이다. 코딩은 해석을 위한 단계를 설정하는 것이면서 동시에 해석 그 자체(아무리 초보 단계의 해석일지라도)다. 우선 연구자는 녹취록을 꼼꼼히 반복적으로 읽으면서 '의미 단위(meaning unit)'를 찾고 각각의 의미 단위에 서술적인 이름을 붙여서 나중에 더 포괄적인 개념화의 기초 단위가 될 수 있게 한다. 코딩은 마치 나팔(funnel)처럼 처음에는 폭넓은 설명 수준에서 시작하지만 점점 구체성과 해석적 통합성을 높이면서 범위를 좁히는 식으로 진행해야 한다. 의미 단위는 보통 사건 또는 사고 그리고 그것에 관해 이야기할 때 수반되는 개인적 성찰로 구성된다. 연구 참여자의 기억은 연구자가 기억의 의미를 보다 넓은 시각에서 바라보면서 의미를 중심으로 코딩한다.

예를 들면, 처음에는 코드명의 출처가 어디인지, 코드명을 만드는 데 선험적 개념이나 이론들이 얼마나 활용할지, 분석이 어느 정도로 자세한지(가늘고 촘촘한 빗과 굵고 거친 빗을 비교한다고 생각하면 무슨 말인지 쉽게 이해할 수 있을 것이다.) 등에 관한 질문이나 결정을 하게 된다. 물론 이러한 질문들에 대한 답은 연구의 전체적인 개념적 틀과 설계에 따라 달라질 수 있다. 다만 어떤 경우가 되더라도 새로운 통찰력과 해석적 사고를 저해하는 기계론적인 접근만큼은 반드시 피해야 한다.

공동 코딩(co-coding)은 두 명 이상의 연구자가 동일 데이터를 각각 독립적으로 코딩하는 매우 유용한 분석 방법이다. 코딩을 한 명의 연구자가 할 경우, 자칫 코딩이 잘못되거나 진부해질 수 있다는 위험이 있다. 공동 코딩은 다수의 연구자가 연구에 공동으로 참여하는 팀 연구나 지역사회 기반 연구에서 주로 사용된다. 초기 개방 코딩 단계에서는 공동 코딩자들이 연구와 연구 목표에 지향점을 맞추었음에도 불구하고, 서로 다른 코드와 정의(definitions)를 만드는 경우가 종종 있다. 이는 관점의 다양성에서 비롯된 현상이고 문제시할 것이 아니라 중요시해야 할 현상이다. 다만 그런 불일치 현상이 발생할 경우 연구자들은 적지 않은 시간을 들여 코딩 결정에 관하여 의견을 나누고 조율함으로써 합의를 이끌어 내야 한다.

좀 더 실증주의적인(positivist-minded) 질적 연구자들은 **코드 간의 일치 정도**를 정량화하기 위해서 Cohen의 Kappa 상관계수 또는 그 밖의 계수(coefficient)를 계산하기도 한다(Boyatzis, 1998; Mayring, 2004). 이런 방법을 사용하려면 일단 코드북이 최종적으로 완성될 때까지 기다려야 하며, 공동 코딩에 참여하는 모든 연구자가 이 접근 방법의 사용법과 '동의'가 무엇을 의미하는지를 충분히 이해하고 있어야 한다. 코딩자들이 녹취록의 특정 구절에 대해서 어떤 이름을 붙일 것인지에 대해서는 동의하지만 그 구절에 대해서 어느 정도를 할당할지에 대해서는 동의하지 않는 경우가 종종 있다. 저자는 코드의 일치 정도를 계산하는 것을 달갑게 생각하지 않는데, 그렇게 하려면 너무 많은 준비 단계와 기계론적인 경계가 필요하다고 생각하기 때문이다. 또한 그런 정확성이 의미하는 바는 결국 더 넓어야 할 해석을 쥐어짜 낸다는(또는 훼손한다는) 것이기 때문이다.

시작 단계: 코드가 될 만한 자료 찾기

대부분의 질적 연구자들은 코딩을 할 때 순수 코딩 또는 개방 코딩에서부터 출발한다(Charmaz, 2006; Ryan & Bernard, 2000). 경험이 적은 연구자들은 개방 코딩을 할 때 마치 안전망 없이 외줄타기를 하는 것과 같은 불안감을 느낄 수 있겠지만 누구도 백지상태에서 코딩을 할 필요는 없다. 근거이론 연구자들은 코딩을 할 때 무엇을 봐야하는지를 제시해 주는 초기 지침을 "**감응적 개념**(sensitizing concepts)"(Glaser, 1978)이라고 부른다. 예를 들어, 연구자가 정신분열증이 있는 환자에 관한 코딩을 시작한다면 '낙인(stigma)' 같은 개념을 찾고자 할 가능성이 크고, 섭식장애에 관한 연구라면 '신체 이미지(body image)'라는 개념을 찾고자 할 것이다. 감응적 개념 사용 여부와 상관없이 연구자는 가능한 한 선입견을 최소화한 상태에서 내용을 읽고, 자신이 선입견을 가지고 있다면 그것을 가볍게 여기기 위해 노력해야 한다. 개방 코딩의 장점은 데이터를 조직화하는 것 외에 한 가지가 더 있다. 개방 코딩은 연구자를 데이터 안으로 끌어들여 연구자가 사전에 가지고 있던 아이디어나 개념으로 되돌아가는 것을 방지하는 효과가 있다.

물론 예외적인 연구도 있다. 예를 들면, 기존 코드를 이용하는 연구나 데이터 분석의 구조가 되는 궤(bins)를 만드는 연구는 당연히 예외일 수밖에 없다. 이 장의 전반부에서 언급했듯이, 사전에 선별된 코드에 데이터를 끼워 맞추고자 할 때는 "**템플릿 접근 방법**(template approach)"(Crabtree & Miller, 1999)을 사용하기도 한다. 이 경우 코드는 이론적 또는 개념적 틀이나 선행 연구에 기초하여 만든다. 이런 접근 방법은 연구를 질적 방법(귀납적 사고)이 가진 장점을 살리기 어려운 연구로 만든다는 단점이 있지만, 연구를 할 수 있는 시간이 한정적인 상황에서는 이런 접근 방법이 필요하기도 하다.

뉴욕시의 위탁 양육에 대한 평가 연구에서 연구진은 연구 주제와 연구 기한을 고려할 때 템플릿 접근 방법을 사용해야 한다는 결론을 내렸다(Freundlich, Avery, &

Padgett, 2007). 연구진은 주요 이해 관계자 집단(청소년, 사회복지사, 변호사, 판사)의 조언과 문헌을 바탕으로 7개 영역에 관한 개방형 질문을 만들어 냈다. 7개 영역은 청소년 참여, 전환, 개선된 서비스 권장, 일자리 질, 일자리 안전성, 일자리 내의 서비스, 평생 계획이었다. 사전에 만들어진 코드는 데이터 수집 및 분석 속도를 높일 수 있다. 물론 코드를 만들 때는 이해 관계자의 의견에 충실해야 한다.

개방 코딩을 할 때는 필요한 부분들을 괄호로 묶거나 코드에 이름을 부여하기 위해서 녹취록의 오른쪽 여백을 이용할 수 있다. 물론 동일 작업을 QDA 소프트웨어를 사용하여 컴퓨터 화면에서 직접 할 수 있지만 저자는 그보다는 데이터를 출력한 인쇄물을 가지고 코딩하는 것(항상 연필과 지우개를 사용하여)을 선호한다. 녹취록을 앞뒤로 넘기면서 읽는 것이 제한된 화면에서 커서를 조작하는 것보다 상대적으로 쉽기 때문이다(또한 편안한 의자에서 코딩을 할 수 있다). 또한 코딩을 하기 전 또는 하는 도중에 흥미로운 인용문을 발견하면 노란색으로 강조 표시를 해 둘 수 있다. 그런 표시를 하는 것이 늘 쉬운 것은 아니고 그중 일부는 전혀 사용되지 않을 수도 있다. 그러나 이따금씩 코드의 의미를 확실하게 나타내는 설득력 있는 진술을 찾을 때의 기쁨은 어디에서도 찾아볼 수 없는 큰 기쁨이 아닐 수 없다.

이쯤에서 몇 가지 사항을 고려해 볼 필요가 있다. 첫째, 녹취록의 모든 문장을 코드화해야 하는 것은 아니다(코드화할 가치가 없을 수도 있다). 둘째, 어떤 구절은 매우 풍부한 내용이 담겨 있어서 다수의 코드(귀중한 정보 덩어리)가 만들어질 수도 있다. 이런 경우 코딩이 복잡해질 수 있는데, 어떤 연구자들은 녹취록 내용 중 관련된 부분에 동그라미를 치고 녹취록 여백 부분에 쓴 코드와 화살표로 연결하기도 한다(녹취록에서 중요한 부분이 많이 있는 경우, 녹취록의 오른쪽 여백이 마치 교통체증 상황처럼 복잡해질 수도 있다). 셋째, 모든 코드에는 나중에 해당 코드를 어떻게 사용할지 알 수 있게 해 주는 명확한 정의가 있어야 한다. 즉, 해당 코드에 무엇이 속하고 속하지 않는지가 명확하게 밝혀져 있어야 한다는 것이다. 마지막으로, 코드는 잠정적인 것이므로 나중에 더 자세한 설명이나 수정을 통해 변경하거나 아예 삭제해 버릴 수도 있다.

데이터 분석 초기(일반적으로 3~4개 정도의 녹취록이 만들어진 후)에 이후의 녹취록 작성 시 사용할 코드 목록을 만든다. 자주 사용되는 접근 방식은 먼저 두 명의 연구자가 몇 개 정도의 녹취록을 각기 독립적으로 코딩한 다음, 함께 만나서 각자가 발견한 것들에 대해 논의하고 잠정적인 코드 목록을 만드는 접근 방법이다. 이런 방식을 통해서 필요하다면 새로운 코드를 추가하고 불필요하다고 판단되는 코드는 버린다.

코드의 수는 시간이 가면서 빠르게 증가하기 때문에 가끔씩 코드를 정리해 줘야 한다. 만들어 둔 코드를 없애는 경우는 크게 두 가지다. 첫째는 발췌한 부분이 너무 적거나 내용이 빈약해서 없애는 경우이고, 둘째는 다른 코드와 통합하거나 다른 코드로 흡수되는 경우다. 코드를 유지할지 없앨지는 양의 문제가 아니라 질(quality)의 문제다. 녹취록을 몇 개 정도 (몇 개인지는 데이터의 밀도와 풍부함에 따른다.) 코딩하고 나면 코드가 포화되기 시작하고 더 이상 새로운 코드가 발견되지 않는다. 최종 코드의 양이 몇 개가 될지는 알 수 없으나 코드의 개수가 30개 또는 40개를 넘어서면 다루기가 어려워진다. 코드의 수가 적을수록 다루기는 용이하다.

〈표 6-1〉에 제시된 개방 코딩과 메모는 NYRS의 녹취록 중 일부를 뽑아 예로 제시한 것이다. 코드 옆 괄호 안의 행 번호는 해당 코드의 단위가 어디서부터 어디까지인지를 나타낸다. 어떤 코드는 '실직(loss of job)' 같이 간단한 기술어가 이름으로 붙어 있고 어떤 코드에는 '(마약) 습관성 중독 지원'처럼 현상을 기술하는 이름이 붙어 있다. Glaser(1978)는 코드명을 정할 때 동명사를 사용할 것을 제안했는데, 앞서 두 가지 예 중에서 첫 번째 예는 비연속적인 사건이기 때문에 동명사를 사용하기에 적절하지 않은 반면, 두 번째 예는 진행 중인 과정(약물 사용을 지원하기 위한 강도 및 절도 행위)이므로 동명사를 사용하는 것이 적절하다. 〈표 6-1〉에 제시된 구절 중에 어떤 구절은 여러 코드와 연결될 수 있을 정도로 내용의 밀도가 높은 것을 볼 수 있다. 메모란에는 짤막한 '연구자 자신을 위한 메모'가 적혀 있는데, 어떤 것은 내적인 것(해당 인터뷰의 내용과 의미)이고 어떤 것은 외적인 것(다른 인터뷰에서도 나타나는, 광범위한 문제)이다. 메모는 분석적인 대화이며, 긴 메모는 별도의 일지나 파일에 기록하는 것이 바람직하다. [글상자 6-3]은 특정 연구 참여자에 관한 메모가 얼마나 길 수 있는지를 보여 주는 예다. [글상자 6-3]의 내용 중 밑줄 표시된 부분은 인터뷰와 병행되어야 할 행동 또는 필요한 조치(call-out)를 기록해 둔 것이다.

〈표 6-1〉 초기 코딩 및 메모: NYRS 녹취록에서 발췌한 내용

	인터뷰 내용 중 발췌한 부분	코드	메모/의문점
1	일자리를 잃었고 그 후로는	실직(1-2)	상황이 점점 더 나빠지다가
2	전혀 일을 하지 않았어요.		결국 14년 징역에 이르게 됨
3	약물 중독에 완전히 빠져서 벗어날	중독됨(3-5)	
4	수 없게 되었고 약을 구하려고		
5	도둑질을 시작했어요. 아니면		
6	강도짓을 하거나 빈집을 털었지요.		
7	하루에 500~1,000달러 정도의 마약을	중독이 심각해짐(3-11)	범법 행위-
8	습관적으로 했는데		모두 약물에서
9	점점 더 심해져서		비롯된 것인가?
10	강도 미수 혐의로 두 차례 체포되었죠.	수감 경험 (9-17)	
11	그리고 1992년에 다시 전에 들어갔던		14년 형기 시작
12	교도소로 돌아가게 되었습니다.		교도소 안에서
13	그 후로 여러 상급 교도소에 수감되었어요.		SP가 정신질환
14	**연구자**: 그럼 몇 년도에 형을 마치셨나요?		치료를 받았나?
15	**10**: 오! 2006년에요. 그 때까지 약을 계속		약물을 쉽게 구할 수 있던 것
16	하고 그랬어요. (교도소 안에서) 누가		같음 -
17	Angel Dust을 슬쩍 흘려 넣어 줬어요.		더 알아볼 필요가 있나?
18	저는 항상 어떤 목소리가 들려요		
19	14살 때부터 계속 그랬어요.	수감 중 약물 사용 (17-28)	
20	그런데 Angel Dust가 그런 증상을		
21	더 심하게 만들었어요.		
22	그래서 어느 날 저녁에		SP가 청소년기에
23	교도소 교도관을 폭행했어요.	목소리 들리기-	정신질환 치료를
24	그 목소리가 그렇게 시켰어요.	시작 (21-27)	받았나?
25	그래서 6년 형이 추가되었어요.	폭력적	
26	합쳐 보면 저의 지난 51년 중에	약물 반응 (23-28)	
27	28년 정도를 교도소에서 보냈어요.		
28	그리고 그중 5년 동안은 독방	박스 같은 좁은 감옥	교도소에서 잃어버린
29	박스 속에 있었네요.	안에서(29-33)	성인기
30	**연구자**: 오 이런…		

31 **10**: 그들이 저의 좋은 태도를	더 나은 삶 추구 (35-43)	
32 고려해 10개월 일찍		
33 출소할 수 있게		
34 해 줬어요.		
35 2006년에 교도소에서 나와서		
36 보호소로 가게 되었고		
37 그 후부터 저는 제 삶을	약물 사용 중단 (37-41)	"박스"가 정신질환자에게 미치는 악영향과 관련한 최신 연구를 찾아볼 것
38 바로 잡으려고		
39 노력하고 있고,		
40 99년에 약을 끊었어요.		
41 그리고 99년부터는		
42 목소리도 더 이상	목소리 들리기-끝 (42-43)	
43 들리지 않게 되었지요.		
44 **연구자**: 그 모든 것이 어떻게 가능했지요?		
45 **10**: 저는 그들이 제게 준		
46 약물 때문이 아닐까 생각합니다.	정신의학적 약물의 도움 (45-50)	분명한 전환점-교도소에 있는 동안 어떻게 이 일을 해낼 수 있었는가?
47 그들은 제게 zyprexa, seroquel		
48 그리고 abilify를 줬는데,		
49 지금도 복용하고		교도소에서부터의 시작된 약물 중독으로부터의 회복
50 있습니다.		
		약이 회복에 기여(모든 SP가 이에 동의하는 것은 아님)

[글상자 6-3] 〈표 6-1〉의 발췌문에 관한 메모의 예

이 연구 참여자(SP)는 성인기 대부분을 마약 관련 범죄로 교도소에서 보낸 중년의 아프리카계 미국인 남성이다. 그는 수십 년 동안 정신질환을 치료받지 못해 고통받았으며, '좁은 박스(독방 감금)'에서 시간을 보내는 것이 그가 정신질환에 대처하는 데에 있어 최소한 도움이 되지 않았다. 교도소 내부에서 가용할 수 있었던 합성 헤로인(angel dust)과 같은 약물은 그가 머릿속에서 들리는 목소리에 기인한 폭력적인 행동을 악화시켰다. 행동 메모(action notes): 이러한 상황이 흔한 것인지 확인(교도소에서의 불법 약물 사용 및 독방에서의 장기간 복역과 이것이 미치료된 정신질환과 관련이 있는 것인지). SP가 그렇게 표현한 것은 아니지만, 그의 인생은 1999년에 전환점을 맞이하였다. 이후 인터뷰에서 SP는 그가 1999년 교도소에 있는 동안 정신분열증 진단을 받고 약물을 복용하였다고 밝혔다. 이러한 그의 말이 약물이 효과가 있었다는 것을 의미하는가? 또한 같은 시기에 약물복용을 중단한 것과 관련이 있는 것인가? 행동 메모: 이에 대해 다음 인터뷰 시에 SP에게 질문할 것. 출소 후, SP는 긍정적인 변화를 촉진하기에는 어려운 쉼터에 가게 되었으나 이미 그는 교도소에 있는 동안 약물 의존 및 정신질환을 극복하기 위해 노력해 왔다. 추후 질문: '좁은 박스'가 미치료된 증상의 악화와 관련이 있다고 생각해 볼 수 있을까? 교도소 내에서 불법 약물을 구할 수 있다면, 이를 금하기 위해 어떤 전략이 필요한가? 약물 사용은 자가 치료(self-medication)의 형태인가? 교도소에서 출소한 후, SP는 어떻게 이를 잘 관리할 수 있었는가?

〈표 6-1〉과 관련해서 주의해야 할 몇 가지 것이 있다. 첫째, 반드시 이 표에 제시된 코드명과 메모를 사용해야 하는 것은 아니며 다른 연구자는 얼마든지 다른 식으로 코드명을 주거나 다른 내용의 메모를 할 수 있다. 둘째, 행 번호가 의미하듯이 연구자는 어느 정도 내용을 하나의 코드로 볼 것인지를 결정해야 한다. 물론, 절대 규칙(hard and fast rules)은 존재하지 않으며 어떤 방식을 선호할지는 연구자마다 다를 수 있다. 마지막으로, 각각의 코드명은 해당 인터뷰 내용을 대표할 수 있는 이름이어야 코드가 코드로서의 역할을 할 수 있다. 연구자가 연구 대상 집단에 대해서(그리고 선행 연구) 잘 알고 있을수록 핵심적인 코드를 발견할 가능성이 크다. 그러나 오류는 늘 발생한다. 예를 들면, 저자는 코딩을 완료한 다음 녹취록을 다시 읽어 보다가 일부 구절과 코드를 간과했다는 사실을 발견한 적이 있다.

이와 유사한 맥락에서, 어떤 분석적 메모는 다른 메모에 비해 (연구의 목적에 비춰 볼 때) 훨씬 중요할 수 있다. 예를 들어, 정신질환과 감금에 관심이 있는 연구자라면 '좁은 박스' 또는 독방에 감금되었던 경험을 분석하는 데 더 많은 시간을 투자할 것이다. 현재 미국에서 독방 감금 경험이나 대규모 감금의 영향에 관한 문헌들이 점점 많아지고(Alexander & West, 2012) 있기 때문이다. 우리 연구에서는 정신건강 회복에 연구의 초점이 맞춰져 있다는 사실을 고려하여 인터뷰 내용을 어떻게 평가할지를 결정하였다. 그렇기 때문에 우리 연구진은 SP가 자신의 정신건강 회복이 단순히 약물 덕분이라고 생각한다는 사실을 알게 되었을 때 매우 놀라지 않을 수 없었다(다른 SP는 이러한 결론에 동의하지 않는가 하면 어떤 SP는 모든 긍정적인 효과를 무력화해 버리는 부작용을 이유로 들기도 하였다). 그리고 그 모든 것이 해석에 도움이 되었다.

코드명 정하기 및 코드북 만들기

코딩을 할 때 연구자들은 각자의 개인적 · 전문적 경험과 각자가 선호하는 특정 어휘들을 사용하여 코드의 이름을 정한다. 코드명을 정할 때 주의해야 할 것은 전문용어를 사용하고 싶은 유혹을 과감히 떨쳐 버리는 것이다. 자료에 친숙해지는 것이 그렇게 하기 위한 좋은 방법인데, 일반적으로 사람들끼리 대화를 할 때 전문 용어(예: 그들의 '거부' 또는 '대처 유형' 같은)를 사용하면서 대화하지는 않기 때문이다. 코드의 이름은 단순하면서도 설명적이어야 한다. NYSS에서 우리는 연구 참여자가 자신만의 아파트에서 사는 것과 관련된 장점에 대해 이야기하면서 '독립 생활하기'라는 코드를 사용하였다. 그렇게 동명사를 사용함으로써 우리는 '나의 집'이라는 정적인 표현 대신 아파트에서 사는 것에 요리, 청소, 휴식 등과 같은 집안 일이 포함된다는 의미를 표현할 수 있었다.

코드의 이름은 가능한 한 매력적이고 흥미로워야 한다. "나는 매일 조카들을 학교에 데려다준다." 또는 "나는 나이 든 이웃을 위해 약을 구해 준다."같은 문장에 다소 무미건조한 '이타적 행동'이나 '타인 돕기'같은 코드명을 줄 수 있다. 그런데 이처럼 질문에 대한 직접적인 답 같은 코드명은 귀납적인 성격을 찾아보기 힘든 이름이다. 따라서 '다음 단계' 같은 이름을 "당신의 다음 단계는 무엇인가요?"라는 질문에 대한 연구 참여자의 답들에 해당하는 코드의 이름으로 사용하는 것이 바람직하다.

코드명은 연구 참여자의 말에서 바로 튀어나온 듯이 생생하고 체험적인 것이 좋다. 체험 코드(in-vivo code)는 연구 참여자가 직접 내뱉은 의미 있는 말로서 즉각적인 함의 이상의 의미를 가지고 있다. 때로는 체험 코드가 특수 용어(jargon) 또는 일상 대화(격식 없는 대화)에서 만들어지기도 한다. 예를 들면, 중독에서 벗어나기 위해 노력하고 있는 사람들에 관한 연구에서 연구 참여자가 '바닥을 쳤다(hitting bottom)'라는 표현을 쓸 수 있다. 코드명으로서의 이 표현은 연구 참여자의 회복에 있어서 중용한 전환점을 의미한다. 우리가 연구 초기에 사용한 체험 코드('나는 그들과 다르다.')는 동일 치료 프로그램이나 보호소나 정신병원을 경험한 다른 사람들보다 자신이 우월하거나 차별화된 존재라는 느낌을 표현하기 위한 문구였다. 이 문구는 자신이 자신보다 심각해 보이는 다른 환자들과 함께 수용되고 치료받는다는 사실에 대한 좌절감이 함축되어 있다.

코드명은 연구자의 문헌적 지식을 바탕으로 만들어질 수 있는데 그렇게 만들어진 코드를 Oktay(2012)는 '이론적(theoretical) 코드'라고 부른다. 이론적인 코드는 데이터를 이론에 강제로 끼워 맞출 위험이 있으므로 합당한 근거를 가지고 분별력 있게 사용해야 한다. Tiderington(2015)은 사례관리자가 어떻게 전문성을 유지하면서 클라이언트와의 만남을 이어 가는지 보여 주기 위해서 '경계(boundaries)'라는 코드를 사용하였다. 사회복지사에게 '경계'는 치료사가 개인정보 유출을 피하고 클라이언트의 사생활을 존중하는 것과 관련된 임상 이론을 일컫는 용어다. 다음의 인용문은 한 사례관리자가 자신이 어떻게 가정 방문 기간 내내 클라이언트가 마약 사용을 숨겼다는 사실을 모른척했는지 서술한 것을 코드화한 내용 중 일부다. "하지만 제발 내가 올 때는 … 당신들은 내가 일정이 있다는 것을 알고 있으니까 내가 온다는 것을 알잖아요. 내가 올 때만큼은 책상 위에 마약을 놔두지 마세요. 부탁이니까 그것들을 모두 집어넣으세요! 그러자 그들이 제 말을 존중해 줬어요."(Tiderington, 2015, p. 86)

〈표 6-2〉는 NYSS에서 개발한 코드북의 예시다. 코드북이 따라야 하는 일반적인 형식은 없으며, 각각의 코드북은 저마다의 논리와 절차에 따라 만들어진다. 표에 제시된 내용은 NYSS 코드북에서 주목해 볼 만한 몇 가지 것들이다.

〈표 6-2〉 NYSS의 코드북

축약(abbrv)	코드	정의/사용법/해설
AgeEff	노화 영향 (Aging Effects)	노화 및 성숙해 감에 따른 영향(주로 약물 및 알코올 중단에 관한 것이나 다른 문제들도 있을 수 있음)
CC	현재 어려운 점 (Current Challenges)	SP가 직면한 현재 고군분투하고 있는 것 또는 장애물 [이는 현재 삶의 상황(CLS)과는 다른 것으로, 이보다 더 구체적이며 어려움을 묻는 것에 대한 SP의 응답을 말하는 것임]
ChildEx +/-	유년기 경험 (Childhood Experiences)	유년기 시절의 긍정적(+)/부정적(-) 경험
CLS	현재 삶의 상황 (Current Life Situation)	연구 참여자의 현 긍정적/부정적 상황을 포함
CLS-DRout	현재 삶의 상황-일상 (Curr. Life Sit.-Daily Routines)	SP가 하는 일상적인 것을 포함

〈계속〉

EmoEx	감정 표현(Emotional Expression)	긍정적/부정적 감정을 받아들이는 법을 배우는 것
FamR +/−	가족관계 (Family Relationships)	가족 구성원들과의 긍정적/부정적 관계
GBetter	더 나아지기 (Getting Better)	삶을 개선하기 위해 취한 계획 및 그 단계를 포함(예: 회복 과정). 또한 약물 남용, 정신건강, 근무, 교육 등을 둘러싼 행동도 포함할 수 있음
HO	타인 돕기 (Helping Others)	다른 사람을 돕고자 SP가 취한 노력 및 활동들을 포함(이때 보답하고자 하는 감정도 포함될 수 있음)
HL	노숙 경험 (Homeless Experiences)	노숙인이 되는 과정과 거주지가 없었던 '생애 경험'
HousEx +/−	주거 경험 (Housing Experiences)	집을 확보하는 과정과 거주지가 있었던 '생애 경험'–긍정적 또는 부정적 경험–다음의 하위 코드(subcodes)를 살펴보자!
HousEx-BenH	주거 경험–주거 공간의 이점 (Housing Experiences-Benefits of Housing)	집을 소유하고 있다는 것에 대한 긍정적인 측면
HousEx-FLH	주거 경험–주거 상실의 두려움 (Housing Experiences-Fears of Losing Housing)	집을 잃는다는 것에 관한 생각과 걱정
HousEx-NH +/−	주거 경험–이웃 (Housing Experiences-Neighborhood)	인근의 이웃에 대한 긍정적/부정적 감정 또는 묘사
HousEx-ObH +/−	주거 경험–주거지 확보 (Housing Experiences-Obtaining Housing)	주거지 확보에 관한 긍정적/부정적 경험
MIE	정신병 경험 (Mental Illness Experiences)	정신병 증상의 시작과 증상들 및 그들의 영향에 대한 '생애 경험'–숙고
MIE-PracStrat	정신병 경험–실용적 전략 (Mental Illness Experience-Practical Strategies)	정신병을 다루고자 SP가 취한 적극적인 조치 및 회피한 조치
MM +/−	금전 문제 (Money Matters)	경제적 어려움, 빚, 독립, 관리–긍정적/부정적
ObServ +/−	서비스받기 (Obtaining Services)	서비스를 받게 된/받은 긍정적/부정적 경험
P/LI +/−	파트너/애정 상대 (Partner/Love Interest)	중요한 타인 또는 애정 상대와의 관계(파트너에 대한 열망 또는 성적 친밀감–긍정적 및 부정적인 부분 모두 포함할 수 있음)

〈계속〉

Par +/−	육아 (Parenting)	부모로서의 긍정적/부정적 경험
PE-CPE +/−	프로그램 참여 경험−현재 프로그램 참여 경험 (Program Exp.-Current Program Experiences)	현재 참여하는 프로그램에 대한 경험−이는 긍정적/부정적일 수 있음
PE-OPE +/−	프로그램 참여 경험−타 프로그램 참여 경험 (Program Experiences-Other Program Experiences)	나른 주거 지원 프로그램에 관한 경험−이는 긍정적/부정적일 수 있음
PE-STurn	프로그램 참여 경험−관리자 전환 (Program Exp.-Staff Turnover)	관리자가 바뀐 것에 대한 경험−보통 부정적인 경험
PE-ViewsP +/−	프로그램 참여 경험−제공자 관점 (Program Exp.-Views of Providers)	(서비스) 제공자에 대한 의견 및 진술−이는 긍정적/부정적일 수 있음(또한 제공자에 의해 받은 염려와 특별한 돌봄에 관한 일을 포함)
PhysHealth	신체건강 (Physical Health)	신체건강과 관련된 어떠한 문제들(예: 체중 문제/손실, 식습관의 변화, 운동, 신체적 질병, 비정신질환의 치료 등)
PsyMeds	정신의학의 약물치료 (Psychiatric Medications)	약물 치료를 받게/받지 않게 된 과정, 치료 유형, 증상, 부작용을 포함
PTL	인생에 있어서 긍정적 사고 (Positive Things in Life)	삶이 잘될 것이라는 생각
SA/U	약물 남용 (Substance Abuse/Use)	약물 남용의 이유와 계기
SD/A	약물/알코올 중단 (Stopping Drugs/Alcohol)	마약을 하지 않고(clean) 절주하는 상태(sober)로 이어지게 된 과정, 안정성을 유지하기 위해 한 현재의 시도, 사용한 모임/서비스를 포함한다.
Self-Det	자기 결정권 (Self-Determination)	장애물을 극복하고 과업 또는 목표를 성취하기 위한 개인의 강점, 옹호, 결정권의 사용. 결정에 따라 행동할 수 있을 뿐만 아니라 그에 대한 갈망까지 포함
Self-Ref	자기성찰 (Self-Reflection)	삶에서 어떠한 일이 일어나고 있는지에 대한 통찰력과 성찰. 자기표현 및 자기개념도 포함(미래에 관한 생각은 제외한다.−다음을 살펴보자.)
SocRel +/−	사회적 관계 (Social Relationships)	비친밀 관계(예: 친구, 지인 등 서비스 제공자가 아닌 경우)−긍정적 또는 부정적 관계일 수 있음

〈계속〉

Spir/Rel	영성/독실함 (Spirituality/Religiosity)	상위의 존재에 대한 믿음 또는 영적인 느낌
Stig	낙인 (Stigma)	SP가 이야기하는 정신질환, 노숙 경험, 약물 사용의 결과로서 부정적인 경험
Suicide	자살 시도 (Suicide Attempt)	SP가 자살을 원하거나 실제로 자살 시도를 한 경험, 즉, 살아갈 이유가 없다고 느끼는 경우
TAF +/−	미래에 관한 생각 (Thoughts About the Future)	미래에 대한 계획, 희망, 성찰−이는 긍정적일 수도 부정적일 수도 있음
TP +/−	전환점 (Turning Point)	SP의 삶에서 그/그녀에게 영향을 준 중요한 경험을 포함−긍정적이거나 부정적일 수 있음(이때 해당 경험은 연구자의 해석이 아닌 SP로부터 제공된 것이야 함)
Trauma	트라우마적 경험 (Traumatic Experiences)	SP가 경험한 충격적인 사건의 경험
WMiss	부족한 것 (What's Missing)	개인의 삶에서 부족한 것들
WorkEx +/−	근무 경험 (Work Experiences)	근무한 경험, 일 추구 또는 일에 대한 열망(보수, 무급 또는 자원봉사 기회)을 포함−이는 긍정적일 수도 부정적일 수도 있음

- 많은 코드가 표준화된 개방형 인터뷰 질문에 대한 연구 참여자의 답변을 내용으로 하는 코드들이다. '현재 삶의 상황' '노숙 경험' '프로그램 참여 경험' '약물 남용/사용' '사회적 관계' '미래에 관한 생각들' '부족한 것'이 그에 해당한다. 나머지 다른 코드들은 귀납적으로 도출된 코드들이다.

- 일부 코드는 하위 코드로 다시 나눌 수 있다. 예를 들면, '주거 경험'은 우리가 참여자의 경험(예: 자신만의 주거가 주는 장점)과 감정(예: 주거 상실에 대한 두려움) 모두를 이해하기 위해 심층 조사한 주제였다. 우리 연구에서 하위 코드는 연구 참여자가 주제에 부여한 확장된 의미의 반영이었으며 귀납적으로 파생되었다. 데이터에서 코드가 차지하는 범위가 넓을수록 하위 코드로 분화될 가능성 또한 크다.

- 우리는 코드명을 약자로 줄여 사용하였는데, 예를 들면 '정신질환 경험(Mental Illness Experience)'은 'MIE'로 표기하였다. 그렇게 함으로써 코드를 더 쉽고 빠르게 적을 수 있었다(소프트웨어 코드 메뉴에서 코드를 가져올 경우 시간을 절약하기 위한 조치는 필요하지 않다).

- 코딩 오류를 줄이기 위해서 각각의 코드 또는 하위 코드를 포괄적이고 배타적으로 정의하였다. 예를 들어서, '자기성찰'을 정의할 때 '미래에 관한 생각'이 제외되도록 정의하였다. '미래에 관한 생각'은 그 자체가 하나의 코드이기 때문이다.

- 코드의 내용이 긍정적일 수도 있고 부정적일 수도 있는 경험일 때는 '+' 또는 '−' 표시를 사용하여 감정(valence) 차이를 나타냈다.

- 코드 중 일부는 다른 코드에 비해 상대적으로 표현력이 약했지만 연구 관심사(예: 자살, 낙인, 근무 경험)에 비춰 볼 때 생략하기에는 그 중요성이 너무 컸다. 다시 말하면, 연구 참여자 중 자살 성향을 드러내거나, 이야기할 만한 업무 경험이 있거나, 낙인(정신질환자, 노숙인, 중독자)에 대해 되돌아볼 수 있는 사람은 소수에 불과했지만 그런 코드들이 가진 중요성을 고려해 볼 때 배제하는 것은 적절하지 않았다는 것이다.

- 코드 중 두 가지는 코드로 보기에는 너무 빈약해서 결국 폐기하였다가 메모를 보고 코드로 되살렸다. 예를 들면, '노화 영향'을 약물 또는 알코올 남용으로부터 성숙 또는 회복이라는 의미를 가진 코드로 통합하였다(Henwood, Padgett, Tran Smith, & Tiderington, 2012). '전환점'은 초기에는 코드였으나 나중에 폐기하였는데, 연구 참여자들이 그들의 삶을 그런 식으로(전환점) 이야기하지 않았기 때문이다. 그러나 우리는 의미 있는 생애 사건을 더 큰 맥락에서 회고적 렌즈를 통해 고찰할 때 이 개념을 항상 염두에 두고 고찰하였다.

코딩 절차 기록하기

코딩은 기본적으로 엄청난 재량적 판단을 요하는 활동이다. 코딩은 자료를 이리저리 뒤집어 보고 분류하는 힘든 작업일 뿐만 아니라 지적으로도 피곤한 작업이다. 코딩 초기에 수십 또는 수백 개 코드를 갖게 되는 것은 전혀 드문 일이 아니다(코딩에 두 명 이상의 연구자가 참여할 경우 한 사람으로 하여금 마스터 코드 목록을 책임지게 함으로써 조직성을 극대화한다). 연구자는 블랙박스(black box)에 빠지지 않도록 주의해야 하는데, 블랙박스에 빠지면 발생한 모든 일이 모호해진다. 연구자가 코딩 절차를 기록할 때는 그러한 기록 행위가 코딩 과정의 귀납적 특성이라든지 뜻밖의 행운을 마주할 수 있는 가능성을 저해하지 않게 반드시 주의해야 한다.

Miles와 Huberman(1994)은 데이터 관리 일지를 이용한 조직적 멀티태스킹 작업을 안무법(choreography)이라 부른다. Tiderington(2015)은 학위논문을 위한 자신의 연구에서 자신이 완료한 업무와 날짜를 꼼꼼히 기록으로 남겼다. 그녀는 일지에 코딩 관련 결정에 관한 반복적인 설명, 사용하거나 삭제한 감응적 개념, 공동 코딩자와 합의를 도출하기 위해서 한 회의, 코딩 작업 다음에 주제를 산출하는 과정에서의 '획기적 진전(breakthroughs)', 통찰력, 논문 지도교수와의 회의 모두를 기록해 두었다(Tiderington, 2015). 다수의 연구자가 팀을 이뤄 연구를 하는 경우, 일지는 한 사람이 도맡아 작성해도 되고 서로 번갈아 가며 작성해도 된다.

공동 코딩을 하는 경우, 불일치 부분을 어떻게 처리할지에 대해 의견을 조율해야 하는 경우가 발생한다. 앞서 논의하였듯이, 코딩자 간의 일치 정도를 계산하기 위해 통계분석 방법을 이용할 수도 있지만 그렇게 하려면 코딩된 데이터를 기계적으로 취급해야 한다. 저자는 공동 코딩자가 만나서 데이터에 근거한 설득력 있는 주장과 확신을 통해 각자의 결과를 비교하는 합의적 검증을 선호한다. 이러한 유기적이고 반복적인 방법을 사용하면 변화에 대한 유연성과 개방성을 확보할 수 있다. 물론, 초기에는 정신없고 어수선한 상황과 의견 불일치 상황이 발생하기 마련이다. 그러나 코드에 대해 생각하고 논의하고 방어하고 합의에 도달하는 과정 자체가 가치 있는 과정이기 때문에 그러한 과정을 회피하거나 성급하게 결론을 내리려고 해서는 안 된다. 그런 활동은 데이터의 풍부함을 확인하고 관점의 다양성이 부인할 수 없는 사실임을 확인하는 방법이다. 그리고 그러한 과정을 기록해 두는 것이 연구 참여자들이 그러한 과정을 투명하고 의미 있는 과정으로 인식하는 데 도움이 된다.

비교 및 대조하기: 다음 행동을 위한 메모

메모는 데이터와의 상호작용 속에서 떠오르는 생각과 아이디어를 기록하는 활동 중에서도 가장 핵심이 되는 활동이다(Saldana, 2015). Strauss와 Corbin(1994)은 메모를 **코드 메모**(code notes), **이론 메모**(theory notes), 그리고 **과정 메모**(operational notes)라는 세 가지 유형으로 구분한다. 먼저, 코드 메모는 그것들이 존재하는 이유에 대한 기록 및 정의적 서술의 기초가 되는 메모다. 다음으로, 이론 메모는 데이터에서 일어나고 있는 일들에 대한 연구자의 생각과 직감을 기록한 것이다. 마지막으로, 과정 메모는 실행계획 및 그 밖의 것들에 관한 기록이다. 메모를 분류할 필요가 있는지의 여부와 무관하게, 메모는 발견과 창의성을 위한 안전지대이자 직감과 추측을 위한 공간으로서의 가치를 가지고 있다. 메모는 조언자나 협력자와 공유할 수 있지만, 그렇지 않다면 개인적 아이디어를 저장해 두는 곳으로 남겨 두는 것이 바람직하다.

코딩과 데이터 분석을 진행해 나갈 때 분석가는 다른 인터뷰에 존재할지 모르는 유사한 사건이나 더 큰 맥락을 항상 염두에 두고 패턴을 찾되, 부정적인 사례나 불규칙성에 대해 주의를 기울여야 한다. 자신이 그렇게 하고 있는지를 메모를 통해 지속적으로 점검하는 것은 이후의 분석을 해 나가는 데 큰 도움이 된다. 바로 여기서 성찰성(reflexivity)의 중요성이 또 다시 부각된다. 연구자가 데이터를 깊이 파고들수록 연구자는 분석적 고립 상태에 빠지게 되고 그로 인해 선입견을 갖게 되거나 세세한 부분을 놓치게 되어 분석이 정상 궤도를 벗어날 수 있는 위험성이 커진다. 따라서 연구자는 이러한 점을 염두에 두고 자신의 역할이 몰입적이면서도 분석적이어야 한다는 점을 주기적으로 일깨워야 한다.

근거이론가들이 지속적 비교 분석이라고 부르는 분석방법은 인터뷰, 사건, 맥락을 아우르는 유사점과 차이점을 체계적으로 조사하는 방법이다(Strauss & Corbin, 1994). 지속적 비교 분석이 데이터에 기반해야 하는 것은 분명하지만, 지속적 비교 분석의 궁극적인 가치는 수많은 사례 비교로부터 그것들이 의미하는 바를 걸러 낼 수 있는 능력에 있다. 비교 분석은 귀납적 분석에서 시작해 연역적 분석으로 바뀌었다가 다시 귀납적 분석으로 되돌아오는 순환적 과정이다. 한 연구에서 그러한 순환 주기는 수차례 반복될 수 있다.

메모의 역할은 어떤 패턴이 나타나고 그에 대한 해석이 이루어질수록 점점 더 중요해진다. 연구팀의 일원이 되어 다른 질적 연구자와 이야기를 나누고 유사한 생각을 가진 멘토를 만나는 것은 연구자가 메모와 생각을 공유하고, 검증하고, 더 큰 데이터 관련성을 가질 수 있게끔 수정하고, 더 높은 수준으로 추상화하고 해석하는 데 큰 도움이 된다. 코딩이 아무리 중요하다고 해도 코딩은 데이터 분석의 출발점일 뿐이다. 첫 코딩에 뒤이어 후속 코딩을 하면서 분석의 범위를 좁혀 가는 것은 보다 중요한 어떤 것들을 발견하는 데 도움이 된다.

질적 자료를 이용한 2차 분석

질적 연구가 상당한 자원과 시간을 필요로 하는 연구라는 사실을 생각해 보면 왜 질적 연구자들이 자신의 데이터를 다른 연구자들과 기꺼이 공유하고자 하는지를 쉽게 이해할 수 있다. 일반적으로 볼 때, 풍부하고 복잡한 데이터가 얕고 단순한 데이터에 비해 2차 분석에 더 많이 활용된다. 2차 분석은 연구를 더 많이 활용되게 만들고 자원을 효율적으로 활용할 수 있게 만든다. 2차 분석이 연구자로 하여금 성공적인 현장 인터뷰를 마칠 때 밀려오는 뿌듯함을 느끼게 해 주는 분석 방법은 아니지만, 2차 분석은 그를 대신할 만한 분명한 장점을 가진 분석 방법이다(Williams & Collins, 2002).

Thorne(1998)은 2차 분석의 종류를 다섯 가지로 구분한다. **분석적 확장**은 연구자가 자신의 데이터를 사용하여 새로운 주제에 발을 들여 놓는 것이다. **회고적 해석**은 데이터로 되돌아가 주제(themes)를 더욱 발전시키는 것을 말한다. **안락의자**(armchair) **귀납법**은 기존 데이터에 새로운 텍스트 분석 기술을 적용하는 것이다. **표본 확장** (amplified sampling)은 광범위한 분석을 위해 다수의 개별 데이터베이스를 비교하는 방법이다. 마지막으로, **교차 검증**(cross-validation)은 개별 연구자 차원을 넘어서서 개별 연구자의 연구 결과를 뒷받침하거나 뒷받침하지 않는 증거를 다른 데이터베이스로부터 찾아 개별 연구자의 연구 결과를 확인하는 방법이다. 절차적 관점에서 보면, 분석은 원자료를 개방 코딩하는 방식과 선행 연구에서 개발된 코드를 이용하는 방식 중 어느 방식으로 해도 상관없다.

2차 분석은 원래 연구를 진행했던 연구팀이 할 수도 있고 연구팀 중 일부가 새로운 연구자와 함께할 수도 있다. (그러나) 애초의 연구팀이 2차 분석을 하는 것이 연구에 관한 지식이 얼마 없을 수 있는 새로운 연구자와 데이터를 공유하는 것보다 더 나은 선택이라고 할 수 있다. 단적인 예를 들면, 새로 참여한 연구자는 데이터를 추가로 수집해야 하는 상황이 발생할 때 연구 참여자를 다시 찾아갈 수 없을 뿐만 아니라 데이터에 대해서 알고 있는 양이 기존 연구자들보다 적을 수밖에 없다. 그런가 하면 누가 연구에 참여하는지와 상관없이, 선행 데이터에 새로운 연구 질문을 추가할 때 잠재적 문제 발생 가능성을 고려해야만 한다(Thorne, 1998; Williams & Collins, 2002). 일반적으로 질적 데이터가 양적 데이터보다 개방적이고 원시적이기는 하지만 질적 데이터는 새로운 연구자로서는 알 길이 없는 자체적 걸러 내기(filtering) 과정과 분류 과정을 거친 자료다. 메모나 분석 결정의 공유에 관한 규범은 질적 연구 내에서 이루어진 합의가 전혀 상관이 없는 규범일 뿐만 아니라 애초에 그런 규범을 지키는 많은 연구자도 사실 거의 없다. 마지막으로, 2차 분석에서는 질적 연구가 가진 가장 보람되고 유익한 측면이라고 할 수 있는 연구자와 연구 참여자 간의 상호 연계성이 배제된다. 연구 참여자와 함께 탐구하는 협력적인 연구 모델을 선호하는 질적 연구자에게 연구 참여자의 배제는 불만스러운 요인이 아닐 수 없을 것이다.

긍정적인 시각에서 보면, 2차 분석은 연구 대상과의 상호작용이 없는 분석이기 때문에 기관연구윤리위원회의 승인을 얻기가 훨씬 쉽다는 장점을 가지고 있다. 그러나 2차 분석이라고 해서 윤리적 위험이 존재하지 않는 것은 아니다. 예를 들면, 연구 참여자를 식별하는 정보가 연구 참여자의 이름이 포함되어 있지 않더라도 데이터에 포함될 수 있다는 것을 알고 있어야 한다(Thorne, 1998). 개인정보 보호 및 이전 관계를 보여 줄 수 있는 문맥에 대한 이해가 2차 분석을 할 때 자칫 없을 수 있다. 예를 들어, 대학생들의 낙태에 관한 연구를 통해 얻은 데이터가 연구 참여자들이 연구 참여에 동의할 때 생각했던 것 이상의 해석이 가능한 데이터로 활용될 수 있다. 질적 데이터가 누구와 어떻게 공유할지를 결정할 때는 이러한 윤리적 문제를 우선적으로 고려해야 한다. 아울러 연구 초기에 연구 참여자로부터 동의를 얻은 경우, 후속 연구를 위해 연구 참여자의 동의를 다시 얻어야 하는지에 관하여서는 (이런 경우에 해당하는 규정이 없지는 않을 것이므로) 해당 기관연구윤리위원회와 반드시 먼저 상담할 것을 권한다.

하이브리드 및 혼합 질적 접근 방법

이 책 제2장에서 논의하였듯이, 연구자는 종종 질적 접근 방법을 혼용하는 선택을 하기도 한다. 접근 방법의 혼용은 연구의 여러 단계에서 할 수 있으며, 다양한 목적을 위해 다양한 연구 방법을 조합할 수 있다. 그러나 연구 방법과 데이터가 조화되지 않으면 문제가 발생할 수도 있다(Johnstone, 2004; Wimpenny & Gass, 2000). Annells (2006)가 지적한 것처럼, 철학적 패러다임이 충돌하는 경우는 (실용주의자들은 이를 대수롭게 여기지 않지만) 접근 방법을 분석 단계에서 혼용하는 것이 문제가 될 수 있다. Fereday와 Muir-Cochrane(2006)은 하이브리드 접근 방법의 장점을 강조하면서 Boyatzis(1998)의 귀납적 방법과 Crabtree와 Miller(1999)의 템플릿 코딩 방식을 혼합한, 귀납적이면서 연역적인 주제 분석 방법을 간호사의 일상생활에 관한 연구에서 사용하였다. 그러한 방법을 사용하여 그들은 연구 참여자와의 인터뷰를 통해 얻은 '신뢰와 존중' 같은 중심 코드를 '상호관계' 같은 이론 중심 코드와 결합함으로써 간호 실습에서 성과 피드백과 자기 평가에 관한 통합적 모델을 만들었다.

분석 과정에서 접근 방법을 번갈아 가면서 혼용한 대표적인 예로는 Beck(1993)의 산후 우울증에 관한 연구를 꼽을 수 있다. 그녀는 자신의 연구에서 현상학적 분석을 수행한 후 근거이론을 활용하여 데이터를 분석하였다. 그녀는 두 세트의 연구 결과 간에 밀접하게 일치하는 부분을 발견하였고, 그 연구 결과를 토대로 자녀 출산 직후 우울증의 시작과 그 과정을 설명하는 실질적인 이론을 개발하였다(Beck, 1993). 그런가 하면, Agar와 MacDonald(1995)는 혼합 방법을 사용하여 청소년 약물 사용에 관한 문화기술학적 관찰 결과와 포커스 그룹의 대화분석의 결과를 비교하였다. 이쯤에서 다음의 사항을 지적할 필요가 있을 것 같다. 즉, 연구방법의 혼용은 자칫 의식적 · 무의식적으로 분석 접근 방법을 모호하게 만드는 결과를 초래할 수 있다. 그렇기 때문에 분석적 절차를 온전히 유지하기 위해서는 각각의 연구방법이 분석에 기여할 수 있도록 각별한 주의를 기울여야 한다.

요약 및 결론

이 장에서 우리는 데이터 관리 및 분석, 부정적인 사례 분석, 이론적 표본 추출 및 기타 전략들을 통해 개념적 스키마의 개발 보강을 위한 지침 제공 등에 대해 논의하였다. 컴퓨터 소프트웨어는 여러 가지 유용한 방법을 통해 앞서 말한 활동을 하는 데 도움을 주지만 데이터를 분석해 주지는 못한다.

　다양한 가능성에도 불구하고 대부분의 질적 데이터 분석은 다음과 같은 공통점을 가지고 있다. (1) 데이터로의 완전하고 반복적인 몰입, (2) '깊이' 있게 기술하기와 '전반적인' 패턴 인식하기, (3) 맥락(시간적·환경적)에 관심 갖기, (4) '고도화와 확장(up and out)'을 통해서 문헌으로부터 얻은 이론적·경험적 지식과 연결하기다(이에 관한 자세한 논의는 다음 장에서 하기로 하겠다). 분석은 귀납적으로 시작하지만 종료 전 중간 과정에 연역적 사고가 종종 포함되기도 한다. 그 과정에 있어서 내부자적 관점(insider perspective)이 매우 중요하기는 하지만 질적 연구의 궁극적인 가치는 해석의 성실성(probity)과 지적 명료성(intellectual clarity)에 있다.

　여섯 가지의 질적 접근 방법은 각각 고유한 분석적 전통을 가지고 있으나 이 장에서는 가장 많이 사용되는 코딩과 주제 개발에 초점을 맞추었다. 코딩과 주제 개발은 그것이 하나의 완전한 근거이론으로 이어지든 (좀 더 일반적인) 하나의 해석적 주제 틀(interpretive thematic framework)로 이어지든 상관없이 한계성(처음부터 **선험적** 아이디어와 개념에 의해 눌려 버리는)과 창의성(비교와 대조, 일상적이지 않은 것과 알려지지 않은 것에 대한 탐구)을 경험하는 뜻깊은 활동이다. 질적 데이터 분석의 초기 단계는 이전에 이루어졌던 노력이 결실로 이어지기 위해 반드시 거쳐야만 하는 단계다.

연습해 보기

1. 동료나 학우와 간단한 (15분) 인터뷰를 진행하고 녹음한다. 그/그녀의 가장 기억에 남는 유년기 경험(좋거나 나빴던)에 관하여 이야기해 보고, 녹음한 내용을 녹취록으로 만들어 본다. 녹취록을 만드는 데 어느 정도 시간이 걸렸는지, 인터뷰 중 의미는 있으나 언어로 포착되지 않은 음성 발화 및 기타 소리가 있었는지 등을 살펴보자.

2. 연습 #1에서 작성한 전사의 1~5페이지를 가져와 이 장에서 제공한 지침에 따라 코드를 공개해 보자. 동시에 자신이 듣고 있는 것과 유년기의 경험 및 그 맥락에 관해서 어떠한 일이 일어나고 있는지에 대해 2~3개의 메모를 작성해 보자.

3. 제1장의 맨 뒷부분에 제시된 질적 학술지들을 검색해서 비코딩(noncoding) 형식의 분석을 사용하는 연구를 찾아보자. 그런 다음 해당 분석 방법이 어떻게 기술되어 있는지, 조사 결과는 어떻게 제시되어 있는지 살펴보자.

추천도서

Bernard, H. R., & Ryan, G. W. (2009). *Analyzing qualitative data: Systematic approaches.* Thousand Oaks, CA: Sage.

Charmaz, C. (2014). *Constructing grounded theory: A practical guide through qualitative analysis* (2nd ed.). Thousand Oaks, CA: Sage.

Coffey, A., & Atkinson, P. (1996). *Making sense of qualitative data.* Thousand Oaks, CA: Sage.

Dey, I. (1993). *Qualitative data analysis: A user-friendly guide for social scientists.* New York, NY: Routledge.

Dey, I. (1999). *Grounding grounded theory: Guidelines for qualitative inquiry.* San Diego, CA: Academic Press.

Flick, U. (Ed.). (2013). *The Sage handbook of qualitative data analysis.* Thousand Oaks, CA: Sage.

Gee, J. P. (2005). *An introduction to discourse analysis: Theory and method.* London, UK: Routledge.

Grbich, C. (2012). *Qualitative data analysis: An introduction.* Thousand Oaks, CA: Sage.

Harding, J. (2013). *Qualitative data analysis from start to finish.* Thousand Oaks, CA: Sage.

Hsieh, H., & Shannon, S. E. (2005). Three approaches to qualitative content analysis. *Qualitative Health Research, 15,* 1277-1288.

Lofland, J., & Snow, D. A. (2005). *Analyzing social settings: A guide to qualitative observation and analysis.* Belmont, CA: Wadsworth.

Miles, M. B., & Saldana, J. (1994). *Qualitative data analysis* (3rd ed.). Thousand Oaks, CA: Sage.

Moustakas, C. (1994). *Phenomenological research methods.* Thousand Oaks, CA: Sage.

Patton, M. Q. (2002). *Qualitative research and evaluation methods* (3rd ed.). Thousand Oaks, CA: Sage.

Riessman, C. K. (2008). *Narrative methods for the human sciences.* Thousand Oaks, CA: Sage.

Saldana, J. (2012). *The coding manual for qualitative researchers.* Thousand Oaks, CA: Sage.

Silverman, D. (2015). *Interpreting qualitative data* (5th. ed.). Thousand Oaks, CA: Sage.

Stake, R.E. (2005). *Multiple case study analysis.* Thousand Oaks, CA: Sage.

Strauss, A. L., & Corbin, J. (1990). *Basics of qualitative research: Grounded theory procedures and techniques.* Newbury Park, CA: Sage.

ten Have, P. (2007). *Doing conversation analysis* (2nd ed.). Thousand Oaks, CA: Sage.

Thorne, S. (2000). Data analysis in qualitative research. *Evidence-Based Nursing, 3,* 68-70.

Weston, C., Gambell, T., Beauchamp, J., McAlpine, N., Wiseman, C., & Beauchamp, C. (2001). Analyzing interview data: The development and evolution of a coding system. *Qualitative Sociology, 24*(3), 381-400.

Yin, R. K. (2013). *Case study research: Design and methods* (5th ed.). Thousand Oaks, CA: Sage.

QDA 소프트웨어 관련 자료

문헌

Bazeley, P., & Jackson, K. (2013). *Qualitative data analysis with NVIVO.* Thousand Oaks CA: Sage.

Drisko, J. W. (2004). Qualitative data analysis software. In D. K. Padgett (Ed.), *The qualitative research experience* (pp. 189-205). Belmont, CA: Thomson.

Friese, S. (2014). *Qualitative data analysis with ATLAS.ti.* Thousand Oaks, CA: Sage.

Gibbs, G. R. (2007). Media review: ATLAS.ti software to assist in the qualitative analysis of data. *Journal of Mixed Methods Research, 1*(1), 103-104.

Kelle, U. (1996). *Computer-aided qualitative data analysis: Theory, methods, and practice.* Thousand Oaks, CA:Sage.

Lewins, A., & Silver, C. (2007). *Using software in qualitative research: A step-by-step guide.* Thousand Oaks, CA: Sage.

Weitzman, E., & Miles, M. (1995). *Computer programs for qualitative data analysis: A software sourcebook.* Thousand Oaks, CA: Sage.

소프트웨어 관련 정보

다음의 웹 사이트에서 매우 유용한 독립 리소스를 (소프트웨어 회사에서 지원하지 않는) 찾을 수 있다. http://caqdas.soc.surrey.ac.uk

소프트웨어

General product information: http://www.scolari.com

ATLAS.ti: http://www.atlasti.com

Dedoose: http://www.dedoose.com

The Ethnograph: http://www.qualisresearch.com

HyperRESEARCH: http://www.researchware.com

NVivo: http://www.qsrinternational.com

QDA Miner: http://provalisresearch.com/products/qualitative-data-analysis-software

QDAP: http://www.umass.edu/qdap

QUIRKOS: http://www.quirkos.com

7

해석:
현저성 인식하기

　이 책에서 해석에 관한 논의를 위해 별도의 장을 할애하고 있는 것 그 자체가 질적 여정의 거의 마지막 단계인 해석이 얼마나 교묘하고 복잡한지를 단적으로 보여 주는 증거다. 이는 또한 질적 연구에서 있어서 해석의 중요성이 매우 크다는 것(그럼에도 종종 간과된다.)을 말해 준다. 해석의 중요성이 무시되는 것도 이해할 만하다. 엄격한 규칙이 없기 때문인데, 그런 규칙은 있어서는 안 된다. 그러나 존중해야 할 방법론적 전통과 고려해야 할 패러다임들은 있다. 그리고 질적 데이터 해석을 위한 다양한 생산적 접근 방법들도 존재한다.

　해석은 통합적이고 혼합적인 것이다. 다양한 위험도 존재한다. 예를 들면, 자기 이익을 앞세우거나, 통찰력이 심각할 정도로 부족하거나, 지나치게 확장할 위험 등이다. 다학제적 관점은 새로운 아이디어와 프레이밍 도구를 갖는 데 매우 중요한 역할을 한다. 마치 만화경처럼, 연구자는 다양하고 신선한 의견과 통찰력을 자신이 가진 지식과 창의적 사고력을 동원하여 결합해 낼 수 있다. 해석이 통상적인 수준의 기술(idiographic description)을 넘어서는 것이라는 말이 절대로 후자를 폄하는 말은 아니다. 그러나 후자로 인해 기술(description)이 필요하지만 충분하지 못한 것이 되는 것은 부인할 수 없는 사실이다.

　이 장에서 우리는 오랜 시간에 걸쳐 검증된, 해석의 질을 높이기 위한 방법들에 대해서 살펴볼 것이다. 그러한 방법들을 하나로 묶는 연결 고리는 '**현저성**(salience)'이다. 현저성이란 어떤 것에 대해서 의미를 부여하는 지각적 질이라고 정의되는 개념으로서 질적 연구에서는 데이터 분석을 통해 풍부하고 관련성 있는 결과가 도출될 때 나타난다. 해석은 무엇이 현저하고 왜 현저한지를 설명하는 행위다.

해석은 질적 연구 설계의 다른 단계들과 마찬가지로 반복 순환적으로 이루어진다. 따라서 시간이 갈수록 초점이 분명해지고 명확성이 증가한다. Tesch(1990)가 '탈맥락화 및 재맥락화'라고 부르는 과정 속에서 데이터 분석은 연구자로 하여금 비교와 대조를 통해 패턴을 인식할 수 있게 해 준다. 연구의 흐름을 유지하면서 연구자는 애초의 연구 질문과, 이론과 문헌 사이를 오고 가는 과정을 (이미 알려진 것과 알려지지 않은 것이 무엇인지를 염두에 둔 상태에서) 반복한다.

해석에는 고도화와 확장 과정이 뒤따른다. 고도화(building up)는 코딩이나 그 밖의 기초적인 분석에서 출발하여 점점 더 상위 단계의 추상화로 나아가면서 진행된다. 확장(building out)은 문헌과 이론에 의해서 이루어진다. 메모 기록은 아이디어를 구체화하고 문서화하는 데 있어서 매우 중요하다. 메모는 연구를 정점으로 끌어올리는 데 도움이 된다. 최종 성과물의 형태는 구성주의로부터 영감을 받은 성과에서부터 완전한 모습을 갖춘 근거이론에 이르기까지 매우 다양할 수 있지만, 대부분의 질적 연구는 주제와 개념틀을 서술적으로 종합해 놓은 어떤 형태의 성과를 갖는다.

연구자의 역할

해석에서의 연구자의 역할은 각자가 취한 입장에 따라 달라진다. 이제까지 이 책에서 살펴보았듯이, 입장은 인식론적 성향과 패러다임적 성향의 결과물이다. 연구자의 입장은 소극적 관찰자에서부터 완전 참여적 공동 참여자에 이르기까지, 또는 어떤 형태이든 실제를 파악하는 것이 가능하다는 신념에서부터 모든 실제는 사회적으로 구성된 것이라는 확신에 이르기까지 매우 다양하다. Clifford Geertz(1973)는 발리에서의 닭싸움이 가진 깊은 의미를 글로 쓰면서 '잘 아는 이방인'의 입장을 취하였으나, 그가 기술한 해석은 발리 사람들의 해석이 아니라 그 자신의 해석이었다. Charmaz(2014)가 지적하였듯이, 낙인과 일그러진 정체성에 대한 Erving Goffman의 뛰어난 통찰력은 20세기 중반의 백인 남성이라고 하는 특권 계층의 감성을 통해 왜곡

되었다. 우리는 우리를 둘러싼 역사적 시대, 규제적 규범 그리고 해석적 추세로부터 영향을 받게 마련이다.

　지금 시대는 전지전능적 입장을 취하는 것이 결코 바람직하지 않은 시대다. 구성주의 연구자들에게 있어서 가장 이상적인 해결책은 구축 작업을 연구 참여자와 함께 하는 것이다. 행동주의 연구자들에게 이러한 공동 작업은 연구자와 지역사회 구성원의 공동 목표를 공고하게 하는 데 도움이 된다. 두 명 이상의 연구자가 연구팀을 이룬 경우(또는 단독 연구자가 연구 참여자와 동등한 위치에서 연구를 하는 경우), 어떤 입장을 택할지는 협상을 통해 결정해야 한다. 해석의 시작을 눈앞에 둔 질적 연구자들을 하나로 통합시키는 것은 다름이 아니라 다시 성찰성과 마음 가다듬기(mindfulness)로 돌아가는 것이다.

　바로 이 해석 단계에서 (그리고 사실 모든 단계에서) 발생할 수 있는 위험은 **검증되지 않은** 자신의 선입견과 가정을 끌어들이는 것이다. 선입견이 검증되지 않은 생각임을 강조하는 이유는 그러한 선입견이 존재한다는 것과, 그 자체로는 문제가 되지 않는다는 것을 구분할 필요가 있기 때문이다. 중요한 것은 선입견에 대해서 그리고 선입견을 가지고 무엇을 하느냐다. 1970년대가 지나면서 문화인류학에서는 그러한 선입견을 드러내는 행위가 확연하게 위축되었는데, 이러한 변화는 저명한 문화인류학자들의 연구들에 대해서 객관성과 관련된 의문과 성찰 부재에 대한 비판이 제기되면서 시작되었다(Van Maanen, 1988). 어떤 연구자들에게는 이러한 내적 성찰 그 자체가 목적이 되었으며 '낯선 것에 대한 탐구'를 자서전과 개인 회고록이 대체하게 되었다.

　오늘날의 연구자들은 가치가 연구에 개입하는 것을 당연한 것으로 여긴다. 사회정의에 대한 신념으로 인해 연구자는 데이터를 해석할 때 불평등과 억압에 민감하게 반응할 경향이 있다. 이러한 경향성은 사실과 다른 결과나 경솔한 분석으로 이어지지 않는 한 문제가 되지 않는다.

해석에 도움이 되는 구조 만들기

　개념적으로 풍부한 해석을 할 수 있으려면 질적 연구자는 어떤 식으로 데이터에 접근해야 하는가? 다음은 Bohm(2004, p. 273)이 Barney Glaser의 연구로부터 영감을 받아 개발한 아홉 가지 전략들이다. 이 전략들을 저자는 다음의 두 가지 유형으로 구분하였다.

I. 변화 지향적 연구가 주목해야 할 사항

    1. 과정(단계, 전환, 순서)

    2. 전략(전술, 기법, 매커니즘)

    3. 전환점(주요 분기점, 되돌아갈 수 없는 지점)

II. 비변화 지향적 연구가 주목해야 할 사항

    4. 상호작용(상호 효과, 상호 의존성)

    5. 정도 또는 강도

    6. 유형학

    7. 정체성(자아 개념, 자기성찰)

    8. 문화 및 사회 규범

    9. 합의(순응 대 갈등)

앞에 제시된 전략들은 선택 가능한 옵션들이며, 이 범주들은 임시성을 반영하기 위한 불완전한 수단이다(유형 II에 해당하는 분석 전략도 변화 지향적일 수 있으므로 불완전하다). 이 전략들 중 일부는 특정 질적 접근 방식 또는 학문적 관점과 더 잘 맞을 수 있다. 예를 들면, 전략 1은 근거이론의 **필수불가결** 요소이고, 전략 8은 문화인류학의 기초라고 할 수 있는 전략이다. 사회과학자와 정치학자는 전략 2, 3, 9를, 심리학자는 전략 2, 4, 7을 사용할 가능성이 높다. 사회복지 연구자는 이러한 아홉 가지 전략 모두를 생산적 목적을 위해 사용할 수 있으나, 일부는 이해관계로 인해 해석 단계에 영향을 미칠 수도 있다. 예를 들면, 다음과 같은 것들이다.

- 개별 기관과 더 큰 구조적 힘 간의 긴장 상태
- 사회정의 가치 및 권력 격차

- 교차성 및 다중 정체성 또는 관점
- 체계적 사고(가족, 지역사회, 사회구조)
- 생태적 관점(사람과 환경의 상호 연결성)

어떤 연구에서든 이러한 구조 설정 전략들은 사고를 자극하고 해석을 만들어 가는데 도움이 된다. 그리고 인정을 받든 못 받든 간에 우리는 오늘날 우리가 접하는 많은 질적 연구 문헌의 기저에 이러한 구조 설정 전략들이 깔려 있는 것을 발견할 수 있다.

해석을 위한 질적 데이터 분석(QDA) 소프트웨어 사용

이 책 제6장에서 언급했던 바와 같이, 질적 데이터 분석(Qualitative Data Anlayis: QDA) 소프트웨어는 데이터를 효율적으로 분석할 수 있는 수단을 제공한다. QDA 소프트웨어 패키지에는 이미지, 오디오, 비디오 같은 텍스트 외의 데이터를 분석하는 기능과 하이퍼링크를 삽입하여 다른 파일이나 데이터 출처에 즉시 연결할 수 있는 기능도 포함되어 있다. 코드나 다른 이름을 필터링하는 것 외에도 성별, 연령 등의 참여자 특성에 따라 데이터의 하위 집단을 만드는 것도 가능하다. 예를 들면, '성적 경험'으로 코딩된 응답을 남성과 여성으로 나누어 비교할 수 있다. 각각의 비교 기준은 분석 축으로 기능한다.

또 한 가지 유용한 기능은 개념 지도를 만들고 지도상의 점들을 수평 또는 수직으로 연결하는 기능이다(예: '다이어트'와 '운동'은 상위 코드인 '자기 관리'에 연결된다). 이처럼 유연한 네트워크 생성 기능을 사용하면 흐름도(flow charts)뿐만 아니라 정적인 관계도 나타낼 수 있다. 다양한 유형의 소프트웨어 중에서 NVIVO는 이론 개발 기능이 가장 뛰어난 소프트웨어이며, 위계적 '나무 구조' 생성을 지원하는 기능도 가지고 있다. 그 대신 사용 방법을 배우기는 가장 어렵다. 일반적으로 볼 때 QDA 소프트웨어는 근거이론 분석에 가장 잘 맞는다(Kelle & Erzberger, 2004).

QDA 소프트웨어의 인기는 분석을 자동화하고 번거롭고 반복적인 분석 과정에 기술적 정밀성을 부여할 수 있는 가능성을 높여 준다. 양적 통계 소프트웨어와 마찬가지로, QDA 소프트웨어가 '낚시' 또는 '데이터 준설'에 사용될 가능성도 매우 크다. 가장 중요한 사실은 QDA 소프트웨어가 인간의 두뇌와는 경쟁이 되지 않는다는 것이다. QDA 소프트웨어가 데이터를 정리하고 시각적으로 꼼꼼히 검사하는 작업을 훨씬 수월하게 만들어 줄 수는 있지만, 다양한 생각과 개념을 동시에 다룰 수 있는 인간의 능력을 대체할 수는 없다.

포화

포화란 데이터를 추가로 수집할 필요가 없고 분석 체계가 완벽한 모습을 갖춘 시점을 뜻한다(Bowen, 2008; Morse, 1995). 적절한 목표와 미리 정해 놓은 코드를 가지고 하는 연구가 좀 더 대담한 목표를 가지고 귀납적 접근을 시도하는 연구보다 포화상태에 더 빨리 다다르게 될 가능성이 크다. 왜냐하면 포화 정도는 개수와 빈도에 달린 것이 아니라 폭과 깊이에 달린 것이기 때문이다. 문서화와 기록에 신경을 씀으로써 성급한 종결 같은 오류를 범할 가능성을 어느 정도는 줄일 수 있지만 그렇다고 해도 포화상태에 도달했다고 주장하는 것이 그러한 주장이 사실임을 증명하는 것보다는 당연히 훨씬 쉽다.

[글상자 7-1]은 양적 접근을 통해 포화상태에 도달하는 방법을 문서화한 연구의 예다. 이 연구의 저자들인 Guest, Bunce 및 Johnson(2006)은 포화에 도달하는 데 필요한 인터뷰의 수가 예상했던 것보다 적었다는 결론을 내리면서도, 그런 수치를 미리 예측하는 것이 매우 위험하다는 것을 경고하였다.

[글상자 7-1] 포화 과정: 서아프리카 여성 성노동자를 대상으로 한 연구

Guest, Bunce 및 Johnson(2006)은 서아프리카의 성노동자(sex workers)를 대상으로 한 질적 연구에서 얻은 데이터를 분석하여 포화 문제를 경험적으로 탐구해 보고자 시도하였다. 코드북이 완성되어서 더 이상 수정할 필요가 없게 되는 시점이 언제일지, 6번의 인터뷰만으로 12번, 30번, 60번 인터뷰를 해야 얻을 수 있는 양만큼의 정보를 얻을 수 있는지, 인터뷰 횟수가 X번을 넘어서면 코딩 활동이 느려지다가 '포화상태'에 도달하고 그런 다음에 갑자기 새로운 코드가 나타날 수 있는지 등을 집중적으로 연구하였다. 그들은 60회의 인터뷰로 시작해서 6회를 한 단위로 하여 인터뷰 개수를 차츰 늘리는 방식으로 코딩을 해 나가면서 코드와 코드 정의의 개수를 기록하였다. 다음은 그들이 발견한 내용이다.

- 처음 30개 인터뷰를 코딩한 결과, 코드북에 109개 코드가 만들어졌고 그중 80개(73%)는 처음 6개의 녹취록에서 확인되었다.
- 나머지 29개의 코드 중 20개는 6~12번 녹취록에서 확인되었다(여기까지가 전체 코드의 90%에 해당한다).
- 31번부터 60번까지의 녹취록 코딩을 통해서 새로 얻은 코드는 5개에 불과하였는데, 그중 4개는 완전히 새로운 정보가 아니라 기존 코드에서 파생된 것이었다.
- 코드의 강도 또는 범위는 코드화된 인용문의 개수가 아니라 코드를 발생시킨 인터뷰의 개수로 측정하였다(그렇게 한 이유는 인터뷰 응답자가 말이 많은 사람일 경우, 데이터가 쉽게 왜곡되기 때문이다). 36개의 상위 코드 중 h-빈도 코드의 경우, 처음 6개의 녹취록에서 34개가 식별되었다.

Guest와 그의 동료들은 그들이 실시했던 60회의 인터뷰가 아니라 12회의 인터뷰만으로도 충분했을 것이라는 결론을 내렸다. 동시에 그들은 이러한 결론에 대해서 몇 가지 유의 사항을 덧붙였다. 첫째, 연구진은 성노동을 둘러싼 믿음과 경험에 관한 표준화된 개방형 질문 목록을 사용하였다. 즉흥적인 질문이 더 많은 연구에서는 초기에 이 정도로 안정적인 코드 목록은 나오기 어려울 것이다. 둘째, 코딩자들이 주제에 관한 유사한 정도의 배경지식을 가지고 있었기 때문에 합의가 수월했을 (심지어 단독 코딩 때보다 더) 수 있다. 다시 말하면, 공동 코딩을 어렵게 만드는 '통합 대 분리' 불일치가 적었다는 것이다. 마지막으로, 표본이 비교적 동질적이었다. 인터뷰 참여자들 간의 차이가 코드 변화(코드 삭제, 새 코드 추가 등)보다 정의 수정으로 이어지는 경우가 더 많았다.

- **논평**: 질적 연구자들은 데이터 수집을 조기에 종료하면 중요한 정보를 놓치게 될까 봐 걱정한다. 그러나 불필요한 인터뷰와 효용 체감은 자원 비효율을 초래하고 연구 참여자의 부감을 가중시킨다. Guest와 동료들이 수행한 연구(2006)는 '포화 임계'를 실증적인 질문으로 삼았다는 점에서 매우 혁신적인 연구라고 할 수 있다. 다만, 이 연구가 질적 연구에 맞지 않는 몇 가지 제한적 가정에 기반하고 있기 때문에 이 연구의 결과를 지나치게 일반화하는 것은 바람직하지 않다.

넓은 의미에서 볼 때, 포화는 모든 질적 접근 방법에 적용할 수 있는 매우 유용한 발견법이다. 깊이 있고 풍부한 데이터는 수집하는 데 시간이 많이 드는 대신 많은 양의 정보를 제공해 줄 수 있는 데 비해, 빈약한 데이터는 (시간은 적게 들지만) 적은 양의 정보밖에 제공해 주지 못한다. 그런가 하면 포화를 사용할 때는 신중을 기할 필요가 있는데, 포화는 연구자의 결정에 대한 신뢰의 문제이기 때문이다.

이론 도입하기

이 책의 제1장에서 언급하였듯이, 질적 연구에서 이론이 분명한 역할을 하기는 하지만 추정적인 역할을 하지는 않는다. 근거이론에서 말하는 **이론적 민감성**이 기존 이론에 대한 이러한 조정에 가장 가까운 개념이라고 할 수 있는데, 근거이론에서는 이론이 분석과 해석에 어떤 조건을 부과하지 않게 하는 데 주의를 기울인다. 또한 우리는 제1장에서 이론을 최종 산물이 아닌 분석의 파트너로 보는 근거이론에 대한 대안을 소개하였다. 예를 들면, 분석적 귀납법은 사례를 순환반복적 방식으로 설명하기 위한 목적에서 이론을 (또는 설명을) 도입하고 이론에 가장 잘 부합하는 사례를 찾는 방법이다(Bernard & Ryan, 2010). 귀추법(abduction)은 비정상적인 사례나 복잡한 문제에서 시작해서 가설을 구성 및 재구성해 나가면서 가장 적합한 설명을 만들어 내는 방법이다(Timmermans & Tavory, 2012).

좋은 것일 수도 있고 좋지 않은 것일 수도 있는데, 연역적 사고가 이론 개발이나 이론 적용으로 이어지는 경우는 매우 드물다. 질적 탐구는 20세기 이론들이 가진 어마어마한 야망을 거부하는 데에 그 기원을 두고 있다. 그렇다고 해서 질적 탐구가 이론적 사고 자체를 거부하는 것(또는 멀리하는 것)은 아니다. 질적 탐구는 단지 국지적 지식에 뿌리를 두고 소박한 목표를 지향할 뿐이다. 그러한 사실이 시사하는 바에 대한 해석은 정해진 것이 아니며, 종종 독자들의 몫으로 남겨진다. 질적 연구의 바람직한 결과에 대해 사고하는 또 다른 방식에는 **심층적 이해**(verstehen)와 두터운(해석적) 기술이 있다.

질적 탐구와 더 잘 양립할 수 있는 이론으로는 상징적 상호작용주의(Blumer,

1969), 생태 이론(Bronfenbrenner, 2004), Freire(1973)의 해방적 접근법 같은 개방 체계 이론들을 꼽을 수 있다. 물론 질적 탐구와 잘 맞는 개념들(다른 이론들에서 파생되었거나 단독으로 존재할 수 있을 만큼 무게감 있는)도 있다. 예를 들면, 특정 환경 속에서 형성된 무의식적 성향을 뜻하는 Bourdieu(1999)의 '아비투스(habitus)' 개념은 연구자가 연구 참여자의 인터뷰 세팅 너머의 삶에까지 영향을 미치는 "객관적 조건에 관한 지식"(p. 613)을 가질 것을 요구한다. 인터뷰 내용을 액면가 그대로 받아들이고 더 어떤 것을 하지 않는 연구자는 더 큰 것(특히 사회발전을 저해하는 제도나 사회구조 같은 것)을 볼 수 있는 자신의 능력을 스스로 약화시키는 꼴이 된다.

NYSS에서 저자를 포함한 연구진은 Freirean의 임파워먼트 이론, Sen과 Nussbaums의 역량 이론, Bronfenbrenner의 생태적 접근 방법을 활용하였다. 이 장의 다른 부분([글상자 7-2] 참조)에서 설명하고 있듯이, 우리는 예상하지 못한 새로운 이론적 틀이 데이터에 더 잘 맞는 것을 알게 되었는데 이는 질적 연구에서 전혀 드물지 않은 결과다. 연구진은 또한 서비스 참여에 관한 예비 근거이론을 만드는 데 주력하였으며, 나중에 관련 연구 결과를 발표할 수 있었다(Padgett, Henwood, Abrams, & Davis, 2008).

이론을 개발하는 가장 좋은 방법은 코드, 주제, 유형, 범주 모두를 연결하는 것이다. 주제 목록을 만들어 제시하는 것은 질적 연구 결과를 보고하는 가장 일반적인 방법 중 하나이기는 하지만, 연구의 목적이 이론 개발이라면 그것만으로는 부족하다. Charmaz(2014)는 근거 이론의 가치를 평가하는 기준으로서 **이론적 타당성**(theoretical plausibility), **방향성**(direction), **중심성**(centrality), **적절성**(adequacy)을 제시하였다. **이론적 타당성**은 개별 설명의 진실성 또는 정확성을 넘어서는, 더 큰 의미 범위 안에서의 타당 정도를 말하는 것이다. **방향성**은 개념적 틀이 합쳐지고 개념적 구성 요소들이(또는 범주들이) 어떤 관계를 가질 때 얻게 되는 것이다. 방향성을 얻기 위해서는 중요하지 않은 개념 또는 범주를 걸러 내 버리는 정제 작업이 필요하다. **중심성**은 상호 연관된 아이디어들이 하나의 개체를 이루면서 발전하는 것을 말하며, **적절성**은 발전 중인 이론이 충분히 포화되는 것을 의미한다. 충분한 포화가 이루어지지 않을 경우, 이론적 표본 추출을 사용하여 범주를 더 구체화할 수 있다.

대부분의 질적 연구자는 새로운 이론을 만들지 않기 때문에(또는 이론 개발을 원하지도 필요로 하지도 않기 때문에) 해석을 더 가치 있는 다른 목적을 위해 하는 것이 가능하다([그림 7-1]과 다음 부분에 제시된 예를 참고하기 바란다). 그러나 한편으로는 그런 목적을 추구하면서 다른 한편으로는 이론 개발을 병행해 나간다면 연구를 통해 얻은 데이터를 더 큰 문제들과 연결 지을 수 있는 이점도 함께 얻을 수 있다.

개념적 스키마의 예

[그림 7-1]은 NYSS의 1단계에서 개발된 개념 모델이다. [그림 7-1]이 이러한 모델의 체계적 논리를 시각적으로 잘 보여 주고는 있으나 이해를 돕기 위한 설명이 여전히 필요할 것 같다. 지면 제약 때문에 자세한 설명은 하기 어려우므로 각각의 주제가 어떻게 발전되었는지를 보여 줄 수 있는 부분에 대해서만 설명하고 넘어가기로 하겠다. [그림 7-1]에서 보여 주듯이, 주제는 자율과 선택(주제 1), 피난처와 인격(주제 2), 개인의 자원과 역량(주제 3) 등 세 가지이고, 각각의 주제는 해당 주제를 세부적으로 설명하는 하위 주제들을 가지고 있다[하위 주제 1a와 1b는 **인비보**(in vivo) 코드, 즉 참여자의 말을 그대로 사용한 코드다].

점선 화살표는 하위 주제들 간의 연결 관계를 나타낸다. 예를 들어, 가장 긴 점선 화살표는 연구 참여자들이 약물 복용량을 조절하고 치료 없이 약물 사용을 중단하는 등의 '자기 관리하기'(하위 주제 1b) 욕구가 노화 및 자신의 삶을 스스로 책임져야 할 필요성(하위 주제 3d)과 관련이 있음을 보여 준다.

이 모델이 가진 이론적 연관성을 눈여겨볼 필요가 있다. [글상자 7-2]에서 보여 주듯이, '독립적으로 생활하기' 코드는 존재론적 안정 이론과 맥을 같이하는 하위 주제가 되었다(그리고 그 이론을 원래의 범위 이상으로 확장시켰다). 이 모델에서 주제 1과 주제 2는 연구 참여자의 관점에 뿌리를 둔 내부자적 주제다. 반면에 주제 3은 사회과학 이론 및 아이디어를 통해 걸러진 우리의 관찰을 드러내 보여 주는 주제라는 점에서 외부자적 주제라고 할 수 있다. 주제 3의 모든 하위 주제는 별도의 분석 또는 출판을 고려해 보기에 충분할 만큼 개념적·실증적 중요성을 가지고 있는데, 3a와 3c의 젠더 차이와 트라우마(Padgett, Hawkins, Abrams, & Davis, 2006), 3b의 사회적 관계망 소진(Hawkins & Abrams, 2007) 그리고 3d의 노화와 자기성찰 하위 주제(Shibusawa &

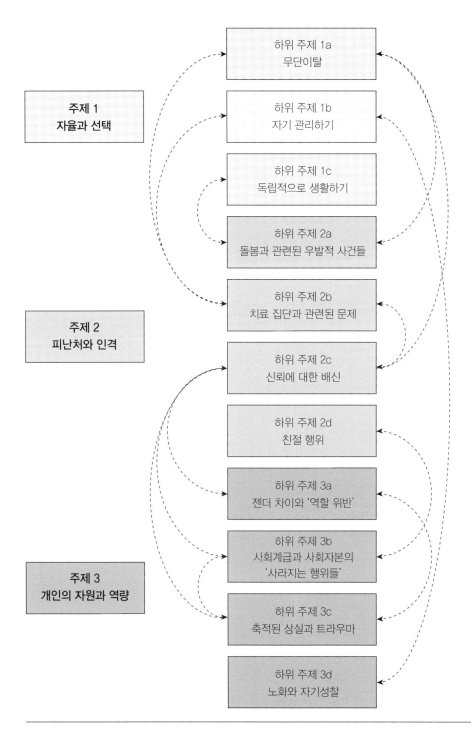

[그림 7-1] NYSS 1단계의 주제 및 하위 주제

Padgett, 2009)가 이에 해당된다. 데이터와 분석에 적용 가능한 것으로 밝혀진 이론 및 개념들 중에는 페미니스트, 트라우마, 사회자본 이론과 생애과정 이론 등이 포함되어 있다.

부재함을 통해 드러난 현저함: 말하지 않은(또는 보이지 않는) 것

질적 데이터를 해석할 때 해 볼 수 있는 흥미로운 시도 중 하나는 연구 참여자가 의도적이든 의도적이지 않든 이야기하지 않는 것과 연구자가 관찰 중에 기대 또는 예상했으나 끝내 보이지 않거나 경험하지 못한 것을 탐구해 보는 것이다. 주제에 대한 철저한 지식과 맥락화 능력을 갖춘 연구자만이 그러한 시도로 통하는 문(door)을 열 수 있다. 물론 그 문은 충분히 열어 볼 만한 가치가 있는 문이다.

NYSS에서 연구진은 연구 참여자들에게 각자의 삶과 각자가 직면한 어려움에 대해서 이야기해 줄 것을 요청하였다. 연구 참여자들이 정신질환을 가진 사람들이었기 때문에 연구진은 그들이 당연히 많은 문헌에 나와 있는 것처럼 정신과적 진단에 관한 이야기를 주로 할 것이라고 예상하였다. 그러나 대부분의 연구 참여자는 그렇지 않았다. 그들은 주로 가족 문제, 건강 문제, 법 관련 문제, 약물 남용에 대한 어려움 등에 초점을 맞추어 이야기하였다. 정신질환에 대한 이야기도 있었지만, 그런 이야기의 대부분은 불쾌한 치료 경험과 약물 부작용이라는 맥락에서 나온 이야기였다 (Padgett et al., 2008).

이것이 왜 현저한 것인가? 어떤 진단을 받았는지를 기준으로 하여 사람을 특징짓는 것은 행위 기대와 인과관계의 시작을 의미한다. 큰 틀에 세상이 어떻게 돌아가는지를 생각해 보면, 미국에서는 건강 관련 연구에 지원되는 엄청난 규모의 연구비가 연구자들에게 사회적 또는 환경적 원인보다 개인 차원의 병리학적 원인에 집중해야 할 충분한 인센티브를 제공하고 있다는 것을 알 수 있다. 이러한 맥락에서 정신질환자들은 진단과 관련된 삶의 이야기를 거의 하지 않음으로써 그들이 직면한 가장 어려운 문제가 정신과적 문제일 것이라는 연구진의 생각이 잘못된 생각임을 일깨워 주었다.

때로는 한 데이터에서는 눈여겨봐야 할 만한 부재함이 발견되는데, 다른 데이터에서는 발견되지 않기도 한다. 이런 경우가 발생하면 연구자는 어느 데이터가 가장 완전하거나 믿을 만한 데이터인지 또는 두 데이터가 모두 더 큰 어떤 측면에 각각 기여하는지 등의 질문을 갖게 된다. 맨해튼 위쪽에 위치한 할렘 내 일부 지역을 재개발하는 프로그램에 관한 가상의 문화인류학 연구를 한다고 가정해 보자. 오랫동안 아프리카계 미국인들의 문화 거점이었던 할렘에 최근 들어 저렴한 주택을 찾는 젊은 백인 가족들이 대거 유입하는 상황이 벌어지기 시작하였다. 지역사회 지도자들이 이러한 '침입'을 비난하면서 이 지역에서 오래전부터 살던 사람들이 가파른 임대료 상승으로 인해 자신들의 삶의 터전을 뿌리째 잃고 노숙인이 되지 않게 해 달라는 불만의 목소리를 내게 되었다.

지역사회에 대해 현장 관찰을 실시한 결과, 아프리카계 미국인 가구들과 달리 백인 가구들은 이 지역에 들어와 정착하기가 비교적 쉽고 적대감도 별로 경험하지 않았다는 것을 알게 되었다. 이러한 반감 부재는 분명히 눈여겨볼 만한 현상이다. 심층 인터뷰를 실시한 결과, 두 인종 집단 모두가 서로를 깊이 의심하고 있는 것을 알게 되었다. 평화로운 전환이 진행되고 있기는 하지만 지역 재생에 대한 걱정과 두려움 또한 만만치 않았다.

이 가상의 연구를 진행할 때 연구자는 다음과 같은 사항에 주의해야 한다. 첫째, 이야기하지 않는 것과 보이지 않는 것의 차이에 주목할 필요가 있다. 연구 참여자들은 인터뷰를 할 때 의식적으로든 무의식적으로든 무엇을 공개하고 무엇을 제외할지를 결정한다. 이러한 자기편집은 연구자에게 반드시 고려해야 할 어떤 변수를 제시해 준다. 관찰을 하면서 모든 것을 보고 기록하는 것은 불가능하기 때문에 연구자는 어쩔 수 없이 편집에 의존하게 된다. 그렇기 때문에 보이지 않는 것이 혹시라도 관찰자의 부주의에서 비롯된 것이 아닌지 주의를 기울일 필요가 있다. 둘째, 빠진 것(그러면서 현저한 것)과 있는 것(그리고 현저한 것)이 무엇인지 아는 능력은 연구자가 현상에 대해서 얼마나 폭넓은 지식을 가지고 있는지에 의해 좌우된다. 말하지 않은 것과 보이지 않는 것에 대한 연구자의 관심은 그러한 폭넓은 지식에 의해 뒷받침될 때 영향력을 가질 수 있다.

해석에 있어서의 페미니스트 관점 및 그 밖의 비판적 관점

젠더, 인종, 민족, 성적 지향, 장애 등에 따른 불평등은 연구자들이 관심을 기울일 만한 충분한 가치가 있는 주제들이고, 사실 최근 수십 년 동안 많은 관심을 받아 왔다. Fonow와 Cook(1991)은 페미니스트 학문을 성찰성, 사회적 행동, 정서적 연결성, 삶의 경험을 기반으로 한 근거 모두를 통합한 것이라 정의하였다. Patty Lather, Shari Hesse-Biber 및 그 밖의 페미니스트 연구자들은 기술이 전부(description-only)인 연구는 가부장제의 불평등을 폭로하는 데 있어서 충분한 해석적 잠재력을 가질 수 없다고 비판하였다.

이와 유사한 맥락에서, 비판적 인종 이론은 법, 제도, 사회 구조 등에 내재하는 백인 특권의 악영향을 비판하였다(Delgado & Stefancic, 2011; Ladson-Billings, 2000). 퀴어 이론(queer theory)은 시스젠더 권력(cisgender power)에 대한 사회적·문학적 비판의 토대가 되어 왔으며, 그러한 목적을 달성하는 데 질적 방법이 적극 활용되었다(Gamson, 2000). Foucault(1976)는 그의 책『The History of Sexuality』에서 건강한 노동력 확보를 목적으로 하는 정부 통제를 뜻하는 '바이오 권력(biopower)'이라는 개념을 제시하였다. 그에 따르면, 신체에 대한 권력은 국가의 권위를 공고히 하는 규제로 기능한다고 한다. Foucault의 주장은 1970년대 이후 미국의 레이건(Reagan) 행정부와 영국의 대처(Thatcher) 행정부로 대표되는 신자유주의에 대한 광범위한 비판에 영감을 주었는데, 신자유주의 주장의 핵심은 경제적·정치적 권력을 발휘하는 것과 관련해서는 정부의 간섭을 줄이는 것이 바람직하고, 사회적·성적 자유를 억압하는 것에 대해서는 정부의 간섭을 늘리는 것이 바람직하다는 것이었다.

모든 비판적 해석은 삶의 생생한 경험에서 그치지 아니하고 역사 그리고 강압적 제도와 구조가 미치는 영향까지도 끌고 들어와서 해석을 해야 할 의무가 있다는 생각을 공통적으로 가지고 있다. 그렇게 하려면 더 높이 더 멀리 나아갈 줄도 알아야 하지만 과거와 현재를 오가면서 과거를 되돌아볼 줄도 알아야 하고 다양한 출처로부터 정보를 끌어올 줄도 알아야 한다. 질적 연구자에게 이는 쉬운 일이 아니며, 그러한 비판적 시각을 발전시키기 위해서는 문헌뿐만 아니라 인터뷰와 관찰이라는 탐구 수단도 사용해야 한다.

　때로는 분석 중에 비판적 관점을 갖게 되기도 한다. NYSS의 녹취록을 읽다가 우리 연구진은 아프리카계 미국인 남자들이 "나는 여성(female)과의 관계 형성을 원한다." 또는 "나에게 여성(female)은 문제거리다."라는 식으로 여자(women)를 '여성(female)' 으로 자주 표현하는 것을 알게 되었다. 이러한 거리두기적 용어는 젠더 구분이 연구 참여자들의 삶의 경험을 특징짓는다는 인식이 확산되고 있는 상황과 잘 맞아떨어졌 다. '무법자 대 추방자'라는 구분은 정신질환을 앓고 있는 여성 노숙인들을 피해자이 면서 동시에 가해자(후자로서의 그들은 나쁜 엄마, 성적으로 문란하고 사람, 여성스럽지 못한 사람이라는 비난을 받았다.)라는 젠더화된 역할로 내몰았다. 여성들이 '추방자'로 구분된 것에 비해 남성들은 '무법자'(마약상, 포주, 불법 노점상 등)로 구분될 수 있었는 데, 이 두 가지는 의미하는 바가 매우 달랐다. 무법자라는 말은 여러 문화권에서 비 난이 아니라 남성다움을 뜻하는 말이었다(Padgett et al., 2006). 여성 노숙인들의 지하 경제(암시장)에 대한 접근성이 남성 노숙인들에 비해 훨씬 제한적이었던 것도 젠더 차이를 보여 주는 좋은 증거였다. 여성 노숙인들에게는 캔 재활용이나 매춘이 유일 한 생존 수단인 경우가 많았던 반면, 남성 노숙인들은 일반적인 빈곤 남성들과 마찬 가지로 마약이나 밀수품을 팔거나 노점상이 되거나 건설 현장에서 막노동을 할 수 있 었다. '탈여성화된' 여성과 여전히 남성화된 남성에 대한 이러한 관찰은 아프리카계 남성 미국인에 관한 민족기술학 연구나 "거리의 코드"(Anderson, 2000)와 맥락을 같 이한다고 볼 수 있다.

　내러티브 분석과 담론 분석에서는 해석 단계에서 **마스터 내러티브와 반대 담론**이 나타날 수 있다(Bamberg, 2004). 마스터 내러티브란 '아메리칸 드림' 또는 '미국이라 는 용광로' 같은 지배적인 비유를 말하는 것이다. 미국 남부의 많은 백인이 가지고 있 었던 지배적인 마스터 내러티브는 남부의 인종 차별과 노예 제도를 옹호하는 것에 관 한 것이 아니라 북부의 폭정에 대항한 남부 연합군의 저항에 관한 것이었다. 이러한 패권주의적 담론에 반대하는 담론들이 「짐 크로우 법(Jim Crow Law)」과 그 밖의 심각 한 인종 차별 행위가 남긴 피해를 기록으로 남기기 위해 실시한 남부 노인들과의 인 터뷰를 통해서 저항의 문을 열었다(Bamberg, 2004). 이와 유사하게, 실직 미국인을 대 상으로 실시한 많은 인터뷰에 의해서 아메리칸 드림이라는 마스터 내러티브 안에 숨겨져 있던 많은 거짓말이 세상에 알려졌다(Pederson, 2013).

직관적이지 않은 것과 예상하지 못한 것에 관한 관찰은 연구자로 하여금 새로운 아이디어와 참신한 관점을 가질 수 있게 함으로써 비판적 정보에 근거한 해석을 촉진할 수 있다. 예를 들면, 수영장에서 어떤 사실을 폭로하면(Debunking) 사람들은 수영장 옆으로부터 앞다투어 멀어지고 조수를 거슬러 수영하기까지 한다(여러 가지 은유를 섞어 사용하는 것을 독자들이 용서해 주기 바란다). 질적 분석 방법은 특히 이러한 목적을 위해 사용하기 적합하다. 질적 분석 방법이 가진 유연성, 깊이, 민첩성이 우리로 하여금 우리가 얻은 지혜나 대중적 인식이 언제 모호함이나 오해를 불러일으키는지 알 수 있게 해 주기 때문이다. Elliott Liebow의 『Talley's Corner』(1967)는 가난한 아프리카계 남성 미국인들을 나태한 실업자로 보는 기존의 관념을 뒤엎는 연구 결과를 보여 줌으로써 오래도록 질적 연구자들의 사랑받을 수 있는 고전이 되었다.

비판적 해석에서 사회정의의 가치를 돋보이게 만든 것은 이 연구가 질적 연구에 가져다준 또 한 가지 중요한 기여로 손꼽힌다. 이념적 목적을 달성하기 위해 지나치게 확대될 위험이 있기는 하지만, 그럼에도 불구하고 비판적 관점은 해석에서 중요한 간극을 메워 주는 역할을 한다. 비판적 분석이 양적 방법의 사용을 완전히 배제하지는 않지만(통계는 질적 방법이 도저히 따라 할 수 없는 방법을 사용하여 경제적 불평등에 비판을 가할 수 있다.) 비판적 분석이 질적 연구 방법과 잘 맞는다는 것은 의심할 여지가 없는 사실이다. 질적 방법론을 지지하는 많은 연구자의 열정은 사실 이 두 가지 접근 방법 간의 밀접한 관계에서 비롯된 것이다.

수사적 도구

수사적 도구는 해석하는 과정에서 아이디어를 생성하는 데 도움을 줄 수 있다. 질적 연구자들은 은유와 비유를 즐겨 사용한다(Lakoff & Johnson, 1980; Ryan & Bernard, 2003). NYSS에서 연구진은 'going AWOL'이라는 비유를 사용하였다. 이 용어는 연구 참여자들이 한 말을 그대로(in vivo) 코드로 옮긴 것인데, 원래 군대에서 허락 없이 결근 또는 이탈하는 것을 가리키기 위해 사용하는 용어를 치료 프로그램에서 사람들이 갑자기 이탈하는 다양한 상황을 뜻하기 위해 가져다 쓴 것이다. 주거 시설 거주자들이 재활 센터, 주거 프로그램 또는 쉼터에서 '무단이탈'하는 주된 이유는 그들의 관심을 끄는 여러 가지 것으로부터 (거리에 나가는 것까지 포함해서) 그들을 멀리하게 만드는 엄격한 규칙이 싫어서였다. 하나의 비유를 해석적 차원으로까지 끌어올리는 것은 다름이 아니라 그 비유가 더 큰 의미로 이어질 수 있는 가능성이다. 따라서 이 경우에는 '무단이탈'을 선택의 여지가 거의 없는 상황에서 개인이 자신의 삶의 주체성을 행사하는 것이라는 더 큰 의미로 해석할 수 있다.

때로는 연구 참여자들이 눈에 띄는 비유를 사용할 수도 있다. 1990년대 후반에 저자가 참여했던 할렘 지역 여성들을 위한 유방조영술 연구에서 유방암에 걸린 여성들 중 일부는 암 종양이 어떻게 뿌리를 내리고 퍼지는지 설명하기 위해 "그 안에서 자라고 있는 정원이 있다."라는 비유를 사용하였다. 치명적일 수 있는 질병이 '씨앗(암세포)'에서 싹을 틔워 몸 전체로 덩굴을 뻗고 있다는 이 비유는 유기적이면서 통제되지 않는 어떤 것이 자라고 있는 모습을 연상시킨다. 이러한 비유로부터 우리는 (만일 우리가 이러한 탐구 기법을 그대로 따라 갔더라면) 화학 요법, 즉 '약을 뿌려 잡초를 죽이는 것'이 신체 조직을 손상시키는 방사선 치료보다 수용 가능성이 더 높을 것이라는 함의를 이끌어 낼 수 있을 것이다.

이 장의 앞부분에서 소개했던 구조 설정 수단들을 염두에 두면서 **전환점**(turning points)과 **깨달음**(epiphanies)이 해석을 만들어 내는 데 널리 사용되는 수사적 도구라는 것을 알 수 있다. 저자가 미국 서부 출신이면서 노숙인을 위한 옹호 활동에 앞장섰던 어떤 사람과 했던 인터뷰에서 그는 노숙인들의 선호에 좀 더 잘 대응할 수 있도록 주 정부의 서비스 시스템을 개선하고자 노력하는 과정에서 그가 경험한 인식 여정에 대해 이야기하다가 '깨달음'을 언급하였다.

어떤 접근 방식을 사용하든 상관없이 해석은 반드시 데이터와의 몰입적 상호작용을 통해 만들어 가야 한다. 해석을 이러한 방식으로 해야만 지배적 내러티브나 현상학적 본질이나 해체된 담론이 추상과 귀납의 기반으로서 코딩에 합류할 수 있게 된다. 앞에서도 언급했듯이, 해석은 새로운 아이디어와 개념과 이론을 끌어들이는 것이기도 하다. 따라서 [글상자 7-2]가 제시하고 있는 것처럼 항상 문헌으로 다시 돌아가는 것이 연구자의 분석을 더 높게 그리고 더 넓게 만드는 데 도움이 된다.

[글상자 7-2] 부지런한 어떤 코드의 생애: '고도화 및 확장'을 통해 이론과 연결하기

　NYSS에서 '독립적으로 생활하기' 코드는 변화를 거듭하는 부지런하기 짝이 없는 코드였는데, 나중에 가서는 결국 하위 주제로까지 발전하였다. '독립적으로 생활하기'라는 코드명 대신 '주거 필요성'이나 '자율성 욕구'같은 코드명을 줄 수도 있었지만 그런 코드명으로는 연구 참여자들이 말하는 자신만의 아파트를 갖는다는 (현재 또는 자신이 원하는 미래 시점에) 것의 의미를 충분히 표현해 낼 수 없었다.

　'독립석으로 생활하기'에 해당하는 많은 코드화된 발췌문을 검토한 결과, 이 코드가 단순히 물질적 안녕을 추구하는 것이 아니라 그 이상의 어떤 것임을 알게 되었다. 여성 연구 참여자들은 더 이상 생존을 위한 성매매를 할 필요가 없고 자신을 학대하는 남자친구를 보지 않아도 된다고 이야기하였다. 남성 연구 참여자들은 문에 자물쇠가 있다는 것 그리고 매일 깨끗한 옷을 입을 수 있는 자유에 대해서 이야기하였다. 남성, 여성 모두 지속적인 감시와 감독으로부터 자유로울 수 있다는 것에 대해서 안도감을 느꼈다고 말하였다. 연구 참여자들은 외출했다가 돌아올 수 있는, 그리고 그곳에서 식사를 하고, TV를 보고, 친구와 함께 혹은 혼자 있을 수 있는 안전한 장소가 있다는 것이 얼마나 감사할 만한 것인지에 대해서 이야기하였는데, 그러한 사실을 통해서 그들이 느끼는 심리적 혜택이 아파트라는 공간 너머로까지 확장되었다는 것을 알 수 있었다.

　Glaser(2002)는 개념의 지속력(staying power)과 개념의 역량, 즉 연구를 통해 발견한 것들을 '고도화하고 확장하여' 보다 큰 범위의 문제 또는 아이디어와 연결시킬 수 있는 역량에 관한 많은 글을 발표하였다. 주거라고 하는 맥락 안에서 '독립적으로 생활하기'가 의미하는 바가 무엇인지 좀 더 잘 이해해 보기 위해 공중보건과 도시계획 관련 문헌들을 고찰하다가 저자는 존재론적 안정이라는 개념을 알게 되었다. 우리가 알고 있는 바로 그 '아하!'의 경험을 하게 된 것이었다.

　R. D. Laing(1965)은 조현병 환자들이 정신질환으로 인해 안정적 기능 및 정체성 발달에 어려움을 겪는 문제를 존재론적 불안정이라고 표현하였다. 사회학자인 Anthony Giddens(1990)는 많은 사람이 자아실현을 위해서 그리고 미래에 대한 믿음을 갖기 위해서 사회적·물질적 환경의 일관성을 필요로 한다고(그러나 결핍되어 있다.) 주장하면서 포스트모던 시대에 맞는 존재론적 안정 이론을 제시하였다. 흥미롭게도, 연구진은 문헌 고찰을 통해서 존재론적 안정에 관한 실증적 연구가 뉴질랜드와 영국의 경우 주택 소유에 관한(소유 대 임대) 연구로 한정되어 있다는 사실을 알게 되었다. 이러한 맥락에서 보면 공원 벤치에서 잠을 자는 것에서 자신만의 아파트를 갖게 되는 것으로의 도약은 엄청난 중요성을 갖는 전환점이 아닐 수 없다. Dupuis와 Thorns(1998)는 주택 소유와 관련된 존재론적 안정감 지표를 제시하였는데, 저자는 그 지표로부터 얻은 감응적 개념들(senstizing concepts)을 저자가 NYSS 1단계 데이터로 되돌아가서 코딩과 분석을 다시 할 때 사용하였다. 그들이 제시한 지표에는 일관성, 일상적 일과, 감시 부재로 인해 느낄 수 있는 통제감, 정체성 형성을 가능하게 하는 안정적 기반 등이 포함되었다(Dupuis & Thorns, 1998).

　그 지표는 데이터와 아주 잘 맞았다. 그리고 종종 그렇듯이 분석으로부터 새로운 코드들을 귀납적으로 발견하였다. '그 다음은 또 뭘까?'라고 이름이 붙은 코드는 연구 참여자들이 생존이라는 긴급한 문제조차 뒤로한 채, 그들이 빈곤과 정신질환과 사회적 배제가 쌓아 놓은 여러 가지 장애물에 맞닥뜨릴 때 느끼는 불안감을 보여 주는 코드였다(Padgett, 2007).

• **논평**: 이 예(해석적 유용성을 가진 코드에 관한)는 어떻게 외부 이론을 연구에 도입하고 어떻게 데이터로부터 의미를 끌어내고 재구성하는 데 사용할 수 있는지를 잘 보여 준다. 또한 이 예는 외부 이론 그 자체가 관련성으로부터 어떤 도움을 받을 수 있고 더 큰 설명력을 얻을 수 있는지도 보여 준다. 물론 이 정도로 주요한 코드를 찾아내는 것은 정말 흔치 않은 경우다. 그러나 그럼에도 불구하고 리더와 리더가 아닌 사람의 차이는 그런 코드를 볼 수 있는 능력을 가지고 있는지 아닌지의 차이일 것이다.

부정적 사례 분석 및 반증

일부 질적 연구에서는 코딩과 분석이 이론 정립 및 가설 개발을 위한 기반을 제공함으로써 해석에 도움을 준다. 그리고 그러한 도움은 다시 부정적 사례 분석을 잠정적 추측과 아이디어에 대한 검증 수단으로서의 위치를 강화시킨다. 질적 연구자들이 부정적 사례를 찾아 분석하는 것은 양적 연구자들이 영가설, 즉 새로운 이론을 검증하기 위해 거짓 증거를 찾은 것에 상응한다고 볼 수 있다. 이런 방식으로 우리는 어떤 것을 주장하고자 할 때 그 주장과 반대되는 주장을 하는 것이다. 이러한 접근 방법은 철학자 Karl Popper의 논리를 따르는 것인데, Popper는 가설은 진정한 의미에서 증명 가능한 것이 아니라 반증할 수 있는 증거가 없는 한 지지되는 것이라고 주장하였다. Popper의 말처럼, 우리 앞에 흰색 백조가 백만 마리 있을 때 검은색 백조가 단한 마리라도 나타나면 "모든 백조는 흰색이다."라는 주장은 틀린 주장이 된다. 이와 마찬가지로 Albert Einstein은 "어떤 증거도 내가 옳다는 것의 증거가 될 수 없고, 어떤 증거도 내가 틀렸다는 것의 증거가 될 수 없다."라고 말하였다(Miles & Huberman, 1994, p. 242에서 인용). 부정적 사례 분석은 근거이론과 밀접한 관련이 있는 접근 방법으로서 분석을 더 엄격하게 그리고 완전하게 만들어 준다.

근거이론가들은 부정적 사례를 찾기 위해 **이론적 표본 추출방법**을 사용한다. 이론적 표본 추출방법은 새로운 가설을 검증하는 데 도움이 되도록 사례나 세팅을 신중하게 선택하는 것을 말한다. 어떤 연구자가 고등학교 중퇴 청소년들을 대상으로 연구를 진행하다가 어떤 패턴(예: 남학생들은 주로 괴롭힘과 협박을, 여학생들은 주로 가족에 대한 책임을 중퇴 요인으로 꼽는 패턴)을 발견하게 되었다고 가정해 보자. 추가 분석을 통해 남녀 간 '밀고 당기는' 요인에 있어서의 차이에 관한 잠정적인 이론을 개발할 수도 있고 더 나아가서는 구체화할 수도 있다. 예를 들면, 중퇴하지 않고 학교를 다녔던 청소년들을 표본으로 뽑아 이러한 스트레스 요인에 있어서의 남녀 간 차이가 실제로 존재하는지 또는 차이 정도가 약한지(정도가 약하기 때문에 학교를 중퇴하지 않고 계속 다녔을 것이므로) 연구해 볼 수 있다.

이론적 표본 추출방법에는 새로운 유형의 데이터를 찾는 것 또는 새로운 질문을 가지고 연구 참여자를 다시 인터뷰하는 것도 포함된다. 부정적인 사례나 그 밖의 다른 이례적인 정보를 발견하더라도 이론을 완전히 무시할 필요는 없지만 이론에 대해서 진지하게 다시 생각해 볼 수는 있어야 한다. 반대되는 증거가 쌓이기 시작하면 잠정 이론을 내려놓을 때가 된 것일 수 있기 때문이다.

부정적 사례 분석은, 기존 연구 결과가 새로운 가설을 뒷받침하거나 부정할 수 있다는 사실을 고려해 볼 때, 진공 상태에서 하지 않는 것이 바람직하지 않다. 그럼 혹시 해당 주제에 대해서 이미 많은 것이 알려진 상황에서는 부정적 사례 분석을 하지 않고 문헌고찰에만 의존해도 될까? 절대로 그렇지 않다. 우선 데이터 안에 있는 이례적인 사례들을 충분히 검토해 봐야 한다. 질적 연구에서 중요한 것은 증거의 양이 아니라 질이기 때문이다. 둘째, 불일치가 관찰된 관련성(또는 차이점)이라는 맥락 안에서 더 집중적이고 심도 있고 연구를 해 봐야 할 필요성을 암시하는 것일 수 있다.

부정적 증거(새로운 이론을 반박하는 사례)와 **불일치적 증거**(새로운 이론을 구체화하는 사례; Goetz & LeCompte, 1984)를 구별하는 것은 매우 중요하다. 전자는 예외적 사례가 이론을 부정하는 것(예: 검은색 백조)이고 후자는 이론을 입증하고 개선하고 확장하는 것이다. 때로는 부정과 모순을 구분하는 경계가 그다지 분명하지 않을 수도 있다(Ely, Anzul, Friedman, Garner, & Steinmetz, 1991). 이론을 지나치게 정제해서 보급하면 이론이 증거로서의 자신의 무게에 짓눌려 설명으로서의 가치를 잃게 될 수도 있다. 연구자가 부정적 사례 분석에 너무 매몰되면 모든 주제를 부정하고 '분석 마비'라는 끔찍한 상태에 다다를 수도 있다. 어딘가에는 모두가 행복할 수 있는 중간 지점(회의주의에 의해 어느 정도 열기가 가라앉혀진 열정 혼합물 정도의)이 존재할 것이다. 그 중간 지점을 찾기 전까지는 과감하기보다는 신중을 기하는 편이 더 바람직할 것이다.

그렇다면 이제 인과관계에 관한 질문들이 제기될 때 질적 연구자들은 어떤 입장을 취해야 할까? 이와 관련해서 많은 전문가가 상대적 열정에서부터(Miles & Huberman, 1994) 신중한 의심에 이르는(Lofland & Lofland, 1995) 다양한 의견을 제시하고 있다. 이 장의 앞부분에서 살펴보았던 것처럼, 인과적 설명은 질적 연구의 특성에 일반적으로 포함되지 않는다. 그런가 하면 한편에서는 반실증주의적 회의론자들이 사실이 '허구적인 것'이라는 포스트모더니즘적 전제를 언급하면서 인과관계를 탐구하는 것이 가능한지 또는 바람직한지에 대해 의문을 제기한다(Lofland & Lofland, 1995). 질적 연구와 관련된 다른 많은 쟁점이 그러하듯이 연구자의 입장(positon) 또한 연구자 자신의 인식론적 선호에 의해 상당 부분 결정된다. 이와 관련해서 저자는 가능한 한 신중하려고 하고 질적 연구가 지킬 수 없는(아마 지키려고 해서도 안 되는) 약속은 하지 않으려고 노력하고 있다.

여섯 가지 접근 방법 재고찰

이제 이쯤에서, 지금쯤이면 어느 정도 익숙해졌을 것이라 생각되는 패러다임적 입장의 중요성에 대해 다시 한번 더 주목해 보기로 하자. 패러다임적 입장은 연구자가 해석 단계를 어떻게 시작할지에 영향을 미친다. 패러다임을 중요시하는 연구자들에게는 어쩌면 패러다임적 입장이 질적 접근 방법보다 더 중요할 수도 있다. 예를 들면, 구성주의자들은 해석과 데이터 분석을 거의 동의어로 여기며 연구자는 접근 방식에 상관없이 이야기의 본질적인 한 부분으로 간주한다.

해석은 질적 연구를 시사적 기술(journalistic description)과 구분 짓는 특징 중 하나다. 내러티브 연구나 담론 연구에서는 '몰입-확장(zoom in-zoom out)' 기법을 자주 사용하는데, 이 기법을 통해서 담화나 대화가 더 큰 사회문화적 맥락 내의 어느 지점에 위치하는지를 보여 줄 수 있다. '몰입'에서 발생할 수 있는 폐쇄성 문제를 보완하기 위해 '확장'이라는 해석적 행위가 필요하다.

현상학적 해석은 심층적 몰입에 기반하여 본질을 파악하고 삶의 생생한 경험을 해석한다. 사례 분석 연구자와 민속기술학 연구자는 데이터 해석에 관한 전체론적 입장을 공유한다. 이 책 제2장에서 논의했던 것처럼, 본질적 사례 연구는 기술(description) 수준에 머물 가능성이 큰 반면, 도구적 사례 연구는 더 큰 범위의 사회적, 정치적 또는 경제적 통찰력을 얻기 위한 시금석 역할을 한다. 이와 유사하게, 민속기술학 연구가 우리에게 가져다주는 생생한 기술(graphic description)은 매우 중요한 것이기는 하지만 이론적으로 맥락화될 때에만 더 큰 의미를 가질 수 있다. 이와 대조적으로, 행동지향 연구자들은 해석을 할 때 아주 구체적인 목표에 초점을 맞추기 때문에 해석을 얼마나 자유롭게 할 수 있는지보다는 공동의 문제를 해결하는 것을 더 중요하게 여기는 경향이 강하다.

전통적인 근거이론과 관련 있는 후기실증주의 패러다임은 분석이 초기 단계에서부터 해석으로 끝나는 후기 단계까지 어떻게 진행되어야 하는지를 보여 주는 매우 명확한 지침을 제시한다. Charmaz(2014)는 개방 코드를 선별하고 가려낼 때 즈음의 코딩을 **초점 코딩**(foused coding)이라고 부른다. 초점 코딩은 개념적 성격이 강하고 개별 응답들과의 연관성은 낮다. 초점 코딩에서는 두 개 이상의 개방 코드를 하나로 묶어 코드를 만들기도 하지만 일반적으로는 한 개의 주요한 개방 코드를 가지고 코드를 만든다. 예를 들면, Charmaz는 그녀가 중요하다고 생각했던 '확인 시점'이라는 범주가 어디에서 유래한 것인지를 추적하여 그 범주가 만성질환자들이 다른 사람들로 인해 자신들에게 장애가 있다는 사실을 다시금 깨닫게 되는 것을 뜻하는 코드였다는 것을 알게 되었다. 원래 이 코드는 부정적인 의미만 가지고 있었으나 점차 긍정적인 경험까지 포함하는 코드로 범위가 확장되었고, 결국에 가서는 코드에서 범주로 지위가 높아졌다. 대부분의 코드는 분석에서의 역할이 기술(description) 수준에 머무르지만 이따금씩 더 높은 수준의 역할을 하는 코드들이 나타나기도 한다.

근거이론의 **축 코딩**은 범주 및 하위 범주의 속성을 구체화하는 작업이고, **선택 코딩**에서는 근거이론 완성하기 위한 마지막 단계 작업인 범주들 간의 관계를 찾는 작업이 이루어진다(Strauss & Corbin, 1994). 개방 코딩이 데이터를 소화 가능한 단위의 문구로 나누는 작업이라면, 초점 코딩과 축 코딩은 예비 개념틀을 만드는 것에서부터 출발하여 데이터를 재통합하는 작업이다. 그런데 축 코딩을 실제로 하는 질적 연구는 거의 없다. 아마도 축 코딩이 하기도 어려울 뿐만 아니라 일부 연구자들이 지적하는 바와 같이 지나치게 규범적이라는 것(Kelle & Erzberger, 2004)이 그 이유인 것 같다. **선택 코딩**도 마찬가지라고 할 수 있는데, 선택 코딩은 '핵심 범주'를 단독으로 또는 다른 범주와의 관계 속에서 선별하고 정제하는 것이다(Strauss & Corbin, 1994). 선택 코딩은 완전한 근거이론 개발을 궁극적인 목표로 하는 연구에서 사용하기 적합한 코딩 기법이다.

Hesse-Biber(2004)는 섭식장애(거식증, 폭식증)를 가진 여성 청소년을 대상으로 한 연구에서 '남자들이 나를 좋아할 것이다.' '날씬할수록 예쁘다.' 같은 서술적 코드들이 '날씬해야 하는 이유'(p. 412) 같은 분석적인 초점 코드로 어떻게 바뀌어 가는지를 보여 주었다. 후자 코드에는 날씬한 것이 건강한 것이다, 날씬해야 부자 남편을 만날 가능성이 크다, 날씬해야 다른 여자들의 부러움을 살 수 있다는 등의 신념이 포함되어 있었다. Hesse-Biber는 또한 이 시대의 대중 매체들이 날씬함이라는 주제에 얼마나 집착하고 있는지, 비정상적으로 날씬한 모델들의 체형이 젊은 여자들의 삶에 어떻게 녹아들어 있는지 등을 탐구하기 위해서 '데이터 밖 세상'으로의 모험적 여행을 시도하였다.

군집 코드는 새로운 이론의 일부로 할 수도 있고, 기존 이론 체계와 대조를 이루면서 할 수도 있다(Boyatzis, 1998). 일반적으로 군집화는 어떤 공유된 개념적 내용을 보여 주기 위해서 하지만, 시간적 또는 준인과적 관계를 나타내기 위해 하기도 한다. 예를 들면, '최악 상황까지 가기'와 '깨어 있는 상태 유지하기'라는 코드는 '중독 극복'이라는 하나의 군집으로 묶일 수 있다. 군집 코딩을 하면 추상화 수준을 높일 수 있을 뿐만 아니라 불필요한 자료를 걸러 낼 수 있다. 또한 좀 더 광범위한 주제가 필요할 경우, 위계 구축 과정을 시작할 수도 있다. 군집 코딩의 궁극적인 목표는 연구 결과를 간결하게 정리하는 것(parsimony)이므로 일반적으로 연구 결과에 대한 압축이 이루어진다. 그러나 다시 강조하건대, 데이터를 강제로 끼워 맞추려 해서는 절대 안 된다.

질적 접근 방법을 사용하는 연구자들은 범주와 관계를 보여 주기 위해 종종 **스키마**(schemas)와 **도표**(diagram)를 사용한다(Miles & Huberman, 1994). 핵심 개념들을 나무 구조상의 노드(node)로 표현함으로써 의미들 간의 위계와 상호 관계를 보여 주는 것은 분석에 큰 도움이 된다. 방향 화살표로는 노드들을 연결하고 피라미드형 배열이나 원형 배열로는 순서와 우선순위를 나타낸다.

　Strauss와 Corbin(1994)은 근거이론을 개발하는 데 사용할 수 있는, 조건, 행동 및 결과를 포함하는 템플릿 스키마를 개발하였다. 예를 들면, 이 스키마는 주거 시설에 거주하는 노숙인 정신질환자들이 시설이 제공하는 프로그램에서 '무단이탈'하는 행위를 이해하는 연구에 적용할 수 있는데, 무단이탈의 원인뿐만 아니라 무단이탈을 둘러싼 조건, 상황(규칙 위반, 약물 남용 재발 등), 이탈 행위 내용(언제, 어디서, 누구와 함께 등) 및 그에 따른 결과(예: 거리 생활로 돌아가기, 쉼터 복귀 같은)를 이해하는 데 매우 유용하게 사용할 수 있다. Oktay(2012)는 피라미드형 위계 구조를 제안하였는데, 이 구조는 맨 아래 층에 하위 코드들을 나열하고, 바로 위층에 코드 군집 또는 초점 코드를 제시하고, 마지막으로 맨 위층에 범주들을 나열하여 코드와 범주의 위계를 한눈에 알아볼 수 있게 해 주는 구조다.

　Patton(2002)은 새로 등장하는 주제들이 내적 동질성(색인된 데이터가 높은 관련성을 가져야 함)과 명확한 경계(범주 간 중복을 최소화하거나 전혀 없음)를 가질 수 있게 할 것을 권장하였다. 가장 이상적인 것은 주제(그리고 하위 주제)가 모든 주요한 정보를 담아내는 것, 즉 포화상태에 다다르는 것이다. 드문 경우이기는 하지만 주제를 개발하는 데 계량적 접근 방법을 사용할 수도 있다. [글상자 7-3]은 그런 경우에 해당하는 예다.

[글상자 7-3] 주제 개발을 위해 계량적 접근 방법을 사용한 예

　Barkin, Ryan 및 Gelberg(1999)는 의사들이 청소년 폭력 예방을 위해 어떤 역할을 할 수 있는지 알아보기 위해 로스앤젤레스 중남부 지역의 소아과 의사, 지역사회 지도자 및 부모를 인터뷰하여 얻은 데이터를 분석하는 데 연역-귀납적 접근 방식을 적용하였다. 제한된 시간 안에 구체적인 연구 질에 대한 답을 찾기 위해서 연구진은 미리 정해 둔 세 가지 주제를 가지고 연구를 시작하였는데, 세 가지 주제는 의사들이 청소년 폭력에 대처할 수 있는 '잠재적 가능성', 청소년 폭력 대처하는 데 있어서의 '장애 요인' 그리고 청소년 폭력에 대처하는 데 필요한 '자원'이었다. 두 명의 연구자가 26명의 연구 참여자들로부터 얻은 인터뷰 데이터를 분석하여 이 세 가지 주제와 관련이 있는 내용을 찾아내는 연역적 분석 작업을 진행하였다(각각의 주제와 관련된 내용을 84, 74, 41이라는 번호로 구분하였다). 하위 주제를 찾을 때는 이러한 연역적 분석 대신 귀납적 접근 방식을 사용했는데, 4명의 코딩자가 독립적으로 세 가지 주제와 관련이 있는 인터뷰 내용을 분석하여 하위 주제별로 분류하였다. 4명의 코딩자 중 3명은 연구 목표가 무엇인지 모르는 상태(블라인드)에서 데이터를 분석하고 분류하였다. 각각의 진술에 대해서 해당 진술을 어느 하나의 하위 주제로 분류한 코딩자가 몇 명인지에 따라 0, 1, 2, 3, 4 중 한 개 점수를 부여하였다. 그런 다음 연구자들은 다차원 척도(multidimensional scaling)와 군집분석(cluster analysis)을 사용하여 최종 하위 주제를 도출하였으며, 그렇게 도출한 하위 주제의 분포를 인터뷰 집단별로 제시함으로써 소아과 의사 집단, 지역사회 지도자 집단, 부모 집단이 각각의 하위 주제를 얼마나 지지했는지 보여주었다. 연구자들이 내용 분석이라는 용어를 사용하지는 않았으나, 이 연구의 초기 데이터 분석 과정은 미리 정해 놓은 어떤 현상을 찾아 그 빈도를 파악했다는 점에서 내용 분석과 매우 유사했다고 볼 수 있다.

어떤 연구자들은 주제와 하위 주제를 서로 연결된 노드와 네트워크로 나타내는 것을 선호한다([그림 7-1]의 예를 참고하기 바란다). 근거이론을 개발하는 수고를 마다하지 않는 연구자들은 자신의 아이디어를 검증하고 모든 연결이 하나의 통합된 모델과 일관성을 갖는지 여부를 검증 등의 좀 더 엄격한 단계를 거쳐야 한다.

지금까지 논의한 여섯 가지 접근 방법들 중 코딩 분석에서 해석으로 넘어가는 절차가 가장 잘 발달된 접근 방법은 분명히 근거이론이다. 물론 다른 접근 방법들도 근거이론에 비해 절차의 구체성이 낮을 뿐이지 절차적이지 않다는 것(또는 근거이론이 엄격하게 제한적이라는 것)은 아니다. 어떤 접근 방법을 택하든 간에 해석을 할 때 중요한 것은, 한편으로는 항상 데이터와 분석에 기반하는 자세를 유지하면서도 다른 한편으로는 시선을 높여 주위를 폭넓게 둘러보는 것이다. 만일 해석과 관련된 요소 중 모든 질적 접근 방법에 공통된 요소가 있다면 그것은 아마도 주제 분석일 것이다. 패턴 인식은 인간이 가진 인지 능력의 일부로서 추상화와 개념화에 도움을 준다. 분석이 마무리 단계에 가까워지면 패턴들은 하나의 주제로 통합된다. 고차원적인 추상화와 이론화를 추구하는 연구자에게 일련의 주제를 제시하는 것은 마치 지지해야 할 건물의 구조도 아직 결정하지 않은 상태에서 무턱대고 기둥을 세우는 것과 전혀 다를 바가 없다. 그리고 그 건물은 반드시 의미와 목적을 가지고 있어야 한다. 물론 그런 것들을 전혀 고려할 필요가 없다면 기둥만으로도 충분하겠지만 말이다.

메타 해석으로서의 질적 메타 합성

최근 몇 년간 질적 연구의 수가 폭발적으로 늘어나면서 Noblit과 Hare(1988)의 초기 연구를 필두로 **메타 합성**(meta-syntheses)을 통해 질적 연구들을 통합하려는 시도가 질적 연구를 지지하는 연구자들에 의해 점점 더 일반화되고 있다(Erwin, Brotherson, & Summers, 2011; Major & Savin-Baden, 2010; Sandelowski, Docherty, & Emden, 1997; Thorne, Jensen, Kearny, Noblit, & Sandelowski, 2004; Walsh & Downe, 2005). 메타 합성 또는 메타 분석과 매우 유사한 것으로 **체계적 문헌 고찰**을 꼽을 수 있는데, 체계적 문헌 고찰은 고찰할 연구를 선정하는 과정이 좀 더 명시적이고 고찰한 연구들을 통합하는 데 있어서 표준화에 의존하는 정도가 덜하다.

연구 결과를 통합하려는 움직임은 Cochrane과 Campbell의 연구(http://www.cochrane.org 및 http://www.campbellcollaboration.org)로 대표되는 증거기반 실천을 장려하기 위한 목적에서 시작되었는데, 성적 학대 피해자들을 위한 개입에서부터 자폐증 환자들을 위한 사회 기술 향상 개입 그리고 최신 심장 재활 프로그램에 이르는 다양한 연구 결과를 형성적으로 고찰하면서 가속적으로 발전하고 있다. 이처럼 빠르게 성장하고 있는 메타 고찰 '산업'의 질서를 관리하기 위한 목적에서 체계적 문헌고찰 및 메타 분석의 결과를 보고할 때 따를 것이 권장되는 근거기반 항목 모음인 PRISMA(Preferred Reporting Items for Systematic Reviews and Meta-Analyses) 같은 기준이 마련되었다(http://www.prisma-statement.org). 아울러 의료적 치료나 그 밖의 치료에 대한 최신 정보를 찾는 사람들을 위한 온라인 자료인 CASP(Critical Appraisal Skills Program)이 개발되었다. CASP에는 사례 통제형 질적 연구, 실험 설계 및 그 밖의 다양한 양적 연구 설계 등에 관한 자료들이 올라와 있다. 질적 메타 합성 연구의 초점은 양적 연구와 마찬가지로 주로 보건 연구에 맞춰져 있으나, 그렇다고 해서 질적 메타 합성 연구의 범위가 제한적인 것은 아니다.

메타 합성이 필요한 이유는 매우 단순하고도 분명하다. 낱낱의 점들을 연결할 수 있는 수단이 없다면 질적 연구의 연구 결과는 늘 원자론적 수준에 머무를 수밖에 없으며 현상을 폭넓게 보여 주는 방식으로 제시될 수 없기 때문이다(Erwin et al., 2011).

메타 합성은 공통점을 찾아 기술하는 것뿐만 아니라 이해 차이를 밝히고 후속 연구를 위한 방향성을 제시하는 데에도 도움이 된다(Major & Savin-Baden, 2010; Zimmer, 2006). 메타 합성은 메타 분석과 달리 활용 및 방법에 관한 의견이 매우 분분하다. 이는 전혀 놀랄 만한 것이 아닌데, 왜냐하면 많은 회의론자가 질적 연구가 "시(poems)만큼이나 합성을 싫어한다."(Sandelowski & Barroso, 2003, p. 7)라는 생각을 가지고 있기 때문이다.

그럼에도 불구하고 질적 메타 합성은 그 방법이 매우 분명하다. 먼저 관심 현상과 고찰 범위를 명확하게 정의하는 것에서부터 출발한다. 그런 다음 온라인 검색을 실시하여 특정 관심 주제에 관한, 출판되었거나 출판되지 않은(후자 경우, 폭넓은 지식을 갖춘 사서의 도움이 절실히 필요하다.) 모든 자료를 찾는다. Google Scholar, Embase, Web of Science, PsyINFO, PubMed, Dissertation Abstracts 등의 데이터베이스에서 and와 or를 사용하는 불리언 형식(Boolean-type)의 핵심어 검색을 해 본다.

균형 있는 검색을 하려면 연구자는 넓으면서도 너무 넓지는 않은 그물을 던질 줄 알아야 한다. 관심 주제의 범위가 넓지 않더라도 연구자가 검색을 할 때 포함/제외 기준을 어떻게 설정하는지에 따라 엄청난 양의 논문, 책의 장(chapter), 학위논문, 보고서(회색 문헌까지 포함된)가 검색 결과로 제시될 수 있다. Hines(2011)는 여성들의 임신기 약물 남용 치료 경험을 메타 합성하는 연구를 하면서 문헌 검색을 통해 찾은 33개 연구 중 3개 연구가 인터뷰 내용을 직접 발췌 또는 인용한 부분[이는 Noblit와 Hare(1988)가 제시한 접근 방법의 핵심 요소다.]이 부족한 것을 알게 되어 연구 대상에서 제외하였다. [글상자 7-4]의 예처럼 검색된 연구논문의 수가 수백 편에 달할 수도 있다.

그물에 걸린 연구들에 대한 선별 작업이 끝나면 연구를 체계적으로 평가하는 단계가 시작된다. 질적 연구에서 질을 평가하는 것은 정말 어려운 일이다. 그러나 이 단계가 없으면 모든 연구 결과의 질을 동일하게 봐야 하고, 그러다 보면 질적으로 우수하지 않은 연구들은 실제 질보다 높이 평가되는 반면에 질적으로 우수한 연구들은 실제 질보다 낮게 평가되는 불합리한 상황이 발생할 수 있다. 질적 연구의 질은 이러한 이유 때문에 평가되어야 하며, 그렇게 하기 위해서 각각의 연구에 엄격성과 투명성 정도에 따라 점수를 부여하는 데 사용할 수 있는 기준이 필요한 것이다(Erwin et al., 2011). 어떤 메타 합성 연구들은 질이 매우 낮은 연구들을 제외시키기 위해 기준점을 설정하기도 하는데, 기준점은 당연히 사전에 정해서 프로토콜의 일부로 만들어 두어야 한다.

그 다음 단계는 연구를 종합하는 단계다(이때쯤이면 연구의 개수가 상당히 줄어 있을 것이다). Noblit과 Hare(1988)가 제시한 원래 방법은 공통 문구, 주제, 개념, 은유를 파악하는 것이었으나, 시간이 지나면서 지속적 비교 분석과 다중 사례 연구 분석이 추가되었다(Erwin et al., 2011). 신장질환 아동의 보호자들의 경험에 관한 메타 합성 연구에서 Tong과 동료들은 그들의 해석을 1차, 2차, 3차 구성으로 구분하였다. 1차 구성은 연구 참여자들이 한 말을 인용한 인용문을 해석하여 도출한 것이고, 2차 구성은 연구자가 1차 구성을 해석하여 도출한 주제이며, 3차 구성은 연구자가 합성하여 개발한 메타 주제다(Tong, Lowe, Sainsbury, & Craig, 2008). 데이터를 1차 분석할 때와 마찬가지로 메타 합성에서도 QDA를 사용하여 녹취록을 코딩하는 방식과 유사한 방식으로 연구논문을 코딩할 수 있다.

질적 메타 합성 연구에서 다양한 분석 전략이 사용되다 보니 엄청나게 많은 관련 용어가 만들어지고 있다. 질적 메타 합성 연구들을 대상으로 한 '메타 연구'에서 Barnett-Page와 Thomas(2009)는 메타-내러티브 합성, 비판적 · 해석적 합성, 메타-연구, 메타-문화인류학, 근거에 기반한 공식적 이론, 주제 합성, 텍스트 · 내러티브적 합성, 개념틀 합성 그리고 생태적 다각화(triangulation)의 총 아홉 가지 접근법을 사용하여 203편의 연구논문을 찾아냈다. 저자들은 그들이 사용한 접근 방법 중 여러 접근 방법이 중복적인 기법을 사용하였다고 언급하였다. 이는 전혀 놀라운 사실이 아니라고 할 수 있는데, 왜냐하면 이들 아홉 가지 접근 방법 모두가 교차 사례 해석 기법을 공통적으로 사용하기 때문이다(Walsh & Downe, 2005).

[글상자 7-4] 소아 중환자병동에서 아동을 잃은 가족의 경험: 메타 합성 연구

소아 중환자병동(PICU)에서 치료를 받던 아동이 갑작스럽게 사망하면 중환자병동이라는 무균 상태의 첨단 기술 환경이 엄청난 고통 속에 놓이게 된다. 이러한 현상을 연구하기 위해 Butler와 동료들(2015)은 International Prospective Register of Systematic Reviews(PROSPERO; http://www.crd. york.ac.uk/PROSPERO)에 등록된 질적 메타 합성 연구를 실시하였다. 연구자들은 유사한 많은 연구와 마찬가지로 생의학 분야에서 주로 사용하는 PRISMA(http://www.prisma-statement.org) 지침을 따랐다(Butler, Hall, Willetts, & Copnell, 2015).

연구진은 의학 전문 사서의 도움을 받아 가면서 5개의 데이터베이스(CINAHL Plus, OVID Medline, Scopus, PyschINFO, Embase)에 수록된 1990년부터 2014년까지의 자료를 검색하였다. 그 결과, 962편의 논문이 검색되었다. 연구진은 또한 검색된 논문의 참고문헌을 검색하여 6편의 논문을 추가로 발견하였으며, 회색 지대 논문과 미출판 문헌에 대한 검색을 통해서도 16편의 논문을 추가로 발견하였다. 그렇게 찾은 984편의 논문들의 초록을 검토하여 328편의 중복 논문과 기준에 미달되는 548편의 논문을 제외시키고, 남은 108편의 논문에 대해서만 본문을 검토하였다. 그 결과, 15편의 논문만이 최종 분석 대상 논문으로 남고, 93편은 제외되었다(제외된 논문들은 영어 논문이 아니거나, 질적 연구가 아니거나, 기관연구윤리위원회의 승인을 받지 못했거나, 완전하지 않은 논문이었다).

연구진은 각각의 연구에서 사용된 방법론의 질적 수준을 평가하기 위해 CASP 체크리스트를 평가 도구로 사용하였다. 마지막까지 남은 15편의 연구를 네 명의 연구자가 Thomas와 Harden(2008)이 고안한 근거이론 코딩과 유사한 분석 기법을 사용하여 주제별로 분석하였다. 중환자병동의 의료진들이 PICU의 기기와 장비에 관심을 쏟았던 것과 달리, 부모들은 '부모 역할 되찾기'라는 중심 주제와 '지지받기' '사망 후의 부모 역할' '중환자병동 안에서의 부모 역할' 등의 하위 주제로 대변되는 의미를 아동의 죽음으로부터 이끌어 냈다.

- **논평**: 이 연구는 본격적인 메타 합성에 앞서 논문의 적합성을 판단하기 위한 과감한 선별 작업이 필요하다는 것을 단적으로 보여 준다(984편에서 15편으로 논문의 수가 현격하게 줄어들었다). 어떤 질적 연구자들은 질적 메타 합성 연구 관련 프로토콜을, 유연하기는 하지만(그리고 여러 연구 설계들에 비해 관용적이기는 하지만) 기계적이라 느낄 수도 있다. 코드화된 메타 합성 절차가 그것이 유래한 생의학 분야의 지침을 오히려 거스르고 있다는 주장도 터무니없는 주장은 아닌 것 같다. 그러나 연구자가 일단 전통적인 문헌 고찰이라고 하는 영역을 떠나고 나면 어느 정도의 표준화는 불가피해질 수밖에 없다.

메타 합성 연구의 복잡함은 선별 방법과 분석 방법을 결정해야 할 때가 되면 무시할 수 없는 고민거리가 된다. 혼합 방법 연구에 대해서도 논의해야 할까? 얼마나 먼 과거로 거슬러 올라가야 할까?(학술지들이 온라인 인용을 시작한 것은 1990년대 초반부터다.) 여러 편의 질적 연구들을 그 연구들이 유래한 한 편의 모연구(parent study)와 어떻게 구별해 낼 수 있을까? 포용성 정신에 입각해서 어느 정도까지의 방법론적 약점을 허용해야 할까? 다양한 분석 관련 옵션이 주어질 경우, 어떤 옵션이 가장 적합한지를 어떻게 할 수 있을까? 옵션들 간의 유사성이 매우 높다면 어떤 옵션을 선택해야 할까?

그런가 하면 더 큰 걱정거리도 있다. 메타 합성에서 애초에 연구가 전달하려던 메시지가 아닌, 확실성과 일반화 가능성에 관한 메시지가 전달될 경우, 메타 합성을 표현하는 방식에 문제가 있을 수 있다(Thorne, 1998). 예를 들면, 조현병 환자에 관한 대부분의 질적 연구에서 아프리카계 미국인들이 조현병 진단을 받는 경우가 불균형적으로 많음에도 불구하고, 백인 연구 참여자들에게 배타적으로 또는 독점적으로 의존해 왔다. 따라서 그런 연구들을 표본으로 사용하여 연구 결과들을 종합하면 조현병 경험(그리고 치료법)을 잘못 표현해 낼 가능성이 거의 확실시된다.

아무리 열성적인 질적 연구자라도 표준화를 위해 치러야 하는 대가가 만만치 않다는 것은 잘 알고 있다. 그 대가는 질적 연구가 가진 풍부함과 미묘함을 잃는 것이며, 그로 인해 질적 연구는 영향력을 잃게 될 수도 있다. 그러나 메타 연구를 지향하는 움직임은 마치 역을 떠난 기차처럼 이미 돌이킬 수 없는 것이 되어 버렸다. 그러한 여정을 피해 보려는 시도는 질적 연구를 사람들의 관심에서 멀어지게 만드는 위험을 초래할 뿐이다.

방법론적 투명성 추구하기

이 책 제9장에서 자세히 설명하겠지만, 질적 연구자들은 연구 보고서를 작성할 때 방법론을 자세하게 설명하지 않는 경향이 있다. 이러한 현상은 현실적인 원인(단어 및 지면 제한)과 절차에 대한 합의 없이 방법론을 대략적으로만 밝히는 질적 연구의 전통이 반영된 현상이라고 할 수 있다. 물론 질적 방법에 관한 논쟁과 포스트모던 비평가들의 "방법론주의"(Janesick, 2000)에 대한 비난과 실용주의자들의 더 높은 수준의 투명성에 대한 요구가 이러한 현상에 미친 영향도 무시할 수 없다. 이러한 경향을 우려한 영국의 민족지학자 Paul Atkinson(2005)은 '엄밀한 분석'을 "경험, 연상, 개인적 관여 같은 모호한 아이디어"(p. 4)로 대체하는 접근을 강하게 거부하는 미국 학계의 태도를 지적하였다. 이러한 환경하에서 경험이 많지 않은 초보 연구자들은 적절한 교육도 받지 못한 상태에서 그들이 역할 모델로 생각하는 연구자들을 어떻게든 따라해 보느라 많은 어려움을 무릅쓰면서까지 고생하고 있다.

이번 장과 이전 장에서 우리는 분석의 투명성과 질적 데이터 해석의 투명성을 높이기 위한 노력들을 사전에 제안하는 경우만큼이나 사후적으로 보고하는 경우가 많다는 지적과 함께 살펴보았다. 질적 연구방법의 신비성을 제거하면 할수록 더 많은 연구자가 질적 연구방법에 관심을 갖게 될 것이고 다학제 간 의사소통 또한 점점 더 용이해질 것이다(Ryan & Bernard, 2003). 다만 연구방법에 대한 지나친 명문화는 연구 결과를 피상적이고 단순하게 만드는 결과를 초래할 수 있다는 것을 잊어서는 안 된다. 그러나 연구의 결론은 방법론적 투명성에 의해 뒷받침될 때 더 큰 신뢰를 얻을 수 있다는 사실도 명심해야 한다.

요약 및 결론

데이터 분석이 진행되면서 연결 관계가 만들어지면 해석은 추진력을 얻게 된다. 메모는 이 과정을 기록하고 촉진하는 데 도움을 준다. 관계는 시간적(단계나 구간 같은)인 것일 수도 있고 상대적으로 정적이면서 수평적 또는 수직적(위계적)으로 배열된 개념적 연결망(network)일 수도 있다. 부정적 사례, 반박, 은유 등을 찾아보는 것은 모든 과정을 열려 있고 새롭게 만드는 데 도움이 된다. 해석은 더 큰 맥락을 가져온다(즉, 문헌, 실천 그리고 정책에서 얻은 해석틀을 적용해 볼 수 있게 해 준다).

이 장을 해석 논의를 위한 장으로 할애한 이유는 데이터 수집, 분석, 글쓰기 간에 존재하는 순환 반복적인 특성 때문이다. 데이터 분석의 초기 단계에서는 이론이 만들어지고, 이론은 해석을 이끌어 내며, 해석은 마지막 단계인 글쓰기로 이어진다(글쓰기는 그 자체가 해석의 한 형태다). 연구자는 종종 해석을 확장하고 구체화하기 위해 데이터 수집 단계로 돌아가기도 한다. 때로는 피드백 순환 구조가 끝이 없어 보이기도 한다. 그러나 결론은 항상 나게 마련이고, 반드시 나야만 한다. 아이디어와 주제(심지어는 이론까지도)가 구체화되기 시작하고 관련 없는 자료들이 하나 둘씩 제거되면 연구 결과가 드디어 모습을 갖추기 시작한다. 두드러져 보이는 것들이 해석에 의해 표면으로 끌어올려져 그 모습을 드러낸다.

연습해 보기

1. 이 책 제1장 마지막 부분에 제시된 질적 연구 학술지들을 참조하여 근거이론 연구논문들을 찾아 읽어 본다. 저자들이 코딩에서 연구 결과 해석까지의 연구 과정을 어떻게 진행하였는지 살펴본다.

2. 이 장에서 소개한 사회복지 문제 관련 프레이밍 도구를 참조하여, 사회정의라는 가치가 노숙인 연구, 미혼모 우울증에 관한 연구, 트랜스젠더 가출 청소년에 관한 연구 등에 어떻게 영향을 미칠 수 있을지 생각해 본다.

3. [그림 7-1]을 참고하여 주제들 간에 나타난 상호적인 관계로부터 어떻게 이론을 개발할지 설명해 본다.

4. 각자 자신이 관심 있는 사회 문제나 건강 문제를 생각해 본 다음, 그 문제가 메타 분석이나 메타 합성이 실시되었는지를 알아보기 위해 Cochrane 또는 Campbell 협력 웹사이트를 방문해 본다. 어떤 결과를 얻게 되었는가?

추천도서

Becker, H. (1998). *Tricks of the trade: How to think about your research while you're doing it.* Chicago, IL: University of Chicago Press.

Bernard, H. R., & Ryan, G. (2009). *Analyzing qualitative data: Systematic approaches.* Thousand Oaks, CA: Sage.

Charmaz, C. (2014). *Constructing grounded theory: A practical guide through qualitative analysis* (2nd ed.). Thousand Oaks, CA: Sage.

Flick, U. (Ed.). (2013). *The Sage handbook of qualitative data analysis.* Thousand Oaks, CA: age.

Lofland, J., & Snow, D. A. (2005). *Analyzing social settings: A guide to qualitative observation and analysis.* Belmont, CA: Wadsworth.

Silverman, D. (2015). *Interpreting qualitative data* (5th. ed.). Thousand Oaks, CA: Sage.

8

엄격성과 믿음감을 위한
전략들

질적 연구 평가하기

질적 연구의 질을 어떤 기준을 가지고 판단할 것인지는 합의점을 찾기 어려운 문제다. 구성주의자들은 일련의 기준이 합의된다면 연구에 대한 감시적 관리와 강제적 균일성을 초래할 것이라고 주장한다. 그런가 하면 실용주의자들은 기준의 필요성은 인정하되 기준을 만드는 작업은 향후 신중을 기하면서 해 나가야 할 작업으로 보고 있다. 질적 연구방법을 비판하는 사람들은 일관된 기준이 부재하기 때문에 질적 연구의 결과는 일화적인 증거 이상의 것이 되기 어렵다는 점을 지적한다(Adams, 2013). 여기서 한 가지 분명히 해야 할 것은 완성된 연구들로부터 질을 평가하는 기준을 도출하는 것과 연구의 질을 높이기 위한 노력을 연구 설계에 반영하는 것은 다른 것이라는 점이다. 평가 기준은 종료된 연구에 관한 것이고 연구를 할 때 필요한 것은 **엄격성**(rigor)을 **높이기 위한 전략**이다.

이 장에서 우리는 질적 연구방법의 질을 평가하는 기준에 대해 살펴볼 것이다. 다양한 인식론적 입장을 하나의 연속선 위에 나열할 때 연속선의 한 극단에는 해석적이고 예술−인문학적인 접근 방법들이 위치한다. 이 접근 방법들은 폭넓은 그리고 열망적인 목표 이상의 어떤 기준에도 동의하지 않는 접근 방법들이다. 연속선의 다른 쪽 극단에 위치한 일관되고 준규범적인 접근 방법들은, 최근 들어 질적 연구 결과를 체계적이고 종합적으로 심사하기 위한 노력의 결과로서 평가 체크리스트들이 빠르게 발전하면서 활력을 얻게 된 접근 방법들이다. 이러한 양극단 사이에는 다양한 평가 변수들을 사용하는 다양한 접근 방법이 위치하고 있다(Tracy, 2010). 사회복지적 가치를 중요시하는 사회복지학 연구자들은 이 연속선의 전 범위에 걸쳐 폭넓게 위치하고 있다(Drisko, 1997; Gilgun, 1994; Seale, 2002).

평가 기준 및 외적 기준

Schwandt(1994)는 '기준학(criteriology)'이라는 조롱 섞인 용어로 일컫기까지 한, '기준에 대한 지나친 관심'은 오늘날 질적 연구에 관한 가장 주된 논쟁거리 가운데 하나다. Lincoln과 Guba(1985)는 질적 연구방법을 위한 별도의 평가 기준을 개발하는 데 앞장서 왔다(초기에는 이를 자연주의적 탐구라고 불렀다). 그들은 양적 연구의 특성을 빌려다 쓰되 내적 타당성, 외적 타당성(external validity), 신뢰성(reliability), 객관성 등의 개념들 대신 **신빙성**(credibility), **이전 가능성**(transferability), **의존 가능성**(dependability) 및 **확인 가능성**(confirmability)이라는 개념을 제안하였다. 이러한 개념들 모두는 질적 연구의 신뢰감 또는 믿음감(trustworthiness)의 개념을 함축하고 있는 개념들이다.

신빙성은 연구 참여자의 의견과 연구자의 설명 및 해석 간의 부합 정도를 의미한다. **이전 가능성**은 표본에 대한 일반화(양적 연구처럼)가 아니라 연구 결과에 관한 일반화를 말한다. 외적 타당성은 질적 연구가 우선시하는 기준이 아닌데, 질적 연구는 그 초점이 주관적 의미에 맞춰져 있으며 넓이보다는 깊이를 추구하기 때문이다(Donmoyer, 1990). **감사 가능성**(auditability) 또는 의존 가능성(dependability)은 연구 절차가 기록되어 있어서 연구 절차를 되짚어 볼 수 있는지에 관한 것이다. 연구 절차가 항상 동일한 결론으로 이어지지는 않더라도 다른 사람들이 보기에 타당하다고 여길 수 있을 만한 논리를 가진 것이어야 한다. **확인 가능성**은 연구 결과가 상상된 것 또는 날조된 것이 아니라 데이터와 분명한 연관성을 가진 것임을 입증하는 것이다. Guba와 Lincoln(1985)의 기준들이 모든 사람으로부터 호응을 받지는 못하였지만, 부적절한 양적 기준을 대체하는 중요한 역할을 했다는 사실만큼은 분명하다고 하겠다.

어떤 기준들은 질적 연구가 가진 장점과 밀접한 연관성을 가지고 있다. 질적 연구는 **생태학적 타당성**(ecological validity)을 가질 가능성이 크다고 할 수 있는데, 생태학적 타당성이란 실험 설계에 의해 인위적으로 부여되는 타당성과는 거리가 먼 자연스러운 조건하에서 나타나는 타당성이다(Shadish, Cook, & Campbell, 2002). 또 다른 기준은 **증거 충분성**(evidentiary adequacy)이라고 불리는 기준이다(Erickson, 1986; Morrow & Smith, 1995). 증거 충분성은 현장에서 충분한 시간을 보냈는지와 현장으로부터 얻은 증거의 다양성과 밀도로 정의되는 기준인데, 이 기준은 질적 연구의 신빙성을 가늠하기에 매우 적합한 기준이다.

볼 줄 아는 사람의 눈으로?

질을 평가한다는 것은 좋다 또는 나쁘다라는 해석에 대한 감각을 갖게 되는 것이다. 방법론적 엄격성에 대한 관심 또는 주의(attention)는 통찰적 해석에 대한 관심 또는 주의와 균형을 이룬다. 질을 높이기 위해서는 이 두 가지 것의 균형이 전제되어야 한다. 연구의 엄격성 관점에서 예술과 과학 간에 어떤 차이가 있는지 한번 생각해 보자. 예술 비평가들은 미적 탁월성의 수호자들로서 그들이 가진 판단력과 취향을 이용하여 열등한 작품들을 걸러 내는 역할을 하는 사람들이다(Becker, 1996). 박물관 관람객, 미술관 방문객이나 예술품 구매자에게 아름다움은 관심을 가지고 보는 사람의 눈 속에 존재한다. 그러나 예술품에 대한 접근성과 예술품이 가진 시장 가치는 거의 대부분이 소수의 평가자와 비평가에 의해서 결정된다.

이러한 예술 분야의 예는 우리에게 질을 평가하는 미적이면서도 엘리트적인 수단이 어떤 것인지를 잘 보여 준다. 이러한 예술계의 질 평가 체계는 동료 심사가 일반적인 규범으로 적용되고 있는 연구 분야의 질 평가 체계와 대조를 이룬다. '예술 분야'와 같은 판단을 가능한 한 하지 않기 위해서 동료 심사자는 연구 결과물의 저자가 누구인지 몰라야 하고, 임의성과 편견의 개입을 억제하기 위해 질 평가 기준을 엄격히 준수해야 한다. 동료 심사자들의 인정을 받지 못하거나 출판될 수 없는 연구는 기껏해야 회색 문헌이라고 불리는 통로를 통해서 세상에 알려지는 수밖에 없는데, 이는 그다지 자랑할 만한 것은 아니다. 동료 심사가 비록 완벽한 방법은 아닐지라도 소수의 엘리트 집단에게 질 평가를 맡기는 것보다는 훨씬 나은 방법이다.

평가 기준이 부재하다 보니 질적 연구자들은 동료 심사 제도의 희생양이 되는 호된 대가를 종종 치르곤 한다. 질적 연구의 엄격성에 관한 논평들을 읽어 보면 넓디넓은 질적 방법론 모두를 포괄할 수 있는 일관된 어떤 기준을 마련하는 것이 과연 가능한지에 대해서(바람직한지는 차치하고라도) 의구심을 갖지 않을 수 없게 된다. 사실 질적 연구자들은 일관성(uniformity)이나 적합성(conformity)을 따르지 않고도 오랫동안 자가평가를 해 왔다. 어떤 연구들은 학술지나 책의 형태로 발표되지만, 어떤 연구들은 그렇지 못하다. 그것을 누가 그리고 무엇이 결정하는가?

질적 탐구 분야에 폭넓게 펴져 있는 반권위주의적 정서는 예술 분야의 엘리트주의적 평가를 반대한다. 그러나 만일 질적 평가 기준에 대한 합의가 이루어지지 않는다면 달리 선택할 수 있는 방법이 없다. 질적 연구자들 사이에서 질적 기준에 대한 이해가 공유되지 않으면 각각의 평가자는 질적 연구에 대한 자신의 견해와 경험에 의존할 수밖에 없고, 그렇게 되면 자의적이고 일관성 없는 평가가 이루어질 수밖에 없기 때문이다. 물론 그렇다고 해서 일관성을 지나치게 추구하면 질적 방법론이 가진 장점과 질적 방법론의 특성인 방법론적 다원주의가 약화되는 위험이 발생할 수 있다.

엄격성과 믿음감

'엄격성'의 사전적 정의는 듣는 사람으로 하여금 엄격함과 뻣뻣함(사망 후 근육의 경직을 연상하게 하는)을 떠올리게 만든다. 사실 엄격성이라는 용어는 배제적이고 규칙 중심적이어서 인간 상황을 그려 내기 위한 두터운 기술(thick description)과는 어울리지 않는다는 비판을 받아 왔다(Gergen, 2014). 어떤 저명한 질적 사회복지 연구자는 엄격성을 추구하는 것이 Jane Addams, John Dewey 그리고 시카고 학파에 뿌리를 둔 사회복지의 지적 전통에서 벗어나는 것이라고 주장하였다(Jane Gilgun과의 개인적인 대화).

일반적으로는 엄격성을 추구한다는 것이 무엇'인지' 정의하는 것보다 무엇이 '아닌지'를 이야기하는 것이 더 쉽다. 질적 연구는 고정된 실제를 그려 내는 것에 관심이 없기 때문에 내적 타당성(internal validity)은 질적 연구의 엄격성을 판단하기에 적합한 기준이 아니다. 신뢰성(reliability)과 재현(replication) 역시 적절한 기준으로 보기 어려운데, 두 기준 모두 유연성(flexibility)이 아니라 충실성(fidelity)과 대표성(repetitiveness)을 함축하고 있기 때문이다. 과학에서는 동일 방법을 사용하여 동일 결과를 얻는 재현(replication)을 중요하게 여기지만, 질적 연구에서는 맥락과 조건이 끊임없이 변하기 때문에 재현을 중요한 가치로 받아들이기 어렵다.

Guba와 Lincoln(1989)이 말하는 **믿음감**(trustworthiness)이라는 개념은 질적 연구의 책임성(accountability)을 가장 잘 나타내는 개념이다. 믿을 만한 연구는 연구 과정이 공정하고 윤리적이며 연구 대상의 실제 경험과 가장 가까운 연구 결과를 보여 주는 연구다(Steinmetz, 1991). 믿음감은 맹목적인 신뢰가 아니라 입증해야 하는 신뢰다. 늘 그렇듯이 악마는 항상 세부적인 것 안에 숨어 있다.

질적 연구방법에서 일반화 가능성의 의미

질적 연구에서 일반화 가능성은 중요시해야 할 것(적어도 양적 연구에서만큼은)이 아니다(Donmoyer, 1990). 일반화를 강조하다 보면 자칫 질적 연구에 생태학적 타당성을 부여하는 맥락을 없애 버리는 오류를 범하게 된다. Bronislaw Malinowski(1922)가 트로브리안드섬 주민들을 대상으로 했던, 고전으로 여겨지는 연구가 낮은 일반화 가능성이라는 한계를 가진 연구라고 주장할 사람은 아마 없을 것이다. 동일 논리에 따라 외적 타당성의 중요성에 대해서도 의문을 제기할 수 있다.

Maxwell(2002)은 일반화 가능성을 다양한 의미로 재정의하고자 시도하였는데, 그가 내린 정의들 중 일반화 가능성을 연구 결과를 표본을 넘어서서 연구 모집단으로까지(무작위 표본 추출을 전제로 한 전통적인 추론통계의 단위) 확장하는 것으로 규정하는 정의는 단 한 개에 불과하였다. 오히려 Maxwell은 일반화 가능성을 추론 범위의 확장으로 정의하였는데, 예를 들면 'LA 지역 청소년 갱단 연구의 결과를 동일 갱단이면서 인터뷰를 하지 않은 청소년들에게도 적용할 수 있을까?' '시카고 지역 청소년 갱단이나 다른 일반적인 갱단에 대해서는 어떨까?' 등과 같은 고민이 좋은 예다. 이처럼 추론 범위를 확장하여 접근해 보는 것이 당연히 합리적임에도 불구하고 이러한 접근을 실제로 시도해 본 연구자는 (양적, 질적을 막론하고) 거의 없다.

질적 연구에서의 이전 가능성은 표본을 뽑은 모집단으로의 이전 가능성이 아니라 다른 현장이나 맥락으로의 **이전 가능성**을 의미한다. 즉, 질적 연구의 추론 방향은 위쪽이 아니라 바깥쪽이다. 이 말을 달리 표현하면, 질적 연구가 개념적 기여와 이론적 기여를 통해서 사람들에게 보다 넓은 의미와 공감을 느낄 수 있게 한다는 것이다. 질적 연구자들이 관심을 갖는 집단들 중 많은 집단이 무작위 표본 추출을 통해 '모수화(parameterized)'할 수 있는 집단이 아니다(사실 그것이 질적 연구자가 가장 하지 말아야 할 선택이기도 하다). 그렇기 때문에 질적 연구의 현장(setting)을 기술할 때는 독자들이 연구의 맥락을 충분히 이해할 수 있고, 그것의 가치에 대해서 각자가 판단을 내릴 수 있게끔 기술하는 것이 매우 중요하다.

이전 가능성의 의미는 질적 연구 내에서도 다르게 해석된다. Tracy(2010)에 따르면, 독자들이 연구 결과와 자신을 연관 지을 수 있고 자신의 경험과의 유사성을 찾을 수 있을 때가 그런 경우다. Hochschild(1983)가 했던 서비스업(비행기 승무원, 매장 점원, 웨이터 등) 종사자들의 '감정 노동'에 대한 고전적인 연구의 결과는, 유사한 직업에 종사하면서 열악한 노동 조건하에서 대하기 힘든 고객을 상대할 때도 안정된 감정 상태를 유지해야 하는 많은 미국인에게 적용 가능한 연구 결과다.

이전 가능성은 또한 비인격적(impersonal) 해석을 의미하기도 한다. 이러한 해석은 연구 결과의 생태학적 타당성으로 인해 각광을 받게 된 해석이다. 이 책 제2장에 소개했던 Abrams와 Anderson-Nathe(2013)의 연구에서 미성년자 교정시설이 어떤 곳인지를 이해하기 위해서 독자들이 사전 지식을 가지고 있어야 할 필요는 없다. 질적 연구는 독자들에게 마치 자신이 그곳에 있었던 것 같은 느낌을 느낄 수 있게 해준다. 그리고 그 수준을 넘어서서 독자들에게 공감할 수 있는 개념과 이론을 제공하기도 하는데, Hochschild(1983)의 '감정 노동(emotion work)', Goffman(1961)의 '질병 경력(illness careers)', Anderson(2000)의 '거리의 규범(code of the street)' 또는 Biehl(2013)의 '사회적 버림 지역(zones of social abandonment)'을 대표적인 예로 꼽을 수 있다.

질적 연구의 믿음감을 저해하는 요인들

질적 연구의 믿음감을 저해하는 요인은 연구 대상의 반응성(reactivity), **연구자의 편견** 그리고 **연구 대상의 편견**이라는 세 가지 범주로 나누어 볼 수 있다. 연구 대상의 반응성이란 연구자의 존재 그 자체로 인해 연구 대상의 생각이나 행동에 왜곡됨이 발생하는 것을 말한다. 양적 연구에서는 거리두기와 조건 통제를 통해서 반응적 효과(reactive effects)를 방지할 수 있지만, 질적 연구에서는 연구자와 연구 대상 간의 강도 높은 친밀 관계가 형성되기 때문에 반응성이 항상 큰 걱정거리다. 반응성은 생태학적 타당성에 직접적인 위협이 된다(Hammersley, 2008).

연구자의 편견은 연구 도구인 연구자가 자신이 가진 선입견과 주관이라는 렌즈를 통해 연구 대상을 관찰하고 해석할 때 발생한다. 흔히 연구자들은 의도적으로 자신과 유사한 관점을 가진 사람들을 정보제공자로 선택하기도 하고, 자신들이 원하는 답을 이끌어 낼 수 있는 질문을 던지기도 하고, 자신들의 주장을 뒷받침하지 않는 자료들은 무시해 버리기도 한다. 또한 감정적 요인이 연구자의 편견을 부추기는 요인이 되기도 한다. 주의를 기울이지 않을 경우, 연구자들은 자칫 연구 대상이나 연구 현장에 지나치게 몰입하거나 연구 대상이나 연구 현장의 상황으로부터 완전히 소외되는 두 가지 극단적인 방향 중 어느 한 방향으로 걷잡을 수 없이 치닫는 오류를 범하게 되고, 그 결과 효과적이지 못하게 되기 쉽다. 연구 초기에 자신이 가진 편견과 선호를 점검하는 주의를 기울이더라도, 성찰성(reflexivity) 문제는 이후의 모든 연구 단계에서도 언제든 발생할 수 있다.

마지막으로, 연구 대상의 **편견** 요인에 대해서 생각해 볼 필요가 있다. 이 문제는 연구 인터뷰 응답자의 진실성과 솔직성에 의문을 제기하는 것임으로 다루기가 좀 더 까다롭다(이 주제에 관한 자세한 논의는 제5장을 참고하기 바란다). 어떤 연구 대상들은 자신의 사생활을 보호하거나 다른 사람들에게 자신의 어떤 경험을 드러내지 않기 위해서 의도적으로 정보를 감추거나 거짓말을 하기도 한다. 이와 정반대로 어떤 연구 대상들은 연구자에게 매우 협조적일 뿐만 아니라 연구자(또는 사회)가 듣고 싶어 할 것이라 생각되는 답을 알아서 제공해 주기도 한다. 그런가 하면 인터뷰자 또한 연구 대상의 이러한 행동에 가담하기도 하는데, 연구 대상을 곤란하게 만들고 싶지 않아서 그럴 수도 있고 '듣기 좋은 답'이 받아들이기도 쉽다는 단순한 이유 때문에 그럴 수도 있다(Yanos & Hopper, 2008). 그런데 인터뷰 응답자들이 그런 행동을 하는 이유가 연구자를 의도적으로 속이기 위해서라기보다는 그들이 가진 기억이 불완전하거나 그들이 연구자가 알고 있는 바와 상충되게 사건을 이해하기 때문일 수도 있다. 예를 들어, 연구 대상에게 회복 과정에 대해 물을 때 기관의 기록에는 병이 재발하여 일주일간 치료를 받았다는 사실이 나와 있지만 응답자가 그와 관련해서 아무런 언급을 하지 않는다면 어떻게 해야 할까? 진실을 알아내기 위해서 연구 대상과 대립할 수도 있겠지만 대개는 적어도 연구 대상과 더 깊은 신뢰관계를 쌓게 되기 전까지는 그냥 넘어가는 것이 바람직하다. 진실성에 지나치게 집착하다 보면 연구자는 탐구자가 아니라 자칫 누군가를 심문하는 수사관이 되어 버릴 수 있기 때문이다.

연구자와 연구 대상의 반응성과 편견에서 비롯될 수 있는 연구의 믿음감 저하 문제는 질적 연구든 양적 연구든 상관없이 사람을 연구 대상으로 하는 연구라면 거의 모든 연구에서 나타날 수 있는 문제다. 그러나 질적 연구의 경우, 이 문제는 질적 연구만이 갖는 연구자와 연구 대상 간의 강도 높고 밀접한 관계나 '연구 도구로서의 연구자'라는 연구자의 역할 등의 특성 때문에 상대적으로 질적 연구를 더 위험에 빠뜨릴 수 있다. 다행스럽게도 이 문제를 해결하여 질적 연구의 신빙성을 높일 수 있는 여러 가지 방법이 있다.

질적 연구의 엄격성을 높이기 위한 전략

질적 연구방법은, 우호적으로 보는 경우에서조차도, 종종 오해를 받는다. 저자의 경우, 표본의 크기가 작고 사용한 연구방법이 유연하다는 것과 관련해서 동료 연구자들로부터 '우호적인 의심'을 받아 왔다. 이러한 의심을 가라앉히는 데 도움이 되는 한 가지 방법은 연구 제안서에 질적 연구방법을 사용한 근거를 자세히 설명하는 것이다 (Marshall & Rossman, 2010; Morse, 1994; Munhall, 1994). 그런 수고가 외적인 강요 때문에 해야 하는 것이라면 그런 수고는 당연히 부당한 부담으로 느껴지겠지만(양적 연구자는 그런 수고를 할 필요가 없기 때문에), 그렇지 않고 자발적으로 하는 것이라면 그런 수고는 독자들을 교육하고 전문성을 드러내 보여 줄 수 있는 기회가 될 수 있다.

자신이 어떤 연구방법을 선택한 근거를 설명하는 것과 연구를 해 나가는 과정에서 어떤 조치를 취하는 것은 분명히 다른 것이다. 다음에서는 질적 연구의 엄격성과 믿음감을 높이기 위한 여섯 가지 전략을 살펴보기로 하겠다. 물론 모든 전략이 모든 연구에 적용될 수 있는 것은 아니지만 이 여섯 가지 전략은 질적 연구의 일반적인 목적에 부합하는 전략들이다. 각각의 전략은 질적 연구방법에 관한 문헌들로부터 도출된 전략이며, 앞서 설명한 믿음감 저해 요인들 중 하나 또는 그 이상의 요인들을 해결하기 위한 전략이다.

장기간에 걸친 관계 형성

현장에서 장기간에 걸쳐 형성되는 연구자와 연구 대상 간 관계는 질적 연구를 다른 연구방법들과 구별되는 하나의 독특한 탐구방법으로 만드는, 질적 연구의 대표적인 특성 중 하나다. 이 특성은 초기 문화인류학 연구에서 기원하여 오늘날까지도 이어져 내려오고 있다. [그림 8-1]이 보여 주듯이, 장기간에 걸쳐 형성된 관계는 연구자의 편견(research bias)과 연구 대상의 반응성과 응답 편견을 줄이는 데 도움이 된다. 따라서 연구자의 존재가 연구 대상에게 미치는 영향은 연구자가 현장에서 오랜 시간을 보냄으로써 받아들여지게 되면(적어도 용인되면) 상당히 줄어든다.

장기간에 걸친 관계 형성은 연구 대상들이 어떤 사실을 숨기거나 거짓말을 하지 않게 하는 데도 매우 도움이 된다. Eliot Liebow(1993)는 자신이 여자 노숙인들에 관한 연구를 통해 쌓은 경험에 비추어 볼 때 "거짓말은 그리 오래가지 못한다."(p. 321)는 것과 연구자인 자신과 연구 대상들 간의 신뢰관계가 연구 대상들로 하여금 사실을 숨기거나 거짓말을 하려는 생각을 점차 덜 갖게 만들었을 뿐만 아니라 더 나아가서는 그런 행동을 할 기회 자체를 줄일 수 있었다고 말하였다. 경험 많은 연구자는 인터뷰 응답자가 사실을 왜곡하거나 거짓말을 하는 것을 알아차릴 수 있지만 그렇게 되기까지는 보통 한 번 이상의 만남이 필요하다. 인터뷰 중심의 연구에서는 장기간에 걸친 관계 형성이 불가능할 수 있다(제5장에서 논의하였듯이, 인터뷰를 두 번 이상 하는 것이 올바른 방향으로 나아가는 첫걸음이다).

장기간에 걸친 관계 형성이 가진 한 가지 단점은 자칫하면 연구자가 편견을 갖게 될 수 있다는 것이다. 연구자는 두 가지 경우 중 어느 한 경우에 처하게 되기 쉽다. 하나는 연구 대상에 너무 몰입해서(go native) 객관적인 관찰과 해석을 위해 절대적으로 필요한 최소한의 거리감도 유지하기 못하게 되는 경우이고, 다른 하나는 소위 말하는 '친숙함의 함정(familiarity breeds contempt)', 즉 어떤 것에 너무 익숙해져 버려 그것의 중요성을 인식하지 못하는 상황에 처하게 되는 경우다. 물론 이러한 단점이 있기는 하지만 연구 대상과의 장기간에 걸친 관계 형성은 여러 가지 장점을 가지고 있다는 사실을 기억하기 바란다.

데이터 다각화

다각화(triangulation)란 항법학이나 측량학에서 사용하는 삼각측량이라는 용어를 전용한 것인데 원래 의미는 고정된 어떤 한 점을 포괄적으로 조망하기 위해서 두 가지 이상의 자원을 활용한다는 것이다. Norman Denzin(1978)은 질적 연구와 관련해서 다각화를 다음과 같은 네 가지 종류로 나누어 제시하고 있다.

1. 이론 다각화(theory triangulation): 하나의 자료를 해석하기 위해 여러 가지 다양한 이론과 관점을 활용하는 것
2. 연구방법 다각화(methodological triangulation): 한 연구에서 여러 연구방법을 혼용하는 것. 예를 들면, 한 연구에서 질적 연구방법과 양적 연구방법을 모두 활용하는 것
3. 관찰자 다각화(observer triangulation): 간주관적 동의(intersubjective agreement)를 얻기 위해서 한 연구에서 두 명 이상의 관찰자가 관찰을 하는 것
4. 데이터 다각화(data triangulation): 한 가지 이상의 데이터 출처(면접, 문서자료, 관찰 데이터 등)를 사용하는 것

Valerie Janesick(2000)은 이 네 종류의 다각화에 더하여 **학제간 다각화**(interdisciplinary triangulation)라는 또 한 가지 다각화를 제시한다. 학제간 다각화란 하나의 연구에서 다양한 학문이 함께 탐구적 접근을 시도하는 것을 말한다. 이 다섯 가지 다각화 중에서 연구의 엄격성을 높이기 위한 전략으로 가장 많이 사용되는 것은 데이터 다각화다.

초기에는 '확인을 위한 수단'으로 한정되어 있었던 다각화의 정의는 시간이 지나면서 **완전성**(completeness), **관점 확장** 등을 포함하는 의미로 확대되었다(Flick, 2004). 이론 기반 다각화와 학문 기반 다각화는 이러한 새로운 정의와 잘 어울리는 개념이다. 이와 대조적으로, 관찰 기반 다각화는 검증 또는 확증을 의미하는 다각화다. 예를 들어, 도시 지역의 노숙인을 대상으로 한 Snow와 Anderson(1991)의 문화기술학 연구의 경우, 정확하고 신뢰할 수 있는 관찰을 위해 다수 관찰자가 관찰을 하는 방법을 사용하였다. 연구방법 기반 다각화란 하나의 연구를 위해 다양한 연구방법을 혼용하여 다각화를 꾀하는 것이다. 일반적으로는 질적 연구방법과 양적 연구방법을 혼용하는 방법이 가장 많이 사용되는데, 이에 관한 논의는 제10장에서 자세히 하기로 하겠다.

두 명 이상의 연구자가 코딩을 하는 것은 **분석적 다각화**(analytic triangulation)의 한 형태라고 할 수 있다. 제6장에서 살펴보았듯이, 다수의 코딩자가 독립적으로 코딩을 하고 각자의 결과를 함께 비교하는 방법은 데이터 분석에서 편견이 발생하지 않게 하는 일종의 보호 장치로서의 가치를 가진 방법이다. 독립 코딩을 계량화(코딩자 간 일치도나 Cohen의 kappas 같은 수치로)할 수도 있지만, 독립 코딩은 정확도보다는 완전성을 확보하기 위한 다각화로 이해하는 것이 더 적절하다.

아마도 가장 많이 알려져 있는 다각화는 데이터 출처 기반 다각화(triangulation by data source)일 것이다. 현장 기록이나 면접이나 문서 기록 등으로부터 얻은 데이터들이 어떤 일관성을 보일 때 연구자는 자신의 관찰 결과나 연구 결론에 대해 자신감을 얻게 된다. [그림 8-1]이 보여 주듯이, 다각화는 연구의 믿음감을 저해하는 모든 요인에 대한 적절한 예방책이 될 수 있다. 그러나 불일치와 모순은 언제 어디서든 발생할 수 있다(Bloor, 2001). 출처가 다른 두 가지 종류의 데이터가 상반될 때 연구자는 어느 데이터를 활용할지를 결정해야 하는 어려운 상황에 처하게 된다. 이와 반대로 어떤 연구자는 이러한 자료 불일치를 새로운 시각을 얻을 수 있는 좋은 기회로 반길 수도 있다. Riessman(1990)은 이혼 부부에 관한 연구에서 남성과 여성 간에 결혼 문제를 바라보는 시각에 있어서 너무도 큰 차이가 있다는 것을 발견하게 되었고, 그러한 견해 차이가 곧 그녀의 연구 주제가 되어 버렸다. 부정적 사례 분석(negative case analysis)이 연구자에게 해석 향상의 기회를 제공해 주는 것과 마찬가지로 데이터 출처들 간의 불일치는 연구자가 새로운 관점에 대해 눈을 뜨게 되는 결과를 가져올 수도 있다.

다각화의 기본 가정은 하나의 현실을 다양한 데이터를 통해 다중적으로 이해하는 것이 가능하다는 것이다. 그런데 이러한 가정이 구성주의 연구자들의 눈에는 심각한 문제로 보일 수 있다. 아마도 현실의 다중성과 앎의 맥락의 다중성을 인정하는 연구자들에게는 다각화보다는 **결정화**(crystallization)가 좀 더 와닿는 용어일 것이다(Richardson, 2000). 다각화와 마찬가지로 결정화는 관점과 데이터와 이론의 다양성을 추구한다. 그러나 결정화가 추구하는 목적은 뭔가를 검증하는 것이 아니라 확대하는 것이다.

동료 집단 사후 논의 및 지지

동료 집단 사후 논의 및 지지(Peer Debriefing and Support: PDS)는 사전 준비 없이도 얼마든지 할 수 있는, '도구'를 가다듬고 정비하는 작업이다. 올바르게 사용할 경우 사전 논의 및 지지는 일종의 집단 성찰성(group reflexivity)으로서 연구자들로 하여금 편견을 줄이고 새로운 관점을 가질 수 있게 해 준다. 그런 지지는 지도교수나 멘토로부터 얻을 수도 있지만 가장 효과적이고 좋은 방법은 동료 연구자들과 자신의 경험을 사후적으로 논의하고 지지와 조언을 얻는 것이다(PDS; Padgett, Mathew, & Conte, 2004). 질적 연구를 다수의 연구자가 팀을 이루어서 하는 추세가 점점 더 확대되고 있는 것을 고려해 볼 때 PDS가 연구 인프라의 일부로 자리 잡게 될 가능성 또한 점점 더 커질 것으로 예상된다. 따라서 지금 우리에게 필요한 것은 PDS를 활성화하고 육성하는 노력인 것 같다. NYSS와 NYRS에서 우리 연구팀은 매주 회의를 통해 각자가 그 주에 했던 데이터 수집 과정을 되돌아보고 문제점이나 궁금한 점에 대해서 함께 논의하는 시간을 가졌다.

경험이 많지 않은 질적 연구자들에게 PDS는 '생명줄(life line)'과도 같은 역할을 한

믿음감 저해 요인

전략	연구 대상의 반응성	연구자의 편견	연구 대상의 편견
장기간에 걸친 관계 형성	+	−	+
다각화	+	+	+
동료 집단 사후 논의 및 지지	0	+	0
연구 참여자를 통한 재확인	+	+	+
부정적 사례 분석	0	+	0
감사 추적 자료 남기기	0	+	0

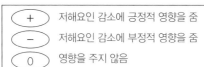

+ 저해요인 감소에 긍정적 영향을 줌
− 저해요인 감소에 부정적 영향을 줌
0 영향을 주지 않음

[그림 8-1] 연구의 엄격성과 믿음감을 높이기 위한 전략

다(Steinmetz, 1991). PDS에 참여하는 연구자들은 서로 간에 도움이 되는 의견을 주고받고, 새로운 생각을 제공하기도 하고, 단순히 재충전을 하기도 한다. PDS 집단에 참여함으로써 질적 연구자들은 현장 연구나 자료 분석 과정에서 각자가 경험한 정신적 어려움에 대해 이야기할 수 있는 기회를 갖게 된다. 물론 질적 연구에서 PDS의 기능은 사회정서적 도움을 주는 것에서 그치지 않는다. PDS는, 예를 들면 연구자들로 하여금 연구의 전 과정에 걸쳐 정직성을 유지할 수 있게 해 주는 기능도 가지고 있다(Lincoln & Guba, 1985). 이러한 기능을 통해 PDS는 연구자 편향을 억제함으로써 연구의 엄격성을 높이는 데도 기여한다.

PDS 참여자들은 또한 통찰과 예감에 대해서 의견을 주고받기도 한다. 참여자들은 서로에게 자신이 수집한 자료를 보여 주고, 코딩을 하면서 자신이 메모한 내용의 일부를 읽어 주기도 하고, 코딩의 타당성에 대한 의견을 구하기도 한다. 그런가 하면 현장 기록과 일지의 일부분을 읽어 주고 연구자의 관찰이나 자기성찰(reflexive)에 대한 지지 집단의 의견을 얻고자 할 수도 있다. 일부 참여자들은 공동 코딩자가 될 수도 있다. 아무튼 지지 집단을 활용함에 있어서 연구 대상의 익명성이 보장되고, 지지 집단의 의견이 건설적인 비판이 되는 한 지지 집단은 특별한 규칙 없이도 다양하게 활용될 수 있다.

PDS가 효과적이기 위해서는 정기적으로(한 달 또는 두 달에 한 번 정도) 모임을 갖고 참여자 모두가 돌아가면서 리더 역할을 맡는 것이 중요하다. PDS는 동질적인 학문 분야의 연구자로만 구성할 수도 있고 다양한 분야의 연구자로 구성할 수도 있다. PDS 참여자들이 동질적이면 공통의 관심사를 가질 수 있고, 의사소통을 원활하게 할 수 있으며, 학문적 경계를 논의하느라 많은 시간을 쏟지 않아도 되는 장점이 있다. 그런가 하면 이질적인 참여자들로 PDS를 구성할 경우, 참여자들 간에 활발한 지적 자극이 가능해지고 활력 있는 집단 활동이 가능해진다는 장점을 얻을 수 있다. PDS의 도움을 받을 수 없는 연구자들에게는 단 한 명의 동료 연구자도 큰 도움이 될 수 있다. 바쁜 일정 때문에 이동 시간이 부담스럽다면 온라인 화상 회의나 음성 회의 방식의 PDS 활동도 가능하다는 점을 꼭 기억해 두기 바란다.

PDS는 연구의 엄격성을 높이는 기능 외에도 여러 가지 다른 수단적 기능을 가지고 있다. 예를 들면, 지지 집단 참여자들은 서로에게 인터뷰를 하기 전에 녹음기 건전지를 잊지 말 것을 귀띔해 주기도 하고, 최신 질적 연구 소프트웨어 프로그램에 관한 정보를 교환하는 등의 도움을 주고받을 수 있다. 또한 연구 마감일을 지킬 것을 서로에게 독려하기도 하고, 심지어는 연구자가 현장 연구에 몰두하느라 관심을 기울이지 못해 불만이 잔뜩 쌓여 있는 배우자와의 관계를 어떻게 개선해야 하는지에 관한 조언을 줄 수도 있다. 이처럼 비슷한 마음을 가진 다수의 사람이 함께 모이면 사람들은 어려운 시기에 서로 의지하면서 스트레스를 줄이고 좋은 일을 함께 축하할 수 있다.

그러나 PDS는 이러한 긍정적인 측면과 함께 약간의 부정적인 측면도 가지고 있다. 이따금씩 동료 집단이 전혀 바람직하지 않은 방향을 향해 나아가기도 한다. 예를 들면, 어떤 의견이나 사안에 대해서 집단 참여자 모두가 순응하게 되는 '집단적 사고

(group think)' 분위기가 형성되거나 집단 전체가 지나치게 편협하고 비판적인 시각을 갖게 되는 경우가 발생할 수도 있다. 새로운 생각은 항상 비판에 약할 수밖에 없으며, 그렇기 때문에 심지어는 동료들이 좋은 의도를 가지고 한 비판에도 쉽게 무너져 버릴 수 있다(Wolcott, 2001). 그럼에도 불구하고 동료 집단 지지는 적절히만 활용한다면 연구의 엄격성을 높이고자 하는 질적 연구자에게는 없어서는 안 될 귀중한 자원임에 틀림이 없다.

연구 참여자를 통한 재확인

연구가 자료 수집 단계를 지나 자료 분석 단계에 들어서게 되면 질적 연구자는 종종 예비 결과물을 검증해 보기 위해서 연구 참여자에게로 다시 돌아가야 할 필요성을 느끼게 된다. **연구 참여자를 통한 재확인**(member checking; Lincoln & Guba, 1985)은 연구자 편향을 방지하는 중요한 과정이 될 수 있다. 이 과정은 연구자와 연구 참여자 간의 긴밀한 관계에 대한 논리적 확장이 될 수 있다. 연구자와 연구 참여자 모두가 공동 연구자인 질적 연구의 경우, 연구 참여자를 통한 재확인은 연구를 설계할 때 필수적으로 고려해야 할 사항이다.

그러나 연구 참여자를 통한 재확인은 연구자들로 하여금 많은 의문을 갖게 하는 전략이며 이론과 실천 두 영역 모두에서 논쟁의 여지를 가진 엄격성 제고 전략으로 인식되는 것이 사실이다[Tracy(2010)는 이를 '연구 참여자를 통한 성찰'로 부르는 것을 선호한다]. 이 전략과 관련해 두 가지 문제가 종종 언급된다. 첫째, 연구 참여자들이 무엇을 재확인하는지에 대한 매우 근본적인 문제다. 연구 참여자에게 자신의 인터뷰 녹취록이나 개인 사례 요약을 검토해 줄 것을 부탁하는 경우, 연구 참여자의 권한이 문제가 되는 경우는 거의 없다. 그러나 연구 참여자를 통한 재확인 중 대부분은 교차 사례 해석을 포함한다. 따라서 연구 참여자가 과연 연구자가 많은 시간을 들여 숙고하고 여러 참여자에 관한 데이터를 종합하여 내린 결론에 대해서 어떤 판단을 내릴 수 있는지(또는 내려야 하는지)에 대한 합리적인 의문을 제기할 수 있다. 둘째, 연구 참여자를 통한 재확인이(다각화에서와 마찬가지로) 현실의 단일성을 기본 전제로 하고 있다는 것이다(물론 이번 경우는 연구 참여자들에 의한 재확인이기는 하지만; Sandelowski,

1993). 따라서 만일 연구 참여자들이 연구 결과에 대해서 연구자와 다른 의견을 갖는 다면, 그 이유가 연구 결과가 부정확하기 때문이 아니라 시간이 지나면서 연구 참여자의 관점과 현실이 변했기 때문일 수 있다(Rolfe, 2006).

연구 참여자를 통한 연구 결과를 재확인하는 전략을 실제로 사용하는 것이 그리 만만하지 않을 수 있다. 연구 참여자들 중 어떤 사람들은 그런 수고를 귀찮아할 수도 있고, 아무 생각 없이 자신 앞에 놓여 있는 것에 성급하게 도장을 찍어 버릴 수도 있다. 그런가 하면 이전에 했던 말이나 그런 말을 하면서 느꼈던 감정을 다시 떠올리고 싶지 않을 수도 있다. 연구 대상이 약한 노인이거나, 반항적인 청소년이거나, 쉴 새 없이 바쁜 기관 임원이라면 그들을 다시 찾아가는 것은 여러 가지 물리적 장벽이나 접근 통제자 때문에 매우 어려울 수도 있다. 그런가 하면 연구 참여자를 통한 재확인이 연구윤리의 회색 지대에 속하는 사안이라는 것도 문제다. 연구 참여자를 다시 찾아가는 것을 이미 동의를 받고 진행한 인터뷰의 일부로 간주할 수 있는가, 아니면 다시 동의를 받아야 하는가? 연구 참여자를 통한 재확인 과정에서 새로운 데이터가 수집되면 어떻게 되는가? 이 모든 것은 사전에 예측하거나 관리할 수 없는 영역에 속하는 것들이다.

연구 참여자를 통한 재확인이 데이터를 다시 검토하고 새로운 해석을 내리는 데 도움이 되더라도 어떤 연구자들은 자신의 관점을 고수하기 원할 수 있다(그리고 이유를 설명하고 싶어 할 수 있다). 어떤 연구에서는 연구 참여자를 통한 재확인을 하기가 어려울 수도 있지만(Morse, 2015), 연구 참여자들이 예비 연구 결과에 반응하고 반영하고 확장하는 데 관여할 수 있게 해야 한다는 기본 전제와 의도는 질적 연구가 지향하는 가치와 일맥상통한다.

부정적 사례 분석

부정적 사례 분석(negative case analysis)에 대해서는 이미 제7장에서 자세히 논의하였으므로 여기서는 연구의 엄격성을 높이기 위한 방법으로서 부정적 사례 분석이 갖는 중요성에 대해서 논의해 보기로 한다([그림 8-1] 참조). PDS 집단을 통해서 질적 연구자가 자신이 편견을 가지고 있는지를 점검해 볼 수 있는 것처럼, 부정적 사례 분석을 통해서 연구자는 자료 분석 과정에서 자신이 어떤 결점을 가지고 있었는지 여부를 확인해 볼 수 있다. 즉, 연구자는 대안적 설명을 모색하고 편향된 해석을 피함으로써 믿음감을 향상시킬 수 있다(Morrow, 2005). 부정적 사례들은 애초의 직감이 잘못된 것이었음을 보여 주는 사례들일 수도 있고 그와 반대로 연구자가 올바른 길로 가고 있음을 보여 주는 이례적인 상황(즉, 규칙을 입증하는 예외적 상황)일 수도 있다. 두 경우 중 어느 경우인지를 확인하기 위해서는 데이터를 면밀하게 그리고 반복적으로 검토하는 작업이 이루어져야 한다. 물론 그런 작업을 한다는 것은 데이터를 연역적으로 사고하면서 분석한다는 것을 의미한다. 이러한 접근은 근거이론에서는 매우 일반적인 것이지만 다른 질적 방법에서는 반드시 그렇지는 않다.

감사 추적 자료 남기기

감사 추적 자료를 남긴다는 것은 데이터를 수집하고 분석하는 모든 과정을 기록하고 공개하는 것이다(Lincoln & Guba, 1985). 우리가 생각할 수 있는 감사 추적으로는 원자료, 현장 기록, 면접 기록, 연구자가 데이터를 수집하고 분석하고 코딩하는 과정에서 내린 결정들을 기록한 일지나 메모 등이 있다. **감사 추적 자료 남기기**가 창의성을 억제하거나 무분별한 통합을 의도하는 것은 아니지만 두 가지 이유(논리적인 이유와 인식론적인 이유)에서 질적 연구자들을 당황하게 만들 수 있다. 첫째, 감사 추적 자료 남기기를 꾸준히 하는 것은 연구자에게 상당한 부담을 준다. 자신이 내린 분석 결정을 추적하고, 연구 자료 문서에 주석을 달아 문서 저장소를 만드는 것은 특별한 목적이 있지 않고서는 정말 보람 없는 작업으로 느껴질 수 있다. 둘째, 문서화 및 외적 주체에 대한 책임성은 일부 연구자들에게는 전혀 반갑지 않은 강제이면서 동시에 관료적 감시 문화의 잔재로 여겨질 수 있다.

감사 추적 자료 남기기가 중요하다고 여겨지기는 해도 실제로는 하는 경우는 매우 드물다. 저자의 경험에 비춰 보면, 어떤 특별한 목적에서 자신의 메모와 분석 결정을 자발적으로 고문, 멘토 또는 PDS 집단과 공유하는 경우가 아니고서는 감사 추적 자료 남기기를 하는 경우를 본 적은 거의 없다. 감사는 시간 제약과 개인정보 유출 가능성이 있기 때문에 학술지 심사위원들이 감사를 질적 연구를 평가하는 수단으로 사용하는 것은 현실적으로 매우 어렵다. 그러나 연구 결과의 진실성에 대해서 심각한 수준(또는 약간 걱정되는 수준)의 의심이 생기는 경우, 메모나 원자료의 사본을 제출해 줄 것을 요구하는 것은 얼마든지 할 수 있는 합리적인 요구다. 외부인에게 접근을 허락할지 말지 여부와 상관없이 자신의 내린 분석 결정을 되짚어 검토하고 데이터와 메모를 체계적으로 관리해 두는 것은 모든 질적 연구자에게 당연히 도움이 된다.

여섯 가지 질적 접근 방법에 엄격성 제고 전략 적용하기

어떤 질적 접근 방법을 사용하는지에 따라 어떤 엄격성 제고 전략이 다른 전략에 비해 더 적합할 수도 있고 그렇지 않을 수도 있다. 문화기술학 연구는 주로 장기간에 걸친 관계 형성 전략을 사용하지만, 그렇다고 해서 다른 전략의 사용 가능성을 배제하는 것은 아니다(연구 참여자를 통한 재확인이나 데이터 다각화도 적용 가능하다). 사례 연구, 근거이론 연구, 행동지향 연구는 여섯 가지 전략 중 어느 전략을 사용하더라도 도움이 된다. 예를 들면, 데이터 다각화는 사례 연구를 더 나은 방향으로 이끌어 주며, 부정적 사례 분석은 전통적으로 근거이론 연구와 잘 맞아 왔다. 그런가 하면 텍스트 의존적인 내러티브 접근 방법에서 데이터 다각화나 부정적 사례 분석을 사용하는 것은 적절하지 않다. 현상학 접근 방법(phenomenological approaches)에서 동료들과 경험을 논의하는 전략이나 감사 추적 자료 남기기 전략을 사용하는 것은 의미의 심층 구조를 탐구하는 데 부정적인 영향을 미치는 일종의 오염 요인으로 간주될 수 있다. 반면에 연구 참여자를 통한 재확인 전략과 장기간에 걸친 관계 형성 전략은 연구자와 연구 참여자 간의 관계가 친밀할수록 사용하기가 더 쉬워진다.

매우 드문 경우이지만 하나의 연구에서 여섯 가지 전략 모두가 사용된 사례도 찾아볼 수 있다. Morrow와 Smith(1995)가 성 학대 피해자를 대상으로 실시한 근거이론 연구가 그 예인데, 이 연구에 관한 자세한 내용은 제2장의 [글상자 2-2]에 기술되어 있다. 이 연구에서 연구자들은 연구 참여자들과 16개월이 넘는 기간에 걸쳐 여러 차례 인터뷰를 진행하면서 돈독한 관계를 형성하였다. 연구팀은 매주 개최된 연구진 회의에서 PDS 집단 전략을 사용하였으며, 심층 인터뷰 녹취록, 10주에 걸쳐 실시한 포커스 그룹 인터뷰 녹화 자료 그리고 Morrow가 작성한 연구 참여자별 일지, 현장 기록, 자기성찰 일지 등으로 데이터를 다각화하였다. 연구 참여자를 통한 재확인 전략은 연구 초기부터 연구 참여자들을 연구팀에 포함시키는 방식으로 실행되었다. 또한 분석적이고 자기성찰적인 메모를 바탕으로 감사 전략을 사용하였으며, 연구 과정에 대한 연대기적 기술과 데이터 분석의 기초가 되는 166개의 코드 목록을 감사 추적 자료로 남겼다. 마지막으로 부정적 사례 분석이 핵심 전략으로 사용되었는데, Morrow와 Smith는 인간이 가진 "일치지향적 인지 편향"(Morrow & Smith, 1995, p. 26)을 인정하고, 연구자와 연구 참여자의 의견이 일치하지 않는 연구 결과에 대해서 연구 참여자들과 논의하는 등의 시도를 통해 연구 결과의 타당성을 의심하게 만들 만한 사례들을 적극적으로 찾고자 노력하였다.

구성주의적 질적 연구는 여섯 가지 전략 중 어느 것과도 잘 맞지 않는다. 감사 추적 자료 남기기는 부적절한 책임성을 시사하는 것이 될 수 있고, 부정적 사례 분석은 귀납적 사고보다 연역적 사고를 필요로 하는 전략이다. 협력 개념으로서의 데이터 다각화는 다중 실제 가정보다는, 기술해 낼 수 있는 어떤 실제가 존재한다는 가정과 맥락을 같이한다. 연구 참여자를 통한 재확인과 동료 집단과의 경험 논의는 구성주의 연구와 관련이 있기는 하지만 편향 검증으로서의 관련이 아니라 이해와 확장을 위한 협력적 노력으로서의 관련이 있을 뿐이다. 따라서 지금까지 살펴본 전략들을 모두 제하고 나면 장기간에 걸친 관계 형성만이 구성주의 패러다임과 맞는 전략으로 남게 된다.

Denzin(2008)은 질적 연구를 위한 기준은 (그리고 아마 신빙성과 믿음감을 높이기 위한 전략도) 패러다임별로 다를 수 있어야 한다고 주장하였다. 이 장의 뒷부분에서 살펴보겠지만, 구성주의적 질 개념이 만들어져 왔으며 질에 관한 쟁점들을 논의하는 데 있어서 다양한 패러다임을 인정하기 위한 공동의 노력이 이루어져 왔다.

엄격성과 행동지향 연구 간의 딜레마

지역사회 기반 참여 연구(CBPR)와 행동지향 연구가 중요하게 생각하는 지역사회

구성원과의 권한 공유(Israel, Eng, Schulz, & Parker, 2005; Minkler & Wallerstein, 2003)는 방법론적 엄격성을 약화시킬 수 있는 잠재적 위험성을 가지며(Allison & Rootman, 1996), 지역사회 구성원들이 연구 방법에 관한 전문성이나 연구 규정에 명시된 모든 요구 사항을 따르려는 의지를 가진 경우는 매우 드물다. 엄격성과 관련성 간의 이러한 대립적 긴장감은 CBPR 연구에서 특히 자주 발생하는 문제 중 하나다. 연구자들이 학술적 경력을 쌓는 데 있어서 엄격성이 관련성 못지않게 중요하다는 것은 분명한 사실이다. 그러나 지역사회 구성원들이 그러한 관점을 공유하지 못하는 것도 이해할 수 없는 것은 아니다. 이 문제와 관련해서 한 가지 기억할 것은 이분법적인 사고는 가능한 한 피하는 것이 좋다는 것이다.

안타깝게도 CBPR을 제로섬 게임으로 보는 경향이 다소 있기는 하지만, CBPR은 두 가지 중에 어느 하나를 선택하고 다른 하나를 버리는 것이 아니라 균형을 맞추는 노력으로 인식되어야 마땅하다. 엄격성을 높이기 위한 여섯 가지 전략 모두는 질적 CBPR에 적용 가능한 전략이며, 그중에서도 연구 참여자를 통한 재확인을 포함한 몇 가지 전략은 CBPR의 가치와 매우 잘 어울리는 전략이다.

엄격성과 관련성 간의 긴장감에 대한 궁극적인 해결 방안은 각각의 연구가 처한 구체적인 상황에 따라 달라지겠지만 몇 가지 제안을 해 볼 수는 있다. 첫째, CBPR과 행동지향 연구의 엄격성을 높이기 위해서는 헌신과 시간 그리고 인내가 필요하다. 지역사회 구성원들은 연구 방법에 대해서 알고 의문을 제기할 권리가 있다. 비록 그들이 연구 방법을 개발하고 사용하는 데 직접적으로 참여하지 않더라도 말이다. 만일 지역사회 구성원들이 연구의 어떤 부분을 받아들일 수 없다고 할 때 연구자는 그들을 정중하게 설득할 수 있는 방법을 찾거나, 아니면 그들의 의견을 받아들이고 다른 방법을 모색해야 한다. 둘째, 복잡하고 거리감이 있는 연구 설계를 가진 연구일수록 CBPR과 맞지 않을 가능성이 높은데, 특히 지역사회의 승인을 받아야 하는 연구 초기 단계에서부터 그럴 수 있다. 혁신적인 프로그램을 검증하기 위한 실험적 시도 성격의 연구는 지역사회로부터 참여와 협력을 어느 정도 확보한 다음에 하는 것이 성공 가능성을 높일 수 있는 방법이다. 마지막으로, CBPR의 엄격성은 시간이 촉박하고 연구 결과를 빨리 내야 할 때 특히 위협받기 쉬워진다. CBPR 접근 방법은 유연성과 폭넓은 선택을 필요로 하는 접근 방법이므로 제한된 시간 안에 서둘러 연구해야 하는 상황에 처한 연구자라면 CBPR 접근 방식은 선택하지 않는 것이 좋다.

질 평가: 체크리스트, 기준 및 지침 개발

지난 수년에 걸쳐 질적 연구의 질 평가를 위한 다양한 체크리스트(checklist)와 지침(guideline)들이 개발되었다. 최근 들어 질적 연구의 수가 폭발적으로 증가하면서 질적 연구의 질 평가를 위한 통일된 기준을 마련하려는 노력이 질적 연구와 양적 연구 모두에 대한 체계적인 문헌고찰과 통합적 메타 연구를 통해 도출된 많은 결론에 힘입어 점점 더 가속화되었다(Dixon-Woods, Booth, & Sutton, 2007; Popay, Williams, & Rogers, 1998). 메타 통합 연구는 건강과 관련된 다양한 연구 분야에서 처음 시작된 후 사회복지, 형사행정, 행동치료 등의 분야로 확장되었다(Littell, Corcoran, & Pillai, 2008). 메타 연구가 양적 분석 위주로 발전하면서 연구에 대한 방법론적인 평가에 관한 논의가 연구 통합에 관한 논의보다 먼저 이루어지게 되었고, 방법론적으로 약한 연구들의 비중이 약화되기 시작하였다.

질적 연구에 특화된 방법론적 기준은 의학(Cohen & Crabtree, 2008; Inui & Frankel, 1991; Mays & Pope, 2000; Tong, Sainsbury, & Craig, 2007), 간호학(Sandelowski & Barroso, 2002) 및 사회복지학(Drisko, 1997) 등의 분야에서 찾아볼 수 있다. 사회과학(사회학과 문화인류학)은 표준화된 기준을 마련하는 것에 대해서 그다지 관심을 갖지 않았는데, 많은 질적 방법론자가 "기준학(criteriology)"(Schwandt, 1994)에 대해서 무시하지는 않더라도 신중하게 접근해야 한다는 입장을 취해 왔다(Altheide & Johnson, 1994; Seale & Silverman, 1997).

그러나 이러한 입장이 질적 연구의 질 평가 기준을 개발하기 위한 노력을, 특히 건강 관련 분야 질적 연구자들의 경우, 늦추지는 못하였다. Tong과 동료들(2007)은 질적 방법 체크리스트를 주제로 한 문헌들에 대해 메타 분석을 실시하여 22개 사례로부터 76개 항목을 찾아냈다. 연구자들은 76개 항목을 범주화하고 중복성을 제거하는 과정을 통해 세 가지 영역(연구팀 및 성찰성, 연구 설계, 분석 및 결과)에 관한 총 32개 항목으로 이루어진 '질적 연구 보고 통합 기준(Consolidated Criteria for Reporting Qualitative

Studies: COREQ)'을 개발하였다. 영역 1은 연구자의 개인적 특성 및 연구 참여자들과의 관계를 포함하는 영역이고, 영역 2는 이론적 틀, 연구 참여자 선정, 연구 환경 및 데이터 수집 그리고 영역 3은 데이터 분석 및 보고에 초점을 맞춘 영역이다.

이와 유사하게, Cohen과 Crabtree(2008)는 질적 연구의 질을 평가하는 구체적인 기준이 제시된 29개 학술지와 16권의 책 또는 책의 장(chapters)을 고찰하여 (1) 윤리적 연구 수행, (2) 연구의 중요성 기술, (3) 연구 보고의 명확성과 일관성, (4) 엄격하고 적절한 방법 사용, (5) 연구자의 성찰성, (6) 타당성 또는 신빙성 확보, (7) 입증 가능성 또는 신뢰성 확보의 일곱 가지 평가 기준을 개발하였다. Tong과 동료들(2007)의 경우와 마찬가지로, 이들의 일곱 가지 기준에는 다양한 인식론적인 입장이 반영되어 있다. Cohen과 Crabtree(2008)는 마지막 세 가지 기준에 대해서는 아직 합의가 부족하다는 점을 강조하였다.

뭔가를 통합하는 것은 당연히 어려운 일이다. 질적 연구가 질적 연구만의 특별함을 가질 수 있게 해 주는 호기심, 창의성, 우연성 같은 특성을 희생시키지 않으면서 질적 연구의 질을 평가하는 기준을 개발하는 것은 결코 쉬운 일이 아니다. 증거기반 지향 운동(movement) 내부로부터의 목소리가 그러한 사실을 확인할 수 있게 해 주었다. Barbour와 Barbour(2003)는 Greenhaugh(1997)의 연구를 인용하여 통합을 위한 환원주의적 접근을 지양해야 한다고 주장하였다. 더 나아가서 그들은 앞으로의 기대에 부응하려면 이제까지 발표된 질적 연구들 중 많은(거의 모두가 아니라면) 연구가 취소되어야 할 수도 있다고 주장하였다. Eakin과 Mykhalovskiy(2003)는 이러한 우려감을 다음과 같이 표현하였다. "연구의 질을 지나치게 방법의 적절성 중심으로 평가할 경우, 지침이 지나치게 단순화되고 질적 연구가 가진 복잡성과 비공식성이 부적절하게 표준화될 수 있으며, 연구 방법과 생성된 지식 간의 관계를 마치 정해진 어떠한 관계인 것처럼 보는 관점을 권장할 수 있다."(p. 192) 따라서 "절차적 정확성에 대한 집착이 자칫 연구 과정에 대한 연구자의 시각을 제한하고, 연구자의 관심이 연구의 분석적 내용으로부터 멀어지게 만들 수 있다."(p. 192)라는 것을 지적하였다.

일부 구성주의 연구자들과 포스트모던 연구자들은 증거기반 평가를 강화할 수 있는 기준을 마련하는 것에 관심을 두기보다는 공연, 시, 소설, 드라마 같은 질적 연구의 미학적이고 해방적인 측면을 강조하는 데 관심을 둔다. Denzin과 Giardina(2006)는

"진실은 사랑, 보살핌, 희망, 함께하기에 바탕을 둔 것이어야 한다는 진실의 윤리성을 강조하는 예언적이고 페미니스트적 포스트 실용주의적인 방법론"(p.xvii 참조)을 사용할 것을 권장하였다. 이러한 후기구조적 낭만주의는 엘리트주의와 보수적인 과학 방법론을 반대하는 연구자들에 의해 활성화되었다(Hammersley, 2008). 그러나 이 장의 앞부분에서 지적했듯이, 척도 중심의 평가 기준을 심미적 기준으로 대체할 경우, 사회과학이나 전문 분야가 아니라 예술 분야에서 행해지고 있는 엘리트주의적 평가를 받아들이게 되는 결과가 나타날 수 있다. 만약 질이 관심을 가지고 볼 줄 아는 사람들의 눈에만 보이는 것이라면 모든 것은 더 힘 있는 사람들에 의해서 좌지우지되고 말 것이다.

Charmaz(2014)는 미학적 기준의 필요성을 인정하면서도 그것과 방법론적 관심사를 구분하는 중간적 입장을 표방하였다. Charmaz는 그러한 입장에서 출발하여 신빙성, 독창성, 공명성(resonance), 유용성의 네 가지 범주로 구분되는 19가지 기준을 개발하였다. **신빙성** 범주에는 (1) 연구 환경 및 주제에 대한 친숙도, (2) 충분한 데이터, (3) 체계적 비교, (4) 포괄적 범주, (5) 데이터, 분석, 연구 결과 간의 논리적 연결성, (6) 독자가 동의할 수 있는 충분한 증거에 근거한 주장이 포함된다. **독창성** 범주에는 (7) 새로운 범주와 통찰력, (8) 새로운 개념적 표현, (9) 사회적 · 이론적 중요성, (10) 기존 아이디어, 개념 및 관행에 대한 도전, 확장 또는 개선이 포함된다. **공명성** 범주에 속하는 기준은 (11) 연구된 경험의 전체성을 포착하는 범주, (12) 제한적이고 불안정한 당연한 의미에 대한 주의, (13) 더 큰 기관과 개인의 삶 사이의 연결(필요한 경우) 그리고 (14) 참여자들에게 납득이 되는 결과다. 마지막으로, **유용성** 범주에는 다음의 경우에 충족되는 기준들이 포함된다. (15) 해석이 일상에서 사용 가능한 것일 때, (16) 분석 범주들이 일반적인 과정을 거쳐 도출된 것들일 때, (17) 일반적인 과정을 암묵적 함의에 대해서 고찰할 때, (18) 분석에 의해서 후속 연구의 필요성이 제기될 때, (19) 연구가 지식과 더 나은 세상 모두에 기여할 때다. Charmaz가 제시한 기준들이 다소 확장적이고 어떤 문헌을 고찰하는지에 따라 달라질 수 있는 기준들이기는 하지만 신빙성, 창의성, 유용성이라는 기본 원칙들을 담아 낼 수 있는 기준들이라고 할 수 있다.

포괄적 기준 찾기: 엄격성과 관련성의 균형

관련성(relevance)이 갖는 중요성을 환기시키려면 관련성이 무엇을 의미하는지, 그리고 관련성을 확보하려면 어떻게 해야 하는지에 관한 이해가 필요하다. 다소 추상적이기는 하지만, 관련성을 연결 고리를 만드는 것이라고 표현할 수 있다. 질적 연구의 경우, 독자들은 연구 결과가 가진 가치를 이해할 때 비로소 자신과 연구를 연결할 수 있게 된다. 사회복지를 비롯한 여러 실천 분야의 연구자들은 불평등, 사회적 배제, 권한 상실 등의 문제를 관심 있게 다루어 왔는데, 이런 문제들이야말로 관련성의 중요성이 부각되는 문제들이 아닐 수 없다. 오늘날 벌어지고 있는 여러 가지 심각한 문제를 해결하려면 가치를 배제함으로써 얻어지는 학술적인 안락함 따위는 뒷전으로 미뤄두어야만 한다. 관련성을 개인적 경험이나 비슷한 생각을 가진 몇몇 사람들과의 관계 정도의 범위에서 찾고자 하는 것은 앞서 말한 정책 또는 실천 차원에서의 영향력을 간과하는 것이다.

질적 연구의 관련성은 연구의 방법론적 엄격성과 마찬가지로 동료 심사자들에 의해서 평가된다. 질 평가를 목적으로 하는 거의 모든 체크리스트는 물론, 방법론적 엄격성을 강조하면서도 사실은 관련성을 평가하는 데 초점을 맞추고 있다고 해도 과언이 아니다. 결국 "학문을 강력한 것으로 만드는 방법 중 하나는, 예를 들면 연구비 지원 기관, 정부 관료, 대중매체 등과 같은 질적 연구 방법론에 대해서 잘 알지 못하는 다양한 독자에게 그들이 이해할 수 있는 방식으로 그런 것들을 이야기해 주는 것이다."(Tracy, 2010, p. 838)

인식론 차이와 방법론적 차이를 연결하려는 시도로서 Sarah Tracy(2010)는 질적 연구의 질을 평가하는 여덟 가지 '포괄적 기준(big tent)'을 도출하였다. 패러다임별 기준이 필요하다는 Denzin(2008)의 주장에 맞서서 Sarah Tracy는 질적 연구자들이 일반적으로 사용하는 연구 기술들의 근저에 다양한 패러다임이 존재한다고 주장하였다. 그녀가 제안한 여덟 가지 지표는 (1) 가치 있는 주제, (2) 풍부한 엄격성, (3) 성실성, (4) 신빙성, (5) 공명성, (6) 상당한 기여, (7) 윤리성, (8) 의미 있는 일관성이다. '가치 있는 주제'에 대해서는 설명이 필요 없을 것이라 생각되지만 늘 따라 붙는 "그래서 뭐

가 어떻다는 것인가?"라는 질문이 이 기준이 왜 중요한 기준인지를 잘 말해 준다고 볼 수 있다. '**풍부한 엄격성**'은 (누군가에게는 모순처럼 들리겠지만) 적절한 맥락에서 충분한 데이터를 수집하고 이론을 사용하는 것에 관한 것이다. '**성실성**'은 반영성과 투명성을 합한 것으로서 질적 방법의 두 가지 핵심 관심사를 하나로 묶은 것이다. '**신빙성**'은 다각화(또는 결정화), 두터운 기술, 다양한 의견 수렴, 연구 참여자의 반응(연구 참여자를 통한 재확인과 유사한) 등의 전략을 사용한 결과다. '**공명성**'은 연구를 통해 알게 된 것들이 이전 가능하고 연상적(evocative)이라는 것이다. '**상당한 기여**'는 연구가 새로운 이론적 아이디어로나 방법론적으로, 또는 실천적으로 중요한 의미를 갖는다는 것을 의미한다. '**윤리성**'은 연구 참여자 보호와 관련된 모든 측면을 말하는 것으로서 사전 동의, 지속적인 모니터링, 원만한 연구 종료 등이 이에 포함된다. 마지막으로, '**의미 있는 일관성**'은 목적한 바를 달성할 수 있는 연구의 능력으로 대표되는 하나의 이상적인 상태를 말하는 것인데, 이러한 맥락에서 보자면 성공이란 문헌, 연구 질문, 연구 결과 그리고 해석을 의미 있게 연결해 낸 것이다.

물론 이러한 기준들은 주관적 판단에 상당 부분 의존하는 기준들이다. 충실한 (thick) 기술과 부실한(thin) 기술을 어떻게 구별할 수 있는가? 다각화와 결정화는 어떤가? 일관성과 분절성은 어떤가? 이러한 기준들 중 어떤 것들은 질적 연구에 바로 적용해도 무방하지만 어떤 것들, 예를 들면 상당한 기여와 이전 가능성 같은 기준들은 시간을 가지고 좀 더 가다듬고 발전시켜 사람들이 잘 알게 된 후에 질적 연구에 적용하는 것이 바람직하다. 그리고 좀 더 자세히 들여다보면, 이러한 여덟 가지 기준들 안에서 엄격성을 높이기 위한 전략 몇 가지(다각화, 연구 참여자를 통한 재확인, 장시간에 걸친 관계 형성)를 발견할 수 있는데, 예를 들면 동료 집단과의 경험 논의는 앞서 설명하였듯이, 신빙성과 같은 것으로 볼 수 있다. 마찬가지로 감사 추적 자료 남기기는 투명성과 성실성을 높이기 위한 수단으로 사용될 수 있다. 부정적 사례 분석은 가장 눈에 띄지 않는 기준이지만 일관되게 실행되거나 기대되지 않는다. 그런가 하면 이 장의 앞부분에서 소개했던 다른 기준들(생태학적 타당성과 근거 충분성)도 타협안에 포함되어 있는 것을 볼 수 있다.

이와 같은 내용을 종합하면, '포괄적' 기준은 적어도 단기적으로는 엄격성과 관련성 모두에 대응하기 위한 것임을 알 수 있다. 이러한 타협적 기준 또는 다른 기준에 어떻게 관심을 기울일 것인가? 첫째, 질적 연구자들은 이러한 기준들을 연구 계획의 일부로 포함시킬 수 있다. 둘째, 지침에 따라 연구를 수행했음을 독자들에게 확인시키기 위해서 연구 도중에 실제로 있었던 모든 일을 기록하고 문서화할 때 이러한 기준들을 참조할 수 있다. 질적 연구에는 사후에 어떤 일이 일어났는지를 보고할 의무가 항상 뒤따르는데, 왜냐하면 질적 연구가 가진 유연함으로 인해 질적 연구는 연구 수행 방식이 바뀔 수 있기 때문이다.

많은 질적 연구자가 비하인드 스토리를 출판하는 것에 대해서 점점 더 많은 관심을 보이고 있다[Padgett(2004a)가 편집한 사회복지 질적 연구 요약본을 참조하기 바란다]. 이러한 개방성은 성찰성과 투명성을 확보하는 데 도움이 된다. 쉽게 접할 수 있고 읽어 볼 수 있는 감사 추적 자료를 남김으로써 연구자들은 독자들을 연구의 이면으로 초대하고, 그 안에서 어떤 우여곡절과 시행착오들이 일어나는지를 독자들과 공유함으로써 독자와 연구 간의 거리를 좁힐 수 있다. 즉, 글을 통해 성찰성을 실천하는 것이다.

연구의 이면을 묘사(behind-the-scenes portrayals)하는 전략은 질적 방법을 널리 알리고 질적 방법에 대한 접근성을 높이는 데 도움이 된다. 사회복지 연구자인 Glen Bowen(2006)은 이 전략을 특히 잘 활용하였는데, Bowen은 자메이카의 한 지역사회를 대상으로 실시된 빈곤극복 사업에 관한 증거기반 이론 연구에서 이 전략을 사용하였다. 그는 구성주의 패러다임에 입각하여 이해관계자들 간의 협력에 관한 증거기반 이론을 개발하는 과정에 임파워먼트와 사회자본과 같은 민감한 개념들을 적용하였다. 또한 Bowen은 포화(2008), 문헌 분석(2009), 학위논문을 발표하는 방법(2010) 등에 관해서도 여러 편의 논문을 발표하였다. 성찰성의 핵심인 자신(self)을 이와 같이 활용함으로써 연구자는 자신을 경험 공유의 수단으로, 그리고 다른 사람들에게 지침을 제공하기 위한 수단으로 사용할 수 있다(Gair, 2002). 자신에게 유용한 것을 선택해서 활용하는 것은 질적 탐구와 그것이 가진 비규제적 유연성의 특징 중 하나다.

요약 및 결론

이쯤에서 어떤 독자들은 이 장에서 이제까지 질적 연구의 믿음감과 질에 관하여 논의하다가 혹시 빠뜨리고 논의하지 않은 것은 없는지 궁금해할 수도 있을 것이다. 이제까지 논의한 내용을 다섯 가지 핵심 사항으로 요약하면 다음과 같다. (1) 질적 연구의 질은 매우 중요하다. 그럼에도 불구하고 질적 연구의 질을 평가하는 기준에 관한 합의는 여전히 불분명하다. (2) 완료된 연구들에서 질을 평가할 수 있는 근거를 찾는 것과 연구의 질을 높이기 위해서 연구 설계 과정에 신중을 기하는 것은 다른 것이다. (3) 질적 연구의 엄격성은 질적 연구에 특화된 여섯 가지 엄격성 제고 전략 중 한 가지 이상의 전략을 사용하여 높일 수 있다. (4) 최근 몇 년간 질 평가를 위한 지침 및 체크리스트에 대한 관심이 크게 증가하였다. (5) 엄격성 제고 전략 및 통일된 기준과 관련된 분노감을 배경으로 등장한 '타협적' 접근법은 다양한 스펙트럼상의 많은 질적 연구자로부터 전반적인 지지를 얻을 것으로 기대된다.

많은 연구자가 연구의 성공을 가늠하는 척도가, 연구가 가진 사고 자극 역량, 정책과 실천에 대한 개선 역량, 후속 연구를 촉진하는 역량 등이 되어야 한다는 것에 대해서 동의하고 있다. 그리고 좋든 나쁘든(때로는 둘 다) 동료 집단 평가는 연구의 질을 결정하는 데 있어서 접근 통제자로서의 기능(gatekeeper function)을 하고 있다. 평가 기준을 마련하지 못하거나 예술계의 엘리트주의적 평가 방식을 따를 경우 상당한 혼란이 발생할 것이며, 질적 지식을 널리 보급하는 데도 어려움이 있을 것으로 예상된다. 여러 가지 복잡한 요인과 요구가 있음에도 불구하고 질적 연구자들에게 엄격성(어떤 형태이든)과 관련성(다양한 형태의)은 추구해야 할 목표여야 한다.

연습해 보기

1. 다음을 혼자 또는 팀을 만들어 해 본다. 다음 학술지에서 질적 연구 논문『Qualitative Health Research』『Qualitative Social Work』『Qualitative Sociology』중에 한 편을 골라 읽는다. 저자들이 연구 방법과 연구 결과를 기술할 때 어떤 엄격성 제고 전략을 언급하는지 살펴본다.

2. Sandelowski와 Barroso의 Reading Qualitative Studies[*International Journal of Qualitative Methods, 1*(1), 2002]를 http://www.ualberta.ca/~iiqm/backissues/1_1Final/html/ sandeleng. html에서 찾아 읽어 본다. 한 편의 연구논문 또는 학위논문을 읽고 저자들이 제시한 지침에 따라 비평해 본다. 어떤 주제들이 가장 자주 간과되는지 파악해 본다.

3. 집단 토의를 통해 질적 연구의 믿음감을 저해하는 세 가지 요인(반응성, 연구자 편향, 연구 참여자 편향)과 양적 연구와 질적 연구에서의 그러한 저해 요인들이 어떻게 다른지에 대해서 논의해 본다. 양적 연구가 다른 연구보다 일부 위협에 더 취약한가? 만일 그렇다면 질적 연구는 어떤가?

4. 질적 연구의 질을 평가하는 체크리스트의 장단점에 대해 논의해 본다. 이 장에서 설명했던 기준들 중 모든 질적 연구에 가장 적용 가능할 것 같은 기준은 어떤 것들인가?

추천도서

Altheide, D. L., & Johnson, J. M. (1994). Criteria for assessing interpretive validity in qualitative research. In N. K. Denzin & Y. S. Lincoln (Eds.), *Handbook of qualitative research* (pp. 485-499). Thousand Oaks, CA: Sage.

Davies, D., & Dodd, J. (2002). Qualitative research and the question of rigor. *Qualitative Health Research, 12*(2), 279-289.

Drisko, J. (1997). Strengthening qualitative studies and reports: Standards to enhance academic integrity. *Journal of Social Work Education, 33*, 187-197.

Kidd, P. S., & Parshall, M. B. (2000). Getting the focus and the group: Enhancing analytical rigor in focus group research. *Qualitative Health Research, 10*(3), 293-308.

LeCompte, M. D., & Goetz, J. P. (1984). Problems of reliability and validity in ethnographic research. *Review of Educational Research, 52*, 31-60.

Lincoln, Y. S. (1995). Emerging criteria for quality in qualitative and interpretative research. *Qualitative Inquiry, 1*(3), 275-289.

Marshall, C. (1990). Goodness criteria: Are they objective or judgment calls? In E. G. Guba (Ed.), *The paradigm dialog* (pp. 188-197). Newbury Park, CA: Sage.

Maxwell, J. A. (1992). Understanding and validity in qualitative research. *Harvard Educational Review, 62*(3), 279-300.

Mays, N., & Pope, C. (2000). Qualitative research in health care: Assessing quality in qualitative research. *British Medical Journal, 320*, 50-52.

Morrow, S. L. (2005). Quality and trustworthiness in qualitative research in counseling psychology. *Journal of Counseling Psychology, 52*, 250-260.

Morse, J. M., Barrett, M., Mayan, M., Olsen, K., & Spiers, S. (2002). Verification strategies for establishing reliability and validity in qualitative research. *International Journal of Qualitative Methods, 1*, Article 2.

Sandelowski, M. (1993). Rigor or rigor mortis: The problem of rigor in qualitative research revisited. *Advances in Nursing Science, 6*, 1-8.

Seale, C. (2002). Quality issues in qualitative inquiry. *Qualitative Social Work, 1*(1), 97-110.

Tracy, S. J. (2010). Qualitative quality: Eight "big tent" criteria for excellent qualitative research. *Qualitative Inquiry, 16*, 837-851.

Whittemore, R., Chase, S. K., & Mandle, C. (2001). Validity in qualitative research. *Qualitative Health Research, 11*(4), 522-527.

9

이야기하기:
질적 연구를 글로 옮기기

질적 연구자들 중 글을 잘 쓰는 능력이 있거나 기교 넘치는 표현력을 가진 사람이 있다면 그 사람은 축복받은 사람이라 할 수 있을 것이다. 그러나 대부분의 연구자들에게 질적 연구를 글로 표현하는 것은 장기간에 걸쳐 배우고 연마해야 하는 기술이다. Susser(1997)는 글을 쓰는 저작(writing)과 생각을 만들어 내는 창작(authoring)을 구분한다. 그에 따르면, 많은 연구논문과 책이 연구자들에 의해서 창작 혹은 공동 창작되지만, 그러한 연구논문이나 책을 창작하는 사람들 가운데 자신이 직접 글을 쓰는 사람은 매우 드물다. 글을 쓰는 것은 단순한 보고가 아니라 생각을 만들어 내는 예술이자 창조다. 이해를 돕기 위해서 양적 연구의 경우를 한 번 생각해 보자. 일반적으로 대부분의 양적 연구는 많은 숫자와 자료를 제시하며 읽기 좋게 글을 쓰는 것보다는 글의 정확성에 더 많은 비중을 두고 있다. 통계분석 결과와 용어를 제시하면서 정형화된 틀에 맞추어 글을 쓰는 것은 정보를 전달하는 데 있어서는 매우 효과적인 방식이기는 하지만, 읽는 사람으로 하여금 글에 대해서 흥미를 느끼게 하는 방식은 결코 아니다.

양적 연구자에게 있어서 연구 보고서나 논문을 쓰는 것이 형식적인 것(pro forma) 또는 그다지 긴장되지 않는 작업이라고 한다면(훌륭한 양적 연구의 경우, 글에 문제가 있더라도 큰 문제가 되지는 않는다.), 질적 연구자에게 있어서는 연구 보고서나 논문을 쓰는 것이 가장 긴장되는 작업이다(Padgett, 2004b). 어떤 연구가 사람들 사이에서 널리 알려진다는 것은 "여러 곳에 흩어져 살고 있는 많은 사람과 폭넓은 대화를 나눌 수 있다."(Flaherty, 2002, p. 510)라는 것이며, 질적 연구자들은 대화가 생동감 있고 독자의 생각을 자극할 수 있게 해야 할 의무가 있다. 성공적인 보고서와 따분한 보고서의 차이점은 결과의 중요성이 얼마나 잘 드러나 있는지에 있다고 하겠다(Becker, 1998).

질적 연구 보고서 작성을 위한 이상적인 시나리오에는 자신이 선택한 방법과 연구 및 절차를 설명하는 데 사용되는 용어 간의 일치를 유지하는 것이 포함된다. Sandelowski와 Barroso(2003)는 많은 질적 연구를 고찰한 결과 이러한 이상적인 목표가 거의 달성되지 않고 있다는 것을 발견하였다. 질적 연구자는 지극히 일반적인 설명을 함으로써 그들이 사용한 접근 방법의 다양성을 오히려 모호하게 만들었으며, 많은 연구자가 내용 분석의 변형으로 보이는 방법에 의존하고 있는 것으로 나타났다. 구체적인 내용을 제시한 연구의 경우에는 표면적으로 현상학적인 연구가 근거이론의 축소된 버전을 사용하는 등과 같이 그들이 정의한 내용과 현실 사이의 단절이 자주 발생하였다.

어쩌면 당연하다고 할 수 있는 두 가지 것이 글쓰기를 하는 데 도움이 될 것이라 생각된다. 첫째, 잘 쓰인 질적 연구 보고서나 논문을 가능한 한 많이 읽는 것이다. 이 책 전반에 걸쳐 모범적인 기사와 전문성 있는 학술논문들이 인용되어 있다. 질적 연구 보고서나 논문을 읽고 내용과 형식을 파악함으로써 연구자는 글을 쓰는 데 도움이 되는 여러 가지 선택지를 발견할 수 있으며, 더 나아가서는 자신만의 글쓰기 방식을 만들어 갈 수도 있다. 둘째, 가능한 한 빨리 글을 쓰기 시작하고, 충분한 시간을 들여서 글을 편집하고 다듬는 것이다. 글쓰기를 운동 경기에 비유하면, 글을 읽는 것은 관객으로서 운동경기를 관람하는 것이고, 글을 쓰는 것은 선수가 되어 직접 경기에 참여하는 것과 같다고 할 수 있다(Lofland & Lofland, 1995). 글을 쓰고 싶은 마음이 들지 않더라도 글을 쓰는 것이, 어떤 기발한 생각이 떠오를 때까지 글을 쓰지 않고 기다리는 것보다 훨씬 바람직하다(Wolcott, 2001). 우선 구체적인 아웃라인을 세운다. 그런 다음 그에 맞춰 글을 쓰면서 살을 붙여 간다. 질적 연구 보고서나 논문을 쓸 때 발생하는 어려움은 글이 막히기(writer's block) 때문이 아니라 생각이 막히기(idea's block) 때문에 발생하는 어려움이다(Lofland & Lofland, 1995, p. 205). 연구자를 질적 연구로 이끄는 자기 선택(self-selection) 과정은 창의적으로 생각하고 추상적으로 생각하는 사람을 선호한다. 중요한 것은 그런 아이디어와 추상성이 데이터에 기반한 것이 되게 만드는 것이다.

글쓰기 준비하기: 주요 결정 사항

Gilgun(2005), Holliday(2007), Richardson(2000), van Manen(2006), Weiss(1994), Wolcott(2001) 등을 포함한 많은 질적 연구자가 자신만의 글쓰기 전략을 소개하였다. 저자의 경험에 비추어 볼 때, 질적 연구자가 글쓰기 단계에 가까워질수록 두 가지 핵심 사항을 고려해 보는 것이 도움이 되는 것 같다. 하나는 연구 보고서의 독자이고, 다른 하나는 연구 보고서 안에서의 연구자의 역할이다. 그런가 하면 수치와 저작권을 사용할지 여부와 사용한다면 어떻게 할지에 대해서 추가로 고민해 보는 것도 매우 중요할(모든 연구자에게 그런 것은 아니지만) 것 같다.

독자층 결정

질적 연구 보고서는 매우 다양한 목적과 대상을 위해 작성될 수 있다. 학술적 목적의 보고서를 쓰는 경우(예: 박사학위 심사위원회, 학술지 심사위원, 학회 참가자) 연구자는 자신이 발표하는 지식이 개념적·이론적 영향력을 갖게 하기 위해서 압축적인 표현을 사용해야 한다. 평가보고서는 보다 실용적인 용어(덜 학술적인 용어)로 작성되며, 정책 및 관행 개선을 위한 구체적인 제안을 포함하여 구성한다.

연구를 의뢰받거나 연구비를 후원받는 경우, 후원 또는 의뢰 기관들은 일반적으로 연구자에게 그들이 알고자 하는 문제를 파악해 줄 것과 문제에 대한 해결책을 제시해 줄 것을 요구한다. 가장 광범위한 독자라 할 수 있는 일반 대중에 대해서 어떤 연구자들은 그들을 아주 높게 평가하는 반면에 어떤 연구자들은 아주 좋지 않게 평가하기도 한다. 학술적이지 않은 일반 대중을 대상으로 삼을 때 얻을 수 있는 장점은, 그들에게 자신의 연구 주제에 쉽게 접근할 수 있도록 기회를 제공할 수 있다는 것이다. 이 점에 있어서 질적 연구는 일반 대중과의 거리감이 거의 없는 편이라고 할 수 있다. 실제로 이 책의 제1장 맨 뒷부분에 제시된 단행본 중 몇 권은 일반 대중에게 널리 배포되었으며, 그들에게 광범위한 영향력을 행사하였다.

연구 보고서의 독자층은 1차(proximal) 독자층일 수도 있고 2차(distal) 독자층일 수도 있다. 1차 독자는 연구 참여자이며, 이들이 연구 결과에 대해 접근성을 갖는 것은 질적 연구가 갖춰야 할 필수적인 가치 중 하나가 되었다. 정책 입안자나 실무자 같이 다소 거리감이 있는 2차 독자들은 그들이 만든 정책이 사람들의 삶에 영향을 미칠 수 있도록 설계되었기를 바란다(사회복지학 연구자들이 정확하게 이 독자층에 해당한다). 독자층의 가장 주변부에 위치한 주변부 독자들(예: 연구자, 학생, 정보를 원하는 그 밖의 사람들)은 다양한 키워드와 지적 호기심을 가지고 온라인 인터넷 검색을 통해서 연구 결과를 접할 수 있다. 이 주변부 독자들은 시공간적으로 폭넓게 흩어져 있음에도 불구하고 인터넷이나 소셜 미디어를 통해 연구 보고서를 손쉽게 다운로드하거나 구할 수 있기 때문에 연구 보고서의 성패를 가름하는 가장 궁극적인 독자층이 될 수 있다.

예를 들면, 논문의 영향 요인 점수, 인용 횟수, 1순위 저자인지 2순위 저자 또는 더 하위 순위 저자인지와 같은 지표들이 항상 존재한다. 질적 연구자라면 누구나 알고 있는 것처럼, 연구 결과의 영향력을 수량화하는 것의 가치는 지적 영향력을 평가하는 데에 있는 것이 아니라 인지도 경쟁을 불러일으키는 것에 있다. 게다가 연구 결과의 영향력은 독자들이 연구의 관련성(relevance)과 관련하는 새로운 방법을 찾을 때마다 더 중요해질 수 있다. 마지막으로 언급해야 할 사항은 연구 보고서를 원하는 독자층이 다수일 수 있기 때문에 동일 연구에 대해 여러 종류의 보고서를 작성해야 할 수 있다는 점이다. 질적 연구 보고서가 관념의 세계와 실천의 세계에 더 큰 반향을 일으킬수록 더 많은 독자를 확보할 가능성 역시 커진다.

연구 보고서에서 연구자 역할 관련 내용 다루기

1970년대까지 질적 연구자들은 모두가 존재를 알지만 보이지 않는 외부인의 입장을 취해 왔던 것이 사실이라고 할 수 있는데 Haraway(1988)는 이를 '신(God)인 척하기'라고 불렀다. Van Maanen(1988)에 의해 '사실적 이야기(Realist Tales)'라고 명명된 그런 연구들은 연구자들로부터 거의 주목을 받지 못했으며, 그런 연구들의 역할에 대해서 논하는 것은 생각조차 할 수 없는 에티켓 위반이었다. 사실적 이야기의 저자들은 동료 연구자들과 학생들에게 많은 시간을 써 가면서 사적인 자리에서 그들이 현장에서 경험한 이야기들을 들려주었지만, 정작 최종보고서를 쓸 때는 그런 이야기들을 일종의 꼴사나운 자기몰입으로 여기고 편집해 버렸다(Van Maanen, 1988).

구성주의와 포스트모더니즘의 등장과 발전은 이러한 상황에 대한 직접적인 도전이었다. 포스트모던 비평가들의 눈에는 현장 연구에 의해 뒤죽박죽이 되어 버린 인간의 감정은 '순수 인식을 추구하는 원칙(Doctrine of Immaculate Perception)'에 의해 보고서로부터 쥐어짜 내어진 어떤 것에 불과하였다(Van Maanen, 1988, p. 73). 그러는 동안 학계의 독자들과 일반 독자들이 1인칭 표현의 사용에 대해 수용적으로 되면서 보고서 내에서의 연구자의 역할 또한 쉽게 받아들여지게 되었다. 일부 분야에서는 자문화기술지(auto-ethnographies), 회고록, 그 밖의 여러 '자기 고백적 이야기 (Confessional Tales)' 등을 통해서 관심의 초점으로서의 연구자의 역할 쪽으로 관심의 추가 완전히 이동하게 되었다(Van Maanen, 1988).

최종보고서에서 연구자가 배제되어서는 안 되지만 연구자의 역할이 어느 정도로 드러나고 표현되어야 하는지는 여전히 의문거리다. 현장에서의 많은 경험(성공과 실패)은 연구의 신빙성과 관련이 있을 수 있다. 보고서에 얼마나 많은 개인정보와 경험을 담을지에 대한 결정은 연구자 개개인의 가진 인식론적 입장뿐만 아니라, 보고서가 의도하는 대상과 보고서의 배포 대상인 독자들에 의해서도 영향을 받는다. 어떤 독자들은 철저한 성찰성(reflexivity)을 높이 평가하는 반면, 어떤 독자들은 방종하다거나 산만하다고 생각할 수도 있다.

성찰성의 형식은 간략하게 언급하는 형식에서부터 모든 내용(예: 연구자가 어떤 배경에서 현장에 들어가게 되었는지, 연구 참여자들과 어떻게 상호작용하였는지, 자신이 가진 잠재적 편견을 어떻게 깨뜨릴 수 있었는지 등)을 자세하게 설명하는 형식에 이르기까지 매우 다양할 수 있다. 후자 형식의 경우, 주로 연구자가 연구 기간 중에 개인 일지나 수첩이나 일기 등에 기록해 두었던 내용들이 연구자의 보고서 내에서의 역할을 돋보이게 만든다. 학술논문의 경우, 일반적으로 지면이 매우 제한적이기 때문에 연구방법, 연구 결과 등에 관한 충분한 논의를 위해 자기성찰적 내용을 제한하는 경향이 있다. 긴 형식의 보고서(논문이나 책 같은)는 연구자의 역할 설명을 위해 더 많은 공간을 허용할 수 있으며 부록을 이용하기도 한다.

연구 보고서에 수치 사용하기

최종 보고서에 수치를 사용할지 여부와 수치를 사용하는 방법을 결정하는 것은 결코 간단한 문제가 아니다(Maxwell, 2010). 확실히 질적 연구자들은 숫자를 그다지 신뢰하지 않으며, 약간, 많이 또는 조금 정도의 표현을 사용하는 것이 일반적이다(Weiss, 1994). 그러나 연구 참여자의 인구통계적 특성을 설명하는 표를 만들기 위해서는 숫자나 비율을 사용하지 않을 수 없고, 연구 보고서의 결과 부분에서는 수치를 사용하는 것이 내용의 흐름을 방해하지 않는 데 도움이 된다. Walker와 Allen(1991)은 어머니를 부양하는 딸들을 대상으로 한 그들의 연구에서 어머니와 딸 간에 세 가지 관계 유형(본질적, 양면적, 갈등적)이 존재하는 것을 발견함에 따라 각각의 유형에 해당하는 어머니−딸 조합이 전체에서 차지하는 백분율(각각 45%, 34%, 21%)을 구하였다. 그들은 연구 보고서에 각각의 관계 유형이 차지하는 비율을 한눈에 볼 수 있게 해 주는 지표를 제시함으로써 독자들로 하여금 연구 대상들이 이 세 가지 유형 중 어느 유형에 얼마나 분포하는지를 쉽게 이해할 수 있게 하였다.

연구 보고서를 작성할 때 연구자는 수치 사용에 있어 문제가 되는 측면을 간과하지 않게 주의해야 한다. 첫째, 수치 결과가 실제로는 존재하지 않는 정확성이 마치 존재하는 것 같은 잘못된 인상을 주지 않게 주의해야 한다. 예를 들면, "여성 연구 대상 중 대부분이 의료 서비스에 대해서 만족했다."라는 표현이 "80%의 여성이 의료 서비스에 대해서 만족했다."라는 표현보다 바람직하다. 왜냐하면 '80%'는 여성 10명 중 8명을 의미하지만, 의료 서비스에 대한 만족도는 측정되거나 보정되지 않았기 때문이다. 그런가 하면 수치는 명확한 결과를 제시해야 할 때 매우 유용할 수 있다. 예를 들면, "10개 기관의 기관장들(연구 대상 중 약 40%)이 연구가 진행되는 기간 동안에 일자리를 잃었다."라는 식의 표현이 이 경우에 해당한다. 질적 연구 보고서에 수치를 제시할 때 또 한 가지 주의해야 할 것은 질적 연구를 통해서 얻게 된 많은 중요한 결과는 일상적으로 얻을 수 있는 것이 아니라 뜻밖의 행운에 의해서 그리고 자발적으로 나타난 결과라는 점이다. 따라서 특정 정보를 제공한 연구 대상의 수는 그 정보를 줄 수 있는 실제 연구 대상의 수보다 적을 가능성이 크기(분모가 없는 분자) 때문에 그 수치를 진정한 빈도를 나타내는 수치로 이해하는 것은 잘못된 생각일 수 있다.

보고서의 연구방법 부분에서 연구자가 사용을 고려해 볼 수 있는 수치는 녹취록(transcripts)의 페이지 수, 현장에서 보낸 시간 및 인터뷰를 하는 데 걸린 시간과 같다. Emmy Tiderington(2015)은 NYRS의 일부분이었던 그녀의 박사학위논문의 연구방법 부분에서 다음과 같이 언급하였다. "나를 포함한 5명의 NYRS 연구원이 현장에서 총 106시간을 보내면서 164페이지에 달하는 현장 노트를 수집하였다."(p. 61) 녹취록의 페이지 수는 독자에게 녹취록을 읽고 코딩하는 데 어느 정도의 시간이 필요할지를 알려 준다(아마 양적 연구자들이 이 수치를 접하면 할 말을 잃을 것이다). 예를 들어, 표본 크기가 20명이고, 연구 참여자 1인당 2회의 인터뷰를 진행하고, 인터뷰당 60~90분 정도가 소요되는 질적 연구라면, 대략 계산하더라도 녹취록의 분량은 약 1,000페이지(인터뷰당 평균 25페이지 분량의 녹취록이 만들어지는 인터뷰를 총 40회)에 달한다. 물론, 이런 정보가 너무 많으면 연구자에게는 과도하게 지나치겠지만 질적 연구에서는 정보가 충분하지 않다는 것이 더 심각한 문제다.

저자 및 공저자 정하기

질적 연구는 '혼자 하는 연구'라는 명예로운 전통을 오랫동안 유지해 왔다. 그러나 팀워크를 지향하는 추세가 점점 강해짐에 따라 질적 연구에서도 공동 저작이 일반화되기 시작했으며, 그에 대한 기대감 또한 커져 가고 있다(심지어는 박사학위논문도 나중에 공동 저작되는 경우가 많아지고 있다). 이러한 경향은 다학제적 환경에서 일하는 과정에서 연구 협력이라는 뜻하지 않은 부산물을 얻을 수 있었던 전문직 분야에서 특히 두드러지게 나타났다. 질적 탐구의 평등주의적 기풍은 팀워크에 영향을 미칠 뿐 아니라 리더 역할을 당연시하지 않게 만들었으며, 연공서열(seniority) 위주의 결정을 구조화려는 시도를 뒤흔들어 놓았다.

질적 협력(qualitative collaboration)을 하다 보면 양적 연구자들은 일반적으로 직면하지 않는 문제가 발생할 수 있다. 질적 연구는 다면적이고 서로 얽혀 있으며, 모든 단계에서 서로가 서로에게 정보를 주고받는다. 일련의 피드백 고리와도 같은 질적 설계는 때로는 예측하기 어려운 방식으로 전개되기도 한다. 팀원들의 기술은 단순히 서로를 보완하는 것이 아니라 중첩적인 것이어야 한다. 이처럼 흠잡을 데 없는 각자의 질적 수준은 보고서를 작성할 때 어려움을 초래하기도 한다.

저자를 결정하는 것은 골치 아픈 일이 될 수 있다. 첫째, 누가 저자이고 누가 저자가 아닌지를 정하는 결정이 있다. 오늘날 동료 심사를 거쳐야 하는 학술논문의 경우 저자 인정을 위해서는 적극적인 역할이 반드시 요구되며(무임승차 금지), 연구에 도구적인 도움이 아닌 단순 도움 정도를 주는 것에 대해서는 저자 인정이 아니라 감사 표시가 합당하다고 보는 것이 일반적이다. 이러한 최소 기준을 넘어서면 더 이상의 어떤 정해진 규정은 존재하지 않으며 많은 것이 합의와 공정성에 따라 결정된다. 팀원 중 한 사람이 연구의 특정 단계에서만 기여하고 그 밖의 단계에서는 기여하지 않은 반면, 나머지 팀원 모두는 연구의 모든 단계에 기여한 경우가 있을 수 있다. 팀원 중 어떤 사람이 연구가 시작된 다음 다른 도시로 이사를 하게 되었지만 보고서 작성에 참여하기를 원하는 경우도 있을 수 있다. 이런 경우들은 반드시 고려해 봐야 할 몇 가지 예에 불과한 것들이다.

가장 좋은 접근 방법은 공저자가 연구의 여러 중요한 과정에 참여하고(반드시 모두 일 필요는 없다) 보고서 작성에 참여하는 것이다. 원고 작성을 여러 부분으로 나누는 것이 민주적인 것처럼 들릴지는 모르나 실제로 잘되는 경우는 거의 없다. 저자가 다수이면 각각의 부분을 어떻게 합할지를 놓고 상당한 시간을 할애하면서 논의를 해야 하기 때문이다. NYRS에서 우리는 누가 제1저자가 될 것인지, 즉 팀원 중 누가 그 자격을 갖고 그 순간부터 글쓰기 작업을 조율할 것인지 결정하는 것부터 시작하였다. 제1저자는 팀원 중 누가 구체적으로 어떤 부분을 쓸 것인지, 특히 특정 분야(예: 표본 추출 절차와 같이 구분이 명확하고 쉽게 따로 떼어 낼 수 있는 부분)의 경우 누가 관련 지식을 가장 많이 가지고 있는 적임자인지를 판단할 수 있다. 동시에 제1저자에게는 보고서를 일관성 있게 만들어야 할 책임이 있다.

연구 보고서의 서론 및 논의 부분(the introduction and discussion sections)은 협력과 다양한 관점이 빛을 발할 수 있는 부분이다. NYRS에서 제1저자는 보통 문헌고찰을 실시한 후에 다른 연구자들에게 추가 인용이나 누락된 아이디어에 관한 제안을 하였다. 만일 보고서의 기본 구조가 빈약해 보이면 처음으로 돌아가 다시 시작할 수도 있다. 원고는 항상 여러 번의 초안 작업을 거치게 되기 때문에 인내심의 미덕이 요구된다. 논의 부분 역시 공저자의 의견이 들어가야 하는 부분이지만, 이 부분도 이전 부분들과 무리 없이 이어져야 한다(그리고 처음의 연구 질문으로 다시 돌아가야 한다).

NYSS와 NYRS의 책임자였던 저자는 주요 연구 결과를 발표하는 한 편 내지 두 편 논문의 제1저자가 되기 원하였지만(후원자의 기대와 저자 자신의 기대에 따라), 나중에 다른 논문들에서 제1저자 자격을 얻게 되었다. 저자는 가끔 팀원들의 제1저자 자격 심사에 참여하였는데, 집단 유대감(group bonhomie)과 풍부한 데이터 덕분에 클 수가 없었던 의견 차이마저도 쉽게 해결할 수 있었다. 우리 연구에는 두 종류의 연구 참여자 집단이 있었는데, 한 집단은 소비자들(과거에 노숙인이었던 남녀)이었고, 다른 한 집단은 그들이 거주하면서 서비스를 제공받던 주택지원 프로그램의 사례관리자들이었다. NYRS에서 두 명의 팀원(Emmy Tiderington과 Mimi Choy-Brown)은 노련한 사회복지사이면서 사회복지 실무와 조직에 많은 관심을 가진 박사과정의 학생들이었다. 그들은 해당 분야에 전문성을 가진 교수(Victoria Stanhope)와 함께 사례관리자 데이터를 수집하고 분석하였다. 연구 총괄책임자(Bikki Tran Smith)와 저자는 사진 유도 인터뷰를 포함한 소비자 데이터에 초점을 맞추었다. 동료 연구자였던 Ben Henwood(졸업 후 먼 지역의 교수가 될 때까지)는 두 가지의 데이터 모두 관심이 있었던 만능(all-purpose) 팀원이었다.

제1저자 다음의 저자를 결정하는 것 역시 쉽지 않은 일이 될 수 있다. 저자의 경험상 두 번째 저자를 결정할 때부터는 확실히 수월해지는 것 같다. 그와 정반대되는 경우(예: 두 번째 저자가 보고서 작성 작업의 대부분 또는 전부를 맡아서 하고 팀원 중 선임자가 제1저자가 되고자 하는 경우)는 이제 과거에나 가능했던 일이 되어야 한다. 물론 답해야 할 문제들은 아직도 여전히 남아 있다. 저자의 순서가 철저하게 누가 무엇을 얼마나 했는지에 비례하여 결정되어야 하는가? 그것을 어떻게 확신할 수 있고 결정할 수 있는가? 만일 어떤 팀원이 글을 잘 쓰지 못하거나 시간 관리가 서툴다면 어떻게 할 것인가? 종신교수 자격 심사를 앞둔 팀원이 저자를 결정할 때 자신을 우선시해 달라고 요청한다면 어떻게 할 것인가? 함께 점심을 먹다가 좋은 아이디어를 제안한 동료 연구자가 자신을 공저자로 인정해 달라고 하면 어떻게 할 것인가? 예를 들어, 의학 분야는 전통적으로 가장 연차가 높은 선임 팀원을 위해 가장 마지막 저자 자리를 남겨둔다(이 자리는 중간 저자보다는 높고 제1저자보다는 낮은 위치다). 그런 경우를 제외하면 저자 순서는 기여도에 따라 정해지는데, 일반적으로 연구 도중 또는 연구 종료 후에 논의를 통해 결정한다.

한편, 단독 저자 연구가 사라질 일은 절대 없을 것이다(일부 종신교수 자격 심사위원회나 승진 자격 심사위원회는 공저자 연구뿐만 아니라 단독 저자 연구도 요구한다). 자신의 아이디어와 분석에 대한 인정을 원하는 연구자들에게 단독 저작물은 책이 될 수도 있고 보고서가 될 수도 있는데 이는 학문 분야나 기관의 기대에 따라 달라질 수 있다. 학술기관(여전히 책을 중요시하는 일부 사회과학분야를 제외하면)의 채용, 재임용 또는 승진 경우에는 동료심사를 거치는 저작물이 더 일반적으로 요구된다. 보통은 학술논문의 공저자 정도면 무난하지만, 아무래도 개인의 연구 업적 포트폴리오에는 단독 저작물이 반드시 포함되어 있어야 한다.

학위논문 저자 및 학위논문 기반 저작물의 저자: 규칙이 거의 없는 협상

저자 결정이 명확한 규칙은 없고 의견만 무성한 상태에서 이루어진다면 학위논문의 공저자를 결정하는 것은 미지의 영역이 될 수밖에 없다. 대규모 양적 연구와 비교해 보면 그리 흔한 경우는 아니지만, 질적 연구 학위논문도 대규모 연구 과제의 일부인 경우가 있다. 이런 경우, 박사과정 학생이 연구한 내용을 어떤 것이고, 그것과 모연구(parent study)와의 관계를 어떻게 가져갈 것인지는 지속적인 협상을 필요로 하는 문제다. 학생이 가진 영향력이 상대적으로 적을 수밖에 없다는 사실이 모연구의 책임자로 하여금 학생의 요구가 충분히 반영되게 하는 데 다소 어려움을 느끼게 만드는 것은 사실이다. 그러나 협상은 가능하다.

일반적인 시나리오는 (모연구가 없는 경우라면) 박사과정 학생에게 더 많은 선택지를 제공하는 것이다. 그러나 이 경우에도 저자 결정과 관련해서는 여러 가지 생각해 볼 것이 있다. 예를 들면, 학위논문을 지도한 교수나 기타 위원회의 위원이 학생이 학위를 취득한 후에 학위논문을 발표하고자 할 때 공저자를 요구할 수 있을 정도로 연구에서 실질적인 역할을 했을 수 있다. 좋은 학위논문의 경우, 보통 최대 세 편 정도의 학술논문을 만들어 낼 수 있다. 일반적으로 학생이 단독 저자로 주요 연구 결과를 발표한 다음 다른 연구자는 다른 논문의 공저자로 들어간다. 이때 학위논문의 어떤 부분을 어떤 학술논문을 만드는 데 사용할지에 관한 결정은 학생에게 맡겨야 한다.

가장 어려운 부분은 한 편의 질적 학위논문을 어떻게 나눠서 학술논문으로 발전시킬지를 결정하는 부분이다. 질적 연구만의 일관성을 가진 한 편의 질적 학위논문을 만들어 내기 위해서 그 많은 노력과 정성을 쏟아 놓고 이제는 그 학위논문을 몇 개의 덩어리로 잘라 내야 한다니! 학술지들이 비실증적 논문을 기피하는 경향이 있기는 하지만, 한 편 정도의 학술논문은 이론적 논의, 관념적 논의 또는 문헌고찰을 중심으로 만들어 낼 수도 있다. 특히 좋은 학위논문 경우, 일부 분석이나 문헌고찰을 추가하거나 일부 내용을 다시 써서 완전히 새롭거나 예상하지 못한 주제에 관한 논문으로 발전시킬 수도 있다.

학위논문 형식 중 세 편의 논문 형식이라는 학위논문 형식이 있다. 단행본 형식과 달리 학생은 출판 가능한 수준의 보고서를 세 편 준비하여야 한다. 양적 사고방식의 전형을 보여 주는 형식이기는 하지만, 이 형식은 질적 학위논문에도 널리 적용되고 있다. 그 세 편의 보고서를 학생이 한 편의 논문으로 묶어 낼 것[한데 묶은 서론 장(chapter)과 결론 장]이라 기대할 수 있는데, 이 형식은 연구를 일종의 혼합 작업으로 보게 만드는 면이 없지 않다.

서로 다른 특성을 가진 독립적인 논문을 몇 편 쓰면 출판하기가 훨씬 수월해진다. 물론 저자 결정에 관한 논의는 훨씬 전에 해 둬야 한다. 어떤 박사과정 프로그램은 학생들에게 졸업 전에 한 편 이상의 논문을 출판할 것을 요구하기 때문에 학생들은 보고서 작성 규정뿐만 아니라 원고 서식 및 원고 작성 방법에 대해서 잘 알아 두어야 한다. 박사학위 과정이라고 하는 세계에 처음 들어선 학생들은 지도교수나 다른 교수들이 공저자와 관련된 논의를 할 수 있을 정도의 관계가 형성될 수 있다는 것을 알아 두는 것이 좋다. 드문 경우가 아니기 때문에 협상을 할 때 학생이 교수보다 불리한 위치에 있다는 사실이 걱정거리가 될 수 있다. 학위논문을 쓰기 위해 얼마나 많은 노력과 수고를 들여야 하는지를 생각해 보면 저자를 결정할 때 박사/대학원 과정 학생이 당연히 더 유리해야 하는 것은 합리적이고도 남는 일이 아닐 수 없다.

보고서 구성–핵심 요소

연구 보고서 작성에 앞서 준비해야 할 사항들에 대해서 살펴보았으니 이제 펜을 들어 (또는 손가락을 키보드로 가져가) 보고서를 써 보기로 하자. 저자에게 창의적일 수 있는 자유가 허락되기는 하지만 대부분의 질적 연구 보고서는 양적 연구 보고서와 내용은 매우 다르지만 형식은 거의 동일하다.

• 제목: 제목은 가능한 한 많은 핵심어를 담을 수 있으면서 눈에 잘 띄게 (그러나 경박해 보이지 않게) 정하는 것이 중요하다. 보고서가 쉽게 검색될 수 있게 하기 위해서 제목에 '질적(qualitative)'이라는 단어를 넣거나, 사용된 연구방법이 어떤 것인지를 보여 줄 수 있는 단어를 넣는 것이 중요하다. 많은 저자가 자신의 연구가 어떤 연구인지를 최대한 설명하기 위해서 두 개 구문(기술적인 구문 하나와 사무적인 구문 하나)으로 제목을 만든다. 예를 들면, '성폭행 피해자를 위한 혁신적인 커뮤니티 서비스: 다중사례 연구방법의 적용'(Campbell & Arens, 1998), '젠장, 중독자이기는 하지만 난 마약중독자는 아니야: 고령 헤로인 사용자를 대상으로 한 문화기술적 분석'(Boeri, 2004) 등이다.

• 초록(abstract): 출판 규정에 따라 다를 수 있지만, 초록은 그 분량이 적게는 50자에서 많게는 250자 정도다. 초록은 다음에 제시된 부분들로 내용을 나눠도 되고, 전체적인 이야기를 써도 된다. 어떤 형식을 따르든 간에 연구 배경, 연구 필요성, 간략한 연구방법과 연구 결과 설명, 그리고 결론이 반드시 포함되어야 한다.

• 연구 배경 및 이론적 맥락: 이 부분에서는 연구의 필요성, 사용한 질적 연구방법 등을 포함한 관심 사항에 대해 설명한다. 뒤이은 문헌고찰 부분에서는 연구의 이론적·경험적 맥락을 설명한다. 이때, 질적 연구에 관한 별도의 논의를 통해서 자신의 연구가 질적 연구에서 차지하게 될 위치와 어떤 기여를 하게 될지를 이야기할 수도 있다. 이론적 영향 및 개념틀을 소개할 때는 그것들이 왜 자신

의 연구를 특정 방향으로 몰고 가거나 제한하지 않을지를 함께 이야기해 준다. 문헌고찰은 받아들여진 주장이며 근거 없는 주장이 되어서는 안 된다(Silverman, 2006). 경험적 연구의 연구방법이나 결론에 대한 비판은 당연히 할 수 있지만 비판적 주장의 근거는 지식 간 격차여야지 선행 연구가 가진 오류나 부적절함이 되어서는 안 된다. 일반적으로 이 부분은 연구 질문을 제시하면서 논의를 마친다.

- **연구방법**: 첫 번째 부분은 독자들에게 방법론자들이 해당 분야에서 발표한 연구의 인용과 함께 구체적인 접근법(근거이론, 문화기술학, 내러티브 분석 등)을 소개한다. 두 번째 부분에서는 구체적으로 어떻게 연구 목적을 달성하기 위한 노력이 이루어졌는지에 대한 상세한 설명을 제공한다(이는 원래의 제안이나 계획과는 다르다). 여기서 연구자는 연구 방법, 시기, 이유를 설명한다. 연구의 장소와 표본 선택, 현장 진입 및 관계 구축, 데이터 수집 절차, 데이터 저장 및 관리, 데이터 분석, 연구 대상의 권익 보호 및 윤리적 고려사항, 그리고 엄격성을 강화하기 위해 사용된 전략을 설명한다. 이러한 사항들을 설명함에 있어 연구자는 연구의 한계와 자료를 수집하고 분석하는 도구로서의 연구자의 역할에 대해 제한점을 밝혀야 한다.

- **연구 결과**: 핵심은 바로 이 부분이다. 질적 연구자는 연구 결과를 보여 주기 위해서 차트, 매트릭스, 지도 같은 그래픽 자료부터 코드 및 주제 목록(보통 녹취록에서 발췌한 인용문으로 나타낸)에 이르기까지 다양한 수단을 사용할 수 있다. 연구자는 또한 주요 범주나 주제를 보여 주기 위해서 사례 예시나 사례 유형을 제시할 수도 있다. 연구자가 사용할 수 있는 방법은 매우 다양하다. 단, 한 가지 조건만 충족되면 된다. 연구 결과는 이해할 수 있는 것이어야 하고, 원래의 연구 질문과 관련된 것(새로운 또는 우연한 연구 결과로서 충분한 여지를 열어 둔 상태에서)이어야 한다는 것이다.

- **결론 및 제언**: 이 부분에서는 연구 내용 중 가장 중요한 부분들을 다시 한번 강조하고 언급함으로써 독자들로 하여금 연구 목적이 무엇인지 다시 한번 이해할 수

있게 해 주고, 연구 목적을 달성하기 위해 어떤 노력이 이루어졌는지를 간단하게 요약·설명함과 동시에 연구의 제한점이 무엇인지를 설명한다. 또한 연구 결과가 가진 함의가 반드시 제시되어야 한다. 연구를 통해 우리가 가진 지식의 범위를 얼마나 그리고 어떻게 확대시킬 수 있었을까? 연구 결과가 사회복지 실천과 정책에 어떻게 활용될 수 있을까? 마지막으로, 다른 연구자들을 위해서 줄 수 있는 제언은 무엇일까?

다음은 몇 가지 추가적인 조언이다. (1) 앞서 언급한 네 가지 부분 간의 내용 구분을 명확하게 한다. 예를 들면, 결론 부분에서는 새로운 결과를 소개하지 않는다. (2) 표제와 소제목을 붙여 보고서를 짜임새 있게 하고 내용을 안내하는 이정표 역할을 하게끔 한다. (3) 출처를 자주 그리고 가능한 한 많이 인용한다. 표절로 오해받을 위험을 무릅쓰는 것보다 과도하다 싶을 정도로 인용하는 편이 훨씬 낫다. 그리고 (4) 최대한의 투명성을 목표로 한다. 제8장에서 논의하였듯이, 연구 방법과 결과를 설명함에 있어서 투명성과 철저함을 유지하는 것은 연구에 대한 신뢰를 높일 뿐만 아니라 더 크고 시급한 과제라고 할 수 있는 질적 연구의 탈신비화(demystifying)에도 도움이 된다.

질적 보고서 작성을 위한 다양한 접근 방법

각각의 질적 접근 방법은 앞서 설명한 형식을 변형한 저마다의 고유한 보고서 작성 형식을 가지고 있다. 그러나 대부분의 질적 보고서는 이야기를 서술하면서 표, 그림, 개요, 사진 및 그 밖의 설명적 시각 자료 등으로 내용을 보완하는 공통적인 형식을 따른다. 예를 들면, 근거이론 보고서는 일반적으로 분석에서 나타난 이론 또는 개념적 틀을 제시하는 형식을 따른다. 따라서 범주나 주제는 각각을 설명하기 위해 선택된 인용문과 함께 제시된다. 또한 논리적 결론에 이르는 방법을 따르기 위해 이론적 스키마를 도식화하여 범주들과 범주들 간의 관계를 보여 준다.

현상학 연구자들은 보고서를 작성할 때 그들 나름의 분석 구조를 따르는 경향이 있다. Colaizzi(1978)는 Beck(1993)이 산후 우울증에 관한 현상학적 연구에서 따랐던, 주제와 중요한 진술 내용을 표로 만들어 제시하는 형식을 제안한다. Moustakas(1994)는 연구 보고서의 첫 부분에 자서전적 설명을 넣는 것을 포함하여 현상학 보고서 작성에 관한 여러 가지 자세한 지침을 제공하였다. 『The Journal of Phenomenological Psychology』를 보면 이러한 접근 방식을 보여 주는 많은 예를 찾아볼 수 있다.

문화기술학 연구들은 연구의 깊이와 폭을 보여 주기에 적합한, 한 권의 책에 가까운 긴 분량의 보고서를 쓰는 전통을 가지고 있었지만, 학술논문 형식의 보고서가 점점 더 일반화되고 있는 추세다. 초기 문화기술학은 연구방법 부분이 아예 없거나 심각한 수준까지 생략하곤 하였는데, 지난 20년간 많은 저명한 문화기술학 연구자가 연구 방법을 명확하게 설명할 것을 촉구하는 노력을 펼친 덕분에 많은 부분이 바뀌었다(Bernard & Gravelee, 2014; LeCompte & Schensul, 1999; Tedlock, 2000).

내러티브 접근 방법은 주석이 달린 텍스트의 특정 부분들을 강조한 다음 해당 부분의 의미를 각각의 연구가 선택한 방법에 따라(예: 내러티브 분석, 대화분석 또는 담화분석) 해석하는 **확대-축소**(zoom in-zoom out) **기법**(Czarniawska, 2004)을 자주 사용한다. Angell과 Bolden(2015)은 그들의 담론 분석 연구에서 정신과 의사와 환자 간의 대화에 상당 분량의 주석을 붙여 제시하였다. 대표적인 예로 꼽히는 내러티브 분석 연구들을 읽어 보면 저자들이 인터뷰 발췌문과 그것에 대한 자신의 해석을 번갈아 가면서 제시하는 방법을 사용하는 것을 볼 수 있다(Hyden & Overlien, 2004; Riessman, 2008; Sands, 2004). 이와 대조적으로, 근거이론과 현상학 보고서들은 해석적 구조와 설명적 발췌를 더 중요시한다.

사례 연구는 연구 설계와(단일 사례인지 복수 사례인지) 목적에 따라 보고서의 형식이 상당히 달라진다. Stake(2005)는 연구 목적(특히 사례 또는 사례들의 중요성), 방법 및 세팅 관련 설명이 포함된, 사례 연구 보고서의 기본 형식을 제시하였다. 많은 경우 사례 연구를 실시하는 목적이 평가 또는 특정 문제에 대한 비판적 분석이기 때문에 보고서를 작성할 때, 사례 연구자들은 일반적으로 유형화, 사례 분석의 예, 도표 등을 이용하여 무엇이 핵심 사항인지를 보여 줌으로써 자칫 독자들이 사례에 관한 세세한 내용 안에 매몰되지 않게 하는 데 신경을 쓴다.

설명과 해석 간의 균형

독자들 중 어떤 사람들은 아마 지금쯤이면 질적 보고서들 간의 차이는 결국 설명과 해석 간의 균형을 어떻게 맞추는지에 있다는 것을 알아차렸을 것이다. "과도한 분석(analytic excess)"(Lofland, 2002, p. 158)이 상세하고 풍부한 정보가 결여된 보고서를 만들어 낸다면 부족한 해석은 보고서로 하여금 영향력을 잃게 만든다. 후자 경우를 우려한 문화인류학자 Clifford Geertz(1973)는 문화기술적 해석을 활성화하기 위해 두터운 기술(thick description)이라는 용어를 도입하였다. 그 이후로 이 문구는 널리 사용되고 있다(때로는 '더 많은 해석'이 아니라 '더 많은 기술'로 오해되기도 한다). 기술이 국부적인(localized) 것인 데 비해 해석은 추상화, 개념화 및 더 큰 의미 형성을 뜻한다. 해석을 할 때는 데이터와 연구 결과를 굴절시키기 위해서 이론적 관점들을 종종 소개한다.

질적 보고서에서 기술의 역할은 여전히 중요하다. 주제가 새롭고 잘 알려지지 않은 것이면 특히 그러하다. 물론 무엇을 기술할 것인지(그리고 어떻게 기술할 것인지)를 결정하는 것 그 자체도 일종의 암묵적 해석이다. 예를 들면, 문화인류학자 Margaret Mead(1928)는 자유분방한 청소년 성에 관한 자신의 선입견에 연구 결과를 끼워 맞추기 위해 사모아섬에서 그녀가 '본 것'을 선택적으로 보고하였다는 비난을 받았다. 문화기술학은 설명과 해석을 매끄럽게 섞는 경향이 있지만 대부분의 질적 연구 보고서는 연구 결과의 해석적 구조를 제시하기 위해 원자료를 발췌하여 제시한다.

발췌문의 길이는 연구자가 어떤 접근 방법을 택하는지에 따라 달라진다(발췌문을 제시할 때 비밀보장의 원칙을 위반하지 않도록 주의해야 한다). 사례 예시의 길이는 사례의 복잡성을 충분히 이해시키고자 할 때 길어지는 경향이 있다(Spalding & Phillips, 2007). NYRS에서 우리는 생애사 인터뷰를 분석해 보고 나서 쌓여 있는 어려움을 보여 줄 수 있는 유일한 방법은 교차사례 주제분석과 사례 예시를 병행하는 수밖에 없다는 결론을 내렸다(Padgett, Tran Smith, Henwood, & Tiderington, 2012). 네 명의 연구 참여자를 예시로 들면서(2~3단락 길이) 그들의 출생 시점부터 인터뷰 시점까지의 기간을 직선으로 나타내고, 그 위에 그들이 경험한 충격적인 사건들의 발생 시기를 표시한 그래프를 만들었다. 그런 다음 보고서에 포함된 연구 참여자 식별 정보(가명)를 이용하여 연구 참여자들을 다시 찾아가 그들 모두로부터 그래프 사용에 대한 동의를 구한 다음 그 그래프를 사용하였다.

중심 주제를 제시할 때는 가장 적절한 인용구를 선택하는 것이 중요하다. 인용구에 핵심 정보와 직접적인 관련성이 없는 정보가 함께 들어 있는 경우 생략 부호(…)를 사용하면 관련성이 없는 부분을 편집했다는 사실을 나타낼 수 있다. 인용구를 다듬는 경우가 아닌 이상, 인용구를 수정하거나 내용을 정리해서는 절대 안 된다. 한 가지 권하고자 하는 것은 각각의 인용구에 연구 참여자 ID 번호를 붙이는 것이다. 그렇게 하면 보고서를 읽은 사람들이 연구자가 다수의 사람이 한 말을 인용하고 있다는 사실을 알 수 있다.

사례 예시에는 기술과 그림 모두가 포함된다(Spalding & Phillips, 2007). 사례(개인의 삶, 조직 또는 그 밖의 주체의 내부 사정)를 요약하고 기술하려면 사례의 여러 요소를 꼼꼼히 들여다봐야 하기 때문에 사례 예시는 전혀 쉬운 작업이 아니다. 요약하기, 그래프 만들기, 도식화하기를 통해 많은 정보를 압축해야 한다. 이 과정에서 연구자는 내용이 데이터를 벗어나지 않게 해야 할 책임이 있다.

글 쓰는 사람의 입장과 글쓰기 스타일

질적 연구에 적합한 수사적 도구

성공적인 질적 보고서는 독자에게 새로운 관점을 제공하고, 독자로 하여금 새로운 관점을 갖도록 독려해야 한다. 질적 연구는 드러내기(debunking), 탈신비화(demystification), 아이러니(irony) 같은 수사적 도구에 알맞은 연구 방법이다. 질적 연구자들은 심층 자료를 수집하고 겉으로 드러나지 않는 내면의 것을 밝혀냄으로써 이제까지 사실로 알려져 왔던 것들에 대해 의문을 제기하는 자신들의 역할을 매우 자랑스럽게 생각한다. 한편으로는 가족의 중요성을 부르짖으면서 다른 한편으로는 배우자 몰래 바람을 피우는 종교 지도자, 자녀를 사랑하면서 동시에 증오한다고 고백하는 어머니, 길모퉁이에 서서 빈둥거리는 것처럼 보이지만 사실은 휴가를 얻어 쉬고 있는 건축 현장의 일꾼들, 질적 연구자들이 하고자 하는 이야기는 바로 이런 사람들에 관한 이야기다. 질적 연구자들은 이들에 관한 이야기를 통해서 일상생활에서 당연시되는 우리 사회의 부조화와 불평등을 사람들에게 보여 준다.

이러한 수사적 도구를 사용하기 때문에 연구자는 글을 설득력 있고 신뢰할 수 있게 써야 할 책임이 있다. 직관을 거스르는 것은 독자들에게 어떤 것에 대해서 생각하는 방식을 바꾸라고 요구하는 것과 다름이 없다. 따라서 글은 설득력 있고 이해하기 쉽게 써야 한다. Carol Stack(1974)은 시카고에 사는 아프리카계 미국 여성들을 대상으로 한 자신의 고전적 연구에서 아프리카계 미국 여성들의 회복력과 지략을 연대기적으로 기록하여 독자들을 충격에 빠뜨렸다. 이 생생한 묘사는 그 당시 정책 입안자들이 아프리카계 미국 여성들의 가정에 대해서 가지고 있었던 (불행하게도 오늘날에도 계속되고 있는) 부정적인 인식을 정면으로 반박하였다. 마찬가지로 Eric Klinenberg 의 『Heat Wave』(2002) 연구는 끔찍했던 시카고의 1995년 여름을 가장 취약하고 고립된 700명의 시민을 사망으로 이끌었던 공공정책 실패를 악몽의 슬로우 모션(slow-motion)으로 묘사하였다. 충격적일 정도로 많은 사망자 수를 설명하기 위해서 이처럼 강도 높은 기록과 인터뷰를 사용한 것은 추납적 사고의 한 형태로 볼 수 있다.

탈신비화(demystification)란 명료화(clarification)를 말하는 것인데 잘 이해되지 않거나 숨겨져 있던 것들을 일반적인 것으로 만드는 것이다. Kranke와 동료들은 청소년의 자기 낙인(self-stigma)을 탐구하고 정신질환을 탈신비화하려는 목적에서 정신질환 진단을 받은 청소년들을 인터뷰하였다(Kranke, Jackson, Taylor, Languth, & Floersch, 2015). 의료 사고에 관한 Carmack(2014)의 연구는 매우 중요함에도 불구하고 잘못 이해되고 있는 의사들의 행동인 의료 사고를 병원들이 어떻게 수습하는지 드러내 보여 주었다. 이와 유사한 예로, Metcalfe와 Humphries(2002)는 양부모가 된 경험을 이해하기 위한 행동 연구를 수행하였다. Grypdonck(2006)는 질적 연구가 특히 증거기반 실천 운동을 탈신비화하여 증거기반 실천의 '실제 모습'을 보여 주는 데 적합하다고 주장하였다.

어떤 질적 연구자들은 연구를 통해 알게 된 것들을 구조화할 때 미묘한 (그리고 너무 미묘하지 않은) 아이러니를 잡아냄으로써 사람들 사이에서 폭넓게 가정되던 것과 실제로 관찰된 것 간의 차이에 관심을 기울인다(Lofland & Lofland, 1995). Fine과 Martin(1990)이 지적하였듯이, 사회학자인 Erving Goffman(1961)은 요양시설(asylums)에 관한 아이러니 사용의 대가였다. 문화인류학자들은 아이러니를 모순과 단절을 드러내기 위한 비유적 표현으로 즐겨 사용한다(Fernandez & Huber, 2001). 물론 아이러니를 지나치거나 부적절하게 받아들이면 아이러니는 조롱과 비난이 될 수도 있다. 유머를 가지고 강도를 낮추면 아이러니를 사용하기가 쉬워진다.

마지막으로, 질적 연구 보고서는 연구 참여자들이 사용한 단어와 의미를 독자들에게 보여 준다. 일반적으로 연구 대상들은 자신의 말로 자신을 표현하거나 전문가들에게 자신의 이야기를 진지하게 이야기할 수 있는 기회를 많이 갖지 못하는 사람들이다. 자신의 이야기를 공감적인 독자들에게 편하게 이야기할 수 있는 기회가 주어질 때 연구 참여자들은 그들만의 수사적 도구와 그들이 가진 스토리텔링 능력을 자주 발휘할 수 있게 된다. 그리고 그렇게 하는 것이야말로 가장 확실하고 설득력 있는 수사적 도구다. NYSS와 NYRS의 필요성으로 우리가 가장 많이 주장하였던 것은 노숙인과 중증정신질환에 관한 수많은 문헌에 노숙 경험이 있는 성인 정신질환자들의 의견은 정작 빠져 있다는 사실과, 그렇기 때문에 그들의 목소리를 직접 들어 봐야 할 충분한 가치가 있다는 주장이었다. 두 연구에 참여했던 연구 참여자들은 우리의 주장이 타당한 주장이었음을 증명해 주었다.

글 쓰는 스타일: 리듬 있는 스타일과 횡설수설하는 스타일

우수한 질적 연구 보고서에서는 자료 발췌 내용과 해석이 매끄럽게 엮여 있는 리드미컬한 질적 특성을 찾아 볼 수 있다. 그런 연구 보고서들은 결코 화려하지 않으면서도 자신감이 넘치고 설득력이 있으면서도 논쟁적이지 않다. 질적 연구 보고서는 호기심을 자극하고 상상적 경험을 독려함으로써 독자들을 사로잡는다(Charmaz, 2006). 도구로서의 연구자(researcher-as-instrument)의 성찰성(reflexivity)과 자기인식(self-awareness)에 대한 진지한 관심은 질적 연구 보고서에 겸허함과 진지함 같은 기운을 부여한다(Tracy, 2010). 그러면서도 연구 보고서에는 방법과 절차에 관한 세부적인 설명이 포함되어 있어야 한다. 물론 투명성도 빼놓을 수 없다. 그리고 어찌되었든 질적 연구 보고서는 좋은 읽을거리어야 한다.

질적 연구 보고서가 가진 매력 중 하나는 1인칭 대명사를 사용한다는 것이다. 또 다른 매력은 연구 참여자들의 이야기가 제시된다는 점이다. 발췌문은 이야기를 드러 내 보여 주기 위한 것이지 내용을 전환하기 위한 것이 아니다. McCracken(1988)은 이 과정을 이륙과 착륙을 연습하는 소형 비행기에 비유한다. 즉, 비행기가 고도를 높였 다가(연구 주제에 관한 설명과 해석) 내려와서 활주로에 닿았다가 다시 떠오르기를 반 복하는 것(발췌문 제시)과 같다. 연구자는 이륙과 착륙을 자유자재로 할 수 있게 되기 를 바란다.

전문용어의 사용은 독자층을 전문가나 학자층으로 좁히는 경향이 있으며, 연구 의 관련성 또한 약화시키는 경향이 있다. 다양한 분야의 전문가들은 불가사의한 의 학 용어든 최신의 심리학적 주장이든 그들만의 고유한 언어와 관용구를 가지고 있 다. 해석주의에 관심이 있는 질적 연구자들은 **보철 교육학**(prosthetic pedagogy), **관계 의 메아리**(relational echoes), **수행적 디아스포라**(performative diaspora)와 같은 용어 (모 두 학술지 질적 탐구에 수록된 학술논문의 제목에서 따온 것임)를 만들어 내는 것에 익 숙하다. 물론 이처럼 기교적인 용어들이 의미를 증진시키기도, 다른 한편으로는 연 구 참여자, 정책 입안자, 실무자 간에 거리감을 만들어 낼 수도 있다. 이에 Gilgun과 Abrams(2002)는 "구체적이고 일상적인 언어"(p. 41)를 사용할 것을 촉구한다.

은유 및 비유 사용

질적 연구자들은 은유를 질적 연구의 과정(예: '발견의 여정')을 흥분과 불확실성 을 그려 내는 하나의 방법으로 설명하는 데 사용하여 왔다. 질적 연구 보고서를 쓰 거나 읽을 때 느낄 수 있는 재미 중 하나는 은유적인 표현을 사용하는 것이다. 예를 들면, Erving Goffman(1961)은 정신질환자의 '이력(careers)'이라는 표현을 썼으며, Sandelowski와 Jones(1995)는 임산부들이 태아의 이상 진단을 설명하기 위해 고안 해 낸 '치료 소설(healing fictions)'을 우리에게 소개해 주었다. 은유적 표현의 또 다 른 예로는 Riessman(1990)이 사용한 이혼 부부들의 '서로 다른 꿈의 비탄(mourn of different dreams)'이라는 표현, Liebow(1993)가 표현한 아프리카계 여성 노숙인들이 겪는 매일매일의 정신적인 고통을 '일상적 삶에 대한 작은 살인(little murders of everyday life)' 등을 꼽을 수 있다. 연구 대상들 역시 은유적 표현을 쓸 수 있다. 그들이 만들어 내는 말 중에는 익숙하고 일반적인 것들('살얼음 위를 걷는다.')도 있고 상상력이 풍부한 것들(유방암 환자들이 사용하는 '내 가슴 속에 정원이 자라고 있다.'라는 표현)도 있다.

질적 내러티브를 특색 있게 만들기 위해 사용되는 다양한 비유적 표현 중에 **전환점과 깨달음**(Denzin, 1989)이라는 표현이 있는데, 각각은 여러 가지 사건이 수렴하여 개인의 삶이 바뀌는 중요한 순간을 회상하게 하는 표현이다. 이러한 표현은 중요한 것이 무엇인지를 알게 해 줄 뿐만 아니라, 연구와 연구에 제시된 해석에 아주 특별한 질적 특성을 부여해 준다. 그와 동시에 연구 참여자들이 자신들이 경험한 사건들을 깨달음이나 전환점으로 표현한다는 것은 연구 참여자들이 (실제로 그런 용어를 사용하든 사용하지 않든) 해당 특성을 공유하고 있다는 가정을 해 볼 수 있게 해 준다.

출판과 관련된 과제와 보상

출판하거나 사라지거나 두 가지 중 어느 하나여야만 하는 오늘날 같은 시대에 더 높은 곳으로 나아가고자 하는 연구자들이 할 수 있는 유일한 선택은 자신의 연구 결과를 출판하는 것이다. 모든 연구가 지향해야 할 목표는 연구 결과를 널리 알리는 것이어야 한다. 일부 연구자들에게 이 목표는 피하고 싶은 목표일 수 있다. 어쩌면 그들이 지나치게 비현실적인 어떤 기준을 적용하면서 자신의 연구가 그 기준을 만족시킬 수 있을지를 걱정하느라 아무것도 하지 못하고 있는 것일 수도 있다. Robert Weiss(1994)는 "글을 쓰는 것은 드러내 보이는 것"(p. 205)이며 동료 심사를 받기 위해 원고를 제출하는 것보다 훨씬 더 겸허한 모습을 드러내 보이기는 찾아보기 힘들다고 하였다. 최근 몇 년간 많이 개선되기는 했지만, 질적 연구는 여전히 적대적이거나 그릇된 정보를 가진 심사위원이나, 편집 과정상의 오해나, 지면 제약 및 연구 방법에 관한 논의가 너무 적다는 지적 등에 취약한 것이 사실이다. 그러나 다른 한편으로는 학술지들이 그 어느 때보다 질적 연구에 대해서 개방적인 입장을 취하고 있으며, 편집자들이 질적 연구에 대한 심사는 질적 연구자가 할 수 있게 해야 한다는 것을 염두에 두는 등의 긍정적인 변화가 나타나고 있다. 아울러 질적 연구에 특화된 전문 학술지들이 양적으로 성장한 것 또한 주목할 만한 긍정적인 변화라고 할 수 있는데, 그러한 변화로 인해 주제 영역과 접근 방식이 다양해지게 되었다(이 책 제1장의 맨 끝 부분에 관련 학술지 목록이 제시되어 있다).

질적 연구 결과를 널리 알리는 가장 기본적인 세 가지 방법은 구두 발표하기, 책 쓰기 그리고 학술논문 쓰기다. 전문 학술 회의에서 논문을 발표하려면 일반적으로 동료 검토 과정을 거쳐야 하는데, 승인율은 학술 회의를 후원하는 주체와 초록 검토자의 선별성에 따라 달라진다. 동료 검토를 받기 위해 질적 보고서를 축약하여 요약본(발표 시간이 기껏해야 15분 남짓이라는 것은 말할 것도 없고)을 만드는 작업이 꽤나 수고를 필요로 하는 작업이지만, 학술 회의에서는 그런 형식의 발표가 일반적이다. 포스터 발표(일종의 수동적 구두 발표라고 할 수 있는)는 승인을 받기가 상대적으로 쉽지만, 포스터 역시 기본적으로는 시각적 자료(표, 그래프 등)가 추가된 초록이기 때문에 형식을 맞추기가 쉽지 않다. 그러나 이러한 단점에도 불구하고 구두 발표는 나름의 가치를 가지고 있는데, 구두 발표는 적극적인 청중에게 연구자에게 질문할 수 있는 기회를 제공하고 연구자에게는 자신의 아이디어를 청중과 함께 검증해 볼 수 있는 기회를 제공해 준다.

질적 연구 보고서는 특히 상당한 분량을 고려해 볼 때 책으로 출판하는 것이 가장 이상적인데, 소위 '고전'이라고 불리는 거의 모든 연구가 책으로 출판되어 사람들에게 소개되었다. 그러나 오늘날과 같은 시장경쟁 속에서 안타깝지만 학술 출판사들이 전문 학술 도서를 소량으로 찍어 내던 시대는 이미 끝났다고 해도 과언이 아니다. 출판사들은 원고의 가치를 결정할 때 동료 검토에 (시장성이라는 전통적인 기준에 더하여) 점점 더 많은 비중을 두게 되었다. 학술지에 원고를 투고하는 경우와 달리, 책의 저자가 되고자 하는 연구자는 한 번에 여러 출판사에 제안서를 제출하고 피드백을 받아 볼 수 있다. 출판사들이 저마다의 독특한 지침을 가지고 있기는 하지만, 다음과 같은 것들을 공통적으로 요구한다. (1) 장별 제목과 목차가 있는 상세한 책 개요, (2) 저자의 전기적 설명, (3) 예상 독자층과 관련 시장에 관한 설명(경쟁 작품이나 중복 작품에 관한 설명 포함)이다. 질적 연구는 뚜렷한 구매층이 없는 한 출판사의 관심을 끌기 어렵다. 질적 연구자는 그렇기 때문에 편집자와 검토자에게 설득력 있는 사례를 제시해야 한다.

동료 심사 학술지가 책을 대체할 수 있는 출구로서 학계의 관심을 받고 있지만 많은 질적 연구자에게 학술지는 여전히 탐탁지 않은 대안이다. 그러나 절망할 필요는 없다. 학술지들이 온라인 보충 자료 제공을 통해 공간적 한계를 빠르게 극복하고 있기 때문이다. 적절한 학술지 결정이 이 특정 옵션에 달려 있다고 볼 수도 있지만 학술지 선택 결정은 궁극적으로는 독자들이 가진 질문을 중심으로 이루지는 것이 맞다. 학술지의 성격은 주로 학과(예: 사회복지, 심리학), 실천 분야(예: 정신건강, 아동복지) 또는 연구 방법(예: 질적, 혼합 방법, 문화기술학, 현상학)을 기준으로 나뉘는 경향이 있다. 학과 특성이 강한 학술지들은 관련 학과의 저자들이 투고한 원고를 선호할 가능성이 높은 반면, 실천 분야나 연구 방법을 중요시하는 학술지들은 여러 분야의 연구보다 수용적이다.

일부 보고서는 저자의 이름을 원고에 첨부(심사자가 누구인지는 당연히 저자에게 알리지 않음)하기도 하며, 동료 검토는 일반적으로 이중맹검(double-blind) 방식으로 이루어진다. 이중맹검 심사는 편견을 방지하는 데 도움이 되지만 자기 인용을 포함한 모든 식별 정보를 원고에서 제거해야 할 책임을 저자에게 전가한다. 그러나 편집자가 편견을 행사하는 경향이 있을 때 이를 원천적으로 막지는 못한다. 대부분의 편집자가 공정성을 유지하기 위해 노력하지만, 일부 편집자들은 심사위원들에게 원고 검토를 의뢰할 것인지, 추가 심사자가 되기 위해 자체 평가를 할 것인지 등을 동료 심사자들과 함께하는 과정에서 개인적·전문가적 편견을 행사할 수 있다. 어떤 시각에서 보면 심사자들이 독립적으로 의사결정을 하는 것이 편집자에게 더 많은 재량권을 부여하기도 한다.

어떤 학술지에 원고를 투고할지를 결정할 때는 관련 지식과 경험이 풍부한 연구자들과 상의하는 것이 바람직하다. 학술지를 선택할 때 생각해 봐야 할 사항으로는 질적 보고서에 대한 개방성 및 심사의 공정성, 동료 심사의 불균일성, 심사에 걸리는 시간(그리고/또는 일단 승인되면 게재되는지 여부), 동일 심사자가 수정된 원고를 다시 심사하는지 여부 등이 있다. 많은 학술지가 심사에 걸리는 시간을 성공적으로 단축하기는 했지만 승인된 원고가 출판되기까지는 여전히 오랜 시간이 소요된다(온라인 출판은 이러한 적체 현상을 완화하는 데 도움이 되었다).

또 한 가지 도움이 될 만한 것은 학술지의 등급을 매겨 보는 것이다. 예를 들면, A급, B급, C급 등으로 말이다. A급 학술지는 보통 영향력이 높고, 많은 독자층이 두터우며, 게재율이 낮다. 때때로 자신의 원고가 A급 학술지에 투고해도 될 만한 원고인 것 같다는 판단이 들 때가 있는데, 원고 내용이 이론적으로나 실증적으로나 매우 탄탄한 경우 그렇다. 어떤 원고들은 좀 더 소박한 목표나 결과를 기대하는 것(B급 또는 C급)이 현실적일 수 있다. 몇 년 전에 우리 NYRS팀은 A급 원고를 가지고 있다고 생각했으나 세 개의 A급 학술지로부터 퇴짜 맞는 경험을 하고 나서 우리 자신의 평가에 대한 자신감을 잃었다. 우리는 원고를 수정하여 조금 덜 엄격한 학술지에 다시 투고하였다.

일단 학술지에 원고를 투고하고 나면 그 원고는 심사가 끝날 때까지 해당 학술지에 인질로 붙잡혀 있어야 하기 때문에 원고를 투고할 학술지를 선택할 때 그러한 사실을 염두에 둘 필요가 있다. 한 가지 긍정적인 소식은 학술지들이 심사 과정의 투명성을 점점 더 높여 가고 있고 질적 연구방법에 대한 이해의 수준 또한 높아지고 있다는 것이다. 학술지들의 목차를 훑어보는 것만으로도 질적 연구에 대한 수용성이 높아지고 있다는 것을 실감할 수 있다.

원고를 투고할 준비가 되었는지를 판단하는 것은 쉽지 않은 일이다. 특히 공저자들이 동의하지 않을 때 그렇다. 원고를 끝없이 반복해서 읽고 수정해야만 만족하는 연구자들도 있고, 그런 것에 그다지 집착하지 않으면서 원고 작성과 관련해서 중간 정도의 입장을 취하는 연구자들도 있다. 저자는 자신을 중도파에 속하는 연구자로 보는데, 저자의 공저자들은 "이제는 심사위원들이 결정하게 할 때다!"라는 저자의 격앙된 외침을 듣는 데 익숙해져 있다. 물론 제대로 준비되지 않는 원고를 투고할 생각은 전혀 없다. 그러나 얻을 수 있는 최선의 심사 결과가 '수정 후 재투고'라는 것도 저자는 잘 알고 있다. 원고에 대해 비판할 사람은 무수히 많은데 우리까지 우리 원고를 비판할 필요는 없지 않은가?

원고를 투고할 학술지의 편집 규정을 확인하고 나면 반드시 원고 준비를 위한 추가 작업을 할 것을 강권한다. 예를 들면, 편집자와 심사위원의 이름과 소속을 확인해 보고, 해당 학술지의 내용과 형식에도 익숙해져 보고, 필요하다면 형식도 모방해 보는 것이다. 편집자의 의견이 매우 중요할 수 있다는 사실, 그리고 편집자는 투고자의 신원, 소속 기관 등을 알고 있다는 사실도 꼭 기억하고 있어야 한다.

출판과 관련된 조언 중 가장 중요한 조언은 끈기와 희망을 가져야 한다는 것이다. 저자는 모든 훌륭한 연구는 어딘가에 그 연구를 위한 자리가 마련되어 있다고 생각한다. 오늘날 모든 학술지는 영향력 점수와 미래의 투자자들이 참고할 수 있게 탈락률을 제시해 주고 있다. 따라서 원고 투고를 생각하는 사람은 누구나 학술지의 난이도와 내용 적합성 등을 기준으로 사용하여 투고 가능한 학술지의 목록을 만들어 볼 수 있다.

편집자가 원고를 재투고하지 말라는 의견을 분명하게 제시하지 않는, 한 편집자의 소견이 담긴 게재불가 판정을 일종의 재도전 권유로 받아들이는 것이 바람직하다. 심사위원들의 수정 요구가 타당하다면 원고를 수정하여 다시 제출하면 된다. 만일 심사위원들의 지적 사항이 타당하지 않다고 판단되면 그들의 의견이 자신의 연구에 해당되는 의견이 아님을 정중하게 반박하면 된다. 때로는 2차 또는 3차에 걸쳐 원고를 수정해야 하기도 하지만, 편집자들은 일반적으로 투고자와 까다로운 심사자 사이를 중재하기 위해 최선의 노력을 기울인 후에 투고자들이 성공적인 결과를 얻게 되기를 바란다는 것을 명심할 필요가 있다. 투고한 원고에 확실한 게재불가 판정이 내려지더라도 심사위원들의 의견에는 원고를 수정하여 다른 학술지에 투고하는 데 도움이 될 만한 정보가 포함되어 있다.

때로는 어렵겠지만 힘든 상황에 적응하기 위해 노력하는 것이 최선의 생존 메커니즘이다. 이 조언은 경험이 많지 않은 초보 연구자들에게 특히 중요한 조언이다. 저자는 최근 몇 년 동안 투고자와 심사위원 모두에게서 대응 시간이 짧아지는 현상이 나타나는 것을 목격하였다. 학술지들이 심사위원들에게 원고 심사를 수락한 후 빠르면 2주 내에 심사를 완료해 달라는 압력을 넣게 되기까지는 많은 투고자의 요구가 있었을 것이다. 심사위원으로서의 저자는 한 편의 논문을 심사하는 데 일반적으로 1개월 정도의 시간이 필요하다고 주장한다(필요하다면 편집자에게 시간을 더 줄 것을 요구하기도 한다). 투고자로서의 저자는 학술지가 투고된 원고의 운명을 60~90일 내에 결정해야 한다고 주장한다. 그리고 저자는 필요하다고 판단하면 주저하지 않고 정중하게 묻고 또 묻는다.

많은 질적 연구자에게 질적 연구의 결과를 25페이지 이하 분량으로 압축하는 것은 엄청난 노력을 필요로 하는 결코 쉽지 않은 일이다. 그러나 그렇게 하는 것이 자신의 명성과 경력에 어느 정도의 득을 가져다줄지를 생각해 보면 그러한 노력은 충분한 가치가 있는 노력이라 하겠다. 그러나 질적 연구에 대해서 호의적인 편집자나 심사위원들조차도 질적 연구의 질과 엄격성을 평가할 수 있는 합의된 기준이 부족하다는 사실로 인해 심사에 적지 않은 어려움을 경험하고 있는 것이 현실이다. 원고를 투고하는 것이 마치 움직이는 목표물(더 나쁜 경우는 보이지 않는 목표물)을 맞추는 것만큼 어렵게 느껴진다. 저자는 어떤 학술지의 심사위원들로부터는 너무 많은 인용을 해석 없이 하고 있다는 지적을 받은 반면, 또 다른 학술지의 심사위원으로부터는 해석과 인용에 관한 정반대 지적을 받은 경험이 있다. 그런가 하면 저자는 어떤 근거이론 연구자들로부터 저자의 연구에서 충분이 발전된 근거이론 모델이 만들어지지 않았다는 불만 섞인 지적을 받은 적이 있다. 다수의 근거이론 연구들이 그러한 정점에 다다르지 않았을 뿐만 아니라 그렇게 되는 것이 적절하지도 않았음에도 불구하고 말이다. 이 책의 제8장에서 언급하였듯이, 이러한 불균형성은 평가 기준에 대한 합의가 부족하기 때문에 나타날 수밖에 없는 자연스러운 결과다. 그럼에도 불구하고 최근 몇 년간 학술지 편집자들의 질적 연구방법에 대한 민감성이 점점 더 높아지면서 상황이 상당히 개선되었다.

학술지의 영향력 점수는 역사가 길지 않은 학술지들에게 불리한 방식으로 계산된다. 최근에 만들어진 학술지들은 이제까지 게재된 연구논문의 수 자체가 적기 때문에 인용될 수 있는 논문의 수가 적다. 따라서 새로 만들어진 학술지일수록 영향력 점수가 낮을 가능성이 크다. 질적 연구 분야에서 가장 오래된 학술지 중에 하나인 『Qualitative Health Research』의 영향력 점수는 2.1점인데, 이는 『New England Journal of Medicine』의 영향력 점수인 55점과는 비교할 수 없을 정도로 낮은 점수다. 학술지 순위를 중요시하는 경향이 실천 분야의 연구자들에게 적지 않은 영향을 미치고 있기는 하지만, 일반적으로는 계량을 절대시하는 연구자들조차도 학술지 순위의 의미를 그대로 받아들이지 않는다(Moustafa, 2015).

연구 결과를 널리 알리는 것과 관련해서 마지막으로 이야기하고자 하는 점은 온라인 출판의 성장으로 인해 질적 연구에 대한 접근성이 광범위하게 높아졌다는 것이다. 대표적인 예를 꼽는다면, 『The Qualitative Report』 『Forum: Qualitative Social

Research(Forum: Qualitative Sozialforschung)』그리고 『International Journal of Qualitative Methods』를 꼽을 수 있다. 학술지에 대한 전자 접근성은 향후 지속적으로 높아질 것이며, 엄격한 수준의 동료 심사를 어떻게 제공할 것인지가 중요한 과제로 남게 될 것이다.

심사 기준: 질적 딜레마

이 책 제8장에서 논의하였듯이, 양질의 질적 연구가 어떤 연구인지 정의할 수 있는 지침이 전혀 없는 것은 아니다. 그런 지침들 중 일부는 연구자를 위한 지침으로서 연구를 계획하고 연구 결과를 발표하는 데 도움이 되는 지침들이다. 그런가 하면 어떤 지침들은 학술지 편집자들이 원고 심사의 질(또는 적어도 공정성과 신뢰성)을 높이는 데 도움을 주기 위해 고안된 지침들이다.

학술지가 어떤 목적과 어떤 학문적 기반을 가지고 있는지는 심사 과정의 중요한 측면 중 하나다. 간호학의 경우, 질적 연구는 양적 연구와 상당히 대등한 지위를 획득하였다. 의학과 공중보건 분야에서는 최근 몇 년간 질적 연구의 수가 증가하고 있지만 구체적인 지침을 제공하는 학술지는 거의 없다. 사회학과 문화인류학은 방법론적 기대뿐만 아니라 이론적 틀과 비판적 이론화에까지 중점을 둔 학문별 지침을 가지고 있다. 양적 연구가 주를 이루고 있는 심리학은 아직은 질적 방법이 상대적으로 생소한 연구 방법이기는 하지만 현상학과 내러티브라고 하는 오랜 전통을 중요시한다 (Gergen, Josselson, & Freeman, 2015). 사회복지학은 연구의 다양성이 높으며 대부분의 사회복지 학술지들이 질적 연구와 질적 연구에 특화된 학술지(『Qualitative Social Work』)를 환영하는 분위기다.

최근 들어 건강 관련 연구 분야에서는 질적 연구 지침을 통합하고 공고히 하기 위한 노력이 이루어져 왔으며, 그 결과로서 COREQ, RATS, SRQR이라는 약어로 표시되는 지침들이 만들어졌다. 질적 연구 보고를 위한 통합 기준(the Consolidated Criteria for Reporting Qualitative Research)인 COREQ는 여러 학술지들의 기준을 심도 있게 비교·검토하여 만든 지침으로서 학술지, 메타 연구, 기존 척도의 세 가지 영역에 관한 총 32개 항목으로 구성되어 있다(Tong, Sainsbury, & Craig, 2007). 불행하게도, RATS[질문의 관련성(Relevance of the question), 질적 방법의 적절성(Appropriateness of the qualitative methods), 절차의 투명성(Transparency of procedures), 해석의 건전성(Soundness of the interpretation)]라는 약어 이름을 갖게 된 지침은 총 25개의 질문으로 구성되어 있다(Clark, 2003). SRQR(Standards for Reporting Qualitative Research)은 문헌 검토와 방법론 전문가 의견수렴을 통해 개발된 21개 체크 항목으로 구성된 지침이다(O'Brien, Harris, Beckman, Reed, & Cook, 2014).

이러한 지침들은 (아직은 주로 메타 연구에 국한되어 있지만) 투명성과 일관성과 명확성을 제고하기 위한 용기 있는 시도로 평가되고 있다. 다음에 제시된 10개 기준은 논란의 여지가 거의 없는 공통적인 기준이다.

1. 연구 질문은 이론과 실제에 관한 납득할 만한 관련성과 중요성을 갖는다.
2. 연구 참여자(또는 사례) 선발 방법과 연구를 위해 모집한 방법을 설명한다.
3. 비밀보장, 민감성 등의 윤리적 문제에 대한 기관연구윤리위원회(IRB)의 심사 및 주의를 보장한다.
4. 연구자의 특성과 성찰성을 기술한다.
5. 연구 배경과 맥락을 기술한다.
6. 데이터 수집 방법(데이터 유형, 녹음기 사용 여부, 인터뷰 지침, 현장 기록 지침, 녹취록 작성 절차, 다중 인터뷰 대 단일 인터뷰, QDA 소프트웨어 사용 여부)을 기술한다.
7. 데이터 분석 방법을 설명하고 접근 방식과 일치시킨다.
8. 해석 절차를 기술하되 주제 또는 그 밖의 연구 결과를 이해할 수 있게 그리고 자료와 연계되게 기술한다.
9. 인용문이나 그 밖의 형태의 원자료를 사용하여 주제나 그 밖의 연구 결과를 보여 준다.
10. 연구 결과는 (우연히 얻게 된 결과까지 포함하여) 더 광범위한 지식기반뿐만 아니라 원래의 연구 질문과도 연결되어야 한다.

지나치게 세부적인 기준, 특히 COREQ의 32개 항목 중 일부(연구자의 연구 당시 직업과 인터뷰 중에 비참여자가 있었는지의 여부)는 방해적으로 보이거나 용어 사용['코딩 트리(coding tree)'에 대한 설명]에 있어서 이상하고 특이하게 보일 수 있다. 여전히 메타 합성에 대부분 국한되어 있지만, 품질 기준은 금방 사라질 것 같지 않다. 메타 분석 및 메타 합성의 인기와 모범 사례를 식별하기 위한 적합한 실천으로서 질적 연구를 포함시키려는 부수적인 열망은 품질을 평가하기 위한 표준 측정 기준의 필요성을 우선시하게 한다. 예를 들어, Leamy와 동료들은 심각한 정신질환의 개인 회복에 관한 문헌의 내러티브 합성에 RATS를 사용하였다(Leamy, Bird, LeBoutillier, Williams, & Slade, 2011). 97개 연구의 독립적인 평가를 통해 문제를 제기하고 답변하면서, 저자들은 품질 점수의 일치성을 검정했고 높은 일치성을 발견하였다.

다음은 표준을 기반으로 한 출판 결정 및 질적 연구에 관한 두 가지의 핵심 요점에 대해 말해 보고자 한다. 첫째, 기준이 무엇이어야 하는지에 대해 이견이 있다면, 그 기준이 무엇이 되어서는 안 되는지에 대한 공감대 또한 커지고 있다. (거의 사라졌거나 없어져야 하는) 까다로운 가설, 큰 표본, 일반화 가능성, 평가자의 신뢰성, 반복 가능성을 요구하는 시대는 지났다. 둘째, 질적 보고서에 기준을 적용하면 연구의 품질 뿐만 아니라 얼마나 잘 또는 잘 작성되었는지를 평가할 수 있다. 즉, 제대로 작성되지 않은 상태에서 엄격하게 수행된 연구는 동료 검토자들로부터 부정적인 평가를 받을 수 있다. 사전에 설정된 기준에 동의하든 덜 표준화된 접근 방식을 선호하든 간에, 글의 품질과 정확성은 부인할 수 없을 정도로 중요하다.

요약 및 결론

이 장에서는 우리는 질적 연구 보고서를 준비하는 데 도움이 될 만한 여러 가지 제안들을 살펴보았다. 중요한 것은 '각자 자신의 필요에 맞는 것을 선택한다.'이다. 각자의 필요는 각자가 선택한 글의 구조, 형식 및 스타일에 따라 달라진다. 결정은 가급적 일찍 하되 독자, 연구자의 성찰성(reflexivity), 수치 사용, 저자 결정, 저자의 책임 등에 따라 바뀔 수 있다는 것을 알아 둘 필요가 있다. 대개의 경우, 글쓰기는 일반적인 목차(서론, 연구 방법, 연구 결과, 결론)를 따르지만 어떤 질적 접근 방법을 사용하는지, 어떤 형식으로 발표할 것인지(학술지, 책의 일부, 보고서, 학위논문 등)에 따라 달라질 수 있다.

연구자는 이제 더 이상 질적 연구 보고서상의 보이지 않은 존재가 아니다. 중요한 것은 신뢰이며, 맹목적인 신뢰가 아니라 과장됨 없이 솔직하게 자신을 드러냄으로써 얻은 존경심으로서의 신뢰다. 독자들은 연구 도구로서의 연구자에 대해 알 권리를 가지고 있다. 그렇기 때문에 연구자의 정보를 어떻게 엮을 것인지(또는 부록이나 각주로 처리하는 것)에 관한 결정을 내릴 때는 신중을 기해야 한다.

질적 연구 보고서는 이야기를 들려 주는 것이다. 이야기에는 해석과 기술이 리듬 있게 섞여 있어야 한다. 논증에 활기를 불어넣고 설득력 있게 만들기 위해 저자로서의 질적 연구자는 은유, 아이러니, 비유 등의 수사적 도구를 사용한다. 연구 결과를 널리 알리기 위해 글을 쓸 때는 전문용어 사용을 최소화하고 가능한 한 많은 독자가 이해할 수 있게 써야 한다. 전문성 높은 학술논문을 쓸 때는 수준 높은 이론적·개념적 담론을 사용해야 하지만, 독자들에게 모호함이나 불쾌감을 느끼게 해서는 안 된다. 훌륭한 질적 연구는 엄격성에 신경을 쓰는 연구이면서 동시에 읽기 편하고, 생기 있고, 사고를 자극하는 연구이기도 하다.

연구 보고서를 따분하고 지루한 연구 보고서로 만들지, 독자들을 사로잡고 그들과 함께할 수 있는 연구 보고서로 만들지는 전적으로 연구자의 능력에 달려 있다. 그 능력은 다름 아닌 새로운 것에 놀랄 줄 아는 능력, 그리고 우연히 얻게 된 연구 결과를 자신이 그것에 어떻게 관여되어 있는지를 보여 줄 수 있는 방식으로 제시해 내는 능력이다.

모든 훌륭한 질적 연구는 최상위 등급의 학술지를 통해서든 그보다 낮은 등급의 학술지를 통해서든 상관없이 각각이 가진 진가를 발휘할 수 있는 기회가 있게 마련이다. 모든 연구 결과는 세상에 널리 알려져야 한다. 그렇게 되지 않는다면 이제까지 우리가 해 왔던 모든 노력과 이후에 하게 될 지식의 축적과 발전을 위한 모든 노력이 의미 없는 것이 되어 버릴 것이다.

연습해 보기

1. 이번 장과 제1장에 제시된 학술지들 중 하나 또는 그 이상의 학술지를 찾아보자. 핵심어 검색 기법을 사용하여 각자 자신이 관심 있는 한 가지 질적 접근 방법에 관한 논문을 찾아 학급 토의 시간에 가져와 토의해 본다.

2. 학급 토의 시간에 자신이 선택한 논문을 소개하고 논문이 어떤 형식에 따라 작성되었는지 설명한다. 저자가 자신의 생각을 전달하기 위해서 은유법 또는 그 밖의 서술 기법을 사용하고 있는가? 표나 그림을 사용하고 있는가? 어떻게 사용하고 있는가?

3. 자신이 선택한 학술지의 논문 투고 규정을 찾아본다. 논문 투고 규정에 학술지의 기대 사항에 관한 설명이 포함되어 있는가?

4. 제1장 맨 끝부분에 제시되어 있는 책 목록 중에서 한 권을 선택한 다음 도서관에서 찾아 다음 질문에 답해 보자. 연구 방법에 관한 장 또는 부록이 있는가? 연구에서의 저자의 역할에 대해 이야기하고 있는가? 이야기하고 있다면 어느 정도의 세부 정보를 제공하고 있는가? 그림, 표 및/또는 사진을 사용하고 있는가? 사용하고 있다면 그러한 시각적 표현이 이야기를 전달하는 데 어떤 도움이 되는가?

추천도서

Becker, H. (2007). *Writing for social scientists* (2nd ed.). Chicago, IL: University of Chicago Press.

Gilgun, J. F. (2005). "Grab" and good science: Writing up the results of qualitative research. *Qualitative Health Research, 15*, 256-262.

Holliday, A. (2007). *Doing and writing qualitative research* (2nd ed.). Thousand Oaks, CA: Sage.

Janesick, V. J. (2015). *"Stretching" exercises for qualitative researchers* (4th ed.). Thousand Oaks, CA: Sage.

Padgett D. K. (2004). Spreading the word: Writing and disseminating qualitative studies. In D. K. Padgett (Ed.), *The qualitative research experience* (pp. 285-295), Belmont, CA: Thomson.

Prendergast, C. (2004). The typical outline of an ethnographic research publication. *Teaching Sociology, 32*(3), 322-327.

van Manen, M. (2006). Writing qualitatively, or the demands of writing. *Qualitative Health Research, 16*, 713-722.

10

혼합 방법

혼합 방법은 연구의 새로운 흐름, 즉 Johnson과 Onwuegbuzie(2004)가 말하는 '제 3의 패러다임(third paradigm)'을 나타내며, 혼합 방법의 인기는 질적 연구방법의 영향력이 날로 커져 가고 있음을 보여 준다(Hesse-Biber, 2015; Morgan, 2014; Tashakkori & Creswell, 2007). 어떤 연구 주제(예: 사회 문제 발생률)들은 양적 연구에 적합한 주제임이 분명한 반면, 어떤 주제(예: 갱 입단 의례 같은)들은 의심할 여지없이 질적 연구에 더 적합한 주제일 수 있다. 그리고 그 양극단 사이에는 두 가지 접근 방법을 혼용함으로써 시너지(synergy)를 만들어 낼 수 있는 무수히 많은 기회가 존재한다. 질적 연구방법은 그것이 가진 생태학적 타당성과 관여적 접근성을 통해 혼합 방법에 기여할 수 있다.

연구자들은 분명 오랜 시간에 걸쳐 연구방법들을 통합해 왔다. Pelto(2015)는 문화기술학 연구자들이 오래전부터 심리검사는 물론이거니와 칼로리 섭취량이나 사회관계망의 크기 등까지 측정해 왔다는 점을 지적하였다. 그런가 하면 도시 사회학자들이 설문조사와 이민 데이터뿐만 아니라 문화기술학에도 의존해 온 것도 사실이다. 그 차이는 바로 혼합 방법에 있는데, 지난 몇 년간 혼합 방법의 인기가 정점에 도달함에 따라 혼합 방법을 추구하는 것 그 자체가 하나의 생명력을 갖게 되었다.

그 결과, 혼합 방법에 관한 문헌의 수가 급속도로 확장하였다. 『Journal of Mixed Methods Research』가 2007년도에 발간된 이후 그저 몇 개 정도에 불과했던 혼합 방법에 관한 문헌의 수는 30개로 증가하였으며 지금도 계속 증가 중이다(Onwuegbuzie,

2012). 양질의 혼합 방법 연구 제안서 작성 지침을 개발하기 위해 2011년 미국 국립보건연구원(National Institutes of Health)에 만들어진 위원회(많은 연구자의 참여가 기대되는) 또한 매우 중요한 역할을 담당하였다. 위원회는 매우 실용적인 필요성에 근거하여 만들어졌다. 국립보건연구원들이 점점 더 많은 양의 혼합 방법 제안서를 검토해야 하게 된 것이 한 가지 필요성이고, 연구 제안서를 검토하는 사람들이 양질의 혼합 방법 연구에 관한 지침을 거의 가지고 있지 않았다는 것이 또 다른 필요성이다. 그렇게 만들어지게 된 지침은 연구자들이 성공적인 연구 제안서를 준비하는 데 큰 도움을 주고 있다(Creswell, Klassen, Plano Clark, & Smith, 2011).

이러한 모든 관심이 한편으로는 혼합 방법을 더욱 명확하게 만들었지만, 다른 한편으로는 혼합 방법에 관한 여러 가지 애매한 부분을 부각시켰다. 특히 혼합 방법 연구가 매우 복잡하게(그리고 대단히 난해하게) 설계된 경우가 그러하였다. 선택 가능한 옵션이 매우 많기 때문에 변형이 불가피하고, 적용 가능성이 워낙 크기 때문에 혼합 방법을 배우기가 쉽지 않을 수 있다(Bazeley, 2010). 이 장에서는 혼합 방법에 관해서 이제까지 알려진 내용들을 요약적으로 정리하고, 혼합 방법을 사용할 때 어떤 어려움과 보람이 있는지를 살펴보기로 하겠다.

혼합 방법에서의 인식론 문제

'제3의 패러다임'이 질적 연구에서 보편적으로 받아들여지지 않았다는 주장이 잘못된 주장이라고 자신 있게 말할 수 있는 사람은 많지 않을 것이다. 어떤 질적 연구자들은 혼합 방법을 "맞지 않는 옷을 입은 실증주의(positivism dressed in drag)"(Giddings, 2006, p. 195)로 치부하기도 한다. 연구방법을 혼용하는 것에 대해서 양적 연구자들이 인식론적인 문제를 제기하는 경우가 거의 없는 반면, '양립불가성(incommensurability)'을 신봉하는 일부 질적 연구자들은 연구방법을 혼합하는 것에 대해 집착에 가까울 정도의 강한 반대 입장을 견지한다(Denzin & Lincoln, 2011). Lincoln과 Guba(2013)는 그들의 책『The Constructivist Credo』에서 후기실증주의 패러다임과 구성주의 패러다임이 통합될 수 없다고 주장하였다. 즉, 연구방법을 혼합하는 것은 타당하지 않다는 것이다. 미래에는 양적 연구방법과 질적 연구방법이 어떤 하나의 '메타 패러다임(meta-paradigm)' 안에서 양립할 수 있을지는 모르겠으나, 아직은 그러한 통합적 틀이 부재한 상태다(Lincoln & Guba, 2013, p. 60).

혼합 방법은 그것이 가진 '실용주의에 대한 암묵적 동의' 특성 때문에 아이러니하게도 가장 양적이라 할 수 있는 연구 분야(예: 무작위 임상 실험)의 관심을 받아 왔다. 혼합 방법에 대한 이러한 깊은 관심은 질적 연구자들로 하여금 '질적인 측면이 반드시 보장되어야 한다.'라는 한 가지 조건만큼은 반드시 충족되어야 한다는 생각을 갖게 만들었다. 더 지배적인 위치에 있던 양적 연구자들이 더 불리한 위치에 있던 질적 연구방법을 받아들이기 시작하면서 혼합 방법은 획기적으로 발전할 수 있는 계기를 맞이하게 되었다. 양적 연구자들이 만든 '보편적 수사법(ecumenical rhetoric)'이 이미 있음에도 불구하고(Katz & Mishler, 2003, p. 49), 혼합 방법을 설명하는 힘든 역할은 주로 질적 연구자들이 맡아 수행하였다. 질적 연구자들이 더 많은 수고를 자청한 것은 그럴 만한 이유가 있었기 때문이기도 하고(양적 연구자들에 비해 상대적으로 적은 수의 질적 연구자들만이 혼합 방법을 받아들였고, 그들은 혼합 방법에 상당한 열의를 가지고 있었기 때문에), 혼합 방법이 피상적인 것으로 전락해 버리지 않게 해야겠다는 생각을 더 많이 한 쪽도 질적 연구자들이었기 때문이기도 하다. 자신보다 뛰어난 파트너와 함께 일하는 것이 유익하기도 하지만, 덜 뛰어난 파트너는 자칫 잘못하면 더 뛰어난 파트너의 그늘에 가려져서 자신의 역량이 파트너와 함께 일하기 전보다 오히려 더 감소하는 상황에 처할 수도 있다.

혼합 방법의 등장 및 등장 원인

혼합 방법은 기존 방법론이 기후 변화나 인신매매 등과 같이 복잡한 상호작용 관계로 얽혀 있는 '골치 아픈 문제들(wicked problems)'을 해결하기에 한계가 있다는 인식이 증가하면서 그 가치를 인정받게 되었다(Mertens, 2015). 연구에 거시적 맥락과 다차원적 분석 단위를 도입하기 위해 시스템 과학(system science)과 정교한 통계적 분석 모델들이 개발되었으나(Diez-Roux, 1998), 그러한 것들이 유용한지 여부는 복잡한 사회경제 체계로부터 생성된 데이터를 사용할 수 있는지 여부에 전적으로 달려 있었다. 그리고 심지어 그러한 대규모 데이터를 사용할 수 있는 매우 드문 상황하에서도 놓칠 수밖에 없는 부분들은 항상 존재하기 마련이다.

　이러한 맥락에서 볼 때, 혼합 방법 연구 설계는 양적 데이터가 가진 구체성과 질적 데이터가 가진 자연주의적이고 전체론적인 관점을 결합해 낸다. 이러한 조합은 다양한 주제에 관한 연구(성매매, 자연재해 구호, 성폭력, 환경 관련 사고)에서 사용될 수 있다. 그러나 대부분의 혼합 방법 연구는 그리 크지 않은 규모의 협업이 요구되는 수제들을 연구할 때 더 적합하다(Bryman, 2006; Creswell & Plano Clark, 2011; Tashakkori & Teddlie, 2010).

　Greene와 동료들은 그들이 공저한 논문에서 혼합 방법 연구를 하는 다섯 가지 주된 이유로 다각화, 상호 보완, 발전, 개시, 확장을 제시하였다(Greene, Caracelli, & Graham, 1989). 가장 먼저 언급되기 시작했고 지금도 가장 주된 이유로 손꼽히는 **다각화**(triangulation)는 상이한 연구방법을 통해 얻은 결과들을 비교하여 일치하는 부분과 불일치하는 부분을 파악하는 것이다(Morse, 1991). 제8장에서 논의하였듯이, 질적 연구자들이 선입견적 고정관념을 갖거나 진실에 대한 섣부른 확신을 갖는 것은 전혀 바람직하지 않다(Flick, 2004; Sandelowski, 2000). **상호 보완**(complementarity)은 서로를 보강 또는 명료화하는 것을 의미한다. 따라서 질적 연구방법과 양적 연구방법은 퍼즐을 완성하기 위해 필요한 각기 다른 그림 조각으로 이해된다. **발전**(development)은 양적 방법과 질적 방법을 순차적으로 사용하면서 먼저 사용한 방법이 나중에 사용하는 방법에 시차적 영향을 미칠 때 나타난다. **개시**(initiation)는 서로 다른 연구방법을 통해 얻은 연구 결과들이 충돌해서 새로운 구조틀이 만들어질 때 발생한다. 마지막으로, **확장**(expansion)은 질적 관점과 양적 관점을 하나로 엮음으로써 이론적인 이해의 폭이 확대될 때 나타낸다. 이러한 다섯 가지 전형적인 범주들이 나타내는 것은 가능성, 즉 애초에 연구방법을 혼합하겠다는 생각을 왜 하게 되었는지에 관한 사고의 출발점으로서의 가능성이라고 할 수 있다.

혼합 방법의 통합

연구방법 혼합과 관련된 문제들 중 가장 이해하기 어렵고 가장 긴급한 문제는 단연코 통합(Bryman, 2006) 또는 흔히 사람들이 시너지, 즉 적응적 통합(1+1=3)이라고 부르는 문제일 것이다(Fetters & Freshwater, 2015). Creswell와 Plano Clark(2011)은 혼합 방법 연구에서 양적 자료와 질적 자료를 통합하는 병합, 연결, 삽입이라는 세 가지 방식을 제안하였다. **병합**(merging)은 두 가지 연구방법과 각각의 연구 결과가 나란히 또는 얽혀 있는 것을 말한다. 예를 들면, 인종 편견 척도 점수를 가지고 연구 참여자들의 인종 편견 태도를 질적으로 범주화하는 가상적인 연구를 생각해 볼 수 있다. **연결**(connecting)은 시간적으로 먼저 사용한 연구방법이 나중에 사용한 연구방법에 도움이 되는 것을 말한다. 가장 일반적인 통합 방식이라 할 수 있는 이 방식에 따라 자료를 통합할 경우, 두 가지 연구방법이 시간적으로 분리되기 때문에 각각의 연구방법이 자신의 고유한 특성을 방해받지 않고 그대로 유지할 수 있다. 예를 들면, 포커스 그룹 자료를 분석한 결과(질적)를 나중에 하게 되는 설문지 또는 척도 개발(양적)에 사용하는 경우를 생각해 볼 수 있다. 또 다른 예로는 시간적으로 먼저 실시한 설문조사의 결과를 나중에 개별 인터뷰 참여자를 뽑기 위해 의도적 표본 추출(puroposive sampling)을 할 때 사용할 수 있을 것이다. **삽입**(embedding) 또는 끼워 넣기(nesting)는 한 가지 방법을 다른 방법의 일부로 사용하는 것이다. 예를 들면, 대규모 무작위 통제 실험(RCT) 연구를 하면서 실험 진행 상황에 관한 실시간 정보를 제공하고 연구 참여자들의 진척 정도를 독립적으로 평가하기 위해서 인터뷰, 관찰 또는 문헌고찰(또는 세 가지 모두)을 부수적으로 사용할 수 있다.

혼합 방법 설계의 유형

모든 연구 설계는 의도성을 전제로 작동하는데, 서로 다른 연구방법을 연결 또는 통합하는 것을 궁극적 목표로 하는 혼합 방법 설계에서는 특히 그러하다. 질적 연구방법과 양적 연구방법 간의 관계는 나타낼 때는 질적 연구를 'QUAL'로, 양적 연구를 'QUAN'으로 표기하고 두 약어 사이에 방향 화살표나 덧셈 기호를 써서 관계를 나타낸다. 예를 들어서, 'QUAL → QUAN'은 순차 설계 중 하나를 표현한 것이고, 'QUAN+QUAN'은 동시 설계 중 하나를 표현한 것이다. 두 연구방법 간의 관계가 주종 관계인 경우는 소문자를 써서 표현한다. 예를 들어, 'qual → QUAN' 설계는 종에 해당하는 질적 연구에서 주에 해당하는 양적 연구로 나아가는 순차 설계를 뜻한다. 이러한 축약 표현은 복잡하지 않은 혼합 방법 설계를 나타낼 때 매우 유용하다(Guest, 2012).

연구방법 간에 명확한 경계를 설정하고 혼합 방법이 가진 가능성을 기술할 때 겪게 되는 어려움은 크게 두 가지다. 하나는 무엇이 혼합 방법인지에 관한 명확한 합의가 없다는 것이다. 몇 개 정도의 개방형 질문이 포함된 대규모 설문조사를 혼합 방법이라고 볼 수 있는가? 표준화된 척도를 사용하는 질적 인터뷰는 혼합 방법 연구인가? 양적 연구가 종료되고 나서 한참이 지난 후에 질적 연구를 하는 것(또는 그 반대 순서)도 혼합 방법 연구에 포함되는가? 이 세 가지 질문 모두에 대한 저자의 답은 '아니다'이다(아무리 양보해도 약한 혼합 방법 연구라고밖에 볼 수 없다). 다음과 같은 이유 때문이다. 첫 번째 예에서 질적 정보를 얻는 시점이 Likert 척도로 측정을 하는 도중이거나 측정이 끝난 다음이라면 빈약한 질적 정보를 얻을 가능성이 크다. 두 번째 예에서 어떤 수량적 척도가 기술적 가치(descriptive value)를 가지고 있다고 하더라도(특히, 사례 연구나 문화기술학 연구에서 형식이 다른 자료를 수집하기 위해 척도를 사용하는 경우라면) 수량적 척도가 제공해 줄 수 있는 기술적 정보는 그 수준이 매우 제한적이다. 세 번째 예의 경우, 양적 연구가 종료된 후 한참이 지나고 나서 질적 연구를 하는 것(또는 그 반대)은 혼합 방법의 목적과 통합의 기본 전제 모두에 위배된다. 원래 계획했던 연속 연구로서 사후 연구를 하는 경우에도 두 연구 사이에 시간 공백이 있으면 연구방법을 통합하기가 매우 어려워진다.

두 번째 어려움은 앞에서 소개한 간단한 유형 분류 체계로 분류할 수 없는 복잡한 혼합 방법 설계에서 비롯되는 어려움이다(Guest, 2012). 복잡한 혼합 방법 설계를 설명할 때(예: 피드백 회로를 통해서 새로운 표본 추출 또는 추가 데이터 수집으로 연구의 방향이 바뀌는 등의 복잡한 설계)는 사전에 설명하는 것보다 사후에 도식화해서 설명하는 것이 훨씬 수월하다(Mendlinger & Cwikel, 2008). 복잡한 혼합 방법 설계는 도식화하더라도 연구 과정 중에 발생하는 여러 가지 우여곡절을 보여 주기 위해서 자주 이야기식으로 기술할 필요가 있다. 그럼 다음에서는 어떤 혼합 방법 연구 설계가 가능한지를 기본적인 혼합 방법 설계에서 시작해서 복잡한 혼합 방법 설계까지 예를 들어가면서 살펴보기로 하자.

순차 설계

가장 이해하기 쉬운 혼합 방법 설계는 아마도 순차적 혼합 방법 설계일 것이다. 미국 국립보건원 지침(NIH 지침)은 이 혼합 방법 설계를 **연결적 통합**(connecting intergration)이라고 부르는데(Creswell et al., 2011), 이 방법은 두 가지 연구를 각각의 연구 과정은 그대로 유지하면서 한 연구의 끝이 다른 연구의 시작이 되게끔 하는 설계다. 이는 Wacherbarth, Streams 및 Smith(2002)가 개인 및 포커스 그룹 인터뷰를 실시하여 알츠하이머 환자를 돌보는 간병인들을 대상으로 하는 설문조사의 조사 항목을 개발한 경우를 대표적인 예로 들 수 있다. 가장 많이 볼 수 있는 순차 설계는 연구 도구를 개발하기 위한 목적에서 질적 연구를 먼저 하는 설계다. Creswell과 동료들(2011)은 그들이 실시한 NIH 지침 연구에서 C형 간염 양성 판정을 받은 음주가들을 대상으로 실시한 혼합 방법 연구를 예로 제시하였다(Stoller et al., 2009). 연구자들은 블로그 및 인터넷 게시물에서 얻은 인터넷 데이터와 인터뷰를 사용하여 'C형 간염'에 영향을 미치는 음주 행동을 측정하기 위한 조사 항목들을 개발하여 설문지에 포함시켰다.

앞에서 소개한 예와 반대 순서, 즉 양적 연구를 먼저하고 질적 연구를 뒤이어 하는 연구 설계의 예로는 먼저 의도적 표본 추출을 사용해서 인터뷰 응답자를 뽑은 다음 그들에 대해서 구조화된 인터뷰를 진행하는 연구를 꼽을 수 있다. 2001년에 저자는 연구 기간이 4년이었던 양적 무작위 실험 연구인 New York Housing Study에서 사후 질적 연구 부분에 참여했던 적이 있다(Tsemberis, Gulcur, & Nakae, 2004). 데이터 수집 마지막 해가 되면서 먼저 했던 통계 분석에서 몇 가지 주요한 결과에 있어서 아무런 집단 간 차이가 나타나지 않음에 따라 연구방법이 'QUAN'에서 'qual'로 바뀌었다

(Padgett, Gulcur, & Tsemberis, 2006). 연구에서 맨 마지막에 실시한 구조화된 인터뷰에 질적 인터뷰를 추가하여 '소문자 qual'에 해당하는 질적 연구를 실시하였다. 모든 질적 인터뷰를 녹음하여 녹취록을 만들었으며, 녹취록에 대해서 패턴 및 주제 분석을 실시하여 얻은 결과를, 먼저 실시한 양적 연구를 통해 얻은 결과의 의미를 이해하고 해석하는 데 활용하였다.

아이티 주민이면서 AIDS 환자인 사람들을 대상으로 Paul Farmer가 실시한 기념비적인 연구는 순차적 혼합 방법이 어떻게 시너지 효과를 일으켜서 심층적인 이해를 가능하게 하고 이론틀을 만들어 내는지를 잘 보여 주는 대표적인 사례로 자주 인용되고 있다(Katz & Mishler, 2003). 문화인류학자이면서 의사인 Farmer(1999)는 처음에는 질병이 환자와 그들의 가족에게 미치는 영향을 이해하기 위한 문화기술학 연구를 하다가 설문조사와 역학적 연구를 통해서만이 답을 찾을 수 있을 것 같은 새로운 질문들과 맞닥뜨리게 되었다. 시간이 지나면서 Farmer는 아이티 주민과 지역사회가 날로 심각해지는 AIDS 감염 문제에 대처하는 방식을 이해하는 데 역사적·구조적 요인 같은, 보다 광범위한 요인들을 도입해야 할 필요성을 깨닫게 되었다. Farmer가 의도적으로 혼합 방법을 사용한 것인지는 분명하지 않으나(사실 1990년대 초반까지만 해도 그런 용어를 사용하거나 스스로 용어를 만드는 경우 자체가 거의 없었다.) Katz와 Mishler(2003)는 Farmer가 사용한 접근 방법(질적 방법과 양적 방법 모두를 똑같이 중요하게 여기면서 절대로 어느 한 쪽을 기준으로 다른 한 쪽의 타당성을 판단하는 않는)을 공정한 혼합 방법이 어떤 것인지를 보여 주는 대표적인 예로 널리 사용하였다.

동시 설계

동시 설계는 어느 한 방법을 주된 방법으로 사용('QUAN+qual' 또는 'QUAL+quan')하거나 두 방법을 대등하게 사용(QUAN+QUAL)하는 혼합 방법 설계다. NIH 지침은 이 연구 설계에 해당하는 통합 유형으로 합병(merging)과 내재(embedding)를 제시하고 있다(후자는 '주-종' 설계를 의미한다). [글상자 10-1]은 외국에서 실시된 'QUAN+qual' 연구의 예다.

[글상자 10-1] 페루와 베트남의 사회적 자본 척도를 검증하는 혼합 방법 연구(QUAN+qual)

혼합 방법은 도구 개발 및 검증에 있어 고유한 매력을 가진다. 이는 대부분 측정의 근본적인 구조가 복잡하며 다양한 의미와 해석을 가질 수 있기 때문이다. 그에 대한 대표적인 개념인 사회적 자본은 사회적 관계가 소속감을 함양하는 것에서부터 귀중한 자원에 대한 연결을 제공하는 것에 이르기까지 건강상의 이익을 제공할 수 있는 방법의 지표로 널리 사용되었다. 개인 수준에서 사회적 자본의 측정은 일반적으로 건강에 대한 잠재적 지표로, 특별하게는 의료 서비스에 대한 접근성으로 여겨진다(Szreter & Woolcock, 2004).

DeSilva와 동료들(2006)은 사회적 자본 척도(SASCAT)를 개발하여 그것을 스페인어와 베트남어로 번역하였다. 이후 아이 돌보미 대표본(페루인 3,000명과 베트남인 2,771명)을 대상으로 SASCAT 검사를 수행하였다. 측정의 타당성 검증을 위한 심리검사 외에도 연구자 기준에 따라 20명의 페루인과 24명의 베트남인 응답자를 표본 추출하여 심층 인터뷰를 진행하였다. 1~2시간 동안 진행된 이러한 '인지적 인터뷰(cognitive interviews)'는 각 SASCAT 항목과 관련한 추가적인 생각과 아이디어를 이끌어 냈다. 항목의 한 예시로, "지난 12개월 동안 공통된 문제나 사회적 문제를 해결하기 위해서 다른 지역사회 구성원들과 협력한 적이 있는가?"를 들 수 있다. 해당 인터뷰는 녹음되었고, 개방형 답변이 각 항목의 의미에 대한 저자의 원래 의도에서 벗어나는지(및 벗어난 빈도)를 확인하기 위해 내용 분석되었다.

연구 결과는 흥미로운 사실을 보여 주었다. 두 나라의 양적 요인 분석 결과는 놀라울 정도로 비슷했지만, 질적 인터뷰는 여러 문화적 오해를 표면화시켰다. 예를 들어, '지역사회(community)'라는 개념은 베트남에서는 쉽게 받아들여졌지만, 페루 사람들(지역사회를 주변 지역이 아닌 개인의 사회적 연결망으로 정의하는)은 이해하지 못했다. 페루와 베트남 모두 '신뢰(trust)'는 일반적으로 사람들이 '지역사회'에 귀속될 수 있는 것이 아니라 지인에게만 귀속될 수 있는 것으로 간주되었다. 이와 유사하게, '다른 이의 도움(help from others)'은 대체로 경제적 지원으로 정의되었다. 이는 정의 내에서 정서적 지원을 포함하는 SASCAT와는 반대되는 개념이었다. 이에 저자들은 당연하게도 인지적 확인이 도구 개발에 선행되어야 할 필요가 있다고 결론지었다(DeSilva et al., 2006).

- **논평**: 이 연구 설계에서, 두 가지 방법은 완전성뿐만 아니라 확증을 위하여 사용되었다(즉, 연구자들은 각 항목에 대해 하나의 의미만을 상정하는 대신 다수의 의미들을 찾아내어 측정을 향상시켰다). 이 연구 결과는 문화 체계에 따라 주관적인 의미가 달라질 수 있는 비교 문화연구에서의 질적 연구방법의 중요성을 보여 준다.

'QUAN + qual' 설계의 경우, 연구자는 양적 연구 결과를 예시 또는 뒷받침하기 위해 질적 데이터를 수집하여 사용할 수 있는데, 예를 들면 사례를 분석한 예(case vignette)를 제시하거나 개방형 질문에 대한 연구 참여자의 응답 중 일부를 발췌하여 제시할 수 있다(Morgan, 1997). 이와 정반대로 질적 연구방법이 주된 접근 방법인 경우(QUAL + quan), 질적 연구자는 표준화된 척도를 사용하여 양적 데이터를 수집하거나 그 밖의 보충적인 양적 데이터를 문헌이나 공공 자료 보관 기관 등에서 수집하여 사용할 수 있다. Snow와 Anderson(1991)은 노숙인을 대상으로 그들이 실시한 심층 인터뷰와 문화기술학적 관찰을 뒷받침하기 위해서 여러 기관으로부터 추적 데이터(tracking data)를 수집하고 사용하여 노숙인의 삶을 문화기술학적으로뿐만 아니라 통계적으로도 그려 낼 수 있었다.

표본의 크기가 작을 때는 양적 데이터를 사용하는 데 위험이 따를 수 있지만 충분한 주의를 기울인다면 양적 데이터 사용이 질적 연구의 귀납적인 속성이나 발견적 속성을 손상시킬 위험은 거의 없다. 마찬가지로 질적 데이터를 보충 데이터로 사용하는 것이 '대문자 QUAN' 연구에 해가 될 가능성 역시 거의 없다. 두 연구방법을 완벽하게 통합한 'QUAL + QUAN' 연구 설계는 앞서 언급한 시간 제약과 자원 제약 때문에 아마도 가장 드물게 사용되는 혼합 방법이 아닌가 생각된다.

복합 설계

굳이 단순한 혼합 방법 설계를 고집해야 할 이유가 없다면 연구자가 선택할 수 있는 혼합 방법의 폭은 상당히 넓어진다. 특히 연구가 장기간에 걸쳐 진행되는 연구일 때 그러한데, 연구 기간이 길어질수록 서로 다른 연구방법들을 다양한 방식으로 연결할 수 있기 때문이다. 예를 들면, 진동 또는 나선형 구조로 표현되는 연구 설계도 가능하다(이 설계가 난해하다고 생각하는 연구자들도 있다). Mendlinger와 Cwikel(2008)은 이스라엘의 다문화가정 어머니들을 대상으로 한 연구에서 그들이 사용한 혼합 방법 설계를 DNA의 이중 나선 구조에 비유하였다. Mendlinger와 Cwikel이 사용한 연구 설계는 중간 중간이 다리들로 연결되어 있는 두 개의 평행 나선이 일곱 번 뒤틀려 회전하면서 각각의 뒤틀린 부분이 연구의 각 단계를 나타내는, 마치 뒤틀린 사다리 같은 구조를 가진 연구 설계였다. 그들은 순차 혼합(sequential mixing)과 내재 혼합(embedded mixing) 모두를 사용하기 위해서 다양한 형태의 데이터(문화기술학, 포커스 그룹, 개인 인터뷰 및 설문조사)를 수집하였다. 여성들이 모유 수유를 하지 않는 이유를 알아보기 위해 실시한 포커스 그룹 인터뷰로부터 요인분석에 사용할 수 있는 여러 가지 변수를 도출하였으며, 연구의 마지막 단계에서는 대규모 전화 설문조사를 실시하여 월경(menstruation)에 관한 여성들의 지식 및 태도를 이해하고자 시도하였다 (Mendlinger & Cwikel, 2008). 이러한 나선형 설계를 가진 연구를 하려면 연구자들이 상당한 수준의 노력을 쏟아야 하며, 연구자들이 연구 기간 내내 유연성을 유지할 수 있고 이러한 설계가 요구하는 모든 것을 충실히 해낼 수 있다는 전제가 필요하다.

[글상자 10-2] 이상한 결합? 무작위 통제 실험(RCT)에서 질적 연구방법 사용하기

Kaptchuk과 동료들(2009)은 6주에 걸쳐 진행된 단일맹검법(RCT)에 참여한 262명의 환자들 중 12명의 하위 집단을 심층 인터뷰하여 과민성 대장 증후군(IBS) 증상을 완화하는 데 있어 의사의 주의력(낮음 대 높음)과 침술 치료가(위약 효과 대 실제) 어떤 역할을 하는지 알아보고자 시도하였다. IBS는 환자의 자가 보고를 통해서만 그 심각성을 평가할 수 있기 때문에 위약 효과를 검증하기에 매우 적합한 증상이었다. 연구자들은 RCT를 설계할 때 연구가 진행되는 동안 그들이 가진 기대, 희망, 의심 등을 연구하기 위해 환자 인터뷰를 포함시켜 두었다. 위약 효과가 나타났을까? 환자들이 실제로 이루어지지 않은 치료를 어떻게 경험하였을까? 모든 연구 참여자가 IBS 증상 개선을 경험하였다(그리고 그들 중 일부는 증상 개선 외에 사회적 관계 향상 같은 긍정적인 변화도 경험한 것으로 나타났다). 이러한 질적 연구 결과는 환자들이 시간이 지나면서 자신들의 반응을 다른 방식으로 해석한다는 것을 보여 줌으로써 기대 효과에 관한 기존 심리학 이론들을 비판하였다.

이상한 결합(strange bedfellows) 연구 설계의 또 다른 예인 Plano Clark와 동료들(2013)의 연구는 암 통증 치료의 효과를 검증하기 위해 설계된 RCT 연구였다. 이 연구에서 사용된 질적 연구방법은 해석기반 질적 접근 방법이었다. 초기 실험에서는 실험 치료(experimental treatment)가 일반적인 치료보다 더 효과적인 것으로 보고되었으나, 실험 집단의 절반이 이렇다 할 만한 통증 감소를 경험하지 못한 것으로 나타났다. 이러한 결과는 6주간의 개입 기간이 너무 짧았으며, 간호사와 환자 간의 상호작용이 너무 제한적이었음을 말해 주는 결과였다. 두 번째 RCT에서는 먼저 제공했던 실험 치료의 확장 버전에 해당하는 치료가 제공되었다(낮은 복용량 대 높은 복용량). 두 번째 RCT에서 질적 연구는 실험 과정 중에 발생하는 어려움, 긍정적인 전략, 간호사와 환자 간의 상호작용 등을 파악하기 위한 목적에서 실시되었다. 비록 템플릿 접근법으로 진행되기는 하였지만, 이러한 질적 인터뷰를 통해서 연구자들은 환자들이 가진 주관적이고, 맥락적이고, 사회구성적인 의미를 탐구하기 위해서는 해석적 질적 접근 방법이 필요하다는 사실을 깨닫게 되었다.

- **논평**: Plano Clark와 동료들(2013)의 연구는 모든 해석주의 연구자가 질적 연구방법과 양적 연구방법이 양립할 수 없다는 생각에 동의하지는 않는다는 것을 보여 주었다. 언뜻 보면 이상한 결합처럼 보일지 몰라도, RCT 연구는 연구 기간이 길고 규모가 크기 때문에 이러한 예시처럼 보조적 목적의 질적 연구를 진행하기에 적합한 연구다. RCT 연구의 경우, 연구방법을 성공적으로 통합할 수 있는지는 RCT 연구 프로토콜이 얼마나 유연하게 반응할 수 있는지와 질적 연구가 시간을 얼마나 필요로 하는지에 달려 있는 것 같다. 깊이 있는 주관적 정보에 기반한 피드백을 시기적절하게 제공해 주는 것은 연구 결과를 보완하고 확장하고 더 효과적으로 만드는 데 분명히 도움이 된다.

혼합 방법: 해 볼 수 있는 여러 가지 방법

구조 및 설계 결정: 무엇을, 언제, 그리고 어떻게

혼합 방법 연구 수행에 관한 결정을 내리기 위해서 연구자는 연구 과정을 여러 단계로 나누고 어떤 단계들이 접점을 가지고 있고(또는 가져야만 하는지) 어떤 단계들이 접점을 가지고 있지 않은지 등을 판단해야 한다. 혼합 방법 연구를 하는 데 어떤 제약이 있는지, 또는 연구방법을 원하는 대로 혼합할 수 있는지 등의 질문에 대한 답을 찾는 데 도움이 될 만한 다음과 같은 사항들에 대해서 생각해 보자.

1. 방법론적 접근 방법은 특정 패러다임 또는 인식론과 본질적으로 연결되어 있지 않다(Pelto, 2015). 예를 들면, 근거이론은 후기실증주의 버전도 있고 구성주의 버전도 있다.
2. 데이터 수집 기술(인터뷰, 설문지, 관찰)은 방법론적 접근 방법과 본질적으로 연결되어 있지 않다. 대부분의 질적 접근 방법들이 일부 또는 모든 유형의 데이터를 사용할 수 있다.

3. 데이터 분석은 데이터 수집 기술과 본질적으로 연결되어 있지 않다. 질적 데이터의 '양적 데이터화' 또는 양적 데이터의 '질적 데이터화'는 가정적으로 가능하다(Sandelowski, 2000).

이러한 사항들이 강조하는 것은 무엇인가? 한마디로 말해서, 제약이 상대적으로 없고 '무엇을, 언제, 어떻게'를 결정할 때 선택할 수 있는 옵션이 많다는 것이다. 첫 번째 사항의 경우, 대부분의 연구방법 혼합은 패러다임보다 낮은 수준에서 이루어지며(Morgan, 2014), 이는 패러다임 무신론자가 되는 것이 아니라 패러다임 불가지론자가 되는 것, 다시 말하면 패러다임의 중요성을 부인하는 것이 아니라 패러다임에 집착해야 할 필요성을 무시한다는 것을 의미한다. 두 번째 사항이 뜻하는 점은 하나 또는 그 이상의 질적 데이터 수집 방법을 사용하여 연구방법을 혼합한다는 것이다. 세 번째 사항은 데이터 분석 단계에서 데이터를 변환하는 것에 관한 사항이다([글상자 10-3] 참조). Sandelowski(2000)에 따르면, 대부분의 연구방법 혼합은 "연구가 진행되는 현장"(p. 246)에서 표본을 추출하고, 데이터를 수집하고, 데이터를 분석하면서 이루어진다.

이러한 세 가지의 사항들을 살펴봄으로써 우리는 연구의 여러 단계에서 양적 연구방법과 질적 연구방법을 혼합할 수 있는 역량을 가늠해 볼 수 있다. 물론 어떤 혼합은 효과가 없을 수도 있다. 예를 들면, 내러티브 분석과 설문조사는 잘 맞는 방법이 아니다. 연구방법을 혼합할 때는 반드시 적절성을 고려해야 한다. 질적 연구방법과 양적 연구방법에 동등한 중요성을 부여한다는 것은 표본 추출이 확률적이면서 의도적이라는 것, 데이터가 양적 데이터와 질적 데이터 모두를 포함한다는 것, 데이터 분석이 통계적이면서 주제적 또는 내러티브적이라는 것을 의미한다.

순차 설계는 두 가지 연구방법이 각각의 특성을 그대로 유지할 수 있는 가능성을 열어 둔다(합리적으로 연결된다는 전제하에). 병렬 과정 또는 "꼬임 구조(strands)"(Tashakkori & Creswell, 2007, p. 3)를 뜻하는 동시 설계에서는 앞서 소개한 이중 나선 구조처럼 한 가지 이상의 연구 단계에서 두 가지 연구방법을 번갈아 가면서 사용할 수 있다. 동시 혼합 설계 중 가장 강도가 낮은 설계는 다른 단계에서는 두 가지 연구방법을 혼합하지 않고 있다가 맨 마지막에 연구 결과를 비교·제시할 때만 혼합하는 것이다. 이런 혼합이 아마도 통합(integration)으로 인정될 수 있는 최소한의 혼합일 것이다.

[글상자 10-3] 온라인 게시판에서 얻은 유방암 및 전립선암에 관한 근거이론 연구 데이터를 '양적 데이터화'하기

온라인 채팅방과 토론 게시판은 질적 분석을 위한 풍부한 내러티브 데이터를 제공한다. Gooden과 Winefield(2007)는 근거이론과 "유사수치(quasi-numeric)"(p. 103) 접근 방법을 사용하여 온라인으로 의사소통을 하는 암 환자들의 언어 스타일과 의사소통이 젠더에 따라 차이가 있는지를 연구하였다. 그들은 여성은 정서적 의사소통을 많이 하고, 남성은 정보적 의사소통을 많이 할 것이라는 가설에서 출발하였다. 여성 유방암 환자 69명과 남성 전립선암 환자 77명의 온라인 의사소통 내용을 두 명의 연구자가 독립적으로 개방 코딩, 축 코딩 및 선택 코딩 기법을 사용하여 분석하였다. 메시지당(또는 게시물당) 코드 개수와 개인이 게시물을 올린 빈도를 계산하여 논문에 표로 제시하였다.

이러한 분석을 통해서 두 개의 핵심적인 코드('정보 지원'과 '정서 지원')와 각각의 코드에 대한 축 코드 및 개방 코드를 도출하였다. 예를 들면, 축 코드에는 '질병 관련 사실'(정보 지원 코드), '대처 철학'(정서 지원 코드)이 포함되었다. 각각의 개방 코드가 나타난 경우를 데이터베이스별로 계산해서 두 가지 주제에 비례적으로 분류하였다. 그 결과, Gooden과 Winefield는 정보적 의사소통이 여성의 경우 전체 의사소통의 60%를 차지하고, 남성의 경우는 64%를 차지하는 것으로 나타났다는 것을 발견하였다. 따라서 남녀 간에 정서적 의사소통의 빈도에 있어서 (정보적 의사소통의 반대 개념으로서의) 차이가 거의 없다는 것을 알게 되었다. 또한 연구자들은 논문의 결과 부문을 거의 모두 코드를 설명하는 데 할애하면서 미묘하지만 의미 있는 남녀 간 차이를 설명하였다. 예를 들면, '정보 지원' 주제와 관련해서 남성들은 주로 자세한 사실 정보를 제공하고 여성들은 정보를 요약해서 제공하는 차이를 보였다. '정서 지원'을 할 때도 남녀 간에 차이가 있었는데, 예를 들면 여성들은 따뜻한 대화와 애정 어린 표현을 많이 사용하는 데 비해 남성들은 동료들에게 '기운 내.' '이겨 내.'와 같은 자세를 가질 것을 권유하였다. 그 밖의 영역(유머나 단체 정신 등)에서는 남성과 여성 간에 이렇다 할 만한 차이가 나타나지 않았다.

• **논평**: 이 연구는 가설과 'QUAL+quan' 설계를 통해 질적 데이터를 양적 데이터화하는 접근 방법을 사용하였다. 남녀 간 차이에 관한 양적 연구 결과 중 눈길을 끌 만한 결과는 없었다. 연구 보고서에 제시된 수치들이 말해 줄 수 있는 것은 별로 없었고, 질적 주제와 해석이 연구의 중심적인 내용을 이루었다.

'무엇'의 질문에 관해서 Bryman(2006)은 표준화된 설문조사와 질적 인터뷰를 동시에 혼합하는 방법이 많이 사용되고 있으며, 후자 방법은 주로 대규모 조사 표본으로부터 추출한 의도적 표본을 인터뷰 응답자로 한다고 이야기하였다. 질적 연구에서 포커스 그룹이 인기 있는 옵션이기는 하지만 피상적인 데이터를 얻게 될 위험이 있다는 점도 알고 있어야 한다(Agar & McDonald, 1995). 그 밖에도 심층 인터뷰와 **현장 관찰**(in situ observation) 같은 좋은 방법들이 있다.

질적 인터뷰에서 기존 척도 사용하기

인지, 정서 및 행동 현상을 측정하는 수많은 척도가 존재한다. Miles와 Huberman (1994)은 연구자가 관심 있는 영역이 측정 가능한 영역이고, 연구자가 사례들에 대해서 표준화된 비교를 하고자 한다면 체크리스트나 척도를 사용할 것을 권장한다. 물론 그렇게 할 때 바람직하지 않은 결과가 발생하기도 한다. 첫째, 표준화된 척도를 사용하면 데이터 수집 과정이 척도를 사용하지 않을 때만큼 자연스럽게 흘러가지 않을 수 있다. 따라서 표준화된 척도는 사용할 경우, 인터뷰나 후속 인터뷰가 종료될 때까지 기다렸다가 사용하는 것이 좋다. 둘째, 표본의 크기가 빈도, 범위 또는 평균을 기술하는 수준 이상의 통계 분석을 하기에 적합하지 않을 정도로 작더라도, 척도가 가진 양적 특성으로 인해 분석에 수치가 포함하게 된다.

질적 데이터를 양적 데이터화하기

질적 데이터를 소중하게 여기는 질적 연구자들에게 질적 데이터를 압축 또는 왜곡하여 변수로 만드는 것은 거의 신성모독에 가까운 행위일 수 있다. 그런데 저자는 실제로 그렇게 해 봤고, 특정 목적을 위해서는 그렇게 할 만한 가치가 있다는 것을 깨달았다. 질적 연구의 많은 다른 측면들과 마찬가지로 신성모독(즉, 자료 변형)도 그 정도가 매우 다양하다. 데이터를 가장 많이 변형해야 하기 때문에 만족도가 가장 낮은 시나리오는 질적 데이터를 변수 개발을 위한 원료로 취급하는 시나리오다. 이 경우, 다양한 기록을 내용 분석한 결과가 수치와 빈도 형태로 나타난다. 이 방법은 깊이가 부족한 문서(신문, 회의록, 인터넷 블로그 등)를 분석해야 하는 상황에서 사용하기 적합한 방법이라 볼 수 있다. 유형을 구분하기 위한 통계 분석 기법인 군집 분석이 질적 데이터 분석에 자주 적용되어 왔으나(Macia, 2015), 그로 인해 데이터가 가진 미묘함과 깊은 의미를 잃게 되는 경우가 종종 발생하곤 한다.

물론 모든 질적 데이터 분석은 엄청난 양의 가공되지 않은 데이터를 의미 있는 그러나 강제적인 방식으로 줄인다. 중요한 것은 이러한 데이터의 감소로 인해 데이터의 깊이와 복잡성이 훼손되는지 여부다. 이 두 가지 모두를 유지하기 위한 방법으로서(오랜 시간에 걸쳐 비교적 표준화된 심층 정보를 수집하는 노력이 있었기에 시도할 수 있게 된) New York Services Study(NYSS)와 New York Recovery Study(NYRS)의 연구진은 질적 데이터를 양적 데이터화하는 방법을 분석 방법으로 사용하였다. 물론 이러한 연구방법을 사용했음에도 불구하고 각각의 연구가 가진 질적 연구로서의 압도적인 특성은 전혀 변하지 않았다.

NYSS에서 우리 연구진은 학술 문헌을 고찰하다가 '주거 우선(Housing First: HF)' 접근 방법이 프로그램 참여자들의 약물 및 알코올에 대한 의존성을 감소시켰는지의 여부에 관한 뜨거운 공방을 접하게 되면서 질적 데이터를 양적 데이터화할 생각을 갖게 되었다. 많은 연구 결과가 중증정신질환과 약물 남용 문제를 함께 가지고 있었던 노숙인들이 자신만의 아파트를 갖게 되었고, 각자 그곳에서 수 년 동안 안정된 주거를 유지할 수 있었다는 사실을 보여 주었다(Tsemberis et al., 2004). 우리의 관심을 끌었던 것은 HF 참여자들을 좀 더 제한적인 집단 환경에서 생활하는 일반적인 치료 프로그램 참여자들과 비교할 경우, 약물 및 알코올 사용에 대한 긍정적인 효과가 없는 것으로 나타나는 결과였다(Padgett et al., 2006). NYSS에 연구진은 12개월에 걸쳐 세 차례의 심층 인터뷰(매달 실시한 간단한 전화 인터뷰까지 포함해서)를 실시한 결과, 연구 참여자가 12개월에 걸쳐 약물을 분명히 사용했다는 것을 보여 주는, 충분한 생태학적 타당성을 확보했다는 결론을 내리게 되었다.

우리가 알고 있는 모든 정보를 바탕으로, 우리는 프로그램 참여자 각각에 대해서 0(불법 약물을 사용하지 않았고 음주는 거의 없었던 경우) 또는 1(불법 약물을 사용했고 중~상 정도의 음주가 있었던 경우)을 부여한 다음, 그 값을 종속 변수로 사용하여 로지스틱 회귀분석을 실시하였다(Padgett, Stanhope, Henwood, & Stefancic, 2011). 표본의 크기가 75명이었기 때문에 프로그램 유형뿐만 아니라 인종, 젠더 그리고 기준선 약물 사용도 예측 변수로 사용하였다. 분석 결과는 정말 놀라웠다. HF 참여자들이 비교 집단보다 약물을 사용할 가능성이 3배나 낮은 것으로 나타났기 때문이다(Padgett et al., 2011). 이런 식으로 질적 데이터를 양적 데이터화하여 HF의 효과에 관한 중요한 정책 질문에 답하는 것이 우리 연구의 본래 목적은 아니었으나, 우리가 수집한 데이터의 깊이와 넓이가 우리를 뜻밖의 행운과도 같은 연구 결과로 이끌어 주었던 것이다.

표본 크기가 작을 때는 일반적으로 교차분석(카이제곱 검정)이나 단순 집단 비교 (t-검정) 같은 비모수 통계 분석을 한다. 예를 들면, Fisher의 정확도 검정은 표본의 크기가 작을 때 두 개의 이변량 변수 간 관계를 검증하는 데 적합하다. 다변량 분석은 대표본을 필요로 하기 때문에 다변량 분석이 포함된 혼합 방법 연구를 설계할 때는 충분한 크기의 표본과 관계를 검증할 수 있을 정도(만일 관계가 존재한다면)의 통계적 검정력을 확보할 수 있는지에 대해서도 생각해 봐야 한다(글상자 10-4 참조).

[글상자 10-4] NYRS에서 했던 질적 데이터의 양적 데이터화: 회복 궤적 측정하기

처음에 NYRS는 정신질환과 약물 남용 문제를 모두 가진 노숙인들의 정신건강 회복 과정을 이해하기 위한 질적 종단 연구로 설계되었다. 연구진은 18개월에 걸친 심층 인터뷰와 문화기술학적 관찰이 연구 참여자의 회복 과정을 내부자 관점에서 이해하는 데 가장 적합한 연구방법이라고 생각하였다. 정신상태, 신체 건강, 약물/알코올 사용, 가족 및 파트너와의 관계, 직업 및 소득, 주거 만족도, 의미 있는 활동 또는 취미 등을 포함한 다양한 회복 영역에 관한 데이터를 수집하였다.

데이터 수집이 끝난 후, 연구진은 드디어 주거 안정성을 갖게 된 연구 참여자 38명의 삶에 관한 사례 연구를 수행할 수 있는 충분한 질적 데이터를 확보하였다. 연구진은 질적 분석에 더하여 일부 데이터를 양적 데이터로 만들어 사례별, 시간별(18개월) 회복 궤적을 측정하고 비교하기로 결정하였다. 총 네 차례(0개월, 6개월, 12개월, 18개월)에 걸쳐 이루어진 데이터 수집을 통해 얻은 참여자 인터뷰 데이터를 두 명의 연구자가 독립적으로 읽으면서 각각의 연구 참여자가 앞에서 언급한 여덟 가지 회복 영역 각각에서 회복한 정도를 낮음, 중간, 높음으로 구분하고, 1, 2, 3으로 등급을 표시하였다. 두 연구자 간에 불일치 발생하는 경우 합의를 통한 조정을 거쳤다. 이러한 과정을 거쳐 각각의 연구 참여자에게 네 차례의 데이터 수집 시기별로 8~24점 범위의 회복 점수가 부여되었다.

분석 결과를 추세선이 포함된 그래프로 나타냈으며, 기초선 점수와 18개월 회복 점수가 1표준편차(SD) 이상 다른지 여부를 상당한 변화인지 아닌지를 판단하는 기준으로 정하였다. 이 기준을 적용하였을 때 38명의 연구 참여자 중 15명에게 상당한 변화가 있었던 것으로 나타났으며, 7개의 부정적 궤적과 8개의 긍정적 궤적이 존재하는 것을 알게 되었다. 연구진은 이들 15명에 관한 질적 데이터를 분석하여 우정(friendships) 같은 특정 영역이 긍정으로도 작동하기도 하고 부정으로 작동하기도 하면서, 예를 들면 함께 의미 있는 활동하기, 쇼핑하기, 영화 관람 등과 같은 회복 영역과 역동적으로 상호작용한다는 것을 알게 되었다. 연구진은 또한 인용문과 간단한 사례 분석 예(case vignettes)를 사용하여 이러한 영역들이 개인의 삶 속에서 어떻게 서로 얽히는지,

그리고 시간이 지남에 따라 어떻게 변하는지를 보여 주었다(Padgett, Tran Smith, Choy-Brown, Tiderington, & Mercado, 2016).

- **논평**: 이 연구의 연구 설계를 단순화하면 [그림 10-1]과 같다. 이 연구는 처음에는 '대문자 QUAL' 접근 방법으로 시작했지만(1단계) 엄청난 양의 질적 데이터(4,000 페이지 이상의 녹취록)를 수치로 표시한 등급으로 축소하면서 '소문자 quant'에 해당하는 연구로 발전하였다 (2단계). 인터뷰 응답지의 데이터에 대한 깊은 이해와 친숙함이 이러한 환원 과정을 촉진하였을 뿐만 아니라 등급 판정에 생태학적 타당성을 부여하기도 하였다. 3단계에서는 '변화 중 (changing)' 판정을 받은 15명의 특정 회복 영역들을 질적 데이터와 양적 데이터를 오가면서 살펴보았는데, 그렇게 하면서 질적 연구방법과 양적 연구방법이 서로에게 도움이 되도록 두 가지 연구방법을 동시에 사용하였다.

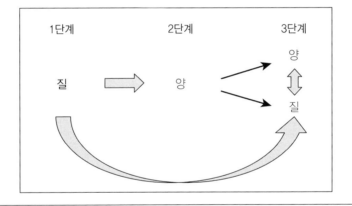

[그림 10-1] NYRS의 혼합 방법 설계: 질적 데이터의 양적 데이터화

혼합 방법 연구의 예: 실행 및 행동 연구

혼합 방법은 여러 종류의 연구에서 사용할 수 있다. 구체적인 설명을 위해서 다음에 실행 과학(implementation science)과 행동 연구(action research)라는 다소 이질적인 두 영역에서 뽑은 네 가지 사례가 제시되어 있다. 두 가지 실행 연구의 예들 중 하나는 복잡하지 않은 혼합 방법 설계의 예이고, 다른 하나는 복잡한 혼합 방법 설계를 보여 주는 예다. 전자는 Couturier와 동료들(2015)이 혁신적 가족기반 치료 프로그램

교육을 받은 네 곳의 섭식장애 치료 센터를 대상으로 실시한 사례 연구다. 연구진은 녹음된 치료 세션을 양적으로 분석하여 실행 충실도(the fidelity of the implementation)를 평가하였다. 동시에 연구진은 임상가와 관리자를 대상으로 포커스 그룹 인터뷰를 실시하여 새로운 프로그램에 대한 그들의 반응을 평가하였다. 이 두 가지 데이터 출처로부터 얻은 결과를 바탕으로 연구진은 가족기반 치료가 어떻게 받아들여지고 있는지에 관한 한 장의 완전한 그림을 그려 낼 수 있었다.

복잡한 연구 설계를 설명하기 위해 Curry와 동료들(2015)은 병원 조직 문화를 바꾸는 것이 급성심근경색(AMI) 환자들에게 더 나은 결과를 가져다줄 수 있는지를 검증하기 위한 종단 동시 혼합 방법 실행 연구를 소개하였다. Leadership Saves Lives(LSL)로 불리는 이 개입은 10개 병원에 도입하기에 앞서 『Implementation Science』 학술지를 통해 먼저 소개되었다. LSL의 목적은 여러 병원 관계자들에게 맞춤형 워크숍 및 원격 기술 지원을 제공함으로써 심장마비에 대응하는 시간을 단축시킬 수 있고 심근경색 치료 시 사용하는 약물과 심장 처치술보다 효과적으로 대상에 맞게 선택해 낼 수 있는 증거기반 진료를 소개하는 것이었다.

Curry와 동료들(2015)은 질적 데이터와 양적 데이터는 24개월 동안 매 데이터 수집 시기마다 수집되어야 하고, 양적 데이터에는 AMI 사망률뿐만 아니라 조직 문화를 평가한 설문조사 데이터도 포함되어 한다고 강조하였다. 이 연구는 또한 LSL 워크숍에 앞서 실시한 병원 경영진을 포함한 주요 정보제공자들과의 인터뷰, 대상을 선정하여 실시한 환자 회진 현장 관찰, 심장 팀 회의 등을 연구 데이터로 사용하였다. Curry와 동료들(2015)은 연구의 엄격성에 대해서 다음과 같이 언급하였다.

우리는 부정적인 증거를 찾고, 다각화를 위해 각 병원에서 다수의 응답자들을 인터뷰하고, 분석 관련 결정을 문서 기록을 남기기 위해 필요한 감사 추적 자료를 꼼꼼히 모아 둘 것이다. 우리는 또한 데이터세트 전반에서 일관되고 반복적으로 나타나는 개념들을 설명해 줄 수 있을 뿐만 아니라 향후 연구들이 검증해야 할 가설들을 만드는 데 도움이 되는 정보를 제공해 줄 수 있는 주제들을 결과물로 만들어 낼 것이다(Curry et al., 2015, p. 36).

두 가지 연구방법을 통합하기 위해서는 다각화와 시간 경과에 따른 사전-사후 변화인지 여부를 확인하기 위한 부정적 사례 찾기도 필요하다. Curry와 동료들(2015)은 이 연구가 '대문자 QUAL'임을 강조하면서도, 이 연구가 연역적 접근 방법을 사용한 연구라는 것, 즉 이 연구에서 가설 검증을 위해 연구 성과를 양적으로 측정한 결과(AMI 사망률)를 사용하고 있다는 것도 인정하였다.

행동 연구와 지역사회 기반 참여 연구(CBPR)는 지역사회 개선과 사회 변화를 목표로 한다는 점에서 혼합 방법과 매우 잘 맞을 수 있다. 폭력, 가족 갈등, 동성애 혐오로 인한 내부 이주, 즉 사람들이 한곳에서 살지 못하고 이리저리 돌아다니면서 살게 되는 과정을 이해하기 위한 콜롬비아 보고타 지역의 동성애자, 양성애자, 성전환자들의 도움을 받아 실시한 사회정의 프로젝트 연구를 좋은 예로 꼽을 수 있다(Zea, Aguilar-Pardo, Betancourt, Reisen, & Gonzalez, 2014). 이 연구에서 연구자들은 신중하고 엄격한 모집 과정을 거쳐 총 42명의 인터뷰 참여자를 모집해서 그들의 생애사를 평등주의적 언어를 사용하여 조사하였다. 이중 국적(미국과 콜롬비아)이면서 이중 언어를 구사할 수 있었던 연구자들이 인터뷰 데이터를 공동으로 코딩하였으며, 메모 등의 데이터를 이용하여 소외와 낙인과 관련된 중요한 주제들을 찾아냈다. 또한 연구자들은 순차적 혼합 방법 설계를 사용하여 얻은 질적 연구 결과를 동성애자, 양성애자 및 남성 성전환자(GBT)의 HIV 위험에 대한 태도 및 행동을 조사하기 위한 설문조사 도구를 개발하는 데 활용하였다. 보고타 지역 남성 동성애 커뮤니티로부터 응답자 기반 표본 추출을 사용하여 설문조사에 참여할 1,000명의 표본을 확보하였다(Zea et al., 2014).

두 연구방법 간의 상호작용을 보여 주고자 저자들은 설문조사 데이터를 분석하여 성노동과 내부 이주 간에 통계적으로 유의한 관계가 있다는 결과를 보여 주었다. 그런 다음 저자들은 이러한 양적 데이터를 재정적 독립을 원하는 남성 동성애자들과 남성 성전환자들은 성노동을 각각 긍정적인 경험과 여성으로서의 정체성을 확립할 수 있는 기회로 여긴다는 것을 보여 주는 질적 데이터와 함께 제시하였다. 아울러 저자들은 설문조사 결과로 나타난 낮은 HIV 검사 비율이 폭로에 대한 두려움 및 HIV 위험에 대한 일반적인 우려감이라는 맥락과 연결된다는 것을 질적 인터뷰를 통해서 보여 주었다(Zea et al., 2014).

순차적 혼합 방법 설계의 예인 CBPR은 노스 캐롤라이나주의 연구자들이 아프리카계 미국인 교회 60곳과 파트너십을 체결하여 시작한 Partnership to Reach African Americans to Increase Smart Eating(PRAISE)에 관한 연구다(Ammerman et al., 2003). 대학에 기반을 둔 연구자들은 파트너 교회의 목사 및 교회 지도자들과 긴밀히 협력하여 교인들에게 식생활 교육을 실시하고, 프로그램의 효과를 평가하는 무작위 실험을 실시하였다. 데이터 수집, 해석, 개입 내용 등의 모든 연구 관련 사항은 모두 파트너 교회들과 협의를 통해 결정하였다. 예를 들면, 파트너 교회들 중 절반의 교회들이 통제 집단으로 배정되어 개입에서 배제된 것에 대해 부정적인 의견을 제시함에 따라 연구 설계에 지연 개입을 추가하여 연구 종료 후에 통제 집단이 PRAISE 프로그램을 이용할 수 있게 하였다.

연구자들은 순차 설계에 따라 포커스 그룹을 통해서 영양 교육 프로그램의 주요 내용과 효과 평가를 위해 실시할 사후 설문조사의 내용을 결정하는 것으로 연구를 시작하였다. PRAISE 프로그램이 종료된 후, 개입에 대한 피드백과 파트너들의 연구 참여 경험에 관한 데이터를 얻기 위해 심층 인터뷰를 실시하였다. 지역사회 파트너들의 의견을 통해서 연구자들은 상호 존중의 중요성을 다시금 확인할 수 있었다. 한 연구 참여자는 교회 구성원들이 알고자 하는 것은 "당신들이 얼마나 알고 있는지가 아니라 당신들이 우리를 얼마나 위하는지 아는 것이다."라고 지적하였다. 또 다른 연구 참여자는 "연구를 하고 싶다면 다른 어떤 것보다 관계를 우선시해야 한다."(Ammerman et al., 2003, p. 1726)라는 의견을 제시하였다.

혼합 방법 연구 보고서 작성하기

2007년에 처음 발간된 『Journal of Mixed Methods Research(JMMR)』는 주로 실증 연구를 소개하는 학술지이기는 하지만 '제3의 패러다임'을 설명하는 포럼으로서의 역할도 해 오고 있다. 혼합 방법이 비교적 새로운 연구방법이고, 그러다 보니 어느 정도 혼란이 있을 수 있음을 고려해 볼 때, 예가 될 만한 연구들을 소개하고 교육적인 논의를 이어가는 노력이 필요해 보인다. 그렇기 때문에 혼합 방법 보고서를 작성할 때는 더더욱 투명성에 신경을 써야 한다. 'QUAL' 및 'QUAN' 같은 단축 표기법을 사용하는 것 외에 보고서의 투명성을 높이기 위해 선택할 수 있는 옵션들은 대부분이 언제 어떤 일이 발생했는지를 있는 그대로 자세하게 기술하는 것에 관한 옵션들이다.

혼합 방법 연구를 설계할 때와 마찬가지로, 혼합 방법 연구 보고서를 작성할 때도 중요하게 생각해 봐야 할 몇 가지 사항이 있다. (1) 질적 방법과 양적 방법이 동시에 사용되었는지 아니면 순차적으로 사용되었는지, (2) 어느 한 연구방법이 다른 연구방법 내에서 사용되는지, (3) 데이터 변환이 이루어졌는지 아니면 두 가지 연구방법을 처음부터 끝까지 각각 그대로 유지했는지 등이다.

두 가지 연구방법을 순차적으로 사용하는 연구 설계에서는 각각의 연구방법을 그대로 유지하면서 사용하기 때문에 보고서를 작성하기가 당연히 더 쉽다. 그에 비해 동시 설계와 내재 설계는 두 연구방법이 언제 어떻게 통합되었는지를 설명해야 하기 때문에 보고서를 작성하기가 상대적으로 더 어렵다.

두 가지 연구방법을 통합하지 않고 사용하는 경우, 연구자는 각각의 연구방법을 통해 얻은 수치 또는 주제 등의 연구 결과를 비교하듯이 나란히 제시할 수 있다. 연구자는 또한 두 연구방법의 연구 결과를 함께 해석하고 두 연구 결과가 어느 정도 수렴 또는 발산하는지 등을 논의할 수 있다(필요하다면 데이터 다각화도 해 보면서). 두 가지 연구방법을 데이터 변환 형태로 통합하는 경우에는 데이터도 같은 방식으로 제시한다(일반적으로는 변환된 질적 데이터를 통계분석 결과에 편입시킨다). 애초에 연구방법을 왜 혼합하고자 했는지를 생각해 보면 당연한 일이지만, 연구자들은 각각의 연구방법을 가능한 한 그대로 유지하면서 각각이 가진 장점을 살리는 것을 선호하는 경향이 있다.

혼합 방법의 결과를 글로 보고할 때 가장 어려운 것은 독자들에게 발생한 일들에 관한 완전한 설명을 제공하는 것이다. 이를 위해서는 연구 단계별 설명은 물론이거니와 각각의 단계와 관련된 이론적 근거에 대한 설명도 있어야 한다. 대부분의 학술지는 혼합 방법 연구논문의 분량에 상당한 제한을 두고 있다(『JMMR』은 예외다). 도표나 그림은 복잡한 혼합 방법 설계를 쉽게 표현할 수 있으므로 글을 간결하게 만들 수 있다는 장점이 있다. [그림 10-2]는 양적 방법과 질적 방법 사이를 오가는 순차 설계의 예다. Mendlinger과 Cwikel(2008)의 이중 나선을 상기시키는 [그림 10-2]의 변화 기복은 연구방법을 통합하는 결정들이 진동 모양을 띠면서 내려지는 것을 나타낸다.

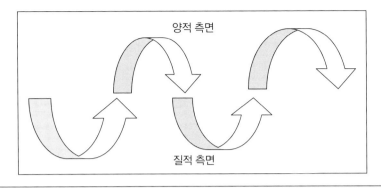

[그림 10-2] 진동형 혼합 방법 설계

혼합 방법 연구와 관련된 어려움

통찰력 있는 독자라면 지금쯤 혼합 방법 연구를 수행하는 데 적지 않은 어려움이 따른다는 것을 이미 간파했을 수도 있을 것 같다. 예를 들면, 연구자들 중 대부분은 두 가지 연구방법 중 어느 하나에 대해서만 교육을 받았기 쉽고, 두 가지 방법 모두에 대한 교육을 받은 경우는 매우 드물다. 혼합 방법에 관한 교육과 교과목 개발이 아직 초기 단계에 있고, 고등교육 과정 내에서의 연구방법에 관한 교육이 여전히 양적 연구방법 위주로 이루어지고 있기 때문에 연구자들 중에 질적 연구방법에 관한 전문 지식을 갖춘 연구자를 찾아보기가 매우 힘든 것이 현실이다. 서로 다른 연구방법 관련 전문성을 가진 연구자들이 팀을 이루어서 연구를 하는 것이 이 문제를 해결할 수 있는 한 가지 방법이기는 하지만, 그렇게 할 수 없는 연구자들은 여전히 불리한 입장에 남아 있을 수밖에 없다.

그뿐만이 아니다. 혼합 방법 연구를 하려면 양적 연구와 질적 연구 모두를 하기에 충분한 시간과 자원이 필요하다(Stange, Miller, Crabtree, O'Connor, & Zyzanski, 1994). 그런가 하면 양적 연구와 질적 연구가 서로 다른 박자로 진행되거나 두 방법의 연구 단계가 어긋날 경우 이를 조정해야 하기도 한다. 예를 들면, 질적 연구에서는 데이터 수집 초기부터 데이터를 분석하지만 필요하다면 언제든지 추가 표본을 뽑거나 데이터를 수집하기 위해 현장으로 돌아갈 수 있다. 반면에 양적 연구는 항상 선형적인 방식(데이터 수집을 완료되어야만 통계 분석을 할 수 있는)으로 진행된다. 질적 연구는 표본의 크기는 작지만 녹취록 작성 및 데이터 분석에 양적 연구와는 비교가 되지 않을 만큼의 상당한 시간과 자원이 소요된다. 이러한 긴장감 때문에 혼합 방법 연구자들은 일반적으로 주-종(dominant-less dominant) 설계를 매우 선호하는 성향을 갖게 되는데, 대개는 양적 연구방법을 주된 연구방법으로 선택한다.

혼합 방법은 하나의 연구를 위해 두 가지 연구방법을 통합하는 것이기 때문에 언제, 어디서 한 연구방법의 사용을 종결하고 다른 연구방법을 사용하기 시작할 것인지 등에 관한 의문이 당연히 생기기 마련이다. 순차 설계에서는 한 연구방법이 끝나는 시점과 다른 연구방법이 시작되는 시점 간에 너무 긴 시간 공백이 있게 되면, 연구 결과가 한 개 연구의 결과가 아니라 마치 두 개의 연구를 별개로 수행하여 얻은 연구 결과인 것 같아 보이는 문제가 발생할 수 있다. 동시 설계에서는 두 가지 연구방법 간에 상호작용이 거의 또는 전혀 없거나 통합 효과가 사라져 버려 마치 아무런 관련이 없는 두 개의 연구를 한 것 같은 결과가 나타날 수 있다.

그런가 하면 데이터의 적절성과 출처에 관한 의문이 제기될 수도 있다. 이는 매우 중요한 문제인데, 어느 한 연구방법을 다른 연구방법의 일부로 편입시키는 것은 편입되는 연구방법에 대한 관심 또는 자원이 충분하지 않을 경우 자칫 그러한 접근법이 타당성을 잃게 될 위험이 있기 때문이다. 타당성 판단은 질적 연구에서 좀 더 관대하게(양적 연구는 통계적 검증력과 대표본이 반드시 필요하다.) 이루어지는 경향이 있지만, 어느 한 연구방법이 다른 연구방법을 압도하는 경우에는 타당성에 대해서 각별한 주의를 기울이지 않으면 안 된다.

양적 연구방법을 의식하면서 질적 데이터를 수집하다 보면 아무래도 데이터의 진정성과 풍부함이 덜할 수 있다(Morse, 2005). 양적 데이터를 질적 데이터화하는 것과 질적 데이터를 양적 데이터화하는 것은 다른 것이다. 전자의 경우, 양적 데이터들을 하나로 묶고 종합하여 범주들을 만들어 낼 수는 있으나, 그렇게 얻은 범주들은 탈맥락화된 데이터를 기반으로 하는 것들이어서 심층 인터뷰와 강도 높은 관찰을 통해 귀납적으로 도출한 범주들과는 비교가 되지 않는다. 마찬가지로 깊고 풍부한 데이터를 양적 데이터로 바꾸면 많은 것을 잃게 되는 문제가 발생한다. 이러한 양적 또는 질적 데이터화에 관한 논의로부터 우리가 얻을 수 있는 가장 중요한 교훈은 데이터를 변환할 때는 신중을 기하고 투명하게 해야 한다는 것이다.

다각화(triangulation)로 인해 야기되는 많은 문제가 혼합 방법 연구에 영향을 미치기도 한다. 동일한 연구 결과를 두 가지 연구방법으로부터 얻게 되면 연구자는 자신의 연구 결과를 결론으로 확정짓는다. 제8장에서 언급하였듯이, 다각화는 확증만이 아니라 이제는 완전성으로까지 그 의미가 확대되었다. 문제는 질적 연구 결과와 양적 연구 결과가 수렴하지도 않고 상호 보완적인 관계를 갖지도 않는다면 어떻게 할 것인가다. 어떤 연구자들은 두 연구 결과 모두를 제시하고 독자들로 하여금(그리고 미래의 연구자들 하여금) 두 연구 결과의 불일치를 해결하게 한다. 어떤 연구자들은 그런 불일치를 추가 연구의 기회로 여기는데, 우선 각각의 연구방법에 혹시 어떤 결함이나 편향됨은 없었는지 확인하고, 그 다음으로는 불일치를 분석하고 더 나아가서 해당 연구를 보완 또는 확대할 기회로 사용한다.

[글상자 10-5]에 제시된 혼합 방법 연구는 질적 연구로부터 뜻밖에 얻게 된 연구 결과 덕분에 유방암 검사의 장애요인에 대해 연구자들이 새로운 관점을 갖게 된 사례다.

[글상자 10-5] 뜻밖의 발견과 혼합 방법: 할렘 유방암 검사 연구의 예

할렘 유방암 엑스레이 검사 연구는 할렘 지역에 거주하는 아프리카계 여성 미국인들이 유방암 엑스레이 검사를 미루는 이유를 혼합 방법(QUAN+qual)을 사용하여 이해하고자 시도한 연구였다(Kerner et al., 2003). 이 연구에서 사용된 주된 연구방법은 양적 연구방법이었으며, 질적 연구방법은 보조 연구방법으로 사용되었다. 연구 대상들을 인터뷰하여 건강 관련 통제감(locus of control) 측정 지표, 암에 대한 공포감, 인종차별에 대한 생각, 보험 상태, 심리적 고통 등을 파악하였는데, 그중 질적 연구에 해당하는 부분은 여성들의 유방암 엑스레이 검사 경험, 노화, 인종차별, 신체 이미지, 여성 성(female sexuality) 등이었다. 데이터 분석은 양적 연구팀과 질적 연구팀이 각각 독립적으로 실시하였다. 양측 모두 검사 지연(또는 적시 검사)을 이해하는 데 초점을 맞추었으며 분석 과정 내내 밀접하고 협력적인 관계를 유지하였다. 양적 연구팀은 로지스틱 회귀분석 모형을 사용하여 검사를 받기로 결정하는 데까지 걸리는 시간(3개월 이내인지 그 이상인지)을 예측하였다. 질적 연구팀은 수정된 근거이론 접근 방법을 사용하여 코드와 중심 주제를 파악하였다.

연구팀은 질적 데이터를 양적 데이터에 깊이와 이해를 더하기 위해 사용하였는데 그렇게 함으로써 다각화의 목표인 '완전성(completeness)'에 부응하고자 노력하였다. 아울러 연구진은 질적 데이터가 없었더라면 발견하지 못했을 두 가지 중요한 사실을 발견할 수 있었다. 첫 번째 결과는 (제6장에서 언급한) 암에 관한 '공기이론(air theory)'인데, 이 이론에 관한 내용이 나중에 학술논문들을 통해서 널리 소개되었다(Freeman, 2004). 인터뷰 과정에서 여러 명의 여성들이 수술을 하기 위해 몸의 일부를 절개하면 절개된 부분이 공기에 노출되는데, 그때 휴면 상태에 있던 암세포가 자라서 퍼질 수 있다는 생각을 자발적으로 이야기하였다. 연구진은 여성들이 가진 이러한 믿음과 유방암 엑스레이 검사 지연과 관련해서 연구진이 가졌던 의문 간에 분명한 관련성이 존재한다는 것을 알게 되었다. 외과적 검사를 모든 것의 원인으로 보기 때문에 유방암 엑스레이 검사를 미루는 것이었다. 두 번째 예상치 못한 결과는 유방암 엑스레이 검사에서 여러 번 이상 판정을 받은 여성들이 반복된 진단검사 때문에 느끼는 신체적 · 심리적 고통에 관한 결과였다. 연구 참여자들 중 소수의 여성들이 고통스럽기 짝이 없는 조직검사와 다른 검사들을 반복적으로 받아야만 했다(Padgett, Yedidia, Kerner, & Mandelblatt, 2001).

이러한 질적 결과는 다변량 모델이 설명하지 않은 (아마 설명 못할) 것들을 연구진에게 설명해 줄 수 있었는데, 질적 결과가 가진 중요성은 바로 그러한 사실에서 찾아볼 수 있었다. 과연 우리가 '공기이론'을 예상하거나 측정할 수 있었을까? 질적 결과는 또한 실망스러울 정도로 빈약했던 통계분석 결과보다 훨씬 많은 것을 알려 주었다. 연구진의 예상과 달리 소득, 보험 적용 범위, 구조적 장애요인 등의 영향은 통계적 유의성이 없는 것으로 밝혀졌다. 다변량 모델에 포함된 30개 예측변수들 중 통계적 유의성을 갖는 변수는 유방암 엑스레이 검사 결과의 이상 정도(the degree of mammogram abnormality)와 환자가 검사 결과를 통보받았는지 여부가 전부였다(Kerner et al., 2003). 이 연구에서 질적 연구 부분이 빠졌더라면 아마도 이 연구가 거둘 수 있었던 성과는 기대에 못 미치는 실망스러운 양적 분석 모델이 전부였을 것이다.

프로그램 평가 및 실천 평가를 위한 혼합 접근 방법

프로그램 평가와 혼합 방법이 공유하고 있는 실용주의(pragmatism)는 생산적 시너지 효과(synergy)를 만들어 낸다. 다른 질적 연구자들과 마찬가지로 질적 평가자들(evaluators)도 인식론적 문제들을 놓고 고민해야 한다. 그러나 질적 평가자들에게는 그들에게만 주어진 과제가 한 가지 있는데, 그것은 평가의 대상이 되는 특정 프로그램, 실천 또는 정책이라는 현실에 충실해야 하는 것이다. 질적 평가자들은 또한 이론을 사용할 때 일반적인 이론들을 사용하는 것과 '프로그램 이론'에 의존하는 것 간의 균형을 유지해야 한다.

평가의 궁극적인 의미는 "가치를 찾는 것"(Ruckdeschel, Earnshaw, & Firrek, 1994; Scriven, 1967), 즉 프로그램의 목적을 고려하면서 사회적 선호도에 따라 판정을 내리는 것이다. 평가 연구자들은 항상 시간, 자원 그리고 상이한 '가치관'이라는 제약하에 놓일 수밖에 없다. 심지어는 다양한 직접적인 이해집단(정책결정자, 행정가, 직원, 클라이언트)이 프로그램의 목표에 동의하는 경우에도 평가자는 긴장을 늦춰서는 안 되며, 어떤 이해집단들이 언제든 언짢아할 수 있다는 위험 가능성을 항상 열어 두어야 한다.

　질적 연구가 혼합 방법 평가에 기여할 수 있는 방법에는 여러 가지가 있다(Greene, 2015; Padgett, 2015; Rallis & Rossman, 2003). 양적 평가가 무엇이 효과적인지를 보여 주는 데 강하다면, 질적 평가는 무엇이 프로그램의 성공 또는 실패 요인인지 이해하는 데 도움이 된다. 질적 연구방법이 시간이 많이 드는 연구방법이기는 하지만 기관의 입장에서는 질적 연구가 실험 연구에 비해 기관에 방해가 되거나 기관을 귀찮게 하는 면이 훨씬 덜하다고 느낀다(Perreault, Pawliuk, Veilleux, & Rousseau, 2006). 질적 연구자는 무리 없이 조직에 스며들 수 있으며, 조직의 역동적인 삶에 유연하게 반응할 수 있다. 질적 연구방법이 가미될 때 양적 평가는 유연성과 깊이를 더할 수 있게된다(Drake et al., 1993).

　질적 연구는 특히 **형성 평가**(formative evaluation)와 **과정 평가**(process evaluation)에 적합하다. Hong과 동료들(2005)은 주사 약물 중독자들(injection drug users)을 위한 HIV 예방 프로그램에 대해 문화기술학적 형성 평가를 실시하였다. 그들의 연구 결과로 제시한 의사소통 오류와 문화적 관련성에 관한 내용은 주사 약물 중독자들을 위한 개입을 개선하는 데 유용하게 활용되었다. 많은 프로그램 안에서 일어나는 내부 역동(예: 행위자들 간의 역동적 상호작용, 행위자들 간의 사건 인식 방식에 있어서의 차이, 문화 및 젠더의 영향)을 예상하거나 측정하는 것은 여간 어려운 일이 아니다. 진행 중인 프로그램에 대한 장기간의 문화기술학적 관찰을 통해 우리가 배우게 되는 것들은 어떤 것으로도 대체될 수 없는 것들이다(Felton, 2003).

　질적 접근 방법은 또한 평가에 있어서 사회복지가 지향하는 가치와 잘 맞는다. 사회복지는 프로그램의 '가치를 찾는' 과정에서 약자들(클라이언트나 말단 직원 같은)의 의견을 대변함으로써 약자들의 힘을 북돋아 주는 역할을 한다. 물론 질적 방법과 양적 방법을 혼용하는 평가라고 해서 반드시 성공적인 평가가 된다는 보장은 없다. 그러나 그렇게 하는 것이 연구의 깊이와 관련성을 높이는 데 도움이 되는 것만큼은 분명하다고 하겠다.

요약 및 최종 결론

'제3 패러다임'으로서의 혼합 방법은 그 어느 때보다 높은 인기를 누리고 있다. 혼합 방법 연구는 질적 연구방법과 양적 연구방법 모두가 연구에 뭔가를 기여할 수 있는 가능성이 얼마나 되는지에 달려 있다. 혼합 방법 연구가 어려운 이유는 두 연구방법을 통합한 것이 각각의 연구방법보다 나아야 하기 때문이다. 더욱이 여러 가지 연구방법론적 문제와 절차적 문제가 해결되어야 하는데, 그러한 문제들 중에는 양쪽 진영 모두에 관한 전문성, 시간 그리고 양쪽 모두가 공정하다고 느낄 수 있을 만큼의 자원 배분 같은 쉽지 않은 문제들이 포함되어 있다.

이 장에서 우리는 순서와 우열을 기준으로 다양한 혼합 방법을 설계할 수 있다는 것을 제일 먼저 논의하였다. 그러면서 복잡하고 엉망으로 보이기까지 하는 여러 가지 혼합 방법 설계의 예를 살펴보았다. 질적 방법과 양적 방법으로 무엇을 혼합할 것인지, 언제 혼합할 것인지, 어떻게 연결할 것인지 등에 관한 결정을 하려면 신중한 사전 계획이 있어야 한다. 이러한 어려움에도 불구하고, 혼합 방법은 우리에게 '서로 대비되는 차이'에 다가갈 수 있는 문을 열어 준다. 우리가 그 문을 여는 이유가 지식을 공고히 하기 위해서든, 완성하기 위해서든, 확장하기 위해서든 상관없이 말이다.

연습해 보기

1. 『The Journal of Mixed Methods Research』(또는 각자 원하는 다른 학술지)를 검색하여 관심 있는 혼합 방법 연구를 찾아본다. 저자들이 논문에서 'qual'과 'quan'이라는 용어를 사용하여 혼합 방법 설계를 도식화하고 있는가? 그렇지 않다면 자신은 그 연구 설계를 어떻게 도식화할지 생각해 보자.

2. 각자 관심 있는 프로그램 또는 실천을 하나 선택해서 학급 토의 시간에 가져와 그것을 혼합 방법으로 어떻게 평가할지 논의해 보자. 각자 자신의 연구 설계와 제안받은 평가를 수행할 방법을 설명해 본다. 또한 어떤 유형의 양적 또는 질적 연구방법, 기법, 분석을 사용할 계획인지 이야기해 본다.

3. 혼합 방법을 사용하기에 적합하지 않은 주제들을 생각해 본다. 왜 적합하지 않다고 생각하는가?

추천도서

Castro, F. G., Kellison, J. G., Boyd, S. J., & Kopak, A. (2010). A methodology for conducting integrative mixed methods research and data analysis. *Journal of Mixed Methods Research, 4*(4), 342-360.

Cohen, D., & Crabtree, B. (2008). *Robert Wood Johnson, Qualitative research guidelines project.* Retrieved from http://www.qualres.org

Creswell, J. W., Klassen, A. C., Plano Clark, V. L., & Smith, K. C. (2011, August). Best practices for mixed methods research in the health sciences. Retrieved from https://obssrarchive.od.nih.gov/mixed_methods_research/

Creswell, J. W., & Plano Clark, V. L. (2011). *Designing and conducting mixed methods research.* (2nd ed.). Thousand Oaks, CA: Sage.

Curry, L. A., Nembhard, I. M., & Bradley, E. H. (2009). Qualitative and mixed methods provide unique contributions to outcomes research. *Circulation, 119*, 1442-1452.

Greene, J. C. (2007). *Mixed methods in social inquiry.* San Francisco, CA: Jossey-Bass.

Guetterman, T., Creswell, J. T., & Kuckartz, U. (2015). Using joint displays and MAXQDA software to present the results of mixed methods research. In M.T. McCrudden & G. Shraw (Eds.), *Use of visual displays in research and testing* (pp. 145-175). Charlotte, NC: Information Age.

Johnson, P. J., & Onwuegbuzie, J. A. (2004). Mixed methods research: A research paradigm whose time has come. *Educational Researcher, 33*(7), 14-26.

Miller, S. I., & Fredericks, M. (2006). Mixed-methods and evaluation research: Trends and issues. *Qualitative Health Research, 16*, 567-579.

O'Cathain, A. (2010). Assessing the quality of mixed methods research: Toward a comprehensive framework. In A. Tashakkori & C. Teddlie (Eds.), *SAGE handbook on mixed methods research in the behavioral and social sciences* (2nd ed.; pp. 531-555). Thousand Oaks, CA: Sage.

Palinkas, L. A., Horwitz, S. M., Chamberlain, P., Hurlburt, M. S., & Landsverk, J. (2011). Mixed-methods designs in mental health services research: A review. *Psychiatric Services, 62*(3), 255-263.

Plano Clark, V. L. (2010). The adoption and practice of mixed methods: U.S. trends in federally funded health-related research. *Qualitative Inquiry, 16*(6), 428-440.

Stange, K. C., Crabtree, B. F., & Miller, W. L. (2006). Publishing multi-method research. *Annals of Family Medicine, 4*, 292-294.

Tashakkori, A., & Creswell, J. W. (2007). The new era of mixed methods. *Journal of Mixed Methods Research, 1*(1), 3-7.

Tashakkori, A., & Teddlie, C. (Eds.). (2010). *Handbook of mixed methods in social and behavioral research* (2nd ed.). Thousand Oaks, CA: Sage.

부록
외부연구비를 위한 질적 연구계획서 작성하기

질적 연구방법은 유연하고 예측 불가능한 특성 때문에 연구계획서를 준비하는 과정에 특별한 도전이 따른다. 외부 지원기관에 제출하기 위한 계획서를 작성하는 경우가 가장 어렵다(Ungar, 2006). 이 책은 외부 지원기관의 기준을 충족할 정도의 엄격한 질적 연구 수행 방안을 주로 다루었기 때문에 부록에서는 그러한 경우를 염두로 한 연구계획서 작성 및 제출에 초점을 두려 한다. 지금의 이 논의는 미국의 국립암연구소, 질병통제센터(CDC), 국립정신건강연구소(NIMH)로부터 공동연구 기금을 지원받은 저자의 직접적 경험에 기초하고 있다. 연구계획서를 심사하거나 선정된 이력이 있는 동료들의 경험도 참고하려 한다. 단, 저자의 경험이 대부분 미국 국립보건연구원(NIH) 연구비와 관련된 것이기 때문에 저자 의견에 편견이 존재할 수 있음을 미리 밝혀 둔다. 재단 및 기타 비영리단체 또한 높은 수준의 연구를 지원하는 소중한 자원이 될 수 있다.

질적 연구자에게 좋은 소식은 대부분의 질적 연구가 기술 수준과 진입 문턱이 낮기 때문에 시간과 노력을 제외하면 비용이 많이 들지 않는다는 점이다. 다른 고무적 현상은 업무량 감소, 연구방법 자문, 사전 연구(pilot study) 및 훈련을 위한 소액 연구비, 연구계획서 작성 지원 등 대학 내 연구지원 인프라가 크게 향상되고 있는 점이다. 사회복지연구학회(SSWR) 연례학술대회에서는 질적 연구방법을 주제로 한 워크숍, 패널, 자유발표 세션이 정기적으로 마련되고 있다(http://www.iiqm.ualberta.ca). 또한 질적 연구자들이 운영하는 한 회사(http://www.researchtalk.com)에서는 연구방법론

대가들을 초청하여 워크숍과 하계 집중교육과정을 다양하게 제공하고 있다.

외부연구비를 확보하게 되면 인력, 연구 참여자에 대한 보상, 최신 소프트웨어, 전사 서비스와 같은 자원을 보다 많이 활용하는 호사를 누릴 수 있다. 외부연구비는 기관의 위상을 높이고 연구자의 경력 발전에 도움이 된다. 이 때문에 외부 경쟁의 장에서 연구비 확보에 성공할 수 있는지의 여부는 교수, 대학원생, 프로그램 행정가에 대한 보편적 기대 가운데 하나가 되었다. 짐작하듯이, 연구계획서는 면밀한 심사를 거치기 때문에 수개월 전부터 철저한 준비가 요구된다. 연구계획서를 작성한다는 것은 연구방법에 대한 기술은 물론 심사자를 설득하고 연구자 역량에 대한 믿음을 구축하는 노력까지를 포함하는 작업이다.

연구계획이 지원기관의 우선순위와 일치하는지 확인하기

질적 연구를 수행하는 이유와 관련해서는 제1장에서 언급한 내용들이 모두 여기에 적용될 수 있으나, 무엇보다 중요한 것은 연구 주제가 설득력이 있고 지식의 공백을 메울 수 있어야 한다는 점이다. 또한 연구 주제가 범위와 심도 면에서 타당해야 하고, 혁신적 성격의 프로그램, 치료, 개입을 생성할 수 있어야 한다. 민간복지재단은 정부기관에 비해 유연한 측면이 있으나, 개인보다 기관을 선호하는 경향이 있으며 설립 취지에 따른 엄격한 지원 기준을 적용한다. 예를 들어, Bill and Merlinda Gates Foundation은 테크놀로지와 글로벌 건강에 대한 지원에는 관대하지만 행동 변화나 사회적 성격의 프로그램에는 관대하지 않다. 저자가 주로 연구하는 노숙인 이슈는 Melville Charitable Trust와 Oak Foundation이 다른 어느 지원기관들보다 적극적이다. 이와 유사하게, 아동복지 및 다양한 건강문제에 집중하는 재단도 다수 존재한다. Foundation Center(http://foundationcenter.org)는 연구비 지원기관에 관한 정보를 취합하여 제공하는 유용한 사이트다.

문헌고찰은 연구 후원자 관점에서 투자할 만한 것으로 인지되도록 연구 주제를 구성하기 위한 것이다. 어떤 주제는 시의성이나 시급성 면에서 즉각적으로 '아하!'의 반응을 일으키는 한편, 다른 주제는 이미 충분한 관심을 받았다는 인상을 주기도 한다.

대부분의 주제는 이 두 가지 반응 사이 어디엔가 위치한다. 하지만 이미 관심이 포화된 주제라 할지라도 내부자 관점(insider perspective)이 결여된 경우가 허다하다. 현상을 내부자 관점에서 보려는 상향식(bottom-up) 접근은 질적 연구방법의 활용을 촉진하는 것이자 개인적, 사회적 차원의 문제를 하향식(top-down)으로 접근하는 관행을 상쇄하는 효과가 있다.

연구계획서 작성에 도움이 되는 것은 이론을 토대로 지식을 생성하는 연구와 프로그램 평가와 같은 응용 연구를 구분하는 일이다. 이 두 가지 연구가 실질적으로 어떤 차이가 있는지는 다소 모호하나, 그 차이는 연구의 구성 방식과 지원자의 최우선 관심사에 따라 완전히 달라질 수 있다. NIH가 지원하는 연구는 DNA 염기서열분석으로부터 실험실 연구에서 서비스 연구에 이르기까지 광범위하다. 여기서 이러한 연구를 관통하는 핵심은 이론적 근거가 있고 과학적이어야 한다는 점이다. Research Portfolio Online Reporting Tools(RePORT) 웹사이트(http://projectreporter.nih.gov/reporter.cfm)에는 연구비를 성공적으로 확보한 프로젝트가 소개되어 있다. 이 사이트에 업로드된 연구계획서 초록을 통해 연구계획서 작성에 대한 영감과 정보를 얻을 수 있다.

반면에 Deperment of Housing and Urban Development(HUD), SAMHSA(Substance Abuse and Mental Health Service Administration), Department of Justice(DOJ)와 같은 연방정부 산하기관은 프로그램 개발 및 평가와 같은 응용 연구에 관심을 두고 있다. 각 기관의 웹사이트를 살펴보면, 수감대체 프로그램부터 자살예방 프로그램에 이르기까지 다양한 프로그램을 평가하는 데 관심이 있음을 알 수 있다. 그러나 NIH가 외부기관(연구자)과 연구 계약을 맺는 것과 달리, 이들 정부기관이 경쟁입찰로 외부 연구자와 계약을 체결하는 경우는 드물다.

연방정부 산하기관의 관심 범위 및 선정된 연구자에게 수백만 달러 규모의 연구비가 제공되고 있는 점 등으로 미루어 짐작해 볼 수 있듯이, 이 분야는 대규모 예산의 연구 전문업체(Westat, Inc., Abt Associates, Inc., Mathematica, Inc., Research Triangle Institute, Rand Corporation)가 장악하고 있다고 해도 과언이 아니다. 컨설팅과 연구를 전문으로 하는 이러한 업체들을 그들이 주로 위치하고 있는 워싱턴 DC 외곽을 지나는 '벨트웨이' 고속도로의 이름을 따서 이들을 '벨트웨이 노상강도'라고 농담 삼아 부르기도 하는데, 이 업체들은 자신들의 생존을 위해 수백만 달러 예산의 연구계획서를 신속히 작성할 수 있는 능력을 갖추고 연구 프로젝트 수주 경쟁에 뛰어든다.

　최근 들어, 질적 연구가 혼합 방법 연구의 일부로 연구비를 지원받는 경향도 관찰된다. 물론 이러한 규칙에 해당하지 않는 사례 또한 존재하는데, 일례로 성노동자와 HIV에 관한 연구, 조기정신증의 내부자적 경험, 노상 갱단의 입퇴 과정 등이 이에 해당하다. 제10장에서 논의하였듯이, 혼합 방법이 모든 연구에 적합한 것은 아니다. 그러나 적합한 경우에는 폭넓은 연구를 하는 것만큼이나 상승효과가 있는 연구라는 인상을 지원기관에 줄 수 있다.

딜레마 상황 극복하기

　연구 경력이 성공을 보장하는 것은 아니지만, 일반적으로 노련한 연구자가 경험이 적은 연구자에 비해 외부연구비를 더 잘 유치하는 경향이 있다. 여기에는 두 가지 단순한 이유가 있다. 첫째, 심사위원회가 검증된 연구자들에게 더 높은 점수를 주는 상황에 따른 딜레마다(경험과 연구역량이 연구의 성공 가능성을 높일 것이라는 전제하에). 둘째, 노련한 연구자들은 신빙성 있고 탄탄한 연구계획서에 대한 개념과 지식을 갖추고 있기 때문에 연구계획서를 작성하는 능력이 더 우월한 경향이 있다.

　그렇다면, 초보 지원자는 이러한 단점을 어떻게 극복할 수 있을까? 초보 지원자는 다음의 몇 가지 실행 전략을 통해 외부연구비 유치에 성공할 수 있다. 우선, 자신의 연구 분야에서 외부연구비 유치에 성공한 실적이 있는 선배 연구자들을 멘토로 삼을 수 있다(멘토를 공동 연구자, 컨설턴트 등으로 연구계획서에 포함시키는 것이 이상적이다). 다음으로, 자신의 관심 분야에서 연구비 유치에 성공한 연구계획서를 찾아 따라 해 보는 것이다. 이런 식으로 접근하면 연구 논점을 어떻게 구성하고, 연구방법을 얼마나 강조할 것이며, 예산을 어떻게 편성할지, 또 윤리적 쟁점을 어떻게 해결하고, 전문 용어를 어떻게 적절히 사용할지를 비롯한 많은 것을 배울 수 있다.

　박사과정 학생을 대상으로 하는 연구비 지원은 증가하는 추세이나, 대개는 여비, 연구 참여자 사례비, 소프트웨어 같은 직접비 충당을 위한 소액 보조금 위주다. 이러한 현상은 박사과정 학생의 연구가 교수 실험실에서 이루어지기 때문에 추가 비용이 거의 발생하지 않는 일부 학문 분야의 구조적 특성에서 비롯된 것으로 보인다. 다수 기관이나 단체가 신진 연구자에게 박사 전·박사 후 연구비를 포함한 훈련 및 연구 기회를 제공하고 있다. 예를 들어, NIH는 신진 연구자를 대상으로 하는 훈련 및 연구 비 지원을 위해 'K'award를 제정하여 수상하고 있다.

사전단계 준비하기

외부기관의 연구기금을 유치함에 있어 결정적 요소는 실현 가능성이다. 이를 위해 서는 표본 추출의 문턱에서 접근 통제자처럼 핵심적 역할을 수행할 사람과의 좋은 업 무 관계가 필요할 것이다. 표본 추출은 적정 기간 내에 충족되어야 하고 협력할 기관 이나 프로그램의 협조 의사는 사전에 서면으로 확인되어야 한다. 대규모 연구비의 경우, 연구 프로젝트로 인해 발생하는 비용을 상쇄하거나 불편함을 보상하기 위해 예 산에 현장 비용(site fees)을 책정할 수 있으나, 대부분의 현장 연구에서는 이해 관계자 들의 호의와 투명한 소통전략에 기대어 연구를 진행하게 된다.

사전 연구나 예비 연구 결과는 연구자의 헌신과 연구의 실현 가능성에 대한 확신을 높여 준다. 이러한 준비적 성격의 작업은 연구계획서에 더 많이 포함되면 될수록 좋 다. 마지막으로, 당연한 말일 수 있지만, 연구자는 연구계획서와 관련된 모든 필요한 자료를 가능한 한 빨리 정리해야 한다. 여기에는 협조 공문, 별첨 자료, 관계부처 승 인서류, 핵심인력 프로파일 등이 포함된다. 자료를 일찌감치 정리해 두지 않는다면, 연구계획서의 각 부분을 취합하여 기한 내에 제출해야 하는, 손에 땀을 쥐게 하는 과 정에 긴장을 더하게 될 뿐이다.

연구계획서 심사자가 궁금해하는 것

질적 연구방법을 활용한 연구계획서가 과거에 비해 많은 기회를 갖게 되었지만, 방법론적인 면에서 질문이 제기될 가능성은 아직 높다고 할 수 있다(알려진 정보에 있어 여러 방법 간에 편차가 존재한다). 이에 그 어느 때보다 철저함과 구체성이 요구된다. 연구계획서 심사는 지원기관에 따라 다소 차이가 있으나, 연구의 전반적 중요성과 방법에 대한 평가는 반드시 포함된다. 일반적으로, 경험 많은 연구자로 이루어진 심사 패널이 계획서를 검토하고 점수를 매긴 뒤, 함께 모여 특장점을 논의하고 선정 대상을 추천한다. 고맙게 생각하는 것은, 최근 들어 심사패널에 질적 연구자들이 포함되는 광경을 목격하고 있는 점이다. 이제 새롭게 떠오르는 과제는 혼합 방법에 대해 심사자들이 충분한 전문성을 갖추고 있는지 확인하는 것이다.

　심사 과정에서 제기될 수 있는 질문들 중 몇 가지를 제시하면 다음과 같다.

- 연구책임자와 연구팀은 이 연구를 성공적으로 수행할 수 있는 능력을 갖추고 있는가?
- 이 연구가 실제로 지식의 공백을 채우는가, 아니면 한계 효용을 제공하는 데 그치는가?
- 이 연구가 혁신적인 연구인가?
- 이 연구가 간과하는 윤리적 문제가 있는가?
- 주어진 시간과 예산의 범위 내에서 실현이 가능한 연구인가?
- 연구방법이 엄밀한가?
- 표본 추출 전략에 편향이 존재하는가?
- 연구 결과가 실천/정책/향후 연구에 직접적인 함의점을 가지고 있는가?
- 이 연구가 해당 현상에 대한 이론 개발이나 지식 확장에 어떤 기여를 할 것인가?

시간과 자원 안배하기

　질적 연구 수행에 소요되는 시간과 자원의 양 그리고 거기에 관련된 비용을 예측하는 것은 질적 탐구와 어울리지 않을 정도의 선견지명과 정확성을 요하는 일이다. 하지만 이에 대한 계산은 예상표본 규모를 비롯하여 면접 수행 및 전사에 필요한 시간,

기자재 및 소프트웨어 비용, 연구 참여자 사례비 등에 관한 일반적으로 통용되는 정보를 토대로 가능하다. 궁극적으로 연구비 예산서에는 제안 규모와 가용 자원이 반영되어야 한다.

예산 범주로는 **인건비**, **복리후생비**(연구자, 면접자, 연구보조원 등), **기자재**(녹취기기, 노트북이나 태블릿 PC, 데스크톱 컴퓨터), **전산처리 및 사무용품**(소프트웨어, 배터리, 외장하드, 온라인 저장공간, 우편요금 등), **여비**(대중교통 요금, 자동차 마일리지 보상), **연구 참여자 사례비 및 용역**(전사, 전문가 자문비), **학술대회 출장비**(논문 발표) 등이 있다. **현장 비용**(site fees)은 연구 참여자 모집과 데이터 수집 과정에 수고한 현장 실무자에게 지급될 수 있다. 가능한 경우, **간접비**(indirect costs)는 사무실 임대료, 행정지원비, 공과금 등을 포함하는 직접비의 일정 비율로 계산된다. 예산의 항목 내, 항목 간 배분은 필요 금액에 대한 현실적 평가를 반영해야 한다. 즉, 과다 책정되어서도, 비현실적으로 과소 책정되어서도 안 된다.

연구자들은 사례비 금액, 컨설턴트 급여율, 전사 비용에 대한 통상적 기준을 준수해야 한다. 디지털 녹음기 구입을 위한 예산 수립 시, 중간 가격을 계상한다(음질이 좋다면 지불할 만한 가치가 있다). 스마트폰은 음성이나 영상 기록 모두 가능하지만 컴퓨터 기반 전사를 위한 다운로드가 용이하지 않다. 음성이나 영상 파일은 용량이 크기 때문에 외장하드나 온라인 공간(클라우드)에 저장하기를 권한다.

면접을 위한 예산은 건당 소요비용을 도출하는 작업에서부터 시작한다. 예를 들어, 50명을 대상으로 90분 면접을 두 차례씩 실시하고 녹취록 전사에 시간당 $15가 소요된다고 가정해 보자. 이는 '면접 100회 × 1.5시간' 또는 녹취록 전사 150시간에 해당한다. 녹취 시간 대 전사 시간 비율은 대략 1:3에서 1:8 사이이므로, 예산 수립 시 '녹취 150시간 × 전사 5시간' 또는 총 750시간에 해당하는 전사 비용을 책정하는 것이 합리적일 것이다. 이에 따라 전사 비용은 시간당 $15로 계산하면 총 $11,250이 되고, 면접 사례비는 인당 1회 $25(50명 각 2회)로 계산하면 총 $2,500이 된다.

이와 같은 계산 방식은 **예산 타당성**을 설명하는 란에 자세히 기술되어야 한다. 이렇게 함으로써 질적 연구 과정에 요구되는, 외부로 드러나지 않는 노동을 생생하게 보여 주고 '소규모 표본' 연구라 해도 넉넉한 예산이 필요하다는 주장의 근거를 제시할 수 있다. 예산 타당성에 대한 설명은 엄밀한 질적 연구에 얼마나 많은 시간과 에너지가 요구되는지를 잘 보여 줌으로써 연구계획서에 상당한 도움이 될 수 있다.

연구계획서 작성을 위한 20가지 요령

다음에 제시된 20가지 사항은 연구계획서를 구상하고 작성할 때 체크리스트처럼 활용할 수 있는 유용한 지침이다.

1. 심사자에게 강렬한 인상을 남길 수 있도록, 흥미를 유발하면서도 해결되지 않은 연구 질문(들)을 초반에 던진다.
2. 계획서 초반에 구체적 목표와 연구 질문들을 제시하여 연구 프로젝트의 로드맵을 명확히 보여 준다.
3. 초록은 간결하되 포괄적으로 작성한다(향후 배포된 이후에는 이 연구에 대한 유일한 설명이 될 수 있다는 점을 명심하자).
4. 질적 연구방법을 사용하는 근거와 특장점을 포함시킨다(이는 양적 연구계획서를 작성하는 경우와 비교할 때 부당하고 불리한 측면이 있지만 여전히 권장된다).
5. 연구의 일관성과 이론적 · 개념적 기반이 탄탄한지 확인한다.
6. 연구윤리 지침을 준수하는지, 연구 참여자에 대한 잠재적 위험이 최소한인지 확인해야 한다.
7. 예산 책정이 가능한 경우, 연구방법이나 기타 특수 영역에 대한 가이드를 위해 전문가 자문을 포함시킨다.
8. 질적 설계가 유연하고 순환적이어야 하는 이유를 포함하여 연구 설계에 대해 명명백백하게 기술한다.
9. 표본 추출과 모집에 대한 계획을 상세히 기술한다.
10. 연구 프로토콜이 시험 가동을 거칠 수 있도록 사전연구를 포함시킨다.
11. 연구 참여자들의 중도 탈락을 방지하기 위한 절차(연락처 정보, 사례비 지급 등)를 기술한다.
12. 자료 분석란을 세부 목표별로 구분하고, 각 목표와 관련하여 자료 분석이 어떻

게 수행될지 단계별로 설명한다.

13. 적절하다고 판단하는 경우, 각 목표별로 '엄밀성 향상 전략'이라는 제목의 하위 섹션을 만들어 어떤 전략을 사용할지 제시한다.

14. 세부 목표별로 다음 사항을 확인할 수 있는 표를 만들어 삽입한다. 표의 제목 줄에는 세부 목표(또는 연구 질문), 표본 크기와 출처, 표본 추출 기준 및 참여 자 모집, 데이터 출처, 데이터 분석 유형, 일정을 표시한다. 표의 각 줄에는 세부 목표와 그에 따른 정보를 보여 준다.

15. X축상에 월 단위로 연구 기간이 표시된 일정표를 작성하고, Y축을 따라 각 과업의 일정을 추가한다. 선과 화살표는 과업별 시작 시점과 종료 시점을 보여 준다.

16. 적절하다고 판단하는 경우(대부분의 경우에 해당), 지역사회 자문위원회 (Community Advisory Board: CAB)를 연구계획서에 포함시킨다. CAB는 연구에 가치가 있는 의견을 제공해 주며 이 연구의 감수성이 높다(그리고 앞으로도 그럴 것이라는)는 증거가 된다.

17. 예산은 합리적이되 부족해서는 안 된다. 이는 연구의 실현 가능성 및 신빙성의 문제다.

18. 연구계획서의 길이 제한, 글자 크기, 여백을 신중하게 살핀다. 이러한 점들을 간과하면 계획서가 반려 또는 폐기될 수 있다.

19. 적절한 경우, 연구 결과의 발표 및 확산 계획을 포함시킨다. 정도의 차이는 있으나 지원기관에 따라 이 과정에 참여를 희망하는 곳이 있을 수 있다. 하지만 연구 결과가 실천, 정책, 향후 연구에 유의미한 영향이 있기를 바라는 것은 모든 지원기관의 공통적 기대다.

20. 인내심을 유지하며 재도전을 준비한다(또는 다른 기관에 지원한다)!

추천도서

Creswell, J. W., Klassen, A. C., Plano Clark, V. L., & Smith, K. C. (2011, August). *Best practices for mixed methods research in the health sciences*. Retrieved from http://obssr.od.nih.gov/mixedmethods_research/pdf/Best_Practices_for_Mixed_Methods_Research.pdf

Locke L., Spirduso, W., & Silverman, S. (2013). Preparation of proposals for qualitative research: Different assumptions. In L. Locke & W. Spirduso (Eds.), *Proposals That Work: A Guide for Planning Dissertations and Grant Proposals* (6th ed., pp. 91–120). Thousand Oaks, CA: Sage.

Munhall, P., & Chenail, R. (2007). *Qualitative research proposals and reports: A guide.* Sudbury, MA: Jones & Bartlett.

National Institutes of Health. (1999). *Qualitative methods in health research: Opportunities and considerations in application and review.* Office of Behavioral and Social Science Research (OBSSR). Retrieved from https://obssr-archive.od.nih.gov/pdf/Qualitative.PDF

Ungar, M. (2006). "Too ambitious": What happens when funders under-estimate the strength of qualitative research design. *Qualitative Social Work, 5*(2), 261–277.

참고문헌

Abrams, L. S., & Anderson-Nathe, B. (2013). *Compassionate confinement: A year in the life of Unit C.* New Brunswick, NJ: Rutgers University.

Adams, V. (2013). Evidence-based global public health: Subjects, profits, erasures. In J. Biehl & A. Petryna (Eds.), When people come first (pp. 54-90). Princeton, NJ: Princeton University Press.

Agar, M. H. (1980). *The professional stranger: An informal introduction to ethnography.* New York, NY: Academic Press.

Agar, M. (2006). An ethnography by any other name. *Forum Qualitative Sozialforschung/Forum: Qualitative Social Research*, 7(4), Art. 36, http://nbn-resolving.de/urn:nbn: de:0114-fqs0604367

Agar, M. H., & McDonald, J. (1995). Focus groups and ethnography. *Human Organization, 54*(1), 78-86.

Alderson, P., & Morrow, V. (2004). *Ethics, social research and consulting with children and young people.* Ilford: Barnardo's.

Alexander, M. (2010). *The new Jim Crow: Mass incarceration in the age of colorblindness.* New York, NY: New Press.

Alexander, M., & West, C. (2012). *The new Jim Crow: Mass incarceration in an age of color-blindness.* New York, NY: The New Press.

Allison, K. R., & Rootman, I. (1996). Scientific rigor and community participation in health promotion research: Are they compatible? *Health Promotion International, 11*(4), 333-340.

Altheide, D. L., & Johnson, J. M. (1994). Criteria for assessing interpretive validity in qualitative research. In N. K. Denzin & Y. S. Lincoln (Eds.), *Handbook of qualitative research* (pp. 485-499). Thousand Oaks, CA: Sage.

Alvesson, M. (2011). *Interpreting interviews.* London, UK: Sage.

Alvesson, M., & Karreman, D. (2011). *Qualitative research and theory development.* London, UK: Sage.

Ammerman, A., Corbie-Smith, G., St. George, D. J., Washington, C., Weathers, B., & Jackson-Christian, B. (2003). Research expectations among African American church leaders in the PRAISE! Project: A randomized trial guided by communitybased participatory research. *American Journal of Public Health, 93*, 1720-1727.

Anderson, E. (2000). *Code of the street.* New York, NY: W.W. Norton.

Andrews, M. (2014). *Narrative imagination and everyday life.* Oxford, UK: Oxford University Press.

Anfara, V. A., & Mertz, N. T. (Eds.). (2006). *Theoretical frameworks in qualitative research.* Thousand Oaks, CA: Sage.

Angell, B., & Bolden, G. B. (online, April 29, 2015). Justifying medication decisions in mental health care: Psychiatrists' accounts for treatment recommendations. *Social Science & Medicine.*

Annells, M. (1996). Grounded theory method: Philosophical perspectives, paradigm of research, and postmodernism. *Qualitative Health Research, 6*(3), 379-393.

Annells, M. (2006). Triangulation of qualitative approaches: Phenomenology and grounded theory. *Journal of Advanced Nursing, 56*(1), 55-61.

Armour, M., Rivaux, S. L., & Bell, H. (2009). Using context to build rigor: Application of two hermeneutic phenomenological studies. *Qualitative Social Work, 8,* 101-122.

Atkinson, P. (2005, September). Qualitative research-Unity and diversity [25 paragraphs]. *Forum Qualitative Sozialforschung/Forum: Qualitative Social Research, 6*(3), Article 26. Retrieved from http://www.qualitative-research.net/fqs-texte/3- 05/05-3-26-e.htm

Atkinson, P., & Coffey, A. (2002). Revisiting the relationship between participant observation and interviewing. In J. Gubrium & J. A. Holstein (Eds.), *Handbook of interview research* (pp. 88-110). Thousand Oaks, CA: Sage.

Atkinson, P., & Silverman, D. (1997). Kundera's immortality: The interview society and the invention of the self. *Qualitative Inquiry, 3,* 304-325.

Ayling, R., & Mewse, A. J. (2009). Evaluating Internet interviews with gay men. *Qualitative Health Research, 19,* 566-576.

Baker, C., Wuest, J., & Stern, P. N. (1992). Method slurring: The grounded theory/ phenomenology example. *Journal of Advanced Nursing, 17,* 1335-1360.

Baker, S. E., & Edwards, R. (2012). *How many qualitative interviews is enough?* London, UK: National Centre for Research Methods. Retrieved from http:// eprints.ncrm.ac.uk/2273/4/how_many_interviews.pdf

Bamberg, M. (2004). Considering counter narratives. In M. Bamberg & M. Andrews (Eds.), *Considering counter-narratives: Narrating, resisting, making sense* (pp. 351-371). Amsterdam: John Benjamins.

Barbour, R. S., & Barbour, M. (2003). Evaluating and synthesizing qualitative research: The need to develop a distinctive approach. *Journal of Evaluation in Clinical Practice, 9,* 179-186.

Barker, J., & Weller, S. (2003). 'Is it fun?' Developing children-centered research methods. *International Journal of Sociology and Social Policy, 23*(1), 33-58.

Barkin, S., Ryan, G., & Gelberg, L. (1999). What pediatricians can do to further violence prevention: A qualitative study. *Injury Prevention, 5,* 53-58.

Barnett-Page, E., & Thomas, J. (2009). *Methods for the synthesis of qualitative research: A critical review.* ESRC National Centre for Research Methods. Working Paper Series 01-09. Retrieved from http://eppi.ioe.ac.uk/cms/Default.aspx?tabid=188

Bazeley, P. (2010). Review of the mixed methods reader. *Journal of Mixed Methods Research, 4*(1), 79-81.

Beck, C. T. (1993). Teetering on the edge: A substantive theory of postpartum depression. *Nursing Research, 42*(1), 42-50.

Becker, H. (1996). The epistemology of qualitative research. In R. Jessor, A. Colby, & R. Schweder (Eds.), *Ethnography and human development* (pp. 53-72). Chicago, IL: University of Chicago Press.

Becker, H. (1998). *Tricks of the trade: How to think about your research while you're doing it*. Chicago, IL: University of Chicago Press.

Becker, H., Geer, B., Hughes, E., & Strauss, A. (1961). *Boys in white: Student culture in medical school*. Chicago, IL: University of Chicago Press.

Beebe, J. (2002). *Rapid assessment process*. Landham, MD: Altamira Press.

Berelson, B. (1952). *Content analysis in communication research*. Glencoe, IL: Free Press.

Berger, P., & Luckmann, T. (1967). *The social construction of reality*. New York, NY: Doubleday.

Berguno, G., Leroux, P., McAinsh, K., & Shaikh, S. (2004). Children's experience of loneliness at school and its relation to bullying and the quality of teacher interventions. *The Qualitative Report, 9*, 483-499.

Bernard, H. R., & Gravelee, C. C. (Ed.). (2014). *Handbook of methods in cultural anthropology* (2nd ed.). Walnut Creek, CA: Altamira Press.

Bernard, H. R., & Ryan, G. (2010). *Analyzing qualitative data: Systematic approaches*. Thousand Oaks, CA: Sage.

Biehl, J. (2013). *Vita: Life in a zone of social abandonment*. Berkeley, CA: University of California Press.

Blix, S. B., & Wettergren, A. (2015). The emotional labor of gaining and maintaining access to the field. *Qualitative Research, 15*, 688-704.

Bloor, M. (2001). Techniques of validation in qualitative research: A critical commentary. In R. M. Emerson (Ed.), *Contemporary field research* (pp. 383-396). Prospect Heights, IL: Waveland Press.

Blumer, A. (1969). *Symbolic interactionism: Perspective and method*. Englewood Cliffs, NJ: Prentice-Hall.

Boeri, M. W. (2004). "Hell I'm an addict, but I ain't no junkie": An ethnographic analysis of aging heroin users. *Human Organization, 63*(2), 236-246.

Bohm, A. (2004). Theoretical coding: Text analysis in grounded theory. In U. Flick, E. von Kardorff, & I. Steinke (Eds.), *A companion to qualitative research* (pp. 270-275). London, UK: Sage.

Borgatti, S. P. (1994). Cultural domain analysis. *Journal of Quantitative Anthropology, 4*, 261-278.

Bourdieu, P. (1999). Understanding. In P. Bourdieu (Ed.), *The weight of the world: Social suffering in contemporary society* (pp. 607-626). Cambridge, MA: Polity Press.

Bowen, G. A. (2006). Grounded theory and sensitizing concepts. *International Journal of Qualitative Methods, 5*(3), Article 2.

Bowen, G. (2008). Naturalistic inquiry and the saturation concept: A research note. *Qualitative Research, 8*, 137-152.

Bowen, G. A. (2009). Document analysis as a qualitative research method. *Qualitative Research Journal, 9*, 27-40.

Bowen, G. A. (2010). From qualitative dissertation to quality articles: Seven lessons learned. *The Qualitative Report, 15*(4), 864-879. Retrieved from http://nsuworks.nova.edu/tqr/vol15/iss4/6

Boyatzis, R. E. (1998). *Transforming qualitative information: Thematic analysis and code development*. Thousand Oaks, CA: Sage.

Bradshaw, T. K. (1999). Communities not fazed: Why military base closures may not be catastrophic. *Journal of American Planning Association, 65*, 193-206.

Braun, V., & Clarke, V. (2006). Using thematic analysis in psychology. *Qualitative Research in Psychology, 3*, 77–101

Brekke, J. (2012). Shaping a science of social work. *Research on Social Work Practice, 22*, 455–464.

Bronfenbrenner, U. (1979). *The ecology of human development.* Cambridge, MA: Harvard University Press.

Bronfenbrenner, U. (2004). *Making human beings human: Bio-ecological perspectives on human development.* Thousand Oaks, CA: Sage.

Bryman, A. (2006). Integrating quantitative and qualitative research: How is it done? *Qualitative Research, 6*(1), 97–113.

Burawoy, Michael. (1998). The extended case method. *Sociological Theory 16*, 4 34.

Butler, A. E., Hall, H., Willetts, G., & Copnell, B. (2015). Family experience and PICU death: A meta-synthesis. *Pediatrics, 136*, 298–313.

Cabassa L. J., Parcesepe, A., Nicasio, A., Baxter, E., Tsemberis, S., & Lewis-Fernández. R. (2013). Health and wellness photovoice project: Engaging consumers with serious mental illness in health care interventions. *Qualitative Health Research, 23*, 618–630.

Cameron, W. B. (1963). *Informal sociology.* New York, NY: Random House.

Campbell, M. L. (2004). *Mapping social relations: An introduction to institutional ethnography.* Walnut Creek, CA: Altamira Press

Campbell, R., & Arens, C. E. (1998). Innovative community services for rape victims: An application of multiple case study methodology. *American Journal of Community Psychology, 26*(4), 537–571.

Carmack, H. (2014). A cycle of redemption in a medical error disclosure and apology program. *Qualitative Health Research, 24*, 860–869.

Charmaz, K. (2006). *Constructing grounded theory.* Thousand Oaks, CA: Sage.

Charmaz, K. (2014). *Constructing grounded theory* (2nd ed.). Thousand Oaks, CA: Sage.

Cherryholmes, C. H. (1992). Notes on pragmatism and scientific realism. *Educational Researcher, 14*, 13–17.

Choy-Brown, M., Padgett, D., Tran Smith, B., & Tiderington, D. (2015). Sorting it out: Eliciting consumer priorities on recovery in supported housing. *American Journal of Psychiatric Rehabilitation.*

Clandinin, D. J., & Connelly, F. M. (2004). *Narrative inquiry: Experience and story in qualitative research.* San Franscisco, CA: Jossey Bass.

Clark, J. P. (2003). How to peer review a qualitative manuscript. In F. Godlee & T. Jefferson (Eds.). *Peer review in health sciences.* (2nd ed.; pp. 219–235). London, UK: BMJ Books.

Clarke, A. (2005). *Situational analysis: Grounded theory after the postmodern turn.* Thousand Oaks, CA: Sage.

Clifford, J., & Marcus, G. E. (Eds.). (1986). *Writing culture: The poetics and politics of ethnography.* Berkeley: University of California Press.

Clough, P. T. (1998). *The end(s) of ethnography: From realism to social criticism* (2nd ed.). New York, NY: Peter Lang.

Coffey, A., & Atkinson, P. (1996). *Making sense of qualitative data.* Thousand Oaks, CA: Sage.

Cohen, D., & Crabtree, B. J. (2008). Evaluative criteria for qualitative research in health care: Controversies and recommendations. *Annals of Family Medicine, 6*, 331–339.

Cohen, M. Z., Kahn, D. L., & Steeves, R. H. (2000). *Hermeneutic phenomenological research: A practical guide for nurse researchers.* Thousand Oaks, CA: Sage.

Colaizzi, P. F. (1978). Psychological research as the phenomenologist views it. In R. Valle & M. King (Eds.), *Existential-phenomenological alternatives for psychology* (pp. 48-71). New York, NY: Oxford University Press.

Collier, J., & Collier, M. (1986). *Visual anthropology: Photography as a research method*. Albuquerque: University of New Mexico Press.

Connolly, A. (2008). Challenges of generating qualitative data with socially excluded young people. *International Journal of Social Research Methodology, 22,* 201-214.

Cook, T. D., & Reichardt, C. S. (Eds.). (1979). *Qualitative and quantitative methods in evaluation research*. Beverly Hills, CA: Sage.

Corbin, J., & Strauss, A. (2007). *Basics of qualitative research* (3rd ed.). Thousand Oaks, CA: Sage.

Cornwall, A., & Jewkes, R. (1995). What is participatory research? *Social Science & Medicine, 41*(12), 1667-1676.

Couturier, J., Kimber, M., Lock, J., Barwick, M., McVey, G., Findlay, S. . . . Woodford, T. (2015). Implementing highly specialized and evidence-based pediatric eating disorder treatment: Protocol for a mixed methods evaluation. *Implementation Science, 10,* 40-47.

Crabtree, B. F., & Miller, W. L. (1999). *Doing qualitative research* (2nd ed.). Thousand Oaks, CA: Sage.

Cressey, D. E. (1953). *Other people's money: A study in the social psychology of embezzlement*. Glencoe, IL: Free Press.

Creswell, J. W. (2013). *Qualitative inquiry and research design* (3rd ed.). Thousand Oaks, CA: Sage.

Creswell, J. W., Klassen, A. C., Plano Clark, V. L., & Smith, K. C. (2011, August). Best practices for mixed methods research in the health sciences. Retrieved from http://obssr.od.nih.gov/mixed_methods_research/pdf/Best_Practices_for_Mixed_ Methods_Research.pdf

Creswell, J. W., & Plano Clark, V. L. (2011). *Designing and conducting mixed methods research.* (2nd ed.). Thousand Oaks, CA: Sage.

Curry, L. A., Linnander, E. L., Brewster, A. L., Ting, H., Krumholz, H., & Bradley, E. H. (2015). Organizational culture change in U.S. hospitals: A mixed methods longitudinal intervention study. *Implementation Science, 10,* 27-39.

Czarniawska, B. (2004). *Narratives in social science research*. Thousand Oaks, CA: Sage.

Damschroder, L. J., Aron, D. C., Keith, R. E., Kirsh, S. R., Alexander, J. A., & Lowery, J. C. (2009). Fostering implementation of health service research findings into practice. *Implementation Science, 4,* 50-65.

Danso, R. (2015). An integrated framework of critical cultural competence and antioppressive practice for social justice social work research. *Qualitative Social Work, 14,* 572-588.

Delgado, R., & Stefancic, J. (2011). *Critical race theory: An introduction*. New York: NYU Press.

Denzin, N. K. (1978). *The research act: A theoretical introduction to sociological methods* (2nd ed.). New York, NY: McGraw-Hill.

Denzin, N. K. (1989). *Interpretive interactionism*. Newbury Park, CA: Sage.

Denzin, N. K. (2003). *Performance ethnography: Critical pedagogy and the politics of culture*. Thousand Oaks, CA: Sage.

Denzin, N. K. (2008). The new paradigm dialogs and qualitative inquiry. *International Journal of Qualitative Studies in Education, 21,* 315-325.

Denzin, N. K., & Giardina, M. D. (Eds.). (2006). *Qualitative inquiry and the conservative challenge.* Walnut Creek, CA: Left Coast Press.

Denzin, N. K., & Lincoln, Y. S. (Eds.). (1994). *Handbook of qualitative research.* Thousand Oaks, CA: Sage.

Denzin, N. K., & Lincoln, Y. S. (Eds.). (2011). *Handbook of qualitative research* (4th ed.). Thousand Oaks, CA: Sage.

DeSilva, M. J., Harpham, T., Tuan, T., Bartolini, R., Penny, M. E., & Huttly, S. R. (2006). Psychometric and cognitive validation of a social capital measurement tool in Peru and Vietnam. *Social Science & Medicine, 62*, 941-953.

Dickson-Swift, V., James, E. L., Kippen, S., & Liamputtong, P. (2009). Researching sensitive topics: Qualitative research as emotion work. *Qualitative Research, 9*, 61-79.

Diez-Roux, A. (1998). Bringing context back into epidemiology: Variables and fallacies in multi-level analysis. *American Journal of Public Health, 88*, 216-222.

Dixon-Woods, M., Booth, A., & Sutton, A. J. (2007). Synthesizing qualitative research: A review of published reports. *Qualitative Research, 7*(3), 375-422.

Donmoyer, R. (1990). Generalizability and the single-case study. In E. W. Eisner & A. Peshkin (Eds.), *Qualitative inquiry in education: The continuing debate* (pp. 175-200). New York, NY: Teachers College Press.

Drake, R. E., Bebout, R. R., Quimby, E., Teague, G. B., Harris, M., & Roach, J. P. (1993). Process evaluation in the Washington D.C. Dual Diagnosis Project. *Alcoholism Treatment Quarterly, 10*, 113-124.

Drisko, J. (1997). Strengthening qualitative studies and reports: Standards to enhance academic integrity. *Journal of Social Work Education, 33*, 187-197.

Duneier, M. (1999). *Sidewalk.* New York, NY: Farrar, Straus, & Giroux.

Dupuis, A., & Thorns, D. C. (1998). Home, home ownership, and the search for ontological security. *The Sociological Review, 46*(1), 24-47.

Eakin J. M., & Mykhalovskiy, E. (2003). Reframing the evaluation of qualitative health research: Reflections on a review of appraisal guidelines in the health sciences. *Journal of Evaluation in Clinical Practice, 9*, 187-194.

Elder, G. (1994). Time, human agency and social change: Perspectives on the life course. *Social Psychology Quarterly, 57*, 4-15.

Ellis, C., & Bochner, A. P. (2000). Autoethnography, personal narrative, reflexivity: Researcher as subject. In N. K. Denzin & Y. S. Lincoln (Eds.), *Handbook of qualitative research* (2nd ed., pp. 733-768). Thousand Oaks, CA: Sage.

Elo, S., & Kyngäs, H. (2008). The qualitative content analysis process. *Journal of Advanced Nursing. 62*, 107-15.

Ely, M., Anzul, M., Friedman, T., Garner, D., & Steinmetz, A. M. (1991). *Doing qualitative research: Circles within circles.* London, UK: Falmer.

Emerson, R. M., Fretz, R. I., & Shaw, L. L. (2011). *Writing ethnographic fieldnotes,* (2nd ed.). Chicago, IL: University of Chicago Press.

Eng, E., Moore, K. S., Rhodes, S. D., Griffith, D. M., Allison, L. L., Shirah, K., & Mebane, E. M. (2005). Insiders and outsiders assess who is "the community." In Israel, B. A., Eng, E., Schulz, A. U., & Parker,

E. A. (Eds.). (2005). *Methods in community-based participatory research for health* (pp. 77-100). San Francisco, CA: Jossey-Bass.

Erickson, F. (1986). Qualitative methods in research on teaching. In M. C. Wittrock (Ed.), *Handbook of research on teaching* (3rd ed., pp. 119-161). New York, NY: Macmillan.

Erwin, E. J., Brotherson, M. J., & Summers, J. A. (2011). Understanding qualitative meta-synthesis: Issues and opportunities in early childhood intervention research. *Journal of Early Intervention, 33*, 186-200.

Esposito, N. (2001). From meaning to meaning: The influence of translation techniques on non-English focus group research. *Qualitative Health Research, 11*(4), 568-579.

Estroff, S. (1981). *Making it crazy*. Berkeley: University of California Press.

Etherington, K. (2007). Working with traumatic stories: From transcriber to witness. *International Journal of Social Research Methodology 10*, 85-97.

Fairclough, N. (2003). *Analyzing discourse: Textual analysis for social research*. New York, NY: Routledge.

Fals-Borda, O. (Ed.). (1998). *People's participation: Challenges ahead*. New York, NY: Apex.

Fals-Borda, O., & Rahman, M. A. (Eds.). (1991). *Action and knowledge: Breaking the monopoly with participatory action research*. New York, NY: Intermediate Technology/Apex.

Farmer, P. (1999). *Infections and inequalities: The modern plagues*. Berkeley, CA: University of California Press.

Farnell, B., & Graham, L. R. (2000). Discourse-centered methods. In H. R. Bernard (Ed.), *Handbook of methods in cultural anthropology* (pp. 411-454). Walnut Creek, CA: Altamira Press.

Feagin, J. R., Orum, A. M., & Sjoberg, G. (Eds.). (1991). *A case for the case study*. Chapel Hill: University of North Carolina Press.

Felton, B. J. (2003). Defining location in the mental health system: A case study of a consumer-run agency. *American Journal of Community Psychology, 36*, 373-386.

Fereday, J., & Muir-Cochrane, E. (2006). Demonstrating rigor using thematic analysis: A hybrid approach of inductive and deductive coding and theme development. *International Journal of Qualitative Methods, 5*(1), Article 1.

Fernandez, J., & Huber, M. T. (2001). *Irony in action: Anthropology, practice and the moral imagination*. Chicago, IL: University of Chicago Press.

Festinger, L., Reicken, H. W., & Schacter, S. (1956). *When prophecy fails*. New York, NY: Start.

Fetterman, D. M. (1989). *Ethnography step by step*. Newbury Park, CA: Sage.

Fetters, M. D., & Freshwater, D. (2015). The 1+1=3 integration challenge. *Journal of Mixed Methods Research, 9*, 115-117.

Fine, G. A., & Martin, D. D. (1990). A partisan view: Sarcasm, satire, and irony as voices in Erving Goffman's Asylums. *Journal of Contemporary Ethnography, 19*, 89-115.

Flaherty, M. G. (2002). The "crisis" in representation: Reflections and assessments. *Journal of Contemporary Ethnography, 31*(4), 508-516.

Flick, U. (2004). Triangulation in qualitative research. In U. Flick, E. von Kardorff, & I. Steinke (Eds.), *A companion to qualitative research* (pp. 178-183). London, UK: Sage.

Flicker, S., Haans, D., & Skinner, H. (2004). Ethical dilemmas in research on Internet communities. *Qualitative Health Research, 14*, 124-130.

Fonow, M. M., & Cook, J. A. (Eds.). (1991). *Beyond methodology: Feminist scholarship as lived research.* Bloomington: Indiana University Press.

Fontana, A., & Frey, J. H. (1994). Interviewing: The art of science. In N. K. Denzin & Y. S. Lincoln (Eds.), *Handbook of qualitative research* (pp. 361-376). Thousand Oaks, CA: Sage.

Fost, N., & Levine, R. J. (2007). The dysregulation of human subjects research. *JAMA, 298,* 2196-2198.

Foster-Fishman, P., Berkowitz, S. L., Lounsbury, D. W., Jacobson, S., & Allen, N. (2001). Building collaborative capacity in community coalitions: A review and integrative framework. *American Journal of Community Psychology, 29*(2), 241-261.

Foucault, M. (1976). *The history of sexuality.* London, UK: Penguin.

Foucault, M. (1980). *Power/knowledge: Selected interviews and other writings, 1972-1977.* New York, NY: Pantheon.

Frank, A. W. (2010). *Letting stories breathe.* Chicago, IL: University of Chicago Press.

Frank, A. W. (2012). Practicing dialogical narrative analysis. In J. A. Holstein & J. F. Gubrium (eds.). *Varieties of narrative analysis* (pp. 33-52). Thousand Oaks, CA: Sage.

Fraser, M. W. (1995). Rich, relevant, and rigorous: Do qualitative methods measure up? *Social Work Research, 19*(1), 25-27.

Freeman, H. P. (2004). Poverty, culture and social injustice: Determinants of cancer disparities. *Cancer: A Cancer Journal for Clinicians, 54,* 72-77.

Freire, P. (1973). *Pedagogy of the oppressed.* New York, NY: Seabury Press.

Freundlich, M., Avery, R. J., & Padgett, D. K. (2007). Care or scare: The safety of youth in congregate care in New York City. *Child Abuse and Neglect, 31*(2), 173-186.

Gage, N. L. (1989). The paradigm wars and their aftermath: A historical sketch of research on teaching. *Educational Researcher, 18,* 4-10.

Gair, S. (2002). In the thick of it: A reflective tale from an Australian social worker/ qualitative researcher. *Qualitative Health Research, 12*(1), 130-139.

Gamson, J. (2000), Sexualities, queer theory, and qualitative research. In N. Denzin & Y. Lincoln, *Handbook of Qualitative Research* (2nd ed.; pp. 347-356). Thousand Oaks, CA: Sage.

Gee, J. P. (2005). *An introduction to discourse analysis: Theory and method.* London, UK: Routledge.

Geertz, C. (1973). *The interpretation of cultures: Selected essays.* New York, NY: Basic Books.

Geertz, C. (1988). *Works and lives: The anthropologist as author.* Stanford, CA: Stanford University Press.

Gergen, K. J. (2014). Pursuing excellence in qualitative inquiry. *Qualitative Psychology, 1,* 49-60.

Gergen, K. J., Josselson, R., & Freeman, M. (2015). The promises of qualitative inquiry. *American Psychologist, 70,* 1-10.

Gerring, J. (2007). *Case study research: Principles and practices.* London, UK: Cambridge University Press.

Gibbs, L., & Gambrill, E. (2002). Evidence-based practice: Counter-arguments to objections. *Research on Social Work Practice, 12*(3), 452-476.

Giddens, A. (1990). *Consequences of modernity.* Oxford, UK: Polity Press.

Giddings, L. S. (2006). Mixed-methods research: Positivism dressed in drag? *Journal of Research in Nursing, 11,* 195-203.

Gilgun, J. F. (1994). Hand into glove: Grounded theory and social work practice research. In W. Reid & E.

Sherman (Eds.), *Qualitative methods and social work practice research* pp. 115-125. New York, NY: Columbia University Press.

Gilgun, J. F. (1995). We shared something special: The moral discourse of incest perpetrators. *Journal of Marriage and the Family*, 57, 265-281.

Gilgun, J. F., & Abrams, L. (2002). The nature and usefulness of qualitative social work research. *Qualitative Social Work, 1*, 39-55.

Gill, R., Barbour, J., & Dean, M. (2014). Shadowing in/as work: Ten recommendations for shadowing fieldwork practice. *Qualitative Research in Organizations and Management, 9*, 69-99.

Giorgi, A. (Ed.). (1985). *Phenomenology and psychological research*. Pittsburgh, PA: Duquesne University Press.

Giorgi, A. (2009). *The descriptive phenomenological method in psychology*. Pittsburgh, PA: Duquesne University Press.

Glaser, B. (1978). *Theoretical sensitivity*. Mill Valley, CA: The Sociology Press.

Glaser, B. G. (2002). Conceptualization: On theory and theorizing using grounded theory. *International Journal of Qualitative Methods, 1*(2), Article 3.

Glaser, B. G., & Strauss, A. L. (1965). *Awareness of dying*. New York, NY: Aldine.

Glaser, B. G., & Strauss, A. L. (1967). *The discovery of grounded theory: Strategies for qualitative research*. Chicago, IL: Aldine.

Goetz, J., & LeCompte, M. (1984). *Ethnography and qualitative design in educational research*. Orlando, FL: Academic Press.

Goffman, A. (2014). *On the run: Fugitive life in an American city*. Chicago, IL: University of Chicago Press.

Goffman, E. (1959). *The presentation of self in everyday life*. Garden City, NY: Basic Books.

Goffman, E. (1961). *Asylums: Essays on the social situation of mental patients and other inmates*. Garden City, NY: Basic Books.

Gooden, R. J., & Winefield, H. R. (2007). Breast and prostate cancer online discussion boards: A thematic analysis of gender differences and similarities. *Journal of Health Psychology, 12*(1), 103-114.

Greene, J. C. (2000). Understanding social programs through evaluation. In N. K. Denzin & Y. S. Lincoln (Eds.), *Handbook of qualitative research* (2nd ed., pp. 981-1000). Thousand Oaks, CA: Sage.

Greene, J. C. (2015). The emergence of mixing methods in the field of evaluation. *Qualitative Health Research, 25*, 746-750.

Greene, J. C., Caracelli, V. J., & Graham, W. F. (1989). Toward a conceptual framework for mixed-method evaluation designs. *Educational Evaluation and Policy Analysis, 11*(2), 255-274.

Greenhaugh T. (1997). *How to read a paper: The basics of evidence based medicine*. London, UK: BMJ.

Groenewald, T. (2004). A phenomenological research design illustrated. *International Journal of Qualitative Methods, 3*(1), Article 4.

Grypdonck, M. (2006). Qualitative health research in the era of evidence-based practice. *Qualitative Health Research, 16*, 1371-1385.

Guba, E. G., & Lincoln, Y. S. (1981). *Effective evaluation*. San Francisco, CA: Jossey-Bass.

Guba, E. G., & Lincoln, Y. S. (1989). *Fourth generation evaluation*. Newbury Park, CA: Sage.

Gubrium, J. F., & Holstein, J. A. (2000). Analyzing interpretive practice. In N. K. Denzin & Y. S. Lincoln (Eds.),

Handbook of qualitative research (pp. 487-508). Thousand Oaks, CA: Sage.

Guest, G. (2012). Describing mixed methods research: An alternative to typologies. *Journal of Mixed Methods Research, 7,* 141-151.

Guest, G., Bunce, A., & Johnson, L. (2006). How many interviews are enough? An experiment with data saturation and variability. *Field Methods, 18*(1), 59-82.

Guest, G., & MacQueen, K. M. (2008). *Handbook for team-based qualitative research.* Walnut Creek, CA: Altamira.

Hamilton, R. J., & Bowers, B. J. (2006). Internet recruitment and e-mail interviews in qualitative studies. *Qualitative Health Research, 16,* 821-826.

Hammersley, M. (2004). Teaching qualitative method: Craft, profession or bricolage? In C. Seale, G. Gobo, J. F. Gubrium, & D. Silverman (Eds.), *Qualitative research practice* (pp. 549-560). London, UK: Sage.

Hammersley, M. (2008). *Questioning qualitative inquiry.* London, UK: Sage.

Hammersley, M., & Gomm, R. (2008). Assessing the radical critique of interviews. In M. Hammersley, *Questioning qualitative inquiry* (pp. 89-100). London, UK: Sage.

Hancock, D. R., & Algozzine, B. (2006). *Doing case study research: A practical guide for beginning researchers.* New York, NY: Teachers College Press.

Haraway, D. (1988). Situated knowledge: The science question in feminism and the privilege of partial perspectives, *Feminist Studies, 14,* 575-599.

Harding, S. (1987). *Feminism and methodology.* Bloomington, IN: Indiana University Press.

Harper, D. (2012). *Visual sociology.* London, UK: Routledge.

Hawkins, R. L., & Abrams, C. (2007). Disappearing acts: The social networks of formerly homeless individuals with co-occurring disorders. *Social Science & Medicine, 65,* 2031-2042.

Heckathorn, D. D. (1997). Respondent-driven sampling: A new approach to study hidden populations. *Social Problems, 44,* 174-199.

Henwood, B., & Padgett, D. K. (2007). The self-medication hypothesis revisited. American *Journal on Addictions, 16*(3), 160-165.

Henwood, B. F., Padgett, D. K., Tran Smith, B., & Tiderington, E. (2012). Substance abuse recovery after experiencing homelessness and mental illness: Case studies of change over time. *Journal of Dual Diagnosis, 8,* 238-246.

Hesse-Biber, S. N. (2004). Analysis, interpretation and the writing of qualitative data. In S. N. Hesse-Biber & P. Leavy, *Approaches to qualitative research: A reader on theory and practice* (pp. 409-425), New York, NY: Oxford.

Hesse-Biber, S. N. (2006). *Handbook of feminist research: Theory and praxis.* Thousand Oaks, CA: Sage.

Hesse-Biber, S. N. (2015). Mixed methods research: The "thingness" problem. *Qualitative Health Research, 25,* 775-788.

Hessler, R. M., Downing, J., Beltz, C., Pellicio, A., Powell, M., & Vale, W. (2003). Qualitative research on adolescent risk using email: A methodological assessment. *Qualitative Sociology, 26*(1), 111-124.

Hertz, R., & Imber, J. B. (Eds.). (1995). *Studying elites using qualitative methods.* Thousand Oaks, CA: Sage.

Hines, L. (2011). The treatment views and recommendations of substance-abusing women: A meta-synthesis. *Qualitative Social Work, 12,* 473-479.

Hoagwood, K., & Olin, S. (2002). The NIMH blueprint for change report: Research priorities in child and adolescent mental health. *Journal of the American Academy of Child and Adolescent Psychiatry, 41*(7), 760-767.

Hochschild, A. (1983). *The managed heart: The commercialization of human feeling.* Berkeley, CA: University of California Press.

Hohmann, A., & Shear, M. K. (2002). Community-based intervention research: Coping with the "noise" of real life in study design. *American Journal of Psychiatry, 159*, 201-207.

Holliday, A. (2007). *Doing and writing qualitative research* (2nd ed.). Thousand Oaks, CA: Sage.

Holstein, J. A., & Gubrium, J. F. (1995). *The active interview.* Thousand Oaks, CA: Sage.

Holstein, J. A., & Gubrium, J. F. (Eds.). (2007). *Handbook of constructionist research.* New York, NY: Guilford Press.

Hong, Y., Mitchell, S. G., Peterson, J. A., Latkin, C. A., Tobin, K., & Gann, D. (2005). Ethnographic process evaluation: Piloting an HIV prevention program among injection drug users. *International Journal of Qualitative Methods, 4*(1), Article 1.

Houston, S., & Mullan-Jensen, C. (2011). Towards depth and width in qualitative social work: Aligning interpretive phenomenological analysis with the theory of social domains. *Qualitative Social Work, 11*, 266-281.

Hsieh, H., & Shannon, S. E. (2005). Three approaches to qualitative content analysis. *Qualitative Health Research, 15*(9), 1277-1288.

Humphrey, C. (2012). Dilemmas in doing insider research in professional education. *Qualitative Social Work, 12*, 572-586.

Humphries, L. (1970). *Tearoom trade: Impersonal sex in public places.* Chicago, IL: Aldine.

Hyden, M., & Overlien, C. (2004). "Doing" narrative analysis. In D. K. Padgett (Ed.), *The qualitative research experience* (pp. 250-268). Pacific Grove, CA: Thomson Learning.

Illingworth, N. (2001). The Internet matters: Exploring the use of the Internet as a research tool. *Sociological Research On-Line, 6*(2), U96-U112. Retrieved from http://www.socresonline.org.uk/6/2/illingworth.html

Inui, T. S., & Frankel, R. M. (1991). Evaluating the quality of qualitative research. *Journal of General Internal Medicine, 6*, 485-487.

Israel, B. A., Eng, E., Schulz, A. J., & Parker. E. A. (Eds.). (2005). *Methods in communitybased participatory research for health.* San Francisco, CA: Jossey-Bass.

Iversen, R. R. (2008). "Getting out" in ethnography: A seldom-told story. *Qualitative Social Work, 8*(1), 9-26.

Iversen, R., & Armstrong, A. L. (2006). *Jobs aren't enough: Toward a new economic mobility for low-income families.* Philadelphia, PA: Temple University Press.

Janesick, V. J. (2000). The choreography of qualitative research designs: Minuets, improvisations and crystallization. In N. K. Denzin & Y. S. Lincoln (Eds.), *Handbook of qualitative research* (pp. 379-400). Thousand Oaks, CA: Sage.

Johnson, B., & Clarke, J. (2003). Collecting sensitive data: The impact on the researcher, *Qualitative Health Research 13*, 421-434.

Johnson, P. J., & Onwuegbuzie, J. A. (2004). Mixed methods research: A research paradigm whose time has come. *Educational Researcher, 33*(7), 14-26.

Johnstone, P. L. (2004). Mixed methods, mixed methodology health services research in practice. *Qualitative Health Research, 14*(2), 259-271.

Jones, L., & Wells, K. (2007). Strategies for academic and clinician engagement in community-based partnered research. *Journal of the American Medical Association, 297*(4), 407-410.

Jones, S. H., Adams, T. E., & Ellis, C. (Eds.). (2013). *Handbook of autoethnography.* Walnut Creek, CA: Left Coast Press.

Kaptchuk, T. J., Shaw, J., Kerr, C. E., Conboy, L. A., Kelley, J. M., Csordas, T. J., Lembo, A. J., & Jacobson E. E. (2009). "Maybe I made up the whole thing": Placebos and patients' experiences in a randomized controlled trial. *Culture, Medicine and Psychiatry, 33,* 382-411.

Katz, A., & Mishler, E.G. (2003). Close encounters: Exemplars of process-oriented qualitative research in health care. *Qualitative Research, 3,* 35-56.

Kelle, U., & Erzberger, C. (2004). Qualitative and quantitative methods: Not in opposition. In U. Flick, E. von Kardorff, & I. Steinke, (Eds.), *A companion to qualitative research* (pp. 172-175). London, UK: Sage.

Kelling, G. L., & Coles, C. M. (1996). *Fixing broken windows: Restoring social order and reducing crime in our communities.* New York, NY: The Free Press.

Kerner, J. F., Yedidia, M., Padgett, D., Muth, B., Washington, K. S., Tefft, M., Yabroff, K., R., Makariou, E., Freeman, H., & Mandelblatt, J. S. (2003). Realizing the promise of breast cancer screening: Clinical follow-up after abnormal screening among Black women. *Preventive Medicine, 37,* 92-101.

Khantzian, E. J. (1985). The self-medication hypothesis of addictive disorders: Focus on heroin and cocaine dependence. *American Journal of Psychiatry, 142,* 1259-1264.

Kim, K. H., Yoon, H. W., & Park, H. W. (2004). Spatiotemporal brain activation pattern during word/picture perception by native Koreans. *NeuroReport, 15,* 1099-1103.

Kincheloe, J. L., & McLaren, P. (2000). Rethinking critical theory and qualitative research. In N. K. Denzin & Y. S. Lincoln (Eds.), *Handbook of qualitative research* (2nd ed., pp. 279-314). Thousand Oaks, CA: Sage.

Klinenberg, E. (2002). *Heat wave: A social autopsy of disaster in Chicago.* Chicago, IL: University of Chicago Press.

Kosinki, M., Matz, S., Gosling, S. D., Popov, V., & Stillwell, D. (2015). Facebook as a research tool for the social sciences: Opportunities, challenges, ethical considerations, and practical guidelines. *American Psychologist, 70,* 543-556.

Kotkin, S. (2002, September 7). A world war among professors: A clash between number crunchers and specialists in a single region. *The New York Times,* B9-B11.

Kranke, D., Jackson, S. E., Taylor, D. A., Languth, J., & Floersch, J. (2015). "I'm loving life": Adolescents' experiences of living with a mental illness. *Qualitative Social Work, 14,* 102-118.

Krueger, R. A. (1994). *Focus groups: A practical guide for applied research* (2nd ed.). Thousand Oaks, CA: Sage.

Kusenbach, M. (2003). Street phenomenology: The go-along as ethnographic research tool. *Ethnography, 4,* 455-485.

Labov, W., & Waletzky, J. (1967). Narrative analysis: Oral versions of personal experience. In J. Helm (Ed.), *Essays on the verbal and visual arts* (pp. 12-44). Seattle: University of Washington Press.

Ladson-Billings, G. (2000). Racialized discourses and ethnic epistemologies. In N. K. Denzin & Y. S. (Eds.), *Handbook of qualitative research* (pp. 258-278). Thousand Oaks, CA: Sage.

Lakoff, G., & Johnson, M. (1980). *Metaphors we live by*. Chicago, IL: University of Chicago Press.

Laing, R. D. (1965). *The divided self: An existential study in sanity and madness*. London, UK: Pelican Press.

Langellier, K. M., & Peterson, E. E. (2004). *Performing narrative: Storytelling in daily life*. Philadelphia, PA: Temple University Press.

LaPiere, R. T. (1934). Attitudes vs. actions. *Social Forces, 13*, 230-237.

Leamy, M., Bird, V., LeBoutillier, C., Williams, J., & Slade, M. (2011). Conceptual framework for personal recovery in mental health: Systematic review and narrative synthesis. *British Journal of Psychiatry, 199*, 445-452.

LeClerc, C. M., & Kensinger, E. A. (2011). Neural processing of emotional pictures and words: A comparison of young and older adults. *Developmental Neuropsychology, 36*, 519-538.

LeCompte, M. D., & Schensul, J. J. (1999). *Analyzing and interpreting ethnographic data*. Walnut Creek, CA: Altamira Press.

Levin, M., & Greenwood, D. (2001). Pragmatic action research and the struggle to transform universities into learning communities. In P. Reason & H. Bradbury (Eds.), *Handbook of action research* (pp. 103-113). London, UK: Sage.

Levy, R. I., & Hollan, D. W. (2000). Person-centered interviewing and observation. In H. R. Bernard (Ed.), *Handbook of methods in cultural anthropology* (pp. 333-364). Walnut Creek, CA: Altamira Press.

Lewin, K. (1946). Action research and minority problems. *Journal of Social Issues, 4*, 34-46.

Liebow, E. (1967). *Talley's corner: A study of Negro street corner men*. Boston, MA: Little, Brown.

Liebow, E. (1993). *Tell them who I am: The lives of homeless women*. New York, NY: Penguin.

Lincoln, Y. S., & Guba, E. G. (1985). *Naturalistic inquiry*. Beverly Hills, CA: Sage.

Lincoln, Y. S., & Guba, E. G. (2013). *The constructivist credo*. Walnut Creek, CA: Left Coast Press.

Littell, J. H., Corcoran, J., & Pillai, V. (2008). *Systematic reviews and meta-analysis*. New York, NY: Oxford University Press.

Lofland, J. (2002). Analytic ethnography. In A. M. Huberman & M. B. Miles (Eds.), *The qualitative researcher's companion* (pp. 137-170). Thousand Oaks, CA: Sage.

Lofland, J., & Lofland, L. (1995). *Analyzing social settings: A guide to qualitative observation and analysis* (3rd ed.). Belmont, CA: Wadsworth.

Lofland, J., & Snow, D. A. (2005). *Analyzing social settings: A guide to qualitative observation and analysis*. Belmont, CA: Wadsworth.

Longhorn, J., & Floersch, J. (2012). The coming crisis in social work: Some thoughts on social work and science. *Research on Social Work Practice, 22*, 499-519.

Longhofer, J., Floersch, J., & Hoy, J. (2013). *Qualitative methods for practice research*. New York, NY: Oxford University Press.

Lopez, K. A., & Willis D. G., (2004). Descriptive versus interpretive phenomenology: Their contributions to nursing knowledge. *Qualitative Health Research, 14*, 726-735.

Lubet, S. (2015). *Ethics on the run: New rambler review*. Chicago, IL: University of Chicago Law School.

Luders, C. (2004). Field observation and ethnography. In U. Flick, E. von Kardorff, & I. Steinke (Eds.), *A *companion to qualitative research* (pp. 222-230). London, UK: Sage.

Lynd, R. S., & Lynd, H. M. (1937). *Middletown in transition: A study in cultural conflicts.* New York, NY: Harcourt Brace.

Lynd, R. S., & Lynd, H. M. (1956). *Middletown: A study in modern American culture.* New York, NY: Harcourt Brace.

MacClean, L. M., Meyer, M., & Estable, A. (2004). Improving accuracy of transcripts in qualitative research. *Qualitative Health Research, 14*(1), 113-123.

MacGregor, T. E., Rodger, S., Cummings, A. L., & Leschied, A. W. (2006). The needs of foster parents: A qualitative study of motivation, support and retention. *Qualitative Social Work, 5*(3), 351-368.

Macia, L. (2015). Using clustering as a tool: Mixed methods in qualitative data analysis. The *Qualitative Report, 20*, 1083-1094.

Madison, D. S. (2005). *Critical ethnography: Methods, ethics, and performance.* Thousand Oaks, CA: Sage.

Major, C., & Savin-Baden, M. (2010). *An introduction to qualitative research synthesis: Managing the information explosion in social science research.* New York, NY: Routledge.

Malinowski, B. (1922). *Argonauts of the Western Pacific.* London, UK: Routledge.

Malone, R. E., Yerger, V. E., McGruder, C., & Froelicher, E. (2006). "It's like Tuskegee in reverse": A case study of ethical tensions in institutional review board review of community-based participatory research. *American Journal of Public Health, 96*, 1914-1919.

Mancini, M. A. (2005). "Making sense of it all": Consumer providers' theories about factors facilitating and impeding recovery from psychiatric disabilities. *Psychiatric Rehabilitation Journal, 29*(1), 48-55.

Manderson, L., & Aaby, P. (1992). An epidemic in the field? Rapid assessment procedures and health research. *Social Science & Medicine, 35*, 839-850.

Manderson, L., Bennett, E., & Andajani-Sutjaho, S. (2006). The social dynamics of the interview: Age, class and gender. *Qualitative Health Research, 16*(10), 1317-1334.

Manderson, L., Kelaher, M., & Woelz-Stirling, N. (2001). Developing qualitative databases for multiple users. *Qualitative Health Research, 11*(2), 149-160.

Manicas, P. T., & Secord, P. F. (1982). Implications for psychology of the new philosophy of science. *American Psychologist, 38*, 390-413.

Margolis, E., & Pauwels, L. (Eds.). (2011). *The Sage handbook of visual research methods.* Thousand Oaks, CA: Sage.

Markham, A. N. (2005). The methods, politics, and ethics of representation in online ethnography. In N. K. Denzin & Y. S. Lincoln (Eds.), *Handbook of qualitative research* (3rd ed., pp. 793-820). Thousand Oaks, CA: Sage.

Marrozzo, J. M., Ramjee, G., Richardson, B. Gomez, K., Mogdi, N, Nair, G. . . . Voice Study Team. (2015). Tenofovir pre-exposure prophylaxis for HIV infection among African women. *New England Journal of Medicine, 372*, 509-518.

Marshall, C., & Rossman, G. B. (2010). *Designing qualitative research* (5th ed.). Thousand Oaks, CA: Sage.

Mattingly, C. (1998). *Healing dramas and clinical plots: The narrative structure of experience.* Cambridge UK: Cambridge University Press.

Mattingly, C. (2010). *The paradox of hope: Journeys through a clinical borderland.* Berkeley, CA: University of

California Press.

Maxwell, J. (2002). Understanding and validity in qualitative research. In A. M. Huberman & M. B. Miles (Eds.), *The qualitative researcher's companion* (pp. 37-62). Thousand Oaks, CA: Sage.

Maxwell, J. A. (2010). Using numbers in qualitative research. *Qualitative Inquiry, 16*, 475-482.

Maxwell, J. A. (2012). *Qualitative research design: An interactive approach* (3rd ed.). Thousand Oaks, CA: Sage.

Mayring, P. (2004). Qualitative content analysis. In U. Flick, E. von Kardorff, & I. Steinke (Eds.), *A companion to qualitative research* (pp. 266-270). London, UK: Sage.

Mays, N., & Pope, C. (2000). Qualitative research in health care: assessing quality in qualitative research. *British Medical Journal, 320*, 50-52.

McCall, M. (2000). Performance ethnography: A brief history and some advice. In N. K. Denzin & Y. S. Lincoln (Eds.), *Handbook of qualitative research* (pp. 421-434). Thousand Oaks, CA: Sage.

McCracken, G. (1988). *The long interview.* Newbury Park, CA: Sage.

Mead, M. (1928). *Coming of age in Samoa.* New York, NY: New American Library.

Menand, L. (2001). *The metaphysical club: A story of ideas in America.* New York, NY: Farrar, Straus, & Giroux.

Mendlinger, S., & Cwikel, J. (2008). Spiraling between qualitative and quantitative data on women's health behaviors: A double helix model for mixed methods. *Qualitative Health Research, 18*, 280-293.

Merriam, S. B. (1998). *Qualitative research and case study applications in education.* San Francisco, CA: Jossey-Bass.

Mertens, D. (2015). Mixed methods and wicked problems. *Journal of Mixed Methods Research, 9*, 3-6.

Merton, R. K., Fiske, M., & Kendall, P. (1956). *The focused interview.* Glencoe, IL: Free Press.

Metcalfe, F., & Humphries, C. (2002). Fostering action research and action research in fostering. *Qualitative Social Work, 1*, 435-450.

Miles, M. B., & Huberman, A. M. (Eds.). (1994). *Qualitative data analysis: An expanded sourcebook* (2nd ed.). Thousand Oaks, CA: Sage.

Miller, D., & Slater, D. (2000). *The Internet: An ethnographic approach.* New York, NY: Berg.

Miller, J., & Glassner, B. (2011). The inside and the outside: Finding realities in interviews. In D. Silverman (Ed.). *Qualitative research: Issues of theory, method and practice* (3rd ed.), pp. 291-309. London, UK: Sage.

Mills, A. J., Derepos, G., & Wiebe, E. (2010). *Encylopedia of case study research.* Thousand Oaks, CA: Sage.

Mills, J., Bonner, A., & Francis, K. (2006). The development of constructivist grounded theory. *International Journal of Qualitative Methods, 5*(1), Article 3.

Minkler, M., & Wallerstein, N. (2003). *Community-based participatory research for health.* San Francisco, CA: Jossey-Bass.

Mishler, E. (1986). *Research interviewing: Context and narrative.* Cambridge, MA: Harvard University Press.

Morgan, D. L. (1993). Qualitative content analysis: A guide to paths not taken. *Qualitative Health Research, 1*, 112-121.

Morgan, D. L. (1997). *Focus groups as qualitative research.* Thousand Oaks, CA: Sage.

Morgan, D. L. (2014). Pragmatism as a paradigm for social research. *Qualitative Inquiry, 20*, 1045-1053.

Morrow, S. (2005). Quality and trustworthiness in qualitative research in counseling psychology. *Journal of Counseling Psychology, 52*(2), 250-260.

Morrow, S. L., & Smith, M. L. (1995). Constructions of survival and coping by women who have survived childhood sexual abuse. *Journal of Counseling Psychology, 42*(1), 24-33.

Morse, J. M. (1985). *Nursing research: The application of qualitative approaches.* London, UK: Blackwell.

Morse, J. M. (1991). Approaches to qualitative-quantitative methodological triangulation. *Nursing Research, 40*, 120-123.

Morse, J. M. (1994). Designing funded qualitative research. In N. K. Denzin & Y. L. Lincoln (Eds.), *Handbook of qualitative research* (pp. 220-235). Thousand Oaks, CA: Sage.

Morse, J. M. (1995). The significance of saturation. *Qualitative Health Research, 5*, 147-149.

Morse, J. (2005). Evolving trends in qualitative research: Advances in mixed-method design. *Qualitative Health Research, 15*(5), 583-585.

Morse, J. M. (2006). The politics of evidence. *Qualitative Health Research, 16*(3), 395-404.

Morse, J. M. (online August, 2015). Critical analysis of strategies for determining rigor in qualitative inquiry. *Qualitative Health Research.*

Moustakas, C. (1994). *Phenomenological research methods.* Thousand Oaks, CA: Sage.

Mufti, G., Towell, T., & Cartright, T. (2015). Pakistani children's experiences of growing up with beta-thalassemia major. *Qualitative Health Research, 25*, 286-396.

Munhall, P. L. (1994). *Qualitative research proposals and reports: A guide.* New York, NY: National League for Nursing Press.

Munhall, P. L. (2012). *Nursing research.* Sudbury, MA: Jones and Bartlett Learning.

Nelson, G., Ochocka, J., Griffin, K., & Lord, J. (1998). "Nothing about me, without me": Participatory action research with self-help/mutual aid organizations. *American Journal of Community Psychology, 26*(6), 881-913.

Newman, K., Fox, C., Roth, W., & Mehta, J. (2004). *Rampage: The social roots of school shootings.* New York, NY: Basic Books.

Neyfakh, L. (June 18, 2015). The ethics of ethnography. Slate. Retrieved from http://www.slate.com/articles/news_and_politics/crime/2015/06/alice_goffman_s_on_ the_run_is_the_sociologist_to_blame_for_the_inconsistencies.html

Noblit, G. W., & Hare, D. R. (1988). *Meta-ethnography: Synthesizing qualitative studies.* Newbury Park, CA: Sage.

Noth, W. (2011). Visual semiotics: Key features and an application to picture ads. In E. Margolis & L. Pauwels (Eds.), *The Sage handbook of visual research methods* (pp. 298-316). Thousand Oaks, CA: Sage.

Noyes, J., Popay, J., Pearson, A., Hannes, K., & Booth, A. (2008). Qualitative research and Cochrane reviews. In J. Higgins & S. Green (Eds.), *Cochrane handbook for systematic reviews of interviews* (pp. 101-114). London, UK: Wiley & Sons.

Nussbaum, M. (2000). *Women and human development: The capabilities approach.* Cambridge, MA: Cambridge University Press.

O'Brien, B. C., Harris, I. B., Beckman, T. J., Reed, D. A., & Cook, D.A. (2014). Standards for reporting qualitative research: A synthesis of recommendations. *Academic Medicine, 89*, 1245-1251.

Oktay, J. (2012). *Grounded theory*. New York, NY: Oxford University Press.

Olesen, V. L. (2000). Feminisms and qualitative research at and into the millennium. In N. K. Denzin & Y. S. Lincoln (Eds.), *Handbook of qualitative research* (pp. 215–256). Thousand Oaks, CA: Sage.

Onwuegbuzie, A. (2012). Putting the mixed back into quantitative and qualitative research in educational research and beyond: Moving towards the "radical middle." *International Journal of Multiple Research Approaches, 6*, 192–219.

Padgett, D. K. (1998). Does the glove really fit? Qualitative research and clinical social work practice. *Social Work, 43*, 373–381.

Padgett, D. K. (Ed.). (2004a). *The qualitative research experience*. Belmont, CA: Thomson.

Padgett, D. K. (2004b). Spreading the word: Writing up and disseminating qualitative research. In D. K. Padgett (Ed.), *The qualitative research experience* (pp. 285–296). Belmont, CA: Thomson.

Padgett, D. K. (2007). There's no place like (a) home: Ontological security in the third decade of the homelessness crisis. *Social Science & Medicine, 64*, 1925–1936.

Padgett, D. K. (2009). Qualitative and mixed methods in social work knowledge development. *Social Work, 54*, 101–105.

Padgett, D. K. (2015). Qualitative methods in evaluation. In D. Royse, B. T. Thyer, & D. K. Padgett, *Program evaluation* (6th ed., pp. 48–61). Pacific Grove, CA: Cengage.

Padgett, D. K., Gulcur, L., & Tsemberis, S. (2006). Housing first services for the psychiatrically disabled homeless with co-occurring substance abuse. *Research on Social Work Practice, 16*, 74–83.

Padgett, D. K., Hawkins, R. L., Abrams, C., & Davis, A. (2006). In their own words: Trauma and substance abuse in the lives of formerly homeless women with serious mental illness. *American Journal of Orthopsychiatry, 76*(1), 461–467.

Padgett, D. K., & Henwood, B.F. (2009). Obtaining large-scale funding for empowerment-oriented qualitative research: A report from personal experience. *Qualitative Health Research, 19*, 868–875

Padgett, D. K., Henwood, B. F., Abrams, C., & Davis, A. (2008). Engagement and retention in care among formerly homeless adults with serious mental illness: Voices from the margins. *Psychiatric Rehabilitation Journal, 31*(3), 226–233.

Padgett, D. K., Mathew, R., & Conte, S. (2004). Peer debriefing and support groups. In D. K. Padgett (Ed.), *The qualitative research experience* (pp. 156–169). Pacific Grove, CA: Thomson Learning.

Padgett, D. K., Patrick, C., Burns, B. J., & Schlesinger, H. J. (1994). Ethnicity and use of outpatient mental health services in a national insured population. *American Journal of Public Health, 84*, 222–226.

Padgett, D. K, Smith, B.T., Choy-Brown, M., Tiderington, E., & Mercado, M. (February 16, 2016, online first). Trajectories of recovery among formerly homeless adults with serious mental illness. *Psychiatric Services*.

Padgett, D. K., Stanhope, V., Henwood, B. F., & Stefancic, A. (2011). Substance use outcomes among homeless clients with serious mental illness: Comparing Housing First with Treatment First programs. *Community Mental Health Journal, 47*, 227–232.

Padgett, D. K., Tran Smith, B., Choy-Brown, M., Tiderington, D., & Mercado, M. (2016). Trajectories of recovery among formerly homeless adults with serious mental illness. *Psychiatric Services*.

Padgett, D. K, Tran Smith, B., Derejko, K., Henwood, B. F., & Tiderington, E. (2013). A picture is worth . . . ? Using individual photo-elicitation to enhance interviews with vulnerable populations. *Qualitative Health*

Research, 23, 1435-1444.

Padgett, D. K., Tran Smith, B., Henwood, B. F., & Tiderington, E. (2012). Life course adversity in the lives of formerly homeless persons with serious mental illness: Context and meaning. *American Journal of Orthopsychiatry, 82*, 421-430.

Padgett, D. K., Yedidia, M., Kerner, J., & Mandelblatt, J. (2001). The emotional consequences of false positive mammography: African-American women's reactions in their own words. *Women and Health, 33*, 1-14.

Palinkas, L. A., Aarons, G. A., Horvitz, S., Chamberlain, P., Hurlburt, M., & Landsverk, J. (2011). Mixed methods designs in implementation research. *Administration and Policy in Mental Health, 38*, 44-53.

Patton, M. Q. (2002). *Qualitative research and evaluation methods* (3rd ed.). Thousand Oaks, CA: Sage.

Pederson, J. R. (2013). Disruptions of individual and cultural identities. *Narrative Inquiry, 23*, 302-322.

Peirce, C. (1934). *Collected papers of Charles Sanders Peirce. Vol. 5, pragmatism and pragmaticism*, edited by C. Hartshorne and P. Weiss. Cambridge, MA: Harvard University Press.

Pelto, P. (2015). What is so new about mixed methods? *Qualitative Health Research, 25*, 734-745.

Perreault, M., Pawliuk, N., Veilleux, R., & Rousseau, M. (2006). Qualitative assessment of mental health service satisfaction: Strengths and limitations of a self-administered measure. *Community Mental Health Journal, 42*(3), 233-242.

Petryna, A. (2009). *When experiments travel: Clinical trials and the global search for human subjects.* Princeton, NJ: Princeton University Press.

Pink, S. (2012). *Advances in visual methodology.* London: Sage.

Pinto, R. M., Spector, A. Y., & Valera, P. A. (2011). Exploring group dynamics for integrating scientific and experiential knowledge in community advisory boards for HIV research, *AIDS Care, 23*, 1006-1013.

Polkinghorne, D. E. (1988). *Narrative knowing and the human sciences.* Albany: State University of New York Press.

Popay J., Williams G., & Rogers A. (1998). Rationale and standards for the systematic review of qualitative literature in health services research. *Qualitative Health Research, 8*, 341-351.

Powdermaker, H. (1966). *Stranger and friend: The way of an anthropologist.* New York, NY: W. W. Norton.

Proctor, E., Knudsen, K. J., Fedoracivius, N., Hovmand, P., Rosen, A., & Perron, B. (2007). Implementation of evidence-based practice in community behavioral health. *Administration and Policy in Mental Health, 44*, 479-488.

Rabinow, P., & Sullivan, W. M. (Eds.). (1979). *Interpretive social science: A reader.* Berkeley: University of California Press.

Ragin, C. C. (1987). *The comparative method. Moving beyond qualitative and quantitative strategies.* Berkeley: University of California Press.

Rallis, S. F., & Rossman, G. B. (2003). Mixed methods in evaluation contexts: A pragmatic framework. In A. Tashakkori & C. Teddlie (Eds.), *Handbook of mixed methods in social and behavioral research* (pp. 491-512). Thousand Oaks, CA: Sage.

Reason, P., & Bradbury, H. (2008). *Handbook of action research* (2nd ed.). Thousand Oaks, CA: Sage.

Reason, P., & Bradbury-Huang, H. (2013). *The Sage handbook of action research.* Thousand Oaks, CA: Sage.

Reinharz, R. (1992). *Feminist methods in social research.* New York, NY: Oxford University Press.

Rice, E., & Karnik, N. S. (2012). Network science and social media. *Journal of the American Academy of Child*

& Adolescent Psychiatry, 51(6), 563-5.

Rice, E., Lee, A. W., & Taitt, S. (2011). Cell phone use among homeless youth: Potential for new health interventions and research. *Journal of Urban Health, 88*, 1175-82.

Richardson, L. (2000). Writing: A method of inquiry. In N. K. Denzin & Y. S. Lincoln (Eds.), *Handbook of qualitative research* (2nd ed., pp. 923-938). Thousand Oaks, CA: Sage.

Riessman, C. K. (1990). *Divorce talk: Women and men make sense of personal relationships.* Rutgers, NJ: Rutgers University Press.

Riessman, C. K. (2008). *Narrative methods for the human sciences.* Thousand Oaks, CA: Sage.

Riessman, C. K., & Quinney, L. (2005). Narrative in social work: A critical review. *Qualitative Social Work, 4*(4), 391-412.

Rodriquez, J. (2013). Narrating dementia: Self and community in an on-line forum. *Qualitative Health Research, 23*, 1215-1227.

Rolfe, G. (2006). Validity, trustworthiness and rigour: Quality and the idea of qualitative research. *Journal of Advanced Nursing, 53*(3), 304-310.

Rorty, R. (1998). *Truth and progress: Philosophical papers III.* Cambridge, MA: Cambridge University Press.

Rosaldo, R. (1989). *Culture and truth: The remaking of social analysis.* Boston, MA: Beacon.

Rose, G. (2007). *Visual methodologies: An introduction to the interpretation of visual materials.* London, UK: Sage.

Ruckdeschel, R., Earnshaw, P., & Firrek, A. (1994). The qualitative case study and evaluation: Issues, methods, and examples. In E. Sherman & W. J. Reid (Eds.), *Qualitative research in social work* (pp. 251-264). New York, NY: Columbia University Press.

Rugg, G., & McGeorge, P. (2005). The sorting techniques: A tutorial paper on card sorts, picture sorts, and item sorts. *Expert Systems, 22*, 94-107.

Ryan, G. W., & Bernard, H. R. (2000). Data management and analysis methods. In N. K. Denzin and Y. S. Lincoln (Eds.), *Handbook of qualitative research* (pp. 769-802). Thousand Oaks, CA: Sage.

Ryan, G. W., & Bernard, H. R. (2003). Techniques to identify themes. *Field Methods, 15*(1), 85-109.

Sacks, H., & Garfinkel, H. (1970). On formal structures of practical action. In J. C. McKinney & E. A. Tiryakian (Eds.), *Theoretical sociology* (pp. 338-366). New York, NY: Appleton-Century-Crofts.

Saldana, J. (2003). *Longitudinal qualitative research.* Walnut Creek, CA: Altamira.

Saldana, J. (2015). *The coding manual for qualitative researchers* (3rd ed.). Thousand Oaks, CA: Sage.

Saldana, J. (2016). *The coding manual for qualitative researchers* (3rd ed.). Thousand Oaks, CA: Sage.

Saleebey, D. (2005). *The strengths perspective in social work practice* (4th ed.). Boston, MA: Allyn & Bacon.

Salganik, M. J., & Heckathorn, D. D. (2004). Sampling and estimation in hidden populations using respondent-driven sampling. *Sociological Methodology, 34*, 193-239.

Sandelowski, M. (1993). Rigor, or rigor mortis: The problem of rigor in qualitative research revisited. *Advances in Nursing Science, 16*, 1-8.

Sandelowski, M. (2000). Combining qualitative and quantitative sampling, data collection, and analysis techniques in mixed methods studies. *Research in Nursing & Health, 23*, 246-255.

Sandelowski, M., & Barroso, J. (2002). Reading qualitative studies. *International Journal of Qualitative Methods, 1*(1), Article 5.

Sandelowski, M., & Barroso, J. (2003). Classifying the findings in qualitative studies. *Qualitative Health Research, 13*(7), 905-923.

Sandelowski, M., Docherty, R., & Emden, C. (1997). Qualitative meta-synthesis: Issues and techniques. *Research in Nursing & Health, 20*, 365-371.

Sandelowski, M., & Jones, L. C. (1995). "Healing fictions": Stories of choosing in the aftermath of the detection of fetal anomalies. *Social Science and Medicine, 42*, 353-361.

Sands, R. G. (2004). Narrative analysis: A feminist approach. In D. K. Padgett (Ed.), *The qualitative research experience* (pp. 48-62). Belmont, CA: Thomson.

Sandstrom, B., Willman, A., Svensson, B., & Borglin, G. (2015). Perceptions of national guidelines and their (non)implementation in mental health care: A deductive and inductive content analysis. *Implementation Science, 10*, 43-58.

Schwandt, T. A. (1994). Constructivist, interpretivist approaches to human inquiry. In N. K. Denzin & Y. S. Lincoln (Eds.), *Handbook of qualitative research* (pp. 118-137). Thousand Oaks, CA: Sage.

Scrimshaw, S. C., Carballo, M., Ramos, L., & Blair, B. A. (1991). The AIDS Rapid Anthropological Assessment Procedures: A tool for health education planning and evaluation. *Health Education Quarterly, 18*(1), 111-123.

Scriven, M. (1967). The methodology of evaluation. *AERA Monograph Series in Curriculum Evaluation, 1*, 39-83.

Seale, C. (2002). Qualitative issues in qualitative inquiry. *Qualitative Social Work, 1*, 97-110.

Seale, C. (2004). *Researching society and culture.* London, UK: Sage.

Seale, C., Charteris-Black, J., McFarlane, A., & McPherson, A. (2010). Interviews and Internet forums: A comparison of two sources of qualitative data. *Qualitative Health Research, 20*, 595-606.

Seale, C., & Silverman, S. (1997). Ensuring rigour in qualitative research. *European Journal of Public Health, 7*, 379-384.

Seidman, I. (2006). *Interviewing as qualitative research.* New York, NY: Teachers College Press.

Sen, A. (1999). *Development as freedom.* New York, NY: Knopf.

Shadish, W., Cook, T., & Campbell, D. (2002). *Experimental and quasi-experimental designs for generalized causal inference.* Boston, MA: Houghton Mifflin.

Shibusawa, T., & Lukens, E. (2004). Analyzing qualitative data in a cross-language context: A collaborative model. In D. K. Padgett (Ed.), *The qualitative research experience* (pp. 175-186). Belmont, CA: Thomson.

Shibusawa, T., & Padgett, D. K. (2009). Out of sync: A life course perspective on aging among formerly homeless adults with serious mental illness. *Journal of Aging Studies, 23*(3), 188-196.

Shore, N., Wong, K. A., Seifer, S. D., Grignon, J., & Gamble, V. N. (2008). Advancing the ethics of community-based participatory research. *Journal of Empirical Research on Human Research Ethics, 10*, 1-4.

Sidnell, J., & Stivers, T. (Eds.). (2013). *The handbook of conversation analysis.* Oxford, UK: Blackwell Press.

Silverman, D. (2006). *Interpreting qualitative data* (3rd ed.). Thousand Oaks, CA: Sage.

Singer, B., Ryff, C. D., Carr, B., & Magee, M. J. (1998). Linking life histories and mental health: A person-centered approach. *Sociological Methodology, 28*, 1-51.

Smith, B. & Sparkes, A. C. (2006). Narrative inquiry in psychology: Exploring the tensions within. *Qualitative research in psychology*. 3, 169-192.

Smith, D. E. (2005). *Institutional ethnography: A sociology for the people*. Lanham, MD: Altamira Press.

Smith, J. A. (1996). Beyond the divide between cognition and discourse: Using interpretive phenomenological analysis in health psychology. *Psychology and Health, 11*, 13-24.

Smith, J. A., & Osborn, M. (2009). Interpretive phenomenological analysis. In J. A. Smith, P. Flowers, & M. Larkin (Eds.). *Interpretive phenomenological analysis: Theory, method and research* (pp. 53-80). London, UK: Sage.

Snow, D. A., & Anderson, L. (1987). Identity work among the homeless: The verbal construction and avowal of personal identities. *American Journal of Sociology, 92*, 1336-1371.

Snow, D. A., & Anderson, L. (1991). Researching the homeless: The characteristic features and virtues of the case study. In J. R. Feagin, A. M. Orum, & G. Sjoberg (Eds.), *A case for the case study* (pp. 148-173). Chapel Hill: University of North Carolina Press.

Snow, D. A., Morrill, C., & Anderson, L. (2003). Elaborating analytic ethnography: Linking fieldwork and theory. *Ethnography 4*, 181-200.

Spalding, N. J., & Phillips, T. (2007). Exploring the use of vignettes: From validity to trustworthiness. *Qualitative Health Research, 17*, 954-962.

Speer, S. A. (2002). Natural and contrived data: A sustainable distinction? *Discourse Studies, 4*, 511-525.

Spencer, R. (2006). Understanding the mentoring process between adolescents and adults. *Youth & Society, 37*, 287-315.

Spradley, J. P. (1979). *The ethnographic interview*. New York, NY: Holt, Rinehart, & Winston.

Stack, C. B. (1974). *All our kin: Strategies for survival in a black community*. New York, NY: Harper Colophon.

Stake, R. E. (1995). *The art of case study research*. Thousand Oaks, CA: Sage.

Stake, R. E. (2005). *Multiple case study analysis*. New York, NY: Guilford Press.

Staller, K. (2002). Musings of a skeptical software junkie and the HYPER-RESEARCH fix. *Qualitative Social Work, 1*, 473-487.

Staller, K. (2012). Epistemological boot camp: What every qualitative researcher needs to know to survive in the academy. *Qualitative Social Work, 12*, 395-413.

Stange, K. C., Miller, W. L., Crabtree, B. F., O'Connor, P. J., & Zyzanski, S. J. (1994). Integrating qualitative and quantitative research methods. *Family Medicine, 21*, 448-451.

Steinmetz, A. M. (1991). Doing. In M. Ely, M. Anzul, T. Friedman, D. Garner, & A. M. Steinmetz, *Doing qualitative research: Circles within circles* (pp. 41-68). London, UK: Falmer.

Steinmetz, G. (Ed.). (2005). *The politics of method in human sciences: Positivism and its epistemological others*. Durham, NC: Duke University Press.

Stoller, E. P., Webster, N. J., Blixen, C. E., McCormick, R. A., Hund, A. J., Perzynski, A. T., Kanuch, S. W., Thomas, C. L., Kercher, K., & Dawson, N. V. (2009). Alcohol consumption decisions among nonabusing drinkers diagnosed with hepatitis C: An exploratory sequential mixed methods study. *Journal of Mixed Methods Research, 3*, 65-86.

Strauss, A., & Corbin, J. (1994). Grounded theory methodology: An overview. In N. K. Denzin & Y. S. Lincoln (Eds.), *Handbook of qualitative research* (pp. 273-285). Thousand Oaks, CA: Sage.

Stringer, E. (2013). *Action research* (4th ed.). Thousand Oaks, CA: Sage.

Susser, I. (March 5, 2015). Blame research design for failed HIV study. Al Jazeera. Retrieved from http://america.aljazeera.com/opinions/2015/3/blame-research-design-for-failed-hiv-study.html September 13, 2015

Susser, M. (1997). Authors and authorship: Reform or abolition? *American Journal of Public Health, 87,* 1091-1092.

Szreter, S., & Woolcock, M. (2004). Health by association? Social capital, social theory, and the political economy of public health. *International Journal of Epidemiology, 33,* 1-18.

Tandon, R. (1996). The historical roots and contemporary tendencies in participatory research: Implications for health care. In K. de Koning & M. Martin (Eds.), *Participatory research in health: Issues and experiences* (pp. 19-26). London, UK: Zed.

Tannen, D. (1990). *You just don't understand: Women and men in conversation.* New York, NY: William Morrow and Company.

Tannen, D. (2006). *You're wearing that? Understanding mothers and daughters in conversation.* New York, NY: Ballantine Books.

Tashakkori, A., & Creswell, J. W. (2007). The new era of mixed methods. *Journal of Mixed Methods Research, 1*(1), 3-7.

Tashakkori, A., & Teddlie, C. (Eds.). (2010). *Handbook of mixed methods in social and behavioral research* (2nd ed.). Thousand Oaks, CA: Sage.

Taylor, S. J. (1987). Observing abuse: Professional ethics and personal morality in field research. *Qualitative Sociology, 10,* 288-302.

Taylor, S. J., & Bogdan, R. (1984). *Introduction to qualitative research: The search for meanings* (2nd ed.). New York, NY: John Wiley.

Tedlock, B. (2000). Ethnographic and ethnographic representation. In N. K. Denzin & Y. S. Lincoln (Eds.), *Handbook of qualitative research* (pp. 455-486). Thousand Oaks, CA: Sage.

ten Have, P. (2014). *Doing conversation analysis (2nd ed).* London, UK: Sage.

Teram, E., Schachter, C. L., & Stalker, C. A. (2005). The case for integrating grounded theory with participatory action research: Empowering clients to inform professional practice. *Qualitative Health Research, 15*(8), 1129-1140.

Tesch, R. (1990). *Qualitative research: Analysis types and software tools.* London, UK: Falmer.

Thomas, J., & Harden, A. (2008). Methods for the thematic synthesis of qualitative research in systematic reviews. *BMC Medical Research Methodology, 8,* 45-52.

Thorne, S. (1998). Ethical and representational issues in qualitative secondary analysis. *Qualitative Health Research, 8*(4), 547-555.

Thorne, S., Jensen, L., Kearny, M. H., Noblit, G., & Sandelowski, M. (2004). Qualitative metasynthesis: Reflections on methodological orientation and ideological agenda. *Qualitative Health Research, 14*(10), 1342-1365.

Tiderington, E. (2015). *The dilemmas of permanency and accountability: A qualitative investigation of barriers to and facilitators of recovery-oriented practice in supportive housing.* Dissertation retrieved from ProQuest (10068).

Timmermans, S., & Tavory, I. (2012). Theory construction in qualitative research: From grounded theory to abductive analysis. *Sociological Theory, 30*, 167-186.

Tjora, A. H. (2006). Writing small discoveries: An exploration of fresh observers' observations. *Qualitative Research, 6*(4), 429-451.

Tong, A., Lowe, A., Sainsbury, P., & Craig, J. (2008). Experiences of parents who have children with chronic kidney disease: A systematic review of qualitative studies. *Pediatrics, 121*, 349-360.

Tong, A., Sainsbury, P., & Craig, J. (2007). Consolidated criteria for reporting qualitative research. *International Journal for Quality in Health Care, 19*, 349-357.

Tracy, S. J. (2010). Qualitative quality: Eight "big tent" criteria for excellent qualitative research. *Qualitative Inquiry, 16*, 837-851.

Tran Smith, B., Padgett, D. K., Choy Brown, M., & Henwood, B. F. (2015). Rebuilding lives and identities: The role of place in mental health recovery. *Health & Place, 33*, 109-117.

Tsemberis, S., Gulcur, L., & Nakae, M. (2004). Housing First, consumer choice, and harm reduction for homeless individuals with a dual diagnosis. *American Journal of Public Health, 94*(4), 651-656.

Twinn, S. (1997). An exploratory study examining the influence of translation on the validity and reliability of qualitative data in nursing research. *Journal of Advanced Nursing, 26*, 418-423.

Ullman, S. (2014). Interviewing therapists about working with sexual assault survivors: Researcher and therapist perspectives. *Violence Against Women, 20*, 1138-1146.

Ungar, M. (2006). "Too ambitious": What happens when funders under-estimate the strength of qualitative research design. *Qualitative Social Work, 5*(2), 261-277.

Vallée, J., Cadot, E., Roustit, C., Parizot, I., & Chauvin, P. (2011). The role of daily mobility in mental health inequalities: The interactive influence of activity space and neighborhood of residence on depression. *Social Science & Medicine, 73*, pp. 1133-1144.

van der Straten, A., Stadler J., Montgomery E., Hartmann, M., Magazi, B., et al. (2014). Women's experiences with oral and vaginal pre-exposure prophylaxis: The Voice-C qualitative study in Johannesburg, South Africa, PLoS ONE 9(2): e89118.

Van Maanen, J. (1988). *Tales of the field: On writing ethnography*. Chicago, IL: University of Chicago Press.

van Manen, M. (1990). *Researching lived experience*. Albany: State University of New York Press.

van Manen, M. (Ed.). (2002). *Writing in the dark: Phenomenological studies in interpretive inquiry*. London, Canada: Althouse.

van Manen, M. (2006). Writing qualitatively, or the demands of writing. *Qualitative Health Research, 16*, 713-722.

Vaughan, D. (1996). *The Challenger launch decision: Risky technology, culture and deviance at NASA*. Chicago, IL: University of Chicago Press.

Wackerbarth, S. B., Streams, M. E., & Smith, M. K. (2002). Capturing the insights of family caregivers: Survey item generation with a coupled focus group / interview process. *Qualitative Health Research, 12*(8), 1141-1154.

Waldrop, D. (2004). Ethical issues in qualitative research with high-risk populations. In D. K. Padgett (Ed.), *The qualitative research experience* (pp. 236-249). Belmont, CA: Thomson.

Walker, A. J., & Allen, K. R. (1991). Relationships between caregiving daughters and their elderly mothers.

The Gerontologist, 31, 389–396.

Walsh, D., & Downe, S. (2005). Meta-synthesis method for qualitative research: A literature review. *Journal of Advanced Nursing, 50*, 204–211.

Wang, C., & Burris, M. A. (1997). Photovoice: Concept, methodology and use for participatory needs assessment. *Health Education & Behavior, 24*(3), 369–387.

Wang, C. C., Morrel-Samuels, S., Hutchinson, P., Bell, L., & Pestronk, R. M. (2004). Flint photovoice: Community building among youths, adults and policymakers. *American Journal of Public Health, 94*(6), 911–914.

Weiss, R. S. (1994). *Learning from strangers: The art and method of qualitative interview studies.* New York, NY: Free Press.

Weller, S. C., & Romney, A. K. (1988). *Systematic data collection.* Newbury Park, CA: Sage.

Wells, K. (2011). *Narrative inquiry.* New York, NY: Oxford University Press.

White, M., & Epston, D. (1990). *Narrative means to therapeutic ends.* New York, NY: Norton.

Whyte, W. F. (1955). *Street corner society* (2nd ed.). Chicago, IL: University of Chicago Press.

Williams, C. C., & Collins, A. A. (2002). The social construction of disability in schizophrenia. *Qualitative Health Research, 12*(3), 297–309.

Wilson, H. S., & Hutchison, S. (1991). Triangulation of qualitative methods: Heideggerian hermeneutics and grounded theory. *Qualitative Health Research, 1*, 263–276.

Wimpenny, P., & Gass, J. (2000). Interviewing in phenomenology and grounded theory: Is there a difference? *Journal of Advanced Nursing, 31*(6), 1485–1492.

Wolcott, H. F. (2001). *Writing up qualitative research* (2nd ed.). Thousand Oaks, CA: Sage.

Wolff, S. (2004). Analysis of documents and records. In U. Flick, E. von Kardoff, & I. Steinke (Eds.), *A companion to qualitative research* (pp. 284–289). London, UK: Sage.

Yanos, P., & Hopper, K. (2008). On "false collusive objectification": Becoming attuned to self-censorship and interviewer biases in qualitative interviewing. *International Journal of Social Research Methodology, 11*, 229–237.

Yi-Frazier, J. P. Cochrane, K., Mitrovich, C., Pascual, M., Buscaino, E., Eaton, Panlasigui, N., Clopp, B., & Malik, F. (2015). Using Instagram as a modified application of photovoice for storytelling and sharing in adolescents with Type 1 diabetes. *Qualitative Health Research, 25*, 1372–1382

Yin, R. K. (2013). *Case study research: Design and methods* (5th ed.). Thousand Oaks, CA: Sage.

Zea, M. C., Aguilar-Pardo, M., Betancourt, F., Reisen, C. A., & Gonzalez, F. (2014). Mixed methods research with internally displaced Colombian gay and bisexual men and transwomen. *Journal of Mixed Methods, 8*, 212–221.

Zimmer, L. L. (2006). Qualitative meta-synthesis: A question of dialoguing with texts. *Journal of Advanced Nursing 53*, 311–318.

Znaniecki, F. (1934). *The method of sociology.* New York, NY: Farrar & Rinehart.

찾아보기

저자 소개

Deborah K. Padgett은 이 책과 『Qualitative and Mixed Methods in Public Health』(2012)를 통해서 질적 연구 및 혼합 연구방법론 분야의 대가로 널리 알려져 있는 연구자다. Padgett 박사는 『Housing First: Ending Homelessness』 『Transforming Systems and Changing Lives』(2016)의 주 저자이기도 하며, 주로 정신건강 서비스 욕구, 성인 노숙인의 서비스 이용 및 그 밖의 다양한 서비스 취약 집단에 깊은 관심을 가지고 활발한 연구를 진행해 오고 있다. 또한 Padgett 박사는 NIMH의 R01 연구비 지원하에 이루어진 뉴욕시의 성인 노숙 경험자 대상 주거 지원 프로그램에 관한 두 가지 질적 연구에서 연구책임자로서 연구를 이끈 경험이 있다. 아울러 그녀는 Society for Social Work and Research(SSWR) 학회의 회장을 역임하였고, 학회에 대한 그녀의 헌신적 공헌을 기리기 위해 SSWR 'Deborah K. Padgett Early Career Award'가 만들어졌다. Padgett 박사는 현재 American Academy of Social Work and Social Welfare(AASWSW)의 회원으로 활동하고 있으며, 지난 2013년에는 New York University에서 우수교육자상을 수상하였다.

역자 소개

유태균(Yoo Tae Kyun)

연세대학교 사회복지학과를 1988년에 졸업한 후, 미국 Oregon주 Portland State University에서 사회복지학 석사학위(M.S.W., 1990)를 받은 다음 University of California, Berkeley에서 사회복지학 박사학위(Ph.D., 1995)를 받았다. 현재 숭실대학교 사회복지학부 교수로, 주로 사회복지정책과 연구방법론에 관한 강의를 하고 있으며, 지난 2000년부터는 사회서비스보장에 깊은 관심을 가지고 연구를 진행하고 있다.

이선혜(Lee Sun Hae)

연세대학교 사회복지학과를 졸업하고 미국 Portland State University에서 임상사회사업으로 석사학위를, University of California, Berkeley에서 정신건강 전공으로 사회복지학 박사학위를 받았다. 현재 중앙대학교 사회복지학부와 심리서비스대학원 교수로, 질적 연구방법론, 사회복지실천, 정신건강, 가족치료, 포스트모던상담 등을 강의하고 있으며, 현장 기반 혁신서비스 모델링 연구에 주력하고 있다.

사회복지 연구방법론 시리즈 Ⅲ

사회복지 질적 연구방법론
Qualitative Methods in Social Work Research, 3rd Edition

2024년　2월　25일　1판　1쇄　인쇄
2024년　3월　　1일　1판　1쇄　발행

편저자 • Deborah K. Padgett
옮긴이 • 유태균 · 이선혜
펴낸이 • 김진환
펴낸곳 • ㈜ 학지사

04031 서울특별시 마포구 양화로 15길 20 마인드월드빌딩
대표전화 • 02-330-5114　　팩스 • 02-324-2345
등록번호 • 제313-2006-000265호

홈페이지 • http://www.hakjisa.co.kr
인스타그램 • https://www.instagram.com/hakjisabook

ISBN 978-89-997-3000-9　93330

정가 25,000원

출판미디어기업 학지사

간호보건의학출판 **학지사메디컬** www.hakjisamd.co.kr
심리검사연구소 **인싸이트** www.inpsyt.co.kr
학술논문서비스 **뉴논문** www.newnonmun.com
교육연수원 **카운피아** www.counpia.com